经时济世
继往开来
贺教育部
重大攻关项目
成果出版

季羡林
时年九十有八

教育部哲学社會科学研究重大課題攻關項目

“十三五”国家重点出版物出版规划项目

# 中国道德文化的传统理念与现代践行研究

# THE RESEARCH ON CHINESE TRADITIONAL IDEAL AND ITS MODERN PRACTICE

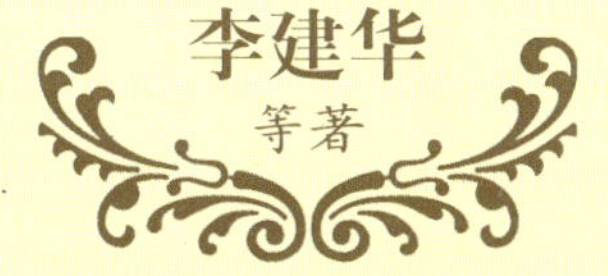

李建华 等著

中国财经出版传媒集团
经济科学出版社
Economic Science Press

**图书在版编目（CIP）数据**

中国道德文化的传统理念与现代践行研究/李建华等著．
—北京：经济科学出版社，2016.7
教育部哲学社会科学研究重大课题攻关项目
ISBN 978-7-5141-7070-2

Ⅰ.①中… Ⅱ.①李… Ⅲ.①伦理学-研究-中国
Ⅳ.①B82-092

中国版本图书馆 CIP 数据核字（2016）第 153638 号

责任编辑：程晓云
责任校对：刘　昕
责任印制：邱　天

**中国道德文化的传统理念与现代践行研究**
李建华　等著
经济科学出版社出版、发行　新华书店经销
社址：北京市海淀区阜成路甲 28 号　邮编：100142
总编部电话：010-88191217　发行部电话：010-88191522
网址：www.esp.com.cn
电子邮件：esp@esp.com.cn
天猫网店：经济科学出版社旗舰店
网址：http：//jjkxcbs.tmall.com
北京季蜂印刷有限公司印装
787×1092　16 开　35.25 印张　670000 字
2016 年 10 月第 1 版　2016 年 10 月第 1 次印刷
ISBN 978-7-5141-7070-2　定价：88.00 元
**（图书出现印装问题，本社负责调换。电话：010-88191502）**

# 课题组主要成员

**课题主持人**　李建华

**主 要 成 员**　左高山　高恒天　吕锡琛　刘立夫

陈力祥　董海军

# 编审委员会成员

# 总　序

哲学社会科学是人们认识世界、改造世界的重要工具，是推动历史发展和社会进步的重要力量，其发展水平反映了一个民族的思维能力、精神品格、文明素质，体现了一个国家的综合国力和国际竞争力。一个国家的发展水平，既取决于自然科学发展水平，也取决于哲学社会科学发展水平。

党和国家高度重视哲学社会科学。党的十八大提出要建设哲学社会科学创新体系，推进马克思主义中国化时代化大众化，坚持不懈用中国特色社会主义理论体系武装全党、教育人民。2016年5月17日，习近平总书记亲自主持召开哲学社会科学工作座谈会并发表重要讲话。讲话从坚持和发展中国特色社会主义事业全局的高度，深刻阐释了哲学社会科学的战略地位，全面分析了哲学社会科学面临的新形势，明确了加快构建中国特色哲学社会科学的新目标，对哲学社会科学工作者提出了新期待，体现了我们党对哲学社会科学发展规律的认识达到了一个新高度，是一篇新形势下繁荣发展我国哲学社会科学事业的纲领性文献，为哲学社会科学事业提供了强大精神动力，指明了前进方向。

高校是我国哲学社会科学事业的主力军。贯彻落实习近平总书记哲学社会科学座谈会重要讲话精神，加快构建中国特色哲学社会科学，高校应需发挥重要作用：要坚持和巩固马克思主义的指导地位，用中国化的马克思主义指导哲学社会科学；要实施以育人育才为中心的哲学社会科学整体发展战略，构筑学生、学术、学科一体的综合发展体系；要以人为本，从人抓起，积极实施人才工程，构建种类齐全、梯队衔接的高校哲学社会科学人才体系；要深化科研管理体制改革，发挥高校人才、智力和学科优势，提升学术原创能力，激发创新创造活力，建设中国特色新型高校智库；要加强组织领导、做好统筹规划、营造良好学术生态，形成统筹推进高校哲学社会科学发展新格局。

哲学社会科学研究重大课题攻关项目计划是教育部贯彻落实党中央决策部署的一项重大举措，是实施“高校哲学社会科学繁荣计划”的重要内容。重大攻关项目采取招投标的组织方式，按照“公平竞争，择优立项，严格管理，铸造精品”的要求进行，每年评审立项约40个项目。项目研究实行首席专家负责制，鼓励跨学科、跨学校、跨地区的联合研究，协同创新。重大攻关项目以解决国家现代化建设过程中重大理论和实际问题为主攻方向，以提升为党和政府咨询决策服务能力和推动哲学社会科学发展为战略目标，集合优秀研究团队和顶尖人才联合攻关。自2003年以来，项目开展取得了丰硕成果，形成了特色品牌。一大批标志性成果纷纷涌现，一大批科研名家脱颖而出，高校哲学社会科学整体实力和社会影响力快速提升。国务院副总理刘延东同志做出重要批示，指出重大攻关项目有效调动各方面的积极性，产生了一批重要成果，影响广泛，成效显著；要总结经验，再接再厉，紧密服务国家需求，更好地优化资源，突出重点，多出精品，多出人才，为经济社会发展做出新的贡献。

作为教育部社科研究项目中的拳头产品，我们始终秉持以管理创新服务学术创新的理念，坚持科学管理、民主管理、依法管理，切实增强服务意识，不断创新管理模式，健全管理制度，加强对重大攻关项目的选题遴选、评审立项、组织开题、中期检查到最终成果鉴定的全过程管理，逐渐探索并形成一套成熟有效、符合学术研究规律的管理办法，努力将重大攻关项目打造成学术精品工程。我们将项目最终成果汇编成“教育部哲学社会科学研究重大课题攻关项目成果文库”统一组织出版。经济科学出版社倾全社之力，精心组织编辑力量，努力铸造出版精品。国学大师季羡林先生为本文库题词：“经时济世　继往开来——贺教育部重大攻关项目成果出版”；欧阳中石先生题写了“教育部哲学社会科学研究重大课题攻关项目”的书名，充分体现了他们对繁荣发展高校哲学社会科学的深切勉励和由衷期望。

伟大的时代呼唤伟大的理论，伟大的理论推动伟大的实践。高校哲学社会科学将不忘初心，继续前进。深入贯彻落实习近平总书记系列重要讲话精神，坚持道路自信、理论自信、制度自信、文化自信，立足中国、借鉴国外，挖掘历史、把握当代，关怀人类、面向未来，立时代之潮头、发思想之先声，为加快构建中国特色哲学社会科学，实现中华民族伟大复兴的中国梦作出新的更大贡献！

教育部社会科学司

# 前　言

在经济、政治、文化全球化的国际背景下，中国如何在普世伦理的争论以及和谐世界的建构中发出自己的声音成为一个广受关注的课题。为了寻求和选择符合当今中国市场经济建设、和谐社会构建、民主政治发展、道德危机化解、先进文化推进等现实需要的道德文化资源，时下中国人不得不把目光投向自己的历史，悉心审视悠久灿烂的中华文化，发掘其中潜藏着的大量的可以为当今社会所用的道德文化资源，“中国道德文化的传统理念与现代践行”正是在此背景下提出来的。

“中国道德文化的传统理念与现代践行”围绕着“道德文化”“传统理念”与“现代践行”等相关概念，以“传统到现代”“由观念到行为”两大转换为主轴，依循由古而今、东西互鉴、历史与现实相比照的逻辑，依次论述了理念提炼、历史审视、现代扬弃、践行机制、效果监测五大主题。

就理念提炼而言，道德文化理念在各民族文化中都居于纲常性地位，它是民族文化精神的核心要素，是国民的精神支柱，是社会共同理想信念的核心要素，是相应文化中的核心价值，是相应文化中的灵魂和基因。道德文化理念是文化之“神”，文化其“形”以之为统领。道德文化理念的提炼就是透过纷繁复杂的文化之“形”，去芜存菁，挖掘深藏背后的文化之“神”。透过现象、抓住本质是道德文化理念提炼的方法之一。结合实际，人神关系领域、天君关系领域以及“三纲”关系领域是提炼中国道德文化传统理念的主要领域，其中，与“三纲”并称的“五常”、诗意象征下的“廉”、强本原则下的“忠”、亲亲原则下的“孝悌”、贤贤原则下的“贤”以及求和原则下的“和”等中国道德文化传统理念，亟须结合现代需求予以梳理和澄明。

就历史审视而言，家庭熏陶、官方垂训、师长教化、民间劝善以及寓教于乐是中国传统社会促进道德践行的主要途径和措施；治国平天下的政治领域、孝悌为本的家庭生活、以诚信公忠为核心的职业活动以及以“和”为主要原则的社会生活领域是中国传统社会践行道德文化理念的主要领域；中国传统社会在促进道德理念践行方面积累了丰富的经验，这些经验包括：人道与天道相感、劝喻与垂范并行、赏善与罚恶互补、动情与晓理相促以及修德与养生相联等，同时，也存在责权失衡、扭曲人性、知行脱节、名实相分、重德轻智、重私情轻公义等方面的历史问题。

就扬弃超越而言，中国传统道德理念具有多元性、复杂性、开放性等特征，激进主义、保守主义以及马克思主义的道德观都基于各自理论视角对中国传统道德理念进行了反思，给我们提供了有益的启示。结合这些启示，我们认为，中国传统道德理念的继承与创新可从现代民主政治发展、市场经济建设以及全球伦理构建等方面寻求突破。

就策略机制而言，因为存在着道德践行主—客观、伦理权威丧失以及机制策略滞后等困境，致使传统道德文化现代践行问题日益突出。直面上述困境，消除随意与固定行为、寻求精神自律与慎独、树立道德信仰与培养理想人格以及实现优序良俗与善德幸福成为传统道德文化现代践行孜孜以求的目标。为达成上述目的，充分运用寓德入教、乐教熏陶、榜样示范、道德焦虑引发耻感以催生道德文化践行等策略，完善和利用政府长效导向、多维评价监测、巩固立体监督、加强践行预警等机制，成为了迫切选择。

就效果检测而言，全面、客观地反映传统理念在制度规范、传媒载体以及核心人群中的践行现状，明晰中国道德文化传统理念现代践行监测的要素，确立中国道德文化传统理念的监测指标体系，确定中国道德文化传统理念现代践行监测方法，并对中国道德文化传统理念现代践行的结果进行及时反馈是本书研究的题中之意。

概观之，《中国道德文化的传统理念与现代践行》全书共计五篇二十章，正是紧密围绕着上述逻辑和内容展开的，通过对中国传统道德文化理念的现代转化进行系统梳理，旨在为其现代践行提供操作性智力支持。

# Abstract

It becomes a very important issue that how we play a key role in harmonious world construction with the trend of globalization. We have to take traditional culture into consideration to solve the modern crisis and make the right choice. Thus, we advocate practicing our traditional moral value nowadays.

There are two key issues in the practice: how to practice the traditional value in our time and how to transfer the ideal to behavior. To answer the question, we have to summarize the ideal, retrospect our history, enrich the traditional value with modern factors, construct the practice mechanism and evaluate the effect.

The moral culture ideal is the core in our culture system and supports our nation spirit. They are the soul in our heart and reflect the fundamental values of Chinese people. Our moral culture mainly engages in dealing with the relationship between mortal person and god, between the king and the destiny and telling us how to build the moral order in secular life. We construct our moral rules according to our comprehension about such relations. We also brought out some core moral concepts such as "Lian" "Zhong" "Xiaodi" "Xian" and "He" which need to be clarified in our modern moral context.

In our thousands, years history, we have accumulated very rich experiences in moral practice. We formed a sound morality education system covering all the ages which family education, social education, and official education involved in. We used to regard the morality cultivation as an essential way to keep physical peace. We also got many lessons from negative practice in our history. Actually, we used to pay a heavy price for ignoring the morality cultivation. We had some disasters such as "culture revolution" caused by traditional morality collapse.

Our traditional moral culture is a complicated and open system with multicultural ideals. We never stopped researching on our tradition from the modern theories such as Marxism, libertarianism, and conservatism. In our opinion, we must inherit out traditional morality and practice it in modern democratic politics development and market economic construction.

We are living in the world that the tradition moral authorities confronting great challenges. The traditional moral order has been changed. We are taking the responsibilities to rebuild our moral life by constructing multi-dimension culture mechanism. Our government should advocate positive values, we also need to analyze our moral life situation and collect relative information so that we could take measure to control moral crisis in time.

It's necessary for us to construct indicator systems to supervise and evaluate the traditional morality practice. We are going to figure out the most important factors engage in modern practice of tradition culture and construct index system accordingly. It's our effort to find out the right way to effectively feedback the effects of practice about our tradition cultural ideas in modern society.

There are five parts with twenty chapters in this book focusing on the essential topics of traditional morality practice. We want to bring out effective ways to promote the practice through our research.

# 目录

Contents

## 第三篇

### 扬弃超越



## 第四篇

### 策略机制

# Contents

# 导　论

改革开放三十年来，在全球化的国际背景和国家内部诸重要因素的剧烈变化的形势下，中国社会经历着从传统走向现代的转型。苏联和东欧所构建的伦理体系在历史中暴露出显著的缺陷，而西方人文主义的民主、自由、平等、博爱、人权的文化理念以及道德实践也出现了诸多问题，这说明我们的道德建设必然要根据社会的发展变化做出调整，苏联和西方的伦理体系都无法为我们的现代道德生活提供完备的答案。为了寻求和选择符合当今中国需要的道德文化资源，中国人把目光投向自己的历史，审视悠久灿烂的中华文化，不难发现其中存在大量的可以为当今社会所用的道德文化资源，尤其是与道德文化理念相应的践行方法、机制、策略等伦理资源，更受青睐。这种审视标志着现代中国伦理践行所依赖的资源的范式转换，由过去的向欧美、苏联东欧“进口”道德文化的理念，转向开发本土伦理道德文化资源。中国道德文化的传统理念与现代践行，不仅有着现实的道德实践价值，也有着极其深远的文化战略价值，这不但预示着中国伦理秩序机制建设的战略性转换，而且也意味着当代中国人民更加自信于自己的本土文化，这将对世界文明格局产生深远的影响，它的世界性意义在不久的将来人们就会感受到。在学科拓展和理论创新上，中国道德文化的传统理念与现代践行也对当代的研究者们提出了新的要求。在理论议题上，本书提出了中国道德文化的传统理念与现代践行的三大概念、两大转换与五大主题，这些也是本书试图解决的问题。

## 一、中国道德文化的传统理念与现代践行之国际背景

全球政治、经济、文化与价值观的新形势构成了中国道德文化的传统理念与现代践行的国际背景。近年儒家文化圈创造的经济奇迹使得人们将目光投向了中

国传统文化尤其是中国道德文化，全球政治经济一体化的新形势以及文化竞争的趋势也使得如何继承与践行中国道德文化的传统理念成为新的热点。尤其在普世伦理的相互争论与和谐世界理念的提出上，中国道德文化的传统理念更是“中国声音”的重要来源。

### （一）中国道德文化的传统理念与全球经济

20世纪下半叶以来，东亚经济奇迹般的崛起，令世界瞩目。在探求东亚经济崛起之谜时，许多人把视线落在东亚的共同文化背景——汉文化，其主流是中国传统文化。

“二战”后日本经济的迅速崛起，充分显示了日本的“家族主义的资本主义”比美国的“个人主义的资本主义”具有更大的活力和竞争力，其实质在于日本成功地激发了人们的精神力量，成为经济背后的强大动力。

第二次世界大战后，日本通过一系列民主改革，清除了军国主义赖以生存的土壤——财阀经济，同时引进了美国的民主制度、现代技术和现代管理方法，但是在文化上，特别是在民族精神、国家价值观方面，并没有全盘西化，而是坚持“和魂洋材”，并没有抛弃自己的文化传统，特别是儒家的传统。在大型企业中，实行的是独特的“终生雇佣制”“年功序列工资制”“企业工会”这三大制度，相应地形成了“致富经国”“义利两全”“以和为贵”的群体价值观念。

“致富经国”，把企业的效益与国家的富强紧密联系起来，这是日本经济的强大动力。日本松下公司七精神的第一条就是“工业报国”；丰田汽车公司第一条社训也是“以产业的成果报效国家”；新日本制铁公司的社训则是“钢铁立国”。

“义利两全”，即贯彻儒家“见利思义”“义然后取”的思想，摈弃唯利是图的短见。日本著名企业家松下幸之助指出：“如果公司没有把促进社会繁荣当作目标，而只是为了利润而经营，那就没有意义了。”他明确地要求部下，要“做金钱的主人”。

“以和为贵”，即搞好内部团结，形成家庭般的气氛，将企业建设成全体员工的“命运共同体”，员工人人勤劳敬业，肯为公司作出牺牲，这种“团队精神”正是日本企业战胜竞争压力、排除各种困难的法宝。

无独有偶，“亚洲四小龙”的经济起飞，都伴随着儒家价值观的继承和发扬。

韩国的企业普遍具有明确的国家意识和使命感，现代企业集团的创办人郑周永对员工讲话时说：“为了同先进国家并肩而立，我们必须竞争，而且要胜利。竞争的战场就在车间。”大宇财团的领袖金宇中则率先示范，发扬一种为振兴韩国而献身的精神，他说“在任何一个时代如果没有个人的牺牲，就没有我们后代的幸福生活，也不可能牢固奠定迅速发展的基础。”为了共同对付来自欧美和日本的挑战，韩国的企业间可以进行必要的合作，三星财团创办人李秉哲说得十分清楚："共存共荣的精神和相互让步的美德，是解除因瓜葛和对立而纠缠在一起的社会紧张的第一步。吴越尚能同舟，我们还有什么做不到的呢?"这位韩国最著名的企业家承认："对我影响最深的是《论语》。"

与韩国相比，新加坡是深受"全盘西化"之害并醒悟很早的国家。早在1991年1月4日，新加坡政府就发表了白皮书，正式提出了五种新价值观念：①国家先于社会和社会先于个人；②家庭是社会的基本单位；③尊重个人和社会支持个人；④以意见一致取代争论不休；⑤种族和睦和宗教和睦。白皮书说"新加坡社会正在迅速发生变化。生活方式和价值观念都在急剧的演化。这种变化的大部分压力来自讲英语的发达世界"。为了应对"全盘西化"的压力和贯彻新加坡的国家价值观，新加坡政府在中小学教育中恢复了"儒家伦理"课程，在整个社会提倡孝道，进一步提高汉语的地位，提倡克勤克俭和重视群体的儒家精神。

在经济全球化时代，人类"普遍价值"或"全球意识"的形成并不意味着每个民族文化特色的淡化甚至消失，恰恰相反，在关注和参与全球性的社会实践、解决众多"全球问题"的过程中，民族文化的独特价值得到进一步彰显。在近代资本主义文明发展的过程中，逐步发生了"万能工具理性"和"狭隘价值理性"的矛盾。正是由于这个矛盾的作用，20世纪上半叶，发生了两次世界大战，20世纪后半叶，恐怖主义、环境问题、道德滑坡等"全球问题""人类问题"又接踵而至。人类怎样才能生活得更合理、更美好？人与人、人与社会、人与自然应以什么样的原则构建新的关系、新的秩序？这一系列关系到人类终极生存的问题尖锐地摆在人们面前。彰显"认知理性"、高歌"科学万能"的西方文化在解决这些问题上陷入悖论，而崇尚"仁爱"，力求"天人合一"的中国文化却显示出独到的价值。

三百多年前，当工业化的浪潮刚刚在欧洲大地兴起之时，英国经验论哲学的鼻祖弗兰西斯·培根响亮地喊出了一个口号：知识就是力量。在这个口号下，人类开始了用知识改造世界，向大自然进军的历程。三百年过去了，这一口号不仅改变了世界的面貌，而且改变了人的世界观、价值观，甚至对人性及人类命运的理解。人类用他们的"新工具"在西方世界创造了一个科技进步、物质繁荣、社会历史突飞猛进的时代。连马克思、恩格斯这两位人类历史上最伟大的思想家在描述西方资本主义的经济面貌和科技进步对生产力的巨大解放时，也不无惊奇的发现："自然力的征服，机器的采用，化学在工业和农业中的应用，轮船的行驶，铁路的通行，电报的使用，整个大陆的开垦，河川的通航，仿佛用法术从地下呼唤出来的大量人口……过去哪一个世纪料想到在社会劳动里蕴藏有这样的生产力呢?”①

的确，在相当一段时间内，人们曾为这新的生产力而欢呼雀跃，误将工具理性当做价值理性，认为科学技术可以解决人类全部问题。工具理性的崇拜导致人性的扭曲与狂妄。人类过于自信，过于相信知识的力量，认为凭借工具理性的力量，人类就可以为所欲为，甚至最终忘记了自己的家园。因为有了知识，人类贪婪地向自然索取，移山填海，上天入地，无所不用其极。由于工具理性的过度膨胀，森林变成了荒川，绿洲变成了沙漠，气候出现异常，沙尘暴、赤潮等接踵而至。倘若人类再不收敛自己的欲望，大自然对人类的惩罚将愈加严厉。人类需要重新审视工具理性的价值，用道德理性拯救人类自身。以弘扬道德理性为宗旨，以强调“天地万物一体”为特征的中国传统的“天人合一”思想具有重要的借鉴价值。

在中国传统文化中，“天人合一”思想在儒、道、法各家的思想中都有所表现。道家更强调天人应该相融，老子的“无为而无不为”的思想就包含人与自然相协调的思想，庄子把这种思想加以发展，提出“天地与我并生，而万物与我为一”②，人甚至可以“乘天地之正，而御六气之辩，以游无穷”③，达到天人浑然一体的境界。这种“天人合一”的境界不是一般的人能够达到的，只有“圣人”“神人”“至人”才能达到。儒家“天人合一”思想摆脱了道家“神秘主义”的因素，孟子提出“万物皆备于我”的命题，认为心、性、天是一脉相承的，因此，“尽其心者，知其性也。知其性，则知天矣”④。特别可贵的是他那时已经有了“可持续发展”思想的萌芽，他说：“不违农时，谷不可胜食也；数罟不入洿池，鱼鳖不可胜食也；斧斤以时入山林，材木不可胜用也。”⑤ 这就是说，按自然规律耕种，不竭泽而渔，养林与采伐相结合，生产才能持续发展。另一位唯物主义思想家荀子则提出，“不利而利之，不如利而后利之之利也。不爱而用之，不如爱而后用之功也。利而后利之，不如利而不利者之利也。爱而后用之，不如爱而不用者之功也”⑥。这是用思辨的语言辩证地阐释了实践的主体和客体的对立统一关系。不仅儒家如此，道家“人法地，地法天，天法道，道法自然”的理论，也揭示了人们应该遵循的规律，强调了人应该顺应“自然”，以“自然”为法则，而不应该命令它做什么或肆意破坏它。庄子的“太和万物”的命题，揭示了天地万物本来存在着最完美的和谐关系，因此，人们应该“顺之以天理，行之

① 《马克思恩格斯选集》第 1 卷，人民出版社 1995 年版，第 277 页。
② 《庄子·齐物论》。
③ 《庄子·逍遥游》。
④ 《孟子·尽心上》。
⑤ 《孟子·梁惠王》。
⑥ 《荀子·富国》。

以五德，应之以自然”①。中国传统的天人合一思想认为，“人道”本于“天道”，讨论“人道”不能离开“天道”，同样讨论“天道”也不能离开“人道”，这是因为“天人合一”的道理既是“人道”的“旧用事物当然之理”，也是“天道”的“阴阳变化自然之秩序”。把“天道”和“人道”统一起来研究是中国儒家学说的一个特点。这一哲学思维模式正因为其与西方哲学的思维模式的不同而可贡献于人类社会。

### （二）中国道德文化的传统理念与全球政治

全球化是当代世界经济政治发展最根本的特征和不可逆转的历史潮流，它已经、正在和将要对世界经济、政治、文化产生广泛而深远的影响。

随着经济全球化的迅速发展，各国的主权在弱化，原因在于市场经济的地理扩张倾向。市场经济是极富穿透力的一种力量，其逻辑是将经济活动集中便于生产并获得高额利润的地方。全球化本质上是无国界经济逐渐发展的过程，它要求国家减少干预，甚至让渡部分行政决策权。这使国家主权的神圣性大打折扣，传统边界也变得日益模糊，国家的职能越来越多地被削弱。如与国际接轨、参与一体化限制了国家的经济决策权；对外开放影响国家对资源和领土的管理权；跨国公司使单一国家难以对它进行完全控制和左右；无国界经济侵蚀了公众对祖国的忠诚感；国际协调机构“吞噬”一厂一国的部分行政权等等。正如有的观点认为的那样，全球化的基本矛盾是作为全球化基础或核心的市场经济要超越国家，而国家要维护自己的主权和利益。

从理论上看，主权让与对发达国家和发展中国家来说都是对等的，而且都可以共享。但实际上在这个过程中，首先受到冲击的将是弱小的发展中国家。发展中国家的发展在全球化的背景下将更加倚重发达国家的资金、技术、信息、管理；信息与通讯技术的发展使发展中国家的边界变得异常脆弱，发达国家凭借高科技可以轻而易举地窥视、截取别国的信息；经济运行与高科技的紧密结合，使发展中国家处于高度危险之中，如金融系统一旦遭到入侵，国民经济将面临巨额损失；国际组织作用的增强，使发展中国家越来越难以保持经济独立性，被迫出让一部分主权。如以发达国家为主导的国际货币基金组织提供的援助贷款，就是以无情侵蚀发展中国家主权为条件的。这一切正在使发展中国家主权的本质发生重要的变化，而且也深刻地改变着世界政治经济的面貌。

从近期看，如上所述经济全球化的天平大大倾斜，加剧了经济发展的不平衡，引发“富者愈富、穷者愈穷”的马太效应，这尤其有利于实力超群的美国扩

① 《庄子·秋水》。

张其霸权主义势力，使它能够以其强大的经济实力分享更多的经济全球化利益，进而支配经济全球化朝着符合自己国家利益的方向发展。这无疑会对多极化带来负面影响，使多极化进程充满艰难坎坷；从长远看，经济全球化又有利于多极格局的形成。在经济全球化的条件下，国家利益的追求方式也正在改变。长期以来，传统的国际政治体系中所遵守的游戏规则是非输即赢的“零和博弈”。因此各国传统的追求国家利益的方法是以排他和唯我为基础的，本国的安全与发展往往以他国的不安全和不发展为前提。在经济全球化的背景下，各国经济日趋融合，你中有我，我中有你，任何国家在追求本国国家利益的同时不得不考虑他国的国家利益，甚至在某些情况下还不得不为了双方或全体的共同的和更大的利益而放弃某些自我利益，以努力造就国际经济关系中的“双赢”。

因此，经济全球化是多维度的、开放性的增长模式，这有利于各种经济力量的协同发展；而且经济全球化是一把“双刃剑”，它既可以增加一国经济发展的机会，也可以加大一国经济发展的风险，会加剧各国经济实力的消长变化，从长远来说会改变“富者恒富、穷者恒穷”的局面，从而为多极化发展创造了新的条件。因此，经济全球化对政治多极化的影响是复杂的。从理论上看，经济全球化最终会导致政治多极化，从实践上看，经济全球化目前加剧了各国力量不平衡。可以说，伴随着经济全球化，政治多极化总体势头不改，但面临的不会是平稳的发展的坦途，而是要经历一个漫长曲折的进程，其间还可能出现停滞和反复。

全球化使爆发大规模战争的可能性降低了。在全球化的推动下，越来越多的国家卷入更深层次的、更大范围的国际分工，跨国公司的投资与技术转让活动又把各国的生产、经营、销售更加紧密地联系在一起。全球共同利益加深了各国间的相互依存、相互渗透和相互制约，提高了经济在国际关系中的地位，所以大国之间用经济竞争代替了军事对抗，彼此不大可能也没有必要再兵戎相见，从而大大减少了世界战争的危险。特别是世界经济正在进入信息化时代，经济全球化的主要动力已不再是寻找和获取廉价的自然资源，而是控制和拥有掌握科技知识的技术人才。这种变化也使战争失去了往日的作用。

但另一方面，在大规模军事冲突减少的同时，各类国家之间、某些国家内部的利益矛盾可能会随着全球化程度的加强而深化，且呈现出更为复杂的矛盾状态。其间，发达国家之间、发达国家与发展中国家之间、发展中国家之间将会围绕着全球化责任与利益分配等问题在几乎所有领域展开抗争，南北矛盾尤其突出。这是影响未来安全的首要因素。其次，全球化强化了跨国性社会思潮和运动的影响。通讯手段的革命，使国家对这些思潮和运动无法做到绝对的控制，但它们对国家的影响却是绝对的。现有的国家是以民族认同和历史联系为基础的，在全球化的冲击下，种族认同、民族自觉正在动摇着传统的阶段认同、政治归属，威胁着民族国家的统一，使原来比较稳定的民族国家结构出现了松动，一些国家内部的极端民族主义、地方主义正要求脱离原来的国家，这是造成地区动荡的重要原因。

当今全球性危机越来越多，越来越严重，中国的传统文化和国家意识也面临着严重威胁。对于全球化语境下的政治文化交流、冲突和融合，我们必须采取积极的应对策略，而中国的传统道德政治文化则是其中的重要资源。

我们对中国传统道德政治文化的正确态度应当是扬弃，而不是笼统地发扬，更不是不负责任地抛弃。

中国传统政治思想的根本出发点就是“民本君主”，强调君王和臣民是整个政治体的组成要素，密不可分。对于二者的关系，中国古代思想家虽然强调“民本”，但实际上几乎都是把维护封建君主的统治放在第一位的，而且认为君与民的关系是天定的。由此，引申出一整套封建秩序观、价值观以及个人的行为规范。可见，以“民本君主”为根本特征的中国传统道德政治文化是一种非民主主义的政治文化，其中的等级观念、唯心主义及自大排外等成分的作用是消极的，与我国社会主义民主政治及世界民主潮流是不相适应的，应予以抛弃，故此处不多赘述。

从积极的方面来看，第一，中国传统道德政治文化强调个人修养，特别是道德修养，这集中体现在融合了中国传统的君子观上。作为传统道德理念中的完善人格，君子应该以道德为本，为人诚心，待人宽容，无私无畏，注重学习，强调个人反省，等等。可以说，这些观点对于个人和社会、中国和世界，不管过去、现在还是将来，都具有非常积极的作用。第二，与西方强调个人主义的“人权”观念、“丛林原则”或“社会达尔文主义”相反，中国传统道德政治文化则非常强调“和”，即人与天和、人与人和、人与己和，“和”成为中国传统道德文化中一个关键性的概念。中国传统道德政治文化讲究“大同”理想，而不是“化”，对于不同事物，特别是异质文化，主张“和而不同”，始终优先考虑社会的和谐共存，考虑到人与人之间“群”的“和合”关系。当然，也强调“分”，荀子说：“人生不能无群，群而无分则争，争则乱，乱则离，离则弱，弱不能胜物”[①]。“群”指的是人的社会性，“分”则是指人的个性。这个“分”，要靠“礼义”来维持：“先王恶其乱也，故制礼义以分之”[②]。第三，新教伦理重商重利，无止境地追求财富；而中国传统道德政治文化却非常注重“度”，讲究“中

① 《荀子·王制》。

② 《荀子·礼论》。

庸”，秉承老子“知止不殆”的古训，认为偏激极端是纷争与痛苦之源，万事不能太过，只有恪守中庸之道，才能和睦快乐。中国的智者早就深明一个道理：让百姓深陷穷困将导致社会动荡，并危及统治者自身。早在《论语·尧曰》里，有已经记录了尧对舜的告诫：“四海困穷，天禄永终。”反观西方国家，在个人主义和商品经济的刺激下，追求“利润最大化”，不惜世界其他地区的贫困与动荡。这实际上是短视和片面的社会达尔文主义，与中国传统的“和为贵”“均产”精神、不致社会贫富差别过大的理想相违背。第四，在中国传统道德政治文化中，对个人私利是不加颂扬的，而是强调“天下之利”“国家之利”。在这样一种文化背景下，传统的中国人表现出高度的政治认同倾向，突出地表现在对民族的认同、对国家的认同和对基本政治规范的认同上，从而确立自己的切身利益与国家、民族的总体利益的统一性以及自己的价值所在，自觉地把自己当作整个民族和国家的有机组成分子，当本民族遭到外族的侵略和压迫时便表现出强烈的爱国精神。这种思想观念对于当今中国以及其他同样面临西方同化危险的国家来说，具有重要的借鉴意义。

在整个中国传统道德政治文化体系之内，需要进行发扬的包括人文精神中的“义利”之辩、社会伦理中的“人和”精神、与自然关系的“天人合一”、政治智慧中的“为民”观念、经济道德中的“均产”精神等等。所有这些观念，完全可以让我们自信自尊地面对西方重商重利、个人主义、对其他文化行“霸道”、对自然环境无度扩张的文化精神。

### （三）中国道德文化的传统理念与文化竞争

当前国际整体环境趋于平稳，军事手段不再成为国家实现自我利益的主要方式，文化博弈在国际交往中的地位日益凸显。相较于其他途径，文化的渗透能够从根本上改变一个国家和地区的思想观念，从而让文化输出国得到更深层次的认同。在经济全球化的浪潮中，文化的竞争达到了白热化：一是全球化进程为文化传播提供了广阔的场域，文化借助商业文明的力量突破了地理空间的限制，在世界各个角落传递、交汇；二是全球化进程为文化传播提供了丰富的载体，大众媒体、商业产品、艺术作品等等都成为文化宣传的有力工具。在这种背景下，没有任何文化可以躲避与其他文化的交往、碰撞，相反，文化的直面交锋成为新常态。经济全球化与文化之间不是单向的关系，两者相互作用、互相影响。文化输出也正成为国家在全球化过程中谋求利益最大化的重要路径。

以美国为首的西方资本主义发达国家在当前文化博弈中无疑处于优势地位。有数据显示，美国等西方国家垄断了80%以上的新闻信息，信息传播量是其他国家的100倍。[1] 一些国家和地区在劣势中逐渐失去了文化话语权，甚至导致思想意识形态的颠覆，这一点在东欧等地区表现得尤为明显。文化的摇摆不定让这些国家和地区陷入了政治困境和社会混乱。

我国也面临着同样的威胁。西方国家自冷战时代开始就发起了针对社会主义国家的文化攻势。随着苏联的解体和东欧的巨变，西方的文化强势表现得更加明显。它们对我国的文化输出也越来越频繁。值得庆幸的是，我们在西方的文化面前保持了清晰的认识，坚持社会主义根本方向、坚持党的坚强领导，赢来了与苏联、东欧完全不同的命运。我国综合国力大幅提高，业已成为全球第二大经济体，是国际舞台的主要力量之一。我国国际地位的迅速上升，潜移默化地推动世界格局的改变，也导致过去隐含的矛盾开始逐渐显露。美国等西方国家为了维持它们主导的局面，采取各种手段压制我国的崛起，文化输出长久以来都是其压制策略的主要组成部分。另一方面，在综合国力的助推下，我国担负着更多的国际责任，也有能力伸张合理的诉求，与西方等国家话语权的竞争日渐激烈。在此背景下，凭借何种文化力量、采取怎样的文化姿态应对国际话语权的张力，成为我们面临的重大战略问题。

作为拥有五千年悠久历史的文明国度，我国有着丰富的文化资源。但我国离世界文化强国的定位还存在距离。自鸦片战争以来，我国对于民族文化和西方文化的态度经历了曲折的过程。面对西方列强的坚船利炮，我国一度对自己的文化产生了质疑，形成了对于西方文化的过度推崇。从提出“师夷长技以制夷”的口号开始，西方文化强势渗入，严重挫伤了我们的文化自信，以至于我们甚至对自己的文字和语言都产生了排斥和否定。改革开放初期，西方在经济、技术等领域的领先地位再次为它们的文化输出创造了有利条件。不可否定，西方文化传播也为我们带来了先进的理念和积极的文化元素，丰富了我们的文化生活。但与此同时，它们也对我国政治思想和民族文化带来了严峻挑战。在政治领域，西方从未放松意识形态的渗透，试图动摇我国的社会主义道路。在生活领域，西方文化中的陈腐观念，如拜金主义、个人主义侵蚀着民众的思想、道德，出现了唯利是图、金钱至上、拒斥高尚的不良风气。更为严重的是，一些人开始以西方文化为参照批评、贬低民族的优秀文化传统，滑向道德虚无主义、道德相对主义，严重扰乱了健康的社会秩序。在对西方文化的盲从下是民族文化的失语。我们逐渐意识到，如果不以批判精神反思西方文化，我们将难以改变文化的弱势。要实现国家的全面崛起，我们必须首先找到与西方平等对话的文化体系，有着数千年积淀

① 方立：《全球化进程中国际经济、政治、文化关系的相互渗透与影响》，载《理论前沿》2000年第21期。

的民族传统文化无疑是提升国家软实力的根本支柱。

提升文化软实力、建设社会主义文化强国是实现“中国梦”的关键环节。习近平总书记明确指出：“要弘扬社会主义先进文化。深化文化体制改革，推动文化事业全面繁荣、文化产业快速发展、不断丰富人民精神世界、增强人民精神力量，不断增强文化整体实力和竞争力，朝着建设社会主义文化强国的目标不断前进”。[①] 提高国家软实力的核心在于建立、传播我国核心价值观念，全方位展示我国文化的独特内涵与魅力。中华民族传统文化早已融入华夏儿女的血液之中，成为我们的文化基因。在悠远的历史长河中，传统文化已经展现了旺盛的生命力，而且迸发出绚烂的光芒。习总书记对于传统文化的现代价值有着非常深刻的洞见，他提出了让传统文化走向现代的整体方略——“中华民族创造了博大精深的灿烂文化，要使中华民族最基本的文化基因与当代文化相适应、与现代社会相协调，以人们喜闻乐见、具有广泛参与性的方式推广开来，把跨越时空、超越国度、富有永恒魅力、具有当代价值的文化精神弘扬起来，把继承传统优秀文化又弘扬时代精神、立足本国又面向世界的当代中国文化创新成果传播出去。”[②] 植根于传统文化的肥沃土壤，构建属于自己的话语体系，是我们在文化竞争中形成自身优势的必然选择。

### （四）中国道德文化的传统理念与普世伦理

在人类社会中，有一些价值表现出普世性，即那些在现实生活中超越宗教、国家、民族的，任何一个身处现代文明的人类，只要本于良知与理性皆认同之价值、理念，如对于生命的尊重、对于自由的追求等。但是在不同语境中，对于价值的理解却存在差异，所以虽然存在着普世性的价值，却难以转换形成普世性的伦理体系。就自由价值而言，就存在着西方语境中基于个人主义的自由与马克思主义所倡导的集体主义的自由之分。即便在西方文化内部，也划分了积极的自由与消极的自由。在多元文化并存的今天，如何达成伦理的共识是人类文明面临的重要问题。中国“和谐包容”“和而不同”的“和”文化为解决这个世界性的难题提供了宝贵的资源。

面对全球性挑战，如贫困、战争、恐怖主义、文明冲突等问题，西方价值观拿不出有效的对策。中国作为世界上唯一维系了数千年而没有中断的伟大文明古国，其传统的“和”文化在不断演变和发展的过程中孕育了普世的人文理念和终极关怀。“和”能不能成为普世价值？没有“和”，还能剩下多少“自由、民主、

① 习近平：《习近平谈治国理政》，外文出版社 2014 年版，第 160 页。
② 习近平：《习近平谈治国理政》，外文出版社 2014 年版，第 161 页。

人权”？以强调“对抗”为特点的西方“霸权主义”能不能从“和谐包容”的中国传统文化中受到启迪？

社会和谐——既是古今中外对社会的共同预期，也是人们对理想世界的预期。古今中外历代君王、各党派政府无不想建立强大、富足、百业兴旺、百姓安居的社会。从西方的《理想国》《乌托邦》和《太阳城》到卢梭的《社会契约论》，从中国古代的“桃花源”到康有为的《大同书》，以及共产主义社会的总结，都反映了人们对理想社会形态的期望。和谐社会，广义上来说是全体人民各尽其能、各得其所而又和谐相处的社会；用社会运行论的术语来说，是良性运行和协调发展的社会。面对人类自身的多重危机，我们如何正确地处理和协调不同社会阶层、社会群体之间的利益关系？它需要以和谐统一的思想为指导，需要有中国传统的讲求“以和为贵”的思想来调和，以其深刻的道德内涵即“和而不同”的伦理观来化解。

在中国传统文化中，“和”是两个以上不同事物之间的作用，“不同”是“和”的条件，“和”是“不同”的结果。不同既是和谐的本质特征，也是和谐的源头活水。在全球化时代，如何化解“文明的冲突”，促进人类文化事业的繁荣与人类文明的进步，关键就在于秉持和而不同的理念。尊重差异、反对同质化，是和而不同思想在全球化时代各种文化相互激荡背景下的体现。“文明冲突论”的主旨是以同求和，而不是以不同求和，这不仅不能消除各文明之间的冲突，而且将进一步激化这种冲突。“和而不同”既可以保持各个民族文化的特色和优势，使世界文化呈现出百花竞妍、丰富多彩的生动局面，又可以使各种文化通过相互交流与融合，取长补短，互促共进。

在我国多民族文化交流的历史中，汉族有过许多次与匈奴、契丹、女真、蒙古、满族等的冲突与融合的经历，中华文化正因为民族文化的多元化而保持其活力与生机，中华文明也因此成为当今世界上唯一没有中断过的古代文明。“文明冲突论”者秉持斗争思维，谋求文化霸权主义，是与时代潮流和文化发展的规律相悖的。“和而不同”就是多元互补。在中华文化的发展过程中，多元的文化形态在相互接触中相互影响、相互吸收、相互融合，共同形成中华民族“和而不同”的传统文化。当今世界，面对利益和价值的多元化，在不同中求和谐已经成为时代诉求。和而不同之所以应成为不同国家、不同民族的共识，是因为它追求融各种“不同”于一体，并取各种“不同”之长的“和”，是能促进世界各民族文化走向大繁荣、大发展的“和”。

在全球化背景下，国际的交流、经贸流通和信息交换已越加频繁。所以，现代社会是一个国际性的流通的社会。现代国际社会真正不通的地方表现在不同族群之间的观念和情感方面，即心灵不能沟通。国家之间、民族之间不能互相理解和体谅，存在着隔阂、成见、歧视，甚至敌对与仇恨。由于历史积怨颇深，有些仇恨世代相传，很难化解。普世伦理的实行在这些地方会遇到很大的困难。这一方面要求本族、本国的远见卓识之士，以其大智慧、大魄力从事开导工作；另一方面彼此要通过各种渠道进行对话和交流，在不断地接触中交流感情，交换观点，打破心理障碍，逐渐消除偏见和宿怨。历史和现实证明，凡是有“和”的地方便有包容，便有道德；凡是不和的地方便有野蛮，便有欺诈。所以凡热心于普世伦理的人，首先要倡导推动和平对话，包括宗教对话、文化对话、民族对话、地区对话、政府对话，使和平对话成为风气，成为潮流。有了对话，便会有相互理解；有相互理解，自然会发现彼此更多的一致和贯通的地方。

普世伦理只能在不断的、广泛的对话沟通中形成，不能靠少数人的预定方案加以推广。通过不同文明间的对话而建立普世性的伦理，其急迫性已变得刻不容缓。处在整合自我、社会、自然和天（命）关系过程中的中国传统和文化，应该被视为一种丰富的资源受到高度重视，使它通过学术的转化而服务于全球化的社会。“和”用之于国际政治，便是承认一切国家、一切民族的主权尊严和自主选择发展道路的权利，在平等的基础上，对话沟通，交流合作，实现良性互补；对于一切历史遗留纠纷和现实争端，都坚持用和平谈判的方式解决，而不诉诸武力。“和”用之于文化，便是用文明对话取代文明冲突，扩大交流，相互学习，共同保持这个世界精神生活的多姿多彩。“和”用之于道德，便要打破以邻为壑的狭隘性，把爱族爱国之心，推广到爱别人之族别人之国上去，实现真正的博爱，至少应该淡化族群仇恨心理，保持起码的人类同情心。“和”并不反对一切斗争，有差别就会有对立，有矛盾就会有斗争。问题在于要把对立与斗争引导到公正而健康的轨道，即按照共同的规则进行和平竞赛，使人际、族际、国际之间形成你追我赶、相互促进、生动活泼的局面。

中国传统的“和”文化将会为普世伦理的建设提供有价值的理念，这种理念的高明之处不仅在于提出一些人类共同的道德范畴，更在于提出正确处理文化差别、道德差别的恰当方式，这就是“和而不同”的原则。有了这个原则，我们建设的道德伦理彼此既可以相通，同时又保持着各自的特殊性和整体的多样性、丰富性。这样的普世伦理才具有现实性和真正的普遍性。总之，中国传统的“和”文化秉承着万物生生不息、大化流行的运命道体，又蕴涵着“人”的终极关怀的伦理价值。在儒家学者看来，只要是人，只要生活在天地宇宙间，只要有人的生命情怀，他就一定还有天地良心，他的伦理价值就是普世的、全球化的。

中国传统文化作为一种深厚的资源，具备以下普世性优势：

第一，崇尚自然。西方文化过于强调科技的作用，导致人对自然过度的利用和开发，而传统的东方文化有着“天人合一”的传统，主张“道法自然”。中华文化传统推崇《易经》，就是讲阴阳相合而成统一的太极（宇宙），“天人合一”就是中国传统的宇宙观。大一统的概念就是这“天人合一”的一种表达。反对“天人对立”，反对无止境地用功利主义态度片面地改造自然来适应人的需要，而主张人尽可能地适应自然。在后工业文明的当下，全人类普遍面临气候变化、能源危机、恐怖主义等世界性问题的困扰时，“天人合一”的人与自然价值观，对解决和缓解上述困境有着极其重要的积极意义。

第二，主张柔顺。《说苑·敬慎》曾有记载：常摐有疾，老子往问焉，曰：“先生疾甚矣，无遗教可以语诸弟子者乎?”常摐曰：“子虽不问，吾将语子。”常摐曰：“过故乡而下车，子知之乎?”老子曰：“过故乡而下车，非谓其不忘故耶?”常摐曰：“嘻，是已。”常摐曰：“过乔木而趋，子知之乎?”老子曰：“过乔木而趋，非谓敬老耶?”常摐曰：“嘻，是已。”张其口而示老子曰：“吾舌存乎?”老子曰：“然。”“吾齿存乎?”老子曰：“亡。”常摐曰：“子知之乎?”老子曰：“夫舌之存也，岂非以其柔耶？齿之亡也，岂非以其刚耶?”常摐曰：“嘻，是已。天下之事已尽矣，无以复语子哉!”①

南宋辛弃疾的《卜算子·齿落》便引用了这个典故：“刚者不坚牢，柔者难摧挫。不信张开口了看舌在牙先堕。”礼乐之治需要刚柔相济，礼治需要维持秩序，需要实力，所以重刚；而乐治需要和谐，需要和平，所以重柔。以柔济刚是中华民族和平思想的基础。自从春秋战国时起，经过汉唐元明清直到今天，已经成为中国的文化传统：和平对话与多方交流也是当今国际社会普遍认同的价值。

第三，强调“中庸”。中国传统文化以“仁义礼智信”为基础，其主要内核是博大精深的“和合”与“中庸”思想。“和合”强调“和而不同”与多元共存，崇尚“和为贵”、反对战争和征伐。主张不偏不倚、无过而无不及，强调“己所不欲、勿施于人”的忠恕之道。这些思想塑造了中华民族的独特个性，成就了中华文化和中华民族生生不息的生命力。

第四，融合多民族。中国传统文化是伴随中华民族的发展而发展起来的，与中国历史进程的变迁紧密相连。随着华夏族、汉族的活动范围越来越大，疆域不断向外拓展，民族之间的交往日益密切，各民族之间的融合范围亦趋宽广，及至19世纪中叶以后，不仅“中国”专指我国国家领土疆域，而“中华民族”也逐渐演进为全部中国境内诸民族的总称。一个民族的精神文化，往往蕴藏着传统文化中最深的内涵，保留着形成该民族文化的原生状态以及各民族特有的思维方式等。可见，中国传统文化是一个丰富博大的有机整体，既包括汉民族的文化，也包括各少数民族的文化，既包括悠久的古代文化，也包括近代和现代文化。中国

① 刘向：《说苑·敬慎》。

传统文化的涵义是极富深蕴的，对中国传统文化涵义的阐释也应是多层次、多角度的。

### （五）中国道德文化的传统理念与和谐世界

2005年9月15日，国家主席胡锦涛在联合国成立60周年首脑会议上发表了题为《努力建设持久和平、共同繁荣的和谐世界》的重要讲话，在当今世界最大国际组织的首脑会议上，第一次由国家元首向全世界发出了建设“和谐世界”的声音，也是第一次由中国元首向全世界发布由中国原创的未来世界蓝图，这将是人类文明史上具有里程碑意义的重大事件。12月6日，温家宝在法国巴黎综合理工大学发表题为《尊重不同文明，共建和谐世界》重要演讲，对和谐世界做了进一步的阐释。同年12月31日在2006年新年即将来临之时，胡锦涛又在北京通过中国国际广播电台发表了题为《携手建设持久和平、共同繁荣的和谐世界》的新年贺词，向世界传达了中国追求和谐世界的崇高理念，引起了国际社会的普遍关注。

“和谐世界”的提出体现了中国政府对当前世界秩序的一种建设性态度，体现了中国希望在国际社会能够出现各种文化融合，各相争鸣的和谐景象。“和谐世界”理念是“和谐社会”主张的自然延伸，对内构建“和谐社会”，对外构建“和谐世界”，构成了中国内外政策的有机整体，成为新一届中国领导集体推行的“以人为本”执政理念的重要指标。

“和谐”理念是中国传统文化的精华，是中华民族智慧的结晶，是中华文明生生不息的精神支柱。“和谐”观念源于中国传统文化中的“和合”思想，“构建和谐世界”是对“和合”思想的传承和发扬，“和合”思想是“构建和谐世界”理念的思想基础。

中国传统文化在本质上是一种注重和谐与统一的内向型和平文化。中国传统和谐文化在价值取向上，首先表现为“以和为贵”。早在春秋时期，就有以和为美的审美价值取向，《左传·鲁昭公二十一年》中说：“小者不窕，大者不摦，则和于物。物和则嘉成。故和声入于耳而藏于心，心亿则乐”。孔子是明确提出“贵和”思想的第一人，他说：“礼之用，和为贵。”[①] 孔子在这里肯定了和谐的价值以及“和”在治国理政中的作用。孔子一向主张和平，坚持“和为贵”，相信和平是解决争端、化解矛盾最好的手段，一般情况下都优于战争或其他暴力手

① 《论语·学而》。

段，任何时候都不可轻易“谋动干戈于邦内”①。“和也者，天下之达道也”②。朱熹是这样解释“达道”的，“达道者，循性之谓，天下古今之所共由，道之用也”③。“和”是天下万物所应遵循的普遍准则。中国传统和谐文化的价值取向还表现为“和实生物”，和谐是事物存在的基础和发展的必然要求。“和”是不同事物之间的相互配合与作用，不同事物的相互配合才能产生新的事物。“和乃生，不和不生”④“和则一，一则多力，多力则强，强则胜物”⑤。“万物各得其和而生”⑥ 等，都是“和实生物”思想的延续。

中国传统文化十分注重“和为贵”，认为人与人之间、民族之间、国家之间的团结互助、友好相处、和平共处是人类社会的最高境界，和谐世界思想充分体现了传统文化中的这种“以和为贵、和实生物”的思想。和谐世界的两个基本特征是“持久和平”和“共同繁荣”，这正是对“以和为贵”和“和实生物”思想的继承和发扬。和平共处是建设和谐世界的基石，只有坚持“以和为贵”的共同理念，才能做到和平共处，达到和谐共处，最终实现世界的持久和平。建设和谐世界，不仅要实现和平共处，而且要促进和睦与合作。此外，和平才能发展，合作方可进步，实现和谐世界的“共同繁荣”，必须坚持“和实生物”的价值理念，没有和平，不仅新的建设无以推进，而且以往既定的发展成果也会因战乱而毁灭。“和”乃事物的相互配合，“和”是新事物产生的前提，彼此和睦、相互合作才能促进世界的进步与发展，才能最终建成“共同繁荣”的和谐世界。

文明多样性是人类社会的基本特征，也是人类文明进步的重要动力。开放、包容、兼收并蓄是中华文明的重要特点，中国所倡导的和谐世界也是一个坚持包容开放、实现文明对话的世界，一个反对同一化、反对单边主义，提倡和推进多边主义，主张多样性的世界，这与中国古老传统智慧——“和而不同”思想有着异曲同工之妙。“和而不同”是中国传统和谐思想的本质，也是建设和谐世界的本质要求。

孔子从伦理道德的角度强调：“君子和而不同，小人同而不和。”⑦“和”，指的是不同事物的统一与和谐；同，则是单一相同事物的堆积、同一和简单相加。春秋时期的齐侯与晏婴的一段对话就是关于和同之辩的：

“公曰：‘和与同异乎？’对曰：‘异。和如羹焉，水、火、醯、醢、盐、梅，

---

① 《论语·季氏》。

② 《礼记·中庸》。

③ 朱熹：《中庸章句集注》，上海古籍出版社 1987 年版，第 1 页。

④ 管仲：《管子》，上海古籍出版社 1989 年版，第 153 页。

⑤ 《荀子·王制》。

⑥ 《荀子·天论》。

⑦ 《论语·子路》。

以烹鱼肉，燀执以薪。宰夫和之，齐之以味；济其不及，以泄其过。君子食之，以平其心。君臣亦然。君所谓可而有否焉，臣献其否以成其可；君所谓否而有可焉，臣献其可以去其否。是以政平而不干，民无争心……若以水济水。谁能食之？若琴瑟之专一，谁能听之？同之不可也如是。"① "和而不同"就是强调事物多样性的辩证统一，反对将事物看作是单一的片面性。"和"与"同"不一样，"同"排斥"异"，而"和"不仅要容纳"异"，而且必须有"异"。"和"并不是没有斗争，而是使斗争的各方实现和谐相处，从而促进事物向前发展，不断产生新事物，营造新天地，"同"则不能产生新事物，正所谓"和实生物，同则不济"。

和谐世界思想包含着浓厚的"和而不同""求同存异"的理念。"和而不同"思想是中国几千年政治智慧的珍贵结晶之一，将它运用于国际关系领域是一个创造。在国际关系上，和而不同指的是一个民族、一个国家在保留和弘扬自己优秀文明传统、展示自己个性、追求自己权益、发挥自己作用的同时，必须承认世界的多元性、多样性，容纳不同文明的存在和发展，承认别国也有展示自己个性、追求自己权益、发挥自己作用的权利。世界各国之间的包容精神，是国与国之间建立和谐关系的基础。胡锦涛在联合国成立 60 周年首脑会议上强调，坚持包容精神，共建和谐世界，他指出："存在差异，各种文明才能相互借鉴、共同提高；强求一律，只会导致人类文明失去动力、僵化衰落。各种文明有历史长短之分，无高低优劣之别。历史文化、社会制度和发展模式的差异不应成为各国交流的障碍，更不应成为相互对抗的理由。"② 这表明，不同意见的存在是正常的，不可避免的，和谐世界不是要取消不同意见，归于同一；而是要和而不同、相互合作、求同存异，在不同意见中和谐共处、共生。

我国优秀的以"和合"为核心的和谐文化传统，经过数千年的积淀和发展，成为中国传统文化的精髓，已经深深地融入中华民族的血脉之中，成为中华文明的基本特性和重要价值取向。在人与自然的关系上，我国传统文化强调天人合一，认为人类社会在大自然中生成并发展，是大自然的一部分，重视并尊重自然规律；在人与人的关系上，强调以和为贵，提倡宽和处世，重视家庭和睦、融洽相处；在国家与国家的关系上，强调协和万邦，重视睦邻友好、互利互惠。这些优秀的中国传统文化为我们今天建设和谐文化提供了丰富的思想资源和优良传统。"和谐"一词有着深厚的中国文化底蕴与内涵，是中国几千年来文化道德的精髓。

---

① 《左传·昭公二十年》。

② 胡锦涛：《努力建立持久和平、共同繁荣的和谐世界——在联合国成立 60 周年首脑会议上的讲话》，http：//politics. people. com. cn/GB/1024/3699888. html。

和谐世界思想是中国和平发展战略的重要组成部分，这一思想的提出有力地反击了所谓的“中国威胁论”，而更加证明了“中国发展得越强大，世界和平越靠得住”的观点。和谐世界思想的提出同时也有力地反驳了“文明冲突论”，对于维护世界文明的多样性和建立国际政治经济新秩序具有重要作用，体现了中国对于国际社会的一种自觉、主动和负责任的精神，具有很强的国际意义。这一孕育于中国优秀传统文化之中的和谐世界思想，是对中国传统的“以和为贵”、“协和万邦”“天下大同”“仇必和而解”等优秀文化在新时期的继承和发展。深入探索和谐世界思想的中国传统文化根源，对于提高中国传统文化的国际地位和影响力，丰富和发展和谐世界思想，都是非常有益的。

## 二、中国道德文化的传统理念与现代践行之现实需求

中国道德文化的传统理念与现代践行有着深刻的现实意义，也有着强烈的现实需求。从传统经济模式向市场经济的转型需要道德文化的保驾护航，如何在市场经济的冲击下继承和发扬中国传统道德文化的精华，这是时代提出的新问题与新要求。社会主义和谐社会、资源节约型、环境友好型社会的构建，更离不开对中国道德文化传统理念的现代继承与践行。中国的传统文化作为人类文化的一部分，有着丰富的民主政治制度建设理论、思想资源；中国的民主政治建设是对传统文化的扬弃，全面分析中国传统文化对民主政治建设的影响，发挥其积极因素，扬弃其不利因素，以推动中国民主政治建设，具有重要的意义。当代中国社会正处于一个重要的转型期，由于东西方文明互相碰撞和社会节奏的加快，使得人们在追求物质需求和享受的同时，往往忽视了精神世界的发展，出现某些“道德滑坡”现象。这更加需要通过中国道德文化传统理念的现代继承与践行来解决，中国传统道德理念在本质上体现了主体德性的提升和良好行为习惯养成的逻辑统一，把人的美德和善行作为人们道德追求的价值目标，通过对个体德性和良好行为的教育和培养，使每个人在共同的社会生活中，在实现自己利益的过程中都应该有道德上的准绳。中国道德文化，也是一种优秀的文化。在优秀的传统文化陶冶下，中华民族逐渐形成了崇尚气节，富于革命传统，自强不息，顽强拼搏的内在精神，社会主义先进文化的建设，更是需要继承和发扬这种优秀的文化。

### （一）中国道德文化的传统理念与市场经济

在深化改革、完善市场经济制度的艰难过程中，中国人传统的价值标准、道德观念在受到迅速变化的经济关系、社会生活影响的同时，还会受到以市场经济为背景的西方文化的冲击，发生嬗变、重组，以至改头换面。于是，有人认为，

以自然经济结构为基础的中国传统道德文化和市场经济是根本对立的。要搞市场经济，就必须借鉴、移植西方文化，消解、超越传统的中国文化。其主要根据是：自然经济和商品经济是两种对立的经济形式。中国传统道德文化是建立在自然经济结构上的伦理型文化，以求善为目标，注重对人际间社会关系的研究，不关注人与自然的关系，缺乏科学精神。因而，中国传统道德文化和具有流通性、开放性、社会性特点的市场经济难以协调融合。这种观点仅从社会存在决定社会意识、经济基础决定上层建筑的历史唯物主义基本原理考察，而忽视了其间的反作用力。从意识形态对社会存在有积极的反作用的唯物史观看，恰恰是因为中国传统道德文化和市场经济之间的不对称、不协调、不同步，它才对市场经济的发展完善在价值导向上有着积极的纠偏作用。西方文化传统是“主客二分”，富于实证的科学精神；中国传统道德文化是“天人合一”，蕴含着深厚的价值判断。中国传统道德文化和市场经济的整合，恰好弥补了浸渍市场经济机体的西方文化的不足，有利于市场经济臻于完善。

自强不息是中华民族重要的精神品质。中华民族之所以能生生不息，立于世界民族之林，对人类作出过重要贡献，都是与自强不息的精神分不开的。在五千多年的发展中，中华民族形成了自强不息的伟大民族精神。自强不息的民族精神最早见于《周易·象传》：“天行健，君子以自强不息。”意为有道德的君子应该效法天体的运行，刚健有为，努力进取，凭借自强，以达永不停息。孟子对这一思想进行了阐发，提出：“富贵不能淫，贫贱不能移，威武不能屈”。到了近代，民族危机日趋严重，魏源、王韬等人用“道器”范畴，康有为、谭嗣同、严复、章太炎、孙中山等人又发展了自强不息的民族精神。自强不息的精神，是靠自己的力量立身，人的命运完全掌握在自己手中，不能靠任何外部的力量；靠奋发有为立身。庸庸碌碌、得过且过的人是不可能立起来的；靠不断地开拓新视野和新境界，用永不倦怠的追求来不断创新、不断进步，只有自强才能不息。新时期“解放思想、实事求是的精神”“与时俱进、勇于创新的精神”“知难而进、一往无前的精神”“艰苦奋斗、务求实效的精神”“淡泊名利、无私奉献的精神”等，都是中华民族自强不息精神在社会主义市场经济中的具体体现。自强不息的精神品质与社会主义市场经济具有相容性，而且对社会主义市场经济具有积极的、巨大的促进作用。只有顽强拼搏、敢于创造、勇于开拓才有可能完成这一任务。只有自强不息，才能让我们这样一个有着悠久文化传统的文明古国再度焕发新颜，跻身于世界强国之林。

与市场经济关系最为密切的是中国传统道德文化中的义利观。传统的义利观是以道德文化所特有的概念“义”和“利”来表述的。“义”指社会认为“应该如此”的道德要求，“利”即指利益所得。这样“义”与“利”的关系问题就成了利益关系的核心问题。能正确处理这一关系的行为就是合理的求利行为；反之则是不合理的求利行为。正确处理义利关系，并不在于利益所得的多寡，而在于获取利益的手段和方式是否合理，即是否符合某种道德准则的要求。孔子、孟子所说的“义”和“道”，就是指一定的道德准则。这种理性的利益观与市场经济建设的要求是一致的。所有的市场行为都必须遵守一定的市场规则，所有的市场行为主体都应该具有理智、审慎、自律的行为特征。因此，应该将我国传统道德文化中的这种理性的利益观充分挖掘出来，使之服务于当前的市场经济。在我国传统道德文化中，义利关系涉及面相当广，十分复杂，确有一些思想是与市场经济不相容的。在具体运用于社会主义市场经济时，应注意以下几个问题。

首先，必须将“义”与“利”的概念赋予时代的内涵。在我国传统道德文化中，“义”主要指符合封建道德要求的道德准则；“利”则主要指封建统治者的利益。而在我国社会主义市场经济中所说的“义”，是指社会主义的道德要求；“利”则是指社会主义的大利和全体劳动人民的根本利益。

其次，对义利关系应该以社会主义市场经济的基本精神为基础进行理解。传统道德文化对义利关系的理解是重义轻利，重利轻义，义利并重等。在社会主义市场经济中对义利关系的理解，应着眼于义与利的结合和统一，而不应作孰先孰后、孰轻孰重的界定。当前进行社会主义市场经济建设，既是社会主义大利的需要，也是社会主义道德的要求，义与利的目标指向是一致的。

最后，在社会主义市场经济条件下，“义”不能简单、机械地理解为道德规范，而应作更为广泛地理解。利益机制是市场经济最基本的行为驱动方式，而利益驱动所导致的行为单靠传统形式的道德规范是无法调节的。因而，必须将道德要求以法律规范的形式确立下来，从而作为市场通行的准则。这样“义”就应该被理解为社会的“正义”“公正”。

传统道德文化中重整体利益的价值取向。儒家所说的“义”，既是一种道德准则，又是符合社会整体利益的行为，基本观点是整体利益至上。墨家在这个问题上表述的更明确一些，其基本的政治主张是“兼爱”，即“爱利国”“爱利天下”“爱利万民”，同样是把整体利益作为道德准则的内容。即使是主张“道德无用论”，宣扬人性极端自私的法家如韩非，也把“公利”摆在绝对优先的位置，认为“欲利而身，先利而君；欲富而家，先富而国”，要求人们“去私心，行公义”。重整体利益是传统道德文化的一个明显特征。这种整体利益意识可以运用于社会主义市场经济。在传统道德文化中，整体利益一般是指统治阶级的根本利益，即使含有劳动人民的利益，也是从统治阶级的长治久安的角度讲的。我们当前所说的整体利益，是指全体劳动人民的根本利益，这是我们进行市场经济建设的根本出发点和最终目标。也正体现了我国市场经济的中国特色。传统道德文化的整体利益实际上是统治阶级的根本利益，因而它将整体利益摆在绝对优先的位置；而劳动人民的利益则往往被视为“私利”，因此，才有“去私心，行公义”之说。我们应将整体利益与个人利益有机统一起来。我们强调社会整体利益，因为它是劳动人民根本利益的集中体现，即要在实现个人利益的过程中增进社会整体利益。有些人认为，整体利益优先是计划经济时代的产物，现在进入市场经济时代，再提整体利益显然不合时宜，这是不当的。文化传统是影响经济体制的组织形式与运作方式的重要因素。离开了本国的文化传统，任何好的体制都不可能发挥应有的作用。重视整体利益是我国几千年的文化传统，也是我国的文化特色。这一传统和特色不仅与市场经济的要求不相悖，而且能为社会主义市场经济建设提供强大精神动力。

中国传统道德文化不仅为中国经济发展提供一种精神上的推动力，而且提供某种“制动力”，使中国经济不致脱离常轨，保证社会各方面协调运转。不言而喻，一个没有文化推动力的社会将会衰退，而一个没有制动力的社会是极其危险的。从这一角度来说，制动力也是另一种推动力。中国要建立的社会主义市场经济本身就是一种伦理经济，有其内在制约机制和原则。但由于我国市场经济发育不健全，市场游戏规则没有完全成熟，导致经济生活中的种种负面现象，如某些企业唯利是图，某些个人为谋利不择手段，影响市场经济正常运行。而中国传统道德文化对这些行为有种“纠偏矫正”功能，它的一些经济道德资源让参与经济活动的主体有了主观的自主的软约束，警诫人们不致失去控制，从而保证市场经济健康、稳定、有序地运行。

当然，我们也应承认，传统道德文化中有一些因素是与当代社会主义市场经济经济生活中的行为规则相冲突的，例如，亲缘关系、人情观念、官本位意识等等。但正是这种冲突性才会产生张力，如果加以正确利用和限制，反而会对当代经济生活产生价值。总之，恰如其分地估量、尽力发掘和发扬古代传统道德文化在当代社会主义市场经济生活中的价值，无疑是一项有着重要意义、并带来重大实际效益的建设性事业。

### （二）中国道德文化的传统理念与和谐社会

早在西周末年，太史伯就提出：“夫和实生物，同则不继。以他平他谓之和，故能丰长而物生之。若以同裨同，尽乃弃矣。”[①] 在这段话中，太史伯区分了“和”与“同”两个不同的概念。“和”即“以他平他”，就是不同事物间的相互协调、相互配合、相互补充，和谐共处；“同”即“以同裨同”，就是同类事

① 《国语·郑语》。

物的简单相加。在太史伯看来，只有多种不同事物彼此和谐、协调并进，才能使世间万物得以生长发展；反之则难以为继。孔子进一步发展了“和同之辨”，明确指出：“君子和而不同，小人同而不和”[①]。在这里，“和”与“同”不仅是区别君子与小人的一种标示，而且是管理国家、治理社会的不同方法。“和而不同”思想的精妙之处在于，“和”中有“异”，“异”中求“和”，以和为贵。和谐而又不千篇一律，不同而又不相互冲突，和谐以共生共长，不同以相辅相成。这是社会事物和社会关系发展的一条重要规律，也是人们处世行事应该遵循的准则。“和而不同”显示了中国传统文化的博大精深和丰富智慧，对于我们在构建社会主义和谐社会的过程中，如何妥善化解矛盾，正确处理和协调不同社会阶层、社会群体之间的利益关系，极具启迪和借鉴价值。

目前，我国的人均 GDP 已经处在 1 000～3 000 美元，国际经验表明，这既是“黄金发展期”，也是“矛盾凸显期”。从实际情况看，我国社会总体和谐，但由于经济体制深刻变革，社会结构深刻变动，社会利益主体日趋多元化，公共需求急剧增长，出现了许多亟待解决的矛盾和问题，如城乡之间、区域之间发展不平衡，贫富差距扩大，农民收入增长过慢；下岗失业人员增多、就业压力大；住房、医疗、教育费用偏高，社会保障体系不完善，百姓负担过重；一些社会成员诚信缺失、道德失范，一些领导干部能力、素质、作风方面存在问题，一些地方干群关系比较紧张，等等。对此，我们毋庸讳言，应当承认差别和矛盾，对矛盾的性质及成因进行科学分析和正确判断。在此基础上，探索和研究解决矛盾的方式方法，并建立和完善相应的体制机制，努力使社会各方面的利益关系得到妥善协调、人民内部矛盾和其他社会矛盾得到正确处理、各方面积极性得到充分调动、社会公平和正义得到切实维护和实现，即全体社会成员能够“和而不同”“不同而和”，各尽其能、各得其所、和睦相处、多元共存。

天人关系是中国传统文化的核心问题之一，也是中国传统文化的独特境域。无论是儒家还是道家，都把天地万物视为一个有机关联的整体，认为人是自然的一部分，天地人我各系统要素间相互联系、相互依存。庄子就说，“天地者，万物之父母也。”北宋理学家张载用“天人合一”四个字明确概括了天地人我的相互关系。从“天人合一”的理念出发，传统文化认为人与自然只有处于协调状态，才能各得其所，生生不息。正如《中庸》所言：“致中和，天地位焉，万物育焉……万物并育而不相害，道并行而不相悖……此天地之所以为大也。”因此，反对破坏自然、一味地向自然界索取。《论语·述而》记载，“子钓而不网，弋不射宿。”孔子用鱼竿钓鱼而不用渔网横断河水来捕鱼，也不射杀归巢的鸟儿。

① 《论语·子路》。

这就是“取物不尽”。孟子主张“亲亲而仁民，仁民而爱物。”[①]“爱物”即友善对待自然万物，取之有时，用之有节。崇尚自然的道家更是坚持人与自然的一体观，提倡人与自然和谐相处。老子明确提出“人法地，地法天，天法道，道法自然”的著名原则，反对破坏自然，强调人要以尊重自然规律为最高准则，以崇尚自然效法天地作为人生行为的基本依归。庄子也希望人与自然和谐，达到“天地与我并生，而万物与我为一”的境界。

人类是从自然界分化出来的。人类的生存与发展依赖于自然，同时，人类的活动又会影响到自然的状态、结构、功能及其演化。近代以来，欧美国家在工业化发展过程中，对大自然进行掠夺式开发，使人类赖以生存的生态环境遭到前所未有的破坏，森林植被的毁坏带来了沙漠化日趋严重、水土流失加剧、自然灾害频繁、生物多样性锐减、温室效应加剧等一系列恶果，由此而造成的损失有些已经无可挽回。

在付出沉重的代价后，人类开始意识到，不能一味向自然索取，只有尊重自然，合理利用资源、保护环境，人类才能永续发展。对于中国这样一个后工业化的发展中国家来说，从发达国家走过的弯路中汲取教训、坚持科学发展更是当务之急。改革开放以来，我国经济发展突飞猛进，但一些地方片面追求发展速度，忽视生态环境保护，使人口、资源和环境等面临诸多问题和挑战。从环境方面看，长期以来，我们沿袭传统工业化模式，龙头产业几乎全是高耗能、高污染产业，据统计，环境污染引发的群体性事件以年均29%的速度递增。我国已提前进入环境事故高发期。

从资源方面看，我国的资源总量相对丰富，但由于人口众多，人均资源比较贫乏。全国第六次森林资源调查结果显示，我国的森林覆盖率为18.21%，只相当于世界平均水平的61.52%，人均森林面积不到世界平均水平的1/4，乱砍滥伐森林资源而造成的后果十分严重。水资源状况同样令人担忧，我国人均水资源占有量仅为世界平均水平的1/4，是全球12个贫水国之一。在一些缺水严重的地方如华北地区，由于过度开采地下水，导致出现了世界罕见的漏斗区。耕地面积的减少也是我国面临的严峻问题。国土资源部公布的2005年全国土地利用变更调查结果显示，截至2005年10月31日，全国耕地面积为18.31亿亩，比上年度减少了500多万亩，接近“十一五”规划确定的未来5年耕地保有量18亿亩的底线，人均耕地面积仅为世界平均水平的2/5。此外，一些能源和矿产资源也因开采过度而日趋贫乏。严峻的现实告诫我们：必须从根本上改变粗放型经济发展方式，保护好生态环境。这是关系到广大人民的切身利益、关系到社会主义和谐

① 《孟子·尽心上》。

社会构建和中华民族长远发展的重大问题。

十六届五中全会从贯彻落实科学发展观、构建社会主义和谐社会的高度，提出了建设资源节约型、环境友好型社会的奋斗目标。十六届六中全会深刻阐述了人与自然和谐相处的重大意义。十七大报告进一步强调，必须把建设资源节约型、环境友好型社会放在工业化、现代化发展战略的突出位置，明确提出了建设生态文明的要求。这是我们对经济社会发展道路经过深刻反思后得出的科学认识，也是对传统“天人合一”思想的批判继承、创新发展。十八大提出了全面建成小康社会的目标。

社会和谐归根到底是人与人的和谐。中国传统文化重视人际和谐，孟子就明确说：“天时不如地利，地利不如人和。”① “人和”即指齐心协力，协调一致，人际和谐。传统文化把个体的修身养性作为实现“人和”的条件，提出了一系列的方法原则。“仁”在传统文化中具有特别重要的地位，被视为最完美的道德品质。“仁”的基本要求是“爱人”，“入则孝，出则悌，谨而信，泛爱众，而亲仁”；② “己欲立而立人，己欲达而达人”；③ “老吾老以及人之老，幼吾幼以及人之幼”④ 等都是“爱人”的方法和具体体现。传统文化崇尚淡泊名利的价值追求，主张清心寡欲，不为物欲所累。孔子认为：“富与贵，是人之所欲也”⑤，肯定人们对物质利益的正当追求。但他反对纵欲，提倡“欲而不贪”。孔子还把“义”与“利”放在一起思考，要求人们重“义”而轻“利”“见利思义”。孟子提倡“富贵不能淫，贫贱不能移，威武不能屈”⑥ 的浩然正气，并提出“存心养心”说，认为“养心莫善于寡欲”。老子则明确指出：“我无为而民自化，我好静而民自正，我无事而民自富，我无欲而民自朴”，⑦ 倡导“无为”“无欲”“无争”。传统文化还主张保持平和的心态，宽容处世。儒家典籍《中庸》中说“喜怒哀乐之未发，谓之中；发而皆中节，谓之和。中也者，天下之大本也；和也者，天下之达道也”，就是要求人们把自己的情感、欲望、思想及行为控制在道德的范围之内，使之恰到好处。道家更是强调“天之道，利而不害，圣人之道，为而不争”，主张人们放弃纷争，彼此和谐相处，宽大为怀，人人“甘其食、美其服、安其居、乐其俗”⑧。这些关于修身养性的原则和见解，在很大程度上

---

① 《孟子·公孙丑下》。
② 《论语·学而》。
③ 《论语·雍也》。
④ 《孟子·梁惠王上》。
⑤ 《论语·里仁》。
⑥ 《孟子·滕文公下》。
⑦ 《道德经·第五十七章》。
⑧ 《道德经·第八十章》。

可以缓解个体心理压力，有利于自我身心和谐，从而有效地遏制和避免过激或对抗行为，减少人际摩擦与社会内耗，促进人际和谐、社会和谐，无论过去、现在、未来，都具有普遍长久的价值和意义。

### （三）中国道德文化的传统理念与民主政治

任何一种制度的设计和运作都离不开传统的文化和思想习惯的影响，“人们是生活在制度——也就是说，思想习惯的指导下的，而这些制度是早期遗留下来的”；“今天的制度——也就是当前公认的生活方式”[①]。而文化作为在经济、政治、民主习惯、地域环境、宗教信仰与历史长期积淀基础上形成的一种观念体系，是社会系统在观念上和心理上形成的对行为的特定价值取向模式。在一个社会中占统治地位的文化，具有维护和巩固这种社会制度，调控并保持其正常运转的功能；它可以建构民族心理，塑造民族性格，形成民族传统。其深层次意义在于文化能造成一种制度（一个国家原有的制度或经由学习借鉴建立的制度）作用的程度不一样，导引的方向有偏差，因而影响制度的运作过程。

中国的传统文化作为人类文化的一部分，有着丰富的民主政治制度建设理论、思想资源；中国的民主政治建设是对传统文化的扬弃，全面分析中国传统文化对民主政治建设的影响，发挥其积极因素，扬弃其不利因素，以推动中国民主政治建设，具有重要的意义。

周公等在辅佐武王伐纣灭商的过程中，看到了人民的力量，故《周书》所载周公之诰，就有“天畏棐枕，民情大可见”“若保赤子，惟民其康乂”之论，并提出了为政“当于民监”“明德慎罚”[②] 的主张。孔子总结了殷周以来的“重民”思想，发展了春秋以来“仁”的思想，建立了以“仁”为核心的政治学说。主张“泛爱众”“为政以德”，提出了“养民也惠”，“惠则足以使人”的仁治观。孟子明确地阐明了君权民与的观点，提出了人心向背律，认为“得乎丘民而为天子”，因此，在君民关系中，“民为贵，社稷次之，君为轻”[③]。孟子的“民贵君轻”论，将民的地位、作用提到高于君主的高度，颠覆了先秦以来“君权神授”的观念，这在中国历史上是破天荒地的。荀子则以“君舟民水”喻君民关系，提出了“平政爱民”的民本思想：“‘君者，舟也；庶人者，水也。水则载舟，水则覆舟。’此之谓也。故君人者欲安则莫若平政爱民矣。”[④] 这种认识反映了荀子对民的力量的重视达到了当时最高水平。这样，以“重民”“爱民”“仁

① ［美］凡勃伦著，蔡受百译：《有闲阶级论》，商务印书馆 1964 年版，第 140 页。
② 《尚书·周书》。
③ 《孟子·尽心下》。
④ 《荀子·王制》。

政”“德治”为核心的儒家民本主义正式形成。

汉初贾宜提出了“民为政本”的著名理论：“闻之于政也，民无不为本也”[①]，指出为政必须以民为本，实行安民政策，重视民众在社会发展中的决定作用。唐代柳宗元继承和发展了孟子的“民贵君轻”思想，从吏民关系的角度，提出了“吏为民役”的观点，认为官吏本来应当是“民”的“佣”。对此，金耀基评论说：“其‘盖民之役，非以役民’之见解，敻乎尚矣。”[②] 唐太宗是主动将民本思想作为自己的政治统治的指导思想，并付诸政治实践的典型。他与魏征等人屡议“水能载舟，亦能覆舟”“君依于国，国依于民”“国以人为本，人以衣食为本”，因此，“为君之道，先存百姓”。传统的重民思想在唐太宗君臣治世施政方略中发挥了重要的作用。明末清初的黄宗羲则将中国传统的民本思想推向了极限。黄宗羲批判专制君主和对治民牧民之术的讲求，提出了“天下为主，君为客”命题。这就在反对君主专制的前提下，肯定了民众的主体地位，彰显了明清之际知识分子朦胧的民主意识，是此后二百余年的资产阶级民主运动的理论启蒙。

中国传统文化中，道德规范在政治生活中具有重大调节作用，儒家讲究修身、齐家、治国、平天下，让那些“学而优”的人当官，讲究德才兼备。在官吏选拔中，道德考察是重要方面，要求“民之父母”为民做主，讲究勤政与廉政。“廉”更被视为为吏之要旨，“廉者，政之本也”。廉政与腐败决定着政权的兴衰，为官只有为政清廉，才能为民之表率，“廉者，民之表也”。只有为政清廉，“见利不贪，见美不淫”才能“上廉而下清”，营造出朴实、敦厚和纯真的民风。孔子说：“政者，正也，子帅以正，孰敢不正”。在这一思想的指导下，中国社会从上到下对贪污腐败均深恶痛绝。人们对官吏的贪污和腐败的憎恨是限制政府权力的社会基础。虽然中国传统文化中的勤政和廉政思想没有形成系统的理论，但在实际上它发挥了限制权力的作用。

在我国，“法治”思想古已有之。“早在春秋初期，诸侯国中个别贤明的统治者就公布了成文法以治理其辖地。”“成文法的公布打破了过去‘刑不可知，则威不可测’的传统壁垒，在一定程度上也限制了旧贵族的特权，是法治上的一大进步。后来墨子也曾反对礼治，倡导法治；吴起主张‘明法申令’‘废公族’（《史记·吴起列传》）；法家思想之集大成者韩非子更是提出要‘废先王之教’（《韩非子·问田》），倡导‘以法为教’（《韩非子·无蠹》）；旗帜鲜明地背儒家

① 《新书·大政上》。

② 金耀基：《中国民本思想史》，法律出版社 2008 年版，第 128 页。

‘礼治’‘德治’之道，而主张以明令显法和统治术来驾驭人民。”①

法治思想的主要内涵是：法律面前人人平等；树立和维护法律的权威；严格依法办事。尽管真正的“棍棒相加”与“杖龙袍式”的惩罚有着本质区别，但在我国封建社会就能够提出“天子犯法，与庶民同罪”的法治规则，它毕竟也体现出了一种朴素的“法律面前人人平等”的思想；尽管在两千多年的封建社会中，法典的编撰，基本上都是刑法，只包含着很少的一部分民法、婚姻法、诉讼法、行政法等方面的内容，法治所能达到的领域非常有限且难成体系；尽管诸如“株连”制度等严刑酷法很不合理且是对人权的极大侵犯；尽管封建法治是建立在人治基础之上的，很多时候，权大于法、情大于法、礼大于法，赏罚的随意性极大，但能够打破“德治”传统，试图打破阶级特权，提出法治思想也算是一种突破，对于今天依法治国的实行有着某种重要的先导意义。

民主这面旗帜是中国人民从五四以来就为之奋斗与追寻的。经历了长时期的历史进程，过去积弱受侮的旧中国不见了，取而代之的是一个独立的新中国，是一个以中国共产党为领导的人民民主专政的社会主义国家。“人民民主专政”与帝王统治、军阀统治不同，在王朝统治、军阀统治下的人民是完全处于被统治地位的，而“人民民主专政”却完全体现了在新中国中的人民彻底摆脱了被统治的地位，成为了国家的主人，实现了长久以来为之奋斗的民主之梦。“人民当家作主”正是民主的基本含义。这种民主不仅与君主专制相对，而且与中国封建社会中民为邦本等朴素的民主法制思想存在本质区别。

在当代全球化大背景下的中国现代化过程中，依然有必要继续批判的继承中国传统文化思想中的民主政治资源，这对于当代中国的政治管理，仍有重要的借鉴作用。当然，这种继承与借鉴不是盲目的而是批判的、客观的、辨证的。要超越其思想自身阶级与社会时代的局限性，清除绕在其头上的光环——封建等级制度，时刻把人民群众当作具有主人与民众双重身份的人。只有这样，才能使传统的朴素民主政治思想以脱胎换骨的身份在当代继续存活下去，与当今民主建设进程相融合，以其以民为本、重民、爱民的进步思想，为民主建设注入新的动力，进一步巩固人民的基础地位，从而使尚不完善的民主在制度和操作实践上得到不断健全。只有这样，传统的道德理念才能发挥真正意义上的作用，其价值才能在当代民主建设过程中得到真正意义。

### （四）中国道德文化的传统理念与道德危机

当代中国社会正处于一个重要的转型期。改革开放三十年来，随着社会主义

① 王宝林：《中国传统政治文化现代化转换路径分析》，载《理论月刊》2007 年第 1 期，第 62 ~ 64 页。

现代化建设事业的不断向前推进，人们的价值观念也发生了剧烈的震荡和转变。由于东西方文明互相碰撞和社会节奏的加快，使得人们在追求物质需求和享受的同时，往往忽视了精神世界的发展，出现了“道德滑坡”现象。部分干部在生活上追求享乐、脱离广大群众，使得干群关系恶化；部分群众不注重礼仪和道德规范，出现了人与人的感情淡漠；对于社会宣传的英雄人物，缺少称赞或追随。由于人们在精神上的空虚和迷茫，使得社会道德出现了滑坡。“社会经济、政治生活的变革必然导致新道德观念的产生，这就使得具有一定历史惯性的原有道德观念与新道德观念之间产生矛盾乃至尖锐的冲突。因此，道德信仰的危机是中国当今社会不争的事实”。①

道德危机并不意味着社会道德沦丧，它主要指的是公民道德信念发生动摇，社会公认的道德原则、规范和理想被弱化或被否定，不道德行为被合法化。与此同时，道德虚无主义、道德无用论和非道德主义便会随之发展起来。在社会发展过程中，经济危机、政治腐败、价值观念多元化以及利益分配不公正不合理、贫富悬殊太大、人际关系恶化等，都会引起道德危机。

当代中国的道德危机，实质上是中国传统道德文化的危机。中国是一个拥有几千年封建传统伦理道德的国家。鸦片战争以后，中国传统的伦理道德开始受到质疑，在“五四”运动中，传统的伦理道德和封建思想在理论上被彻底否决，取而代之的是“德先生”和“赛先生”。特别是“文革”的十年动乱，彻底扰乱了人们的思想，在“破四旧、立四新”这场闹剧中，破旧陈腐的东西没有被除去，却反而把民族的精华给丢失了，中国传统的伦理道德体系在这场运动中被彻底摧毁，新的伦理道德体系也没有建立起来，人们的思想进入混乱状态。在紧接着而来的改革开放中，对物质利益的追求，再加上西方个人主义思想的流入，对个人主义不是吸取其精华即人的全面发展，而是将其误解为“人想什么就应该有什么”，这更助长了人性私欲的发展，而忽视精神领域的发展，中国传统的伦理思想似乎成了阻碍社会前进的绊脚石。正是因此，整个社会因为没有精神的滋养而畸形发展，出现的种种矛盾更加突出。

市场经济要求人们依法经营、等价交换、平等竞争，而市场上出现的假冒伪劣、不讲信用等现象，却与这些原则相违背。这些不公平现象的出现，是市场经济发育不成熟、运行机制不健全所导致的结果。“市场经济假设的商人，是一个以营利为目的的经济人，在这个转型时期，市场关系又是一种纯粹的物质利益关系，导致人们过于追求私利，而淡忘了传统中的尊老爱幼、修身齐家、治国平天

① 黄明理：《社会主义道德信仰研究》，人民出版社 2006 年版，第 73 页。

下等优秀的美德。”①

诚信伦理是中华民族传统美德，也是企业的道德基础。在企业价值观的塑造中，“诚”是企业聚心之魂，“信”是企业立足之本，诚信理念是中国化企业文化建设的重点之一，也是企业生存的根本。我国自古有“无信不立”之说，《论语》中孔子说：“人无信不立”“人而无不知其可也”。企业诚信是企业在市场经济中取得成功的基础，企业诚信是指企业在市场经济的一切活动中要遵纪守法、诚实守信、并以此赢得消费者的信任，是企业确立价值观必须纳入的内容。当前中国企业一个突出问题便是诚信缺失。企业诚信缺失影响企业自身的可持续发展。甚至是许多中国企业经过多年的发展，因为诚信缺失，致使企业品牌一夜倒塌。加强现代企业诚信文化建设确立以诚信为核心的企业价值观是企业基业长青的最基本保证。

“富与贵，是人之所欲也；不以其道得之，不处也。贫与贱，是人之所恶也；不以其道得之，不去也。”在经济关系上，义是处理物质利益关系的最高准则，所有道德的人都要遵守，做到在物质利益面前不做非分之想，不贪不义之财。中国传统典籍中有许多关于义利观的论述，如“富与贵，人之所欲也”“不义而富且贵，于我如浮云”“富而可求也，虽执鞭之士，吾亦为之”等等，都是主张先义后利，强调经济生活的道德原则，认为集体利益高于个人利益，精神价值重于物质价值。这里就包含了把义和利统一起来的思想。并且认为“义”重于“利”。认为在义和利发生冲突，不可兼得时，强调义重于利，精神价值高于物质价值，重视道德境界的追求，重视人格尊严和气节。

中华传统道德在提倡个体的道德自觉的同时，重视人们在社会生活中的行为礼仪。先秦思想家孔子从提倡个体的道德自觉出发，提出了“道之以德，齐之以礼，有耻且格”② 的道德教育思想。“有耻且格”强调道德不是外力的强制，而是完全出于内在的自觉。道德践行主体只有达到内在的善，在行为处事中才知道该做什么，不该做什么，才能实现主体美德与善行的统一。一方面，道德作为一种精神价值，就需要人们去信仰，并内化为一种自身德性。在孔子看来，个体只有具备了良好的道德品质，才能知荣辱、辨是非、重人格。离开了道德的守护，人类社会将陷入人人自危的境地。另一方面，道德作为一种行为规范，要求人们在活动中必须自觉遵守。孔子又从协调社会生活秩序出发，重视对人们进行行为礼仪教育。“齐之以礼”即通过道德教化把礼的规范转化为人的自觉行为，使人们在日常生活中自觉遵守。如在家庭生活中要做到“父慈子孝、兄友弟恭”，夫

① 胡林英：《道德内化论》，中国社会科学出版社 2007 年版，第 137 ~ 138 页。

② 《论语·为政》。

妻间要“相敬如宾”，人际交往中要做到“礼之用，和为贵”，“礼尚往来”，等等。“礼”不仅仅是一种形式，它体现了道德的要求和人与人之间的关系，是人之为人的重要体现，否则，“不学礼，无以立。”传统礼仪以规范之矩为人们的道德行为规定了具体的伦理路径，使人们在具备现实美德的基础上追求更高的德性。可以看出，中国传统道德理念在本质上体现了主体德性的提升和良好行为习惯养成的逻辑统一，把人的美德和善行作为人们道德追求的价值目标，通过对个体德性和良好行为的教育和培养，使每个人在共同的社会生活中，在实现自己利益的过程中都应该有道德上的准绳。在市场经济的今天，传统道德理念无疑成为人们抵御“拜金主义”“利益最大化原则”“一切向钱看”思想的最有力武器。以传统道德理念引领当代公民道德建设，培育公民的道德人格，在全社会切实树立起爱国持家、团结互助、诚实守信、艰苦奋斗的道德风尚，对于增强民族的凝聚力，提高民族自信心、自豪感，具有重大的现实意义。

### （五）中国道德文化的传统理念与先进文化

中国传统道德文化的优秀部分作为一种带有永恒价值的上层建筑，曾在中国历史上对社会的发展和进步起到了积极作用。它之所以具有无穷魅力和鲜活的生命力，就是因为其中蕴含着不为特定的历史时期和社会政治形态所限定的普遍意义和恒常价值。

中国传统文化是多元的复合体，它包罗了儒、道、法等各家的共同特点，即：积极的入世精神、强烈的道德色彩和注重“中和”的思想方法。

所谓积极的入世精神就是关心社会现实的人生态度。中国传统文化是“人学”，其主流是经世致用，兴邦治国一切以实利实效为依归，具有明显的现实精神。

所谓强烈的道德色彩，即所说的中国古代学者具有的一种“圣贤气象”，他们关心人与人之间的关系，表现出中华民族强大的凝聚力量。它把在自然经济条件下的一家一户为基本单位的松散农业组织，用思想道德的力量维系在一起，形成了一种巨大的民族向心力。

所谓“中和”的思想方法，即“中庸之道”。孔子提出的“和而不同”“执而用中”和其对《礼记·中庸》一书的全面总结，形成了“中和”思想，并成为中国传统文化的基本精神。“中和”强调两个方面：一是“中”，把握事物质量的准确性：二是“和”，即不同因素、不同方面的合理组合，对立统一。这是含有辩证思维的思想方法。这种天人协调和人际协调对于民族团结、国与国友好相处、社会稳定起到了积极作用。

在优秀的传统文化陶冶下，中华民族逐渐形成了崇尚气节，富于革命传统，自强不息，顽强拼搏的内在精神。这种民族精神在中国历史，尤其近代历史上得到最大限度的弘扬。魏源晚年的“哀叹”、康有为带有“神经病”的癫狂、章太炎在青年时期的“失常”、严复少年时的“牢骚”等，无不反映在当时的历史条件下对传统文化的困惑和苦闷。可贵的是他们能在困惑中觉醒，在痛苦中摸索，并能较为客观地对待传统文化。他们既没有像保守派那样固守旧的文化藩篱不敢越雷池一步，也没有像“过激”分子那样一律否定，而是从历史的现实和社会需要出发，以近代意识审视了传统文化，加以分解、扬弃，最终创造出具有活力的民族新文化。魏源、林则徐认真研究中国的历史经验，同时结合对西方文化的认识，提出了“师夷长技以制夷”的主张；康有为的《新学伪经考》和《孔子改制考》则是从传统文化中找出维新的历史和理论根据为现实服务；谭嗣同的《仁学》更是吸收了中国传统儒学、明清经世致用的思想精华和具有中国文化特色的佛学的合理内核，使其成为改良派和革命派的必读教材；章太炎擅长吸收古典，创新国粹，他对中国历史文化的研究和传播为辛亥革命时期“民族魂”的铸造奠定了基础。正是由于这一批有作为的知识分子对中国传统文化的批判、扬弃和弘扬，才使繁衍几千年的中国旧文化在进入近代后不仅能合理的延续和更新，而且还成为中国的爱国、改良和革命思潮的思想基础。

现代文明，无一不是在已有的物质、文化基础上建立起来的，因此，建设中国特色的社会主义文化一定要植根于中国民族文化的深厚土壤。

中国优秀传统文化中有丰富而渊博的思想资料，可以作为社会主义先进文化建设的教材，如，关于人生观问题，关于伦理道德问题，关于爱国主义和集体主义问题，关于自尊、自强、自立、奋发图强问题，关于廉政问题，以及道德修养途径和方法问题，等等。

人生价值的思想首创于孔子，发展于孟子。他们所提倡的人生态度，人生价值和人格追求等等，潜移默化地熏陶和培育着一代又一代中国人，对塑造中华民族的性格起了重要作用。孔子把“仁”，孟子把“仁、义、礼、智”看作是理想的道德价值和最高人生价值的体现。要实现这种最高的人生价值，需要人们持之以恒的艰苦努力。在社会主义先进文化建设中，这种追求真理、追求理想，为了国家和人民的利益而牺牲生命的奉献精神，仍然值得弘扬。

讲求伦理道德也是传统文化的精华之一。儒学的基本精神是强调个人的道德修养，同时重视群体的社会秩序。这与儒学注重立“人道”有密切关系。强调个人道德修养，就是一个人应如何自处的问题；重视群体的社会秩序，就是个体应如何对待社会群体的问题，也包括社会群体之间应如何相互对待的问题。

儒学所讲自处之道，主要体现为诚、义、仁等修身正己之道，这些不仅是伦理学说，而且含有许多优秀的人类品质和心灵的哲理。它对于向现代化道路急速迈进的中华民族的道德品质的修养是必要的。

在社会主义先进文化建设中，传统道德文化不但是不可缺少的，而且所发挥的作用也不可低估。首先，正确处理伦理关系可以增强人们的社会责任感。儒学文化在理论层面上表现为一种以伦理为支撑点的民族文化精神，个体间互相负责，个体与集体间互相负责，个人与社会和国家间互相负责，其实质则是一种以天下为己任的强烈的社会责任感。所谓“先天下之忧而忧，而后天下之乐而乐”“为天地立心，为生民立命，为往圣继绝学，为万世开太平”——都是这种精神的写照。在社会主义建设中，如果人们都能以这种精神处理人际关系，包括个人与个人，个人与集体，个人与社会和国家之间的关系的话，不仅有利于社会主义先进文化建设，而且也促进社会主义物质文明建设和社会发展。其次，提倡世俗伦理，可以调整社会风气。传统道德文化除了伦理层面还表现在群众生活中潜移默化地发挥作用的世俗层面。这种世俗伦理首先表现为一种积极的生活态度，同时也表现为各种伦理关系中的行为规范，如家庭生活中的父母子女关系、夫妻关系：社会生活中的国家与集体、上级与下级，以及朋友邻里关系等等，这些关系在我国的社会生活中的作用不容忽视。因此，通过提倡传统的伦理精神和有积极意义的伦理思想、伦理观念来规范每个社会成员的伦理行为，对于营造良好的社会风尚，形成有理性的社会秩序都有重大作用。

今天，中国社会处在重大转型时期，社会主义先进文化尚未完全成型，还在经受着巨大的历史挑战。旧的文化价值观正在被冲毁，新的文化价值观还有待形成。目前文化战线上，呈现着新旧杂陈，美丑互现的现象，不足为怪，这或许正是社会主义先进文化的难产期。但我们坚信，崭新的社会主义先进文化，必将随着具有中国特色的社会主义经济的定型而茁壮成长。它一定会以最先进的面貌呈现在世界的东方。

建设社会主义先进文化离不开批判继承源远流长的文化遗产。这绝不是为了“发思古之幽情”。在古今文化关系问题上，毛泽东同志明确提出“古为今用”原则，作为解决古与今，传统文化与现代文化的正确关系。他指出继承文化遗产，“对于人民群众和青年学生，主要的不是要引导他们向后看，而是要引导他们向前看”。[①] 我们必须敢于吞吐百家，大胆创新先进文化发展的必由之路。社会主义先进文化既有新内容，更有新的表现形式，在文化战线，开拓进取。创造先进文化离不开弘扬优良传统文化。一方面，我们要“以史为鉴”，汲取传统文化的精华，激发爱国主义精神，自力更生精神，以振奋我们的斗志；另一方面，要“推陈出新”，开拓我们的视野，提高我们的认识，促进新的创造。优秀的中

① 《毛泽东选集》第二卷，人民出版社 1991 年版，第 708 页。

国传统文化是我们的祖先留给我们的无价之宝，要建设有中国特色的先进文化，必须以马克思主义为指导，以传统文化为基础，走具有中国自己特色之路。

## 三、中国道德文化的传统理念与现代践行之研究价值

中国道德文化的传统理念与现代践行有着重要的研究价值。面对全球性的文化融合以及日显迫切的文化竞争，中国道德文化的传统理念与现代践行不仅是构建我国自身文化战略，增强自身文化力的文化资源，同时也是向他国展示中国优秀文化、输出中国价值观的有力武器。研究中国道德文化的传统理念与现代践行，其最核心问题在于选择什么样的中国道德文化的传统理念以及如何践行的问题，所关注的内容包括了理念提炼、历史审理、现代扬弃、践行机制、效果检测等方面，本身就具有极强的学科拓展价值，同时中国道德文化的传统理念与现代践行的研究是一个多学科、多角度、多方法的研究，本身就意味着研究所必有的研究创新与理论创新。中国道德文化的传统理念的现代践行，不但意味着人民要开发本土的历史道德资源以提高社会的有序度，而且也具有提升和丰富中国人的精神生活的意义，同时为在中国乃至世界范围内践行中国道德文化的传统理念提供理论资源和智力支持，这是研究的道德实践价值。

### （一）文化战略价值

文化是一个民族的精神和灵魂，是一个民族真正有力量的决定性因素，可以深刻影响一个国家发展的进程，改变一个民族的命运。

随着经济全球化的日渐深入，文化全球化的趋势也越来越迅猛，以美国为代表的西方文化随着改革开放的步伐，通过电影、电视、网络、饮食等方式日益渗透到我国的公众生活之中。由于文化自身承载的价值认同因素，尤其西方所宣扬的民主、自由、平等、博爱、人权等理念，开始对我国的价值体系产生冲击，并在某种程度上影响到党的执政地位。

应当承认，文化的交流和融合是全球化的必然结果，也是人类作为一个世界性共同体的当然追求；但是交流并不代表全盘西化，融合则更加要求自身的特色。在文化战略的意义上来说，“中国特色”并不仅仅是有关价值观念的概念，更不是一个政治概念，而应当是一个文化概念。面对外来文化的冲击，我们不应闭关以自守，而应当“纳”而“融”之。

与被动的“纳”而“化”之相比，“纳”而“融”之是文化融合的一方主动接纳和引入另一方，并且将对方文化中的基因嫁接到己有文化之中，使之成为己方文化的有机部分，并由此产生新的文化增长点。“纳”而“融”之要求我们

有自身的文化底蕴，能够保证自身文化在外来文化的引入之后不“变色”，而这就要求已有文明拥有足够的“文化力”。

一个国家的文化力如何，直接关系到该国在国际社会的文化认同以及由此而产生的亲和力、吸引力、影响力和凝聚力。通过文化的影响力、凝聚力和感召力，一个国家就能够依靠“吸引”得到他国自愿认同，而且这种认同是历时的、弥散的，并且具有很强的隐蔽性。

随着冷战的结束，国与国之间直接性的军事对抗开始淡出人们视野，然而由于国家文化的战略作用，20 世纪 90 年代以来，文化竞争开始走上国际舞台，并且因其渗透作用受到越来越多的重视。发达国家、新兴工业化国家和地区纷纷调整文化政策，制定国家文化发展战略，在“知识经济高地”进行战略竞争的同时，又在“文化高地”展开了新一轮竞争与博弈。美国、欧盟、日本、韩国、新加坡等国家都是这一轮文化竞争的积极推动者。

经济全球化时代，西方国家凭借其经济与科技方面的优势，全方位、多层次、多角度、多方式地传播资本主义的价值观念，一定程度上影响了我国人民的思想。汉斯·摩根索指出：“它的目的不在于攻占他国的领土，或控制其经济生活，而在于制服和控制人的头脑，作为改变两国权力关系的工具。”① 面对西方的文化渗透，不少国人在人生观、价值观上不知不觉中受西方思想和文化的影响，从而弱化和阻碍他们接受与认同社会主义所倡导的主导文化和核心价值观，淡化对中华文化的认同感，并最终导致崇洋媚外心理的滋生和民族自尊心、自信心和自豪感的低落。

文化实力是综合国力和国际竞争力的重要组成部分，文化对社会有更加持久的渗透力，正在成为国与国之间竞争的利器。各国都把提高国家文化实力作为重要发展战略，千方百计壮大本国文化的整体实力和国际竞争力。我国要在激烈的国际竞争中赢得主动，就必须在壮大经济实力、科技实力和加强国防力量的同时，使国家文化实力有一个大的提高。

无论全球性的文化融合还是日显迫切的文化竞争，都要求我国建立自身的文化战略，增强自身的文化力，而自身文化力的增强，只能从本土文化资源上加以发掘。

从文化的组成上来看，主要包括物质文化和精神文化，物质文化是文化的外衣，精神文化则是文化的内核；而精神文化又可分为价值观念、道德理念、风俗习惯、语言文字等，其中又以价值观念和道德理念为其核心，而二者联系极为紧密，因此可以说道德文化理念是文化的核心部分，是文化融合中绝不可“变色”

① ［美］汉斯·摩根索著，卢明华译：《国际纵横策论》，上海译文出版社 1995 年版，第 90 页。

的部分，也是文化竞争中的“最后堡垒”。只要坚持道德文化理念，就能在文化竞争中立于不败之地，就能在文化融合中表现出自身的民族特色。

苏联和毛泽东时代的中华人民共和国以及东欧诸国等奉行集体主义道德文化理念，这在中国已经成为中国传统道德文化的组成部分。但随着改革开放的深入，它已经难以单独成为支持我国文化竞争、融合和创新的力量。而当我们把目光投向自己的历史，审视悠久灿烂的中华文化，不难发现其中存在着大量的可以为当今社会所用的道德文化资源，其中的道德文化理念以及对相应道德文化理念践行的方法、机制、策略等作为一种文化资源无疑更容易受到青睐。这种审视甚至标志着现代中国伦理践行所依赖的资源的范式性转换，由过去的向欧美、苏联东欧“进口”道德文化的理念，转向开发自己的历史和本土伦理道德文化资源。这不但预示着中国伦理秩序机制建设的战略性转换，而且也意味着当代中国人民对自己的本土文化更加自信。这将对世界文明格局产生深远的影响，它的世界性历史意义在不久的将来就会使人感受到。

### （二）学科拓展价值

本书虽然着重研究中国道德文化的传统理念与现代践行及其关系，但其最核心问题则在于解决什么样的中国道德文化的传统理念如何被践行的问题，所关注的内容包括了理念提炼、历史审理、现代扬弃、践行机制、效果检测等方面。与传统的伦理学研究相比，本书采用了综合分析、调查研究、归纳分析、比较研究、实证实验等方法，涉及伦理学、社会学、历史学、哲学、教育学等多种学科。本研究对课题所涉及领域进行了认真、全面的探索和研究；并对它们之间的相互联系、作用和影响进行了深入的分析和理解；通过不同历史时期和不同地区或国家的践行中国道德文化的传统理念的比较，总结了践行中国道德文化的传统理念的经验、吸取践行中国道德文化的传统理念的教训，为中国道德文化的传统理念之现代践行提供宝鉴；力图总结出中国诸道德文化的传统理念践行之特色与规律，探索其间的斗争与冲突、融合与协调，为现代中国践行所选择的中国道德文化的传统理念提供借鉴；并且努力给出中国道德文化的传统理念之现代整合及其践行之现代继承原则；致力于对“践行”中的实际问题的真实有效的解决，力求建立可操作性强、效能比高的“践行”对策。

在全球化背景下通过理论创新而回答好这样的问题将涉及广泛的领域和诸多的学科，如它将涉及东亚诸主要民族、诸主要国家、诸主要历史朝代如何践行其所选择的中国道德文化的传统理念，它甚至还涉及遍及全球的海外华人社会如何践行中国传统道德文化的传统理念的问题。

由于本书研究的是一个有待创新和开发的新领域，研究中所需要的理论，除了一些具有指导意义的现成理论外，一些具体的理论和观点需要通过社会调查和科学实验的途径收集第一手材料，并通过对这些材料进行分析、归纳、挖掘，然后，再以此理论和观点应用于中国道德文化的传统理念的践行之中，这不但意味着理论来自实践，而且也说明理论要得到实践的检验和应用，同时还意味着社会调查与理论研究是相得益彰、和衷共济的。

从研究内容来看，它不但具有历史视域、民族视域、也具有现实视域、海外视域，还具有理论视域与实践视域、现象视域与本质视域。这已经显示出研究的多维度，另外，从研究所涉及的领域来看，也显示了多维度性，它涉及伦理学、社会学、历史学、心理学、公共管理诸领域。用如此多的学科研究如此涉及广泛的问题本身就是一个跨学科的研究事项，它足以激起人们研究的雄心，足以促使人们建立起一门新兴的学科。在中国道德文化的传统理念的现代践行方略方面，笔者们提出了“理念践行学”这一概念。提出设立“理念践行学”的学术协会，创办“理念践行学研究”刊物，兴建“理念践行学”网站，甚至建议通过一定的程序设立“中国传统道德践行节”，论证、规划和建设“中国传统道德践行标志城”等新点子。“理念践行学”将以中国道德文化的传统理念与现代践行研究为主阵地，不断地扩展其研究领域。随着学者对“理念践行”问题的广泛关注，随着人才队伍的壮大，随着此方面研究成果的日益增多，可以建立一个专门研究“理念践行学”的学术协会，创办“理念践行学研究”刊物，申请并设立“理念践行学”学位点，创建“理念践行学”精品课程，审批“理念践行学”博士后流动站，兴建“理念践行学”网站，甚至建议通过一定的程序设立“中国传统道德践行节”，论证、规划和建设“中国传统道德践行标志城”等，在“理念践行”和“理念践行学”领域不断地向广度和深度进军。从而不但有望创立一个新兴的学科，而且将把中国道德文化的传统理念与现代践行研究引向全球，使它成为一门在国际上有影响的学科。

### （三）理论创新价值

为了给中国道德文化的传统理念的现代践行提供历史经验、教训和提炼出此领域的普遍规律，本书把研究的触角深入到历史深处，将直接研究东亚历史上各主要国家和地区在践行中华道德文化传统理念方面的做法，还对海外华人在其所在的海外社区践行中国道德文化的传统理念的经验加以总结。评价践行的成功与失败，同时也研究中国古代各朝代的统治当局在推进所选择的道德文化理念的践行方面的方法、策略和路线。在这些研究的基础上，最后总结出中国诸道德文化传统理念践行的特色与规律，为现代中国人践行所选择的中国道德文化理念提供来自历史深处与来自海外的理论和实践指南。

本书从中国要建立优序良俗和长治久安的社会需要出发，把中国道德文化的传统理念的现代践行与建设和谐社会、增强中国文化软实力、人的自由与幸福、民族精神家园的复兴、网络道德机制的建设、制度安排的文明化、坚持党的领导以及增进世界和平等因素相联系，探讨它们之间的内在联系，并认为在肯定时代呼唤中国道德文化的传统理念之现代践行的同时，还应超越“中体西用”或“西体中用”以及可能出现的“古体今用”或“今体古用”之争，一切应当以是否有利于和谐社会的建设、是否增强人民的自由和幸福为标准进行取舍和选择。

就中国道德文化的传统理念的范围而言，笔者认为包括一切在中国历史上曾经为一代以上的一定的社会群体践行的道德文化理念。这样的看法不但更符合实际，不但能够为现代人践行中国道德文化的传统理念提供更大的选择空间，而且本身就是具有创新性的看法。此外，本书除了主张先秦百家及后来的儒、释、道三教的道德文化理念，也重视外来道德文化及中国少数民族的道德文化，认为上述道德文化都是中国道德文化的传统理念普系中的重要构成部分。

本书还直接研究了东亚历史上各主要国家和地区在践行中华道德文化传统理念方面的做法，对海外华人在其所在的海外社区践行中国道德文化的传统理念的经验加以总结。评价所有这些践行的成功与失败，同时也研究中国古代各朝代的统治当局在推进所选择的道德文化理念的践行方面的方法、策略和路线。在这些研究的基础上，总结出中国诸道德文化传统理念践行的特色与规律，为现代中国人践行所选择的中国道德文化理念提供来自历史深处与来自海外的理论和实践指南。这一研究设想因为尚没有同样全面的同类研究成果问世，故本研究的这一设想及其成果就其创新性而言，具有填补伦理学研究空白的意义。

本书研究的中国道德文化的传统理念及其践行的反思和摒弃是具有开拓性意义的，它在成果表现上就是要对中国道德文化的传统理念及其既有的践行的方法、机制、成本、效益、策略、路线进行“去粗取精，去伪存真”的审查。其未来的研究成果将同样具有填补学术研究空白的意义。

此外，本书倡导“理论与实际联系，调查与研究共济”“历史与现实交融、海内与海外贯通”“层层递进、环环相扣”“研以致用、针对性强”“视角多维、注重创新”等研究方法和原则，本身就具有极为显著的理论创新价值。

如此系统地从中国道德文化的传统理念践行之经验与教训方面研究伦理学问题，这方面的研究成果将具有填补伦理学研究空白的意义，而这种理论意义只不过是研究中国道德文化的传统理念现代践行的副产品，这种副产品将为中国道德文化的传统理念的现代践行提供具有类似《资治通鉴》意义的“理念践行”之鉴。

### （四）道德实践价值

本书的指导思想就是“研以致用”，由于这一研究具有典型的公共意义，所以对它的应用也首先指向掌握公共资源和公共权力的机构和人士，这些机构和人士将无疑是中国道德文化的传统理念现代践行活动中的重要决策者、协调者、执行者与评价者。毫无疑问，在中国，党和政府就是这样的决策者、协调者、执行者与评价者，是中国道德文化的传统理念现代践行活动中最为重要的主体。本书提供了可操作性强的中国道德文化的传统理念现代践行活动对策，为在中国乃至世界范围内践行中国道德文化的传统理念提供理论资源和智力支持。

对中国道德文化的传统理念及其践行的方法、机制、成本、效益、策略、路线等进行审视、分析、权衡、批判、反思、改造、限制，进行“去粗取精，去伪存真”的审查。弄清楚哪些道德文化的传统理念及其践行的方法、机制、成本、效益、策略、路线等可以不加限制地被现代中国人所继续践行，哪些道德文化的传统理念及其践行的方法、机制、成本、效益、策略、路线等是需要限制、改造后为当代中国人所继承的，哪些道德文化的传统理念及其践行的方法、机制、成本、效益、策略、路线等之间是可以协调的，哪些道德文化的传统理念及其践行的方法、机制、成本、效益、策略、路线等是冲突并难以相容的，哪些道德文化的传统理念及其践行的方法、机制、成本、效益、策略、路线等是有利于当代和谐社会的建设等。

中国道德文化的传统理念的现代践行，不但意味着人民要开发本土的历史道德资源以提高社会的有序度，而且也具有提升和丰富中国人的精神生活的意义。中国道德文化的传统理念本身并不是单一的，它的内容丰富多彩，仅西学东渐之前，就存在着以儒、释、道三教为主的相互区别又相互联系的诸多道德文化的传统理念，西学东渐之后，中国人民在吸取外来道德文化的基础上，又在实践中形成了在时间上更新更近的诸多道德文化的传统理念，这些不同的道德文化理念，仅仅因为其存在的多样性，就足以显示其具有丰富人们精神生活的意义。因为道德生活也是精神生活的重要存在形式。人们对这些道德文化的传统理念的践行就是道德生活的真正现实化，而其中道德所具有的使人高尚和光荣的功能，本身就是对人的精神生活品位的提升。总之，中国道德文化的传统理念的现代践行，不但具有丰富人们精神生活功能，而且也具有提升人们精神生活的意义。

## 四、中国道德文化的传统理念与现代践行之理论议题

中国道德文化的传统理念与现代践行提出了三大概念、两大转换与五大主

题。三大概念包括道德文化、传统理念和现代践行；两大转换包括由中国道德文化的传统理念由传统到现代、由观念到行为的转换；五大主题则是中国道德文化的理念提炼、历史审理、现代扬弃、践行机制与效果检测，三大概念、两大转换与五大主题所构成的中国道德文化的传统理念与现代践行之理论议题，是整个研究的主干部分。

### （一）相关概念：道德文化、传统理念、现代践行

文化是人类在社会历史发展过程中所创造的物质财富和精神财富的总和，道德文化是文化的重要组成部分，是人类精神财富的一种。道德文化具体包括道德意识、道德规范和道德关系等。

中国传统文化具有丰富的道德文化资源，尤其是儒家学说，素以倡导仁义、研修心性、主张德政而著称；而在现代华人的生活文化词典中，“礼仪之邦”也是用而不疑的词语，中国具有源远流长的道德文化传统，早已成为学界世人的既定认识。

中国道德文化经过几千年的历史发展和演进，形成了名目繁多、内涵丰富的道德规范或德目，它蕴含着丰富的民族精神和宏大的道德理念。当今社会，中国道德文化的传统理念对人们的日常生活仍具有深刻影响。何为中国道德文化的传统理念？中国传统伦理道德文化浩瀚渊博，有诸多的道德规范；有丰富的践履道德规范的德行；有如何实现道德社会的道德教育思想；有中国文化独到的修身之道；以及道德名言、理论等等。

中国传统伦理道德文化的基本内容主要是通过道德理念表现出来。如果我们把道德比喻为一张网，那么规范作为网的经纬线必然是丰富而具体的。中华民族在长期的道德实践中，逐步积累与形成了一些世代相传，并不断调整和更新其内容的道德理念，比如：仁、恕、忠、孝、诚、信、礼、义、廉、耻等等。中国传统伦理道德文化中的理念非常之多，每一个理念都有其独特内涵，另一方面，道德理念更主要的是对行为的规定。

商代“六德”就提出了知、仁、圣、义、忠、和六个理念；孔子伦理思想中的道德理念主要包括“仁”“孝”“悌”“忠”“信”等；《管子·牧民》中提出“礼义廉耻，国之四维”政治伦理的规范；战国时期，孟子上继孔子，提出了“仁”“义”“礼”“智”四德说，并提出“五伦”，即父子有亲、君臣有义、夫妻有别、长幼有序、朋友有信的伦理原则。董仲舒根据孔子的“君君，臣臣，父父，子子”，提出“三纲”《春秋繁露》，即君为臣纲，父为子纲，夫为妻纲；和仁、义、礼、智、信“五常”《举贤良对策》说。宋元时期，人们在管子的礼义廉耻上，配以孝悌忠信，就成了“孝悌忠信、礼义廉耻”八德。

张岱年先生在《道德与文明》1992 年第 3 期上发表文章，在总结传统道德理念的基础上，提出了中国传统伦理道德的九个主要理念：公忠、仁爱、诚信、廉耻、礼让、孝慈、勤俭、勇敢、刚直的“九德”。

国家教育委员会组织编写，罗国杰主编的《中国传统道德》的多卷本《规范卷》中把中国传统伦理道德理念分为四个大的部分：第一部分是基本道德理念，有公忠、正义、仁爱、中和、孝慈、诚信、宽恕、谦敬、礼让、自强、持节、知耻、明智、勇毅、节制、廉洁、勤俭、爱物；第二部分是职业道德理念范，有政德、武德、士德、民德、商德、师德、艺德；第三部分是家庭伦理理念，选取了三个最主要的方面，它们分别是关于亲子关系的规范，关于夫妻关系的规范，关于长幼关系的规范；第四部分是文明礼仪理念，分别是尊老敬贤之礼，接人待物之礼，仪态言谈之礼，庆典婚丧之礼。

这些道德规范渗透在社会生活的各个领域，形成中国封建社会道德的纲目，道德规范体系，充分地反映了中华民族在人类道德文明上的智慧和贡献，当然，中国传统道德规范又具体体现着统治阶级的思想和要求，成为统治阶级实现统治的有效工具。

本书在参考大量学者研究成果的基础上，将中国道德文化的核心理念归纳为忠、孝、和、礼、义、仁、恕、廉、耻、智、节、谦、诚 13 个方面。

理念的提炼是践行的前提，理念的践行则是提炼的必然归宿。中国道德文化的传统理念的现代践行存在着三个相互关联着的维度，一是道德人格的维度，这就是说，衡量某一被选择的中国道德文化的传统理念是不是在现代践行，就应当看它是否对于道德人格的养成做出了贡献，或者说，看是否存在着一定的道德人格，并且他在一定程度上是相应的中国道德文化传统理念的产物。二是社会制度安排维度，这就是说，衡量某一被选择的中国道德文化的传统理念是否为现代践行，就是应当从制度伦理的角度看相应的制度安排中是不是贯彻和渗透着相应的中国道德文化的传统理念，如果相应的制度安排中贯彻或渗透着被选择的中国道德文化的传统理念，就可以说该理念被现代践行了。三是道德规范的遵守维度，也就是说，如果一定的社会道德规范是某一或某些被选择的中国道德文化的传统理念的衍生性规范，并且它在一定的程度和范围内被一定的人或人群所自觉或不自觉地遵守，就可以说相应的中国道德文化的传统理念被践行了。

从总体上看，这些维度的践行应当导致社会风俗的优良化，可以说，社会的优序良俗其实就是中国道德文化的传统理念现代践行的终极目标和终极判据。

就中国道德文化的传统理念现代践行的领域来看，主要存在着如下四大领域，即社会公德领域、职业道德领域、家庭道德领域和个人修养与道德教育领域。

### （二）两大转换：由传统到现代、由观念到行为

中国传统道德的基本精神与本质是其家族精神。个体修身道德要服从于家族道德要求，国家政治道德则是直接从家族精神中提升出来的，如移孝作忠、家长制等，社会与职业道德也是受家族精神影响的，如把社会人际关系比做家族关系，“四海之内皆兄弟”，职业与行业道德中的家长制等。

中国传统道德主要是以家族道德与国家政治道德这两个两极形式存在，而且两者之间保持了高度的一致性，这种道德结构适应了当时社会结构的需要，因而在传统社会中发挥了极强的社会整合作用，实现了对社会和人心的有效控制。社会伦理秩序在宏观方面是由国家政治伦理操纵，而民众的日常生活则是由家族伦理、个体伦理、行业伦理所规范。

现代民众生活的日常性日益凸现。民众不仅仅是政治生活的附庸，而且是自己生活的主人，他们有自己的经济生活、职业生活、个人家居、休闲娱乐生活、社交公共生活等，这种民众日常生活具有个体性、私人性、民间性、公共性，因此，社会的伦理道德必须尊重这种民众生活的特性和权利，要创建适应这种日常生活、体现现代意识并与民众生活实践紧密相连的道德体系。道德并不是仅体现在一些政治原则的大道理中，而是更多地体现在民众的人伦日用的实际生活中的，道德作为一种实践理性，其作用与功能就在于对民众的日常生活有所指导，换句话说，它的真理性与合理性也正是从日常生活中形成的，并在日常生活中得以强化的，道德真理并不总是一些抽象的政治原则，而是充满着朴素性的生活真理和为人之道、人际之方。传统道德之所以被那么多的人所信奉与实践就在于它与民众的生活实践有紧密的联系，国家政治伦理原则恰恰是从这种家族社会的日常生活规范中提升出来的，因此有着广泛的群众基础。

我国传统道德资源能继承的和要继承的，主要是抛弃其封建国家政治伦理的糟粕之后的个体道德、家族道德与社会道德中的合理成分，以指导现代社会民众的日常生活。由于我们几十年来在民众的日常生活道德建设方面重视不够，甚至出现了空白，传统道德资源的相关内容的绝大部分可以直接为今天所用。如传统社会生活中讲忠诚于事、忠诚于人的精神，行业道德的讲究信誉、勤勉敬业精神，讲究人际之间的诚信精神，家族道德中的讲究亲情孝道、和睦团结的精神，个体道德中的讲究个人修养、追求美德的精神，全社会的讲究礼仪、维护秩序的精神等等都是可以批判继承的。涉及人类基本道德的一些普遍资源更是可以直接继承的，如“己所不欲，勿施于人”“己欲立而立人，己欲达而达人”的忠恕之道，仁爱他人，讲究义务责任，天下为公等等都是可以直接继承的。

从本书书名中所包含的“理念”与“践行”来看，本书在本质上也是一个

伦理学领域的“理论”与“实践”问题，即作为“理念”的理论如何回到作为“践行”的实践，而作为“践行”的实践又如何检验并提炼出更好的作为“理念”的理论问题。用马克思主义理论语言表达就是一个伦理学领域的理论与实践问题，用中国古代哲学思维表达就是一个“知”与“行”的问题。

这一目标的实现不但要求深入历史之域，总结海内外中国道德文化的传统理念践行的经验与教训，而且要求对“践行”的本质、维度和领域进行必要的理论澄明。在借鉴古今中外践行中国道德文化的传统理念的经验教训的基础上，应当着重研究当代中国践行其道德文化传统理念的策略与机制，并通过对践行过程与效果的监测与反馈来完善践行的策略、机制与方法。毫无疑问，由于践行也是道德实践活动的重要环节，而这一实践活动又是一个反复进行的永续过程，这意味着“践行”的策略、机制与方法的确定，也不是一劳永逸的，它也必要通过道德实践活动而得到完善和改进。

### （三）五大主题：理念提炼、历史审理、现代扬弃、践行机制、效果检测

理念的提炼是本书的首个主题，应使其中所强调的“理念”处于澄明状态，即弄清楚用什么样的作为“理念”的理论来指导和统领人们的道德践行活动。中国传统道德理念本身就是一个复杂的体系，虽然人们大都知道诸如“和为贵”“自强不息”“厚德载物”“内圣外王”“尊尊”“亲亲”“贤贤”“敬德保民”“天人合一”“忠孝节义”“和而不同”“阳尊阴卑”“师道尊严”“自然无为”“慎独”“心斋”等更早期的道德文化的传统理念，但要把握处于流变之中的三教九流以及数千年历史中所形成的所有道德文化的传统理念并不是一件容易的事，只有通过研究整理工作，才能使从古到今、从多数民族到少数民族、从主流到次流的各时代的各种道德文化的传统理念得到现代人的全面把握。从逻辑上看，此部分在整个研究框架中具有寻求中国传统道德文化理念的“源头活水”的意味，是本书得以展开的初始性重要环节。

中国道德文化的传统理念本身就是一个体系，它们在不同的时代具有不同的数量和主次格局，这种体系和格局并不是人为安排形成的，而是在长期的历史中自然形成的。中国道德文化的传统理念都曾经在不同程度上和不同范围内为不同时代和区域的人民所践行。它们或者因为民族的不同而有所区别，或者因为时代的不同而有所区别，或者因为理论和价值背景的不同而有所区别，或者因为得到统治当局的区别对待而有所不同，或者因为社会效应的不同而有所区别，总之，不管按哪种线索把他们区别并排列，都会使人看到这些观念在总体上具有类似光普所具有的“谱系”特征。

要深入理解中国道德文化的传统理念诸普系与格局，还应对中国道德文化的传统理念的范围有更符合实际的把握，而不应将之仅仅理解为儒家道德文化的传统理念，也不应当仅仅理解为更宽泛的儒、释、道三教道德文化的传统理念。事实上，中国道德文化的传统理念，理应包括一切在中国历史上曾经为一代以上的一定的社会群体践行的道德文化理念。这样的看法不但更符合实际，而且也能够为现代人践行中国道德文化的传统理念提供更大的选择空间。

理念提炼要求澄清和确认如下对象：儒家道德文化诸理念及其相互关系；道家及道教道德文化理念及其相互关系；佛教道德文化诸理念及其相互关系；墨家道德文化理念的内涵与结构；法家道德文化理念的内涵与结构；中国主要少数民族传统道德文化理念及其特色；中华民国时期新道德文化诸理念及其相互关系；解放区及新中国之共产主义道德文化诸理念及其相互关系；中国诸道德文化传统理念的嬗变、比较与评价。

所谓历史审理，是指在历史中审理中国道德文化的传统理念践行之经验与教训。毫无疑问，在数千年的中华民族历史上，能够称得上中国道德文化的传统理念的对象都或多或少、或强或弱、或长或短、或主流或次流地得到了程度或范围不同的践行。在这些各种各样的、时代不同的道德践行活动中，必然存在着需要后人总结的经验教训和规律。弄清楚这些经验教训与规律无疑对于现代人践行中华民族道德文化的传统理念具有借鉴作用，它可以使现代人避免前车之鉴。这方面的研究不但具有跨越时空的比较研究意义，而且在本质上就是建立现代社会践行其传统道德文化理念的践行“通鉴”。

在具体内容上，历史审理将直接研究东亚历史上各主要国家和地区在践行中华道德文化传统理念方面的做法，还对外海华人在其所在的海外社区践行中国道德文化的传统理念的经验加以总结。评价所有这些践行的成功与失败，同时也研究中国古代各朝代的统治当局在推进所选择的道德文化理念的践行方面的方法、策略和路线。在这些研究的基础上，最后对总结出中国诸道德文化传统理念践行的特色与规律，为现代中国人践行所选择的中国道德文化理念提供来自历史深处与来自海外的理论和实践指南。

就东亚历史上的主要国家而言，将研究日本、朝鲜、越南、蒙古、新加坡等国在不同历史时代践行儒、佛、道三教道德文化理念的方法与策略、经验与教训。就海外华人社会践行以儒家为代表的中国道德文化的传统理念而言，将研究印度尼西亚的华人社会、马来西亚的华人社会、菲律宾的华人社会、日本与韩国的华人社会、缅甸与老挝的华人社会、印度的华人社会、非洲的华人社会、欧洲的华人社会、拉丁美洲的华人社会、美国、加拿大以及大洋洲等地区的华人社会践行以儒家为代表的中国道德文化的传统理念的机制与规律。

就中国本土而言，将研究儒家传统主流道德文化理念践行的经验与教训；中国诸主要宗教道德文化理念践行的经验与教训；法家、墨家道德文化理念践行的教训；台、港、澳地区践行儒家道德文化理念之经验；中国主要少数民族践行其传统道德文化理念之经验与教训；中华民国时期践行新道德文化理念的经验与教训；解放区及新中国践行共产主义道德文化理念的经验与教训。在这些研究的基础上，最后总结出中国诸道德文化的传统理念践行之特色与规律，探索其间的斗争与冲突、融合与协调，为现代中国践行所选择的中国道德文化的传统理念提供借鉴。

由于所处时代的不同，价值观念的不同，前人践行的中国道德文化的传统理念和践行方法即使在当时当地尽善尽美，但若机械地古为今用，也难免犯食古不化和贻笑后人的错误。这意味着现代人在践行中国道德文化的传统理念时，应对所践行的理念和践行方法有所反思和摒弃。应当弄清楚哪些理念需要限制、变形，哪些践行方法需要改进和完善等，只有经过认真反思和处理的中国道德文化的传统理念及其践行方法才能真正发挥古为今用的效果。由于中国道德文化的传统理念与践行的方法的复杂多样，再加上它的海内外存在，这不但意味着要进行必要的调查研究，而且意味着调查研究工作和对它们进行反思和扬弃两个方面本身就构成了一项艰巨的研究任务。

践行机制的研究将着力探索中国道德文化的传统理念现代践行的策略与机制、方法与途径、资源与杠杆、环境与路径等。具体来说就是研究中国道德文化的传统理念现代践行的分类与路径；中国道德文化传统理念现代践行的激励资源与杠杆；中国道德文化的传统理念现代践行的赏罚机制修复与建设；中国道德文化的传统理念现代践行的教育与宣传方略研究；中国道德文化的传统理念现代践行的社会动力及其开发策略；中国道德文化的传统理念现代践行的环境优化策略；中国道德文化的传统理念现代践行的海内外经验借鉴机制；中国道德文化的传统理念现代践行的社会机制研究；中国道德文化的传统理念现代践行的可持续性策略研究；中国道德文化的传统理念现代践行的互联网与民间策略等。

此方面的研究成果加上第二、第三、第四方面的研究基础，可以说，完成了中国道德文化道德理念的现代践行中的由理念到践行阶段的研究工作，而由“实践”又回到“理论”，或者说由“践行”到“理念”的检验和提升阶段将由效果检测方面的研究工作担当。

通过前几个主题的研究工作而产生的成果被应用于“理念”的践行过程后，并不意味着万事大吉、一劳永逸。为了确保中国道德文化的传统理念现代践行的效果和目标的实现，还必须通过一定的人力机构或组织系统来对“践行”的过程、效果、机制等进行监测和反馈，只有这样，中国人民才能牢牢地掌握住中国道德文化的传统理念现代践行的主动权，才能在出现不良效果时及时对理念或方法等做出新的解释或调整，这一过程的长期存在，将会在最终意义上促进中国社会的优序良俗，并因此增强中国的软实力，进而在世界文明的格局中成为具有维护世界和平意义的文明力量。

该主题的具体研究内容有：中国道德文化的传统理念现代践行的监测标准与原则；中国道德文化的传统理念现代践行的监测内容与体系；中国道德文化的传统理念现代践行的监测主体与机构；中国道德文化的传统理念在道德人格维度的践行监测与反馈；中国道德文化的传统理念在制度安排维度的践行监测与反馈；中国道德文化的传统理念在道德规范遵守维度的践行监测与反馈；中国道德文化的传统理念在社会公德领域的践行监测与反馈；中国道德文化的传统理念在职业道德领域的践行监测与反馈；中国道德文化的传统理念在家庭道德领域的践行监测与反馈；中国道德文化的传统理念在个人修养与道德教育领域践行的监测与反馈；党风政风与中国道德文化的传统理念现代践行的关系监测；中国道德文化的传统理念现代践行的纠错机制建设等。

# 第一篇

# 理念提炼

# 第一章

# 文化结构与道德文化理念

文化可以被研究者从不同的角度审视其结构，在所有的人类文化中，都存在着文化中的目的性结构与相应的工具性结构，其中的工具部分是为目的部分而存在的，它对目的部分起着支持作用，并使目的得以显现，而其中的目的部分则是整个文化结构中的灵魂，它对整个文化起着导向和统摄作用，人类文化就是在文化自身所具有的这种内部结构性因素的辩证运动中不断发展的。以文化所具有的这种结构为参照，可以将其中的目的性因素在相对的意义上定义为文化之“神”，而将其中的工具性因素在相对意义上定义为文化之“形”。

## 一、文化的本质及其“形”“神”结构

就文化的本质而言，实际上涉及关于文化的定义，由于人类认识事物的历史性和过程性，从而使文化在不同的时代和不同的民族那里有了不同的本质性认识。就中国古代而言，“文化”是中国语言系统中古已有之的词汇。它较多地见之于诸子的经典之中，“文”的本义，指各色交错的纹理。《易·系辞下》所说的“物相杂，故曰文。”以及《礼记·乐记》中所说的“五色成文而不乱。”都指明了“文”的这种含义，故在《说文解字》中将“文”的含义概括为：“文，错画也，象交叉”。在此本义的基础上，“文”又在后来的使用中获得了若干引申义。其一，“文”指的是包括语言文字内的各种象征符号，进而具体化为文物典籍、礼乐制度。《尚书·序》所载伏羲画八卦，造书契，“由是文籍生焉”以及《论语·子罕》所载孔子说“文王既没，文不在兹乎”中的“文”都具有此

种意义。其二，“文”指的是由伦理之说导出彩画、装饰、人为修养之义，与“质”“实”对称，《尚书·舜典》疏中所说的“经纬天地曰文”以及《论语·雍也》中所称的“质胜文则野，文胜质则史，文质彬彬，然后君子”都是这种含义显示的实例。其三，在前两层意义之上，更导出美、善、德行之义，《礼记·乐记》中所谓“礼减而进，以进为文”，郑玄注“文犹美也，善也”以及《尚书·大禹谟》所谓“文命敷于四海，祗承于帝”中的“文”都指的是此种含义。

“化”的本义为改易、生成、造化。《庄子·逍遥游》有“化而为鸟，其名曰鹏”。其中的“化”就具有“改易”之意；而《易·系辞下》有“男女构精，万物化生”，其中的“化”就具有“生成”之意；《黄帝内经·素问》有“化不可代，时不可违”，其中的“化”就具有“造化”之意；归纳以上诸说，“化”指事物形态或性质的改变。如《礼记·中庸》：“可以赞天地之化育”中的“化”就可以当此解。正像“文”有引申意义一样，“化”的引申意义为教行迁善。

“文”与“化”并联使用，较早见之于战国末年儒生编辑的《易·贲卦·象传》：（刚柔交错），天文也。文明以止，人文也。观乎天文，以察时变；观乎人文，以化成天下。这段话里的“文”，即从纹理之义演化而来。日月星辰往来交错文饰于天，即“天文”，亦即天道自然规律。同样，“人文”，指人伦社会规律，即社会生活中人与人之间纵横交织的关系，如君臣、父子、夫妇、兄弟、朋友五伦所构成复杂网络关系就具有纹理表象。因此，整段话可以被理解为：治国者须观察天文，以明了时序之变化，还须观察人文，使天下之人均能遵从文明礼仪，行为止其所当止。在这里，“人文”与“化成天下”紧密联系，“以文教化”的思想已十分明确。

西汉以后，“文”与“化”方合成一个整词，如刘向在其《说苑·指武》中有“圣人之治天下也，先文德而后武力。凡武之兴，为不服也。文化不改，然后加诛”。而晋代的束晰在《补亡诗·由仪》中有“文化内辑，武功外悠”之说。前蜀的杜光庭在其《贺鹤鸣化枯树再生表》中有“修文化而服遐荒，耀武威而平九有。”元代耶律楚材在其《太阳十六题》诗之七中有“垂衣端拱愧佳兵，文化优游致太平。”近代魏秀仁在其《花月痕全传》第四十七回中有“尔许尔虞，如鬼如蜮，梗两朝之文化，劳九伐之天威。”上述所举历代文献中所说的“文化”，或与天造地设的自然对举，或与无教化的“质朴”“野蛮”对举。这说明在中国传统汉语系统中，“文化”的本义就是“以文教化”，其前提是有“人”才有“文化”，即人通过自己创设的“文”对人进行教化，因此，“文化”本质上是一个人文主义概念，是讨论人类社会的专属语；其中“文”是教化的基础和工具，包括语言或文字；“教化”是文化这个词意的真正重心所在：作为名词的

"教化"是人类精神活动和物质活动的共同规范（同时这一规范在精神活动和物质活动的对象化成果中得到体现，这些对象化成果在本质上就是本书在后文中所说的"文化"之"形"，而存在于这些对象化成果背后并指导这一对象化过程的规范实际上是整个教化过程中的指南，人们可以透过这些对象化成果看到并体味到这些规范，而这些规范正是本书在后文中所说的"文化"之"神"，它们大都表现为心态性的价值观），作为动词的"教化"是共同规范产生、传承、传播及得到认同的过程和手段。它表示对人的性情的陶冶、品德的教养，本属精神领域之范畴。

在西方，1871 年，英国文化学家泰勒在《原始文化》一书中提出了文化的早期经典界说，即文化是包括知识、信仰、艺术、道德、法律、习俗和任何人作为一名社会成员而获得的能力和习惯在内的复杂整体。其后，又有学者认为文化指的是人类在社会历史发展过程中所创造的物质和精神财富的总和。它包括物质文化、制度文化和心理文化三个方面。物质文化是指人类创造的种种物质文明，包括交通工具、服饰、日常用品等，是一种可见的显性文化；制度文化和心理文化分别指生活制度、家庭制度、社会制度以及思维方式、宗教信仰、审美情趣，它们属于不可见的隐性文化。包括文学、哲学、政治等方面内容。还有学者将文化分为信息文化、行为文化和成就文化。信息文化指一般受教育本族语者所掌握的关于社会、地理、历史等知识；行为文化指人的生活方式、实际行为、态度、价值等，它是成功交际最重要的因素；成就文化是指艺术和文学成就，它是传统的文化概念。

随着时间的流变和空间的差异，现在"文化"已成为一个内涵丰富、外延宽广的多维概念，成为众多学科探究、阐发、争鸣的对象。如在维基百科中，文化被理解为社会价值系统的总和，它包括器物、制度和观念三个方面，具体包括语言、文字、习俗、思想、国力等。又如从哲学角度来看，文化被认为是哲学思想的表现形式。由于哲学的时代和地域性，从而决定了文化的不同风格。一般来说，哲学思想的变革引起社会制度的变化，与之伴随的有对旧文化的镇压和新文化的兴起。对文化的这种哲学角度的理解，典型地表现在存在主义哲学对文化的理解方面，存在主义认为文化是对一个人或一群人的存在方式的描述。人们存在于自然中，同时也存在于历史和时代中；时间是一个人或一群人存在于自然中的重要平台；社会、国家和民族（家族）是一个人或一群人存在于历史和时代中的另一个重要平台；文化是指人们在这种存在过程中的言说或表述方式、交往或行为方式、意识或认知方式。文化不仅用于描述一群人的外在行为，文化特别包括作为个体的人的自我的心灵意识和感知方式。一个人在回到自己内心世界时的一种自我的对话、观察的方式。又如，功能主义哲学从文化所具有的生活功能方面解读了文化，认为文化包括物质和精神两个方面，不论是具体的物质现象，如手杖、工具、器皿等，还是抽象的社会现象，如风俗习惯、思想意识、社会制度等，都具有满足人类实际生活需要的作用。换句话说，任何文化都是为生活所用，没有不为生活所用的文化。任何一种文化都包含了一种生活生存的理论和方式，理念和认识。

一般来说，文化具有如下特点。

第一，共有性。文化当中存在着一系列共有的概念、价值观和行为准则，它是使个人行为能力为集体所接受的共同标准。这些共有的概念、价值观和行为准则与社会是密切相关的，没有社会就不会有这些共有的概念、价值观和行为准则，但是也存在没有共有的概念、价值观和行为准则的社会。在同一社会内部，文化中所存在的概念、价值观和行为准则也具有不一致性。例如，在任何社会中，男性的共有的概念、价值观和行为准则和女性的共有的概念、价值观和行为准则就有不同。此外，不同的年龄、职业、阶级等之间也存在着共有的概念、价值观和行为准则的差异。这种情况并不是否认了文化当中这些共有的概念、价值观和行为准则的共有性，而只是说明在任何时代和任何民族中，这些共有的概念、价值观和行为准则的共有程度是不同的而已。

第二，与文化的共有性相关的是文化的并异性，它可以被理解为文化的共有性的反面。是从文化共性有所观察的相反的角度来看待文化所得出的结果。如人们因为性别的不同，就可能在实际生活中树立不同的目的，并在此目的及其背景的作用下产生不同的实现其目的的工具性系统。这意味着性别的不同使人的目的——工具系统也有所不同，从而也决定了文化难免被打上了性别的色彩，并进一步决定了男子对文化的创造不同于女子对文化的创造。这从现实社会中女子的目的与环境往往不同与男子的目的与环境而得到验证。当然这种不同也总是与作为背景的后天的人类社会的文化、习俗对男子或女子的不同培养与期待有关。在我国广大地区，一般地说，在做人的目的方面，男子的勇敢、智慧以及体格的强壮等因素更符合女子的心目中的性别目标，而女子的美貌、温柔、贤惠等因素更符合男子心目中的性别目标。而在我国一些少数民族地区，则存在着不同的情况，如在云南的丽江地区，就人的外貌来看，如果女子皮肤黑、身体胖，则更符合当地纳西族男子的性别目标。这些情况都显示了文化的性别性差异。

从文化层面看，人本身就是文化存在物，文化中的世界观、价值观、社会理想、道德规范、理想人格、交往习惯、风俗、社会认同等都以不同的形式并且程度不同地成为人的目的或目的的一部分。这就决定了不同的文化背景中的人对文化也具有不同创造方向，即在一种文化中被认为是目的的对象，而在另一种文化中则可能被认为是非目的性对象。像在我国的汉族地区，特别是农村地区，存在着这样一种目的，即在人死后，如果能全尸而葬，并且能够以优良的棺材被埋入地下，则对于死者来说，是最好的归宿和目的。而对于我国的一些实行天葬的少数民族来说，完全是另一种情况，在那里，人死后，需要先行碎尸，然后通过一定的仪式使鸟吃尽死者的碎尸，被认为是死者的最好归宿和目的。这种不同，并不是由于民族的不同，而更重要的是一种文化的不同。

人的文化还因阶级的不同而不同，这是因为不同的阶级由于生存处境的不同而形成了不同的可以作为其目的的世界观、价值观、社会理想、道德规范、理想人格、交往习惯、风俗、社会认同等。而这些目的的不同又决定了不同的阶级具有不同的实现其目的的工具系统，而这种工具与目的的结合又决定了他们具有不同的文化。这说明不同的阶级是具有不同的文化的。

文化还往往因职业的不同而不同。伟大的政治家不仅把为自己的国家、民族创建殊勋伟业作为目的，而且还把为人类文明的进步多作贡献作为目的。对这些目的的实现自然创造出相应的文化。而真诚的劳动者一定会把辛勤劳作后的丰收和殷实的日子作为目的。教师的目的是为祖国培育一代又一代有用的人才。战士的目的是保卫祖国不受侵略。科学家在自己所迷醉的科研领域中驰骋，作家艺术家进入良好的创作状态，运动员在打破纪录的瞬间，都会因为他们各自的职业目的而创造出相应的文化。而商人当然视利润为最大的目的。这种因人的职业的不同所表现出来的不同的文化，其深刻的根源在于人的目的本身受到了职业的影响。不同的职业不但显示着目的的不同，而且同时也显示工具的不同。而目的与工具构成的系统正是文化的普遍架构。

第三，习得性。文化不是通过遗传而天生具有的，它是后天学习得来的。文化是人自己的生存活动，也是前人生存活动的结果。人类生理和心理的满足方式是由文化决定的，每种文化决定这些需求如何得到满足。而需求是可以转化为目的，而对需求的满足方式则可以转化为实现目的的工具，从而显示了文化的后天性或习得性。另外，从个体的生存与发展看，个体的人一旦出生，就已经落入某种文化环境中了，这是他无从选择的。每一个人都是在既有的目的——工具系统所决定的文化中生存和活动并参与其后的目的——工具系统所决定的文化的创造的。文化创造比我们迄今所相信的有更加广阔的和深刻的内涵。它深刻地表明，人类生活的基础不是自然的安排，而是文化形成的形式和习惯，而这正是人类自由创造的产物。

第四，文化是一种架构，它具有分维性。从人类所创造的文化的架构来看，人类的文化往往表现为一定的目标或理想的目的性系统以及与这些目标或理想或目的结合在一起并为了实现这些相应目标或理想或目的手段、方法、资源等工具性系统。所以文化在其架构上可以被普遍地看作是一种工具——目的系统。从目的的本性来看，人类的目的总是相对于手段而言的，一个目标相对于比它更高的目标而言，往往只不过是实现更高的目标的手段，但相对于实现这一目标的工具或手段而言，它又可以被看作目的，这就使得目标本身根据其在目的与手段所形成的链条或网络中所处的位置而具有了不同的层级。处于同一层级上的目标在数量上可以是单数，也可以是复数，其数量以具体情况而定。不管是处在那一层级上的目标，只要它被实现或完成，那么，就可以说实现这一目标的人就创造了一份文化。由于处于这一总目标下的分目标或其以下各层级的目标在数量和层次上可以是众多的，如果这些目标都能够被实现或完成，那么，就意味着文化创造者创造了相应数量的文化。又由于这些目标的层级性，也就使得这些文化具有了相应的层级性，目标的层级性决定了对于具体的文化创造者而言，有些文化相对于另一些文化具有更高的实现价值，或者说对于当事的文化创造者具有更重要的意义。又由于人的目的的变化性，使得同样一种目标、同样一种文化在不同的情况下对于当事人具有不同的重要性。由以上分析可知，文化之中往往包含着文化，而且由于目标往往是其上一层级目标的构成要素，而同时又可以被分解为若干个下一层级的目标，这就使得目标本身在结构上具有了某种相似性。由于几乎所有的目标都是比它高一层级的目标的构成部分或构成要素，而同时又可以被分解为比它低一层级的目标，这种目标与目标之间在结构上的相似性如果从总体上看，就意味着这一总体结构的每一部分都与其总体在结构上相似，这就是一种自相似结构，这种结构在数学上就是一种分维结构，从这个意义上看，文化本身其实也具有分维性。

第五，文化具有规律性。文化规律性之一表现为它的核心信息来自历史传承，每种文化都有其作为具有类似基因功能的核心价值观，它是不同文化的标志，也是文化发展的指南。文化的规律性之二表现为文化是自己发展自己的。人与动物不同，支配动物行为的是动物的本能，是动物物种的自然特性，是哲学上所谓的盲目的必然性；人的行为则是靠人自己曾获得的文化来支配。支配人的行为的，表面上看是外在于人的事物及其间的关系，但实际上，它们必须转化为可以成为人的目的的知识、价值、意义才能内在地控制人的行为。前人、他人的目的性活动对后人的目的性活动的影响也是如此。文化一方面是正在进行、不可停顿的生存活动，另一方面是寓蕴于这种当下的生存活动中并规范、调节、控制、影响着这些生存活动的知识、价值、意义。这种情形不但表明人创造了文化，而且也同时表现文化创造了人，人是文化得以持续发展的载体与工具，文化正是通过人而自己发展自己。文化的规律性之三表现为文化的公共性或非私人性。在一定程度上，文化是可以与任何特定的人相分离的，如同自然界可以与任何人分离一样。人们无法逃脱地站立在自己所创造的文化世界中，也就像人类站在自然世界中一样；尽管文化只是源于人类，而且为了保存文化的生命力，人作为承担者使用文化，并用文化来充实自己。但文化并非附属于任何特定的人或民族，它是可以外在于任何人的独立存在。文化的这种公共性或非私人性表明，文化是可以与承担者分开，并可以由一个承担者向另一个承担者转化。这种情况非常类似于人的基因与人的关系。人类中的每一个个体虽然都昼夜兼程地奔向死亡的故乡，但人类的基因却在这代代更替中持续存在。

上述关于文化的本质与特点的多样性解释说明，要给出一个学术界公认的关于文化的定义是一项艰巨的任务。因为古今中外，不知多少哲学家、社会学家、人类学家、历史学家和语言学家都从各自的研究角度给文化下过不同的定义，据百度百科的统计，有关“文化”的各种不同的定义至少有二百多种。这一情况说明：在对文化的理解方面，海内外学者依然处于一种“百家争鸣”的时态之中。在这种情况下，要给文化下一个人们都能认可并且严格和精确的定义是一件非常困难的事情。从这个意义上看，澄明文化这一事关本研究的基础性概念，就应放弃在这一概念澄明问题上的“霸权”欲望，即放弃给文化下一个人们都能普遍认可的严格定义的打算；就应要么认可已有的一种或两种以上的不相冲突的关于文化的理解；要么像其他学者一样从本研究的角度给文化一个便于本研究进行下去的定义。文化具有两种意义：一是指人类所取得的艺术成就，比如音乐、写作和其他艺术作品；二是指在组织中形成的共有理念和精神。[①]

本书之所以认可上述关于文化的界定，在于上述关于文化的理解都把文化看作是人类创造的产物。人类在对这些产物的创造过程中，总是为了特定的目的而进行创造，而为了这种特定目的的实现所进行的创造也一定会伴随着对工具和资源的运用。于是，在人类的这种为了特定目的而进行的使用工具和资源的创造活动中，目的是其中的灵魂或“神”，而工具和资源则是其中的“形”。前者是人类得以集结资源和使用工具的缘由，后者则是实现人类目的的工具性系统。这种对文化的分析说明文化是有其普遍结构的，即目的与实现目的手段性系统，本书分别将之称为文化的“神”“形”结构。由于目的与手段的相对性，即一定的目的总是相对于一定的手段而言，而一定的手段也总是相对于一定的目的而言，没有离开目的的手段，也没有离开手段的目的，这使得文化的“神”“形”也具有相对性。文化所具有的“形”“神”结构的相对性典型地表现在某些文化结构中的“形”与“神”的相互性，虽然这种相互性的环节数量是不等的。此处所谓“形”“神”的相互性指的是这样的情况，即在一些文化结构中，存在着“形”与“神”之间的转化性甚至循环性，这种循环性甚至可以达到黑格尔所说的恶的

① Rosamund Billington, etc, What is Culture? Culture and Society, Palgrave Macmillan UK, 1991, P. 1.

无限的程度。如在国内著名的"放羊文化"中，就存在着这种"形"与"神"的转化性结构。"放羊文化"是对下面一位记者与宁夏某放羊娃之间的对话中存在的文化结构中的"形""神"的相互性的提炼和概括："长大干什么？""放羊。""放羊干什么呀？""娶媳妇。""娶媳妇干什么？""生娃。""生娃干什么？""放羊"。在这一目的与手段或工具的链条中，目的与手段或工具是相互转化的，从理论上看，二者之间是可以无限地转化下去的，它们之间具有黑格尔所说的恶的无限性的趋势。再如，现实生活中，还可能存在着一种工作——吃饭文化，这一文化指的是一些人以工作为手段获得满足其吃饭的资源，同时，他吃饭又是为了获得精力继续工作，这样，工作与吃饭之间就形成了互为目的与手段的关系，这种文化结构中的形神关系恰如"放羊文化"中的形神关系，也是一种具有相互性的形神关系。当然，就一些文化结构而言，也可能存在着"形"与"神"的冲突或不协调的问题，如庄子中记载的下面的寓言就是典型的文化之"形"与文化之"神"相冲突的情况。"南海之帝为倏，北海之帝为忽，中央之帝为浑沌。倏与忽时相与遇于浑沌之地，浑沌待之甚善，倏与忽谋报浑沌之德，曰：'人皆有七窍以视听食息，此独无有，尝试凿之。'日凿一窍，七日而浑沌死。"（《庄子·应帝王》）如果在文化的"形""神"结构中，"形"与"神"之间的关系是如此冲突的，可以断言，这样的文化是难以持续的，它在本质上就是自我毁灭的文化，是不可能具有推广价值的文化，它只能成为人类创造文化活动中的教训或前车之鉴。关于文化结构中的"形""神"关系的更广泛深入的研究还可以进一步展开，限于篇幅和研究的目的性约束，有必要在此将研究的方向转入对文化本身以及"形"与"神"本身的研究方面。

对文化的这种形神结构的理解如果是着眼于人类与一般动物，人类社会与自然界的本质区别，着眼于人类卓立于自然的独特的生存方式上。在此意义上，文化实际上被理解为一种宏观意义、整体意义上的目的——工具系统，虽然文化的"形"与"神"之间存在着相对关系，但在人们将文化从整体上进行分层研究的语境下，文化的"形""神"就具有了相对稳定的所指。如果说文化之"形"是据于整个文化整体的外围部分，那么，文化的核心部分应可以被理解为文化之"神"的部分了，这一点很清楚地表现在关于整体文化的四层次说之中。在文化的四层次结构中，第一层次也是最外面的层次可以被称之为物态文化层，它由物化的知识力量构成，是人类的物质生产活动方式和产品的总和，是可触知的具有物质实体的文化事物。如人类所创造的日用品、建筑物等都可以被看作是文化的物质性层次。第二层次是制度文化层，此部分由人类在社会实践中建立的各种社会规范构成。它包括社会经济制度、婚姻制度、家族制度、政治法律制度、家族、民族、国家、经济、政治、宗教社团、教育、科技、艺术组织等。第三层次是行为文化层，此部分是人际交往中约定俗成的以礼俗、民俗、风俗等形态表现出来的行为模式，它以民风民俗形态出现，见之于日常起居动作之中，具有鲜明的民族、地域特色。一般地，上述三个文化层次在本研究中往往可以被看作是文化形神结构中的形之组成部分，而文化形神结构中的神之部分主要表现为由外向内的第四个层次，即心态文化层，此部分由人类社会实践和意识活动中经过长期孕育而形成的价值观念、审美情趣、思维方式等构成，是文化的核心部分。在此，心态文化层又可被细分为社会心理和社会意识形态两个层次。其中社会心理是人们日常的精神状态和思想面貌，是尚未经过理论加工和艺术升华的流行的大众心态，诸如人们的要求、愿望、情绪等。而社会意识形态是指经过系统加工的社会意识，往往经由文化专家的理论归纳、逻辑整理、艺术完善，并以著作、艺术作品等物化形态固定下来并具有跨时空传播和克隆的特性。

文化所具有的形神结构还可以从文化所具有的象征体系方面得到理解，科学研究表明，人与其他动物之间存在着若干重大不同，其中一个重要的不同在于人拥有其独有的第二信号系统，而这一信号系统的存在是因为人类拥有了建立事物之间象征关系的能力，而这正是文化的基础，在人类所拥有的象征系统中，其中最重要的是语言和文字，但也包含其他表现方式，如图像（如图腾、旗帜等，典型的如十字架代表殉道和神圣、天平和障眼物代表最高法院法官）、肢体动作（如握手、吐舌）、行为（如送礼）、建筑（如天坛）等。我们几乎可以说整个文化体系是透过庞大无比的象征体系深植在人类的思维之中，而人们也透过这套象征符号体系理解和解读呈现在眼前的种种事物。因此对文化的理解在本质上也就是弄清其中的象征。

象征作为名词，在希腊文中的原意是指“一块木板（或一种陶器）分成两半，主客双方各执其一，再次见面时拼成一块，以示友爱”的信物。几经演变，其义变成了“用一种形式作为一种概念的习惯代表”，即引申为任何观念或事物的代表，凡能表达某种观念及事物的符号或物品就叫作“象征”。在此，“象征”原意中的被一分为二的木板或陶器在见面时被拼成一块就成为此一文化结构中的“形”部分，而它所代表的友爱则成为此一文化结构中的“神”之部分，同样，演变以后的象征意义中的能代表某种观念及事物的符号或物品就成为相应文化结构中的“形”部分，而被表达的观念及事物就成为相应文化结构中的“神”部分。之所以在其中区分出了“形”与“神”，其原因在于它们分别具有工具与目的的意义。

在文学艺术中，象征指通过某一特定的具体的形象以表现与之相似或相近的概念、思想或感情。其中所说的“某一特定的具体的形象”就是此一文化结构中的“形”，而所要表现的“与之相似或相近的概念、思想或感情”则是此一文化结构中的“神”。在文学艺术中，虽然艺术家们可以运用一种象征性的形象和意象来表现自己微妙复杂的内心世界，传达对外部世界敏锐的感觉和印象；也可以运用新奇的想象和比喻，表现微妙的情境；还可以依靠艺术形象的暗示来表达感觉和情调。但这些艺术手法之中都存在着“形”“神”结构。如在鲁迅的小说《药》的结尾，以夏瑜坟上的花圈象征革命的前景或希望。其中花圈就是此一文化结构中的“形”，而“革命的前景或希望”则是此一文化结构中的“神”。而鲁迅在《华盖集续编·不是信》中所说的“正如中国戏上用四个兵卒来象征十万大军一样”，也显示了文化所具有的此种形神结构，其中的“四个兵卒”是此一文化之“形”，而“十万大军”则是此一文化结构中的“神”部分。

在社会习俗中，象征作为一种文化结构，也是大量存在的，在这一文化现象中，人们往往借助于某一具体事物的外在特征，寄寓某种深邃的思想，或表达某种富有特殊意义的事理。而某一具体事物的外在特征就是此一社会习俗中的工具或此一文化结构中的“形”，相应的，所寄寓的“某种深邃的思想，或表达某种富有特殊意义的事理”则是此一社会习俗中的目的或此一文化结构中的“神”，如在人类的不少民族习俗中，就存在着红色象征喜庆、白色象征哀悼、喜鹊象征吉祥、乌鸦象征厄运、鸽子象征和平，鸳鸯象征爱情等现象，其中所说的“红色”“白色”“喜鹊”“乌鸦”“鸽子”“鸳鸯”等是象征的本体，而“喜庆”“哀悼”“吉祥”“厄运”“和平”“爱情”等则是象征，象征的本体意义和象征意义之间本没有必然的联系，使它们之间发生联系的是人们所产生由此及彼的联想性想象和约定，而这种由此及彼的联想或约定正表明了文化是人类的创造物。

人类在其习俗文化中的这种创造突出地表现在“花语”习俗中，所谓“花语”习俗就是用某种特定的花表达特定的情感与愿望，在此种情况下，各种用以表现情感和愿望的花就成为工具或媒介语言或此一文化结构中的“形”，而所表达的情感与愿望则成为目的或语言意义或此一文化结构中的“神”，随着人类交往的全球化，目前，已经形成了如下的具有国际交流功能的花语：剑兰代表高雅、长寿、康宁；非洲菊代表有毅力、适应力强；康乃馨代表慈祥、温馨、真挚；雏菊代表娇小玲珑、精灵可爱；太阳菊代表热情、活力；鸢尾代表热情、适应力强；勿忘我代表友谊万岁、永远思念；满天星代表配角，但不可缺；郁金香代表繁荣；跳舞兰代表青春活泼、知情识趣；金百合代表艳丽高贵中显纯洁；白百合代表纯洁；天堂鸟代表自由、幸福、吉祥；红掌代表热情、热心、热血；马蹄莲代表纯洁、幸福、清秀；小苍兰代表清新舒畅；向日葵代表出色；蒲公英代表无法停留的爱；铃兰代表重新回来的爱。

在中国传统语言系统中，文化所具有的“人文教化”意义也可以使人从中看出其中的“形”“神”结构，其中的“文化”所具有的本义就是“以文教化”，即人通过自己创设的“文”对人进行教化，在此，人类所创设的“文”就成为此处所说的文化之目的或“神”，而将此“文化”化在人们的行为习惯和人的人格之中的过程和资源，才是此处所说的文化之“形”，即“教化”。

总之，无论是从文化的宏观尺度上，还是从文化的微观尺度上看，无论是从中国传统语境，还是从西方语境看，文化都存在着其“形”与“神”结构。文化在其所有尺度或层次上都存在着工具与目的意义上的“形”“神”结构，这是本书理解和把握文化理论的基础，也是研究整个中国道德文化的传统理念的理论前提。

## 二、道德文化理念及其在文化结构中的地位

欲明确道德文化理念及其在文化结构中的地位，必须首先明确道德文化理念，而欲明确道德文化理念，又必须在前文对文化这一概念澄明的基础上，厘清道德的含义。“道”“德”在我国古代典籍中，含义不尽相同。“道”从其字形来看，指道路，“道，所行道也，从行从首。”（《说文解字·卷二》）从行从首，象征人张首行于十字路口，具有辨明方向引道而行的意思，由此引申出具有一定方向性的道路之义。这一引申后来又转化为一种具有哲学意义的“道”的观念，即“道”具有了事物存在与变化规律或原则之含义①，即所谓“天道”。在此基础上后来又有了“人道”的说法，意指做人的根本原则、道理与途径，而这里的人具有两个针对性：一是针对社会或人类共同体而言，强调社会道德关系与道德秩序方面；二是针对个人而言，强调个人做人的美德方面。

“道”在先秦时期就被广泛使用。其用意可被概括为本体论、政治与人生三个方面②。其中本体论的用意见例于“道生一，一生二，二生三，三生万物”，“有物混成，先天地生，寂兮寥兮，独立而不改，周行而不殆，可以为天下母。吾不知其名，字之曰道。”（《老子·第25章》），而政治方面的用意见例于“道也者，上之所以导民也。”（《管子·君臣上》）以及“所谓道，忠于民而信于神也。”（《左传·桓公六年》）人生方面的用意见例于“志于道，据于德，依于仁，游于艺。”（《论语·述而》）以及“仁也者，人也，合而言之，道也。”（《孟子·尽心下》）就总体而言，当时之“道”涵盖本体、规律、必然、合理、正当、道

① 刘翔：《中国传统价值诠释学》，三联出版社1996年版，第243～252页。

② 高兆明：《“道德”探幽》，载《伦理学研究》2002年第2期，第107～116页。

路、方法等意蕴。就伦理学而言，“道”则主要指做人的根本原则与方法，但此做人的原则方法有其本体论、存在论基础，因而，不是任意恣为。

“德”字在古代也有多种含义。《说文解字》对“德”字做的解释是：“德者得也”，“内得于己，谓身心所自得也；外得于人，谓惠泽使人得之也。”这种解释已经包含着把道德理解为道德规范与人的品德两种现代含义的萌芽。从“德”的最初含义到后来所具有的道德含义经历了一个演化过程，即“图腾崇拜—上天崇拜—人王行政—道德观念。”[①] 从图腾崇拜的含义来看，“德”是氏族共同体的所有人所共有，与“姓氏”的功能相似，是划分氏族标准，如“同姓同德，异姓异德”。后来，德为氏族部落首领、人王所独享，成为人王独有的沟通上天（帝）的“专利”行为及要求、规范。如“以德配天”，克配天命。再后来，“德”进一步意指民众所普遍拥有的行为规范要求，如“通于天地者，德也”。后来孔子所说的“主忠信，徒义，崇德也”（《论语·颜渊》）则为伦理意义上的“德”，它所指的是人们内心信念与情感，以及人们坚持合理行为原则的道所形成的品质或境界。除此之外，“德”也具有本体论的含义，如“德者道之舍，物得以生，生知得以职道之精。故德者得也，得也者，其谓所得以然也。”中的“德”指的就是事物的本性或生成状态。

把“道”与“德”二字连用在一起，最早见战国时的文献之中，如“道德仁义，非礼不成。”（《礼记·曲礼》）“恬淡寂寞，虚无无为，此天地之平而道德之质也。”（《庄子·刻意》）“故学至乎礼而止矣，夫是谓之道德之极”《荀子·劝学篇》，“上古竞于道德，中世出于智谋，当今争于气力”（《韩非子·五蠹》）等。这些话语中的“道德”都不具有现今常用的道德含义，而古文中的道、德、仁、仁爱、德性、德行、心性等词在许多语境下却可以被看作现今道德一词的近义词。后来韩愈认为“所谓道德云者，合仁与义言之也。”对道德的这种理解进一步接近了现代人对道德的理解。

在西方，道德（moral）这一术语最早源于希腊文的“ethos”一词，其本意是指“本质”“人格”；也与“风俗”“习惯”的意思相联系，后来罗马人西塞罗（Cicero）在其《论命运》（《De Feto》）一书用“moralis”来翻译它，它源自拉丁文“mos，mores”意指“风尚、习俗”。在英语早期文献中，“‘道德’（the moral）都表示该文献所要教导的实践性训诫。”[②] 在这些早期用法中，“当时与这一词意义最为接近的词可能仅是‘实践的’。”[③] 道德所表示的这种实践性特征，既是康德、黑格尔所说的道德的实践理性精神，也是马克思所指的“实践—精

① 高兆明：《“道德”探幽》，载《伦理学研究》2002年第2期，第107~116页。

②③ ［美］麦金泰尔：《德性之后》，中国社会科学出版社1995年版，第51页。

神”的世界掌握方式。在伦理学中，通常将伦理（ethics）与道德等同使用，英文 ethics 一词源于希腊文 Ethos，早在荷马时代就存在，表示人的住所、居留的意思，后来意义扩展为品性、气禀与习惯、风俗，与 moral 意义相通。亚里士多德说“把习惯（Ethos）一词的拼写方法略加改动，就有了‘伦理’（Ethikee）这个名称”。并认为“伦理德性是由风俗习惯熏陶出来的。”[①] 黑格尔赋予伦理与道德以不同的含义，他以前者指客观的伦理关系，是客观法，而以后者指个人的品性，是主观的修养与操守，是主观法。

从古今中外道德一词的发展变化来看，可以断定，道德不但是人类社会古老的现象，而且也是随着时代、随着地域的变化而变化的现象。从这像流行着的“时尚”一样变化多端的含义中，人们仍不难发现中西方最初的“道德”概念都是从社会的风俗习惯、个人品性这两个最基本方面加以展开的。通常人们所说的道德，具有两方面的含义：其一是指正确处理个人与个人、个人与集体、个人与社会乃至人与自然的关系的规范和规则，它用善良与丑恶、诚实与虚伪、高尚与卑鄙、光荣与耻辱等概念评价人们的行为，调整社会道德关系。其二是指个人的品德，它是一个人在社会实践的基础上，基于对社会和人生的理解，对于道德问题所形成的比较稳定的内在品质。道德的这两种意义从我国伦理学界目前较为流行的道德定义中也可以看出：“道德是人们在社会生活实践中形成的关于善恶是非的观念、情感和行为习惯，并依靠社会舆论和良心指导人格完善与调节人与人、人与自然关系的规范体系。”[②] 其中“指导人格的完善”就是指通常道德意义上的后一种含义，而“规范体系”则指的是通常道德意义上的前一种道德含义。这一情况还可以从下面的定义中得到验证，“道德是一种特殊的社会价值形态，它是人们以善恶评价的方式进行社会调节的规范手段和人类自我完善的一种实践精神。”[③] 其中的“规范”强调的是道德的道德规范方面，“人类的自我完善”强调的是个人品德方面。又如“‘道德是人的应然存在方式’。对此命题又有作为集合体或类的与作为单个人的两个基本维度。作为集合体的‘应然’存在方式，所指示的是社会应当具有何种伦理关系、伦理规范、伦理秩序，它所探究的是存在秩序、规范、关系及其合理性。作为单个人的‘应然’存在方式，所指示的是个人应当具有何种品质美德，做一个什么样的人，它所探究的是个人人生存在的意义、价值与生活方式。”[④] 这一对道德的理解也主要集中在道德规范与道德品质或德性两个方面。

---

① ［古希腊］亚里士多德：《尼可马科伦理学》，中国社会科学出版社 1990 年版，第 27 页。
② 魏英敏：《伦理道德问题再认识》，北京大学出版社 1990 年版，第 7 页。
③ 陈根法：《心灵的秩序》，复旦大学出版社 1998 年版，第 276 页。
④ 高兆明：《“道德”探幽》，载《伦理学研究》2002 年第 2 期，第 107～116 页。

在上述对道德与文化两个概念澄明的基础上，本书将给出道德文化的理解，并在此基础上，弄清楚道德文化理念及其在整个文化结构中的地位。毫无疑问，道德文化是文化母概念的亚层次概念或子结构之一，它由道德与文化二词复合而成，在道德文化这一复合词中，道德就其本质而言，表达的是一种非强制性的规范，它或者规范人与人的关系、或者规范人与自然的关系、或者规范人性并使人格成为具有德性的人格，如果将此规范具体化并依赖于一定的手段使之现实化，那么，就会自然发生或产生一个目的——工具系统，而这已经是具有“形”“神”结构的文化了，在此一文化中，由于具有道德意义的规范成为这一文化或目的化运动的主角，故将此种文化称之为道德文化，它在本质上是人们为了个人的完善、社会的有序以及人与自然的和谐而创造的具有道德意义的目的——工具体系。道德文化的存在是以社会为载体的。但是，道德文化又不是一个独立的、具有外部轮廓的社会领域。道德文化广泛地渗透于人类社会生活的各个领域，存在于人与人之间的各种社会关系之中，体现在人们的各种思想意识和行为举止上。可以说，凡是有人的活动和关系的地方，凡是涉及人们的利益和善恶价值的社会现象，都有道德文化的存在。尽管在现实的社会生活中，并不真正存在一个道德文化的独立文化领域，道德文化只不过是弥漫于社会生活各个领域之中，这种情况并不妨碍人们通过分析和构建的理性能力将之作为一个独立的研究对象进行审视和研究。

在道德文化这一目的——工具体系中，目的是道德文化中的“神”，而工具则是道德文化中的“形”。一般而言，在宏观层面的道德文化结构中的目的或“神”因其所具有的价值观特征而成为本研究中的道德文化理念，或者说，道德文化理念就是道德文化结构中可以被当作道德文化结构中的“神”的道德价值观念，这些理念是要被人们并可以被人们转化为道德现实的道德价值观念，它们是相对于道德现实而言的道德蓝本，是现实生活中的道德原型。

道德文化理念是对一定社会的道德必然性的认识，是人们在道德活动中具有善恶价值取向的各种心理过程和观念。从逻辑划分的角度看，根据道德文化理念相对于道德个体内外关系，可以将道德文化理念区分为道德规范理念与道德认识理念。前者是指导和评价人们行为价值取向的善恶准则，包括自发形成的判断善恶的习俗、惯例和自觉概括或表达的善恶准则，即道德原则、道德规范、道德范围体系等。它往往表现为一定阶级、民族、社会集团乃至整个人类的某种群体的道德文化理念，它一旦形成，便成为一种制约和影响人们思想和行为的客观的社会力量。后者是指人们在社会生活中对一定社会或阶级的道德原则和规范的认识水平，以及通过社会的道德教育和个人的道德修养所达到的道德境界。是人们对道德规范理念的认识水平和认同水平，也是道德规范理念在道德个体头脑中的反映，它直接与道德人格相关，是人们进行行为选择的内在机制。就此两类道德文化理念的关系而言，可以说，前者在一定程度上是后者相对于道德个体的外化，而后者则是前者相对于道德个体的内化，即它们之间存在着道德内化与道德外化的关系，前者通过一定的社会机制将自身置于人们的心中，后者的数量和程度决定前者的广泛性程度，前者最终通过后者而起作用。

在现实的社会生活中，道德文化理念显示着重要的社会功能。首先，它具有引导和教育功能。它是引导人们追求至善的良师。它教导人们认识自己，对家庭、对他人、对社会、对国家应负的责任和应尽的义务，教导人们正确地认识社会道德生活的规律和原则，从而正确地选择自己的行为和生活道路。道德文化理念是催人奋进的引路人。它培养人们良好的道德意识、道德品质和道德行为，树立正确的义务、荣誉、正义和幸福等观念，使受教育者成为道德纯洁、理想高尚的人。其次，它具有调节功能。道德文化理念是社会矛盾的调节器。人生活在社会中总要和自己的同类发生这样那样的关系。因此，不可避免地要发生各种矛盾，这就需要通过道德文化理念中所存在的善恶标准去调节社会上人们的行为，指导和纠正人们的行为，使人与人之间、个人与社会之间关系臻于完善与和谐。再次，它具有评价功能。道德文化理念是公正的法官。道德文化理念通过评价机制可以成为一种巨大的社会力量和人们内在的意志力量。它是人以评价来把握现实的一种方式，而评价是通过把周围社会现象判断为“善”与“恶”而实现的。而判断“善”与“恶”的标准则是道德文化理念。最后，它具有平衡功能。道德文化理念不仅通过一定的社会机制调节人与人之间的关系，而且平衡人与自然之间的关系，也平衡人的身心关系。它特别要求人们端正对自然的态度，调节自身的行为和心理。环境道德文化理念是当代社会普世理念之一，它能教育人们应当以造福于而不贻祸于子孙后代的高度责任感，从社会的全局利益和长远利益出发，开发自然资源，发展社会生产，维持生态平衡，积极治理和防止对自然环境的人为性的破坏，平衡人与自然之间的正常关系。

就道德文化理念在文化结构中的地位而言，如果从人类文化的宏观角度看，道德文化理念在各民族文化中都居于纲常性地位，它是民族文化精神的核心要素，是国民的精神支柱，也是社会共同理想信念的核心要素。或者说，它是相应文化中的核心价值，也是相应文化中的灵魂，还是相应文化中的文化标识和旗帜，还是相应文化中的基因。人们正是通过这些道德文化理念来区分和把握这些文化的。如古希腊的“真”“善”“美”的道德文化理念在灿烂的古希腊文化中就具有如此地位。再如，就基督教文化而言，其中所弥漫的道德文化理念中的核心理念是爱，这一理念表现为宗教道德原则就是爱神与爱人的统一。“要尽心尽性尽意爱主，你的上帝。这是诫命中第一的，也是最大的。其次也相仿，就是要爱人如己。这两条诫命，是律法和先知一切道理的总纲。”（《新约·罗马书》）由此看来，基督教的道德文化理念在文本上表现为以审慎、正义、节制、刚毅并加上了信仰、希望、仁爱等七主德为代表的上帝的律法，它在道德文化理念上特别强调爱上帝，爱世人，以爱为其最根本的准则，称爱之律法为最大律法。在西方近现代、以自由、平等、博爱为主要核心理念的西方道德文化理念不但塑造着整个西方近现代文化，而且也成为当代世界文化发展潮流的指南，并因此而使这一文化具有普世文化的趋势。而在东亚，则产生了仁礼为核心的道德文化理念，它不但在中国汉代以后演化为具有历代宪法意义的三纲五常，并因此居于中国文化的核心，成为中国主流社会的并被上升到天理高度的共同理想信念。而在南亚和东亚的广大地区，佛教文化有着超越国界和跨民族的分布和传承，它的道德文化理念以慈悲和智慧两理念为核心，并以其道德文化理念而引领僧俗两界的民众创造出灿烂的佛教文化。在阿拉伯世界，《古兰经》中多次把信道与行善并提，将两者有机地联系在一起，“信道行善而来见主者，得享最高的品级——常住的乐园，下临诸河，而水居其中”。反之，“不信主者，他的善功比如一堆灰”凡信仰安拉就是最大的善，或“善行”的来源。这显示了伊斯兰文化以信道行善为其最高道德文化理念，在此最高道德文化理念指引下，阿拉伯人形成了诸如恕人、诚实、友爱、命人行善、止人作恶、加强团结以及礼貌规范等核心道德文化理念，并提出了诸如孝敬双亲、主持公正、接济亲属、怜恤孤贫、释放奴隶、慷慨助人、称量公平，反对浪费和狂妄骄傲，禁止淫乱，禁止高利贷，禁止虐杀女婴和杀害他人及无故杀人等一系列更具体的道德文化理念。伊斯兰信众正是以这些道德文化的理念为基因创造了灿烂的伊斯兰文化。道德文化理念在文化创造中的这种作用表明，任何一个文化中的道德文化理念不但是文化相互区别的标志和基础，而且也是各种相应文化中的稳定器，一旦承载相应文化的民族或人群放弃了其中的道德文化理念，并且没有新的人群作为这一文化的载体，那么这一文化实际上就等于宣告中断或灭亡了，从这个意义上看，道德文化理念实际上可以在一定的文化中起支配作用，也是一个社会或民族必须长期普遍遵循的基本价值准则，它具有相对稳定的特点。它也具有成为社会意识形态重要构成部分的潜质。

## 三、道德文化理念的存在之“形”

道德文化理念之所以在人类的文化结构中居于纲常地位，首要的原因在于它本身就是相应文化结构中的“神”部分，而在所有的文化结构中，无论是从宏观层面看，还是从微观层面看，文化结构中的“形”与“神”总是相对而言的，换句话说，没有“形”，也就没有“神”，同样，没有“神”，也就没有“形”，

“形”与“神”的结合才能使文化结构获得文化的意义，即才能使人们将之视为文化。换一个角度讲，文化的“形”与“神”之间也存在着类似“现象”与“本质”之间的关系，其中文化结构之“形”可以被理解为现象，而文化结构之“神”则可以被理解为本质，现象背后总有它的本质，而本质总是要通过一定的现象被表现自己，二者总是如影随形地相互显示着对方，只不过与单纯的自然现象不同，文化结构中的“神”与“形”都是人所创造的，使人通过自己的创造能力使它们结合在一起，也只有人可以透过“形”可以看到“神”。从文化结构中的上述“形”“神”关系看，要进一步研究作为一般文化结构中的“神”的道德文化理念，就要弄清其相应的文化之“形”，这正是此部分要澄明的内容。

文化具有“形”“神”结构的事实表明，要完整地理解文化，就应当弄清楚文化结构的“神”，也要弄清楚文化结构中的“形”，而根据“形”“神”结合才能构成一个完全的文化结构的信息可以知道，如果已知某文化之“神”，就有可能获知相应的文化之“形”，同样，在已知文化之“形”的情况下，根据文化结构的形成规律，也可以获知相应文化结构之“神”。考古学家正是根据文化构成的这一原理向现代人解释所发现的文物所具有的文化意义，如根据尊卑有序的中国传统道德文化理念，可以合理地解释所发现的某一墓葬的墓主人在世时所处于的尊卑序列中的位置等信息，这不但是具有透过文化之“神”来解释和还原文化之“形”的意义，而且也通过文化之“形”的获得确证和丰富了古代文化之“神”的存在。

从这个意义上看，欲澄明道德文化理念，就要获得相应的道德文化之“形”，而大量的、来自不同渠道的道德文化之“形”的获得也具有确证道德文化理念存在的意义。在我国，由于近代发生了三千年未有的变局，包括马克思主义在内的西方文化大规模地进入中国，一时间，数千年形成的伦理道德文化理念在社会上发生了向现实转化的根本性危机，甚至在大陆地区，还发生了此方面的文化断裂，直到本世纪，才有较多的学者和民间人士向社会呼唤传统道德文化理念的回归。要唤起中国传统道德文化理念并以此为目标恢复和继承固有的中华传统文化，就必须从对现存在的以及可以挖掘整理的中华传统文化之形着手，使中华文化之“形”与中华文化之“神”合而为一。

澄明文化的形神关系，不但使人们获得了对已经死亡的文化的原貌复原能力，而且也使人更加明白文化是人类的生存方式，文化不是外在于人的，它正是通过人的目的性活动而内在于人及其社会的，文化也因此而成为人类目的性活动的产物，目的的可重复性和工具以及手段的可复制性都决定了文化是可以推广和继承的，而推广和继承又使得文化在其宏观结构上具有了某种规范性样式，于是人们根据此种样式就可以对文化进行识别，于是人们发现，不同的时代拥有不同的文化，不同的民族拥有不同的文化，不同的阶级拥有不同的文化，不同的职业拥有不同的文化，不同的性别拥有不同的文化。而将文化相区别的实质性因素则是文化之“神”，具体到道德文化方面，也就是道德文化理念，而作为文化之“神”的道德文化理念，总是相对于它所寓于其中的文化之“形”而展现自己的存在的，没有道德文化之“形”，也就没有道德文化理念的存在之处。由于近代中国人经过西方文化的冲击和洗礼，原有的传统意义上的道德文化理念迅速地以不同方式被人们抛弃，而剩下的原有道德文化理念所寓于其中的道德文化之“形”虽已存在着不同程度的腐败变形和残缺不全，但它还有一定程度的遗存，虽然因为它与原有道德文化理念的分离而成为“僵尸”或“木乃伊”，但作为现代人，要寻找和复原原来寓于其中的道德文化理念，就必须借助于这些尚以某种方式存在的文化遗存在物，并通过对它们的考察和研究去把握和追述原有的道德文化理念，这说明道德文化理念与其所寓于其中的文化之“形”之间存在着互见的关系。于是，本书当下的任务虽然是为了澄明中国传统道德文化理念，但为了澄明这些道德文化理念，又必须对这些道德文化理念所寓于其中的文化之“形”进行研究。

作为中国传统文化之“神”的中华传统道德文化理念所寓于其中的文化之“形”，从宏观层面看，主要有记载于历代文献中的道德规范，这些道德规范往往以礼的方式被记载于各种形式的文献之中，这说明，要弄清中国传统道德文化理念，就必须对浩如烟海的中国古代文献进行研究，挖掘整理出其中所呈现的礼，并通过对礼的研究追寻寓于其中的道德原则，而这些道德原则往往是中国传统道德文化理念中的最高理念，也是古代社会的核心价值观，最高理念赋予了礼所具有的意义，也回答了礼之所以被如是设定并被推广应用的原因，如果没有这些最高原则，古代的道德规范或礼就成为丧失生命活力的枯木和败草。后人从研究和借鉴的角度有必要追述它们与道德文化理念相合时的鲜活形态。

中国道德文化的传统道德理念所寓于其中的文化之“形”，从宏观层面看，还以古代社会制度的方式存在，古人创设包括有名的皇帝制度、宗法制度、郡县制度在内的一整套政治体制与经济体制都是有其道德文化理念作为指南的，同样，在一些非主流的古代社会团体中，也存在着一些非主流的内部制度，这些制度的设定和存在，也是有其特定的道德文化理念作为指南的。这种情况在西方的文化制度中也难看到，如古希腊雅典是实行民主化程度最高的“直接民主制”。在“民主”文化理念的约束和要求下，希腊建立了一整套相互配套的政治制度来贯彻落实民主的文化理念，在伯里克利时代，雅典就建立了所有的官职向全体公民开放的制度，任何人都可以通过抽签选举方式（十将军除外）担任政府中的各级官职。为了贯彻落实民主的文化理念，当时还建立了任期制，雅典的政府官员都有任期，通常为一年，而且大多数的官职，不得连选连任，以避免结党营私。为了贯彻落实民主文化理念，雅典还实行委员会制，凡是重大事务均由集体作出决定，由集体负责。而不是由一个人说了算，从而避免了专制独裁和官僚主义。为了保证民主政治不受不良社会思潮的影响和侵害，从克利斯提尼时代开始，雅典还制定了陶片放逐法，用陶片投票选举出可能对雅典的民主政治构成威胁的人。如果某人得票数超过 6 000，就会被放逐到国外，10 年以后才能返回，从而使政治野心家无机可乘。在这些具有程序性和法治性的政治制度中，始终贯彻落实民主的文化理念，民主正是这一整套政治制度的灵魂和纲常。

中国道德文化的传统道德理念所寓于其中的文化之"形"，从宏观层面看，还以古代的道德人格方式存在。古代的圣人、仁人、志士、义士、勇士、君子、明君、贤相、忠臣、孝子、顺孙、淑女、贞女、节妇、烈妇、烈女、至人、真人、佛、菩萨、高僧大德等道德人格背后都存在着指引他们涌现的道德文化理念。而对这些道德人格的挖掘和整理以及还原并使之与相应的道德文化理念相合，具有复述相应道德文化总体风貌的意义。这些理想的道德人格不但是相应道德文化理念的体现者，而且也在相当程度上是这些道德文化理念的产儿。如从"君子人格"乃至"圣人人格"看，在"智""仁""勇"等道德文化理念的引领下，儒家为代表的士人认为君子人格应当具备："文质彬彬"的素质结构以及"重义轻利"的人生观念，君子应当具有"可以大受"的责任意识和责任能力，应当具有"和而不同"的处世态度和"执两用中"的思维方式，君子人格应当是"智""仁""勇"三种德性的有机统一。与这些理想人格相似的道德文化理念的体现者还有当时的理想社会，如儒家提出了仁政和德治的理想社会，而这一理想社会本身就是儒家仁、礼的道德文化理念或核心价值观的体现者，为了在现实生活中贯彻落实仁、礼的道德文化理念，儒家主张实现通过统治者及其统治政策和社会制度的优化而达到人伦理关系和社会生活的道德化，进而实现社会秩序和社会关系的优化。儒家的仁、礼道德文化理念是中国传统道德文化理念或社会核心价值体系的核心组成部分，对中华民族的文化心理影响极为深远和广泛持久。自孔子创立仁、礼道德文化理念后，经先秦孟子、荀子的继承和发展，汉代董仲舒等人的弘扬和独尊，宋明理学的阐释和复兴，虽然形态几经改变，但作为道德文化理念的仁、礼却绵延不绝。在漫长的皇权专制社会，它一直被统治者奉为道德文化理念并努力塑造着有中国特色的理想社会，这种理想社会至今还在海内外发生着重要影响。

中国道德文化的传统道德理念所寓于其中的文化之"形"，从宏观层面看，还以古迹与文物的方式存在。如现今地球上最为庞大的地上古代建筑万里长城，作为中国传统道德文化理念的重要寓形，就体现了和平的道德文化理念，同样，海陆两条丝绸之路上所发现的文物也大都能够体现这一道德文化理念。再如，所发现的中国古代建筑中，发现许多建筑在体量、色彩、式样、装饰等方面存在着不同，而这种不同正是古代尊尊道德文化理念的体现。古代重要的建筑，如宫殿、坛庙、寺观等，还有特定的象征主题。例如秦始皇营造咸阳，以宫殿象征紫微，渭水象征天汉，上林苑掘池象征东海蓬莱。清康熙、乾隆营造圆明园、避暑山庄和承德外八庙，模拟全国重要建筑和名胜，象征宇内一统。明堂上圆下方，五室十二堂，象征天地万物。某些喇嘛寺的构图象征须弥山佛国世界等。这些建筑都是古代大一统的政治道德文化理念的体现。再如，为了贯彻落实尊尊的道德文化理念，历代在殿堂建筑方面也都有所区别，如以大小，正面以间数，侧面以檩（或椽）数区别。在汉代以前，间有奇数也有偶数，以后即全是奇数，到清代，正面以11间最大，3间最小，侧面以13檩最大，5檩最小。间和檩的间距有若干等级，内部柱网也有几种定型的排列方式。这些不同都是对尊尊道德文化理念的生动体现。再如，就建筑的层顶而言，也存在着定型的式样，主要有硬山、悬山、歇山、庑殿、攒尖5种，硬山等级最低，庑殿最高。再如，为了体现尊尊的道德文化理念，考古学家还发现，存在着大量单座建筑的规格化问题，这一点在清代达到顶点，如《工部工程做法则例》就规定了27种定型形式，每一种的尺度、比例都有严格的规定，上自宫殿下至民居、园林都有细致的规定。再如，从所发现的建筑色彩中，也显示了尊尊的道德文化理念，其中屋顶的色彩最重要，黄色（尤其是明黄）琉璃瓦屋顶最尊贵，是帝王和帝王特准的建筑（如孔庙）所专用，宫殿内的建筑，除极个别特殊要求的以外，不论大小，一律用黄琉璃瓦。宫殿以下，坛庙、王府、寺观按等级用黄绿混合（剪边）、绿色、绿灰混合；民居等级最低，只能用灰色陶瓦。此外，古建筑的色彩还具有体现和谐的道德文化理念，虽然存在许多互补色、对比色同处一座建筑中情况，并且对比相当强烈，但从总体上看，它们只使和谐的基调更加丰富悦目，而不会干扰或取代基调，从而体现了和谐的道德文化理念。总之，建筑的不同等级、性格和风格以及背后存在的尊尊道德文化理念，很大程度上就是从屋顶的体量、形式、色彩、装饰、质地上表现出来的。

中国道德文化的传统道德理念所寓于其中的文化之“形”，从宏观层面看，还以风俗习惯的方式存在。如在中国传统的丧葬制度中，存在着五服类型的葬礼着装，这些丧服依与死者的亲疏关系而依次被称之为斩衰、齐衰、大功、小功、缌麻。《礼记》中甚至规定了参加丧礼者与丧主之间的交流方式，即“礼斩衰之丧，唯而不对；齐衰之丧，对而不言；大功之丧，言而不议；缌小功之丧，议而不及乐。”（《礼记·丧服四制第四十九》）这种交流方式也是以亲疏关系而制定的，其背后的道德文化理念显然为中国传统文化中的亲亲原则。再如在我国的社交饮宴风俗中，有讲究座次的习惯，司马迁在《史记·项羽本纪》中所记载的鸿门宴生动地为人们再现了这种风习中所存在的场景。在当时的宴会上，对座次的安排与当事人的尊卑次序具有一定的对应关系，“项王、项伯东乡坐。亚父南乡坐。亚父者，范增也。沛公北乡坐，张良西乡侍。”项羽和他的叔父项伯坐西面东，是其中最尊者之位，亚父范增坐北向南，占据次尊贵者之位，刘邦坐南向北，与范增相对而坐，占据的位次则卑于范增之位次，张良坐东朝西，与项王、项伯相对而坐，占据了最卑下之位次。可以推断的是，在中华数千年的历史中，不知发生过多少次宴会活动，每次宴会活动都是对尊卑等级秩序的感性显现。这说明宴会并不是一个单纯的宴饮场合，它也是一个尊尊道德文化理念体现和巩固场合，还是一个尊尊的道德文化理念的教育场合，这种赋予座次以尊卑意义的文化经过数千年的实践，深深地把尊卑有序的道德文化理念积淀到中国人的心中，以至于它甚至成为人们的一种无意识，直到现在，它仍然顽固地存在着，甚至在尊卑身份不明的情况下，人们会一时不知坐、立于何处。无论是尊尊的道德文化理念，还是亲亲的道德文化理念，如果将之再浓缩，就可以提炼到儒家话语下的仁与礼的道德文化理念高度，这实际上已经涉及了下一部分要讨论的道德文化理念的提炼方法问题了。

## 四、道德文化理念的提炼方法

由于文化是人类自由的创造物，它在本质上是一种目的——工具系统，而这一系统从其所具有的分形结构看，又可以被看作是一套价值体系，因为其中作为“神”或“理念”的目的本身具有价值意义，而作为工具的“形”或手段也具有价值意义，这就使得文化无论是从宏观层面看，还是从微观层面看，它都在本质上可以被看作是一套价值体系，而在这一套价值体系中，如果循着文化所固有的“神”“形”结构，由低层次向高层次追寻，如果追寻到相对高的层次的话，就会看到这一套价值体系中的核心价值体系，在核心价值体系中，如果继续循着其中的“形”“神”结构向最高层次的“神”追寻，就会发现核心价值观，如果所发现的这些核心价值观是可以作为道德准则而存在的文化之“神”，就可以断定高层次的道德文化理念被追寻到了。这可以说是道德文化理念的重要提炼方法。此种方法可以被称之为循形追实、层层上升的道德文化理念提炼方法。需要说明的是，亚里士多德的伦理学本质上就是这种方法的逆运用，他因此构建了以幸福为最高目的的伦理学。按照这一方法，任何研究者如果要追寻其所研究着的文化中的道德文化理念，特别是追寻高层次的道德文化理念，就应当占有大量的文化之形，发挥透过现象看本质的理性能力，不断地追寻可以寓于文化之“形”中的文化之神，直到捕捉到最高层次的可以被认定为道德文化理念的文化之神为止。这一方法将可以衍生出其他若干具体的方法，这些具体的方法可以根据宏观层面的文化之“形”的不同而被认定。如人们可以循着道德规范或中国传统的礼这一文化之“形”而追寻相应的道德文化之“神”或高层次的道德文化理念，也可以循着社会制度这一文化之“形”追寻与之相应的道德文化理念，这正是制度伦理学的任务之一。人们还可以循着一个社会所提倡的理想人格与理想社会这样的范型式的文化之“形”来追寻相应的道德文化理念，也可以循着已发现的古迹与文物这样的文化之“形”来追寻相应的道德文化理念，还可以循着社会风俗习惯这一文化之形追寻相应的道德文化理念。循着这些不同的文化之形追寻相应的道德文化理念就会形成不同的道德文化理念发现之路，这些道德文化理念的发现之路也就是循形追神、层层上升这一道德文化的提炼方法下面的较为具体的提炼方法。这些具体的方法是可以并存的，其并存的原因在于文化的结构之间存在着相互勾连性，或者说，文化中的目的与文化中的工具不但是可以相互转化的，而且也是可以处于网络连接状态的，这就意味着文化可以成为一个整体，作为整体，自然可以从整体的任一部分达到该整体的某一部分，即存在着“条条道路通罗马”的机制，而此处所提供的道德文化理念的提炼方法仅仅是众多道路中的一种或若干种。

道德文化提炼的难度在于，文化之形与文化之神并不是简单的一一对应关系，它们之间存在着复杂的关系。如当有人看到建筑工人正在砌墙时，问该工人砌墙的目的是什么，一个工人回答说是在为了砌墙，一个工人回答说是为了建设美好家园，一个工人回答说是为了城市更美好的生活。当然，对工人的采访还可以得到其他不同的答案，但仅此三个不同的目的或理念已经足以表明文化之“形”与文化之“神”之间并不存在简单的一一对应关系，而是一种文化之“形”可以对应多种的、境界不同的文化之“神”。反过来，同样的文化之“神”也可以对应着不同的、甚至数量更为庞大的文化之“形”，比如，同样都是为了健康，有的人用的是节食的办法，有的人用的是登山的办法，有的人用的是游泳的办法，有的人用的是骑马的办法。这样，虽然形成了健康理念下的价值体系，但也使人看到了文化之“形”与文化之“神”之间的复杂对应关系。再就是作为目的的文化之“神”相对于作为工具的文化之“形”而言，它更多的是内在于人的动机的，这些动机隐藏之深，甚至需要心理学家通过精神分析来推断，有的需要侦察专家来验证，有的可能需要未来的“读心术”或“脑成像技术”来破解。这为当前人们追寻文化之“形”背后的文化之“神”造成了严重的障碍，也正是因为文化之“形”与文化之“神”之间的这种非直观的对应关系，才使得有些人可以投文化之机，将自己邪恶的目的隐藏起来，而展现给人们的文化之

“形”恰如烟雾一样使人难以捕捉到它的真实目的，于是，伪君子可以大行其道，潜规则可以大行其道，专家和学者们必须发挥其透过现象看本质的能力，才能捕捉到所研究的文化之“形”所真实对应着的文化之“神”。在此基础上，也才能抓住真正的道德文化理念。这说明，反复地透过现象、抓住本质也是道德文化理念提炼的方法之一。在此方法下，也可以衍生出若干较为具体的道德文化理念的提炼方法，如社会调查法，如问卷法，电话或网络采访、文化考古法，历史复原法，文化调查法等。

# 第二章

# 中国道德文化传统理念提炼诸领域

中国传统伦理道德就其产生而言，无疑是为了明确人与人之间的道德关系的，在数千年的等级和身份制社会中，必然会产生维护等级和明确身份的道德义务，不然相对或相邻的等级之间就会上下失序，左右不明，前后不定，从而使社会组织分崩离析，进而产生国将不国，家将不家，甚至人将不人的结果。为了避免此种结果，中国人在其漫长的文明进化中，就产生了中国特色的道德文化理念，而所有的道德文化理念都是存在于一定的领域之中的，有些道德文化理念只存在于特定领域，有些道德文化理念则存在于多个领域，有些道德文化理念则存在于所有领域，这就是中国古代的普适道德理念。就中国道德文化的存在领域而言，首要的问题是如何确定该领域，既然道德文化理念是调节道德践行主体间的道德关系的，也就意味着有什么样的道德关系，就会存在或产生相应的道德文化理念，于是，道德文化理念的存在领域的确定就成为一个划分和澄清道德主体之间的道德关系的问题了，下面根据传统社会主要的等级和身份关系将中国道德文化理念的存在领域依次陈述。

## 一、人神关系领域

在中国传统的文化语境中，神有着广泛的存在谱系，有天神、地神、祖先神等中国土生土长的神，也有来自佛教等外来宗教中的神系，如何处理人与神之间的道德关系？通过研究与思考发现，人神之间的道德关系是通过明确人与神各自的道德义务的方式得到确立的。从人的方面看，人所具有的对于神的道德义务就是祭敬，即通过祭祀活动来表达对神的敬意，其中的寓意无疑在于表明人要顺从神意，人要与神搞好关系。这就要求人首先对神要表达敬意，人必须要有诚意，因为神被认为是明察秋毫不可欺骗的，于是，诚就成为敬神活动中所要求于人的道德义务和道德品质了，人为了表达自己对神的敬意，为了显示自己的诚意，往往是通过舍财来达成的，其中的寓意似乎是通过自己所拥有的一切的在所不惜来显示自己的诚意的。这样，人在敬神活动中，就通过营建庄严肃穆的气氛，比如要在祭祀活动之前就要搞好自身和环境卫生，准备用于舍得和贡献的牺牲以及其他财物，这就意味着以祭祀活动为形式的敬活动中必然要产生以敬为代表的道德理念，这些道德理念是敬、诚、顺、舍得等，它们显示人对于神的道德义务。从这个意义上看，祭祀活动对于敬德的养成和传承具有重要意义，这种敬德很容易被移植于其他道德关系中，如君臣关系中臣对君的敬、父子关系中，子对父的敬、夫妇关系中的夫妻互敬，师生关系中学生对老师的敬等。虽然这些领域中的敬在仪式上有所不同，但其中的道德精神却是一致的。从神的方面看，虽然人无法支配神，但在人看来，神是能感应到人的敬意的，他在感受到人的敬意时，就会以其神明和神力以神的方式保佑敬神者，暗中帮助敬神者，使敬神者逢凶化吉，吉无不利。人的这种单方面的期望本质上是人赋予神以道德义务，即人以敬神的方式使神保佑自己，而神对人的保佑和帮助本质上也显示了神的善性或仁性，或者说，神有佑助之德，这种德性也有似于其他道德关系中的施惠义务，如君臣关系中的君对臣所施的惠，父子关系中父亲对儿子的慈爱之惠，师生关系中老师对学生的严教之惠等。

## 二、天君关系领域

在上述泛泛而谈的人神道德关系中，对中国人而言，最重要的是天与天子之间的道德关系，这种关系虽然本质上被古人认为是人神关系，但中国古人又认为，天子是天之子，而天子又是人中之帝王，于是，天子与天的关系就具有了人与神以及父与子的二重道德关系了。这种道德关系在中国传统社会中是极为重要的道德关系，它关系到皇权统治的合法性问题，对于此种关系，汉代董仲舒首先将此明确化了，“受命之君，天意之所予也。故号为天子者，宜视天为父，事天以孝道也”（《春秋繁露·卷十·深察名号》）。“春秋之法：以人随君，以君随天”（《春秋繁露·卷一·玉杯》）、“屈民而伸君，屈君而伸天，春秋之大义也”（同上）就天与天子道德关系中所包含的具体的道德权利与道德义务而言，天子对天承担着重要的道德义务，这些道德义务主要是管理好天下的百姓，并以天子的身份祭祀天，在决定重大行动时要向天报告，“天子不可不祭天也，无异人之不可以不事父，为人子而不事父者，天下莫能以为可，今为天之子而不事天，何以异是。是故天子每至岁首，必先郊祭以享天，乃敢为地，行子礼也；每将兴师，必先郊祭以告天，乃敢征伐，行子道也。”① 在条件成熟时，对天在泰山之巅举行封礼，对地在泰山脚下的梁父之丘举行禅礼，封禅之礼具有作为儿子的天子向作为父亲的天汇报政绩之意义，这有似于某些现代国家的政府向议会做政府工作报告，也有似于官员向上级述职，更有似于儿子向父亲汇报工作或学习成绩，只不过这种汇报在现代人看来具有迷信的成分，具有一种表扬和自我表扬的意味，尽管现代人有如此感觉，但当事人却以虔诚、庄严、隆重和神圣的态度来认认真真地向天尽此义务。如司马迁之父司马谈甚至因为不能参加封禅活动，而含恨辞世。

天子对天所承担的另一项特别的道德义务表现在改朝换代之时，此时，新一朝代的天子必须根据天意“改制度、易服色”，这一特别的道德义务在董仲舒那里得到了论证和强调：“所谓新王必改制者，非改其道，非变其理，受命于天，易姓更王，非继前王而王也，若一因前制，修故业，而无有所改，是与继前王而王者无以别。受命之君，天之所大显也；事父者承意，事君者仪志，事天亦然；今天大显已，物袭所代，而率与同，则不显不明，非天志，故必徙居处，更称号，改正朔，易服色者，无他焉，不敢不顺天志，而明自显也。”② 对于天子的政绩，天拥有赏罚的道德权利，天对天子赏罚的方式则是所谓的“祥瑞”和“灾异”，“王正，则元气和顺，风雨时，景星见，黄龙下；王不正，则上变天，贼气并见。”③

上述天子与天之间的道德义务虽然比前面泛泛而谈的人与神之间道德关系中的道德义务更加丰富和具体，但天子对天的敬以及天对天子的佑助却是一致的，只不过此处天子对天的敬的义务中更多了些类似儿子对父亲孝敬的成分，同样，天对天子的佑助也多了些严父的成分。天与天子之间的道德关系的这种人神二重性从孝的方面看，显然使孝具有了某种宗教和神圣的意义。总之，从人与神的道德关系以及更为具体的天子与天的道德关系看，其中的最重要的道德理念就是敬、慈、诚等道德文化理念了。如果说，敬、慈、诚是上述道德文化关系中的文化之神，那么，上述神与人之间以及天与天子之间存在的道德义务则是相应的道德文化之形，在此，形是为神而存的。

① 《春秋繁露·卷十五·郊祭》。
② 《春秋繁露·卷一·楚庄王》。
③ 《春秋繁露·卷四·王道》。

## 三、“三纲”关系领域

中国传统道德关系，就其领域而言，除了上述人与神之间的道德关系外，更大量的存在的是人与人之间的道德关系，由于在中国传统社会中，人总是处在一定的等级之中并拥有特定的身份的人，每一个人所拥有的道德权利与道德义务都是以其在等级中的位置和身份而定的，于是，大量存在的道德理念都是在这些人与人之间的不平等和不同的身份关系所确定的，其中主要的道德关系有：君臣之间的道德关系。父子之间的道德关系，夫妻之间的道德关系，朋友之间的道德关系，兄弟之间的道德关系。这些道德关系在孟子那里被概括为“五伦”。事实上，早在孟子之前，中国古人就有了对这种不平等的人与人之间关系的提炼，在《尚书·尧典》中，已有“慎徽五典”的说法，即要以五种美德教导自己的臣民。《左传》对“五典”的解释就是“父义、母慈、兄友、弟恭、子孝”。其后，孔子在“五典”的基础上又提出“君君、臣臣、父父、子子”的主张，实际上是在“五典”所概括的道德关系中增加了君臣关系。其后，孟子在整理和总结中国以往道德关系和道德规范的基础上，全面地概括了封建社会里人们之间的这五种基本的道德关系，并提出相应的道德规范。这些道德关系和道德规范在《孟子·滕文公上》中有所记载：他认为古时人们“逸居而无教，则近于禽兽”，于是，圣人“使契为司徒，教以人伦”，使“父子有亲，君臣有义，夫妇有别，长幼有序，朋友有信”。

在此“五伦”中，中国古人明确和践行的道德文化理念主要有忠、孝、悌、忍、节、信、善、义等道德文化理念。除了上述孟子所概括和提炼的五伦关系外，中国传统的道德关系还有师生道德关系，官民道德关系，民族（华夷）道德关系，主仆道德关系，宾主道德关系等。

“三纲五常”中的“纲”，就其渊源来看，应当是来自于春秋之前就存在着的亲亲原则、尊尊原则。在亲亲原则语境下的亲属关系中，父子关系无疑是父权制和宗法制下的最重要的亲属关系，亲亲原则本质上就是宗法体制内一个确定等级和身份原则，如果把确定等级和身份理解为某种“排队”或“排序”，那么父子关系无疑是这一队形或序列中轴心，它可以说是最为重要的等级和身份确立了，从这个意义上看，父为子纲这一等级确立原则实际上是来自于亲亲原则的，它更是这亲亲原则的浓缩版或简化版。同样，在尊尊原则语境下的官爵等级划分语境下，君臣关系无疑是最为重要的等级与身份关系，同理，如果把确定此一领域的等级和身份原则理解为某种“排队”或“排序”原则，那么，君为臣纲亦是尊尊原则的精华版。而三纲中的夫为妻纲在某种程度上尊尊原则的衍生性原则，因为在父权制的背景下，在周代就存在的阳尊阴卑的哲学化的世界观下，再加上家庭内社会成员之间的内外分工因素，很容易得出男尊女卑的结论，而这一结论显然是尊尊原则的特殊情形，即它是尊尊原则被应用于异性领域中的推论。由此看来，三纲是由尊尊原则与亲亲原则发展而来的。

纲常在历史上被确定的虽然只有“三纲五常”，但实际上数量并不限于此，因为根据纲常在礼制中所发挥的不同作用，很容易发现与三纲相类似的其他纲以及与五常相类似的其他常，因为三纲中的纲对于礼制化的等级与身份社会而言，其作用在于确定等级和身份，如在三纲中，就规律了君在政治权力或尊尊的序列等级和身份中要高于臣，而父与子相比，在家庭的等级与身份序列中要高于子，同样，丈夫在婚姻家庭生活中的等级身份序列中要高于妻子，由此看来，纲就是等级与身份序列中的排序规则。根据对三纲的这种理解，不难发现，“三纲”之外还有其他纲。

## 四、中国道德文化理念存在的其他领域

“三纲”之外的第一纲是存在于天与天子之间的等级关系之中，在古人的观念中，天自然在等级序列中是高于天子的，天子在这一段等级序列中，要尽许多相应的道等义务，再加上天与天子之间存在着类似父子之间的关系，由此看来，按照古人的逻辑，现今的人很容易得出“天为君纲”的结论。

“三纲”之外的第二纲是“贤者为不肖者纲”，从人的贤与不贤或贤的程度的维度上无疑也可以对人进行等级化排序，甚至孔子也认为人应当“见贤思齐”，这都显示了“贤”本身就可以作一个社会等级序列的维度，而且这一维度可以说是儒家特别推崇的排序维度，与君君臣臣、父父子子这样的排序维度相比，贤贤的排序维度更具有创新性，在这一确定社会等级或排序的维度中，理应成为一种独立的排序原则，即相对于不肖者而言，贤者是不肖者之纲。

“三纲”之外的第三纲存在于老师与学生之间的等级身份序列之中，显然，老师在师生之间的等级序列中一般是处于高一级的等级序列之中的，而且按古人对师生关系的理解，也应当是老师高于学生的，因为在古人看来，老师相对于学生而言，既有学生的父亲的角色，也有学生的领导的角色定位，或者说二者之间存在着君臣关系，这意味着师生关系是这两种关系的复合关系，由“君为臣纲”和“父为子纲”比较容易地可以得出老师是学生之纲的结论，这一结论可以简称“师为生纲”。

“三纲”之外的第四纲是存在于长幼之间的排序关系之中，在这一排序关系中，存在着年长者在等级和身份序列中高于相对年幼者的价值设定，这一设定在

《孟子·公孙丑下》有所反映："天下有达尊三：爵一、齿一、德一。朝廷莫如爵，乡党莫如齿，辅世长民莫如德。"赵岐在其所作的注中认为"三者天下之所通尊也。"孟子的记载说明在古人的语境中，年长者在等级序列中要高于年幼者，这在某种程度上，很容易使今人得出年长者为年幼者之纲的看法，当然，得出这种看法的前提条件是假定相比较的人们在其他方面处于同样或同一的等级之中。正如老师为学生之纲可以简称为师为生纲一样，年长者为年幼者之纲也可以简称为"长为幼纲"。

"三纲"之外的第五纲是官民关系中所体现的等级身份序列原则，在这一等级序列中，虽然孟子提出了"民贵君轻"的排序思想，但要注意的是，这是一种轻重排序原则，它并不是一种具有尊卑意义上的等级序列，而且在儒家的话语中，往往把官比做民之父母，而民则是被比拟为相应的子女，于是，在此就存在着父母官与子女民的看法，根据"父为子纲"的排序原则，很容易得出"官为民纲"的结论。

"三纲"之外的第六纲是民族关系中的民族等级与排序原则。这一原则假定了华夏民族或中国的主体民族或居住于中原的民族或已被中华礼仪同化了的民族在等级序列方面高于或优于周边的其他化外民族，这一等级原则既是一个民族概念，也是一个地理概念，还是一个文化概念，可以说是这三个概念的混合体，在中国历史上，它更主要的是一个文化概念，它本质上是根据各民族接受和同化汉族的礼仪文化的程度来安排相应民族的等级，从这个意义上看，历史上，数千年来，华夏族周边的各民族都处于被礼仪化过程之中，历史上的朝鲜、越南、日本都是这方面的代表，以他们为代表的周边各民族都在向中国民族学习，因为学习的程度不同，所以处在不同的等级序列之中，这种等级原则意味着周边民族都在以中华民族的礼仪文明为模样在复制文明，从这个意义上看，不难理解存在着华夏族为周边民族之纲的等级划分原则，鉴于历史上，周边的各民族往往被称为蛮夷，所以，这一纲可以被简称为"华为夷纲"。

"三纲"之外的第七纲是主仆之间的等级与身份确定原则，这一等级划分或排序原则虽然没有被古人专门提出来，可能是因为主个之间的道德关系与五伦道德关系相比，并没有那么重要，但从现今的眼光来看，与五伦相比，它无疑具有某种独特性，它意味着这种关系已经逻辑地设定了其中的不平等关系，而且这种不平等关系与五伦关系相比，并不是限于量上的不平等，而是质上的不平等，这种不平等意味着主人不但拥有仆人的财产权，而且也拥有他们的生命权，这等于从根本上剥夺了仆人的一切权利。在中国历史上，主人往往是官僚地主，而仆人往往是失去人身权的奴隶和奴婢，仆人要无条件地服从主人。鉴于主仆之间的权利差距是如此之大，从其中提炼出"主为仆纲"的等级与身份排序原则是顺理成章的。

这七纲加上古人已经阐明的“三纲”，共有十纲，它们都是确定中国社会等级的原则，这些原则的存在说明中国社会的等级并不是按某一种单一标准所确定的等级与身份社会，它更是按多重原则所确定的复合型等级与身份社会。由于等级是如此之多，难免不存在着等级划分原则之间的交叉缠绕和错综复杂情形，这种情形在严重的情况下甚至会发生等级划分的冲突，为了避免这类冲突，中国古人在实践上对这些原则进行了优先性赋值，在古人已明确的“三纲”中，“君为臣纲”是第一位的，而“父为子纲”则是第二位的，再次是“夫为妻纲”了。这种优先性赋值与忠优先于孝、孝优先于节的道德冲突调节原则是一致的。这种“三纲”之间的协调性和一致性安排保障了中国社会等级安排的和谐性。

上述十纲中每一纲都有其在划分社会等级和确定社会成员身份的独立意义，虽然从严格的意义上看，它们似乎没有概括尽中国古代社会的等级划分与身份确定原则，因为还存在着一些没有提及的身份确立原则，如宾主关系与朋友关系的确立原则等，但事实上，古人以其特有的智慧在实践上解决了此问题，即他们通过归约的方式，或者借用数学的语言，是通过合并同类项的方式解决了此一问题，因为宾主关系与朋友关系从本质上来看是一种平等的道德关系，但在中国语境下，通过转化和归约，就将它们比附到长幼关系或兄弟关系之中去了，中国人所说的“四海之内皆兄弟”早在孔子时代就存在了，古人的这种归约到现在还能从中国的人际交往中看到，如和尚和道士之间还存在着称兄道弟的现象，他们在一起时，总是师兄长师弟短的相互称呼不断，同样，在兵营中的战士亦喜欢称兄道弟，而没有血缘关系的熟人之间也长期以来称贤兄贤弟。这种现象说明上述十纲的划分在相当大的程度上已经穷尽了古人确定其等级和确认其身份的规则了。

如果说“十纲”回答和解决的是如何在人们之间划分等级和确定身份的问题，或者说“十纲”是旨在解决划分等级和确定身份意义上的“排队”或“排序”问题，那么，这一问题一旦解决，马上遇到了如何使已经排好的“队形”或“序列”不乱的问题。五常的作用就在于保持和巩固三纲所确定的等级和身份序列，因为没有五常的作用，则由“纲”所确定的等级和身份序列就很易遭到人为的破坏，这就好比通过某种方式确定了排序规则，即如何排序以后，下面的问题就是如何确保这一序列不乱的问题，如果作为排序原则的纲所制约的是没有自由意志的事物，可能还容易保持所排的序列不乱，但人是自由意志的存在物，他可以按纲所确定的原则排好序，也可以在排好后乱了秩序，春秋战国时代的礼坏乐崩局面就属于这种情况，一时间君不君，臣不臣，子不子，父不父，妻不妻，夫不夫，致使整个社会等级和身份秩序大乱，这都是因为没有及时产生维护和巩固已排好的等级身份序列的机制。按理来说，在纲所确定的等级身份排序原则确定后，或者说，当人们根据纲所规定的原则排好“队形”后，如何保持“队形”不乱，就需要一套机制，这个机制可以是宗教机制，周代之前的商代就是一种以“敬天”为此种机制的宗教机制；也可以是道德机制，周代则更多地采用了以“敬德”为特色的道德机制和具有宗教色彩的礼乐机制，这是一种半道德半宗教机制；也可能是法律机制，秦国用的就是这种机制；也可以是无所作为的自然机制，在某种意义上，道家主张的就是这种机制，而在汉初的治国实践上，黄老的无为而治的治国方法就是这种机制的实践形态；也可以是上述机制的合成机制，汉武帝以后的历代帝王大都使用了这种复合性和联合性机制，如后人所说的德主刑辅，阳儒阴法以及汉代以后形成的“儒释道三教合一”机制都属于这种机制。在所有这些可能的机制中，最为有效和成本低的机制可能就是宗教机制了，但如果完全靠宗教来维持等级和身份制度，就可能从根本上破坏以尊尊原则或君为臣纲所确定的最高的排序原则，而在中国特色的等级和身份社会中，这一原则恰恰是最为重要的等级划分和身份确认原则，正是这一原则塑造了中国数千年来的官本位社会，如果靠宗教机制，必然意味着宗教力量成为参与排序的最为重要的力量，这从根本上破坏了“尊尊原则”或“君为臣纲”原则。鉴于前述原因，在帝制为其特色的官本位社会中，不可能选择宗教力量作为维护等级与身份社会的第一力量或第一机制。事实上，每当历史上出现宗教力量威胁“尊尊原则”或“君为臣纲”时，以皇帝为代表的官方就毫不手软地出手，他们会毫不犹豫地及时“亮剑”，中国历史上出现的数次灭佛除道运动都以事实显示了官方对宗教机制的本能性排斥。既然宗教机制不可能成为优先的维护等级与身份社会的机制，那么，相比较而言，道德机制就成为次优的选择了。事实上，董仲舒所提出的“五常”就是维护等级和身份社会的道德机制，它在历史上所起的就是“保持队形”的作用，可以说，“三纲”仅仅给出了排队原则，而排好队并使队形不乱的主要靠“五常”了。

“五常”指“仁、义、礼、智、信”，它在前述十纲所划分和确认的等级社会中作为维护和巩固等级与身份的道德机制表现为做人的起码道德准则与道德文化理念，它被用以处理与和谐作为个体存在的人与人之间的关系，可以说，它们是等级社会的“化学键”或“黏合剂”，他们是礼制社会成员间理性的沟通原则、感通原则、协作原则。

# 第三章

# 理念谱系与“五常”澄明

## 一、“十纲”视域下的传统道德理念谱系

中国传统道德理念存在并产生于相应的道德文化领域之中，如在人神关系中，存在着敬、诚、贡等对人而言应当遵守的道德规范与成人标准，它在本质上就是对人在人神关系中应当承担的道德义务。在天君关系中，赋予君应当践行的道德理念是奉天、法天、敬天等道德理念。在父子关系中，赋予父应当践行的道德文化理念是慈、严，而赋予子女应当的道德理念则是孝、敬、养、顺等道德理念。在君臣关系中，赋予君应当践行的道德理念是惠、明、仁等道德理念，赋予臣应当践行的道德文化理念主要是忠、贤等道德文化理念。在夫妇关系中，赋予双方的应当践行的道德理念是义，而对于女方则额外加上了节、顺、贞的道德文化理念。在贤与不肖者之间的关系中，赋予相对不贤者应当践行的道德文化理念是“齐”，即见贤思齐。在师生关系中，赋予老师应当践行的道德理念是尊、严，而赋予学生应当践行的道德文化理念是敬、勤等道德文化理念。在长幼关系中，赋予长者的应当践行的道德文化理念是友、爱、宽、恕等道德文化理念，赋予相对幼者应当践行的道德文化理念是尊、礼、让、恭、敬、诚等道德文化理念。在官民关系中，赋予官应当践行的道德文化理念是德、贤、廉、公、正、义、仁、惠、信、敏、惠、明等，赋予民应当践行的道德文化理念是顺、敬、勤、俭等。在民族关系中，赋予主体民族应当践行的道德文化理念是“修文德”，而赋予化外民族应当践行的道德义务是和平朝贡。在主仆关系中，赋予主人应当践行的道

德文化理念是仁、惠，而赋予仆人应当践行的道德文化理念是敬、顺、忠、义、勤等。此外在等级与身份差别不大的人与人之间的关系方面，应有相关的关系人应当践行的道德文化理念，如在兄弟关系中，就要求双方践行“悌”的道德文化理念，其中兄要友要宽，而弟要恭要让。在宾主关系中，双方要践行的道德文化理念则是礼，而在朋友关系中，双方要践行的道德文化理念则是义、信等。这种根据不同的领域而设定的道德文化理念已经具有道德文化理念建构的意义了，但它还具有某种不自觉性、零散性。

## 二、传统道德文化理念谱系之构建

所谓中国道德文化理念的谱系的构建指的是对上述领域存在的道德理念进行提炼、分类、组合、排列并概括，使之以“打包”的形式向全社会推广，进而使这些道德文化理念成为人们易识、易记、易行的道德文化理念，这种构建工作对于提高中国道德文化理念的践行具有高效能的意义。这一工作并不是从现在才开始，而是在远古时代就开始了。现将古人前贤在此方面的工作展开如下：

首先，在《书经》中有“五典”的说法，即“父义、母慈、兄友、弟恭、子孝”。《周易》中有“元、亨、利、贞”的排列，在《论语》中有“温良恭俭让”“恭宽信敏惠”五德的排列，还有“刚毅木讷”“文诚忠信”的排列，有“孝悌”“君君臣臣父父子子”的排列，有“忠恕”的连用等。如果从道德文化理念的理念数量看，《论语》中的理念除了“知、仁、勇”为三达德外，还有礼、孝、悌、忠、恕、恭、宽、信、敏、惠、温、良、俭、让、诚、敬、慈、刚、毅、直、克己、中庸等一系列道德文化理念。这些理念已经构成了“以仁为中心”的理念谱系了。

在《管子》中有“四维”的说法，《管子》重“礼义廉耻”，称“礼义廉耻”为“四维”。维者，系在网角之绳索也；四维，即“系在网四角上的绳索。借助于四维，网的纲、目才可以提起张开”，这显示了四维的重要性，《管子・牧民》载：“何谓四维？一曰礼，二曰义，三曰廉，四曰耻。礼不逾节，义不自进，廉不蔽恶，耻不从枉。故不逾节，则上位安；不自进，则民无巧诈；不蔽恶，则行自全；不从枉，则邪事不生。”“国有四维，一维绝则倾，二维绝则危，三维绝则覆，四维绝则灭。倾可正也，危可安也，覆可起也，灭不可复错也。”

在《礼记・中庸》中有“三达德”的说法：“好学近乎知，力行近乎仁，知耻近乎勇。知斯三者，则知所以修身；知所以修身，则知所以治人；知所以治人，则知所以治天下国家矣。”于是《中庸》谓“知、仁、勇三者，天下之达德也”，这也就是后人所说的“三达德”。

"三达德"后，有"孟子四心"。这见之于《孟子·公孙丑上》："无恻隐之心，非人也；无羞恶之心，非人也；无辞让之心，非人也；无是非之心，非人也。"由此"四心"，便有了"孟子四端"："恻隐之心，仁之端也；羞恶之心，义之端也；辞让之心，礼之端也；是非之心，智之端也。"后人将"孟子四端"又称为"孟子四德"，与《中庸》中的三德达相比，孟子将"义"代替了孔子的"勇"，又增一"礼"，形成"仁义礼智"四德。

汉代的董仲舒在其对汉武帝上的《举贤良对策》提出了"三纲五常"，其中关于"五常"的思想在此对策如是说："夫仁谊礼知信五常之道，王者所当修饬也；五者修饬，故受天之祐，而享鬼神之灵，德施于方外，延及群生也。"

其后，后人将"礼义廉耻"和"忠孝节义智仁勇信"并称，概而言之即"四维八德"。"四维八德"之外还有"五伦八德"。其中所谓"五伦"，是从孟子来的。《孟子·滕文公上》："父子有亲，夫妇有别，长幼有序，君臣有义，朋友有信。"八德确立于宋代，系时人从朱熹的说法中提炼而成，具体即"孝悌忠信礼义廉耻"，在《朱子语类》卷第四《性理一·人物之性气质之性》中有"凡人之能言语动作，思虑营为，皆气也，而理存焉。故发而为孝弟忠信仁义礼智，皆理也。"此外，朱子虽然没有给出"孝悌忠信礼义廉耻"的排列顺序，但纵观近二百万字的《朱子语类》，就会发现他反复言说的就是孝悌忠信和礼义廉耻，而且深入讨论孝悌忠信和礼义廉耻相互之间的关系和意义。如孝而能忠，悌而能信，明乎礼义而能知廉耻，知廉耻而更能明乎礼义；再如"孝弟为仁之本""忠信所以进德""言非礼义谓之自暴，切切以礼义廉耻为事，所以亦有助于风俗"，等等。近代孙中山、蔡元培等提出了"忠、孝、仁、爱、信、义、和、平"新"八德"，现今的公民道德纲要中则包含有着忠、孝、诚、信、礼、义、廉、耻、勤、俭、宽、恕十二德。

## 三、"五常"理念的澄明

### （一）"仁"理念

欲明确"仁"这一中国传统的道德文化理念，最直接和简单的方法就是对"仁"字进行一番文字考证，通过对相关文献的电子文本的统计，《尚书》有"仁"字5处。《毛诗》有"仁"字7处。《殷周金文集成引得》有"仁"字13处。《论语》有"仁"字109处。《周易》有"仁"字10处。《孟子》有"仁"字158处。这不但说明在孔孟之前就存在着"仁"的道德理念，而且也说明孔子、孟子是对"仁"的道德理念研究最为广泛深入的思想家。首先，《说文》训

"仁"为"亲也"，谓能爱亲；其次，"仁"在先秦有不同的异体字，其中还较为现代人使用的"仁"字从人从二，谓爱人、爱他人，而仁字的古文"仁"字之一是从千心，谓能将心比心，心中有他人；还有一个异体字古文的"仁"字从尸从二，谓能体察死人之心，心中拥有天地万物；还有一个"仁"字表示具有恻隐之心；而楚简中发现的"仁"字从身从心，谓仁人能够身心合一、内外合一，将仁爱之身与仁爱之心有机地统一协调、和谐处世、和谐待人、和谐接物。从这些"仁"字所具有意义可以综合地看出，"仁"这种道德文化理念乃是合天地、合身心、合内外、合人己、合物我为一的美好境界。此外，"仁"还被解释为同情、友爱的思想感情；果核的最内部，种子或其他硬壳中可以吃的部分，如桃仁、花生仁。

明确了"仁"字所具有的文字意义，并不意味着对"仁"这一道德文化理念有了深刻的把握，还必须对"仁"这一理念所具有的道德意蕴有一个历史的把握。"仁"这一道德文化理念，虽然因为孔子的倡导而成为显学，但它亦有其渊源的。孔子时代远古的唐尧、虞舜、夏禹、中古的商汤、近古的文、武、周公等人所倡导的亲亲、爱亲、爱人、仁民、敬德保民、忠厚道德理念就已经有了"仁"的思想了，孔子在前贤上述理念的基础上，提炼出了维护等级和身份社会的一个具有普遍意义的道德理念，这一理念本质具有密切人际关系的功能，在等级制社会中自然具有等级际关系的功能，鉴于这一概念的广大的统摄性，使它甚至成为先秦儒家的最高道德准则。

"仁"字最早见于儒家的经典文献《尚书》之中。在《尚书·仲虺之诰》中，以"克宽克仁，彰信兆民"的说法记载了"商汤宽恕仁爱之德明信于天下"的道德事实。而在《尚书·金》中有"予仁若考"的记载，其中的"仁"指一种好品德。儒家的这一文献中还赞美尧能"克明俊德，以亲九族"，这意味着"亲"乃"仁"这一道德理念的原型的意义。类似的记载还有为了改变"百姓不亲，五品不逊"的社会状况，舜命契"敬敷五教"，建议他莫先于父子有亲。唐虞之道以爱亲为本。而孔子时代的中古历史名人成汤乃契之后裔，其德行以"仁"为体，以"宽"为用。这些文献记载显示在"仁"出现以前，"亲"是最接近于"仁"这一理念所具有的意义的理念，这一点亦为前述《说文解字》中的"亲""仁"互训的事实所证实。

在《论语》中，孔子以"仁"为人生追求的最高道德境界。他要求"志士仁人，无求生以害仁，有杀身以成仁"。[1] 他的学生有若则认为"孝弟也者，其为仁之本与"，或者说他认为"仁"之本在于"孝、弟"。孔子的另一位高足曾

① 《论语·卫灵公》。

子在其为《大学》所作的传中说："一家仁，一国兴仁"，而"仁"在他的语境中已经包括了忠、恕、孝、悌、慈、爱等道德理念。这种对"仁"理念的理解是《孝经》道德思想的核心。孔子之前，"仁"或"仁爱"理念往往与氏族宗族血缘关系的语境分不开。如《国语·晋语》上有"爱亲之谓仁"。而《国语·周语下》中有"言仁必及人""爱人能仁"的思想，这是"爱亲之谓仁"的延伸与扩大。而孔子的"仁"则是对以往"仁"理念的继承和发展。

孔子首先继承并肯定了前人的"爱亲"理念，并把这一理念规定为"仁"理念的原初意义，他进而在《论语》中认为"君子笃于亲，则民兴于仁"①。他的学生有子更明确地认为孝弟是仁的根本："君子务本，本立而道生，孝弟也者，其为仁之本与。"② 其后，沿着孔子的这一对"仁"的理解，孟子则从亲亲即仁的角度定义了"仁"的理念："亲亲，仁也。"③"仁之实，事亲是也。"④ 这就是说，血缘的亲子之爱乃是"仁"的心理基础；"仁"作为道德理念，首先是指"爱亲"的心。这意味着"仁"必须首先意味着孝亲。

在上述对"仁"理念理解的基础上，孔子又把"仁"理念上升和扩大为"爱人"。"樊迟问仁。子曰：'爱人'"。⑤ 仁人"爱人"的对象超出了"爱亲"的范围，从而获得了"泛爱"的性质。将"仁"由"爱亲"推广到"爱人"，不仅体现了"爱"由近及远、由亲而疏的量的变化，而且体现了质的飞跃。这种变化首先表现为"泛爱众"⑥。这意味着"仁"不但具有维护家庭家族范围内的等级与身份关系，而且也具有维护家族之外的等级与身份关系，从而把家庭的仁爱产生家庭和谐，扩大到社会的仁爱产生社会和谐。这显示了"仁"的道德理念所具有的维护等级与身份制社会的道德机制，这种机制从孔子把"仁"的道德理念细化为"恭""宽""信""敏""惠"并将之在更大的范围内使用可以看得更明白。如仁者"爱人"之适用于治民，就是"养民也惠"，本质上就是仁政，"惠"是"仁"的五个理念之一，故《说文解字》训"惠，仁也"。仁惠包括"富之""教之""使民以时""敛从其薄""因民之所利而利之"。孔子的仁民惠民伦理是他"为政以德"的主要内容，是对周公"敬德保民"仁德的重大发展，并为孟子的"发政施仁""保民而王"的"仁"德提供了伦理基础。孔子用"爱人"定义"仁"，"仁"作为普遍的伦理原则，体现了包含多层次的"爱"的道德要求。进而，孔子又将"忠恕"作为实行"爱人"原则的根本途径，也就是

① 《论语·泰伯》。
②⑥ 《论语·学而》。
③ 《孟子·尽心上》。
④ 《孟子·离娄上》。
⑤ 《论语·颜渊》。

能够将心比心的行“仁之方”。“爱人”与“忠恕”的统一，就构成了孔子完整的“仁”的道德文化，其中爱人是其中的道德文化之神，而且细化后的仁的亚层次以及行仁之方则相对地成为这一道德文化之形。这说明在孔子那里，“仁”已经成为名副其实的体系，“仁”的道德理念除了忠恕之道外，孔子在《论语·颜渊》中还提出了“克己复礼”的践行方法，“颜渊问仁。子曰：‘克己复礼为仁。一日克己复礼，天下归仁焉。为仁由己，而由人乎哉?’颜渊曰：‘请问其目?’子曰：‘非礼勿视，非礼勿听，非礼勿言，非礼勿动。’”在此，孔子实际上自觉或不自觉地意识到了仁对于巩固礼所规定的等级与身份社会的意义。孔子提出“仁”以及“仁”“礼”统一的道德要求，目的是为了培养能够承担历史使命的仁德君子。这种仁德君子不仅有仁，而且有智、有勇。《论语·子罕》中孔子曰：“知者不惑，仁者不忧，勇者不惧。”所以《中庸》称“知、仁、勇三者，天下之达德也”。但在孔子那里，知比勇为重，多以仁、知并举，后来的儒家多以“仁且智”来赞美孔子。孟子在《孟子·公孙丑上》中引子贡的话说：“学不厌，智也；教不倦，仁也。仁且智，夫子既圣矣。”荀子在《荀子·解蔽》中说：“孔子仁知且不蔽……故德与周公齐，名与三王并。”孔子及其后继者对仁这种理解实际上把仁与人的人格联系起来了。总之，孔子对“仁”这一道德理念的开发，不但将之应用范围从亲亲的血缘家族领域扩展到国家政治领域，而且还明确了“仁”的亚层次的理念，还明确了忠恕的为仁之方，以及与礼、智、勇结合的具有“仁”的道德人格的塑造。

秦始皇统一天下之后，对“仁”的道德文化理念予以创新性理解可谓代有人出：第一，汉代董仲舒将“仁”定义为“天心”。他在《俞序》中说：“霸王之道，皆本于仁。仁，天心。故次以天心。爱人之大者，莫大于思患而预防之。”在此，董仲舒对天亦赋予“仁”的德性，从而使其理论具有了某种限制帝权的意义。

第二，唐代韩愈将“仁”定义为“博爱”。他在《原道》中说：“夫所谓先王之教者，何也？博爱之谓仁，行而宜之之谓义，由是而之焉之谓道，足乎己无待于外之谓德。仁与义为定名，道与德为虚位。”韩愈所讲的仁义道德，与孟子一脉相承，他用“博爱”界定“仁”，就是对孟子在《孟子·尽心上》中所说的“亲亲而仁民，仁民而爱物”的发挥。“博爱”的原则是“一视同仁”，不仅要把爱施于中国，而且还应及于“夷狄于禽兽”，但并不是墨家的“爱无等差”。韩愈明在《原人》中确指出：“圣人一视而同仁，笃近而举远”，就是说，“博爱”又在《送浮屠文畅师序》指中出必须以“亲亲而尊尊”为基本前提。韩愈用“博爱”界定仁，对北宋张载的“民，吾同胞；物，吾与也”，程颢的“仁者以天地万物为一体”，以及朱熹的“理一分殊”都产生了直接的影响。这几位思想家对仁的理念的发展表明，仁并没有对等级和身份制度产生不利影响，相反，它始终都对之具有维护和巩固作用。

第三，北宋周敦颐则以“生”释“仁”，以“成”释“义”。他在《通书·顺化》中说：“天以阳生万物，以阴成万物。生，仁也；成，义也。故圣人在上，以仁育万物，以义正万民。天道行而万物顺，圣德修而万民化；大顺大化，不见其迹，莫知其然之谓神。故天下之众，本在一人，道岂远乎哉？术岂多乎哉？”

第四，王安石（公元1021～1086年）在《答韩求仁书》中阐发孔子“志于道，据于德，依于仁”时说：“语道之全，则无不在也，无不为也，学者所不能据也，而不可以不以心存焉。道之在我者为德，德不据也。以德爱者也，仁譬则左也，义譬则右也，德以仁为主，故君子在仁义之间，所当依者仁而已……礼者，体此者也；智，知此者也；信，信此者也。”在王安石看来道德就是仁义，在社会伦理范围内，就是仁义礼智信“五常”之全体，其核心是“爱”。人们只能通过学习修养去把握它，使之转化为学者的内在德性，也就是学而心有所得，这就是“德”，这就是“爱”，也就是王安石所讲的“仁”，而仁爱适宜就是“义”。王安石以仁义为道德，仁义有机统一，但以“仁”为主，君子“当依者，仁而已”。所以他在《道德经注·四章》说：“不知仁义之无异于道德，此为不知道德也。”

王安石的“仁义”及其“五常”体系，从总体上来说，并没有超越儒家伦理的基本范围。但当王安石对“仁义”内容作具体阐释时，则引发了功利主义新义，发展了仁义道德，从而使他的仁义道德具有独特的个性和进步意义。具体表现有两点：第一，在道德与物质利益（即义与利）的关系上，王安石提出了“政事所以理财，理财乃所谓义也”的观点，从而给“义”以新的价值取向标准。第二，王安石还从“为己”与“为人”的关系上，给“仁义”以新的价值取向标准。他认为，只是“为己”“利己”，如杨朱那样“利天下拔一毛而不为也”，是“不义”；只是“为人”“利他”，像墨子那样“摩顶放踵以利天下”，是“不仁”。在王安石看来，这是两种极端，是“得圣人之一而废其百者也”，都不是圣人的“仁义之道”。所以他在《杨墨》说：“由杨子之道则不义，由墨子之道则不仁。于仁义之道无所遗而用之不失其所者，其唯圣人之徒欤！”在此，王安石实际上看到了杨朱的“自我”和墨子的“兼爱”对于社会等级和社会身份制度的破坏作用，从而论证了只有儒家的仁爱才具有维护和巩固等级和身份社会的意义。

第五，程颢（公元1032～1085年）、程颐（公元1033～1107年），在继承孔孟儒家伦理“仁”德的基础上，奠定和初步形成了理学伦理“仁”的道德理念。他们把儒家道德抽象为宇宙的“客观”本体——“天理”，反之又将“天理”视为儒家道德的本原；进而用“天命之性”和“气禀之性”（“生之谓性”）的人性二重说，以论证人的善、恶的根源；并要求人们“去人欲，存天理”，努力从事“格物致知”的修养功夫，以保证“仁”的道德理念的践行。

第六，朱熹（公元 1130～1200 年）在继承二程的理学伦理“仁”德的基础上进一步明确阐发了“天理”与“仁义礼智”的关系。他在《文集》卷五十九说：“且所谓天理，复是何物？仁义礼智，岂不是天理！君臣、父子、兄弟、朋友，岂不是天理！”在《语类》卷八十二中说“理便是仁义礼智。”

第七，陆九渊（公元 1139～1193 年）针对朱熹在《语类》卷五中所主张的“性即理也”的观点，针锋相对地提出了其心学的一个中心命题——“心即理也”。他在《与李宰书》说：“人皆有是心，心皆具是理，心即理也。”又在《与曾宅之》中认为“仁即此心也，此理也”。王守仁（公元 1474～1528 年）在《答陆原静书》认为“仁义礼知，性之性也”。上述二程、朱熹以及陆、王虽然对“仁”所具有的本体论意义的看法有所不同，但他们都设定了“仁”所应当具有的形而上学属性或本体论意义，这无疑具有把“仁”的道德理念推广到全宇宙的意义，等于认为“仁”的道德理念和价值体系是宇宙真理。

第八，清末维新派烈士谭嗣同 1898 年撰成《仁学》，借用当时物理学上“以太”这一概念阐释“仁”并融入佛教思想，赋予“仁”以“通”的涵义，《仁学》中称“仁以通为第一义。以太也，电也，心力也，皆指出所以通之具”，提出“仁、不仁之辩，于其通与塞”，认为“通之象为平等”，要求由“平等”达致一，而“一则通”“通则仁”。与古人对于“仁”的看法严重不同，谭嗣同对于“仁”的看法再也不认为“仁”具有维护等级和身份制度的意义，而是把“仁”理解为“通”，而通之象就是平等，对“仁”的这种理解显然具有颠覆等级和身份社会制度的意义。

### （二）“义”理念

“义”这一道德文化理念起源于人的仪表、人际交往的友谊和追求美好、善良等需要。《说文解字》：“义，己之威仪也。从我从羊。”段氏注：“古者威仪字做义，今仁义字用之。仪者，度也，今威仪字用之。宜者，人所宜也。今情谊字用之。郑司农注《周礼·肆师》：‘古者书仪但为义，今时所谓义为谊。’……义之本训谓礼容各得其宜，礼容得宜则善矣。故《文王》《我将》毛传皆曰：‘义，善也。’”“义”字从羊，羊在六畜主给膳，其肉为美食，其皮毛为美服，其性温顺善良，故“美”“善”等字均从羊，因而知“义”与“美”、“善”同意。

“义”作为道德理念是由春秋时代的孔子和孟子等人在继承和发展远古时代、唐尧、虞舜、夏禹、商汤、文、武、周公等人的尊贤、正义、公平、无私、禁民为非等思想的基础上概括提升出来的侧重于处理君臣关系的道德规范和价值取向标准。目的在于实践其最高道德标准“仁”。因而儒家往往“仁义”连用。“义”作为儒家道德文化的重要理念，其基本内涵是威仪、友谊、情谊、美善、公平、正义、适宜。这一理念也有悠久的历史，它反复地出现在古代典籍和文献之中，据对相关文献的电子文本统计，《尚书》有“义”字22处。《毛诗》有“义”字21处，其中“礼义”并列的7处。《殷周金文集成引得》有“义”字94处。《论语》有“义”字24处。《周易》有“义”字39处。《孟子》有“义”字108处，其中“仁义”并列者27处。这些数字无疑显示了孟子是研究和推崇“义”理念的大家。

下面将古人对“义”理念的理解列举如下：第一，出现在一些作者不明的儒家典籍中“义”的理念。在《尚书·仲虺之诰》中有：“以义制事。”此处将“义”理解为公平正义的标准。在《周易》中“义”这一理念的具体内容为尊兄、敬长、敬上、尊贤、公平、正义、无私、禁民为非、尊重和保护私有财产权，反对侵凌、兼并、残民和不义战争等。如在《周易·系辞下》中有“理财正辞，禁民为非曰义”。《周易·文言》有“利者义之和也”与“利物足以和义”两句，《礼记·礼运》：“义者，艺之分、仁之节也。协于艺、讲于仁，得之者强。”陈皓《集说》：“艺以事言，仁以心言。事之处于外者以义为分限之宜，心之发于内者以义为品节之制，协于艺者合其事理之宜也，讲于仁者适度其爱心之亲疏厚薄而协合乎行事之大小轻重，一以义为裁制焉。上好义则民莫敢不服，故得之者强。”认为“义”的基本含义是“艺之分、仁之节”，一切都用“义”去裁判节制，老百姓就会信服钦佩。

第二，儒家的第一位大师孔子以“义”作为评判人们思想、行为的道德准则，“君子义以为上”①，“君子义以为质”②。孔子反对“群居终日，言不及义”，主张“行义以达其道”③。孔子还把“义”和“勇”联系起来，认为“君子有勇而无义为乱，小人有勇而无义为盗”④，反对“见义不为”的“无勇”行为。在义利问题上，孔子首先考虑利是否符合义，要求人们“见利思义”⑤ “见得思义”⑥，其态度非常明确，“义然后取”⑦，“不义而富且贵，于我如浮云”⑧。他主张用“义”来规范求“利”的行为。

第三，墨子则以“义”为最高道德准则。墨子赋予了“义”以“兼相爱，

①④ 《论语·阳货》。
② 《论语·卫灵公》。
③⑥ 《论语·季氏》。
⑤⑦ 《论语·宪问》。
⑧ 《论语·述而》。

交相利”“爱无等差”等内容，并把它作为人与人交往的基本准则。墨子忽视了爱人的界限，把“爱人”引向了“兼爱”，甚至要求“爱一切人”。

第四，孟子视“义”为裁别是非的标准，统治者发政施仁的尺度，指导一般人立身修养做人、做事的原则。他在《孟子·梁惠王上》认为“义”在人生价值中最为重要，因而重义而轻利，主张一切唯义是从，反对唯利是取，认为“上下交征利而国危矣”。孟子继承了孔子“贵仁”的思想，但却不如孔子那样突出强调“礼”，而是格外凸显“义”，提倡赞美“舍生而取义”，“仁”“义”并举。孟子对“仁”“义”的定义，首先是指“亲亲”“敬长”。他在《孟子·尽心上》说：“亲亲，仁也；敬长，义也。”并将“仁”“义”有机地统一起来了。他在《孟子·告子上》中说：“仁，人心也；义，人路也。舍其路而弗由，放其心而不知求，哀哉！”在《孟子·离娄上》中说：“仁，人之安宅也；义，人之正路也。旷安宅而弗居，舍正路而不由，哀哉！”孟子要求人们“居仁由义”①“求其放心”②。孟子“仁”“义”并举，提出了以“仁义”为主体的“仁、义、礼、智”等四种美德相统一的道德规范体系。并首创“人伦”范畴以概括“父子”“君臣”“夫妇”“长幼”“朋友”五种道德关系，作为“仁义”之道的伦理前提。他说：“人之有道也。饱食暖衣、逸居而无教，则近于禽兽。圣人有忧之。使契为司徒，教以人伦：父子有亲，君臣有义，夫妇有别，长幼有叙，朋友有信。”③。并且指出：“恻隐之心，人皆有之；羞恶之心，人皆有之；恭敬之心，人皆有之；是非之心，人皆有之。恻隐之心，仁也；羞恶之心，义也；恭敬之心，礼也；是非之心，智也。”④ 孟子认为“仁”“义”“礼”“智”乃是所有的人都具备的道德心理和道德要求。“仁”就是“不忍人之心”或“恻隐之心”。所以孟子又给“仁”下了一个最广泛的定义：“仁者爱人”⑤。“义”就是“人皆有所不为，达之于其所为”或“羞恶之心”。孟子在与墨家论战中克服了孔子“爱人”原则的弱点，提出“义”来作为规定“爱人”的界限，目的在于区别他人与自我的行为是应当还是不应当，从而使爱能爱其所当爱，使恶能恶其所当恶。也就是说要达到“义”的境界。因此，孟子的“义”德要求人们对自己和他人的行为不当者（非义）报之以羞耻和憎恶的态度，所以说“羞恶之心，义也”。

第五，宋代大理学家朱熹在前人对于“义”这一道德理念理解的基础上，提出了具有高度概括性的关于“义”的理解，他在对《孟子·告子上》中所说的

① 《孟子·尽心上》。

② 《孟子·告子上》。

③④ 《孟子·滕文公上》。

⑤ 《孟子·离娄下》。

“仁，人心也；义，人路也。”所作的注中认为“义者，行事之宜。”宜的标准为仁，合符仁则为宜，所以义是符合仁的道德规范。又释为符合正义或道德规范的行为（事）。同时还包含有善良、美好等意义。

### （三）“礼”理念

“礼”作为重要的道德文化理念，在中国古代被更多文献和更大量的记载，如《尚书》中有“礼”字18处。《毛诗》有“礼”字45处，其中有“礼义”7条，“礼仪”4条，“礼乐”3条。《周易》有“礼”字8处。《论语》有“礼”字75处。《孟子》有“礼”字68处。《荀子》中“礼”字有344处，《礼记》中有“礼”字760处，《仪礼》和《周礼》中各有“礼”字206处。

就“礼”作为道德文化理念而言，它本质上是由孔子、孟子等在继承夏、商、周三代待人接物、事神祀天的社会规范与道德规范的基础上发展起来的一个具有普遍意义的道德范畴和价值取向准则。这从一些典籍和有关的重要人物的有关论述中可以看出。

其一，《礼记·礼运》对“礼”这一道德理念的由来做过简要的探讨，认为“礼”起源于祀神和饮食等日常生活。“夫礼之初，始诸饮食，其燔黍捭豚，污尊而不饮，蒉浮而土鼓，犹若可以致其敬于鬼神。”《说文解字》：“礼，履也。所以事神致福也。”经过夏、商、周三代特别是周代的发展，礼已经成为国家确立的区别亲疏贵贱的等级制度以及与之相适应的行为准则和道德规范，起着“经国家，定社稷，序民人，利后嗣”[①] 的作用。《春秋左传·昭公二十五年》记载了郑大夫游吉回答晋卿赵鞅关于“何谓礼”的问题时说：“吉也闻诸先大夫子产曰：‘夫礼，天之经也，地之义也，民之行也。天地之经而民实则之，则天之明，因地之性，生其六气，用其五行，气为五味，发为五色，章为五声，淫则昏乱，民失其性，是故为礼以奉之。’”认为“礼”德是天经地义民行的道德规范。《孝经》上也有这样一段话，其“夫礼”作“夫孝”，因此有学者认为“孝”乃“礼”之代名词。《论语·学而》：“有子曰：礼之用，和为贵。”范祖禹说：“凡礼之体主于敬，而其用则以和为贵。”“礼”德的核心是“敬”。《礼记·曲礼》：“毋不敬。”范祖禹说：“经礼三百，曲礼三千，可以一言蔽之曰：毋不敬。”真德秀说：“《曲礼》一篇为《礼记》之首，而‘毋不敬’一言为《曲礼》之首。盖‘敬’者礼之纲领也。‘毋不敬’者，谓身心内外不可使有一毫之不敬也。”

《礼记》还指出了“礼”是人类自别于禽兽的标志。《礼记·冠义》“凡人之所以为人者，礼义也”。《礼记·曲礼》中讲“鹦鹉能言，不离飞鸟。猩猩能言，

① 《左传·隐公十一年》。

不离禽兽。今人而无礼，虽能言，不亦禽兽之心乎？夫唯禽兽无礼，故父子聚麀。是故圣人作，为礼以教人，知自别于禽兽”。《礼记》还认为礼是自然法则在人类社会的体现。《礼记·礼运》“夫礼必本于天，动而之地，列而之事，变而从事，协于分艺。”《礼记》甚至认为“礼”是一切人类活动的准则。《礼记·曲礼》“道德仁义，非礼不成。教训正俗，非礼不备。分争辨讼，非礼不决。君臣、上下、父子、兄弟，非礼不定。宦学事师，非礼不亲。班朝治军，涖官行法，非礼威严不行。祷祠祭祀，供给鬼神，非礼不诚不庄。”

其二，孔子所说的“礼”理念涵盖祭神仪式、交际礼节、典章制度和道德规范四个方面。孔子将“礼”与“仁”有机结合，将“礼”与“仁”并举，作为其社会规范和道德规范的核心。《论语·为政》：“子张问十世可知也。子曰：殷因于夏礼，所损益可知也。周因于殷礼，所损益可知也。其或继周者，百世可知也。”马融说：“所因，谓‘三纲五常’；所损益，谓‘文质三统’。”以为君臣、父子、夫妇三种主要人伦关系和仁、义、礼、智、信五种主要道德规范是永恒的、代代相传的。因此，孔子要求人们恪守“君君”“臣臣”“父父”“子子”的“礼”之规范。并且在《论语·颜渊》中强调“克己复礼为仁”，要求人们做到“非礼勿视，非礼勿听，非礼勿言，非礼勿动”①。

其三，孟子受孔子影响，也很重视礼，他将礼与仁、义、智一起作为人们必须遵循的最基本的道德规范。以礼为“辞让之心”和“恭敬之心”，使礼成为人的基本德行之一。进而他把孔子的“仁礼并重”发展为“仁义并重”，视礼为从属于仁义的辅德。

其四，荀子非常重视“礼”，他认为人际之间利欲冲突是社会不和谐的根源，社会不和谐的结果便是人们的贫穷。为了调节人际间的物质冲突，构建和谐社会，所以先王制礼，用礼指导、约束人们修身治国。

其五，将“礼”作为最高道德准则加以推行的，当为管子。管子将“礼义廉耻”定为“国之四维”，而把“礼”放在首位。他在《管子·牧民》中说：“四维张则君令行……四维不张，国乃灭亡。国有四维，一维绝则倾，二维绝则危，三维绝则覆，四维绝则灭。倾可正也，危可安也，覆可起也，灭不可得覆。何谓四维？一曰礼，二曰义，三曰廉，四曰耻。”

其六，朱熹在宋代“天理”理念的基础上对“礼”有了时代特色的新解释，他认为：“礼者，天理之节文也。”

由上所述可以看出，“礼”这一中国传统文化理念实际上被赋予了多重内涵：它是祭祀鬼神的礼节和仪式；它是交际礼节和仪式；它是典章制度；它是道德规

---

① 《论语·颜渊》。

范；它是礼仪礼貌；它是辞让之心；它是恭敬之心；它是进入仁义正路的门；它是道德践履，它是人禽之别，它也是华夷之别，它也是人与人之别。它的核心是“敬”，它的作用是经国家、定社稷、序民人、利后代。

### （四）“智”理念

在古代文献中，“智”与“知”相通。“智”或“知”这一道德文化理念是由以孔子、孟子为代表的儒家先贤在继承和发展远古、唐尧、虞舜、夏禹、商汤、文、武、周公等人关于认识自我、认识他人、关心他人、理解他人、明辨是非、分别善恶的智慧等道德标准的基础上概括和提炼出来的道德文化理念。

首先，孔子将认识自我作为有道德的君子的前提，将认识礼仪作为立身的前提，将理解认识他人的言语作为认识理解他人的前提。其关心他人、理解他人的“智”德是建立在仁爱他人的基础上的。孔子将“智”与“仁”“勇”视为人的三种美德。他将这三种美德的人进行比较说：“仁者不忧，知（智）者不惑，勇者不惧。”[①] 他又将具有仁德与智德的人进行比较说：“知者乐水，仁者乐山。知者动，仁者静。知者乐，仁者寿。”[②] 有学者认为“智”字应当包含本心之虚灵知觉与体认操存等含义。孟子和董仲舒等人则认为“仁且智”乃是孔子所追求的最高境界。

其次，《中庸》的作者子思则认为“好学近乎知，力行近乎仁，知耻近乎勇”。并把“智”“仁”“勇”称作天下三种通达的美德。北宋邢昺疏在《论语·注疏》中认为：“仁者乐天知命，内省不疚，故不忧也；知（智）者明于事，故不惑；勇者折冲御侮，故不惧。”

再次，孟子对“智”德的基本内涵做过比较深入的探讨。他说：“仁之实，事亲是也。义之实，从兄是也。智之实，智斯二者弗去是也。礼之实，节文斯二者是也。乐之实，乐斯二者。”[③] 孟子的意思是说，“仁”德的基本内涵是事亲，“义”德的基本内涵是从兄长，“智”德的基本内涵是懂得做人离不开“仁”（事亲）与“义”（从兄），“礼”德的基本内涵是节文事亲从兄而使不失其节而文其礼敬之容，“乐”德的基本内涵是“乐于事亲从兄”，故中心乐于居仁由义。因此孟子在《孟子·离娄上》中说：“自暴者，不可与有言也。自弃者，不可与有为也。言非礼义，谓之自暴也。吾身不能居仁由义，谓之自弃也。仁，人之安宅也。义，人之正路也。旷安宅而弗居，舍正路而不由，哀哉！道在迩而求诸远，

---

① 《论语·宪问》。
② 《论语·雍也》。
③ 《孟子·离娄下》。

事在易而求诸难。人人亲其亲、长其长，而天下平。”

最后，朱熹说：“知正之所在，固守而不去，万事依此而立，在人则是智，至明至灵，是是非非，确然不可移易，不可欺瞒，所以立事也。”

综上所述，古人对“智”这一道德文化理念所赋予的基本的内涵是：聪明，智慧；明辨善恶，正确认识仁义道德和实践仁义道德的能力；作为“智之端”的“是非之心”。

### （五）“信”理念

“信”这一道德文化理念与“智”一样，也是由孔子、孟子等儒家前贤概括和提炼出来，这一理念是在继承和发展远古、唐尧、虞舜、夏禹、商汤、文、武、周公等人关于构建和谐交往、和谐政治、和谐经济、和谐文化、和谐社会的诚实不欺、有信用的价值观念和道德标准基础上提出来的一个具有普遍意义的道德文化理念。这一理念亦存在其理念渊源和继承发展者。

第一，从“信”理念的渊源来看，它是由“允”“孚”等已有概念的基础上发展起来的道德范畴。《尚书》中有“信”字11处，“孚”字12处。《殷周金文集成引得》有“信”字24处，“允”字33处，且有“蔼蔼允义”5条、“相邦建信君”11条。《毛诗》有“信”字27处，其中“信义”1条，“信厚”1条，而且还有“贞信之教兴”一句。《周易》中“孚”字出现47次，其中明确要求必须恪守孚信原则之处，称作“有孚”。“有孚”者，有信用也。如“有孚中行”“有孚在道”“有孚惠心”“有孚惠我德”“有孚元吉”等。《周易》中有“信”字23处。《论语》中有“允”字1处，谓“允执厥中”，包咸注为“信执其中”是也。《论语》中有“信”字38处。《礼记·礼运》中有“讲信修睦”。

第二，在一些并非孔子孟子本人言论中，也存在着对“信”理念的阐发。如在《国语·周语上》就已规定：“礼，所以观忠、信、仁、义……信，所以守也。”把诚实不欺作为行礼必备的品德之一，将“信”德视为恪守“忠”德、“信”德、“仁”德、“义”德的充分必要条件，反映了周人对“信”德十分重视。《左传·文公十八年》中有鲁太史克语：“孝、敬、忠、信为吉德；盗、贼、藏、奸为凶德。”而《左传·襄公九年》中有：“所临唯信。信者，言之瑞也，善之主也。”《大学》所谓的修身之道的“八条目”以修身为本，修身的前提是“正心”“诚意”，诚意是取信于人的关键。《中庸》对“诚”德的论述则更深入细致。认为“君子诚之为贵”“诚者，不勉而中，不思而得，从容中道，圣人也。诚之者，择善而固执之也”。将“诚”德提到了非常的高度。并要求人们博学诚德、审问诚德、慎思诚德、明辨诚德、笃行诚德。提出：“至诚无息。不息则久，久则征，征则悠远，悠远则博厚，博厚则高明。”《中庸》中提出了“九经”之说：“凡为天下国家有九经，曰：修身也，尊贤也，亲亲也，敬大臣也，体群臣也，子庶民也，来百工也，柔远人也，怀诸侯也。”“凡为天下国家有九经，所以行之者一也。”

第三，孔子对“信”的阐发主要集中在《论语》中。孔子将“信”德作为教育学生的四大任务规定下来。“子以四教：文、行、忠、信。”①《论语》中记载了孔子三次强调“主忠信”。“信”德是成就君子的必要条件之一。他说：“君子义以为质，礼以行之，孙以出之，信以成之，君子哉！”② 同时孔子还认为“信”德是为政的三大法宝之一。“子贡问政。子曰：‘足食、足兵、民信之矣。’子贡曰：‘必不得已而去，于斯三者何先？’曰：‘去兵。’子贡曰：‘必不得已而去，于斯二者何先？’曰：‘去食。自古皆有死，民无信不立。’”③ 将取信于民作为政治的最根本最重要的充分必要的前提和条件。孔子的学生子夏也明确提出“与朋友交，言而有信”④ 的道德要求。“信”德要求人们恪守做人的基本原则，即诚实不欺，有信用。孔子把“信”作为“仁”的重要表现之一，要求做到“敬事而信”“谨而信”⑤，认为这是贤者应有的美德。“信则人任焉”，⑥ 诚实守信用就会得到别人的任用。

第四，孔子之后，孟子对信亦有重要阐发。《孟子》中有“信”字30处。孟子则认为：“可欲之谓善，有诸己之谓信。”⑦ 将自身确实有善德称之为“信”。因而孟子将人言为信、以言语取信于人的“信”德上升到诚身明善，提出了“诚”与“思诚”的道德原则和方法。“诚”，内心实在、真实无妄的意思。孟子认为，人们进行内心修养、反求诸已还必须有“诚”，努力做到“诚身”或“反身而诚”。孟子认为“诚身”“反复而诚”对于道德实践至关重要；道德行为能否感动别人，就在于是否心诚。他说：“诚者，天之道也。思诚者，人之道也。至诚而不动者，未之有也。不诚，未有能动者也。”⑧ 例如，悦亲而不诚实，就不能真正“悦于亲”；相反，能至诚待人，既可以悦亲，又能够取信于民，也能得到领导的信任。可见，“诚”德实际上是一种极高的精神境界，体现了对“善”的追求的坚定信念和真实感情。所以孟子说：“万物皆备于我，反身而诚，

---

① 《论语·述而》。
② 《论语·卫灵公》。
③ 《论语·颜渊》。
④⑤ 《论语·学而》。
⑥ 《论语·阳货》。
⑦ 《孟子·尽心下》。
⑧ 《孟子·离娄上》。

乐莫大焉。”①

第五，宋明理学家朱熹对“信”的阐发亦值得重视。他在对《中庸》关于“九经”的论述所作的注中说：“一者，诚也。”意思是说，要实行“九经”关键在于实行“诚”德，也就是“修诚实之身”。这与《大学》修、齐、治、平以“修身为本”，而修身在于正心、诚意的说法相一致，都强调了“诚”德对于道德实践和治理国家的重要性。

由上述儒家圣贤对“信”的论述可以将“信”这一道德文化的理念所具有的意义加以归结如下：“信”这一道德文化理念亦被古人赋予多重意义，其中有诚信是其中的最基本意义，这一意义意味着真诚无私，这种真诚无私还具有天人合一的语境，是人从观察自然中领悟出来的为人处事原则，比如“有孚”就是主张人要真心实意，要像母鸡孵小鸡那样专心专意，那样无私真诚，那样毫不吝惜地奉献自己的热情与能力，那样准时地把鸡蛋孵化成小鸡，那样令人信服。除了这一最基本意义，“诚”还被赋予了公平允信、讲信修睦、说话算数、用诚实的语言取信于人、真实不欺、严守信用、诚意修身、诚身明善、诚心为善、诚信明礼等意义。

① 《孟子·尽心上》。

# 第四章

# 相应语境下道德理念之澄明

如果说“五常”谱系下的五种道德理念相对于前述十大道德理念存在领域而言具有普适性，那么，本章所要澄清的道德理念往往具有其被践行的语境，如“廉”更多地践行于官员与个人修养道德生活领域，而“忠”则更多地被身体力行于相对于君方而言的臣方，同样“孝”、“悌”是家庭家族内最重要的被践行的道德理念，二者分别从纵向和横向确保家庭家族内部分的和谐有序，而“贤”理念则是唯一在中国传统社会中可以允许并促进社会成员相互之间公平竞争的理念，孔子所谓“当仁不让于师”就具有这样的意义，而“和”理念主要被践行于礼序社会之中，社会成员之间的身份等级差异越是明显，就越需要“和”的理念被相应社会成员践行。对语境的强调，实际上意味着本章所澄明的道德文化理念可以自成一谱系，也可以理解为是对“五常”理念谱系的扩大。

## 一、诗意象征下的“廉”理念

“廉”这一道德文化理念不但是官员应当践行的道德文化理念，而且在中国人的语境中，它甚至成为人人应当践行的道德文化理念。“廉”，古义指堂屋的侧边、棱角。棱角的特点是方、直，故“廉”有直义，以“廉”字喻人，指正直的品德。《广雅·释诂》《说文解字》注均注为：“廉，清也”，廉是一种为官之本。明朝廉吏郭允礼曾刻《官箴》于石：“吏不畏吾严而畏吾廉，民不服吾能而服吾公；廉则吏不敢慢，公则民不敢欺；公生明，廉生威”，被老百姓称之为“包青天”的北宋包拯，是妇孺皆知的为官清廉公正人臣。他身居高位，廉洁无私，痛恨贪官污吏，到了晚年，担心后人会出不肖之徒，就在一块石碑上面镌刻了《诫廉家训》，要求“凡是包氏后代子孙中有贪污受贿者，不能被称为包氏后代，甚至死后，也不能葬入其家族的墓地中。不遵从此训令者，一概不是包公子孙”。明朝的民族英雄于谦则留下了“粉身碎骨浑不怕，要留清白在人间”倡廉警句。

在“天人合一”的文化气候下，中国古人以大自然中的植物“莲”来象征“廉”。“莲”作为“荷”之别称。因与“廉”谐音，而“青”与“清”又谐音，且形与神似，于是，在中国人神奇的联想力作用下，“青莲”就成了“清廉”的象征，一直被世人推崇。中国人民对这一联想的代代相传，使这一富有诗意的象征成为“不老的传说”。周敦颐《爱莲说》中所说的“出淤泥而不染，濯清涟而不妖，中通外直，不蔓不枝，香远益清，亭亭净植，可远观而不可亵玩焉”将莲之高洁表述得淋漓尽致。莲扎根淤泥之中，坚守自己的忠贞纯洁，流水不朽，青莲不妖，只默默绽放自己的清香，是以“青盖亭亭”，“田田多少”，一派清塘荷韵，不只是“映日别样红”，月色下亦觉其美——原来莲是世人对于纯净、淡泊、美好的向往和凝结。中国古人的这种联想具有美化“廉”的道德文化理念的功效，而且在本质上，这种象征其实也是“廉”这一道德文化理念的有机构成部分。在对“廉”的这种象征性理解中，中国的道德达人很容易将“廉”上升为内心修为。诸葛亮早就发出了“夫君子之行，静以修身，俭以养德；非淡泊无以明志，非宁静无以致远。”的养廉号召，曹植和苏辙甚至诗意地要求人们向莲花学习，前者在《芙蓉赋》中说：“览百卉之英茂，无斯华之独灵，结修根于重壤，泛清流而濯茎。”；后者在《菡萏轩》说：“开花浊水中，抱性一何洁，朱槛月明中，清香为谁发。”这些前贤都不约而同地将“廉”作为自己的一种内心修为与价值追求，清代学者胡达源可以说是继承这一道德文化理念的杰出者，他说：“简默沉静者，大用有余；轻薄浮躁者，小用不足。”上述古人的对“廉”这一道德理念的塑造和美化以及诗化都显示了对这一道德理念的践行是超出官员范围的，“廉”实际上成为全民的道德追求。

## 二、强本原则下的“忠”理念

早在“礼”日益走向衰坏的春秋时代，就有人对“礼”有了反思性的理解，如春秋时期晋穆侯时大夫师服就因谙熟礼仪而提出了以君权为“本”，以从属的次一级权力为“末”的“本”大于“末”的“本末论”：“吾闻国家之立也，本大而末小，是以能固。故天子建国，诸侯立家，卿置侧室，大夫有二宗，士有隶子弟，庶人工商各有分亲，皆有等衰。”（《左传·桓公二年》）这一原则在当时分封制和宗法制约束下的家国同构的背景下，实际上是“尊尊”原则的另一种表述，从这个意义上看，“强本”的实质就在于“尊尊”，而“尊尊”的功能就是“强本”。礼中所体现的这一“尊尊”原则或“强本”原则具有强烈的反平等意义，在资源有限的情况下，“礼”中所体现的这一原则很好地维护了当时等级社会中的高等人的利益，这一点生动地体现在下面齐景公欲去礼而宴婴谏阻的事例之中：

公饮酒数日而乐，释衣冠，自鼓缶，谓左右曰：“仁人亦乐是夫?”梁丘据对曰：“仁人之耳目，亦犹人也，夫奚为独不乐此也?”公曰：“趣驾迎晏子。”晏子朝服以至，受觞再拜。公曰：“寡人甚乐此乐，欲与夫子共之，请去礼。”晏子对曰：“君之言过矣！群臣皆欲去礼以事君，婴恐君子之不欲也。今齐国五尺之童子，力皆过婴，又能胜君，然而不敢乱者，畏礼也。上若无礼，无以使其下；下若无礼，无以事其上。夫麋鹿维无礼，故父子同麀，人之所以贵于禽兽者，以有礼也。婴闻之，人君无礼，无以临其邦；大夫无礼，官吏不恭；父子无礼，其家必凶；兄弟无礼，不能久同。诗曰：‘人而无礼，胡不遄死。’故礼不可去也。”公曰：“寡人不敏无良，左右淫蛊寡人，以至于此，请杀之。”晏子曰：“左右何罪？君若无礼，则好礼者去，无礼者至；君若好礼，则有礼者至，无礼者去。”公曰：“善。请易衣革冠，更受命。晏子避走，立乎门外。”公令人粪洒改席，召衣冠以迎晏子。晏子入门，三让，升阶，用三献焉；嗛酒尝膳，再拜，告餍而出。公下拜，送之门，反，命撤酒去乐，曰：“吾以彰晏子之教也。”①

“强本”原则后来在大一统的帝国时代还被具体化为“强干弱枝”的政策而被贯彻于政治生活之中。从强化皇权和中央的权力方面看，它较好地调适了皇帝与大臣、中央与地方之间的权力分配和权力运行机制，从这个意义上看，“强本”原则在本质上和实践上的目的都在于实现和发挥其政治功能，即贯彻落实封建制、宗法制以及帝制等政治制度下的大一统的政治格局。这一思路显示了伦理道德的文化本质上是实现政治目的的工具和资源，即道德文化理念在此具有政治的意义，甚至可以说道德文化理念已经超出了道德领域，这在某种程度上意味着道德文化理念的异化和外化，从而也使伦理道德丧失了其独立性和自主性，它沦为政治权力的婢女和奴仆，但如果这样赤裸裸地宣扬，则伦理道德就难以发挥其支持政治权力的功能了，于是，中国古人很有智慧地解决了这一问题，他们进一步从单纯的伦理道德领域来挖掘和演绎“强本”原则，或者说，他们走的不是使伦理道德政治化，而是使“强本”的政治原则转化为伦理原则，或者说，至少要使“强本”原则或“尊尊”原则取得伦理道德的外观，或者使之披上道德文化理念

① 《晏子春秋·第七卷·外篇第七·景公饮酒命晏子去礼晏子谏第一》。

的外衣。在这一逻辑要求下，中国古人发明了“忠”的道德文化理念，这是一个重要的中国传统道德文化理念，甚至是最重要的道德文化理念，要实现这一重要道德文化理念，中国古人发明了一个系统性的以“忠”为道德文化之神的道德文化理念之形，也就是说，在中国古人那里，“忠”在道德文化领域，已经是形神兼备了。从“忠”所具有的道德文化之形来看，它在古代主要表现为一种义务性规范，而且这种义务性规范甚至表现为一种开放性和层境外性的义务性规范系统。

汉代经学家郑玄在《周礼·地官疏》中对忠的解释是“中心曰忠，中下从心，谓言出于心皆有忠实也”，这可以说是对“忠”所承载的最早的道德义务的澄明。从古人的理论和实践来看，对“忠”的底线性义务要求是专一不二，即不能“脚踩两只船”或者“一仆二主”。从理论上看，董仲舒在《春秋繁露·卷十一·天道无二》首先对此种专一性义务要求予以强调：“古之人，物而书文，心止于一中者，谓之忠；持二中者，谓之患；患，人之中不一者也，不一者，故患之所由生也，是故君子贱二而贵一。人庸无善，善不一，故不足以立身；治庸无常？常不一，故不足以致功。诗云：‘上帝临汝，无二尔心。’知天道者之言也”。

从实践上看，亦不乏此层次的操作案例，如刘邦对季布与丁公的不同处理就显示了古人对“忠”的这一层次义务的强调。“丁公，为项羽将，逐窘高祖彭城西。短兵接，汉王急，顾谓丁公曰：‘两贤岂相厄哉！’丁公引兵而还。及项王灭，丁公谒见高祖，以丁公徇军中，曰：‘丁公为项王臣不忠，使项王失天下者也。’遂斩之，曰：‘使后为人臣无效丁公也！’”①。相反，对于楚汉相争时，“项籍使将兵，数窘汉王”的季布，刘邦后来不但予以赦免，而且还“召见，谢，拜郎中”（同上）。汉末，诸葛亮不但在实践上尽此道德义务，即对刘备父子“鞠躬尽瘁，死而后已”，成为忠臣之楷模，而且在理论上甚至把忠的专一不二要求看作是臣子生命价值之所在，“人之忠也，犹鱼之有渊。鱼失水则死，人失忠则凶。”②

“忠”的第二层次的道德义务可称之为“大忠”，它要求臣子彰显君之美与善，而隐君之恶，也就是说，站在君的立场上，全心全意为君操心、为君服务。对于这一层次的道德要求，早在先秦就存在。荀子在《荀子·臣道》中甚至主张对于昏君有也义务“崇其美，扬其善，违其恶，隐其败，言其所长，不称其所短，以为成俗”。

---

① 《汉书·卷三十七·季布传》。
② 《诸葛亮集·兵要》。

在汉代，董仲舒甚至对这种道德义务还给予一定的理论论证，并同时将此一层次的道德义务称之为“大忠”，他在《春秋繁露·卷十一·五行对》中讲：“地出云为雨，起气为风，风雨者，地之所为，地不敢有其功名，必上之于天，命若从天气者，故曰天风天雨也，莫曰地风地雨也；勤劳在地，名一归于天，非至有义，其庸能行此；故下事上。如地事天也，可谓大忠矣。”在《春秋繁露·卷十一·阳尊阴卑》中有讲：“故春秋君不名恶，臣不名善，善皆归于君，恶皆归于臣。臣之义比于地，故为人臣者，视地之事天也；为人子者，视土之事火也，虽居中央，亦岁七十二日之王，傅于火，以调和养长，然而弗名者，皆并功于火，火得以盛，不敢与父分功，美孝之至也。是故孝子之行，忠臣之义，皆法于地也，地事天也，犹下之事上也，地，天之合也，物无合会之义。是故推天地之精，铉阴阳之类，以别顺逆之理，安所加以不在？在上下，在大小，在强弱，在贤不肖，在善恶，恶之属尽为阴，善之属尽为阳。”

“忠”的最高层次的道德义务是超越“大忠”之忠，其具体的道德义务是要求臣子“从道不从君”。这种道德义务要求与儒家的理想政治密切相关，儒家认为圣明的君主应当循道而治。于是，当君离经叛道时，臣子就应当“逆命而利君”①。因为“违上顺道，谓之忠臣”②。《盐铁论·相刺》甚至提出了“触死亡以干主之过者”的尽忠主张，东汉时，这一最高层次的道德义务仍然得到了强调：“臣所以有谏君之义何？尽忠纳诚也。爱之能无劳乎？忠焉能无诲乎？”③

其后，随着中华帝国帝权的日益强化，忠具有的义务性规范也日益有了“愚忠”的意味，如后来出现了“文死谏、武死战”以及“君要臣死，臣不得不死”等忠的道德文化之形。

## 三、亲亲原则下的“孝”理念

作为道德原则的亲亲原则主要是调节家庭家族领域内的社会关系的，这一原则不但具有道德意义，而且还具有社会保障的意义，如《诗·小雅·伐木序》中有：“亲亲以睦友，友贤不弃，不遗故旧，则民德归厚矣。”孔颖达疏云：“既能内亲其亲以使和睦，又能外友其贤而不弃，不遗忘久故之恩旧而燕乐之。”又如韩愈在《送浮屠文畅师序》中有：“圣人者立，然后知宫居而粒食，亲亲而尊尊，生者养而死者藏。”再如《尚书·酒诰》中就有“武王曰：‘小子惟一妹土，

---

① 《荀子·臣道》。

② 《申鉴·杂言》。

③ 《白虎通·卷四·谏诤》。

嗣尔股肱，纯其艺黍稷，奔走事厥考厥长。肇牵车牛，远服贾用。孝养厥父母。'" 在这里，周武王要求殷故土的老百姓要尽力劳作，专心从事农业生产，为父兄奔走效力。在农闲时，可以赶着车牛，做些生意，以孝敬奉养父母。

尽管亲亲原则具有多方面的意义，但就伦理道德领域而言，如果每一个人以自我为中心来考虑它与家庭家族内的其他成员之间的亲缘关系，就会发现，这些关系之间存在着远近亲疏的不同，于是，就存在着如何分配它自己对家庭家族成员的亲情的问题，亲亲原则就是回答和解决这一问题的原则，它强调在家庭家族中，每一个人应当根据家庭家族成员与自己血缘关系或准血缘关系的远近来分配自己的亲爱或仁爱的情感以及相关的资源。在具体的分配中，与自己血缘关系或准血缘越近者分配的亲情和相关资源越是质优量多，此种分配最典型地表现在丧礼之中，"五服" 以外的亲属甚至不在分配之列。毫无疑问，父母无疑是每一个人血缘关系最近的家庭家族成员，于是，亲亲原则要求每一个家庭家族成员都要把最隆重的亲情投向自己的父母，而在父系社会的背景下，自然会要求最多的把亲情投向自己的父亲，于是，怎样对待自己的父母，特别是自己的父亲就成为亲亲原则的核心问题，中国古人是以 "孝" 这一道德文化理念来解决这一问题的，在 "孝" 这一理念下，形成了相应的道德文化之形，或者说，形成了中国人特有的形神兼备的孝道文化。

正如 "忠" 的道德文化一样，孝道文化也是一个开放变化的系统。在西周人提出要最亲爱自己父母的 "孝" 的理念的基础上，孔子等儒家的代表人物首先丰富并发展了周人已提倡的孝道："今之孝者，是谓能养，至于犬马，皆能有养，不敬何以别乎?"① "子为父隐、直在其中"② "生事之以礼，死葬之以礼，祭之以礼"③ "父在观其志，父没观其行，三年无改乎父之道，可谓孝矣"④，孟子则说："父母之不我爱，于我何哉!"⑤ "不得乎亲，不可以为人，不顺乎亲，不可以为子。""不孝有三，无后为大⑥。" 在此，孔子与孟子所讲的孝道，非常注重尊敬、顺从父母，也就是要做到无条件地 "无违"。这已经显示了孝道与忠的道德文化系统一样，也是一套义务性道德规范，正是这些规范支撑了 "孝" 的道德文化理念，这些关于 "孝" 的道德文化理念到了汉代，不但变得更加明确、细致，而且为了增强其可操作性，还对这些道德义务分出了等级或层次。从《孝经》等经典著作和人们对孝的实践来看，支撑 "孝" 的道德文化理念的道德义

---

①③ 《论语·为政》。
② 《论语·子路》。
④ 《论语·学而》。
⑤ 《孟子·万章上》。
⑥ 《孟子·离娄上》。

务主要有如下六个方面的内容或等级。

第一，爱护父母所生养的身体是首要的，也是最低层次的“孝”之道德义务。爱护父母所生养的身体之所以作为一项“孝”之道德义务，是因为在古人看来，任何人的身体的所有权都是属于其父母的，而相对于父母的儿女们只不过是自己的身体的代理人，代理人有义务看护好作为所有权人的父母所生所养的身体，不然就是失职，就是不孝。在这个问题上，作为儿女的代理人和作为父母的所有权人的利益基本上是一致的，因为在大多数情况下，一个人看护好自己的身体不但对自己有利，也对于父母有利，在这里，父母们的道德权利与儿女们的道德义务是一致的。古代人对于儿女与父母关系的这种权利与义务关系的理解虽然对于儿女们尽道德义务而言是低层次的，但这却是儿女们尽孝方面的其他较高层次的道德义务的前提和基础，这在《孝经》中表达得很清楚：“身体发肤，受之父母，不敢毁伤，孝之始也①。”

第二，维护父母所留下的基业或某种来自父母或祖先的利益以及父母自身的利益是孝中的第二次层次的道德义务。此项道德义务表现为在《孝经》中，对于不同身份的人所应尽的道德义务有不同的规定。《孝经》分别规定了天子以至于庶人所应尽的道德义务。

天子在此一层次的道德义务是“爱亲者不敢恶于人，敬亲者不敢慢于人。爱敬尽于事亲，而德孝加于百姓，刑于四海”②。这一道德义务在本质上就是要求天子管理好自父母处继承来的天下，即父母所开创和流传的基业。

诸侯在此一层次的道德义务是“在上不骄，高而不包。制节谨度，满而不溢。高而不包，所以长守贵也。满而不溢，所以长守富也。富贵不离其身，然后能保其社稷，而和其民人”③。这里强调了诸侯之孝在本质上就是守住从父母那里继承来的富贵使之不丧失，为了守住父母所开创和流传下来的富贵基业，诸侯们应当“战战兢兢、如临深渊、如履薄冰”④。

卿大夫在此层次的道德义务是“非先王之法服，不敢服。非先王之法言，不敢道。非先王之德行，不敢行。是故非法不言，非道不行，口无择言，身无择行，言满天下无口过，行满天下无怨恶。三者备矣，然后能守其宗庙”⑤。此处强调卿大夫要服先王之服、道先王之言、行先王之德，以得到明哲保身的效果，而明哲保身的目的则在于守其宗庙，而宗庙在本质上所指的就是卿大夫自父母处

① 《孝经·开宗明义》。
② 《孝经·天子章》。
③④ 《孝经·诸侯章》。
⑤ 《孝经·卿大夫章》。

继承下的基业，为了保住这种基业，卿大夫应“夙夜匪懈，以事一人”[①]，即不辞辛劳，唯上是听，与帝国中央保持高度一致。

士在此层次的道德义务是“资於事父以事母，而爱同。资於事父以事君，而敬同。故母取其爱，而君取其敬，兼之者父也。故以孝事君，则忠以敬事长则顺，忠顺不失，以事其上，然后能保其禄位，而守其祭祀”[②]。这里强调士之所以应当像孝敬父母一样地对其上级要忠顺，目的在于保住士已取得的禄位和对祖宗的祭祀，禄位和祭祀也具有基业的意义。

一般老百姓或庶人在此层次的道德义务是“用天之道，分地之利，谨身节用，以养父母”,[③] 即通过自己的勤奋节俭来赡养自己的父母，维护父母的在世利益。对尽孝的道德义务的这种因身份的不同而区别对待的尽孝要求意味着对于社会上的任何人来说，孝都不是遥远而不可企及的，孝的道德义务是人人都可以尽的，这正如《孝经》作者所云：“孝无终始，而患不及者，未之有也。”

第三，赡养父母是孝中所包含的相对更高层次的道德义务。赡养父母是尽孝的道德义务中最古老的一种义务，也是最基本的一种尽孝的道德义务，这种道德义务也是最为普遍的一种义务，因为对于任何人，只要他的父母需要赡养，他就要义无反顾地履行这一义务，而由人类因衰老与疾病而迟早要丧失自养能力的规律来看，这一道德义务在一般情况下是不可避免的。这一规律决定了履行这一道德义务的普遍性。履行这一道德义务的难度与个人以及国家经济资源密切相关，当个人以及国家经济状况好时，这种道德义务履行的外在难度就小，反之就大，特别是在战乱的不稳定状态，履行这样的道德义务甚至成为艰难的事业。

第四，对父母葬祭以礼是比前三个层次的道德义务更高的层次。古代，对死去的父母葬之以礼，是孝子们的又一不可或缺的道德义务。与其他道德义务相比，这一义务也具有普遍性，因为死亡是不可抗拒的自然规律，就规律而言，父母一般先于儿女死亡。父母的死亡，就是对葬礼程序的启动，就是尽孝的又一绝对命令。古代，由于把孝与葬礼的规格联系在一起，结果，许多儿女，为了表达此方面之孝，纷纷加入到厚葬的行列。除了对父母进行厚葬以表达孝外，在服丧的时间长短上也显示着孝子尽孝的程度，为了尽孝，孝子一般要坚持服丧三年的期限。

第五，要有后代是孝之高级层次义务。为父母延续后代，作为尽孝的一项重要的道德义务，早在孟子那里就被明确地提出来，《孟子·离娄上》中说“不孝有三，无后为大。”而朱熹在《四书集注》中引赵岐注对此的解释是“于礼有不

---

① 《孝经·卿大夫章》。

② 《孝经·士章》。

③ 《孝经·庶人章》。

孝者三事：谓阿意曲从，陷亲不义，一也；家贫亲老，不为禄仕，二也；不娶无子，绝先祖祀，三也。三者之中，无后为大”。汉代，对于此种意义上的孝极为重视，一些已婚者往往因为无子而休妻或再娶。

第六，扬名声以显父母是孝之最高层次之道德义务。此种尽孝义务是孝道中规定的最高层次的义务，这在《孝经·开宗明义》中有明确的宣示：“立身行道，扬名于后世，以显父母，孝之终也。”对孝的这一义务的规定为孝子们进入官场提供了最深刻的道德合法性，因为在皇权专制的制度下，政府垄断了天下一切名利，孝子们要扬名，要显父母，唯一的出路就是进入官场。

上述六个层次或六个方面的孝之义务，如果每一项都能尽到，自然就是最理想的行孝了，但如果能够尽到其中一部分义务，也能够得到肯定。这样，尽孝，对于任何人来说，再也不是高不可及的事了。孝之道德义务在这种规定下，不但获得了层次性，而且还获得了普遍性和操作性，这显示了古人在追求孝的道路上的成熟性。

除了上述常规的道德义务外，孝对于子女所规定的道德义务还有一些特殊要求，这就是为父母报仇雪恨，这一孝之道德义务在本质上是一种条件性道德义务，即当父母被人所杀所辱时，这种道德义务才会成为现实的道德义务，《白虎通·卷四·诛伐》对此道德义务予以特别强调“子得为父报仇者，臣子于君父，其义一也。忠臣孝子所以不能已，以恩义不可夺也。故曰：父之仇不与共天下，兄弟之仇不与共国，朋友之仇不与同朝，族人之仇不共邻。故《春秋传》曰：‘子不复仇，非子。’”

孝道文化后来在上述道德义务的基础上，变得越来越具有操作性，在秦汉大一统的帝制体制下，孝的道德文化理念被统治者甚至上升到治国的高度，它与忠、悌等道德理念被协同向全社会灌输，甚至在人与人之间的称呼上也被规范性地体现出来，秦汉之后，虽然帝国历经数百年的分裂和内乱，国家虽然在孝的规范的制定和推广方面有所弱化，但家庭家族却在此方面有更大的作为，一些齐家之士甚至制订了影响深远的家规家训，如《颜氏家训》《朱子家礼》等都以各自的方式强调了孝、悌等道德文化理念。特别是清朝康熙年间秀才李毓秀所作《弟子规》，其中关于孝理念的具体规范如下：

父母呼　应勿缓　父母命　行勿懒　父母教　须敬听　父母责　须顺承　冬则温　夏则凊　晨则省　昏则定　出必告　反必面　居有常　业无变　事虽小　勿擅为　苟擅为　子道亏　物虽小　勿私藏　苟私藏　亲心伤　亲所好　力为具　亲所恶　谨为去　身有伤　贻亲忧　德有伤　贻亲羞　亲爱我　孝何难　亲憎我　孝方贤　亲有过　谏使更　怡吾色　柔吾声　谏不入　悦复谏　号泣随　挞无怨　亲有疾　药先尝　昼夜侍　不离床　丧三年　常悲咽　居处变　酒肉绝　丧尽礼

祭尽诚　事死者　如事生

需要说明的是，孝的道德文化在其后的发展过程中，也出现了一定的偏差，如有些孝子为了显示孝而陷入了“愚孝”的境地，形成了“父叫子亡，子不得不亡”的极端情况，这种情况的出现与统治者的愚民政策和专制政策是分不开的。

## 四、亲亲原则下的“悌”理念

亲亲原则所主宰的家庭家族道德文化不但促生了影响深远的孝道文化，而且也形成了与孝道文化密切联系的悌道文化。如果说孝道文化的核心是调整家庭家族内长辈与晚辈之间的人际关系，那么，悌道文化则是旨在调整家庭家族内同辈之间的关系，即兄弟姐妹之间的关系，在男权制和宗法制社会中，自然就会更强调对男性同辈之间关系的调整，为了调整这种人间关系，中国古人就发明了悌道文化，它要求兄友弟恭，特别要求弟弟一方要对兄长一方要尽敬、爱、恭、顺、谦、让等义务，这从古人对悌所赋予的词义上可以得到理解，如《说文解字》认为悌是动词，“悌，善兄弟也”“形声。从心，弟声。本义：敬爱兄长”，而弟本身具有次第之意，即有顺的意味。于是“善兄弟”也就逻辑地被赋予了弟对兄当恭顺，而兄对弟亦当爱护，“顺其正而加以诱掖之”之意。汉代青年才俊贾谊在《道术》中有“弟爱兄谓之悌”，悌所具有的这种意义还可以从一些包含悌的词汇中得到理解，如悌达具有悌顺、敬爱、和顺之意，恺悌具有和乐平易之意，而悌睦则指和睦，值得注意的是，悌甚至可以与“体”互换使用，表示“亲近”之意，如：悌己人表达的是亲信；悌友则表示兄弟姊妹间亲密和睦。在古典儒家孔子、孟子等人的语境中，悌已经是重要的伦理道德范畴，它指的就是要敬爱兄长，顺从兄长。目的在于贯彻亲亲原则以维护宗法制度。它常与“孝”并列，称为“孝悌”。从而不但具有调整纵向的家庭家族成员之间的关系，而且也具有调整横向的家庭家族成员之间的关系，综合而言之，就具有了从整体上调整家庭家族成员之间的社会关系的意义了，当然，在家国同构的周代封建政策下，孝悌这种家庭家族道德规范也会具有政治伦理的意义，在这样的国家同构社会之中，讲孝悌就是讲政治，而讲政治也同时意味着讲人伦。在孔子的语境中，“孝悌”被看作是实行“仁”的根本条件。《论语·学而》：“其为人也孝悌，而好犯上者鲜矣。不好犯上，而好作乱者，未之有也。君子务本，本立而道生。”而孟子在《孟子·滕文公下》中有：“于此有焉：入则孝，出则悌。”这都显示了孝与悌之间的密切关系。

悌道虽然不具有像前面陈述的忠与孝那样的系统性和层次性，但后人亦给出了这一理念下的四个方面的道德义务，即兄友弟恭、轻财重义、遵守礼节、学会宽容。清朝康熙年间秀才李毓秀所作《弟子规》中甚至给出了这四个方面的具体操作性规范：

兄道友　弟道恭　兄弟睦　孝在中　财物轻　怨何生　言语忍　忿自泯　或饮食　或坐走　长者先　幼者后　长呼人　即代叫　人不在　己即到　称尊长　勿呼名　对尊长　勿见能　路遇长　疾趋揖　长无言　退恭立　骑下马　乘下车　过犹待　百步余　长者立　幼勿坐　长者坐　命乃坐　尊长前　声要低　低不闻　却非宜　进必趋　退必迟　问起对　视勿移　事诸父　如事父　事诸兄　如事兄　兄道友　弟道恭　兄弟睦　孝在中　财物轻　怨何生　言语忍　忿自泯

## 五、贤贤原则下的“贤”理念

这一原则早在春秋时代就为诸子百家所提倡，如《尚书》提出了佑贤、唯贤、推贤、象贤等主张；《诗经》中有“序宾以贤”的主张；孔子提倡“举贤才”“尊贤”“见贤思齐焉，见不贤而内自省也”的成贤之道以及关于贤者的一些规范或标准，子夏提出“贤贤”，墨子提倡“尚贤”；《礼记》则提出了礼贤、遂贤、取贤、尊贤、举贤、选贤、象贤、献贤、举贤、就贤、祀贤、辨贤、劝贤、求贤、亲贤、好贤、慕贤，以及“明、仁、智”的贤者标准；而管仲学派则提出了“尊贤、让贤，进贤，处贤、选贤、择贤、任贤、尽贤、赏贤、尚贤、遂贤、推贤、育贤”等主张。

古人如此重视“贤”的道德文化理念，那么，“贤”到底是什么意思呢？从“贤”字的繁体字构形看，左边的“臣”，是竖立的眼睛，意为“主人的眼睛”。右边的“又”，是手。下面的“贝”，是钱。眼睛和手，控制钱。《说文解字》认为，“贤”字为形声，字从贝，从臤（qiān），臤亦声。“臤”本义为“驾驭臣属”，引申为“牢牢掌握”。“贝”指钱币、财富。“臤”与“贝”联合起来表示“牢牢掌握财富”。于是，其本义为量入为出的人或会精打细算过日子的人。这意味着“贤”就是善于理财的人，就是理财家。古人从“贤”所具有的这一本义引申出了其他相近的意义：“贤”就是会精打细算；“贤”就是会量入为出；“贤”就是会过日子；“贤”就是有理财能力；“贤”就是有才能；“贤”就是有才能的人以及“贤”就是多财，如《庄子·徐无鬼》对“贤”的定义就是“以财分人谓贤”。从这一意义看，早期的“贤”并不具有道德的意义，它主要强调一种才能，而才能多的人，根据中国人的经验，有“能者多劳”，故早期的“贤”也具有“艰难、劳苦”的意义，如《诗·小雅·北山》中有“大夫不均，我从事独贤”。

其后，“贤”的意义又被加入了道德的意义，于是，“贤”就意味着有德行，“贤”就意味多才能，总而言之，“贤”后来就具有了德才兼备的意义。如司马迁对完璧归赵的蔺相如归国后升迁的记载是：“相如既归，赵王以为贤大夫。”而诸葛亮在《出师表》要求后主“亲贤臣，远小人”。这两处中所说的“贤”都是指德才兼备的意义，当它当形容词用时，指的是有德有才的；当它当名词用时，指的是德才兼备者；当它当动词用时，指的是（在德才方面）胜过或超过的意义，如韩愈在《师说》中的“师不必贤于弟子”等。鉴于“贤”所被赋予的完美意义，以至于后来“贤”还演化为对人的敬称，具有了尊重和崇尚的意义，子夏所说的“贤贤易色”中的第一个“贤”就具有这样的意义，南北朝时的颜之推在其所著的《颜氏家训》中就要求：凡与人言……自叔父母以下，则加“贤”字。其实，“贤”不但作为敬称被用于家庭家族伦理之中，而且“贤”字以此种方式应用于整个政治及公共生活之中，如对知县的称呼可以是“贤宰”，对魏晋间有名的七位文人雅士的称呼是“竹林七贤”等。

由于人群之中的贤人所“贤”的程度是不同的，于是，如何对待贤者就成为一个需要以规则的方式指导人的行为问题了，贤贤原则要解决的就是这一问题，它强调道德关系主体在交往中按照待交往者的个人素质的高低来分配道德关系主体所拥有的资源，也就是说，一个人，如果品德越是高尚，才能越是卓越，那么，他就应当从他人或社会中会得更多的尊敬和其他资源，个人或社会也应当根据这一原则来分配情感和相关资源。

显然，贤贤原则也是一个非平等的交往原则。鉴于它在实际的社会运用中往往是与亲亲原则和尊尊原则协同发挥作用，这导致它也因此具有尊尊原则所具有的强本作用。

亲亲原则、尊尊原则以及贤贤原则并不是孤立地在道德关系主体的交往和国家的制度安排中发挥作用，而是可以迭加在一起在当时的现实中发挥作用。《汉书·卷六十八·霍光传》的记载则就显示了亲亲原则与贤贤原则的迭加并协同发挥固本功能的现象：“《礼》曰：‘人道亲亲故尊祖，尊祖故敬宗。’大宗亡嗣，择支子孙贤者为嗣。”

鉴于“贤”考虑的是德才兼备，而“德”的标准主要还是忠孝节义等道德要求，所以，“贤”作为单纯的道德理念并不具有道德理念元的意义，或者说，“贤”是一个复合性道德文化理念。

## 六、求和原则下的“和”理念

中国传统道德文化的理念存在于中国人的求和原则之中。求和原则指在作为中国传统道德关系的内容的礼中贯彻或体现着“和为贵”的原则。对“和”的追求在中国传统伦理文化中可谓源远流长，如《周易》就提出了“保合太和”的思想，而《国语》中则有“和实生物”的哲学表达，《礼记·中庸》中有“喜怒哀乐之未发谓之中，发而皆中节谓之和”。其中的“中”是兼容两极而不偏不倚，是无过不及的适当程度。“和”则是对事物的调和统一。孔子与其弟子不但倡导“和而不同”，而且提出了“和为贵”的主张和原则，这种原则努力把当时的竞争消除或减低到最大限度。不但显示了古人设立道德规范的目的，而且也显示了和所具有的社会功能，这从古人的一些论述中可以看出。司马迁《史记·礼书》中认为：“礼由人起。人生有欲，欲而不得则不能无忿，忿而无度量则争，争则乱。先王恶其乱，故制礼义以养人之欲，给人之求，使欲不穷于物，物不屈于欲，二者相待而长，是礼之所起也。故礼者养也。”在司马迁看来，礼产生之前，人的欲望与可以满足欲望的物品之间就存在着不和谐，这也导致人与人之间的冲突，而礼的出现就是为了消除这种不和谐。换句话说，礼其实就是保障人们和平生存的规范系统，它不但具有维护人类与自然之间的和谐关系，而且也具有维护人与人之间的和谐关系。司马迁在《史记·乐书》中对礼和乐在保障和谐，避免和降低竞争的作用也加以揭示：“乐至则无怨，礼至则不争。揖让而治天下者，礼乐之谓也。暴民不作，诸侯宾服，兵革不试，五刑不用，百姓无患，天子不怒。如此则乐达矣。合父子之亲，明长幼之序，以敬四海之内。天子如此，则礼行矣。”

如果说司马迁的看法表达的是学者个人的立场，那么，具有浓厚官方立场的《白虎通德论》在这方面的看法却与司马迁的看法极为相似。如：“礼乐者，何谓也？礼之为言履也，可履践而行乐者；乐也，君子乐得其道，小人乐得其欲。王者所以盛礼乐何？节文之喜怒。乐以象天，礼以法地。人无不含天地之气，有五常之性者，故乐所以荡涤，反其邪恶也，礼所以防淫佚，节其侈靡也。故《孝经》曰：‘安上治民，莫善于礼；移风易俗，莫善于乐。’子曰：‘乐在宗庙之中，君臣上下同听之，则莫不和敬；族长乡里之中，长幼同听之，则莫不和顺；在闺门之内，父子兄弟同听之，则莫不和亲。故乐者，所以崇和顺，比物饰节，节奏合以成文，所以合和父子、君臣，附亲万民也。是先王立乐之意也。’”①

由于礼在实际的操作和实践中，离不开乐，所以，这里从“乐”中所看到的“和”，实际上也表达了“礼”对“和”的追求。又如，“礼所揖让何？所以尊人自损也，不争。《论语》曰：‘揖让而升，下而饮，其争也君子。’故‘君使臣以礼，臣事君以忠。’‘谦谦君子，利涉大川。’以贵下贱，大得民也。屈己敬人，

① 《白虎通·卷二·社稷》。

君子之心。故孔子曰：‘为礼不敬，吾何以观之哉！’夫礼者，阴阳之际也，百事之会也，所以尊天地，傧鬼神，序上下，正人道也”。（同上）这里仍然强调了礼乐对“和”的追求，由于追求“和”，所以特别看重君子的谦让之德。需要注意的是，礼对“和”的追求，目的在于肯定既有的社会等级制度，这一点，董仲舒在《春秋繁露·奉本》中说得很明白，“礼者，继天地、体阴阳，而慎主客、序尊卑、贵贱、大小之位，而差外内、远近、新故之级者也”。

总之，礼具有“和为贵”的精神，这直接使当时的道德关系也充满了“和”的色调。需要说明的是，礼中虽然充满了“和为贵”的精神，但由于礼同时也决定了道德关系主体的不平等性，这种不平等性可以概括为“阳尊阴卑”，这意味着“和为贵”的代价主要由道德关系主体中的居于阴位的一方承担了，于是，“和为贵”在实际的操作上就成为“服从或顺从尊者、贵者为贵”了。这实际上再次显示了礼所具有的强本意义。在长期的对和的追求中，古人甚至通过主静、寡欲、中和、内省道德意志形式来保障道德理念在道德实践中被践行。

综上所述，中国传统道德文化的理念可以从不同的视域下被提炼，本书根据中国传统社会的等级性、身份性特征，将整个社会从不同的等级维度分为十大道德关系领域，每一道德关系领域都存在着相应的维护此相应领域的道德文化理念，但也存在着超越所有道德关系领域的道德文化理念，这种情况的存在说明有些维护等级与身份社会关系的道德机制具有共同性，这就是“五常”理念，加上本章所澄明的廉、忠、孝、悌、贤、和理念，已有十一个理念得到了详细澄明，需要说明的是，一些中国传统的道德文化理念之间虽然在用词上有所不同，但就其实质而言，则存在着可以归约的问题，如“谦”的道德文化理念，“让”的道德文化理念、“宽”的道德文化理念、“恭”的道德文化理念、“敬”的道德文化理念等在“礼”文化理念下都具有某处程度的相似性，它们甚至可以被归约到礼的理念之中，因为如前所述，在古人的语境中，礼具有多重意义，它甚至就是一个由多重理念构成的复杂理念，如《礼记》中所谓“道德仁义，非礼不成。教训正俗，非礼不备。分争辨讼，非礼不决。君臣、上下、父子、兄弟，非礼不定。宦学事师，非礼不亲。班朝治军，涖官行法，非礼威严不行。祷祠祭祀，供给鬼神，非礼不诚不庄”，在此，不但显示了礼与若干道德理念之间的依存关系，而且也显示了某种统属和归约关系。同样，公、节、贞、烈等道德理念在很大程度上也可以被归约到义的理念之中；同样，由于“信”理念已被予以澄明于前，就无必要对意义相近或相同的“诚”理念进行同等的澄明了，虽然它也是非常重要的理念。“仁”则是一个容量巨大的道德文化理念，许多道德文化理念都可以被归约于其中，如孔子所说的忠、恕、敬、亲、孝、弟、恭、宽、信、敏、惠等都可以被看作是仁的不同的表现形式，这一点北宋的王安石已经领悟到了，他甚至把儒家的道德理念体系看作一个以仁为中心的理念体系。由于存在着上述理念之间的可归约性，这决定了不需要对古人所提到的每一个道德文化理念都要予以同等的精力予以澄明，换句话说，虽然古人所呈现的道德文化理念数量较多，但本书所要着力澄明的却仅仅限于“五常”及其“扩大版”了。

从对这些理念相互之间的关系的分析，可以看出，中国传统的道德文化理念之间本质上存在着具有生态学意义上的勾连关系，它们共同形成了维护以等级性与身份性为其特色的中国传统社会制度的道德机制，面对如此精致、如此微妙、如此理性的机制，就是以现代高科技时代的眼光看，也不得不感叹中国古人智慧之伟大，因为这种道德机制是一种非宗教的、非暴力强制的、基于人的自由意志的、促进人类尊严的、富于理性的、合乎人情和富于建设性的维护人类的和平机制，它是纯粹的社会本位主义和彻底的人本主义道德。既然它在充满张力和紧张的专制等级社会之中都能发挥其和平稳定的作用，那么，对于现今要建设的自由平等民主社会的现代人类而言，它应当更具有维护人类尊严和促进世界和平的意义，这样的机制如果予以适应性解释和推广，就一定会焕发青春，就一定会再造辉煌，就在一定条件下会成为中华民族对未来人类所做出的最伟大的贡献之一了。

# 历史审理

# 第二篇

如何让伦理道德要求转化成行为主体的内在需要，化入人的内在品格结构，实现道德文化由理念到践行的飞跃，这是古今中外政治家、思想家特别是伦理学家孜孜以求的目标。而由特有的社会历史条件所决定，中国在跨入文明社会的门槛时未能打破血缘家庭的纽带，血缘家庭成为立国的重要基础，家国同构，家国合一，宗法等级制度是中国古代社会人际关系的基本结构和天然形式，维护了宗法等级制度就稳固了封建统治，故反映和调节宗法等级的道德原则和行为规范就与治国安邦的政治原则紧密结合起来，伦理道德在社会生活中具有特殊的重要地位。因此，中国古代强调德治，期求通过道德教化而实现国治民安，这是为政者梦寐以求的理想。

为了实现上述目标，中国传统社会形成了从家庭至学校、从官方到民间、从天上到人间的全方位道德教化系统：中国先贤首重家庭教育，教育子孙成为品学兼优的良才乃是中国家长的神圣职责；历代统治者将道德教化视为政治治理的重要方式，道德训诫贯穿在从中央到地方的各类官方文告之中；各种教育机构将道德教育作为教学的重要内容；文学艺术也成为实施道德教化的重要载体；以神道设教的方式更是借助神灵的威慑力量强化着惩恶劝善的效度。这一系列的措施有效地促使着社会成员将道德文化理念付诸落实和践行，为当代道德文化建设和社会主义精神文明建设留下了可资借鉴的宝贵经验和启示。当然，产生于中国封建社会的道德教化措施不可避免地带有时代和阶级的烙印，其中的教训和消极影响也是不容忽视并值得总结的。

# 第五章

# 中国传统社会促进道德践行的途径和措施

为了促使社会成员践行道德理念，以图通过道德教化而实现国治民安，中国传统社会采取了极其丰富多样的措施，形成了从家庭至学校、从官方到民间、从天上到人间的全方位道德教化系统。

## 一、家庭熏陶

家庭是人生的第一所学校，家庭的道德熏陶是促使国人道德践行最重要的环节。家庭熏陶的形式多样，生动活泼。最有特色、施教时间最早的是在孩子尚未出生就实施的胎教。胎教最早可上溯到西周时期。据《大戴礼记·保傅》所载，"周后妃任成王于身，立而不跂，坐而不差，独处而不倨，虽怒而不詈，胎教之谓也"。也就是说，周后妃孕成王在身时，立着不踮脚尖，坐时身子不歪斜，独居一处时也不懈怠放任，即使生气也不出恶言。刘向《列女传·周室三母》中记载，周文王的母亲太任品格高尚，"端一诚庄、唯德之行"，当她怀胎以后，"目不视恶色，耳不听淫声，口不出敖言，能以胎教。"① 即从怀胎之始就注意对孕婴进行品德培育。

在孩子出生以后，家庭教育就贯穿于他的整个成长过程中。中国先贤深刻地认识到自幼施教的重要性，北齐的颜之推在《颜氏家训·教子》中详细论述了幼教对于塑造道德人格的作用和机理。当幼儿能够"识人颜色，知人喜怒"之时就

① 刘向:《列女传·母仪》，见张涛《列女传译注》，山东大学出版社 1990 年版，第 14 页。

应当加以教诲，“使为则为，使止则止”，形成了好的道德习惯，就可免去棍板责打的处罚。“父母威严而有慈”，才能让“子女畏慎而生孝”。相反，那些只知溺爱而不注意教育子女的人，往往放纵孩子，恣其所欲，本应诫止子女的事却反而奖励，本应呵责之举却反而面露笑容，这就养成了孩子骄横傲慢的恶习。此时再去制止已经晚矣。因此，“捶挞至死而无威，忿怒日隆而增怨，逮于成长，终为败德。”他还援引孔子“少成若天性，习惯如自然”的话语和“教妇初来，教儿婴孩”的俗谚，强调在孩子人格尚未形成之时进行道德培育的有效性和重要性。这些思想对中国古代的家庭教育产生了深刻的影响。

长辈的言传身教、父范母仪是家庭熏陶直观生动的形式，同时还以历史和现实的道德事例来劝勉子孙，以图发挥道德楷模的示范作用。家庭熏陶最快捷的方法是耳提面命，长辈根据具体的道德情境和生活中的道德实例因事而发，随时而教。如孟子的母亲“断机杼”以启发孩子努力学习，司马光小时候就曾因谎称自己剥核桃这一小事而受到父亲的严厉批评。

西汉时期，家庭教育的方式日趋成熟，《家约》《家训》《家戒》等家教作品开始形成。如，司马迁就在《史记·货殖列传》中记载：“任公《家约》：非田畜所出弗衣食，公事不毕则身不得饮酒食肉。”东汉著名女性学者班昭作《女诫》，文学家蔡邕作《女训》，三国魏杜恕著《家戒》，至北齐时，则出现了颜之推的《颜氏家训》这样的家教名作。宋代以后，著名学者撰著家训的现象更为普遍。如宋司马光作《涑水家仪》《家范》，袁采作《袁氏世范》，朱熹作《家礼》《家训》；明吕坤作《闺范》，方孝孺作《齐家》，徐三重作《家则》，等等。名门望族制作族规也是司空见惯，如宋郑氏家族有《郑氏家范》，吕氏家族有《吕氏乡约》，明王氏家族有《王士晋宗规》。明清两代，凡大族皆作宗谱，其中就有族规的内容。如《魏氏宗谱》《邢氏宗谱》《李氏宗谱》中都有《家规》《家法》。而象征着天下最大家长的帝王亦有不少家教作品传世，如汉高祖刘邦有《手敕太子》、三国蜀汉建立者刘备有《遗诏敕后主》、南朝宋武帝刘义隆有《诫江夏王义恭书》、南朝梁简文帝萧纲有《诫子》、十六国时期西凉建立者李暠有《勖诸子》、唐太宗李世民有《诫吴王恪书》、清圣祖玄烨有《庭训格言》等，形成了独步世界民族文化之林的中华家教文化大观园。家庭熏陶主要包括以下几方面的内容。

### （一）孝长睦亲

为了维护长幼有等的家庭秩序，繁荣家族、维系感情，确立个人在家庭中的地位及其所承担的权利和义务，首先必须倡导孝长睦亲，“孝”字最早见于殷代卜辞。根据历史记载，尧舜事亲尽孝，天下大治，到了周代，金文、《周书》

《诗经》中出现大量关于孝的记载。西汉以后，随着儒学独尊地位的确立，儒学在中国传统社会中处于主导地位，强调“以孝悌为本”“家齐则国治”的儒家伦理成为家庭教育的主要内容，孔子和《孝经》所规定的孝德为儒家学者所继承，成为儒学所推崇的人文价值的核心，也融进了中华民族的心理和生活伦常之中，父慈子孝、兄悌亲睦成为所有家庭所追求的理想，几乎每篇家训都将此作为重要的内容。

西汉以后，随着儒学独尊地位的确立，儒学在中国传统社会中处于主导地位，强调“以孝悌为本”“家齐则国治”的儒家伦理成为家庭教育的主要内容，孔子和《孝经》所规定的孝德为儒家学者所继承，成为儒学所推崇的人文价值的核心，也融进了中华民族的心理和生活伦常之中，父慈子孝、兄悌亲睦成为所有家庭所追求的理想，几乎每篇家训都将此作为重要的内容。例如，清代学者孙奇逢在《孝友堂家训》中就认为“父父子子，兄兄弟弟，元气团结”是“家道隆昌”的必不可少的条件。范质《戒从子诗》一开始就提出：“戒尔学立身，莫若先孝悌。怡怡奉尊长，不敢生骄易。”元代郑大和在《郑氏规范》中告诫家人：“为家长者，当以至诚待下，一言不可妄发，一行不可妄为，庶合古人以身教之意。临事之际，毋察察而明，毋昧昧而昏，更须以量容人，常视一家如一身可也。”[①] 在这种严格的家教之下，郑大和的子孙后代皆重视修己自律，郑氏家族成为中国古代孝顺友爱的典型代表，历宋、元、明三代十五世，同居共食达350 年。

不少先贤清醒地认识到，如果家庭成员之间失和，就存在着导致家道中落的危险。明清之际的思想家王夫之曾专门为了调解王攽、王敔二子之间的矛盾而致书长子王攽说：“汝兄弟二人，正如我两足，虽左右异向，正以相成而不相盭。况本可无争，但以一往之气，遂各挟所怀，相为疑忌。先人孝友之风坠，则家必不长。”兄弟之间如同两足而缺一不可，故必须相互支持，不应意气用事，相为疑忌，因为不孝不友必然危及家庭的根基。他劝导说，与天下之人相处时无论顺者逆者尚且还要容忍，为什么骨肉相连的兄弟却由于“一言不平、一色不令”而积怨在心呢？他语重心长地要求儿子“试俯首思之”！[②]

宋代著名文学家黄庭坚更是以家和而兴、失和而衰的事例来阐发治家修德的重要性。他在《家戒》中论述一家富豪的兴衰历史：“曾见润屋封君，巨姓豪右，衣冠世族，金珠满堂。不数年间，复过之，特见废田不耕，又数年复见之，有缧系于公庭者，有荷担而倦于行路者。”亲眼目睹这个富豪家族如此迅速地衰

① 郑大和：《郑氏规范》，见《祠堂博览》2005 年夏之卷，总 4 期，第 69 页。

② 王夫之：《己巳九月书授攽》，见《王船山诗文集》，中华书局 1983 年版，第 116 页。

落贫贱，黄庭坚于是询问其中的原因。此家中一位成员的回答给出了答案："吾高祖起自忧勤，叔兄慈惠，弟侄恭顺……下奉以义，上谦以仁，众母如一母，众儿如一儿，无尔我之辨，无多寡之嫌，无私贪之欲，无横费之财，仓箱共目而敛之，金帛共力而收之，故官私皆治，富贵两崇。"先祖忧勤治家，自强不息，家庭成员慈惠恭顺，仁义谦让，团结一心，不分彼此，去贪不奢，良好的家风与家庭成员的和睦融洽，带来了"官私皆治，富贵两崇"的兴旺景象。而当"子孙蕃息、妯娌众多"，家族在迅速膨胀之后，未能保持守义修德的传统，"礼义消衰，诗书罕闻"，道德危机终于导致了家庭的衰败："内言多忌，人我意殊……人面狼心，星分瓜剖，"曾经红火鼎盛的家族家道中落。这段话语，非常深刻地道出了伦理道德对于家族兴衰成败的重要影响。黄庭坚由此而受到了极大的震动，他闻言而泣并感叹地告诫自己的后人说："家之不齐遂至如是之甚，可志此以为吾族之鉴，因为常语以劝焉，吾子其听否?"他又以正反两面的行为而导致的不同结果来教育子孙说："汉有兄弟焉，将别也，庭木为之枯；将合也，庭木为之荣。则人心之所叶者，神灵之所佑也。"还有一位名叫陈子高的人，以骨肉之情为重，以五千膏腴之田与贫穷的兄长合户而居，而后来兄长的儿子登第，仕至太中大夫，"举家受荫"。

黄庭坚由此而教诲族人说："吾族敦睦当自吾子起，若夫子孙荣昌世继无穷之美，吾言岂小补哉!"① 他以这些发生在身边的活生生的事例来警示家庭成员孝长睦亲、敦睦相处，其教育效果是不言而喻的。

### （二）勤劳尚俭

齐家是与治家紧密联系的，而勤劳节俭则是治家的重要环节。遍览历代家训，不论豪门显贵，还是普通百姓，无不是谆谆告诫后人勤俭持家，更无一语是放纵奢侈浪费的。《国语》中就曾记载公父文伯母教诲儿子勤劳勿逸的"母训"，史学家司马光也以俭训子，要求子孙裁省冗费，禁止奢华，留下了《训俭示康》这一诫子俭以养德的著名范文，称道前人"俭为德之共，侈为恶之大"的论点是"大贤之深谋远虑"，文中说："有德者皆从俭来也。夫俭则寡欲。君子寡欲则不役于物，可以直而行；小人寡欲，则能谨身节用，远罪丰家。"故曰："俭，德之共也。"侈则多欲。君子多欲，则贪慕富贵，枉道速祸；小人多欲。则多求妄用，败家丧身。是以居官必贿，居乡必盗。故曰："侈，恶之大也。"②

---

① 黄庭坚：《家戒》，见翟博主编：《中国人的教育智慧》，教育科学出版社 2007 年版，第 32 ~ 33 页。

② 司马光：《训俭示康》，见翟博主编：《中国人的教育智慧》，教育科学出版社 2007 年版，第 25 ~ 26 页。

明清时期，随着商品经济的发展，物质生活得到了较大的丰富，追求奢侈生活成为富商权贵们的习惯。而一些有识之士则依然坚守崇俭抑奢的德行。清代官吏、学者许汝霖《德星堂家订》中不仅用言语教育家人持守勤俭，而且还专门针对当时的奢靡之风，从家庭的制度层面来抑制奢侈。他分别规定了“宴会”“衣服”“嫁娶”“凶丧”“安葬”“祭祀”等几个方面的礼节及标准，力求既合符礼节又不流于奢侈浪费。例如，他要求家人在穿着方面朴素不华，有客来访时只以“二簋一汤”招待；操办婚嫁、葬祭之事一切从简，不许“鼓乐张筵”，将节约下来的钱财用于济孤寡、助婚丧、立家塾。清代康熙时任礼部尚书的张英甚至要求子女下乡耕读、纺绩，认为这样既可以培养勤劳节俭的好习惯，又使他们的生活更为充实。

一些明智的君主则更多的是从皇族兴衰和政权长治久安的高度来认识尚俭的重要意义，从而自觉地践行崇俭抑奢。在这方面，唐、宋、明等朝代均有典型范例。例如，唐太宗李世民认识到，君主享乐之欲盛则将导致赋重、民愁、国危、君丧，因此，他“常以此思之，故不敢纵欲也”。① 例如，贞观元年，李世民计划营造一座宫殿，材料皆备，但“远想秦皇之事，逐不复作也”。何以如此？李世民曾向臣下表白放弃营造计划的缘由说：

“自古帝王凡有兴造，必须贵顺物情。昔大禹凿九山，通九江，用人力极广，而无怨讟者，物情所欲，而众所共有故也。秦始皇营建宫室，而人多谤议者，为徇其私欲，不与众共故也。朕今欲造一殿，材木已具，远想秦皇之事，遂不复作也。”他还联系此事而引用《老子》的原文教育臣下说：“古人云：‘……不见可欲，使民心不乱。’固知见可欲，其心必乱矣。至于雕镂器物，珠玉服玩，若恣其骄奢，则危亡之期可立待也。”接着，他又将寡欲的思想落实为具体的制度，下令“自王公以下，第宅车服、婚嫁丧葬，准品秩不合服用者，宜一切禁断。”②

李世民不仅崇俭抑奢，身体力行，更是教育后人抑奢。特别是在处理自己的后事时，更是体现出一切从俭以示后人的良苦用心。为了防止子孙在自己百年之后习于流俗，劳扰百姓，他特意预为终制，因山为陵，容棺而已。李世民虑及身后，节俭自律，且严教子弟，这不仅只是一种个人生活上的美德，更显示出杰出的政治远见。

宋太祖赵匡胤也是在践行俭啬之德的同时亦以此约束和教育后代。他不仅日常衣着俭朴，乘坐的车舆亦尚质素，宫中的闱幕无文采之饰。皇女永庆公主与皇后对他的这种俭朴作风并不理解，她们劝说道：“官家作天子日久，岂不能用黄

① 司马光：《资治通鉴》卷一九二，武德九年，中华书局 1976 年版，第 6026 页。

② 吴兢：《贞观政要·俭约》，上海古籍出版社 1978 年版，第 185 页。

金装肩舆，乘以出入？”赵匡胤笑曰：“我以四海之富，宫殿悉饰金银，力亦可办，但念我为百姓守财耳，岂可妄用？古称以一人治天下，不以天下奉一人，苟以自奉养为意，百姓何仰哉？”因此而拒绝了妻子和女儿的要求。①

永庆公主是位喜好奢华的人，她曾缝制了一件以翠羽为装饰的绣花衣服，并穿着这件衣服进入宫中。宋太祖劝她，今后不要再穿这件衣服，并不许她以翠羽为饰。公主不以为然，笑着说：“此所用翠羽几何？”宋太祖却颇为严肃地对她说：“不然，主家服此，宫闱戚里皆相效，京城翠羽价高，小民逐利，辗转贩易，伤身浸广。汝生长富贵，当念惜福，岂可造此恶业之端？”② 公主听后，惭愧地向父亲谢罪。

后继者宋太宗赵匡义亦以俭素之道训诫戒陈王元僖等诸王说：“即位以来，十三年矣，朕持俭素，外绝游观之乐，内鄙声色之娱，真实之言，固无虚饰。汝等生于富贵，长自深宫，民庶艰难、人之善恶，必是未晓。略说其本，岂尽予怀！夫帝子亲王先须克己励精，听言纳诲。每着一衣，则悯蚕妇；每餐一食，则念耕夫。至于听断之间，勿先恣其喜怒……汝等勿鄙人短，勿恃己长，乃可永久富贵，以保终吉。先贤有言曰：‘逆吾者是吾师，顺吾者是吾贼。’不可不察也。”③ 这些话语，既是作为最高为政者的赵匡义对自己十多年政治生涯的自我总结，更体现出一位父亲对于后代的谆谆劝诫。

### （三）谦让诚信

在家庭之外，古人亦注重教育子女妥善地为人处世，与人为善，培养谦让、诚信的品格。汉代刘向在《说苑》一书中专门撰有《敬慎》篇来论述谦敬之德的重要性，此篇一开头就记录了周公以谦敬诫子之事。西周成王封周公之子伯禽于鲁，将行之际，周公教诲身为鲁地之长的儿子伯禽谨守谦虚谨慎之德。他说：“德行广大而守以恭者荣，土地博裕而守以俭者安，禄位尊盛而守以卑者贵，人众兵强而守以畏者胜，聪明睿智而守以愚者益，博闻多记而守以浅者广；此六守者，皆谦德也。”书中进而发挥《周易》中的尚谦之道说：“有一道，大足以守天下，中足以守其国家，近足以守其身，谦之谓也。”④ 周公之所以要求伯禽持守恭、俭、卑、畏、愚、浅这六种态度，其核心内容是叮咛即将担任一方之主的儿子应当谦虚谨慎，即使身居高位却仍然应当礼贤下士，以恭、俭、卑、畏、愚等低姿态来处世临民，而不能自恃德高地广、尊盛聪明。这既表现出一位德高望

① 毕沅：《续资治通鉴》卷七，上海古籍出版社 1987 年版，第 33 页。
② 毕沅：《续资治通鉴》卷七，开宝五年，上海古籍出版社 1987 年版，第 33 页。
③ 毕沅：《续资治通鉴》卷十四，上海古籍出版社 1987 年版，第 67 页。
④ 刘向：《说苑·敬慎》，上海古籍出版社 1995 年版，第 82 页。

重的功臣虚怀若谷的美德，更反映了一位用心良苦的父亲对儿子的厚望。

宋代的程颢、程颐之所以成为一代著名的理学家，亦受益于良好的家教。他们的母亲侯夫人“事舅姑尽孝，治家有法，而性谦顺自牧”，即使是对待家中的侍婢也从不失礼，孩子如果呵责侍婢，她也会予以制止。但她对待自己的孩子却很严格，诸子有过，小则诘责，大则告其父亲。要求其改过而后止。她曾说：“子之所以不肖，皆母蔽其过，则父不知，而无由以正之也。”孩子在饮食时贪图口味而欲再加盐梅等调味品，她叱止而曰：“幼求称欲，长当何如?”孩子与他人发生争忿时，即使有理她也从不护佑，认为“患其不能屈，不患其不能伸”，应当培养孩子的忍让精神。在这样严格自律的家风熏陶之下，程颢、程颐少年之时，“便于饮食衣服一无所择，绝无恶言骂人”。[①]

中国传统社会的家教还注重诚信品德的培养。如嵇康在《家诫》中叮咛儿子“守之无贰”“坚执所守”“慎言语”。颜之推在《颜氏家训·名实篇》中专门论述诚信问题，通过“伯石让卿”“王莽辞政”的典故告诉子孙“巧伪不如拙诚”之理，认为伯石、王莽“自以巧密，后人书之，留传万代，可为骨寒毛竖也”。他告诫子孙：“以一伪丧百诚者，乃贪名不已故也。”

为了培养孩子的诚信品德，中国先贤努力做到身体力行，毫无戏言，甚至不惜财产上的损失也决不食言。曾子为履行诺言而杀猪的故事就是一个突出的例子。他的妻子有一次要去赶集，小孩子哭闹着要跟去。曾子之妻哄小孩说：“你待在家里，等妈妈回来杀猪给你吃。”没想到曾子还真准备把猪杀了，曾子之妻说只不过是哄哄小孩而已，又何必当真呢？曾子曰：“婴儿非与戏也。婴儿非有知也，待父母而学者也，听父母之教。今子欺之，是教子欺也。母欺子，子而不信其母，非所以成教也。”[②] 父母是人生的第一任老师，父母诚信不欺，遵守诺言才能为孩子树立良好的榜样。

根据教育学的理论，儿童是品格形成的重要时期，此时的道德教育将会影响人的一生。不少中国先贤皆毫不忽略日常生活中的细节或小事，将品德的培养贯穿在家庭生活中的方方面面。据宋代邵博《闻见后录》的记载，司马光在五、六岁时偶得一个核桃，但不会剥壳而食。其姐欲助之，却始终不肯。后姐姐因事稍离，一婢女帮他去掉外壳。姐姐回来后问是谁去掉了外壳，司马光随口道：“吾自去。”父亲司马池在一旁目睹了吃核桃的全过程，见子撒谎，乃厉声训道：“小子安得谩语?”并教导说：“诚，为人之本也，人当取信于人。”司马光之父及时抓住一切机会进行道德上的正确引导，防微杜渐，为司马光的健康成长奠定了坚

① 史洁理：《德育古鉴·功过案·慈教类》，中国水利水电出版社2011年版，第43页。

② 韩非：《韩非子·外储说左上》，见《二十二子》，上海古籍出版1985年版，第1158页。

实的基础，日后他在事业和人品上成为一代楷模，与这种良好家风的熏陶是密不可分的。

### （四）励志勉学

教育子女励志向上、发奋学习是家庭教育的重要内容。最著名的例子莫过于孟子的母亲。据史书记载，孟母非常关心孟子的学习，为了给他创造一个良好的学习环境，孟母三次搬家。然而孟子年少时读书不是很努力。有一次回家，孟母问他学习情况，他说："还不是那样子。"孟母立即抽刀砍断了正在织的布，斥责孟子说："子之废学，若吾断斯织也！"接着，她又进一步教育儿子，发奋学习是立身之本，"居则安宁，动则远害"。否则，"女则废其所食，男则坠于修德，不为盗窃则为虏役矣"。[①] 孟轲从母亲这番教诲中受到感悟，从此"旦夕勤学不息"，后来拜孔子之孙子思为师，终成一代大儒。孟母教子的故事在古代社会影响深远，"孟母三迁""孟母断杼"的事迹为中国民众耳熟能详，并成为教子的典范。

又如，魏晋时期的著名医学家皇甫谧在二十岁时仍然游手好闲，不好好学习。有一次，他偶然得到一些瓜果，献给其养母任氏。任氏说：《孝经》有云，如果不进德修业，纵使整天让父母吃肉，也不能算孝敬。你都二十岁了，还不读圣贤书，不修道德，如何能使我宽慰。因而叹息说："昔孟母三徙以成仁，曾父烹豕以存教，岂我居不卜邻，教有所缺，何尔鲁钝之甚也！修身笃学，自汝得之，于我何有！"皇甫谧因此深为感动，从此痛下决心，"勤力不怠"，白天下地干活，夜间读书，甚至就连在田间劳动的休息时间也要看书。日积月累，他博览群书，终于"博综典籍百家之言"[②]。

激励子弟勤奋学习，立大志、成大器的家训为数众多。许多家训的作者都以自己的经验向子弟传授治学方法，从小就注意培养他们的良好学风。诸葛亮曾在他的《诫子书》中强调立志与成学的辩证关系："非学无以广才，非志无以成学"，要求子女通过努力学习来增长才干，立志发奋以成就学业。还有南北朝时期著名学者颜之推的《颜氏家训》、宋代文学家叶梦得的《石林家训》、清代名臣曾国藩的家书等作品中，都有大量对子女劝学的内容。元代郑大和《郑氏规范》更是规定，郑氏子弟 8 岁入小学，16 岁入大学，要求能背四书五经，并能讲出正文大义，才允许加冠，成为成人。子弟已冠而习学者，每月十日一轮，要考查经文。

---

① 刘向：《列女传·母仪》，见张涛：《列女传译注》，山东大学出版社 1990 年版，第 38 页。

② 房玄龄等撰：《晋书》卷五十一《皇甫谧传》，中华书局 2010 年版，第 1409 页。

### （五）廉洁奉公

在中国封建社会那种一损皆损、一荣俱荣的社会环境下，封建家长还必须要求子女从家族的整体利益来建构和策划自己的人生目标，步入仕途，光宗耀祖是长辈的殷切希望。但饱读儒家诗书的家长们亦深刻认识到，只有恪尽职守、廉洁奉公才是为官的正道，也才是真正能够实现光宗耀祖理想的通途。故这些方面告诫也在传统家教中占较大的篇幅。

战国时期齐国的相国田稷，有一次接受下属的贿赂，并把它转赠给其母亲。他母亲得知后非常生气，说：当今国君设立官位让你来做，把丰厚的俸禄给了你，言行如一，才能报答国君的信任。“夫为人臣而事其君，犹为人子而事其父也。尽力竭能，忠信不欺，务在效忠，必死奉命，廉洁公正，故遂而无患。”①现在你做的恰恰相反，这样做离忠非常遥远。做人臣而不能尽忠心，就像做儿子而不去孝敬。这不义的财物，不是我应该拥有的，不孝的儿子，也不是我的儿子。你出去。田稷听后，十分惭愧地退出，立即归还了下属送来的贿赂，并亲自向齐宣王谢罪，请求处罚。

元代郑大和在《郑氏规范》中，对于从政的子孙专门提出了以下一系列要求，文中说：“子孙倘有出仕者，当蚤夜切切，以报国为务，抚恤下民，实如慈母之保赤子，有申理者，哀矜恳恻，务得其倩，毋行苟虚。又不可一毫妄取于民，若在任衣食不能给者，公堂资而勉之，其或禀禄有余，办当纳之公堂，不可私于妻孥。竞为华丽之饰，以起不平之心、违者天实临之。”② 为了更有力地防止子孙为官出现贪腐行为，他对于贪污受贿者提出了逐出家门的严厉惩罚，该文中规定，子孙出仕，如有贪污受贿者，“生则于谱图上削去其名，死则不许入祠堂。”清廉的家风熏染，培养出一代又一代的清廉之才，郑氏家族在明代共有47人为官，官位最高者至礼部尚书，居然没有一个因贪污被罢官。

清代文学家袁枚在给其弟香亭的信中亦强调，为官要有强烈的责任感，做官是为了施行仁义道德。他阐发子路“君子之仕行其义”这一观点说，为官“并非贪爵禄荣耀”，如果不懂得这一道理，“虽得科名作高官，必至误国、误民，并误其身而后已”。因此，必须从道德教育这一基础上下力，家庭教育才形成了扎实的根基，如果“无基而厚墉，虽高必颠，非所以爱之，实所以害之也”。③ 贪图高官厚禄，只知道一心在仕途上向上攀缘，而不从根本上教育子弟好好做人，

① 刘向：《列女传·母仪》，见张涛：《列女传译注》，山东大学出版社1990年版，第49页。

② 郑大和：《郑氏规范》第86条、87条，见《祠堂博览》2005年夏之卷，总4期，第77页。

③ 袁枚：《与弟香亭书》，见翟博主编：《中国人的教育智慧》，教育科学出版社2007年版，第150页。

这就如同不打地基而去建筑高厚的城墙，虽然很高却必然要倒塌，这不仅会贻害子女，更可能祸及家族。

家庭中的道德熏陶对于人生道德习惯的形成和德行的培养发挥着奠基的作用，传统社会中的仁人君子莫不出自家风纯正之门。著名的慈善家袁了凡就是在家学传统的培养中成长起来的。其曾祖父袁颢在《袁氏家训》中，提倡救世助人、积善行善、谦虚修德等训诫，其父亲袁仁在儒学上有很高的造诣，与王阳明、王艮、王畿等著名学者多有交往，他将修德列于做人之首："士之品有三，志于道德者为上，志於功名者次之，志于富贵者为下。"[①] 积善修德的优良家庭传统在幼年袁黄的心田里播下了善的种子，还有前面提到的司马光以及二程兄弟的家教熏染，都充分说明了家庭中的道德熏陶对于促进道德践行的积极作用。

## 二、官方垂训

重视道德教化、实现德治天下是社会各个阶层共同的社会理想。为了实现这一理想，为政者重视垂训于民，上至帝王，下至各地的官员皆结合各朝各地的实际情况而制定出道德教育训条，并通过各个途径向广大民众传播。

### （一）帝王诏令

帝王将以德化民视为治天下的首要之策，在日理万机的同时，亲自颁发关于道德劝诫的文告。早在西周时期，周公就提出了"以德配天""明德慎罚"的思想，要求为政者爱护天下的百姓，做有德的君主，用"德教"的办法治理国家。以德化民被大多数为政者视为治天下的首要之策。隋文帝即位之初，就接受臣下柳昂"劝学行礼"的建议。于开皇三年夏四月诏令天下："建国重道莫先于学，尊主庇民莫先于礼，……有礼则阴阳合德，无礼则禽兽其心，治国立身非礼不可。"他要求将劝学行礼、推行道德教化的旨意层层下达，"自京师爰及州郡"，在农闲及非役之日对民众进行道德教化，"若敦以学业，劝以经礼，自可家慕大道，人希至德，岂止知礼节、识廉耻、父慈子孝、兄恭弟顺者乎"？他关注社会的道德风尚状况，专门"遣十六使居安巡省风俗"，虽裁减了一些"多而未精""徒有名录，空度岁时"的州县学，但却高度肯定儒学的道德教化作用说："儒学之道，训教生人，识父子君臣之义，知尊卑长幼之序，升之于朝，任之以职，故能赞理时务，弘益风范。"[②]

---

① 钱晓订：《庭帏杂录》，《丛书集成新编》第33册，（台湾）新文丰出版公司1985年版，第179页。

② 魏征：《隋书》第二卷，《高祖本纪》，中华书局1973年版，第19、20、46页。

所谓“劝学行礼”即是学习儒经，践履礼制中的道德规范，这是一种包括了思想理论层面的道德教育到道德行为规范的学习过程，这种由帝王亲自下令号召的全民道德文明教育活动，其功效是不言而喻的。

即使如隋炀帝这种暴虐无道的君主，亦不忘厉行道德教化。即位之初他就下诏宣扬风化。其文曰：“昔者哲王之治天下也，其在爱民乎？既富而教，家给人足，故能风淳俗厚，远至迩安，治定功成。”派遣使者到各地巡视民风，实施道德教化。在大业三年，他又下诏举贤，树立道德标范，以励风化，他在文中强调说：“孝悌有闻，人伦之本，德行敦厚，立身之基，或节义可称，或操履清洁，所以激贪励俗，有益风化，以此求治，庶几非远。”[①] 隋炀帝本人骄奢淫逸，鱼肉百姓，毫无爱民修德之心，但他也懂得德行敦厚乃立身之基，激贪励俗乃治国之本。足见推行德教在中国封建社会中的重要地位。

朱元璋在即位之初就颁发“圣谕六言”：“孝顺父母，恭敬长上，和睦乡里，教训子孙，各安生理，无作非为。”为了促使民众践履仁义道德，朱元璋还运用皇权法外开恩，褒奖有益于社会风俗淳化的行为。例如，京师有位校尉与邻妇私通，趁其夫出门而进入妇家以行不轨。不想妇之夫见天气寒冷，担心妻子熟睡受凉，特地回家为妻覆被。校尉感怀此人如此爱妻而其妻却忍心背叛，于是仗义拔刀杀妇而去。恰有卖菜翁送蔬来到妇家，被误认作杀人者而执于官府并判死刑。就在即将行刑之时，校尉不忍累及无辜之人而出面认罪。朱元璋闻及此事后，赞叹此人之义行说：“杀一不义，生一无辜，可嘉也。”遂下令赦免杀人犯。[②] 这是一个以情代法的典型案例，这种例子在封建社会并不少见，其目的皆是为了弘扬德教，激浊扬清。

作为少数民族入主中原的清朝政权继承了汉人的伦理文化，将朱元璋的“圣谕六言”颁行八旗及各省。康熙即位后，推行“尚德缓刑，化民成俗”的方针，继续加强教化，力图纠正“风俗日敝，人心不古”的颓局，他将“圣谕六言”扩充和发展为“上谕十六条”，于康熙九年向全国颁布，其内容如下：“敦孝弟以重人伦、笃宗族以昭雍睦、和乡党以息争讼、重农桑以足衣食、尚节俭以惜财用、隆学校以端士习、黜异端以崇正学、讲法律以儆愚顽、明礼让以厚民俗、务本业以定民志、训子弟以禁非为、息诬告以全善良、诫匿逃以免株连、完钱粮以省催科、联保甲以弭盗贼、解仇忿以重身命。”“上谕十六条”的颁布标志着清代统治者将道德教化纳为治国的重点内容，其内容覆盖了政治、经济、家庭、教育以及社会风俗和个人修身等各个方面，言简意赅且具有一定的可操作性，在当

① 魏征：《隋书》卷三，《炀帝本纪》，中华书局1973年版，第62、68页。

② 史洁理：《德育古鉴·功过案·和睦类·夫妻》，中国水利水电出版社2011年出版，第40页。

时以及后世都产生了深远的影响。

康熙对第一条“敦孝弟以重人伦”特别予以重视，他深知：“帝王之治天下，发政施仁，未尝不以养老尊贤为首务。”① 难得的是，他不满足于形式上的官德淳正或进行社会道德建设的表面政绩，而更注重讲求“孝弟之本心”及其对于社会移风易俗所发挥的基础性作用。康熙五十二年，他在畅春园宴请廷臣及直省来京贺寿者以及直省内年满六十五岁以上的臣民，借此机会，他下达“敦孝悌厚风俗”之谕。在此谕中，他批评道德建设流于表面的时弊：“近来士大夫只论做官之贤否。移风易俗之效验，所以不暇讲究孝弟之本心。若孝弟之念少轻，而求移风易俗，其所厚者薄，而其薄者厚矣。”为了改变这种本末倒置的现象，他要求各位老人回乡之后，“各晓谕邻里，须先孝弟，倘天下皆知孝弟为重，此诚移风易俗之本、礼乐辞让之根，非浅鲜也”。②

康熙的后继者雍正皇帝进而对“上谕十六条”进行逐条解释，撰成洋洋万言的《圣谕广训》，于雍正二年颁行天下，反映出希图以德治天下的政治纲领。《圣谕广训》影响深远，甚至于民间有的家训也直接依据《圣谕广训》制定，如同治十年四川唐氏所修“家训十则”，的具体内容，基本是照搬《圣谕广训》。

### （二）官员推行

各地的地方官员基本上是饱读儒家诗书的儒生，他们秉承儒家“为政以德”的信条，将道德教化视为政府治理的重要内容。他们认识到，自己作为郡县的一方官员，其职责并非只是办赋税、理词讼、课耕桑等事务，而且还担负着明教化以正民俗的责任，故在道德教化方面下力甚勤。

例如，元代王结在担任顺德路（今河北邢台市）总管期间，写成《善俗要义》，“盖将使之勤农桑、正人伦、厚风俗、远刑罚也”。其文共计三十三条，包括：“隆慈爱”“勤学问”“敦孝悌”“友昆弟”“和夫妇”“别男女”“正家室”“尊官长”“亲师儒”“睦宗族”“正婚姻”“致勤谨”“择交游”“息斗讼”“禁赌博”“弭盗贼”“戒游惰”“务农桑”“聚义粮”“罢祈享”等。其内容基本上囊括了社会生活的各个方面，反映出作为一方之管理者对于地方伦理道德建设的周密思考。其中不乏真知灼见。③

例如，“勤学问”一条中指出：“众人之生性中皆有仁义礼智，唯学乃能知其理而造其道”。作者还根据民众中的各种不同情况而制订出相关的读书方案，

①② 陈梦雷：《古今图书集成·经济汇编·选举典·教化部》，中华书局1934年影印、巴蜀书社1985年版，第66册，第80026页。

③ 向燕南、张越编注：《劝孝·俗约》，中央民族大学出版社1996年版，第208页。

家境稍殷实有条件读书的人家，“皆当亲近师儒，读理义之书，讲人伦五常之道”“小儿七岁以上，便合读书，候年齿斯长，亦令讲明”“若年长失学，且读小学一部，其修身正家皆备于此。年壮明敏，更读《大学》《语》《孟》……其天资颖梧、笃于学问之人，更传习合读经史，日进不已，渐至该洽，则为国士、天下士矣”。如果迫于生计而别无闲暇读书，则可以利用农闲之时，“仰候农隙或秋冬之夜，果肯用心，自然有进”。总之，以圣贤之书来滋润心田，这是关乎每个人自身的修养和风俗的大事，必须抓紧，不要虚度光阴，“人之围棋饮酒皆有工夫，况学问乃自家吃紧之事、所宜勉强着力也。久远如此循行，渐见俗化淳美，人才成就，方副朝廷崇儒建学之意云。”①

王结特别强调，学习圣贤之书最重要的是践行，“义理斯解、务要践履所读之书。始于一身，推于一家，信言谨行，正心修身，父慈子孝，兄友弟恭。男女有别，长幼有礼，尊官长。畏刑宪，人伦既明，风俗自厚”。

王氏在“敦孝悌”一条中特别强调说：“此五常之先，百行之本，诸君皆当勉力行之也。”他还列举了如何践行孝悌的事项：“事父兄之道。勤力代其劳苦，治生供其奉养，更当和气柔色，宛转承顺。若家贫甘旨不充，但衣食粗给，得其欢心，亦不失为孝悌也。自己如此，子弟效之，亦复能然，则人伦明而家道正矣。”②

《善俗要义》撰成之后，顺德路总管府要求各级相关机构认真推广，须要正官、教官、社长、社师人等照依备去谕民事理，以时读示训诲，务令百姓通知，劝之遵用举行，将来渐有实效。若有顽悖之人训导不从，亦仰依法惩治施行。③

地方官员在处理民事纠纷时，亦尽量避免诉诸法律，而常常试图通过道德教育来解决问题。例如，汉代蒲地（今山西省蒲县）有位名叫仇览的亭长就善于通过道德教化来调解民事纠纷。当时有个名叫陈元的人，其母守寡养孤，母子二人相依为命。一天，其母来到仇览的处所，状告其子陈元不孝。仇览说，我曾路过你家，看到你儿子很勤快，庐落整顿，耕耘以时。可见他并非恶人，“当是教化未至耳！……奈何以一朝忿，欲致子于不义乎！”其母为这番话所动，“感悔涕泣而去”。接着，仇览亲自来到陈元家中进行道德教育，与他母子二人共饮，“为陈人伦孝行，譬以祸福。”他的一番谆谆教诲随即发挥作用，陈元马上改正了对母亲不守孝道的错误，“竟成孝子”。④ 这位官员可谓善于通过道德教化以化解矛盾，创立了通过道德的方式进行民事调解的典型案例。他既为陈元爱惜身名，使

①② 向燕南、张越编注：《劝孝·俗约》，中央民族大学出版社 1996 年版，第 212 页。
③ 向燕南、张越编注：《劝孝·俗约》，中央民族大学出版社 1996 年版，第 209 页。
④ 史洁理：《德育古鉴·功过案·劝化类》，中国水利水电出版社 2011 年版，第 62 页。

其免于刑狱之罚，又为陈母维护母子恩谊，使其免于母子对簿公堂而恩断义绝之患。他以恻怛爱民的情怀来教育、感召不肖之子，充分发挥了道德对于家庭和社会和谐所具有的独到功能。

一些以儒学著称的官员更是推行道德教化而不余遗力。明代理学家王阳明一生持守“仁者以天地万物为一体”的理念，努力阐明“良知之学于天下”，自正德元年与湛若水“定交讲学”以来，讲学就成为王阳明生命中的重要组成部分，他讲学的足迹遍布贵州、江西、浙江、福建等省，甚至在龙场讲学时，他还亲自筹建讲堂事宜。无论是戎马倥偬还是政务缠身皆从未放弃。他不仅在军务相对空闲时讲学，如正德七年，他升任南京太仆寺少卿，在从故乡赴任滁州的途中，他就在滁州讲授《大学》。据时人记载，讲学之时，“环龙潭而坐者数百人，歌声震山谷。诸生随地请正，踊跃歌舞，旧学之士皆日来臻……”[①] 自滁州讲学之后，从游者众，开启了王阳明传播良知之学于天下的历程。在军务繁忙之时，特别是在平定宁王叛乱的关键时期，他也照样讲学不辍。以下这条史料非常生动地记载了当时的情景：“先生入城，日坐都察院，开中门，令可见前后。对士友论学不辍。报至，即登堂遣之。有言伍焚须状，暂如侧席，遣牌斩之。还坐，众咸色怖惊问。先生曰：‘适闻对敌小却，此兵家常事，不足介意。’后闻濠已擒，问故行赏讫，还坐，咸色喜惊问。先生曰：‘适闻宁王已擒，想不伪，但伤死者众耳。’”这种敌兵压阵却依然镇定自若的非凡气度不仅令人感叹，“傍观者服其学”,[②] 同时也反映出王阳明为传播道德文化而矢志不渝的决心。

晚年的王阳明仍然为传播道德理想而孜孜不倦，他的讲学更是达到高峰，据史料记载，嘉靖二年后，四方前来听讲之人“环先生而居者比屋。如天妃、光相诸寺，每当一室，常合食者数十人。夜无卧处，更相就序，歌声彻昏旦”。[③] 听讲者如此高涨之热情，足以反映出王阳明讲演的感染力。王阳明秉持“仁者以天地万物为一体”的理念，以社会教化作为自己终身的使命。努力阐明“良知之学于天下”，试图从良知出发，通过多种教化活动，以推动教育对象致良知，最后形成全社会的良知。其道德教化的影响力亦是不言而喻的。

清代的官员不仅积极地将康熙的“上谕十六条”颁布到直省府州县，而且每个月在各地进行宣讲，且将教育推及少数民族。如，康熙五十二年，广西巡抚陈元龙奏称：“现今直省各府州县每于月朔宣讲上谕十六条……俾愚民听闻，动其感发兴起之念，裨益非浅鲜矣。”他进而要求将月朔宣讲的措施推广到各地，“颁

① 《王阳明全集》卷三十三，《年谱》一，上海古籍出版社 1992 年版，第 1236 页。
② 《王阳明全集》卷三十四，《年谱》二，上海古籍出版社 1992 年版，第 1267 页。
③ 《王阳明全集》卷四十一，《刻文录序说》，上海古籍出版社 1992 年版，第 1576 页。

发土司官员行令直隶各省府州县及凡有土司之处，照例于月朔并行讲解以广圣化”。[①] 陈元龙还根据桂林府等地的耆老李昌泰等人的书函，奏告各地民众学习十六条的显著功效：“伏读圣谕讲究孝弟之本心，昌等在各乡村传集老幼宣读讲论，人人耸听，有感激而涕泗交颐者，有愧恧而头低面赤者，有欢忭而踊跃鼓舞者，北望叩头，齐声皆呼万岁，从此父慈子孝兄友弟恭，各爱其亲，各敬其长，狱讼自息，盗贼自销。”而且，桂林等地的老人由此而“皆得衣帛食肉”，得以颐养天年，故他们极力歌功颂德，号称“似此养老仁政，亘古所无”![②]

自上而下不遗余力的道德劝谕以及认真贯彻，对于促进道德文化理念的践行，规范民众的道德生活发挥着重要的引导作用。

## 三、师长教化

通过师长来传达道德要求，培养道德，这是推动民众践行道德的重要方式。师长实施道德教化的途径主要是通过礼乐熏染、官办学校以及半官半民的书院等多种渠道。

### （一）礼乐熏染

从西周开始，就进行“设官分职”，通过相关的行政长官来负责实施国民教育。从《周礼》《礼记》等典籍的记载来看，西周“建邦之六典”，其中教典为地官司徒所掌，教典的职责是“以安邦国，以教官府，以扰万民”（扰，驯顺，安抚）[③]，其职能主要就是行使礼乐教化，以规范民众的道德行为，例如：“以祀礼教敬，则民不苟；以阳礼教让，则民不争；以阴礼教亲，则民不怨；以乐礼教和，则民不乖；以仪辨等，则民不越。”目的是培养与血缘宗法等级政治相适应的“敬”“让”“亲”“和”等道德品行。

大小司徒以下的六乡职官在行政事务之外也担任礼乐教化职能，即所谓乡学。据《周礼·地官·大司徒》载，六乡职官以“六德”“六行”“六艺”教民，六德包括知、仁、圣、义、忠、和；六行包括孝、友、睦、姻、任、恤；六艺包括礼、乐、射、御、书、数。这些内容是礼乐教化的基本原则。在地官系统中，由“师氏”“保氏”掌国学，“师氏”以“三德”“三行”来教育国子。其具体内容是：“一曰至德，以为道本；二曰敏德，以为行本；三曰孝德，以知逆

①② 陈梦雷：《古今图书集成·经济汇编·选举典·教化部》，中华书局1934年影印、巴蜀书社1985年版，第66册，第80027页。

③ 《周礼·天官·太宰》，《十三经注疏》，中华书局1982年版，第645页。

恶；教三行：一曰孝行，以亲父母；二曰友行，以尊贤良；三曰顺行，以事师长。"[①] "保氏"则教国子"六艺""六仪"，六艺分别为：五礼、六乐、五射、五驭、六书、九数，"六仪"则是指祭祀之容、宾客之容、朝廷之容、丧纪之容、军旅之容、车马之容。[②]

可以看出，西周的教育实际上包含了一个完整的循序渐进的素质教育过程，德行与道艺兼修，以礼乐尤其是以"乐教"来规范行为，陶冶性情。

在西周时期，原来较为笼统的"先王乐教"已逐渐分化为"礼教""乐教""诗教"三种形态，礼乐教化成为道德教化的重要实现途径，这一传统为孔子代表的儒家所继承，成为儒家礼乐教化观念和美育思想的文化源泉。

儒家重视以乐"教人""成人"，其"乐教"主张是饱含了人文关怀、充分顺应人性的需要和发展的教育模式。孔子"兴于诗、立于礼、成于乐"[③] 的主张开启了乐教之先河，不仅揭示了教育的阶段性，亦指明了"乐"在个体成长过程中的重要作用。孔子认识到，仅限于对外在礼仪规制的遵从是远远不够的，还需要以和谐美妙的"乐"来熏陶和调养其性情，荡涤心灵之邪秽，培养高尚之节操。实现由内而外、由行为到心灵的愉悦与和谐，这才是学有所成，完成了"成人"的过程。显然，这种以"乐"为最终目标和最高境界的"成人"教育顺应了人性的需求和个性的发展，其中既包含了社会所要求的行为规范教育，又充分顾念了个体的生理、心理发育特点，促使行为主体在心灵和乐的状态中践履道德规范，力图抵达"从心所欲不逾矩"、喜怒哀乐"发而皆中节"的中和理想境界。

儒家的乐教思想在中国艺术的各个领域皆有传承和发展，很好地发挥了"移风易俗"的道德教化功能。关于这方面的内容我们将在"艺术浸润"一节中详论。

### （二）官学教育

以官方学校（科举考试）为核心的儒学精英教育是实施道德教化的重要途径。儒学专注于修身、齐家、治国、平天下之学，推崇忠、孝、仁、义、礼、智，强调君臣父子之序，以此作为维系人际关系、巩固封建统治秩序的黏合剂。儒学重视道德修养，主张通过道德教化、道德修养来实现政治抱负，这就是《礼记·大学》中所说的"心正而后身修，修身而后家齐，家齐而后国治，国治而后

① 《周礼·地官·师氏》，《十三经注疏》，中华书局 1982 年版，第 730 页。
② 《周礼·地官·保氏》，《十三经注疏》，中华书局 1982 年版，第 731 页。
③ 《论语·泰伯》，《十三经注疏》，中华书局 1982 年版，第 2486 页。

天下平。自天子以至于庶人，一是皆以修身为本”。

自西汉武帝“独尊儒术”的统治方略确定以后，儒学逐渐成为中国封建社会的统治思想，儒学典籍成为官学的必修课程和科举考试的内容，这是一项实施官方道德教化的制度化措施，它极大地强化了儒家伦理道德思想对学子的熏陶作用，具有文化教育和道德教育功能，对于维护统治、稳定社会将发挥独特的作用。除此之外，统治者还需要具有较高文化素养的儒生来担任政府各级机构的职务，以便透彻地理解并准确地执行各类诏书律令。故汉武帝采纳了以治《春秋》而由寒士擢为丞相的公孙弘的建议，起用儒生为官，并根据董仲舒的建议，以经取士，置博士弟子，从他们中间选拔政府的各级官员。

而自隋朝始开科举且以儒家经典作为考试科目之后，儒生更是在各级政府机构中占据着重要的地位。由于儒生地位大大提高，天下士人为求显达，也就纷纷讲习儒经，学子们在熟读四书五经等儒家典籍的同时，自然而然地接受着儒家的道德教化，而通过科举考试中那些出自儒家经典的试题及其解读，更进一步促进了人们对儒家伦理道德精神的理解和把握，强化了儒家伦理道德在年青学子心目中的地位。

### （三）书院教育

书院是古代教育制度中有别于官学的教育系统，是我国封建社会中后期新型的教育组织。书院重视道德修养，往往将道德教育列入教规之中，上升到制度的高度。中国最早的书院始建于唐朝。宋、元两朝，书院盛极一时，专讲程朱之学并供祀两宋理学家。书院虽然也期求培养入仕做官者，但比官学更重视道德素质的培养。宋代著名理学家张栻在主持岳麓书院时，就曾强调道德教化乃是兴办书院的重要目标，他在《岳麓书院记》中明确指出，办岳麓书院的目的不仅仅是“为决科利禄计”或“习为言语文辞之工而已”，而是力图“成就人才，以传道而济斯民也”。

因此，书院改变“唯官家子弟是教”的教育传统，也打破了学生的地域性限制，“聚天下英才而教之”，并聘请知识渊博、品德高尚的学术大师为“山长”或导师，其办学宗旨是“开发其聪明，成就其德业”，培养德才兼备的、有实际能力的人才。从宋代著名四大书院中的岳麓书院和白鹿洞书院的学规中，可以清楚地反映出这一培养宗旨。

白鹿洞书院的学规由著名的理学家朱熹所作，反映出了做人在做学问之前的教育思想。其文曰：“父子有亲。君臣有义。夫妇有别。长幼有序。朋友有信。右五教之目。尧、舜使契为司徒，敬敷五教，即此是也。学者学此而已。而其所以学序，亦有五焉，其别如左：博学之。审问之。慎思之。明辨之。笃行之。右为学之序。学、问、思、辨四者，所以穷理也。若夫笃行之事，则自修身以至处事、接物，亦各有要，其别如左：言忠信。行笃敬。惩忿窒欲。迁善改过。右修身之要。正其谊不谋其利。明其道不计其功。右处事之要。己所不欲，勿施于人。行有不得，反求诸己。右接物之要。"

朱熹特意于指出，学规的制定乃是针对当时的教育多为"钓声名""取利禄""务记览""为词章"，而忽略了"讲明义理，以修其身"的教育宗旨。故他亲自制定学规，强调教学的目的不是为了功名利禄，也不仅是为了学习知识或写出华丽的文章，而是要求学生读书穷理，修己治人，成为一代道德楷模，故将忠孝仁义伦理道德和惩忿窒欲、迁善改过的修身之道以及反求诸己的处世之道奉为书院的宗旨。

《白鹿洞洞规》问世以来，成为南宋书院的统一学规，也被视为元明清各朝书院学规的范本和办学的准则。朱熹的高足刘爚担任国子司业时，曾上奏朝廷，"请刊行所注《学》《庸》《语》《孟》以备劝讲及《白鹿洞洞规》示太学"。[①]

乾隆十三年（1748 年）岳麓书院山长王文清又在前代的基础上，制定出《岳麓书院学规》，首先要求学子尊贤孝亲，"时常省问父母""朔望恭谒圣贤"，更涉及学子生活的方方面面。既包括教学方面的内容，如"日讲经书三起""日看纲目数项""通晓时务物理""参读古文诗赋"；又言及学习方法，如，"读书必须过笔""疑误定要力争"，还提出了修养和言谈举止方面的要求，如，"气习各矫偏处""举止整齐严肃""外事毫不可干""痛戒讦短毁长""损友必须拒绝""行坐必依齿序"，而且还对学子的衣食住行提出了"服食宜从俭素""夜读仍戒晏起"等规定。这些具体而详细的规定，对于学子们的道德修养和道德习惯的形成、道德品格的培养皆是非常有促进作用的。

及至明朝，王阳明又倡讲学之风，贵阳的龙冈书院、赣州的濂溪书院和绍兴的稽山书院构成了王学传播的主要线路图。由于王阳明讲学活动的范围之广、学术影响之大，对后世产生了深远的影响。沈德符在《野获篇》中称："自武宗朝王新建以良知之学行江浙两广间，而罗念庵、唐荆川诸公继之，于是东南景附，书院顿盛，虽世宗力禁而终不能止。"[②] 王阳明开启的讲学活动而推动了书院与学术互为表里、相互促进的文化盛况，甚至到了皇帝出面"力禁而终不能止"的局面，可见其影响力之大。

书院教育反对将学校变为"声利之场"，认为学校不能"以钓声名取利禄而已"，而坚持和发挥了"儒"作为文化典章的掌握者和宣传者的原初本义，将追

---

① 黄宗羲：《宋元学案　沧州诸儒学案　刘爚》卷 69，中华书局 1986 年版，第 2263 页。

② 魏佐国、李萍：《王守仁与江西书院教育》，载《南方文物》1997 年第 1 期，第 35～39 页。

求知识和道义、研究学术、传播文化作为儒生的重要使命。书院将士与利禄相分离的思想贯彻于教育实践中，学子们不再单纯地以追求利禄为目标，不再以科举仕进作为实现自身最高价值的标准，宋代士风为之大变。从士阶层中分离出了大批与知识相依为命和以学术文化教育为职业的平民学者，书院的学子以传播知识和道德、文化为终身职业，促使宋代文化教育普及到了社会下层的各个角落，远山深谷，居民之处，莫不有师有学，即使是穷乡僻壤，亦可闻读书之声。“义学”“小学”“书社”“书会”“乡校”“村学”“家塾”等遍布广大农村。基础教育的发展，推动着知识和文化在民间普及，同时也将中国传统道德观念广泛地传播到穷乡僻壤。

官办的学校与半官半民的书院教育虽然在教育的主客体及具体内容和教学方式上多有不同，但却皆注重对教育对象的道德教育，各以其自身的途径和方法倾力进行道德教化，成为培养道德良知的重要阵地。

## 四、民间劝善

在聚族而居、安土重迁的古代，除了家庭之外，与人们关系最密切的就是乡里和宗族，通过这些机构将道德教化传输到基层的社会成员，形成了以乡里和宗族为主体的基层道德教育，此外，民间还存在不少身份各异、形式多样的道德教化者，这一切，共同组成了坚实而广阔的社会基层道德教化系统，成为以学校（科举考试）为核心的儒学精英教育的重要补充。

### （一）乡官施教

乡官是封建国家基层组织的公职人员（汉魏时期成为半公职人员），他们是承担社会道德教化的重要角色。乡官总揽基层政治、经济、司法及道德教化等社会生活各方面的事务。除了管理户口、征调赋役、维持乡里治安、兼理司法等工作之外，进行道德教化亦是他们必行的日常要务。早在先秦时期，地方就设有“三老”，专掌乡里的道德教化，至秦汉时期，“三老”执掌教化功劳卓著，发挥了“劝导乡里，助成风化”的积极作用，因而被尊之为“众民之师”。秦汉以后，各代均把“察奸弭盗”“检查非违”作为乡官的基本任务，里正要负责检查所属人户的言行，民有所谓“善事”、“恶事”，立即报告上级官府，惩治作恶者，同时，要经常性地开展道德教育，对乡民进行道德教化，引导民众弃恶从善。如元代的社长在劝农的同时兼掌“维持风纪”。明代里中则设立申明亭和旌善亭，里老定期宣讲，遇到本地有“怠惰不务生理”和违反封建道德的行为，里老有权惩治。清沿明制，由县官任命的乡中小吏“乡约”主事，将道德教化与司法行政等职责相结合，负责传达政令，调解纠纷，教化民众，增加了每月朔望宣讲皇帝谕令和有关律条内容。

### （二）社学化民

承担道德教育任务的社会组织还有社学。社学是起源于元代的官督民办的基础启蒙教育机构，办学方式，一般是五十家为一社，每社立学校一所。

在社会教化活动中，儒学发挥着重要作用。儒家主张仁义礼智，强调君臣父子之序，以此作为维系人际关系、巩固封建统治秩序的黏合剂，儒家学者常常成为社学教化的主体力量。例如，王阳明等不少名儒就曾利用社学这一形式来教化民众。正德十三年，王阳明在平定江西南部暴动后在当地官学不能满足需求的情况下，阳明毅然颁令，要求南赣所属各县“父老子弟，互相戒勉，兴立社学，延师教子，歌诗习礼”。这一道德教育的目标也充分体现在每日的教学活动安排上：“每日功夫，先考德，次背书诵书，次习礼或作课仿，次复诵书讲书，次歌诗”，以存其“圣贤”之心、坚其“成圣”之志。由当地各级官员聘请“学术明正、行止端方”的乡儒为师。①

当然，受封建教育制度的影响，社学这一基层道德教化的形式在实施过程中也曾出现过一些问题。明末清初的“江南大儒”、著名理学家、文学家陆世仪就曾针对当时社学教育中出现的弊病而实施改善之策。他通过阐发《周礼》“以教法颁四境之社师而俾教其童蒙”的主张，对“社学之法”规定了具体而细致的道德教化措施。他看到，在社会现实中，原本是为了让儿童“歌诗习礼，以和平之心知血气”的社学教育，却在实施过程中逐渐失去道德培育和心理健康教育的功能，沦为了“教之作文、诱之考试”的技巧培训和应试教育。他认为，对于儿童的道德教育首先应当培养其纯朴诚实之品德，于是，他针对那种“益坏风俗”的社学而提出了一系列改善的措施：“宜令童子凡读书写字，但从所便，各自择师外，唯于每月朔望赴本社社师处，择宽大处所，歌诗习礼，拜先圣先贤。其有声容端好、威仪闲习者，注善；有举止疏忽、跳踉不驯者，注过。习礼既毕，教长即以孝、友、睦、婣、任、恤之道，约举故事，随宜讲导。遇讲约大会，则社师各举其善者进之于会所。官府试其善否而记注之。”② 陆世仪希望通过上述措施的实行，能够让儿童“端其蒙养，使之习与性成；而后无不可教之民”。最终实现“人人亲其亲、长其长、而天下平”③ 的理想社会。陆氏的目标固然是充满

① 王阳明：《兴举社学牌》，《王阳明全集》卷十七，别录九，上海古籍出版社 2011 年版，第 604 页。

②③ 陆世仪：《治乡三约》，向燕南、张越编注：《劝孝俗约》，中央民族大学出版社 1996 年版，第 235 页。

着“乌托邦”式的幻想，但从中可以看到，他重点关注的不是读书写字等知识性的教育，而是将儿童的品德培育及其品德和行为的考察置于社学教育的中心地位。而且，他主张施教者在讲述孝、友、睦、姻、任、恤六种道德准则时，应当“约举故事，随宜讲导”，显示出他为社学所设计的教育方式上也较为活泼生动，重视因材施教、随方设教。

社学是专为少年儿童而开辟的教育场所，也有利于培养童子的道德品质。不过，社学教育无法覆盖社会上的普通民众，特别是难以延及穷乡僻壤。于是，乡约这种面对广大民众的道德教育方式就成为社会教化的另一重要形式。

### （三）乡约规劝

乡约即乡规民约，是邻里乡人为改良社会风气、维持社会秩序以及相互协助救济而自发订立的一种制度或乡民自治组织。通过乡民受约、自约和互约来保障乡土社会成员和睦相处，形成良好的社会风俗，发挥着辅助官府、教化百姓的作用，从某种意义上说，这乃是以德治为基础的基层治理方式。两宋时期，乡约成为乡村实施道德教化的重要形式，其主要功能是“德业相劝”“过失相规”“礼欲相交”“患难相恤”。凡入约者各人进修，互相劝勉。宋代名臣吕大防为了敦化民俗，就曾与乡民定立《乡约》，其文曰：“凡同约者，德业相劝，过失相规，礼俗相交，患难相卹，有善则书于籍，有过若违约者亦书之，三犯而行罚，不悛者绝之。”①

明代儒者王守仁亦曾在南赣地区推行《南赣乡约》，这是乡约发挥社会教化作用的一个典型范例，他在《南赣乡约》中说：“自今凡尔同约之民，皆宜孝尔父母，敬尔兄长，教训尔子孙，和顺尔乡里，死丧相助，患难相恤，善相劝勉，恶相告戒，息讼罢争，讲信修睦，务为良善之民，共成仁厚之俗。”②

对于民众中那些“难改”之恶习，乡约的化解方式是：第一，由约长“先期阴与之言，使当自首，众共诱掖奖劝之，以兴其善念，姑使书之，使其可改”；第二，“若不能改，然后纠而书之”；第三，“又不能改，然后白之官”；第四，“又不能改，同约之人执送之官，明正其罪”；如果还不能解决问题，就只好付诸暴力，“戮力协谋官府请兵灭之”。

除了有官府的行政力量作后盾之外，乡约对民众的约束力量还来自于它有一套完整、严肃且依托于神灵威力的仪式，具有向神明盟誓的意味。以《南赣乡约》为例，在聚会之前，约众要“南向设香案”；聚会开始之时要发誓：“若有

① 脱脱等撰：《宋史》第340卷，《吕大防传》，中华书局1977年出版，第10844页。

② 王阳明：《南赣乡约》，《王阳明全集》卷十七，别录八，上海古籍出版社2011年版，第600页。

二三其心，阳善阴恶者，神明诛殛。”仪式包括以下内容：第一，约众跪听约正宣读告谕，在约长的带领下宣誓，表明“齐心合德，同归于善”；第二，由约正宣读乡约，约众表达“凡我同盟，务遵乡约”的决心；第三，对善行予以表彰。并在堂上设彰善位，约长对善行进行陈述，号召约众“取以为法”，礼毕相互斟酒致谢；第四，纠正恶行。与彰善位设于堂上相反，纠过位设于阶下，有过者北向而立，由他人陈述过者所犯过错。然后过者自罚酒决心改过，旁者勉励其“唯速改”，过者再跪表示“敢不速改，重为长者忧”；第五，听约正申戒。乡约总结以上奖善罚恶内容，结合实例进一步教化约众，扬善贬恶，惩前毖后，寄望未来。

乡约对淳化民风发挥了积极的作用。王阳明的学生黄绾曾对推行乡约前后，赣南的社会治安形势进行了对比。他说，在推行乡约以前，溪谷凶民聚党为盗，视效虐劫，肆无忌惮。凡在虔、楚、闽、广接壤山泽，无非贼巢。大小有司对此均束手无策，而无法治理。经过三年治理，南赣变为治安状况较好的地方。当地老百姓为感谢阳明的辛劳，为之立生祠，每年都到祠堂祝祭。可见，老百姓对阳明之感恩戴德，这也从侧面反映了乡约治理的有效性。阳明乡约的成效也可以从南赣等地的地方志得到印证，《南赣乡约》的推行使瑞金“近被政教，甄陶稍识，礼度趋正，休风惟日有渐矣”[①]，大庾等地风俗朴淳，事简民怡，南康一带亦是民皆守法，力事农业。可见，王守仁的《南赣乡约》是他将道德教化思想推行于社会基层的一次重要实践活动，有效地促进了该地区民众的道德践行。

当时的另一位著名学者陈瑚也曾与陆世仪等人一同讲求儒家义理之学。明亡后，隐居乡里，绝意仕清。隐居于昆山蔚村，用礼义教化乡村农人，每年元夕前后在村中的尉迟公庙里召集全村人聚在一起，听他宣讲孝悌、力田、为善等三项村规乡约，告诫村人要“遵行不怠，其善者，益加兢惕，以召富贵安康之福，其恶者，及早回头改过自新，以免阳诛阴遣之祸”。他的孙子该溥将其讲学内容记录整理为《蔚村三约》。其主要内容包括孝弟、力田、为善三条。强调本村民众以此三条相约，“遵此者为顺德，与众共奖；反此者为悖德，与众共罚之。甚则，与众共逐之”。

为了帮助民众将乡约落实到日常生活中，陈瑚以平实的语言向村民阐明为善去恶的操作方法说：“如何是为善？大抵做人，只有善人恶人两路。然只在始初一念。一念而善则所为无不是善，日复一日，只管做了善人。一念而恶则所为无不是恶，日复一日，只管做了恶人。所以要做好人、行好事。一村之中，出入相友，守望相助．疾病相扶持，患难相救援。不可以强而凌弱，不可以富欺贫，不

① 赵勋：《风俗·嘉靖》，《瑞金县志》卷一，上海古籍书店 1961 年出版，第 6 页。

可奸淫，不可赌博偷盗。大家安分、不犯王法，不见官府，各人自有受用。所以说要为善。各人须要记住孝弟、力田、为善三件。回去对要子兄弟大家提醒一番。一日如此，日日要如此，一人如此，人人要如此。”他还试图从舆论和制度的层面在乡里建立起赏善罚恶机制，他说：“有能行此三件的，这便是一乡中善人，便该赞扬他、扶助他，不能行这三件的，这便是一乡中恶人，便该惩治他、驱逐他。记之、记之。”①

乡约教育不仅在汉人或满人中推行，而且在一些少数民族地区实行。例如，广西壮族地区就有由都老一类的头人制定和监督执行的乡规民约，它们由都老或村老或寨老提出，再经村寨全体成员讨论，拟成条文，写于木牌或刻碑公布，一般以口头流传方式以做到家喻户晓。我国民族学家黄现璠先生于民国时期在广西融县考察苗族社会时，也发现当地苗人头老举行“埋岸会议”来制定乡规民约，它们大都以口头传唱或口头文学方式流传下来，内容涵盖行政制度、权利义务、生产劳动、婚姻嫁娶，伦理规范，宗教祭祀等。黄现璠先生甚至认为，壮族地区古老的村寨民主自治制度和乡规民约，远远早于汉族的官方和民间乡约制度，而且内容上绝不逊色，往往将乡规民约与壮民教育的“道德经”——《传扬歌》融为一体。②

### （四）民间宣善

到了封建社会后期，社会变动剧烈，道德体系紊乱。民间流行以功过格为代表的善书，它通过正负分数来计算、指导人们行善戒恶的操作程序。明朝末年，江南作为社会精英的士绅阶层，为了教化民众，将劝善惩恶的诸多事例刊刻成“善书”，通过小说、说唱而流行于民间，宣扬“诸恶莫作，众善奉行”，以通俗的形式将“民众的道德”具体化。袁了凡的《了凡四训》是善书中的经典之作，劝善是全书的重点和宗旨，“积善篇”占了全书一半的篇幅，阐明了善的含义、明辨善恶的标准、行善的道理和方法。袁了凡通过行善而改变命运的个人经历以及他劝善主张广大民众产生了重要而深远的影响，同时也促进了善书的兴盛。

清代以来，善书成为民间流传的以劝善戒恶为内容、说唱结合的一种曲艺曲种，至乾隆年间形成了善书曲艺，由原来宣讲帝王圣谕演变为民间艺人宣讲孝敬父母、和睦家庭、友善邻里、救难救急等“十全大善”。最初只在元宵节、中元

---

① 陆世仪：《治乡三约》，向燕南、张越编注：《劝孝·俗约》，中央民族大学出版社1996年版，第242～244页。

② 黄现璠：《民族调查与研究40年的回顾与思考》（上），载《广西民族研究》2007年第3期，第30～42页。

节前后宣讲，后逐渐发展到经常性的活动，并可在田头地边、街头巷尾、茶楼酒肆宣讲，深受广大民众欢迎。最初流行于八旗直隶各省，后来北衰南盛，流行于湖北、上海、重庆、河南、四川、湖南等地。除了有一些民间的善人四处演说善书之外，还有专门从事善书宣讲活动的艺人。善书曲艺成为民间的一个曲艺曲种沿续至今，仍然是社会基层进行道德教育的有效方式。

### （五）僧道点化

在中国传统社会中，不少的高僧高道虽然隐居于世外，但他们以独特的魅力吸引着社会各阶层的人士，他们以各自的方式因人设教，因事而导，发挥着点化世人的积极作用。例如，明朝重要的思想家、著名的善书作者袁黄就是在著名高僧云谷禅师的劝导下改变消极人生观而实现了人生的重大转折。隆庆三年，袁黄落第南归，来到南京栖霞山访问在此韬光养晦的云谷禅师，云谷用佛教善恶福报义理以及儒家修善立命观念对他进行开导，认为先天的命运可由后天的修善加以改变，并向他出示功过格，鼓励袁黄掌握自身的命运，放弃传统的宿命观。云谷禅师的教诲对袁黄产生了重大影响，促使他彻底改变了宿命观念，由此而“悟立命之说”，转向了自强不息的积极人生，他改号为“了凡”，将追求不堕落作为凡夫的理想。

袁了凡不仅将云谷所教的功过格作为自己积善立命，“隐恶扬善”“迁善改过”，进行道德自律，而且还以记“功过格”的方法教导世人并撰著《了凡四训》这一传世善书。此书由“立命之学”“改过之法”“积善之方”“谦德之效”四个部分组成，全书融通儒道佛三家的伦理道德思想，以自己的亲身经历并结合真实生动的事例，鼓励民众弃恶扬善，积德行善，通过努力行善来改变自己的命运，对促进广大民众践行道德产生了广泛而深远的影响，被后人誉为“东方第一励志奇书”。曾国藩就曾对《了凡四训》极为推崇，读后改号涤生。以表达涤其旧染之污，重新做人重获新生之意，并将此书列为子侄必读的第一本人生智慧之书。由这些事例可以看出，在中国传统社会中，民间的道德教化方式灵活多样，其对于社会风俗的净化和民众的道德培育曾经产生深远的影响。

## 五、寓教于乐

如何推动道德文化实现由理念向践行的飞跃，促使社会所倡导的道德要求转化为民众的品格结构？寓教于乐是古代先哲和社会管理者采取的重要措施。儒家的乐教思想在中国艺术的各个领域皆有传承和发展，很好地发挥了“移风易俗”

的道德教化功能。

### （一）以乐化人的思想

儒家重视以乐“教”人、“成人”，其“乐教”主张是饱含了人文关怀、充分顺应人性的需要和发展的教育模式。孔子“兴于诗、立于礼、成于乐”（《论语·泰伯》）的主张开启了乐教之先河，不仅揭示了教育的阶段性，亦指明了“乐”在个体成长过程中的重要作用。它告诉人们，在教育的初级阶段宜以形象而生动的诗进行启蒙教育，以启发儿童的心志，发展个性；长大以后则以制度化的礼仪来规范其行为，引导其天性，使其合乎社会的要求；但孔子还认识到，仅限于对外在礼仪规制的遵从是远远不够的，还需要以和谐美妙的“乐”来熏陶和调养其性情，荡涤心灵之邪秽，培养高尚之节操。实现由内而外、由行为到心灵的愉悦与和谐，这才是学有所成，完成了“成人”的过程。故朱熹注释此句说，“至于义精仁熟而和顺于道德者，必于此而得之。是学之成也。”[①] 显然，这种以“乐”为最终目标和最高境界的“成人”教育顺应了人性的需求和个性的发展，其中既包含了社会所要求的行为规范教育，又充分顾念了个体的生理、心理发育特点，促使行为主体在心灵和乐的状态中践履道德规范，力图抵达“从心所欲不逾矩”、喜怒哀乐“发而皆中节”的中和理想境界。

以上这段话语与《论语·述而》中“志道、据德、依仁、游艺”的人生理想相互发明，由此可见艺术活动在孔子修养观中的重要地位；立志于高远的理想追求，又落实到现实生活中据德而行，仁民爱物，同时又自由地优游于礼、乐、射、御、书、数等各种文化艺术活动，力图在人的社会化与个性化之间保持一定的平衡，可谓是统合了精神与技艺、道德与审美、社会责任与个人情趣的丰厚圆满之人生追求。

集先秦儒学之大成的荀子更是专门撰著《乐论》一文，对乐的心理基础及社会功能等问题进行阐发。文中说：“夫乐者，乐也，人情之所必不免也。故人不能无乐。”认为乐就是能让人欢乐的东西，是人的情感中绝对不能缺少的。但他又看到，人的快乐如果不加以正确的引导则可能导致放任自流而生乱，“以道制欲，则乐而不乱”。故古代的君主“制《雅》、《颂》之声以道之，使其声足以乐而不流，使其文足以辨而不谂……足以感动人之善心，使夫邪污之气无由得接焉”；乐还能促进个体的身心健康，“耳目聪明，血气和平”；更能“合和父子君臣，附亲万民”。因此，其社会教化功能是无可比拟的：“移风易俗，天下皆宁，

① 朱熹：《四书章句集注》，中华书局 1983 年出版，第 105 页。

莫善于乐。”[①]

综合儒道思想的《吕氏春秋》发挥了儒家的乐教主张，认为音乐是“教民平好恶，行理义”的重要手段，而不能仅仅只是为人们提供感官享乐——“非特以欢耳目，极口腹之欲也”，“故先王必托于音乐以论其教”。音乐教化民众的一个重要作用就是协调和合人心：“乐之务在于和心”。其认为，音乐太巨、太小、太清、太浊“皆非适也”，“乐愈侈，而民愈郁，国愈乱，主愈卑，则亦失乐之情矣。”[②]

成书于汉代的儒家音乐美学代表作《乐记》对先秦诸子的乐论进行了系统的继承和发展，将《荀子》和《吕氏春秋》等作品的相关思想吸纳于其中。[③] 作者沿袭了荀子关于乐者乃人情之所不能免、但须“以道制欲”“以感动人之善心”等思想，亦发挥了《吕氏春秋》的乐教主张：“是故先王之制礼乐也，非以极口腹耳目之欲也，将以教民平好恶，而反人道之正也”。明确地指出了通过乐以教化、引导民众，实现“平好恶”“反人道之正”的目标。

为了实现这一目标，作者客观而全面地考察了不同的音乐对人的心理品德所产生的不同影响：“是故志微噍杀之音作而民思忧，啴谐慢易繁文简节之音作而民康乐，粗厉猛起奋末广贲之音作而民刚毅，廉直劲正庄诚之音作而民肃敬，宽裕肉好顺成和动之音作而民慈爱，流辟邪散狄成涤滥之音作而民淫乱。”不同旋律和节奏的音乐会让人产生出或忧伤、或愉悦、或刚毅、或恭敬、或慈爱、或淫邪等不同的情感或道德心理。

因此，君子对于音乐的接受和选择应该特别谨慎，不听不看那些“奸声乱色”，不感受那些“淫乐慝礼”，不让身体受到“惰慢邪辟之气”的沾染。让自己的耳目鼻口乃至整个身心都随顺正气和道义而行动，由此而生发出最为美好的大乐：“然后发以声音，而文以琴瑟，动以干戚，饰以羽旄，从以箫管。奋至德之光，动四气之和，以着万物之理。”这种符合天地自然之正道的“乐”具有无与伦比的社会功效：“故乐行而伦清，耳目聪明，血气和平，移风易俗，天下皆宁。这些论述虽然不无夸张，但其认识到美好的艺术作品对于身心健康以及社会风俗所具有的积极作用，乃是为现代艺术心理学、音乐治疗学和艺术社会学所关注或所证实的。”

《乐记》的作者认识到，乐不仅能感动个体之心灵，且通于社会之理：“乐

① 《荀子·乐论》，《二十二子》，上海古籍出版社1987年版，第338页。

② 吕不韦主编：《吕氏春秋·侈乐》，《二十二子》，上海古籍出版社1987年版，第642页。

③ 关于《乐记》的成书年代及其作者，历来存在着争论，主要有两种说法，一种意见以郭沫若为代表，认为此书为战国时期孔子的再传弟子公孙尼子所作（见郭沫若《公孙尼子与其音乐理论》，《沫若文集》第16卷，人民文学出版社1962年版，第186页）。大多数学者认为此书中的主要思想形成于先秦时期，而汉儒将先秦诸家的相关言论编纂成书，本人倾向于后面这种观点。

者，通伦理者也。”这里所说的“伦理”指事物的条理，而用之于人类社会，就是人与人相处的道理和立身成人的道理。由此可见，“乐”与事理人伦相通，能够教化民众，故古代的君王用礼乐来教导民众，使好恶之情得到节制，从而回归到人生的正道上来。正由于乐具有如此之功能，故它为古代圣人所喜欢和看重：“乐者，圣人之所乐也，而可以善民心。其感人深，其移风易俗，故先王著其教焉。”“乐”以其特殊的方式渗透到人们的心底，因此更易于为受众所认同和接受，发挥其纯化道德风尚的重要作用。

根据《吕氏春秋》《荀子乐论》和《乐记》等典籍的记载，先秦乐教理论具有以下几方面的意义：第一，揭示了“乐”既与个体的自然情感相连，又与社会性的人情事理相通，故可以作为沟通和连接人的自然属性和社会属性的中介，由自然情感的快乐通往义精仁熟而和顺于道德的精神愉悦，实现真善美合一的最高人生境界；第二，对于“乐”所带来的快乐须加以节制和引导，“以道制欲，则乐而不乱”；第三，在欣赏或接受音乐时必须有所选择，以避免那些邪淫不正之乐对于身心健康的腐蚀；第四，强调“乐”具有健康身心和教化民众的功能，能够平和血气、愉悦人心、移风易俗进而促进社会和谐；第五，道德教化能够用使人快乐的形式来进行，由此而生发出以乐（yue）育德，以乐（yue）成人，寓教于乐（le）的德教方法，进而影响中国传统艺术成为道德浸润的工具。

### （二）戏曲中的道德教化

《乐记》所说的“乐”，并不限于单纯的音乐曲调，而是包含诗歌、音乐和舞蹈在内的综合艺术形式。《乐记·乐象篇》云：“乐者，德之华也。金石丝竹，乐之器也。诗，言其志也。歌，咏其声也，舞，动其容也。三者本于心，然后乐器从之。”可见，诗、歌、舞是构成“乐”的三大要素，同时再以“金石丝竹”等乐器相配合，共同组成“和顺积中而英华发外”的和乐意境。朱熹也曾在解释“成于乐”一句时援引程颐关于“乐”的一段话：“古人之乐，声音所以养其耳，采色所以养其目，歌咏所以养其性情，舞蹈所以养其血脉。”① 这也非常明确地指出了“乐”的丰富内涵。

在中国艺术诸门类中，戏曲可谓集“声音”“采色”“歌咏”“舞蹈”“乐器”于一体，是与古乐最为接近的一种艺术形式，而儒家乐教传统也在戏曲中得到了继承和发展。我们知道，元杂剧是古代中国戏曲的主要形式之一，而元杂剧兴盛的一个重要原因是，元初废除科举制而断绝了儒生的晋升之路，促使他们与民间艺人结合，从事杂剧创作。应该说，这是儒家乐教传统走向民间，渗入戏曲

① ［宋］朱熹：《四书章句集注》，中华书局1983年版，第105页。

的重要契机。

关于中国戏曲的乐教功能，陈独秀曾有深刻的认识，甚至将戏园视为“普天下之大学堂”，生动地揭示了为民众喜闻乐见的戏曲所具有的道德教化功能。故我们首先以戏曲为主要对象，考察儒家乐教传统在这一领域的发展。

我们看到，中国戏曲继承了儒家寓教于乐的传统，相当完整地体现了“乐”所具有的“发以声音、而文以琴瑟、动以干戚、饰以羽旄、从以箫管”的多种艺术表现形式及其德教功能，但由于本书无法表现音乐、舞蹈层面的意涵，故只能从内容和唱词方面来作些分析。

传统剧目深深地浸润着儒家忠孝仁义等伦理道德精神，明代戏剧家高则诚《琵琶记》的开场白“不关风化体，纵好也徒然”，可谓点明了中国戏曲的精神，成为数百年来戏曲创作的圭臬。中国戏曲家对儒家伦理道德进行了创造性发挥和艺术诠释，将历史人物进行艺术加工而浓缩、提升为更具有典型意义的形象。以下试就一些代表性作品进行论述。[①]

戏曲中有大量的曲目是歌颂儒家忠义精神的。具体说来，有的作品侧重于表现为一家一姓的君主而尽忠。如，京剧《睢阳忠烈》描写唐代守将张巡在安史之乱时，死守唯阳。寡不敌众，以身殉职的故事。京剧、滇剧、川剧、秦腔、湘剧中均有颂扬抗清名将史可法的剧目。其剧情是史可法扶福王，任兵部尚书督师扬州。清兵入关，多尔衮致书劝降，史回书严词拒之，集合军民拼力守城，城破不屈而死。扬州士民葬其袍笏于梅花岭，四时祭祀，以生动的场景再现了民众对于忠臣的崇敬与怀念。

以岳飞之死为背景的《风波亭》展现了岳飞这位忠臣的凛然正气，京剧、川剧、徽剧、滇剧、豫剧、河北梆子、秦腔都有此剧目。剧情梗概是，秦桧矫发金牌召岳飞回朝，诬其谋反，最后以“莫须有”三字定罪，缢死岳家父子。这一剧目是中国戏剧中难得一见的悲剧，其教育意义除了讴歌岳飞的忠义情操之外，更包藏了对于奸臣昏君种种倒行逆施的谴责，激起人们对昏庸政治的反思和清明政治的向往，而在现代社会，这一剧目更是启迪人们对封建皇权进行批判以及对政治伦理诸问题的思考。

除了忠君报国这一主题之外，不少剧目将忠君与仁、义、智、勇等美德结合起来。如，三国人物关羽以其忠、义、仁、勇的道德精神而受到后世崇敬，关公戏在传统戏剧中具有独特地位，京剧《关云长忠义千秋》就表现了关羽的忠义精神，他与刘备、张飞“桃园结义”。为保家眷安全而降于曹操，但却身在曹营心

① 以下剧目的资料参考陈予一：《经典京剧剧本全编》，中国际文化出版公司 1996 年出版，以及“京剧剧目考略”网站：http：//repertoire. xikao. com/list. php，一些唱词引自“中国京剧网”：http：//www. shidaiguocui. com/aria_jumu. php。

在汉，当机会到来时，奋力拼搏，过五关斩六将，终与刘备、张飞兄弟团聚。

又如，元杂剧《赵氏孤儿》歌颂了刚正不阿、舍生取义的崇高精神。其故事情节大致是：晋景公年间，奸臣屠岸贾杀害了忠烈名门赵氏家族的赵朔等全家老小。为救赵朔的遗孤，门客公孙杵臼牺牲生命，好友程婴不惜以襁褓中的亲生儿子行调包之计，并背负“忘恩负义、残害忠良”的骂名，保护赵氏孤儿隐居于荒山十五年。通过公孙杵臼和程婴争相为伦理职责而英勇赴死的情节，将儒家的忠义精神作出了深刻而形象的诠释，并进一步拓展了其内涵，那不仅褒扬其忠君之德，亦歌颂主仆之义和朋友之情。在忠德被统治者狭化为忠君之德的封建社会，这一拓展是有其积极意义的。

为人们熟知的《狸猫换太子》一戏虽以忠君为主题却又超越了忠德，剧情梗概是：宋真宗（赵恒）妃李宸妃产子赵祯，刘妃生妒，与太监郭槐定计，以狸猫换出太子。遣宫女寇珠抛入金水桥下，寇珠与太监陈琳拼死暗救太子，送往八贤王府中。真宗死，太子继位（即仁宗）。包拯得闻寇珠诉冤，奏知仁宗，全案大白。仁宗迎回李宸妃，斩郭槐。

可贵的是，这一剧目不仅歌颂了对一家一姓君主的忠诚，而且表现出尊重生命的人道主义精神和为公理公义而英勇捐躯的大义。例如，戏中唱道：“遵懿旨又岂能害死无辜小生命，就不怕天理难容罪昭彰？……违主命势难免大祸从天降，只要能救太子刀斧加身也无妨。”

而在包拯劝说八贤王挺身而出主持正义的唱段中，更是阐发了“公理、人道、正义、王法大如天”理念，表达了为国为民敢于犯颜直谏的高尚品质，其文曰：天下兴亡千秋鉴，以正治国万民安。姑息养奸生大患，合污同流百姓寒……君不见寇珠捐躯无悔怨；秦凤他舍身心坦然；陈公公临危不忘藏密卷，一个个贤良臣、忠直士、侠义汉、烈性女，他与那赵氏宗庙、皇家子嗣什么相干？为什么义无反顾来殉难？都只为“公理、人道、正义、王法大于天。”在这里，公理、人道、正义、王法等政治伦理精神得到了至高无上的尊重和崇尚，而为封建统治者所褒扬的一家一姓的忠德反倒退居其次，这里所蕴含的政治伦理内蕴值得珍视。此剧在民间广为流传，京剧、川剧、湘剧、弋腔、梨园戏、汉剧、秦腔、淮调、豫剧、绍兴文戏皆有以此为主题的剧目，数百年来，陈琳、包拯等道德形象深为民众所景仰、所认同。从某种意义上说，它对民众所产生的道德教化作用甚至超过了社会精英的说教或理论化的政治伦理著作。

强调对于国家和民族而尽忠也是不少戏曲作品的主题。如，京剧、川剧、豫剧、河北梆子、汉剧、粤剧等剧种都有以苏武牧羊为题的剧目。通过演绎苏武出使匈奴而宁死不降、历尽千辛万苦终于回到汉朝的故事，在观众心目中树立起一个不辱使命、坚贞不屈的道德模范形象。还有歌颂宋代抗金名将杨继业以身殉国之事迹的《李陵碑》，京剧、汉剧、湘剧、晋剧、河北梆子、粤剧、豫剧、秦腔、同州梆子、大弦子戏、武安平调均有此剧目，其大致剧情是宋将潘洪奉旨挂帅御辽，保荐杨继业为先锋，命其率六郎、七郎出战，不发援兵，杨氏父子被困两狼山。救兵不至，人马冻饿，杨继业宁死不降，碰死于李陵碑。

以《李氏殉节》为题的京剧、川剧、湘剧、秦腔、滇剧则歌颂了一位巾帼英雄。三国时，魏将邓艾偷渡阴平，江油关守将马邈惧而欲降，其妻李氏谏阻不听，李氏见丈夫不听劝谏，竟将江油关拱手献敌，乃愤而自刎，演绎了一位女性的忠义颂歌。而在李氏身上体现出来的忠义精神也超越了单纯的忠君道德，她为国家民众之利益而不惜以死抗争，歌颂了为道义而放弃爱情和亲情的道德理想主义。

京剧《正气歌》则根据文天祥的史实而浓缩再现了文天祥领导抗元、身陷绝境、视死如归的英雄气节。戏中的不少唱段可谓是极好的道德教育诗篇。

请看文天祥劝说同僚奋起抗敌的唱段："大丈夫怎忍看山河凄凉。怎忍看众百姓流离苦况，怎忍看青烟白骨田亩榛荒。怎忍看大宋君王青衣受绑，怎忍心尚有可为袖手一旁……文武同心把敌抗，破巨浪、万里航、拨雾障、冲天翔，争一个雨露再降山河重光。"而文天祥在慷慨就义之前的唱段更是反映出道德典范的教育功能："自古来有几辈忠臣良将，且听我一件件细说端详，报国仇漆身吞炭有义士豫让，张子房博浪沙椎击秦王，汉苏武使匈奴山河气壮，还有那六出祁山的诸葛亮，他鞠躬尽瘁死而后已辅保汉邦，这都是前朝的忠臣良将，一个个垂青史名列庙堂，我今日纵然是断头台上，留下了浩然正气亘古长存万载名扬，丹心千古日月增光。"在为国捐躯之际，文天祥缅怀历代英烈，激励自己英勇赴难，这真是一篇充满爱国精神的英雄谱，其豪气冲天，令人荡气回肠！

弘扬和歌颂孝道是中国戏曲的另一主题。这类剧目也为数不少。如京剧、川剧《缇萦救父》就讴歌了缇萦这位挺身救父的孝女。其情节大致是：汉代名医淳于意犯罪，其女缇萦上书，愿代父受刑。汉文帝为之感动而赦免淳于意，并由此而引发了汉代刑律的一镒进步，除去宫、剕（断足）、劓（断鼻）、刵（断耳）、大辟（杀头）五种肉刑。在这里，不仅颂扬了一个孝女，更展现了敢于只身上京、"午门击鼓叩君王"的有胆有识的奇女风范，同时也充分利用戏剧的特殊功能而将上述史实加工放大，让儒家去除酷刑的仁政理想得以在民间弘扬，可谓是寓意深刻。

歌颂女性践履孝道的还有《花木兰》《木兰从军》等剧目，它在京剧、粤剧、评剧、越剧、豫剧、秦腔等剧种中皆有保留。从此剧的唱腔中我们可以体会到，作者不仅赞赏花木兰替父从军的孝道，更推崇她对国家所拥有的那份道德责任，戏中唱道："俺自从到边关家乡信杳，思想起二爹娘好不心焦。替老亲才把那家乡撇掉，为保国顾不得昼夜辛劳。"集中地体现出花木兰这位巾帼英雄身上"忠孝合一"的伦理精神。

传统戏曲不仅讴歌女儿对父亲之孝，同时也褒扬儿媳对公婆之孝。《赵五娘》（又名《琵琶记》）这出戏就是这一题材的典型。戏中歌颂了丈夫别家赴考而独力赡养公婆的赵五娘（蔡邕之妻），凸显了中国劳动妇女克己孝亲、任劳任怨的坚韧品格，成为京剧、川剧、湘剧、汉剧、昆高腔、梨园戏、淮剧、评剧、豫剧、秦腔、徽剧等剧种中长演不衰的保留剧目。传说明太祖将其视为与四书五经同为百姓"俎豆间亦不可少"的精神食粮，足可见这出戏的社会影响以及道德教化之功。

"忠"和"孝"皆为儒家所推崇的核心道德，虽然历代统治者力图将忠孝合一，移孝作忠，但它们一是调节家庭关系的道德，二是调节政治关系的道德；所尊奉的对象不同，进行道德实践的领域亦不同，因此，在不同的社会生活和历史条件下，不可避免地会出现冲突，当孝亲与忠君发生冲突时如何取舍呢？"岳母刺字"这一家喻户晓的故事正是试图调和解决这一冲突的典型。同名京剧、川剧、河北梆子、秦腔、滇剧均以此为题材的作品，再现了岳母舍小家、保大家、勉励儿子精忠报国的凛然大义，其大致情节是：宗泽拒金兵于黄河，金兵不敢南犯。宗泽病重，乃以印信交岳飞代管，三呼渡河，呕血而死。杜充奉旨代帅，一反宗泽所为，岳飞不悦而私自回家望母。岳母责以大义，促其回营抗敌，并于岳飞背上刺"精忠报国"四字，以坚其心。刺字前岳母有大段唱腔，其中唱道："想为娘二十载教儿成长，唯望你怀大志扶保家邦……励节操秉精忠作人榜样，勤王命誓报国方为栋梁。含悲忍泪狠心肠，刺在儿背娘心伤。点点血墨染衣裳，'精忠报国'四字辉煌。"通过动人心弦的唱腔，将移孝作忠、忠孝合一、舍小家卫大家的伦理精神表现得淋漓尽致，其道德教化的作用当然是一般说教所无法比拟的。

当孝亲与忠于职守、报效国家相冲突时，中国戏曲家保持着与通行道德评价和道德选择相一致的立场，故歌颂大义灭亲壮举是中国戏曲的基本取向。如汉剧、豫剧、秦腔、徽剧的《铡包勉》、川剧的《铡侄》，潮州戏、粤剧的《包公截侄》等剧目，描写了包拯的侄儿包勉贪赃，包拯不徇私情，按律铡杀侄儿。京剧《赤桑镇》、河北梆子《包跪嫂》则描写了包拯铡侄之后，面对抚养自己成人的嫂嫂的责问，他进行赔情、劝慰，精诚所至，其嫂吴妙贞醒悟。这出戏既道出了对嫂娘训教抚养之恩的感怀，但又不溺于私情，以国家大义说服嫂嫂，"败坏纪纲我难对嫂娘""未正人先正己人己一样，责己宽责人严怎算得国家栋梁"，有情有理，大义凛然，斩钉截铁，再配以铿锵有力、节奏紧凑的碰板快三眼板式，真是字字千斤、掷地有声，在孝亲与公忠、亲情与法理的冲突中义无反顾地作出了正确的道德选择，展现出一代清官包拯的高风亮节，让观众为之动容。

还有不少作品通过善恶因果报应来引导民众向善弃恶，《雷打十恶》《天雷报》等剧目的主题是恶有恶报，《天雷报》就讲述了一个高中状元的养子不认身为乞丐的养父母而遭到雷击的故事。而京剧《锁麟囊》则是宣传善有善报的代表作。其情节大致是，富家女儿薛湘灵与贫穷之女赵守贞在出嫁当天因突遇大雨而一同避雨于春秋亭，身无分文的赵守贞看到薛湘灵的嫁妆不下百万，见景生情而啼哭。薛湘灵遂送出装满珍宝的锁麟囊以救助、安慰赵守贞。几年后，薛湘灵因路遇洪水而与家人失散，流落到卢员外家中做佣人，一次偶然的机会看到在春秋亭赠出的锁麟囊，原来卢夫人就是曾得其救助的赵守贞，卢夫人发现薛妈正是赠囊的救命恩人，便帮助她一家团圆，喜剧性的结局淋漓尽致地诠释了善有善报的伦理观念。时至今日，这出戏还发挥着相当大的道德感化作用。有位网友留言说，原本不看京剧的他在看此剧后大受感动，自称“第一次含着眼泪看完这出戏”。薛湘灵在剧终时的唱词令他难忘，故特意转帖供大家赏鉴：“这才是人生难预料，不想团圆在今朝。回首繁华如梦渺，残生一线付惊涛。柳暗花明休啼笑，善果心花可自豪。种福得福如此报，愧我当初赠木桃。”由此可见，该剧在人们心中留下了深刻影响。

中国戏曲以情动人，以理诲人，它以引人入胜的故事情节、唱念做打的精湛演技、或雄浑铿锵或委婉缠绵的板式曲调、真实感人的艺术形象，让观众在潜移默化中接受着真善美的熏陶。

### （三）文学艺术中的道德教化

乐教传统渗透了中国古代文学艺术的各个领域，六朝著名文学评论家刘勰将“设教”视为“文道”的关键，可谓与乐教传统一脉相承。及至宋代，著名理学家周敦颐“文以载道”的主张更是成为中国艺术的指导性观念。他在《周子通书·文辞》中曰：“文所以载道也，轮辕饰而人弗庸，涂饰也。况虚车乎？文辞，艺也；道德，实也……不知务道德而第以文辞为能者，艺焉而已。”[①] 言简意赅地论述了道德教化与文学创作的密切联系。白居易在《新乐府序》中亦主张文学创作的目的乃是“为君为臣，为民为物，为事而作，不为文而作也”，可谓是极富代表性地道出了中国古代文学家的心声。在这些思想影响下，历代文学艺术作品大多成为抒发道德情感、寄托道德理想、弘扬伦理道德的载体，发挥着“成孝敬，厚人伦，美教化，移风俗”的功能。

古琴是中国士大夫所普遍喜好的乐器，在他们眼中，琴不仅只是具有音乐欣

① 周敦颐：《周子通书》，上海古籍出版社2000年版，第39页。

赏、供人愉悦的功能，而是被视为陶冶性情、进行道德修养的重要工具。明代古琴声乐派——江派的著名琴家杨表正就曾在《弹琴杂说》一文中强调说：“琴者，禁邪归正，以和人心。是故圣人之治将以治身，育其情性，和矣！抑乎淫荡，去乎奢侈，以抱圣人之乐。所以微妙，在得夫其人，而乐其趣也。”因此，在弹奏之前需要整束身心，“焚香净室，坐定，心不外驰，气血和平”“衣冠整齐”“心身要正，无得左右倾欹、前后抑合”。在具体的弹奏技法上，亦体现出稳重恭敬的风格，“务要轻、重、疾、徐，卷舒自若，体态尊重，方能与道妙会，神与道融。”因此，他极力反对“飞抚作势，轻薄之态”，认为这是“为琴之大忌”。如果只求手势的“花巧以好看”还不如“推琴而就舞”，如果追求声音“艳丽而好听”，则不如“弃琴而弹筝”。[①] 弹琴不仅只是奏乐者和听乐者所从事的娱乐活动，更是一个修养身心的过程。通过弹奏者正身心、心内敛、平气血的身心检束活动以及稳重恭敬的演奏风格，或深沉豪放或委婉动人的音乐曲调，它可以帮助人们实现“禁邪归正，以和人心”、娱情养性的目的，并力图趋于“与道妙会，神与道融”的最高境界。

而代表了中国文人之思想意境的写意画，更是强调精神层面的展现与提升，着重于“写神”而不在于画描外在之形，有着浓厚的道德色彩。例如，清代著名画家郑板桥在《题画竹》一文中就指出：“盖竹之体，瘦孤高，枝枝傲雪，节节千霄，有似君子豪气凌云，不为俗屈。故板桥画竹，不特为竹写神，亦为竹写生。瘦劲孤高，是其神也；豪迈凌云，是其生也。”[②] 这里的“生”，指竹的外部形象；这里的“神”，则是指竹子的内在气质。而实际上，无论是“生”还是“神”，其实都是郑氏将自己的道德理想投射于竹而想象出来的精神气质，在这种物我交融、移情于物、托物寓意的审美情趣和艺术创作的过程中，他笔下的竹就不再是无目的、无意志、生于天地之间的自然存在，而是具有了“豪气凌云、不为俗屈”的君子人格，同时也使郑氏的高风亮节通过那一幅幅峻拔劲竹而跃然纸上。由此，板桥之竹的艺术感染力和道德震撼力必然得到极大的提升，人依画而续德传神，画因人而流芳百世，观板桥之画让人获得刚直不阿、坚毅持节、虚怀若谷的道德启示，而作品本身亦由于其中所包含的道德意蕴而具有了更不寻常的意义，艺术价值与道德价值相映生辉、相得益彰。

绘画如此，书法也不例外。唐代著名书法家柳公权以“心正则笔正”应对唐穆宗关于书法写作的问题，借书法艺术中的道德精神警示这位怠于朝政的皇帝，“笔谏”一事被传为佳话，亦成为书法创作的重要伦理标准而流传后世。柳公权

---

① 杨表正：《弹琴杂说》，《重修正文对音捷要真传琴谱》卷一，第十二页，见《续修四库全书·子部·艺术类》，上海古籍出版社 2003 年版，第 1069 册，第 305 页。

② 郑燮：《竹石轴》，载周积寅编著：《中国历代画论》，江苏美术出版社 2007 年版，第 698 页。

清劲脱俗的书风和他刚正不阿的高尚品德交相辉映而得到后人加倍的倾慕，所谓“柳字一字值千金”的说法不仅是人们对其书法艺术的首肯和追幕，更包含着对“字如其人”的清超道德的珍视。

明代著名书法家项穆继承并发展柳氏上述思想说：“柳公权曰：心正则笔正。余则曰：人正则书正。”他还以“圣人之徒”自居，进一步将书法视作为儒学传经、传心的手段：“六经非心学乎？传经非六书乎……正书法，所以正人心也；正人心，所以闲圣道也。”[①] 因此，在他看来，从事书法创作决非仅仅只是“明窗净几，神怡务闲，笔砚精良，人生清福”，抒发个人闲情逸致，而是要努力做顶天立地、穿越时空的圣贤：“致中极和，可以发天地之玄微，宣道义之蕴奥，继往圣之绝学，开后觉之良心，功将礼乐同休，名与日月并曜。”[②] 这就是他所崇尚的“法书仙手”。以上这些思想可谓是将儒家的乐教传统发挥到极致，这里虽然过分地夸大了书法的道德传承作用，压抑了书法艺术的审美功能，具有浓厚的泛道德主义倾向；但却深刻地揭示了书法艺术所发挥的人类文化的传承功能，强调书法家应当超越为艺术而艺术的个人旨趣，承担起宣道义、继绝学、开良心的社会责任，试图在豪放、飘逸、俊秀的线条美之上更树立起一个伟大“书魂”，一份艺术家的社会责任和良心，这对于当代艺术工作者尤其富有深刻的教益和启迪。

寓教于乐的德教方法为中国艺术注入了灵魂。虽然在伦理政治化的社会氛围中，这一传统也导致了道德的“越位”，在一定程度上妨碍了艺术的正常发展，其宣扬的伦理道德也带有浓厚的封建色彩。但是，在这一传统影响下，中国传统艺术强调艺术家的良心和艺术的社会教化作用，以生动的艺术形象和精湛的技艺来讴歌真善美，鞭挞假恶丑，让人们在娱乐和艺术审美中受到启迪、陶冶和警醒，深刻地触动着观众的道德情感，引发其内心的强烈共鸣，发挥着特殊的道德教化功能，其历史意义和现代启示皆值得珍视。

① 项穆：《书法雅言·书统》，《中国书画全书》第五卷，上海书画出版社2009年12月第二版，第481页。

② 项穆：《书法雅言·书统》，《中国书画全书》第五卷，上海书画出版社2009年12月第二版，第487~488页。

# 第六章

# 中国传统社会践行道德文化理念的主要领域

封建国家产生于征服战争，政治权力具有强暴性和绝对性，而至高无上、缺乏制约的政治权力对于政权的稳固、发展和长治久安十分不利。周代统治者从夏、商灭亡的历史教训中认识到，单凭强权和武力难以服众，必须践行道德才能解决政权的合法性问题，实施怀柔政策才能稳固江山。因此，自周初开始，周公就提出了“以德配天、明德慎罚”“敬德保民”等主张，强调道德教化，将“礼治”与刑罚镇压相结合。及至汉代，汉武帝接受儒生董仲舒独尊儒术的建议，上述思想进一步发挥为“德主刑辅，礼刑并用”，成为为政者的基本策略。伦理道德不仅关乎个人修养、生活与幸福，更与国家的政治生活发生着密切的联系，成为政治清明和社会稳定的重要保证。因此，形式多样的道德教化活动渗透社会的各个角落，推动着各阶层的人们在各自的领域践行道德。

## 一、政治领域中的道德践行

以德治国是中国传统社会绝大多数思想家、政治家关于政治治理的理想模式，也是古代政治实践中常常被人们反复强调的主旋律。儒家推崇仁政，《孟子·公孙丑上》说：“以不忍人之心，行不忍人之政，治天下可运之掌上。”《尽心下》甚至断言：“仁者无敌于天下”。而道家则推崇无为而治的治理模式，但从实质上说，无为而治也是一种以德治国的模式，所谓“我无为而民自化、我好静而民自正”正是强调为政者道德自律，以身作则，以德感人，以德服人。这些伦理智慧，都是根据中国古代社会的具体政治背景而提出来的，具有重要的警醒意义。而夏桀、商纣、嬴政、杨广等暴君不行德政、为所欲为而败亡的教训也促使一些明智的为政者较为深刻地认识到政治生活中道德缺失而导致弊端和危机，从而自觉地协调君臣之间、君民之间以及各个政治集团之间的关系，在政治生活中努力践行敬德保民，奉行仁民爱物、谦下纳谏、节情寡欲、刚正清廉、克己奉公等道德规范。

### （一）仁民爱物，宽刑简政

在政治治理中，体察民情、仁民爱物，顺应民意而治，这是中国传统政治伦理的基本原则，也是衡量政权合法性的标准，同时也是为政者获得民心、走向胜利的基本前提。早在商周之际，商纣王“降灾下民”、“残害于尔万姓”等罪过就让他沦为“天命诛之”的独夫，也成为武王伐纣并取而代之的正当理由，而“天矜于民，民之所欲，天必從之”，“天视自我民视，天听自我民听”也被周初执政者奉为为政的信条；[①] 被后世所尊崇周的夏、商、周的圣王无一不是仁民爱物的典范，文王视民如子，关心民众疾苦的事迹常为后人津津乐道；《老子》将慈爱视为激励将士勇敢作战的精神动力；儒家代表人物孔子和孟子皆将仁爱、仁政视为自己的政治理想和终生奋斗的目标。在此后的政治实践中，越来越多的政治家、思想家认识到这一伦理原则的重要性，将其奉为社会管理者首当其冲的要务，除了夏、商、周理想政治中的圣王以外，历代政治实践中亦有一些明智的为政者践行仁民爱物之伦理原则。

春秋前期邹鲁地区的邾国国君邾文公是一位甘愿为民众利益而牺牲自我的贤明之君。他在位期间，由于鲁国不断地征伐侵扰，邾文公准备把国都从平原地区迁到地处山区的绎（今山东邹城东南）。他按照当时的习俗，对这一重大决策占卜以问吉凶，但迁都的占卜结果却是“利于民而不利于君”。在民众利益与国君利益相冲突时，邾文公将民众的利益置于首位，他说：“苟利于民，孤之利也。天生民而树之君，以利之也。民既利矣，孤必与焉。”也就是说，如果迁都有利于民众，那么也就有利于我。上天生育了民众，然后为他们树立了统治者国君，树立国君的目的是要为民众谋利益。既然迁都有利于民众，我必须坚定不移地决定迁都。左右群臣又劝谏说：不迁都可让您获得长寿，为什么不这样做呢？但邾文公却坚定地说：“命在养民。死之短长，时也。民苟利矣，迁也，吉莫如之！”[②] 这番话表明，邾文公将民众的利益看得比自己的生命都重要，国君生命的意义就在于安养民众，只要是有利于民的事情就一定要义无反顾地进行，至于

① 《尚书·泰誓》，十三经注疏，上海古籍出版社 1982 年版，第 256 页。

② 《左传·文公十三年》，《十三经注疏》，上海古籍出版社 1982 年版，第 1852 页。

自己的生命，则顺其自然，听任于时命。而根据《左传·文公十三年》所载，就在邾国将国都迁到绎地之后的几个月，邾文公就去世了，“利于民而不利于君”的占卜结果似乎得以印证，这是否为一种巧合或对邾文公产生某种心理暗示的结果，我们不得而知。但他将个人的生命置之度外，而以民众的利益作为衡量吉凶祸福的标准，这种爱民而忘己的精神可谓千古流芳。因此，邾文公被后人尊为“知命”的典范而一直受到称道，而这一义举也曾激励着后世的为政者为民舍命，为民请命。演绎出后世的道德佳话，关于这一点我们将在下文提到。

在征伐不已、争于气力的春秋战国时期，秦国虽然凭借武力征服了天下，但无情的历史规律让酷法虐民的暴秦短命而亡，这给了后世为政者深刻的警示，特别是来自社会下层的汉初统治者，更是认识到仁民爱物等伦理信条的重要性。故汉高祖刘邦初入关时，就召集父老宣布废除秦朝苛法：“父老苦秦苛法久矣！诽谤者族，偶语者弃市。与父老约法三章：杀人者死，伤人及盗，抵罪。余悉除去秦法。”[①] 即位之初，他尽力除烦去苛，制定顺应民心、民性的政治法律制度，将黄老道家省苛轻刑等政治伦理主张付诸实践。惠帝、吕后统治时期，继承了高祖约法省禁的政策，以无为化天下，颁布了一系列废除严刑酷法的政令。惠帝四年（公元前 191 年）废除挟书律。高后元年（公元前 187 年），除三族罪、妖言令。汉文帝继位后，进一步宽刑简政。在他就位的第一年，即批评秦的相坐律说：“法者治之正也，所以禁暴而率善人也。今犯法已论，而使毋罪之父母、妻子、同产坐之，及为收孥，朕甚不取。”继而不顾臣下的反对而废除了“收孥诸相坐律令”。文帝二年（公元前 178 年），下令废诽谤、妖言之罪。文帝七年，令列侯、太夫人、夫人、诸侯、王子及吏二千石，无得擅征捕。文帝十三年（公元前 167 年），“除肉刑”后又“除宫刑”。[②] 汉景帝刘启在前元元年（公元前 156）下诏说，用笞杖与死罪没有什么两样，即使不死，也会重残。因此又将文帝规定的笞五百改为笞三百，笞三百改为笞二百。但这样做，许多囚犯仍然被打死，中元元年（公元前 144），景帝看到那些受笞刑者在行刑时“或至死而笞未毕，朕甚怜之”，故又下诏把笞三百改为笞二百，二百减为一百。[③] 他还规定，断案判刑时，如有疑狱，则可交付有司重新审议量刑，然后再送廷尉。[④]

宽刑政令的持续施行，使人们在较大程度上脱离了严刑酷法之苦。从汉惠帝、高后时的“刑罚用稀”，[⑤] 到汉文帝时“断狱数百，几致刑措”[⑥]，“平狱缓

① 司马迁：《高祖本纪》，《史记》卷八，中华书局 1959 年版，第 362 页。
② 司马迁：《孝文本纪》，《史记》卷十，中华书局 1959 年版，第 419、424、428、434 页。
③ 班固：《刑法志》，王先谦：《汉书补注》卷二十三，中华书局 1983 年影印本，第 500 页。
④ 班固：《景帝本纪》，王先谦：《汉书补注》卷五，中华书局 1983 年影印本，第 82 页。
⑤ 班固：《刑法志》，王先谦：《汉书补注》二十三，中华书局 1983 年影印本，第 499 页。
⑥ 班固：《文帝本纪》，王先谦：《汉书补注》卷四，中华书局 1983 年影印本，第 78 页。

刑，天下莫不说（悦）喜”,[①] 从而缓和了社会矛盾，为社会经济的恢复和发展，提供了必要条件，于是“吏安其官，民乐其业，畜积岁增，户口浸息”[②]。

汉初统治者的仁民爱民还体现在减轻民众负担，实施轻徭薄赋。早在刘邦初定天下之时，就根据经济凋残的现状，制定了“轻田赋”的政策：“什五而税一，量吏禄，度官用，以赋于民。”[③] 文帝即位后的第二年，即提出了“务省徭费以便民”，并减天下田租之半。此后，“减外徭”，“除戍卒令”。[④] 文帝十二年，又接受晁错减租税的建议，下诏减去当年租税之半。第二年，“遂除民田之租税”，过了十一年，至景帝元年，才又恢复“三十税一”的政策。

唐初统治者也看到，一度甲兵疆锐、威动殊俗的隋王朝急速地衰落，率土分崩，故不得不总结和记取隋亡的经验教训，谨记前车之鉴。在起兵过程中，李渊就注意践行仁慈、谦下等德行而获取人心。他“慰劳吏民，赈赡补乏”，又“开仓赈贫民，应募者日益多”。对于前来归降的各路兵将，“一一以书慰劳授官，使各居其所”，攻克长安之后，“与民约法十二条，悉除隋苛政”。[⑤]

李世民即位之后，更是根据历史教训而强调“以仁义为治”的国策。贞观元年，他对臣下说：“朕看古来帝王以仁义为治者，国祚延长；任法御人者，虽救弊于一时，败亡亦促。既见前王成事，足是元龟。今欲专以仁义诚信为治。望革近代之浇薄也。”[⑥] 从现代政治理论来看，李世民认为以仁义治天下优于“任法御人”，倡导以德治国而贬低以法治民，这是典型的人治政治，其消极性显而易见。但需要厘清的是，李世民这里所说的“任法御人”并非指现代意义上的法治，而是指使用刑法制服民众。故这段话的意思还是继承了儒家“任德不任刑”的主张，希望革除隋朝以严刑酷法御民的“近代之浇薄”，实现社会的长治久安，其历史意义是非常明显的。

“以仁义为治”的国策首先体现在刑律方面进行轻刑简政的改革。李世民刚即位就下诏说：“有隋御宇，政刻刑烦，上怀猜阻，下无和畅……自今以后，宜革前弊，庶上下交泰，品物咸通，布告天下，使知朕意。”[⑦]，从而一改隋制之苛，实施轻刑方针。他专门与属下讨论落实宽简刑法的有效措施，探讨如何在断狱时“得使平允”？为了避免司法部门为求政绩而在断案时过于严苛的倾向，李世民采纳了谏议大夫王珪的建议，“选公直良善人，断狱允当者，增秩赐金，即

---

① 班固：《贾山传》，王先谦：《汉书补注》五一，中华书局 1983 年影印本，第 1092 页。
② 班固：《刑法志》，王先谦：《汉书补注》卷二十三，中华书局 1983 年影印本，第 499 页。
③ 班固：《食货志》，王先谦：《汉书补注》卷二四，中华书局 1983 年影印本，第 509 页。
④ 班固：《文帝本纪》，王先谦：《汉书补注》卷四，中华书局 1983 年影印本，第 71、72 页。
⑤ 司马光：《资治通鉴》卷一八四，恭帝义宁元年，中华书局 1976 年版，第 5741 ~ 5762 页。
⑥ 吴兢：《贞观政要·仁义》，上海古籍出版社 1978 年版，第 149 页。
⑦ 刘肃：《大唐新语》卷十，中华书局 1984 年版，第 148 页。

奸伪自息。”[①]

李世民不但适度地轻刑，还能注意及时纠正在实际执法过程中量刑过重的偏向。贞观十一年，他发觉“近时刑网稍密”，便责问主管刑法的大理寺卿刘德威。刘指出，这里的原因“在主上，不在群臣。人主好宽则宽，好急则急。……今失入无辜，失出更获大罪”。即官吏量刑时，如失之过严则无事，而失之过宽，则自身将获罪受罚。因此，官吏为了免遭量刑过宽所带来的罪名和处罚，以保全自身，于是“竟就深文”，争相对犯人绳以重法。刘德威还根据自己的经验而提出建议说，纠正这一偏向的办法在于，对断罪过宽或过严的官吏“一断以律”，统统加以处罚，“则此风立变矣”。李世民接受并听从了他的建议，“由是断狱平允”，[②] 较好地落实了轻刑的政策。

特别是在死刑判决的问题上，李世民更是采取了非常慎重的态度，他深知人命关天，不可轻率处之。根据《贞观政要》的记载，早在贞观元年，李世民就曾告诫侍臣说：“死者不可再生，用法务在宽简”。为了防止滥杀无辜，他还下令说：“大辟罪皆令中书、门下四品以上及尚书九卿议之。如此，庶免冤滥。”轻刑政策的实施，让民众获得了一个相对宽松的环境，至贞观四年，“断死刑，天下二十九人，几致刑措。”[③]

李世民仁民爱物，“以仁义为治”的道德实践还表现为关注民生，减轻人民的经济负担。在久经战乱，国库空虚的情况下，李世民将轻徭作为与民休养的主要手段。他说：“自朕有天下以来，存心抚养，无有所科差，人人皆得营生，守其资财，即朕所赐。向使朕科唤不已，虽数资赏赐，亦不如不得。”[④] 为了更有力地落实轻徭薄赋的政策，李世民不但自己不滥征役，而且还运用法律手段来约束官吏滥征徭役。在《唐律》中，就专门有对“非法兴造”的处罚规定：诸非法兴造及杂徭役，驱使十庸以上者，以坐赃罪论处。

后继者唐玄宗李隆基则通过对老子无为思想的阐发来表达爱民的主张。他将爱民理解为用民有度而不伤其性，“爱民者，使之不暴卒，役之不伤性……此无为也”。而要实现这一目标，治国者必须“务农而重谷，事简而不烦”，让天下之人皆能够“安其生”，“不言而化”。[⑤] 的确，李隆基较好地践行了这些认识，注意宽简安民，不重敛百姓，不过度劳役百姓。他曾派出御史去各地检查科差，

---

① 吴兢：《贞观政要·刑法》，上海古籍出版社 1978 年版，第 239 页。

② 司马光：《资治通鉴》卷一九四，贞观十一年，中华书局 1976 年版，第 6126 页。

③ 吴兢：《贞观政要·刑法》，上海古籍出版社 1978 年出版，第 239 页。

④ 吴兢：《贞观政要·政体》，上海古籍出版社 1978 年版，第 21 页。

⑤ 唐玄宗：《唐玄宗御制道德真经疏》，《载营魄章》，刘韶军：《〈老子〉御批点评》，湖南人民出版社 1997 年版，第 64 页。

命令地方官吏“不得妄有科唤，致妨农业”。[①] 他强调说：“三农在候，聚众兴役，妨时害功，特宜禁止。”[②]

由于这一时期的经济状况毕竟稍强于久经战乱后的贞观前期，因此，李隆基不仅将轻徭作为与民生息的主要手段，而且还尽可能地实施薄赋的政策。他多次根据各地的具体情况减免或缓征租税和劳役，又规定交纳租庸时“每乡量放十丁”，后又“放三十丁”。[③] 遇到丰收之年，谷物价贱时，他考虑到这样“必恐伤农”，将挫伤农民务农的积极性，于是下令地方官吏“各于时价上量加三钱”，[④]收购农民的粮食。

李隆基不但自己努力做到与民生息，“载其清静，息其劳费”，还要求地方官吏同样如此。他告诫说：“如闻辇毂之下，政令犹烦，或广修器物，……或差敛人户，以充庖费，岂副朕薄赋轻徭、息人减费之意！”他对妄加科税的洛阳令韦绍等官员予以贬出的处罚。他警告地方官吏说：“自今以后，府县宜洗心惩革，不得更然，其或不悛，仍有劳扰，……所犯之人，当有处分。”[⑤] 还准许老百姓去有关部门揭发这类事件。针对地方官吏“重征百姓”“肆行逼迫”的行为，他专门下敕令禁止重征租庸。[⑥]

李隆基反对以烦苛的政令扰民，他说：“令苛则人扰，网密则刑烦，百姓不安，四方离散，欲求摄化，不亦难乎？”[⑦] 在李隆基的政治实践中，我们可以看到上述思想在某种程度上的落实。例如，他针对州县地方官吏办案时不按法律，“率情严酷”“轻绝人命”的现象，他下令州县“慎恤刑罚”，并宣布“如或有违，当寘严法”[⑧] 他还多次大赦天下，赦免了除犯十恶死罪以外的犯人，[⑨] 后来又考虑到服徒刑的犯人“载罹寒暑”，遂将他们发配至军队中效力。李隆基还考虑到，原来对犯盗者实施杖一百的刑罚，“虽非死刑，大半殒毙”，于是下令从宽，改为决杖六十。[⑩]

明太祖朱元璋出身寒微，长期生活在社会的最下层，对于民间疾苦极为了

---

① 《令御史检查科差诏》，《全唐文》卷二七，中华书局影印本 1983 年版，第 308 页。

② 《岁初处分德音》，［宋］宋敏求编：《唐大诏令集》卷八六，商务印书馆 1959 年版，第 495 页。

③ 《安养百姓及诸改革制》，《全唐文》卷二五，中华书局影印本 1983 年版，第 284 页。

④ 《加钱籴常平仓米敕》，《全唐文》卷三五，中华书局影印本 1983 年版，第 389 页。

⑤ 《戒州县扰民敕》，《全唐文》卷三五，中华书局影印本 1983 年版，第 385 页

⑥ 《禁重征租庸敕》，《全唐文》卷三四，中华书局影印本 1983 年版，第 379 页。

⑦ ［唐］唐玄宗：《唐玄宗御制道德真经疏》，《为学日益章》；刘韶军：《〈老子〉御批点评》，湖南人民出版社 1997 年版，第 307 页。

⑧ 《禁州县严酷诏》，《全唐文》卷二六，中华书局影印本 1983 年版，第 303 页。

⑨ 《籍田赦诏书》，［宋］宋敏求编：《唐大诏令集》卷七四，商务印书馆 1959 年版，第 415 页。

⑩ 《宽徒刑配诸军效力敕》，［宋］宋敏求编：《唐大诏令集》卷八二，商务印书馆 1959 年版，第 474 页。

解。因此，在他即位之后除了遵循慎刑、节俭等宗旨之外，还十分注意与民休息。他认识到，农业赋税是国家财政的主要来源，但赋税过重，则必将使人民不堪生存。欲使民众休养生息，就必须宽赋并制定恰当的纳税数额。他曾就这一问题对刘基等人说："国家爱养生民，正犹保抱赤子，唯恐伤之。苟无常制，唯掊敛以朘其脂膏，虽有慈父，不能收爱子之心。今日之计，当定赋以节用，则民力可以不困，崇本而祛末，则国计可以恒纾。"① 当时，正处于多年战乱之后，元朝土田户籍的文书大多已佚散，为了给征收田赋提供依据，朱元璋派周铸等164人去浙西核实田亩。为此，他告谕中书省说："兵革之余，郡县版籍多亡，今欲经理以清其源，无使过制以病吾民。夫善政在于养民，养民在于宽赋。其遣周铸等往诸府县核实田亩，以定赋税，此外无令有所妄扰。"②

朱元璋多次与臣下围绕如何宽以治民的问题进行讨论。他曾向刘基请教"生息之道"，刘基说："生民之道，在于宽仁。"朱元璋认为刘基概言宽仁，不够具体。他进而阐发说："以朕观之，宽民必当阜民之财，息民之力。不节用则民财竭，不省役则民力困，……"③

出于宽赋以养民的目的，朱元璋立训"凡四方水旱辄免税，丰岁无灾伤，亦择地脊民贫者优免之。凡岁灾，尽蠲二税，且贷以米……在位三十馀年，赐予布钞数百万，米百馀万，所蠲租税无数。"④ 的确，在《明史太祖本纪》中，减免各地田租的记载比比可见：洪武元年，免吴江、广德、太平等灾区的田租；二年，免中原、江南地区的田租，振陕西之饥荒；四年，因旱灾免山西等地田租，振陕西灾，免江西、浙江秋粮，免太平、镇江、淮、扬等地田租；六年，免北平、河间、河南等被灾地区的田租；七年，免真定等42府州县被灾地区的田租，振苏州饥民30万户，减苏、松、嘉、湖地区极重田租之半，免陕西、山西、山东、河南等受灾地区田租；八年，免应天、太平等被灾地区的田租；十年，振太平、宁国、宜兴、绍兴、金华诸县以及湖广等地的水灾；十二年，免北平田租；十三年，免天下田租；十四年，免应天、太平、镇江等地的田租；十五年，免畿内、浙江、江西、河南、山东税粮；十六年，免畿内各府田租；十七年，免畿内今年田租之半；十八年，蠲河南、山东、北平田租；二十三年，振河南、北平、山东水灾并免灾区田租；二十四年，免北平、河间被灾地区田租；二十八年，诏二十七年以后新垦之田毋征税；二十九年免应天、太平五府田租。⑤

---

① 余继登：《典故纪闻》卷一，中华书局1981年版，第9页。

② 谷应泰：《开国规模》，《明史纪事本末》卷十四，第195页。

③ 谷应泰：《开国规模》，《明史纪事本末》卷十四，第196页。

④ 张廷玉：《食货志》二，《明史》卷七十八，中华书局1974年版，第1908页。

⑤ 张廷玉：《太祖本纪》，《明史》，中华书局1974年版，第22、25、26、28、29、30、32、35、36、42、48页。

除了强调宽赋，朱元璋还注意减轻徭役。开国初，他与中书省官员讨论役法时说："民力有限，徭役无穷，当思节其力，毋重困之。民力劳困，岂能独安？自今凡有兴作，不得已者，暂借其力，至于不急之务，浮泛之役，宜罢之。"①在封建社会中，朝廷向各地征派贡物，各地向君主进贡特产，这是习以为常之事，也是严重困扰民众之事。为了避免劳民，朱元璋对于各地向朝廷的进贡之物也能予以一些控制。洪武二年（1369年），蕲州进献竹簟，朱元璋下令却之。并为此而告谕中书省臣说："古者方物之贡，唯服食器用，故无耳目之娱、玩好之失。竹簟固为用物，但未有命而来献，恐天下闻风皆争进奇巧，则劳民伤财，自此始矣。"遂下令"却之"。由此推而广之，朱元璋下令，要求地方官员把关，"非朝廷所需，毋得妄有所献。"② 又据《明史》所载，洪武六年，朱元璋还因潞州进贡人参一事而对臣下说："朕闻人参得之甚艰，岂不劳民？今后不必进。"还制止进贡金华香米、太原葡萄酒等物品，以免劳困百姓。③

这些体恤民情、与民休息的举措，保护了和提高了广大农民的劳动积极性，社会经济迅速得以复苏，洪武时期，农业生产迅速恢复发展，到洪武末年，全国耕地总面积已突破400万顷，比元朝末年增加了一倍以上。据《明史·食货志》所载，这一时期全国各地的仓储也甚为丰裕，"米粟自输京师数百万石外，府县仓廪蓄积甚丰"。这些事实证明了为政者重视民生，仁爱为怀对于安定人民生活，促进社会经济恢复发展的积极作用。

处于最高管理层的帝王丞相的仁爱之行值得称道，但作为地方层官吏要实施仁爱救民则需要付出更多的代价，在君主不仁的情形之下，很有可能要冒丢官的风险，有的官员甚至舍命为民，这些行为更是难能可贵。

例如，在王莽执政时期，刑法峻刻，有一位名叫崔篆的人被任命为建新县的大尹（即太守，王莽改太守为大尹，东汉复旧称）。他上任后，见该县的牢狱关满犯人，他感伤垂涕，曰："嗟乎！刑罚不中，乃陷人于阱。此皆何罪，而至于是！"于是认真清理这些犯人的案情，纠正冤假错案，清理出二千余人拟予释放。掾吏担心此举得罪朝廷，遂谏止崔氏说："朝廷初政，州牧峻刻。宥过申枉，诚仁者之心；然独为君子，将有悔乎！"其言下之意是说，当此政治昏暗、刑罚苛刻之时，你如此特立独行，以仁爱之心平反冤案，恐遭责罚，将来会后悔不及啊。崔篆坚定地说："邾文公不以一人易其身，君子谓之知命。如杀一大尹赎二千人，盖所愿也。"④ 崔氏所说的"邾文公不以一人易其身，君子谓之知命"一语，指的就是前面提到的春秋时邾国贤君邾文公不顾个人安危、以民众利益为重

①② 余继登：《典故纪闻》卷二，中华书局1981年版，第24页。
③ 张廷玉：《食货志》，《明史》卷八十二，中华书局1974年版，第1989页。
④ 史洁珵：《德育古鉴·功过案·救济类》，中国水利水电出版社2011年版，第73~74页。

的典故，后世君子推崇邾文公此举为“知命”。崔氏正是要效法邾文公的义举，宁愿牺牲自己这个大尹的性命，也要救赎那几千名蒙冤的民众。最终坚持将这些犯人释放，辞去官职，“遂称疾去”。为道德文化历史的长河中留下了为民平冤而放弃个人荣华富贵的崇高身影。①

东汉时在赢地担任长官（赢，县名，故城在今兖州博城县东北）的韩韶也是一位这样的道德典范，他在任多有惠政，一些被迫为盗贼的人也感于他的贤德，互相告诫不去他的辖区内犯案。于是，邻县多因兵灾而田野荒芜，缺衣少食的饥民流入到韩绍所辖之地，他怜悯百姓的困苦，自行下令打开官府的米仓予以救济。负责管理米仓的人曾劝阻开仓济民，韩韶回答说：“长活沟壑之人，而以此获罪，含笑入地矣！”这一措施总共救济了一万多户人家。在民众的生命受到饥饿的威胁时，宁愿自己获罪甚至付出生命也要解救民众于危难，这种舍己为民的精神可谓达到了仁民爱物的最高境界。韩韶的上级主管者推崇他名德，对此亦未给予处分。他与同郡的钟皓、荀淑、陈寔等皆以清高有德行闻名于世，合称为颍川四长。他死后，地方上的士绅李膺与陈宝等人，为他立功德碑，记载其事迹以歌功颂德。② 韩韶等人的行为给当时和后来的为官者树立了良好的道德标范，据《后汉书·循吏传序》所言，“自章和以后，其有善绩者，往往不绝，如鲁恭、吴祐、刘宽及颍川四长，并以仁信笃诚，使人不欺。”

### （二）节情损欲，崇俭抑奢

在生产力低下、生活用品有限的封建社会，对于手握至高无上之大权的为政者来说，俭朴不仅是一种个人美德，而且还关乎国家安危。因为为政者的无边欲壑必将吞没巨额的人力、物力，将耗费众多能工巧匠的聪明才智，给人民带来贫困、饥饿、灾难和死亡，从而导致天怨人怒。欲求天下安宁，首先须使人民衣食丰足，没有过重的经济负担。而要减轻人民的经济负担，统治者必须抑情损欲，去奢省费，轻徭薄赋。

汉文帝在崇俭淳朴这方面做得较为突出。据《史记·孝文本纪》记载，文帝“即位二十三年，宫室苑囿、狗马服御无所增益，有不便，辄弛以利民。……所幸慎夫人，令衣不得曳地，帏帐不得文绣，以示敦朴，为天下先。”在筑治己之陵墓时，他嘱咐，“皆以瓦器，不得以金银铜锡为饰”，因山为陵，不起坟，“欲为省，毋烦民”。他曾打算修建露台，招来工匠进行核算，约需花费百金。相当

---

① 史洁理：《德育古鉴·功过案·救济类》，中国水利水电出版社2011年版，第73~74页。

② 史洁理：《德育古鉴·功过案·救济类》，中国水利水电出版社2011年版，第80页。

于十户中等人家之产。于是，他便取消了这一计划。① 汉文帝的践行俭德的事例在中国封建社会殊为可贵，长期以来被唐太宗李世民等后世的明智君主所称道、效法。

鉴于隋炀帝杨广骄奢淫逸、穷兵黩武而致亡的教训，唐初为政者将崇俭抑奢与国家之安危联系起来。他曾对臣下说："夫欲盛则费广，费广则赋重。赋重则民愁，民愁则国危，国危则君丧矣。"正因如此，他常以此为戒："朕常以此思之，故不敢纵欲也。"② 他还说："君多欲，则民苦，朕所以抑情损欲，克己自励耳。"③ 李世民将这些认识付诸实际行动。贞观二年秋，臣下认为宫中卑湿，建议李世民修造一阁以居之。李世民患有气病，不宜居低下潮湿之处，但他考虑到修建楼阁"糜费良多"，并追思汉文帝当年将起露台而惜十家之产一事，认为"朕德不逮于汉帝，而所费过之，岂谓为民父母之道也。"④ 故没有接受修阁的建议。

李世民的后代李隆基较好地继承了先祖崇俭去奢的美德，他深刻地指出纵欲崇奢所带来的弊病说："雕文刻镂伤农事，锦绣纂组害女红。粟帛之本或亏，饥寒之患斯及。"⑤ "递相仿效，既捐财于无穷，仍作巧以相矜，败俗伤农，莫斯为甚。"⑥ 追求奢靡，不但严重地影响社会风气和农业生产，给人民带来"饥寒之患"，而且将招致乱亡之祸。李隆基阐发老子的观点说，君主"若登高台，泛深池，撞钟舞女以为荣观（荣观，荣耀壮观的景象），则人力凋尽，乱亡斯作"，"以身充欲，沦胥以败"。因此，从巩固政权的根本利益考虑，李隆基的前期对禁奢崇俭的问题，是十分重视的。他说："君主虽有荣观，当须燕尔安处，超然远离而不顾也。"⑦

李隆基将上述禁奢思想付诸实际行动。在开元二年七月，他就下达了一系禁奢的诏令。如，他在《禁奢侈服用敕》说："雕文刻镂，衣纨履丝，习俗相夸……致伤风俗，为弊良深……天下更不得采取珠玉，刻镂器玩，造作锦绣珠绳……违者决一百。"如果说，这一敕令的约束对象主要是臣下及民众的话，那么，同期发布的《禁珠玉锦绣敕》则是率先垂范的典型。此敕令首先强调从自身作，文中说："朕若躬服珠玉，自玩锦绣，而欲公卿节俭，黎庶敦朴，是使扬汤

① 司马迁：《孝文本纪》，《史记》卷十，中华书局1959年版，第433页。
② 司马光：《资治通鉴》卷一九二，武德九年，中华书局1976年版，第6026页。
③ 吴兢：《贞观政要·务农》，上海古籍出版社1978年版，第237页。
④ 刘昫等：《太宗本纪》上，《旧唐书》卷二，中华书局1975年版，第35页。
⑤ 《禁断奢侈敕》，《全唐文》卷三五，中华书局影印本1983年版，第383页。
⑥ 《亲祀东郊德音》，［宋］宋敏求编：《唐大诏令集》卷七三，商务印书馆1959年版，第408页。
⑦ 唐玄宗：《唐玄宗御制道德真经疏》，《重为轻根章》，刘韶军：《〈老子〉御批点评》，湖南人民出版社1997年版，第175页。

止沸，涉海无濡，不可得也。是知文质之风，自上而始，朕欲捐金抵玉，正本澄源，所有服御金银器物，令付有司，令铸为铤，仍别贮掌，以供军国。珠玉之货，无益于时，并即焚于殿前，用绝争竞。”[①] 如此坚决而果断的禁奢措施，在封建帝王这里还是屈指可数的。在日常生活中，李隆基也是比较注意节俭的。他在《示节俭勅》中说，自己要效法以节俭著称的汉文帝：“尝念百金之费，每惜十家之产，是以所服之服，俱非绮罗，所冠之冠，亦非珠翠。”[②]

为了抑制封建统治集团中的奢侈之习，李隆基多次告诫各级官吏，车服器物第宅不准逾侈，要求他们“各务朴素，弘此国风”。[③] 李隆基曾以法律手段保证禁奢措施的实行。他下令说：“如闻三公以下，爰及百姓等，罕闻节俭，尚纵骄奢，器玩犹尚珍华，车服未捐珠翠，……宜令所司申明格令禁断。”[④]

针对丧葬方面“共行奢靡，递相仿效，浸成风俗”的状况，李隆基亦引用历史的教训和老子的思想以揭示厚葬的弊病。他说：“始皇无度，水银作江海，因多藏以速祸，由有利以招辱。”[⑤] 他下令禁止厚葬，“坟墓茔域，务遵简俭。凡诸送终之具，并不得以金银为饰”。并宣布：“如有违者，先决杖一百，州县长官，不能举察，并贬授远官。”[⑥] 李隆基为了抑制封建统治集团中日趋严重的奢靡之风，采取了焚烧珠玉，罢废刻镂和丝织工艺等严厉措施，这虽然有些矫枉过正之举，或许还有几分做作。但总的来看，上述一系列措施的施行，多少还是抑制了奢靡之风，有助于澄清吏治，稳定政局，保证农业生产的恢复和发展，带来了继贞观之治以后的又一个太平盛世——开元之治。

宋初统治者亦认识到奢侈乃灭亡之道，推崇和践履崇俭抑奢的美德。在平定蜀国时，他曾获得蜀王孟昶的七宝装溺器，但却立即令人将之杵碎。他说：“汝以七宝饰此，当以何器贮食？所为如是，不亡何待？”[⑦] 即位以后，他也能够躬履俭约之德，乘舆服用皆尚质素，宫中闱幕无文采之饰。

继太祖而立的宋太宗赵匡义在慈俭谦退方面也是较突出的。史称其“以慈俭为宝，服澣濯之衣，毁奇巧之器，却女乐之献，悟畋游之非，……不罪狂悖以劝谏士，哀矜恻怛，勤以自励，日晏忘食……欲尽除天下之赋以纾民力，卒有五兵

---

① 宋敏求编：《唐大诏令集》卷一〇八，商务印书馆1959年版，第562~563页。

② 《示节俭勅》，《全唐文》卷三五，中华书局影印本1983年版，第382页。

③ 《禁车服第宅逾侈敕》，［宋］宋敏求编：《唐大诏令集》卷一〇九，商务印书馆1959年版，第566页。

④ 《禁断奢侈敕》，《全唐文》卷三五，中华书局影印本1983年版，第383页。

⑤ 《诫厚葬诏》，宋敏求编：《唐大诏令集》卷八十，商务印书馆1959年版，第462页。

⑥ 《诫厚葬敕》，宋敏求编：《唐大诏令集》卷八十，商务印书馆1959年版，第463页。

⑦ 脱脱等撰：《太祖本纪》，《宋史》卷三，中华书局1977年版，第50页。

不试、禾稼荐登之效……炳焕史册，号称贤君。”① 考诸赵匡义的一生，这些评价基本上是比较恰当的。他曾就历史教训告诫自己说：“朕观五代以来，帝王始则勤俭，终仍忘其艰难，覆亡之速，皆自贻也。在人上者，当以为戒。”② 赵匡义主张遵循道家恬淡俭素的养生之道，注意节制饮食、适度运动、起居有规律，通过个人的主观努力，以保持身体健康。我们看到，中国历史上的一些皇帝，往往不愿或不能通过恬淡节欲以养生健体。他们纵奢极欲，而把延年益寿的希望寄托于金丹、服饵或仙方、仙药，这就很容易为奸臣邪道所利用，从而误国害政，劳民伤财。而宋太宗强调通过主观努力，恬淡节欲，以保持身体健康，这是十分难得的。

明王朝的开国之君明太祖朱元璋同样将躬行节俭作为一生所奉行的信条。他多次从国家兴亡的高度来认识崇俭抑奢的重要性。他说：“丧乱之源，由于骄逸。大抵居高位者易骄，处逸乐者易侈，骄则善言不入而过不闻，侈则善道不立而行不顾，如此者未有不亡。③ 勤俭为治身之本，奢侈为丧家之源……自今宜量入为出，裁省妄费，宁使有余，勿令不足。④ 他以元代君主的实例来说明俭朴则成大业，骄淫奢侈而败亡的规律，并以此来教育自己的子孙后代。他说：“元世祖在位，躬行俭朴，遂成一统之业。至庚申帝骄淫奢侈，饫粱肉于犬豕，致怨怒于神人，逸豫未终，败亡随至。此近代之事，可为明鉴，朕常以此训诸子，使之所警戒，则可以长保国家矣。”⑤

朱元璋还认识到，骄淫奢侈不仅会激起天怨人怒，而且还将劳民力，废民财，破坏农业生产，致使国家财政困难而危亡。在《道德经》注释中，朱元璋通过阐释“治大国若烹小鲜”来说明这一道理。他说：“善治天下者，务不奢侈以废民财而劳其力焉！若奢侈者，必宫室台榭诸等徭役并兴擅动，生民农业废而乏用国危。”⑥ 他对《道德经》中“治大国若烹小鲜”的箴言深为服膺，常常可在与臣下讨论治国问题时信手拈来。

在上述认识的指导下，朱元璋较能注意节制侈心，以防骄淫奢侈，他回顾自己居于淮右时的艰难生活，唯恐骄盈过度。他说：“吾平日无优伶瞽近之狎，无酣歌夜欲之娱，正宫无自纵之权，妃嫔无宠幸之昵。”⑦ 考之史籍，上述这些话

① 脱脱等撰：《太宗本纪》，《宋史》卷五，中华书局 1977 年版，第 101 页。

② 毕沅：《续资治通鉴》卷十二，上海古籍出版社 1987 年版，第 59 页。

③ 余继登：《典故纪闻》卷二，中华书局 1981 年版，第 21 页。

④ 余继登：《典故纪闻》卷三，中华书局 1981 年版，第 43 页。

⑤ 《明太祖宝训》卷四，《明实录附录》，台湾中央研究院历史语言研究所 1962 年校印本，第 247 页。

⑥ 《明太祖御注道德真经》第六十章注，刘韶军：《〈老子〉御批点评·附录》，湖南人民出版社 1997 年版，第 372 页。

⑦ 余继登：《典故纪闻》卷四，中华书局 1981 年版，第 61 页。

语还是比较符合实际的。据史籍所载，朱元璋的个人生活的确较为俭朴。即位之初，负责朱元璋的车舆服御等物的官员上奏说，这类物品应饰以黄金，朱元璋却特意命令以铜为之。有关官员认为所需黄金不多，费用少而不足惜，朱元璋却告诫他们说："朕富有四海，岂吝于此？然所谓俭约者，非身先之，何以率下，且奢侈之厚，未有不由小至大者也。"①

的确，朱元璋深刻认识到君主率先垂范的重要性，他通过注解《老子》"不欲以静，天下将自正"而阐发这一道理。文中说："为王者，身先俭之，以使上行下效，不致纵欲是也。王者身行之，余者不待化而自化，必然。"② 帝王必然身先俭之的理念始终贯穿于朱元璋的政治实践活动中。据《典故纪闻》所载，有一次，宫中欲营建宫室，负责工程营造者将设计图纸送审，朱元璋"见其雕琢奇丽者，即去之"。同时，他还就此事而对中书省臣大大发挥了一番上崇俭则下无奢的道理。他说："宫室但取其完固而已，何必过为雕斲？昔尧茅茨土阶，采椽不斲，可谓极陋矣，然千古称盛德者，以尧为首。后世竞为奢侈，极宫室苑囿之娱，穷舆马珠玉之玩，欲心一纵，卒不可遏，乱由是起。夫上能崇节俭，则下无奢靡。吾尝谓珠玉非宝，节俭是宝，有所缔构，一以朴素，何必雕巧以殚天下之力也？"③

虽然贵为天子，但朱元璋的服装、卧处及饮食都并不算太奢华。《东谷赘言》载："乾清宫御床，若无金龙在上，与中人之家卧榻无异。宫中每日断膳，止用蔬菜。凡若此类，皆以俭德示天下。"④ 直至临死之前，朱元璋还留下遗言："丧祭仪物，毋用金玉，孝陵山川因其故，毋改作。"⑤ 嘱咐后人从简安排葬事，不要过于浪费人力修筑陵墓，以免劳民。朱元璋至死仍敦行节俭，这在封建帝王中是较为突出的。

### （三）纳谏纠错，去诈守朴

在封建专制制度下，如何协调统治集团成员之间的关系，尽可能地听取和综合各方面的意见和信息，及时纠错补过，以弥补不受制约的专制皇权所产生的弊病，这是保证政治清明、国治民安的重要基础。因此，一些明智的为政者往往注意践履谦下纳谏，悔过纠错，去诈守朴等品德。

---

① 谷应泰：《开国规模》，《明史纪事本末》卷十四，第200页。

② 《明太祖御注道德真经》第三十七章注，刘韶军：《〈老子〉御批点评·附录》，湖南人民出版社1997年版，第239～240页。

③ 余继登：《典故纪闻》卷一，中华书局1981年版，第9页。

④ 敖英：《东谷赘言》卷下，明嘉靖二十八年沈淮刻本，第18页。

⑤ 张廷玉：《太祖本纪》三，《明史》卷三，中华书局1974年版，第55页。

李世民曾深刻地指出隋文帝喜察多疑、独揽大权对隋王朝所造成的危害："喜察则多疑于物，事皆自决，不任群臣……群臣既知主意，唯取决受成，虽有愆违，莫敢谏争，此所以二世而亡也。"[①] 隋文帝、隋炀帝的悲剧，促使李世民认识到求谏纳谏与王朝生死存亡的密切联系，因此，他要求自己"常怀畏惧""自守谦恭"，并向群臣反复阐明这一道理，以督促他们直言上谏。他说："自今诏敕行有未便者，皆应执奏，毋得阿从，不尽己意。"[②] "若君自贤，臣不匡正，欲不危亡，不可得也。君失其国，臣亦不能独全其家。"[③]

由于李世民谦下纳谏的态度推动了贞观时期政治上的清明，遂开一代诤谏之风，出现了大批敢于直言上谏的直臣，除了被唐太宗誉为使之"知得失"的"明镜"——魏征之外，见于史书的直谏者还有薛收、孙伏伽、温彦博、虞世南、马周等10多人。[④] 当然，为封建专制制度所决定，李世民在政治生活中亦有拒谏的情形，但总的说来，他在求谏纳谏方面是较为突出的。

宋太宗赵匡义亦推崇敢于直谏之士，寇准好直言，赵匡义称赞说："朕得寇准犹文皇得魏征也。"[⑤] 当听到批评奢靡之举的谏言时，即使不是针对自己的，赵匡义也能予以充分重视。衮王曾修筑假山，所费甚广，其属下姚坦力陈修筑假山时人民的愁苦之情，并指斥说："此假山皆民租税所为，非血山而何?"这番话语虽不是针对赵匡义而言的，但当时他也正在营造假山，听到姚坦对衮王的批评后，他也"亟命毁之"，停止了这项劳民伤财的工程。[⑥]

如果说，虚怀纳谏表现出宽容谦下的政治美德，而悔过纠错则不仅将虚怀纳谏的内容落实为具体的行动，而且还表现出政治主体深刻的自我道德反省，因而它具有更为深刻的道德价值和政治意义。

在君主专制的政治制度下，至高无上且缺乏法律约束的权力常常令君主私欲膨胀，为所欲为。在这种情形下，及时进行道德反省，落实臣下的谏言，悔过纠偏，是政治活动中道德践行的重要内容。在这方面，汉武帝是一个较突出的典型。汉武帝在政治上强化中央集权，在思想文化方面独尊儒术，在军事上数次大破匈奴、吞并朝鲜、遣使出使西域，开拓了汉朝最大的版图，功业卓著。但也难免穷奢极欲、繁刑重敛、巡游无度等过恶。遂使百姓疲敝，抗争不断。宋代史学家司马光认为他的所作所为堪比秦始皇。但是，汉武帝虽然有亡秦之失，但却能够免于亡秦之祸，其中的主要原因就在于他能够悔过纠错，晚而改过，顾托得

① 司马光：《资治通鉴》卷一九二，贞观四年，中华书局1976年版，第6080页。
② 司马光：《资治通鉴》，卷一九二，贞观四年，中华书局1976年版，第6080页。
③ 吴兢：《贞观政要·君臣鉴戒》，上海古籍出版社1978年版，第77页。
④ 赵翼：《廿二史劄记校证》，王树民校证，中华书局1984年版，第394页。
⑤ 冯琦、陈邦瞻：《宋史纪事本末》卷十七，中华书局1977年版，第117页。
⑥ 脱脱等撰：《姚坦传》，《宋史》卷二七七，中华书局1977年版，第9418页。

人。他接受政治宽仁派的大臣田千秋“施恩惠，缓刑罚”等一系列建议，并对自己以往的政治行政活动进行道德反省。征和四年（公元前89年）三月，他对群臣说：“朕即位以来，所为狂悖，使天下愁苦，不可追悔。自今事有伤害百姓，糜费天下者，悉罢之。”此后，他还经常对臣下追悔说：“向时愚惑，为方士所欺。天下岂有仙人？尽妖妄耳！节食服药，差可少病而已。”[①] 而且，汉武帝不断将他的道德反思推向深入。三个月后，他下达著名的“轮台诏”，正式提出“当今务在禁苛暴，止擅赋，力本农”的国策，[②] 罢轮台屯田，罢西筑亭障，由是不复出兵，开始了向“守文”政策的转折。他摈弃酷法之臣，起用宽仁之臣，并向休养生息政策转折，并在临终前将“辅道少主”的重任托于霍光、田千秋等守文之臣，遂使汉室转危为安。

汉武帝的这些道德反省和悔过纠错的言行具有相当重要的政治伦理意义。第一，其表明汉武帝作为最高执政者对以往错误行政行为承担责任；第二，其对于自己“所为狂悖”而给广大民众带来的灾难表示了悔痛；第三，其表示了日后在行政事务中罢除“伤害百姓、糜费天下”之事的决心；第四，将这些道德反省和纠错改过的决心化为了政治上的实际措施和具体行动，从而为汉王朝的政治和经济的复兴奠定了基础。作为万人之上的帝王，汉武帝所表现出来的道德勇气是值得敬佩的。

唐玄宗李隆基在纠错改过方面也有值得称道之处。刚刚继位，他就下敕求直谏，不仅接受谏言，更注重及时纳言改过。例如，为了庆贺他的继位，都城内燃灯千百，赐天下大酺，奏乐歌舞，连续月余。对此，左拾遗严挺之上谏说：“今乃损万人之力，营百戏之资，非所以光圣德美风化也。”[③] 李隆基立即接受了这一意见，并厚赏这位上直言的谏官。开元初年，李隆基行幸东都，当到达永宁的崤谷时，因驰道狭隘，车骑停拥，李隆基十分生气，并下令罢免与此有关的两位官员。宋璟上谏说：“陛下富有春秋，方事巡狩，一以执（‘执’下加‘土’）隘，致罪二臣，窃恐将来人受艰弊。”[④] 玄宗立即采纳了宋璟的意见，取消了原来的命令。在开元三年，他专门下敕，命令百官对于不恰当的制敕或人事任免及时上言。他说：“制敕有不便于时及除授有不称于职”时，百官应当及时上奏，“具陈得失”，并准许五品以上的官员进殿“廷争”。[⑤] 李隆基虚心纳谏并及时纠错的作风，使他取得了诸王的支持，稳定了人心，促进了政治上安定和清明局面

① 司马光：《资治通鉴》卷二二，中华书局1976年版，第738页。

② 刘彻：《报桑弘羊等请屯田轮台诏》，严可均辑：《全汉文》卷四，中华书局1987年版，第147页。

③ 司马光：《资治通鉴》卷二一〇，开元元年，中华书局1976年版，第6680页。

④ 刘昫等撰：《旧唐书》卷九六，《宋璟传》，中华书局1975年版，第3032页。

⑤ 《听百僚进状及廷争敕》，宋敏求编：《唐大诏令集》卷一〇五，商务印书馆1959年版，第536页。

的出现。

去诈守朴亦是为一些明君所持守的政治伦理信条，这是一种大智若愚的政治智慧，唯其如此，君主才能真正赢得臣下的真心拥戴和辅佐，形成上下协力同心的和谐政治局面，它迥异于以往那种随意支配臣民、甚至处心积虑地将其把玩于股掌的“君术”，体现出老子对管理对象的尊重以及对君臣上下和谐与共之政治局面的期盼，其中的政治伦理蕴涵不可低估。

唐太宗就是深刻认识到隋文帝的教训，故注意在政治生活中秉持去智守朴的原则，不滥施权术，不猜忌苛察。有一次，有人向李世民献上识别佞臣的方法：“与群臣言，或阳怒以试之。彼直理不屈者，直臣也；畏威顺旨者，佞臣也。”李世民拒绝了这样的智诈之术，并说出了一番至今依然不失启示意义的道理。他说：“君，源也；臣，流也；浊其源而求其流之清，不可得矣。君自为诈，何以责臣下之直乎！朕方以至诚治天下，见前世帝王好以权谲小数接其臣下者，常窃耻之。卿策虽善，朕不取也。”① 的确，君主对臣下猜忌苛察，臣下就会重重设防以应对，君臣之间必然隔阂日深，是非横生，无端地损耗彼此的智慧和精力。李世民深知此弊，他曾说，如果君臣相互猜疑，实为国之大害；信任臣下，敢于放手让官员各当所任，才能保证他们各尽其能，竭心尽力。

在实际政治生活中，去诈守朴对于赢得人心、稳定政治局势更是不可或缺的。李世民深知此理，并奉行以诚信待下的信条。例如，他大胆地选拔和委任原来的政敌建成、元吉的旧属，魏征、王珪、韦挺等人的被重用就是突出的例子。对原来参与谋害自己的东宫旧党，李世民心胸豁达地将他们收为近侍，居于左右，不相疑阻。这些做法与隋文帝疑忌大臣，“好为小数”的行为形成了鲜明的对照。以诚相待的做法让李世民争取了人心，化解了矛盾，稳定了局势，消除了隐患，为贞观时期政治上的安定局面奠定了基础。

### （四）奉公尽忠，刚正廉明

在政治实践中，人们认识到，如果为官者斤斤计较于私人恩怨或利害得失，慑于权力或暴政的淫威，逞一时、一己之私情快意，就有可能损害国家、民众或朝廷的整体利益，影响政治行政各部门的相互协调与合作，妨碍政治行政活动的正常有序进行。因此，作为官员来说，在政治领域践行道德更表现为奉公尽忠，刚正廉明，强调对君主、对国家的忠贞不贰，具有对社会、对群体、对民族负责的强烈责任感。在历史的长河中，不少为官者留下了忠于职守、刚正清廉的佳话。如诸葛亮奉命于危难之际，攘除奸凶，兴复汉室，鞠躬尽瘁，死而后已；海

① 司马光：《资治通鉴》卷一九二，贞观元年，中华书局1976年版，第6035页。

瑞为了制止虐民无道的明世宗的各种恶行，上书激烈抨击昏君竭民脂膏，滥行土木，法纪驰乱，戮辱臣下，溺于方术……为了明王朝的前途他甚至为自己预备了棺材，决心以死谏君这些道德楷模已是家喻户晓。而范仲淹“先天下之忧而忧，后天下之乐而乐”，顾炎武“天下兴亡，匹夫有责”等名言更是脍炙人口。

在政治生活中，不少官员顾全大局，以国家或朝廷的整体利益为重。克己奉公，利国惠民，不以私人恩怨或个人、家族的利益而妨害公务。

战国时期著名的政治家、外交家、军事家蔺相如就是在这方面的典型代表。在强秦的政治讹诈和军事威胁面前，蔺相如以其机敏和雄辩，阻止了秦的欺侮，挫败了秦的胁迫，两次获得外交斗争的胜利，因其功劳卓著而被赵王拜为上卿，大将廉颇自认为“有攻城野战之大功”，不满相如居己之上。试图羞辱相如时，在秦王面前视死如归、勇叱强敌的蔺相如却以大局为重。“先国家之急而后私仇”，处处避匿。不与其争。因为他认识到，“两虎共斗，其势不俱生”，必使强秦坐收渔人之利，为了国家的利益，他不争个人意气，忍辱退让，为人们树立了光辉道德范例。对此，司马迁赞颂道：“相如一奋其气。威信敌国。退而让颇，名重太山，其处智勇，可谓兼之矣！”[①] 千百年来，负荆请罪的典故脍炙人口，《将相和》的剧目家喻户晓，深刻地反映了人们对以国为重、克己奉公精神的赞许。

北宋名相富弼也是克己奉公、以国为重的践行者。当时，契丹声称要挑起对北宋的战事，为了避免战争祸乱，朝廷急需派遣富弼与前往契丹，与之交涉。并许诺将他升至枢密直学士，富弼慨然为国担此大任，并辞却朝廷对他的封官许愿，他说：“国家有急，义不惮劳，奈何逆以官爵赂之。”他与契丹的当权者晓以利害，斗智斗勇，面对契丹对宋朝的无理要求，他据理力争，甚至“以死拒之”。当他受命将赴契丹之时，得知自己的一个女儿病卒，再次奉命前往时，又恰逢儿子出生，但他为了尽早妥善解决宋辽关系，不负朝廷重托，全然不顾自家的私事。他尽己所能，为合理处理宋辽关系作出了最大的努力。

当富弼在邻县遭到天灾时出手相救的诸多措施，也充分体现出他的忠于职守。在他担任青州的长官兼京东路安抚使时，河朔地区遭遇大水，人民流离失所四处求食。富弼劝说辖区内的民众捐出粮食，又从官库中拨出粮食以补之，同时还安排灾民分别散居到辖区的公私庐舍十余万区内。并派遣已经退休或待缺的官吏去灾民所聚集之处进行沟通或管理，过几天又遣人持酒肉饭糗前往慰藉，这些细致而诚挚的关怀，也感动了民众的慈爱之心，“人人为尽力”，“死者为大冢葬之”，帮助这些灾民顺利地渡过了难关。待到第二年麦子成熟时，又让灾民受粮

① 司马迁：《史记·廉颇蔺相如列传》，中华书局1959年版，第2452页。

而归乡。这一得力而周到的救灾措施效果显著，共救助了五十余万灾民，又从中招募士兵上万人。

而在此之前，一些官员的救灾方式是将灾民聚于城中，为粥食之，但让众人集聚的救灾方法表面看来无可厚非，但实际上造成了诸多弊病："蒸为疾疫，及相蹈藉，或待哺数日不得粥而仆，名为救之，而实杀之。"而富弼的这一方法"立法简便周尽，天下传以为式"，① 不仅在当时将数十万民众从死亡线上救过来，更是惠及后人无数。因此，元代的张光祖在他所撰写的《言行龟鉴　民政门》中盛赞富氏救灾方法的功效说："至于今，不知所活者几千万人矣。"

富弼的救灾之功让皇帝十分高兴，遣使前来褒劳富弼，并且将他升为礼部侍郎。但他却辞不受奖，婉言谢绝说："此守臣职也。"认为这是为官者应尽的职责。

富弼不沽虚誉，唯期以实政惠民利国，竭尽全力，以自己的智慧和辛劳将忠于职守的道德践行发挥到了很高的境界。对比富弼和当时不少官员的救灾举措，我们可以看到，忠于职守不仅只是努力埋头做事，而是要尽心竭力地圆满实现预期的管理目标，让国家和民众尽可能得到最大的实际收益。

又如，宋代的吕夷简任宰相执政时，担任天章阁待制知开封府的范仲淹屡次攻讦吕氏之短，但吕氏不仅不以为意，甚至还在宋仁宗面前推举范仲淹，他说："范仲淹贤者，朝廷将用之，岂但除旧职，即除龙图阁直学士、陕西经略安抚使。"宋仁宗因此而以许公为长者，天下亦美许公不念旧恶。范仲淹为吕夷简的大度所感动，他向吕氏道歉说："向以公事忤犯相公，不意相公奖拔乃尔。"吕氏只是很平静地说："夷简岂敢复以旧事为念耶？"此后，范仲淹知延州，向敌对方西夏国君李元昊写信指陈利害，范仲淹见李元昊答书不逊，故焚其来信。朝廷认为范仲淹不应当与李氏通书，更不应擅自焚掉回函，有关部门建议对范氏以军法处之。宋仁宗询问吕夷简对此事的处理意见，吕氏只是主张"止可薄责而已"，范氏因此只受到降官一级的处罚。② 西夏当时是北宋朝廷的敌对之国，范仲淹以上的行为显然极不慎重，对其以军法处之乃至进行重罚都是不无道理的。但在此关键时刻，吕夷简不仅没有借此机会落井下石，报复曾经屡次攻讦自己的范仲淹，反而是不计个人恩怨，从大局出发而提出"薄责而已"的主张，充分显示出克己奉公的崇高品德，正可谓是"宰相肚里能撑船"。

奉公尽忠，刚正廉明又表现为清廉自律，反贪拒贿的风骨。

东汉的东莱太守杨震拒绝当事人贿赂的事迹，也是广为后人称道的例子。据

① 脱脱：《宋史 · 富弼传》，中华书局 1976 年版，第 10254 页。

② 张光祖：《言行龟鉴》卷三，载《四库全书 · 子部三十三》，文渊阁本，第 51 页。

《后汉书·杨震传》所载，他在调任荆州刺史、东莱太守赴任途中，经过昌邑时，早年由杨氏推举的荆州秀才王密此时担任昌邑县令，王氏趁晚上前来拜访杨震，并赠送铜币十斤感谢当年杨震的推举之恩，杨震予以拒绝。王密以“暮夜无知者”劝说杨震接受馈赠。杨震义正词严地回答说：“天知，神知，我知，子知。何谓无知?”遂坚决辞退了礼金，王密惭愧而出。从此，“四知”也成为了官员在处理公务时保持洁身自好的有益警示。

明朝成化年间担任嘉兴知府的杨继宗也是一个“要廉不要钱”的楷模。他的官邸十分简朴，平日仅有一位仆人跟随。他为官清廉，勤于职守，“时时集父老问疾苦，为祛除之。大兴社学。民间子弟八岁不就学者，罚其父兄。”在他的促进下，该地“师儒竞劝，文教大兴”。他的政敌孔儒曾利用职权突然进入杨继宗的府署，搜查房中的箱箧，却只发现“敝衣数袭而已”，孔儒惭愧而离去。宫中的宦官经过嘉兴时，杨继宗仅仅馈送菱芡、历书，其人不满足而要索取金钱，杨继宗按照办公事的程序，发出公文以支取官库中的金钱，并要求宦官给出印券，这种不畏权贵的凛然正气和公事公办的架势让这些贪官“咋舌不敢受”。明宪宗曾经问询问宠臣汪直前来朝觐的官员谁最清廉，汪直回答说；“天下不爱钱者，唯杨继宗一人耳。”①。

一些官员持守奉公尽忠的美德，这也促使他们超越了对君主或上司的个人之忠，清廉自律，对民众负责，特别是不以牺牲民众利益来迎合权贵。如明代蒋瑶就是一个典型。蒋曾任南京御史工部尚书，在明武帝朱厚照巡视扬州时，他按照职责而供应明武帝的日常所用之物，而不再赠送其他物品，故随行宠臣因此而生怒。明武帝手下宠臣江彬欲夺富民居为威武副将军府，蒋瑶坚决抵制这一侵犯民众权益的行为，江彬将蒋瑶关闭在空房子里折磨挫辱，并以武宗所赐铜瓜威胁，蒋不为所慑。当武宗传旨要搜刮当地的异物时，蒋瑶尽力推托，最后在武宗的逼迫下而不得已献上一些本地特产苧白布。当时，权倖们以扬州繁华而强求各种物品，如果没有蒋瑶的坚决抵制，当地民众必将饱受困扰。蒋瑶为保护扬州民众免受盘剥而得罪权贵，因此，在他护侍武宗的途中遭到宦官们的折磨报复，甚至以粗索缚系蒋瑶，数日始释。这种以民众利益为出发点，不因媚上而损害民众利益、加重民众负担的做法，体现出对人民负责、不阿权贵的崇高品质，是一种真正的忠于职守的行为，殊为难得。蒋瑶的行为得到民众的拥戴和铭记，史载“扬人见瑶，无不感泣。迨迁陕西参政，出赀建祠祀之，名自此大震。”②

坚守奉公尽忠的伦理原则不仅需要有宽阔的胸怀和不谋私利的精神，更需要

① 《明史·杨继宗传》，中华书局 1984 年版，第 4353 页。

② 《明史》卷一九四，见《蒋瑶传》，中华书局 1984 年版，第 5143 页。

仗义直行、不畏权贵的勇气。东汉末年的史弼就是一位值得今人谨记的道德楷模。史弼当时身任平原郡的长官，那一时期，朝纲不振，宦官专权，士大夫、贵族等对宦官乱政的现象不满，形成抨击宦官的党争。为了镇压政敌，宦官把持朝廷颁下诏书，以“党人”罪名捉拿和禁锢士人，“诏书前后迫切州郡”。在这种高压政治下，各郡国只得胡乱应付，“所奏相连及者多至数百人”，而唯有史弼坚持正义，“独无所上”。相关部门以剃去须发、鞭打身体的刑罚责罚相关的官员，同时对史弼严加责问说：“诏书疾恶党人，青州六郡中有五郡皆有党人，平原何治而得独无?”冒着抗诏书的大罪，史弼义正词严地回答说：“先王疆理天下，画界分境，水土异齐，风俗不同。它郡自有，平原自无，胡可相比！若承望上司，诬陷良善，淫刑滥罚，以逞非理，则平原之人，户可为党。相有死而已，所不能也！”坚定地表示宁可自己死也不能做“诬陷良善，淫刑滥罚，以逞非理”的事。[①] 史弼刚正不阿的言行惹得主事的官员大怒，遂将郡中的官吏狱禁，让他举报史弼。直到党禁解除，史弼才以自己的俸银来赎免此罪，幸免于一死。由于他刚正不阿，不畏权贵的义举，让很多人免遭诬陷和牢狱之灾，从而保护了一大批下属官员。

在封建专制制度下，忠于职守虽然包含了服从专制君主统治的内容，但却不是唯君命是从，因为一味顺从可能使君主铸下大错，使国家陷入危难。面对大权独揽的专制君主，为了维护王朝和民众的根本利益，稳定社会秩序，因此，奉公尽忠更多的又表现为刚正不阿，直言上谏。早在夏商之时，就有龙逢、比干这样冒死直言的忠臣，这种精神后来为历代忠臣所崇尚效法。汉成帝时，有位名叫朱云的直臣就以此高节而见称于世。他当着满朝公卿而上书成帝，指斥朝廷权贵：“今朝廷大臣上不能匡主，下亡以益民，皆尸位素餐者。”要求成帝赐尚方宝剑，“断佞臣一人以厉其余”，并明确指出此人即为“以帝师位特进，甚尊重”的安昌侯张禹。成帝大怒曰：“小臣居下讪上，廷辱师傅，罪死不赦。”朱云誓以龙逢、比干为榜样，宁折不弯。他说：“臣得下从龙逢、比干游于地下，足矣！未知圣朝何如耳?”御史将朱云拉下，朱云双手紧攀殿槛不下而致槛折。此时左将军辛庆忌免冠解印绶，叩头阻曰：“此臣素著狂直于世巳。使其言是，不可诛；其言非，固当容之。臣敢以死争。”成帝接受了辛庆忌的劝阻，而赦免了朱云。而事后有人要更换被朱云攀断的殿槛，成帝竟然说：“勿易！因而辑之，以旌直臣。”也就是说，他要在殿前保留这个断槛，只将其稍作修理，以此来表达对于直言之士的褒扬。这段颇有喜剧性结局的史事，相当生动地表现了朱云为了国家利益，甘愿牺牲个人的性命也要践行忠德的高举，而成帝保留断槛以旌直臣的举

① 史洁珵：《德育古鉴·功过案·救济类》，中国水利水电出版社 2011 年版，第 74 页。

动也充分显示出统治者对于这种忠德的首肯和推崇。

在中国历史上，堪称家喻户晓的尽忠直言楷模要算是唐初名相魏征。这位被唐太宗誉为“知得失之人镜”的名臣曾上谏达200余事，洋洋数十万言之多。他告诫李世民说：“人君虽圣哲，犹当虚己以受人，故智者献其谋，勇者竭其力。炀帝恃其竣才，骄矜自用，故口诵尧舜之言，而身为桀纣之行，曾不自知，以至覆亡也。”“人君兼听广纳，则贵臣不得壅蔽，而下情得以上通也。”[①] 他还指出，君主如能注重自身的道德修养，“知足”“知止”“谦冲”“慎始”，使众人各尽其才，就可达到“不言而化”的境界。因此，魏征劝唐太宗，“何必劳神苦思，代下司职，役聪明之耳目，亏无为之道哉！”[②] 在李世民晚年在道德践行方面渐不克终时，魏征以高度的政治责任感向李世民呈上谏书《十渐不克终疏》，从十个方面指出了李世民道德上的蜕变倾向。其言辞激烈，批评深刻，足见魏征对唐王朝整体利益的关切，反映出他忠于职守的道德精神。

为政者对伦理道德的践行促进了政治的清明和社会的良性变迁，彰显出伦理道德的力量和积极作用。但是，我们也要看到，在封建专制的政治环境中，道德文化在政治领域中的践行机制是相当脆弱的。在这里，不仅存在着人们常说的“人存政举、人息政亡”的常规现象，即使是在同一个行为主体的不同时期，道德践行的状况也存在着巨大的差异。

唐太宗早期和晚期道德践行状况的差异就是一个典型案例。在这一问题上，魏征的观察和分析是相当中肯和深刻的。在贞观十三年，他向李世民呈上谏书《十渐不克终疏》，从十个方面指出了李世民道德上的蜕变倾向。文中批评说，晚年的李世民由从前的“无为无欲，清静之化”，变为“求骏马于万里，市珍奇于域外”；由“役己以利物”，变为“纵欲以劳人”；由“爱民犹子，每存简约，无所营为”，变为“纵欲以劳人”；由“捐金抵璧，返朴还淳”，变为“好尚奇异难得之货”；由“求贤若渴”，变为“由心好恶”……。[③]《十渐疏》中的某些言词虽有过激之处，但基本上是有根据的。唐太宗见疏后，虽有所收敛，但却再也难现贞观前期的气派。

这一历史事实让我们看到了道德作为一种软性控制力量的局限性：即在人治政治模式下的中国封建社会，缺乏真正的法治秩序，难以从制度的层面来保证道德的约束作用。谦下纳谏、俭啬寡欲等政治道德要求能否对政治主体产生影响和制约，能产生多大的影响和制约，只能取决于统治集团中具体个人自身的道德感悟能力及其对于这些理论的认同程度，伦理道德的践行只能依赖于道德践行主体

① 吴兢：《贞观政要·君道》，上海古籍出版社1978年版，第2页。

② 吴兢：《贞观政要·君道》，上海古籍出版社1978年版，第9页。

③ 吴兢：《贞观政要·慎终》，上海古籍出版社1978年版，第296~300页。

的内在自觉和政治道德素质，取决于当时的诸多社会历史机遇或特定的政治、经济环境，而这当然是极不可靠的。同时，至高无上、毫无制约的专制皇权本身就是践行伦理道德的最大障碍，它有超越法律之上，是不受监督、制衡、弹劾、罢免的至高无上的绝对权力，这种特权对于伦理道德是一种极强的腐蚀剂。即使是如李世民这样的一代明君，一旦他拥有了不受制约和监督的绝对权力，一旦迫使他进行自我约束的客观条件消失之后，他就不可避免地由"无所营为"走向"纵欲以劳人"；由"捐金抵璧"走向"好尚奇异难得之货"；由"屈己从人"走向"心轻当代"。古代为政者在政治生活中践履伦理道德的教训对于当代中国人依然具有警示意义。

## 二、家庭生活中的道德践行

家庭在中国古代社会具有非常重要的地位。恩格斯说：家庭"是文明社会的细胞形态"；[①] 在中国，还是社会的根本。此即所谓"天下之本在国，国之本在家"。[②] 在古代社会，家庭"是自成一体的小天地，是个微型的邦国"，[③] 既是社会的生产单位，又是社会的消费单位，还是基本的宗教团体、[④] 教育机构和娱乐场所。总之，中国人"工作于斯，食宿于斯，生老病死，无不于斯。他们无论什么，都离不开家，所以他们的无论什么，都以家为本位。"[⑤] 即使是社会的其他组织，亦是以家庭为基本组织模型。正是由于家庭在古代社会的重要性，导致了中国人特别注重家庭关系的协调和稳固，特别注重家庭生活中的道德践行。

### （一）夫和而义，妻柔而正

在古代社会，夫妻关系被认为是人伦之始。《周易·序卦传》云："有天地然后有万物，有万物然后有男女，有男女然后有夫妇，有夫妇然后有父子，有父子然后有君臣，有君臣然后有上下，有上下然后礼仪有所错。"[⑥] 古代社会虽然以天地类比夫妇，强调夫妇的分别、差异、主次和尊卑，但也反对丈夫欺压、凌辱妻子，而主张在礼义的范围内给予应有的尊重。"夫妇乃人道之始，万化之基

---

① 《马克思恩格斯选集》（第四卷），人民出版社 1972 年版，第 61 页。

② 《孟子·离娄上》，陈襄民等译注：《五经四书全译》，中州古籍出版社 2000 年版，第 3354 页。

③ ［美］费正清：《美国与中国》（第四版），商务印书馆 1987 年版，第 17 页。

④ 从宗教的角度看，中国家庭中的祖先崇拜要求为人子孙者，不仅敬事尊亲于生前，亦当祭祀于其死后，以永志哀思，家庭中的每个成员都应该兢兢业业，为整个家庭的绵延而奋斗。

⑤ 黄克剑、吴小龙编：《冯友兰集》，群言出版社 1993 年版，第 271 页。

⑥ 周振甫译注：《周易译注》，中华书局 1991 年版，第 291 页。

也。相敬如宾，岂容反目。虽夫为妻纲，固当从夫之命；然妻言而有理，亦当从其劝谏。"[①] "夫和而义，妻柔而正"[②] 是古人夫妻生活的基本伦理原则。

所谓"夫和而义"，是指丈夫对妻子有必要的、基本的尊重，忠贞不贰、亲昵有礼、诚实不欺，反对见异思迁、色衰而弃，妻老而更娶。丈夫的责任对于夫妻之间的和谐尤为重要。这是因为"夫妻关系不同于其他的家庭关系，夫与妻之间不存在血缘上的联系，相互爱慕才是维系夫妻关系的内在因素。"[③] 然而，"爱"从根本上说只是"感觉"。"爱"的"感觉"特征，会使"爱"表现出"倏忽即逝的、反复无常的和赤裸裸主观的"形态。[④] 所以，那种仅仅把"爱"作为婚姻关系基础的认识是不够的，家庭之"爱"需要责任来固化和提升。在传统社会，由于丈夫往往处于权力的优势地位，所以特别强调和赞扬丈夫的"不离不弃"之义。相传春秋末时，晏婴做了齐国大夫。齐景公想把女儿嫁给晏婴，齐大夫田宇为之游说。田宇曰："位为中卿，食田七十万，何以老妻为？"晏婴正色道："婴闻之，去老者，谓之乱；纳少者，谓之淫；且夫见色而忘义，处富贵而失伦，谓之逆道。婴可以有淫乱之行，不顾于伦，逆古之道乎？"[⑤] 晏婴还说："乃此则老且恶，婴与之居故矣，故及其少且姣也。且人固以壮托乎老，姣托乎恶；彼尝托，而婴受之矣。君虽有赐，可以使婴倍其托乎？"[⑥] 晏婴说，女人在年轻美貌嫁与你时，就把年老色衰托付给你了，男子汉大丈夫又岂能做背信弃义之事。像晏婴这样身居高位，而拒绝君主赐嫁的还有很多，如东汉名吏宋弘，拒绝光武帝为湖阳公主的说媒之请，留下了"贫贱之知不可忘，糟糠之妻不下堂"的千古名句。

所谓"妻柔而正"，是指妻子不仅要以温柔顺从为美德，还要以作风正派、劝勉丈夫为正行。"好合以乐妻孥，择德以结婚姻"，[⑦] 在古人看来，娶妻重在"德"，而不在"才""貌"。东汉班昭就对"妇德"有过详细解释："清闲贞静，守节整齐，行己有耻，动静有法，是谓妇德。择辞而说，不道恶语，时然后言，不厌于人，是谓妇言。盥浣尘秽，服饰鲜洁，沐浴以时，身不垢辱，是谓妇容。专心纺绩，不好戏笑，洁齐酒食，以奉宾客，是谓妇功。此四者，女人之大德，而不可乏之者也。"[⑧] 班昭对"妇德"的解释，主要是针对未嫁少女加强自身修

① 杨玉卿：《中国传统夫妻伦理的现代嬗变》，载《传承》2008 年第 10 期，第 74～75 页。
② 陈襄民等译注：《五经四书全译》，中州古籍出版社 2000 年版，第 2777 页。
③ 王恒生：《家庭伦理道德》，中国财政经济出版社 2001 年版，第 113 页。
④ ［德］黑格尔：《法哲学原理》，商务印书馆 2007 年版，第 177 页。
⑤ 吴则虞：《晏子春秋集释》，中华书局 1962 年版，第 249 页。
⑥ 陈涛译注：《晏子春秋》，中华书局 2007 年版，第 326 页。
⑦ 承泽：《中国古代的家规》，载《家教指南》2003 年第 7 期，第 21～22 页。
⑧ 张锡勤、柴文华：《中国伦理道德变迁史稿》（上卷），人民出版社 2008 年版，第 218 页。

养而论的；而女子一旦出嫁之后，还有更为重要的责任，就是劝勉丈夫尽孝、激励丈夫成就一番事业。明清之际思想家陈确说："新妇不唯自己要尽孝道，尤当劝夫尽孝。勿恃父母之爱，而稍弛孝敬之心。语云：'孝衰于妻子。'此言极为痛心。今入门以劝夫孝为第一，要使丈夫踪迹，常密于父母而疏于己身，俾夫之孝德倍笃于往时，乃见新妇之贤。"[①]《后汉书》载的乐羊子妻就是一个"勉夫励志"的典型。乐羊子曾在路上拾得一块金子，送与其妻。乐羊子妻不但不收丈夫拾来的金子，而且用"志士不饮盗泉之水，廉者不受嗟来之食"的典故说服丈夫，进一步指出因贪小利而失大节的危害，使乐羊子非常惭愧，知错就改并远寻师学。后乐羊子外出游学因思念妻子，一年乃归。乐羊子妻"引刀趋机"，以自己织布必须日积月累"遂成丈匹"的切身体会，说明求学必须专心致志，持之以恒的道理，终使乐羊子深受感动，回去完成学业。

可以说，在倡导"夫为妻纲""三从四德"的宗法社会，能够做到"夫和而义，妻柔而正"是非常难能可贵的，但也绝不是不可能。因为，任何家庭都不可能像机械一样严格按照礼法制度一板一眼的生活。夫妻之间由于长期的相依相存、耳鬓厮磨，也会产生深切的依恋、亲密之情，并且由于传统家庭的稳定性而使这种夫妻之情保存得更为久远。在中国历史上，就涌现了很多夫唱妇和、男耕女织、琴瑟和谐、相敬如宾的佳话。如《左传·僖公三十二年》载：春秋时期，晋国大臣郤芮因罪被杀，儿子郤缺也被废为平民，务农为生。有一次郤缺在田间除草，妻子将午饭送到地头，十分恭敬地跪在丈夫面前，郤缺连忙接住，频致谢意。夫妻俩相互尊重，饭虽粗陋，倒也吃得有滋有味。此情此景，感动了路过此地的晋国大夫臼季，举荐郤缺为下军大夫。后来郤缺立大功，升为卿大夫。《后汉书》还记载了两个夫妻恩爱的故事。一是南郡襄阳人庞公与妻子相敬如宾的故事。夫妻俩从未去城里，只愿在田间劳作相敬如宾。二是梁鸿、孟光夫妻。梁鸿每次回家吃饭，他的妻子都高高托举着盛有饭菜的盘子，恭恭敬敬地送到丈夫面前，以示尊重；梁鸿也同样是彬彬有礼地用双手接过盘子。这些故事后来成为传统家庭中夫妻恩爱、相亲相敬的典型。在历史上，更有因生前不能长厮守，而誓愿死后同穴墓的。如春秋时期息国国君被俘为守门兵士，夫人被逼改嫁。夫人誓死不从，乃作诗明志："偲则异室，死则同穴；谓予不信，有如皦日。"[②] 遂自杀，息君亦自杀，同日俱死。

### （二）父慈而教，子孝而箴

古人虽然以夫妻关系为人伦之始，但更为看重父子关系。"这一方面是因为，

① 陈确：《陈确集》，中华书局 1979 年版，第 520 页。
② 李学勤：《十三经注疏·毛诗正义》，北京大学出版社 1999 年版，第 270 页。

传统宗法社会是按照父子确定家族世系和家产及家长身份继承权的；另一方面也是因为农民父子是小农经济得以维持的主要劳动力。"[①] 此外，还要一个更为重要的原因，就是父子和谐将会进一步影响到长幼有序、君臣有义。所以，古人非常重视父子关系的伦理调节，以"父慈而教，子孝而箴"[②] 作为人伦之公理。

父慈而教，即是亲代对子代的关怀爱护，它不仅是一种哺育之情，更是父母对子女成长的关心、期待、培养和教育。《韩诗外传》云："夫为人父者，必怀慈仁之爱，以畜养其子。抚循饮食，以全其身。及其有识也，必严居正言，以先导之。及其束发也，授明师以成其技。十九见志，请宾冠之，足以成其德。血脉澄静，娉内以定之，信承亲授，无有所疑。冠子不詈，髦子不笞，听其微谏，无令忧之。此为人父之道也。"[③] 为人父者不仅要怀仁爱之心抚养子女，使其健康成长；还要对子女进行教育，为其择名师使其成长。同时，还要注意教育方法，包括严格要求自己以为子女做出榜样，不能随便体罚、责骂孩子。总之，古人讲父慈，更为强调的是"教"，而非"养"。《三字经》讲"子不教，父之过"，说的都是这个道理。

在"教"的具体内容上，广泛涉及励学、尚德、清廉与忠义等各个方面。其中，励学与尚德是古代家庭普遍重视的教育内容。古人所称的"学"更多的是指儒家仁义道德教育。从这个方面而言，正体现了中国人教子尚德的价值取向，特别是谦虚、诚信和与人为善等基本道德品质的培育。西周时有周公诫子以谦，声称一个人如果能够保有谦虚的品德，大可保住天下，中能保住国家，小则保全自身。春秋时有曾子舆杀猪教子，以实际行动为儿子做出诚信的表率。与人为善，也是传统家庭非常注重的家教内容。清代有郑板桥就常常教导子女用纸笔墨砚救济穷苦同学。

古人还注重通过严格律己，对子女进行清廉、忠义的教育。如战国时期齐国的相国田稷母亲，严词拒绝儿子转赠来的贿赂，并以此教育儿子，对人不忠，就是对父母之不孝，敦促儿子务必"效忠""廉洁"。相比于田稷母亲劝子戒廉，东汉辽西太守赵苞的母亲以生命为代价，要求儿子尽忠，这种精神更是难能可贵。史书记载，赵苞驻守边关时，凶猛的鲜卑族士兵一时攻克不下，便把他的母亲、妻子和孩子劫来威胁他，使赵苞陷入忠孝两难的境地。赵母对赵苞说："人各有命，怎么能因为要兼顾你我的性命而忘掉忠义呢！从前王陵的母亲当着汉使的面自杀，以成全王陵的志向，你应该以此自勉。"赵苞即刻与鲜卑开战，鲜卑大败，但他的母亲、妻子皆被杀害。

---

① 周山东：《传统孝道的现代转换与构建和谐家庭》，广西民族大学 2007 年硕士论文，第 14 页。

② 陈襄民等译注：《五经四书全译》，中州古籍出版社 2000 年版，第 2777 页。

③ 赖炎元注译：《韩诗外传今注今译》，台湾商务印书馆 1972 年版，第 315 页。

正是出于对父母哺育、培养与教育之恩的感激之情，古代社会非常强调子女对父母的孝敬。我国第一部诗歌总集《诗经》中就有感戴父母养育之恩的描写："父兮生我，母兮鞠我。拊我蓄我，长我育我。顾我复我，出入腹我。欲报之德，昊天罔极。"[①] 而在具体的回报内容上，包括的不只是养亲，更是敬亲、爱亲、尊亲，还是谏亲以大义，此即是所谓"子孝而箴"。

在古人看来，"养亲"和"敬亲"是不可以分离的，只有在"养亲"中体现"敬亲"，才能体现出人之为人的意义。这即是孔子所说的："今之孝者，是谓能养。至于犬马，皆有所养；不敬，何以别乎？"[②] 在中国历史上，有很多侍奉父母恭敬有加、情深意切的典范，比如，三国时期吴国名吏陆绩六岁时随父拜见袁术，袁术以橘子招待陆绩父子，陆绩觉得好吃，遂藏了三个，想带回去给母亲吃，不想却在拜别时滚落在地。袁术了解原委之后，不但没有责怪，还大赞陆绩孝心可嘉。蜀国名吏李密，为孝养祖母，固辞"洗马"一职而不受。为了表明自己为祖母尽孝之心，李密向当权者坦诚陈词，留下了《陈情表》这一感天动地的名篇，文中说："臣无祖母，无以至今日，祖母无臣，无以终余年。母孙二人，更相为命，是以区区不能废远。臣密今年四十有四，祖母刘今年九十有六，是臣尽节于陛下之日长，报刘之日短也。乌鸟私情，愿乞终养"。李密对祖母的一片孝心，终于感动了晋武帝，遂准其在家侍奉孝敬祖母。

陆绩、李密的孝心自然为世人所称道。然后在历史上还有这么一些人，他们为了尽孝不得不冒生命的危险，或者要历尽艰难千里寻亲，演绎了一个个动人的孝道伦理故事。西汉时少女花木兰代父从军，驻守边关十二年，抵御外侵，英勇无畏，屡建战功。后来战争结束，得胜归朝，皇帝要嘉奖木兰，而她却婉拒了，只求归见父母，奉养双亲。西汉汉文帝时的名医淳于意受人诬告，被当地官吏认为有医术而不治病之罪判处"肉刑"，淳于意的小女缇萦为了拯救父亲，从山东临淄千里迢迢赶赴长安冒死向皇帝上书，以"愿入身为官婢"为代价，请求"赎父刑罪，使得改过自新"，[③] 终于感动了汉文帝废除了肉刑。三国时魏国名臣司马芝，少年时是书生，携母避乱荆州，路遇贼寇。同行的都丢下老人和弱小逃走了。只有司马芝独自留下守护着老母。当贼寇到来时，对司马芝以刀刃相逼，他为了保护母亲而将自己的生死置之度外。司马芝以身护母的精神感动了贼寇，母子因此而免除了杀身之祸。康熙年间，贵州少年刘琪为了寻找父亲，走遍了云南、四川、湖北、广西、陕西等地，期间历经险阻寒饿，屡濒于死，仍然不放弃，又到吴越、齐鲁、燕赵等地，历时十年，终于得以父子团圆。然而江西朱寿

---

① 陈襄民等译注：《五经四书全译》，中州古籍出版社 2000 年版，第 889 页。

② 陈襄民等译注：《五经四书全译》，中州古籍出版社 2000 年版，第 3053 页。

③ 司马迁：《史记》卷一〇五，见《扁鹊仓公列传》，中华书局 1959 年版，第 2795 页。

命寻母的故事则更为波折。他历时五年，行经三千里，终于打听到母亲的下落。然而母亲已卖身为奴，朱寿命无钱赎母，只能跪求开恩。朱寿命的孝心没有感动这家狠心的主人，却感动了一个叫邵远平的京官。在邵远平的帮助下，朱寿命终于得以母子团圆，享受天伦之乐。

“养亲”和“敬亲”可以说是古代社会对“孝亲”的基本要求，然而更高的孝行在于“谏诤”。在古人看来，为了维护封建宗法道德规范，为了不至陷父母于不义，子女有义务规劝父母改正错误。孔子云：“当不义，则子不可以不争于父”；① 荀子对这个问题做了详细说明：“孝子所以不从命者有三：从命则亲危，不从命则亲安，孝子不从命乃衷。从命则亲辱，不从命则亲荣，孝子不从命乃义。从命则禽兽，不从命则修饰，孝子不从命乃敬。”② 历史上为了服从大义而违背“父命”，不徇私情的崇高行为不乏其例。然而，值得指出的是，古人的谏诤之孝是有限度的。这就是，孝子的劝谏在于表达良善的道理，而不应力争强辩；力争强辩是作乱兴起的根源。所以孔子又说：“事父母几谏。见志不从，又敬不违，劳而不怨”；③ 曾子说：“从而不谏，非孝也；谏而不从，亦非孝也。”④《礼记·内则》云：“父母有过，下气怡色，柔声以谏。谏若不入，起敬起孝，说则复谏；不说，与其得罪于乡党州闾，宁孰谏。父母怒、不说，而挞之流血，不敢疾怨，起敬起孝。”⑤ 由于谏诤的不彻底性，导致很难达到“拯救父母于不义”的目的。特别是随着封建专制的加剧，宋代及其以后甚至提出了“父叫子亡，子不敢不亡”“子不言父过”“天下无不是的父母”等观念，便彻底取消了子女对父母“谏诤”的权利。

### （三）兄爱而友，弟敬而顺

古人云：“有父子而后有兄弟”。⑥ 兄弟关系是由父子关系衍生而来，为第一代旁系血亲关系。由于共同的血缘关系和长期的共同生活、学习、娱乐、劳作使他们从小就养成相互帮助、关心的手足之情。然而在封建宗法家庭里，兄弟间常因权利和利益分配不均发生矛盾和冲突，轻则兄弟阋于墙，争吵不休；重则兄弟相残，视同仇人。为了维护家庭的和谐和社会的稳定，传统社会很重视兄弟关系的协调，提出了“兄爱而友，弟敬而顺”⑦ 的规范。从古人的实际践履来看，大

① 李学勤主编：《十三经注疏·孝经注疏》（标点本），北京大学出版社 1999 年版，第 48 页。
② 王先谦：《荀子集解》，中华书局 1988 年版，第 529 页。
③ 陈襄民等译注：《五经四书全译》中州古籍出版社 2000 年版，第 3077 页。
④ 王聘珍：《大戴礼记解诂》，中华书局 1983 年版，第 86 页。
⑤ 陈襄民等译注：《五经四书全译》，中州古籍出版社 2000 年版，第 1391 页。
⑥ 檀作文译注：《颜氏家训》，中华书局 2007 年版，第 17 页。
⑦ 陈襄民等译注：《五经四书全译》，中州古籍出版社 2000 年版，第 2777 页。

致可以分为以下三个方面：

首先，兄长要关心、爱护弟弟。一般来说，兄长社会经历、知识和生活能力往往比弟弟优越。年长的哥哥帮助年幼的弟弟，是顺理成章的事情。同时，从孝敬父母而言，兄长帮助弟弟，也是为父母分担抚育子女的任务，是对父母一片孝心的最好表现。特别是当父母不幸早逝，而弟弟又未成年，兄长更应该承担起抚育、教育弟弟的责任。《大戴礼记》中曾记载单离居问曾子："'使弟有道乎?'曾子曰：'有，嘉事不失时也。'"[①] 这里的"嘉事"是指冠礼、婚礼之类的事情，意义是说：兄长要关心弟弟的成长，在冠礼、婚礼等大事上，要积极为弟弟筹措。在中国历史上，有很多这样"兄爱而友"的故事。如唐代著名诗人王维，对弟弟极为友善。他有一首诗叫《九月九日忆山东兄弟》，描写的正是他远在异乡思念兄弟们的无比惆怅心情。诗中的"每逢佳节倍思亲"是千百年来广为流传的名句，引起了古今无数游子离人的共鸣。宋代文学家、书画家苏轼更是一个"兄友"的典型。苏轼小时候奉父命做弟弟苏辙的老师，对弟弟关爱有加。兄弟俩外出游玩，每有登山、浮水，苏轼总是在前面给弟弟做向导，遇到曲狭险峻之处，苏轼不敢勉强弟弟，而是一个人"翩然独往。"兄弟俩人互相勉励，同登进士第。后来，苏轼因为一场"文字狱"，不幸被捕。狱中的苏轼思念弟弟，曾赋绝命诗两首，托狱吏转给苏辙。诗中说："是处青山可埋骨，他时夜雨独伤神。与君今世为兄弟，又结来生不了因。"苏轼舍自己性命危难于不顾，却为今后弟弟"独伤神"而怅然伤怀，并许下来生结为兄弟的心愿以劝慰弟弟，这是一种多么真挚深厚的手足之情。

其次，弟弟要敬爱兄长，服从兄长。孔子讲："弟子入则孝，出则悌"；[②] 孟子："亲亲，仁也；敬长，义也"[③]"仁之实，事亲是也；义之实，从兄是也。"[④] 把"敬长""从兄"，作为弟弟对兄长的伦理义务。相反，"不悌"则是与"不孝""不友"一样是人之"大恶"。《尚书》云："王曰：封，元恶大憝，矧维不孝不友。"[⑤] 这里的"友"，既可以指兄长慈爱弟弟，也可以指弟弟敬爱兄长，即悌。《尚书》认为：不友爱兄弟和不孝敬父母一样，都是人最大的罪恶。那么，该如何"敬"呢？《大戴礼记》说："尊事之，以为己望也；兄事之，不遗其言。"[⑥] 也就是说，弟弟对兄长要尊敬，要把他作为自己的榜样，按照兄长说的做，不要忘记兄长的教诲。然而古人讲要"敬兄而顺"，主要不是因为哥哥年长、

① 王聘珍：《大戴礼记解诂》，中华书局1983年版，第87页。
② 陈襄民等译注：《五经四书全译》，中州古籍出版社2000年版，第3045页。
③ 陈襄民等译注：《五经四书全译》，中州古籍出版社2000年版，第3452页。
④ 陈襄民等译注：《五经四书全译》，中州古籍出版社2000年版，第3367页。
⑤ 李学勤：《十三经注疏·尚书正义》，北京大学出版社1999年版，第366页。
⑥ 王聘珍：《大戴礼记解诂》，中华书局1983年版，第86页。

经验丰富、对家庭或社会贡献大，而是由于嫡长子继承制等宗法制度的影响。在古代家庭，既有嫡子、庶子、嗣子、养子、奸子等区分，还有嫡长子与其他嫡子、其他长子与次子的区别。为了维护社会的稳定和家庭的和谐，传统社会规定了嫡长子继承制。嫡长子（或长子）在父亲在世时就受父辈提携与扶持，并委以一定的特权。父亲去世后，他就承嗣父权以管理家业。“他作为祖父辈的命根延续的主脉，俨然是亡父的代表，服从他就等于服从亡父，也是对亡父先祖的遗志的敬顺。换句话说也就是对亡父先祖孝敬的具体体现。”① 所以说，对兄长的敬顺，更主要的体现在对兄长继承权的尊重上。相传，商代孤竹国君有两个儿子，哥哥叫伯夷，弟弟叫叔齐。孤竹君将死，特令次子叔齐为继承人。孤竹君死后，叔齐不忍掠取本应属于哥哥伯夷的继承权，坚决要把皇位让给伯夷，伯夷以父有命不肯接受。结果兄弟俩人都未曾继位，而亲睦携手投奔周国。

最后，兄弟之间要互谅互让，长幼有序。古人非常重视兄弟情谊。《诗经》云：“常棣之华，鄂不韡韡。凡今之人，莫如兄弟。死丧之威，兄弟孔怀。原隰裒矣，兄弟求矣。脊令在原，兄弟急难。每有良朋，况也永叹。”② 诗以常棣花开每两三朵彼此相依为喻，颂扬兄弟之间相互关怀、和乐融洽、危难之中相互救助，共御外毁的亲密情谊。在历史上这样的事例就更多了。且不说孔融让梨为世人所称道，就是在家产分配上，亦有很多互相谦让的故事。如元代名士石辉祖，事亲谨孝，佐兄长明远治理家政，尺帛斗粟，不入私房，有司科徭，身独任之。又元代正定人朱显，在至元年间，祖父已给子孙辈分了财产，各自独立生活。到了治中期，朱显怜念侄彦、昉年幼无恃，生活困苦，便对弟弟说：父子兄弟本源于同一血脉，岂可分开居住？于是与弟会拜祖墓下，拿出原分财产卷证焚烧掉，兄弟复合同居。明代学者胡明通，幼育于诸兄，事兄如父，同居四十年，斯无间言，世人称之，领嘉靖乡荐。其兄死后，他以己产让界兄子，而自己俭约居食，学者称为“东郊先生”。

总之，在中国传统社会，“夫和而义，妻柔而正；父慈而教，子孝而箴；兄爱而友，弟敬而顺”的家庭伦理被普遍的信奉和践行着，因此有效地保障了家庭的和谐和社会的稳定。但值得指出的是，在不同的历史时期践行的侧重点不一样，甚至出现严重的责权失衡现象，这一部分留待后面章节再讨论。

---

① 宁业高、宁业泉、宁业龙：《中国孝文化漫谈》，中央民族出版社 1995 年版，第 19 页。

② 李学勤：《十三经注疏·毛诗正义》，北京大学出版社 1999 年版，第 270、569～571 页。

## 三、职业活动中的道德践行[①]

在中国传统社会中，各种职业大概分为士、农、工、商四大类，不同的职业有着特殊的职业兴趣、习惯和心理，各个不同职业或行业逐步形成了自己特殊的共同利益和共同义务，传统的道德文化理念在不同的职业活动中演化为特殊的道德要求，形成了特殊的职业责任心、职业荣誉感和职业纪律。中国传统社会中的各行各业都出现了不少践行职业道德的典型人物，他们在长期的职业活动实践中，正确地理解了自己的职业活动与国家民族和社会进步的关系，因而投身于本职工作，恪尽职守，对社会作出了巨大贡献，表现出高尚的职业道德品质：秉笔直书的董狐、奋力著史的司马迁、诲人不倦的孔丘、大医精诚的孙思邈等人，都是敬业守职的典范。以下我们从几个方面进行归纳和论述：

### （一）秉笔直书、宁折不弯

中国古代重视以史为鉴，自西周以来，各个朝代都设有史官以记述皇帝言行和国家大事，史官的专业性较强，有其独特的职业要求和道德，与一般官德有较大区别，故将史家之德视为一种职业道德而从官德中分离开来，专门进行论述。

中国的史书在很大程度上实为一种道德教科书，记事的目的是为了扬善贬恶，提供“历史经验”，警戒后人。规范人的行为。孟子所谓“孔子作《春秋》而乱臣贼子惧”的论断正是点明了史书褒善贬恶的社会作用和文化力量。历代皆强调真实地记录和反映历史事件的过程和相关情况，不隐瞒、不夸大。不虚美、不隐恶，善以劝世，恶以示后。唯其如此，才能暴露成败，明彰是非，客观地总结历史经验教训，认识和顺应历史发展规律。故“秉笔直书”成为历代史家崇尚的职业道德和优良传统。

据《春秋左传》记载，齐国权臣崔抒因齐庄公与妻子私通故设计杀了庄公，立庄公的异母弟杵臼为君，并自封为相国，飞扬跋扈、专断朝政。崔抒担心史官将其弑君之罪行记录于册，留下千古骂名。故下令太史隐瞒真相，但太史持守秉笔直书的职业道德，不畏强权，赫然在竹简上记下“崔杼弑其君”一事。崔杼大怒，挥剑斩杀了直书的太史。按当时的惯例，史官是世袭的。但太史的二弟仍然持守秉笔直书的职业道德，坚持记录“崔抒弑其君”的史实，又被崔抒所杀。太史的两个弟弟皆因秉笔直书而献出了生命，在三个兄长的尸体面前，太史的三弟

① 中国封建社会强调德治，为官者的道德是道德践行中首当其冲的内容，故这一部分的内容见“政治领域中的道德践行”一节中。

依然置生死于度外而秉笔直书。这一宁死不屈的大无畏精神让崔抒丧胆，只得放弃篡改历史的企图并赦免了继任的太史。于是，这段用生命换来的历史真相得以留存于史册。《春秋左传》中记载：“太史书曰：崔杼弑其君。崔子杀之。其弟嗣书，而死者二人。其弟又书，乃舍之。”更令人赞叹的是，就在一连数位太史殉职的情形下，另一位史官南史氏“闻太史尽死，执简以往”，抱定以身殉职的决心意欲承接齐太史兄弟未竟之业，将崔杼的罪状记录于册。他见太史三弟已经据实记载了崔杼的罪行，才放心地回去：“闻既书矣，乃还”。[①]

崔杼弑君之恶行录入史册，发挥着让“乱臣贼子惧”的警戒作用。而齐太史兄弟前仆后继，仗气直书，不避强御的义举也成为中国传统道德在史学文化中的代表，不仅为历代所传颂，更鼓舞和启发着后来者实事求是，坚持真理。因此，直笔不阿的史家及其作品在人们的心中具有了不凡的地位，甚至让至高无上的君主也畏惧三分，直到宋代，人们还可看到这种震慑力量的影响。

例如，宋太祖经常在皇宫的后园打鸟玩，一次，有几个臣子有称有急事求见，宋太祖连忙召见。但他们上奏的都是普通的事情。宋太祖很生气，诘问缘由。有位大臣回答说：“臣以为这些事情比打鸟更紧急。”宋太祖更加生气了，顺手抄起旁边的斧子，以斧柄打这位臣子的嘴，打掉了两颗牙齿，被打伤的臣子弯腰将牙齿捡起放在怀里。太祖见状又骂道：“你揣着牙齿是还想告我吗?”臣子回答说：“臣不能讼陛下，自当有史秉笔直书。”这句话提醒了宋太祖，他转而明白了臣子的用意，立即改变态度，并安慰和重赏了那位忠直的大臣。发生在宋太祖君臣之间的这一幕，既让我们看到专制君主的专横骄纵，而那个富于戏剧性的结局又让我们感受到宋太祖有过能改的胸怀与气度。促使他突然警醒，由怒转悦，以赏代罚的关键性因素是什么呢？正是史官秉笔直书的美德和刚正不阿的传统。拥有至高之皇权的宋太祖可以任意惩罚忠耿的谏官，但却慑于一部实事求是、善恶惧彰的青史，不得不对直书不阿的史官有所畏惧，收敛起帝王的骄横，反躬自省。这一史实从另一角度彰显出史家秉笔直书、刚正不阿的品质以及这一道德所具有的震慑力量。

### （二）学而不厌，诲人育德

教师担负着传承文化、弘扬道德、教书育人的职责，传道授业解惑成为中国历代为师者孜孜不倦的追求。被后人尊为“万世师表”的孔子就强调教育者自身以身作则的重要性：“其身正，不令而行。其身不正，虽令不从。”“不能正其

① 《春秋左传·襄公二十五年》，《十三经注疏》，上海古籍出版社 1982 年版，第 1984 页。

身，如正人何？”[①] 如果教师不能言行一致、以身作则，又怎么能去教育和影响学生呢？作为教育者，孔子一生皆为人师表，他不仅教导学生要“学而不厌，诲人不倦”，更以自己的一生实践着这一道德信条。为了让自己胜任传道、授业、解惑的职责，孔子勤奋努力，“发奋忘食，乐以忘忧，不知老之将至”[②] 虚心求教，“敏而好学，不耻下问”，[③] 始终秉持“三人行，必有我师焉”的谦虚好学精神。他曾说：“十室之邑，必有忠信如丘者，不如丘之好学也。”[④] 这些自我评价充分地反映了他的好学精神。

中国的士大夫以崇高的君子人格作为人生的理想目标，追求立德、立言、弘道。因此，身为教师的士大夫不仅传承文化，传播知识，更注重道德教化，移风易俗，培德育人。宋明理学家有不少就是这方面的杰出代表。一代名儒胡安定面对宋初“轻教育”学风不正的状况，大声疾呼“弘教化而致之民者在郡邑之任”，“广设庠序之教”，强调地方行政官员必须担负起发展教育的重任，认为兴办地方官学不仅可以培养人才，更重要的是，能够“正以民心”，净化社会风气。他在苏、湖执教的二十年间，亲手制定了一系列教育规章制度。如学校作息规定：一般上午讲解经义，课后复读500遍；下午讲解历史，复读100遍；晚上讲解子书，复读300遍。他对学生既严格要求，又注意言传身教，并规定师生之间的礼节，自己以身作则，“倡明正学，以身先之”。为了“严师弟子之礼”，他在盛夏之季亦整天公服端坐堂上，未有稍懈。学生徐积初见胡安定，头稍有些偏了，他就直呼“头容直”。让徐积深受教育，从此时刻警示自己仪态端庄，心要正直。胡安定亦非常关心学生的生活，“视诸生如子弟，诸生亦爱敬如父兄”。他的仁爱之心以及人格魅力和严格的教育，让弟子心悦诚服，“皆循循雅饬”，“衣冠容止，往往相类”，外人一看就知道是胡安定的弟子。他所创立的学风和校风，先后施行于苏、湖，并在全国推广。

从后人对胡安定与王安石的比较中，尤能看出他为传道育德不遗其力的道德实践。熙宁二年（公元1069年），宋神宗要臣下比较胡瑗与王安石二人孰优。这位出于胡安定门下的大臣振振有词地说了一番“扬胡抑王”的道理。他说，圣人之道，有体、有用、有文。君臣父子，仁义礼乐，此乃“历世不可变”的“体”；《诗》、《书》、史、传、子、集等，则是“垂法后世”的“文”；“举而措之天下，能润泽斯民”的政策乃是“用”。胡安定深感当时道德衰退，“以明体达用之学授诸生，夙夜勤瘁，二十余年，专切学校。始于苏、湖，终于太学，出

① 《论语·子路》，《十三经注疏》，上海古籍出版社1982年版，第2507页。
② 《论语·述而》，《十三经注疏》，上海古籍出版社1982年版，第2481页。
③ 《论语·公冶长》，《十三经注疏》，上海古籍出版社1982年版，第2474页。
④ 《论语·公冶长》，《十三经注疏》，上海古籍出版社1982年版，第2475页。

其门者无虑数千余人。”而当今学者“明夫圣人之体用以为政教之本”，此乃胡安定的功劳。因此，故其功劳是王安石不能比拟的。[①] 这番话语明显反映出儒家重道德轻事功的价值取向，其评价虽然未必公允，但却非常清晰地彰显出作为教师的胡安定高尚的为师之德以及传道育人的丰功。

理学家将传道讲学视为人生的崇高使命，据《宋元学案·明道学案》所载，宋代名儒程颢以自己的渊博学问和深厚的修养以及谆谆善诱的教风而让受学弟子感到“如坐春风”之中。他对普通士人温和仁爱，而面对至高无上的君主亦能保持为师者的尊严，宋神宗素知其名，常常召见程颢咨询问事，程颢皆“从容咨访”，有一次甚至由于谈话太久而耽误了神宗吃午餐。程颢一心希望向帝王传播自己的道德主张，“前后进说，未有一语及于功利。尝极陈治道”，“务以诚意感动人主，言人主当防未萌之欲。”他甚至直言批评宋神宗在人才问题上的缺失，他说：“陛下奈何轻天下士？”他的言说常常打动神宗，面对他的批评，神宗俯身拱手说：“当为卿戒之！”甚至说“朕何敢如是！”[②] 从这些言语中，我们不难看出，程颢作为帝王之师的感召力和传道弘道的责任精神，可算是践履诲人不倦、谆谆善诱之师德的典范了。

而南宋名儒朱熹则将讲学视为自己的生命之乐事甚至是生命的支撑，他的学生黄榦在《朱子行状》中曾说：“朱子讲论经典，通贯古今，率至夜半。虽疾病支离，至诸生问辨，则脱然沉疴之去体，一日不讲学，则惕然常以为忧。”虽然是疾病缠身，但只要有学生前来讨论学问，竟然精神焕发，病态全无，甚至是一日不讲学便闷闷不乐。即使是在他晚年被贬之时，仍然讲学不辍，的确是将孔子诲人不倦的师德发扬到极致了。

### （三）治病救人，仁爱淳良

医务之职，事关人命。医德高低，非同寻常。我国历史上，一直十分强调医德。早在南齐《诸氏遗书》中就提出。“夫医者非仁爱之士不可托也，非聪明理达不可任也，非廉洁淳良不可信也。”这里提出做医生的道德条件是仁爱、聪明理达、廉洁淳良。在中国医学史上，自春秋战国以来，有关医生为人治病的高尚品德，包含着丰富的职业道德的内容，相传战国时的名医扁鹊，不但医术高明，而且能从群众的需要出发，为患者着想。

唐代著名医学家孙思邈将济世救人视为自己的终生使命。据《旧唐书·孙思邈传》所载，淡泊荣华富贵，隋文帝曾征召他出任国子博士，唐太宗欲授他爵

---

① 黄宗羲：《宋元学案》卷一，《安定学案》，中华书局 1986 年版，第 25 页。

② 黄宗羲：《宋元学案》卷十三，《明道学案》上，中华书局 1986 年版，第 538 页。

位，唐高宗请他做谏议大夫，皆“固辞不受”，将全部精力投入到医学研究和治病救人的事业，立志成为济世活人的医家。孙思邈高度尊重人的生命，这是他生命伦理思想的核心宗旨，他倾力纂写的两部医学作品《备急千金要方》《千金翼方》的命名中均有“千金”二字，正是这一伦理宗旨的集中凸显，他在《备急千金要方》的序言中论述了这一命名的深刻寓意。他说：“以为人命至重，有贵千金，一方济之，德逾于此，故以为名也。”① 在医疗实践中，孙氏尤其注重医德，在他的《备急千金要方》一书中，首列“大医习业”与“大医精诚”二篇，强调医生应当具备仁慈同情之品德，以救死扶伤为己任。他说：“凡大医治病，必当安神定志，无欲无求，先发大慈恻隐之心，誓愿普救含灵之苦”。在《大医精诚》中，他更是具体提出了医德修养的七个方面：临诊治病，“先发大慈恻隐之心”；不管对什么病人，要“普同一等”；不怕困难艰苦“一心赴救”；勿怕脏臭，“不得起一念芥蒂之心”；“精心施治，详察形候，纤毫勿失”；体察病家苦楚，医家不得“安然欢娱，傲然自得”；要谦虚正派，不要“道说是非”，“訾毁诸医，自以矜己德”。② 这两篇作品是我国最早的较完整的医德文献专论，强调高尚的医德与高超的医技紧密结合，反映出一代名医孙思邈的仁慈大爱。

而他的行医实践更是体现出崇高的医德。从年青之时到白首之年，他孜孜不倦地学习医典，特别注意向民间寻求经验，广泛搜集单、验方。“未尝释卷，至于切脉诊候，采药合和，服饵节度，将息避慎，一事长于己者，不远千里伏膺取决。”③ 在医疗实践中，他痛感当时的医学资料“部帙浩博”“求检至难”，待到找到治疗之方，病人已经病入膏肓，难以施救。于是他“博采群经，删裁繁重，务在简易”，从药物的采集、炮制到性能认识，从方药的组合配伍到临床治疗，孙思邈参考前人的医药文献，并结合自已数十年的临证心得，写成了我国医学发展史上具有重要学术价值的两部医学巨著《备急千金要方》和《千金翼方》二书。《备急千金要方》载方 5 000 多首，书中内容既有诊法、证候等医学理论，又有内、外、妇、儿等临床各科；既涉及解毒、急救、养生、食疗，又涉及针灸、按摩、导引、吐纳，可谓是对唐代以前中医学发展的一次很好的总结。而《千金翼方》载方近 3 000 首，书中内容涉及本草、妇人、伤寒、小儿、养性、补益、中风、杂病、疮痈、色脉以及针灸等各个方面，对《备急千金要方》作了必要而有益的补充，《备急千金要方》以其划时代的医学价值而被后人称为方书之祖，孙思邈本人也受到人们的崇敬，被尊为“药王”“真人”“药圣”。

宋金元时期，此时的医德得到丰富和充实。北宋时期，代表官方哲学思想的

---

①③ 《备急千金要方·序》，人民卫生出版社 1998 年版，第 1 页。

② 《备急千金要方·大医精诚》，人民卫生出版社 1998 年版，第 3 页。

理学，对医德产生了深刻影响。王安石变法、教育改革，对医学人员实行考试罢黜制度，对于医学人员的素质，促进医学和医德的发展产生了积极的作用。医疗慈善机构的出现，虽然是为了缓和阶级矛盾，也不乏同情民众疾苦的清官真心实意布施仁德之举。宋代由官方或民间医家修订、编纂的大量方药医书，就在向人们表达一种济世救人、拯民利物的道德理念。范仲淹的“良医良相”论将医道置于治国的高度，医学具有济世救人使国泰民安的社会职能，鼓励后世文人儒士习医业医。金元时代，又是一个由稳定逐步走向衰亡的过程。特别是元朝后期连年大疫，造成大批人口死亡，而研习宋代和剂，不利于治疗热性疫病。新病与旧习的矛盾，使医家冲破传统，形成学派论争的局面，争鸣创新的目的就是为了救死扶伤。除了继承前代的医德传统，“不为良相，则为良医”还使学医成了儒士追求人生价值的重要目标，“医为儒者”之观念日渐根深蒂固，医学家的医德行为也突出表现在关心人民疾苦、热心救治、不计名利、意无图报的道德风尚，和从实际出发、立论著述、探索争鸣的创新精神，著名的金元四大家的医学争鸣和通力协作正是这种精神的最佳体现。

明清时期，医德内涵得到扩充和不断深化。中国的资本主义开始萌芽。特别是到明朝后期，随着商品经济的发展，医药职业化现象越来越普遍，如何处理求利与救人的关系，成为当时医者的首要问题。医者的共同目的当是“救人”，共同途径是“虚心笃学”，共同的需要是“求利”。三者相互依存，不可缺一。明清医家对医德理论的研究较前代有所突破，在详细而深刻地分析医疗过程中各种人际关系后，对医生和病人的态度、观念作出不同的论述，提出了处理医患关系的原则。明清时期的封建统治更加专制，统治阶级竭力宣扬封建礼教，八股取士的科举制度禁锢了人的思想和行为，加之文字狱的残酷措施，在一定程度上导致学术界的因循守旧和脱离实践。在这样的文化和思想高压下，这一时期的医学家们敢于挑战权威、强调实际经验与学以致用，则显得尤其难能可贵而成为当时思想的重要突破。他们的医德行为继承了前代济世救人的医学理念，注重持之以恒的医学探索，强调认真周详的诊疗态度，如李时珍编写《本草纲目》、崔默庵诊治出痘少年、王清任编写《医林改错》等都是很好的体现。

古代医家多以“不为良相则为良医”自勉，而元代著名医家朱震亨则为了治病救人而放弃了学而优则仕的青云之途。他年少时曾就学于元代名儒许谦，许谦见他聪明异常，遂建议他学习医术。朱震亨接受老师的建议，决心学习医术，他认识到，虽然不能入仕为官，但能够以精湛的医术济世救民，依然能够实现仁民利物的理想。故毅然放弃科举考试之业，焚毁原先所学的儒家经典，以治病救人为己任。一心致力于钻研医术，终于在医学上卓有成就。

有的医生全家上下都献身于治病救人事业，例如，安徽休宁的程公礼一家就是这样的典范。程公礼因为家贫无以济人，于是夙夜研究医学方书，博通《黄帝内经》等医学书籍，医术高明，手到病除，“所经诊治诸验”，还撰著了《医家正统》《行仁辑要》《保赤方略》等医学专著。他的长子程邦贤潜心研究父亲留下的方书，在儿科领域有独到的建树。次子程相同样继承父亲的遗志，不仅“医术之精，诊验不可胜举”，而且“倜傥好义，稍有盈余，即储仓谷，以备族里缓急。他如修桥路，施棺笠，放生埋死，一切济人利物事，每倾囊不惜。”他的妻子方氏亦精于幼科，“求治者日盈，坐计所全活，岁不下千人，逐致道路啧啧，有女先生胜男先生之称。”①

还有的医生甚至全力为民众治病而不考虑报酬，湖南邵阳就有这样一位“治病不问值”的医生。他名叫李台春，字怀川，世代精于医理，一生唯以治病救人为务，替人治病从不谈论价格。穷苦民众前来治病者挤满了诊所，但他一一为之诊视，毫无倦容。有的患者路途遥远而不方便继续前来复诊检药，李氏就根据患者的病情计算服药的疗程，收到了药到病除的显著效果。他与人交往，他一生乐善好施，周穷救急，不计利害，故很少为自己积蓄钱财，以至于家中急需要用钱时常常手头窘迫，也没有遗产留给子孙。但他的善行在乡民中间口口传传，芳泽流传，四方受惠，可谓是给后代留下了一笔丰富的精神财富。

### （四）实事求是，精益求精

职业劳动不仅是个人生活资料的主要来源，更是科技进步、社会发展和文化积淀的重要途径，这就要求职业工作者在职业活动中务实求精，一丝不苟。这对于以治病救人为业的医家来说更为重要，不少医家为人们树立了榜样。例如，元代医家朱震亨就在医疗实践中恪守务实求精的美德。当时，医学界人士治病皆用北宋医家陈师文、裴宗元所修订的《太平惠民和剂局方》，朱震亨亦将这些药方奉为圭臬，但他不久又认识到，不能完全沿袭前人的药方。他说：“操古方以治今病，其势不能以尽合。”他强调，应当回到《黄帝内经》的《素问》《难经》等祖国医学的原典来寻求智慧，但本地的医家对这些经典知之甚少，于是，他遍历江南各省，“渡浙河，走吴中，出宛陵，抵南徐，达建业”，希望寻访名师，最后终于在杭州寻访到学精于医的高人罗知悌，他精通金代名医刘完素之学且旁通张从正、李杲之说。但此人性格执拗，朱氏多次上门拜访皆遭到拒绝，但此时已在医学界有名气的朱氏依然毫不介意，“求见愈笃”，终于感动罗医生，倾其所知而授之，陈述阐发名医刘完素、张从正、李杲等人的医学理论并将与《黄帝内

① 陈梦雷编：《古今图书集成·博物汇编·艺术典·医部》卷五三六，《医术名流列传·程公礼条》，中华书局、巴蜀书社 2008 年版，第 46 册，第 56839 页。

经》的理论相统合，朱氏“受其所教”，又结合自己原有的医学知识，在医理方面豁然贯通，“尽得其学以归”。朱震亨回到乡里后，那些拘泥于泥宋代陈、裴之学的医生起初极力排斥。但朱氏努力实践，治好了老师许谦十余年未能医治的陈痾旧疾，那些讥笑且排斥朱氏的医生们“皆心服口誉”。在数年之间，朱氏的声闻顿起。但他却毫不满足，更加努力地将刘完素、张从正、李杲等人的医理运用于医疗实践中，并在应用中加以完善，终于成为与刘、张、李三人齐名的医家，名列金元四大家。①

中国古代著名的地理学家徐霞客在务实求精方面为后人作出了表率。他为了研究祖国的地理，从22岁起，至去世为止，30多年中足迹遍于华东、华北、西南、中南，历尽千辛万苦，甚至不怕牺牲自己的生命。他认为，前人研究地理常是闭门造车，在书房里写地理书，不作实地考察，故其记载不具体，多有错误。他打破了旧的习惯，走向广阔而又充满艰险的万水千山。他50多岁时，有人劝他不要出外了。他说：“我肩扛锄头，哪里不能埋我的尸骨呢？”当时交通不便，为了考察得真实、细致，很少利用车船，主要靠双脚长途跋涉。常常披荆斩棘，攀绝壁、登危山、涉溪流、探洞穴。“寝树木之间”，“食草木之实。”，不论多艰苦，多疲劳，他在晚上总是把当天观察所得的都记录下来。正是这种坚强的毅力和百折不挠的努力，他为后世留下了很宝贵的地理资料。对于石灰溶洞的考察更是下了功夫。先后考察了100多个岩洞，对桂林七星岩洞穴结构和形态特征的记述，与现在用科学方法勘察的结果几乎完全一致。他将自己的一生贡献给了祖国的地理事业，直到临终时，他的病榻旁还放着一块石灰岩标本。

中国古代著名史学家司马光撰著《资治通鉴》，也是精益求精的范例。为了完成这部300万字巨著的编写，司马光倾注了一生的心血。在编写过程中，他“研精极虑，穷竭所有，日力不足，继之以夜。”反复修改，而所有修改涂抹之处，没有写过一个潦草的字，全为一丝不苟的楷书，资料收集的范围也很广，除了正史外，采用的杂史达300家以上。从史料的选择到文章的剪裁，从文字的润色到句法的锤炼，他都非常认真。为了高质量地完成任务，他殚精竭虑，以至于劳累成疾，“筋骸癯（瘦）瘁，目视昏近，齿牙无几，神识衰耗，目前所为，旋踵遗忘”② 虽然司马光撰写此书的目的是为了帮助皇帝治天下，但他对事业精益求精的精神却是各个时代每一个职业工作者应该效法的。

务实求精的品德是科学探索活动的灵魂。明代著名科学家徐光启也以自己的方式实践了这一精神。他不满足于前人的结论，为了给后人留下翔实的救荒资

---

① 陈梦雷主编：《古今图书集成·博物汇编·艺术典·医部》卷五二九，《医术名流列传·朱震亨条》，中华书局、巴蜀书社2008年版，第46册，第56762页。

② 司马光：《进资治通鉴表》，《资治通鉴》卷二九四，中华书局2009年版，第9608页。

料，对前人所写的《救荒本草》中所载的救荒植物大多数逐一亲自尝过，证明它们是否可以充饥，是否有毒，又将其尝试的结果记入《农政全书》。宋代科学家沈括对唐代卢肇解释海潮是“日出没所激而成”表示怀疑，通过三个月的观察，每当月亮在正南或正北时，海潮就上涨，百无一失，这才敢否定上述说法，以自己的实践结果，修正和完善了中国古代对于月地关系的认识，在中国科技史上留下了值得纪念的一笔。

古代不少职业工作者将个人的事业融入在人类的文化事业中，融入在国家和民族的大业中，脚踏实地、实事求是，以高度的责任心做好本职工作，才能不断地创造，不断地进步，才能够更好地体现个体的价值。因此，继承发扬传统的务实求精的精神是十分必要的。

### （五）笃守诚信，公平交易

商业在中国古代相对不太发达，但商人作为一种社会职业都一直存在，其职业道德也颇具特色。首先是恪守“以诚取信”，恪守“货真价实”、“童叟无欺”的经营信条，不制造或出售假冒伪劣商品。

据《德育古鉴·交财类》所载，信州有一位周姓妇人，贤德能干。公公将家中经营的生意托付给她。然后就拿出斗、斛、秤、尺各两样，并且嘱咐她，买进东西用大的量器，卖出则用小的量器。媳妇听了这一做法后很不高兴，她担心将来这样的经营之道会生出败家子，别人将会归咎于她，故决定离开。她向公公告辞，表示不愿再做周家的媳妇。公公非常惊奇地问其缘由，媳妇回答说：“翁所为，有逆天道，妾心有愧，居之不安。”而且特别指出，行这种不义之举“恐生子败家”。这番话让他的公公猛然醒悟，赚钱原本是为了后代，如果生子败家，那又何必？他认为媳妇的话很有道理，并决定将这两套量器毁掉。媳妇连忙阻止并问公公以此法经营有多少年了。公公回答说，大约二十年了。媳妇非常恳切地对公公说，如果一定要我留下来侍奉您，请您答应从现在起用小的斗买入，用大的斗卖出；用小秤短尺买进物品，大秤长尺卖出物品。再用二十年的时间来偿还以前欺瞒别人的数目，这样我就愿意留下来。这番话让公公受到教育和感动，很高兴地应允了这一方法。后来媳妇所生的两个儿子都学有所成，很年轻就中了进士。[①] 史家记载此事的动机虽然出于宣扬善有善报，将其后人的“少年登第”理解为因果报应理论。但实际上，这无非也是诚实守信、勤劳致富的家风熏陶而促进子女健康成长的必然结果。

位于社会下层的普通劳动者的义举亦留于青史。江西余干县有位姓吴的船

① 史洁珵：《德育古鉴·功过案·交财类》，中国水利水电出版社 2011 年版，第 124～125 页。

工，有一次和他的儿子一道运载一位商至瑞洪，商遗金一袋于舟而去。吴氏整理船舱发现金子，为了等待失主，他特意迟延半日发船。待商人返回觅金，吴氏之举以还。商人要将金子均分一半给吴氏，他坚决不受。商人吁天拜谢而去。吴氏的儿子见父亲放弃发财的机会，生气地责怪说："横财入手不能享，乃举以还人!"吴氏笑着回答说："吾父子终日棹舟，尚不能饱暖，横财岂易享耶?"遂命儿子开船离去。儿子还在生气，不听父命。吴氏只得亲自运舟。发现此船旋转不动，好像在东西阻碍船舵。吴氏入水检查，得到一只皮箱，内盛二百余两，遂成富室。[①] 这又是一个善有善报的典故，是否真有如此巧合的美事，我们不得而知。但却反映了中国传统社会中下层劳动人民笃守诚信、急人所急、拾金不昧的良好道德。

由于资料缺乏，少数民族的道德践行的史料颇难一见。有一则拾金不昧的事例殊足珍贵：顺治五年，回族人哈九在江宁开饭店，一天遇到一位江浦人携带行囊来店中借火，将一袋金子遗留在店里。哈九想到此人丢失金子，未必能记得起在此遗失，于是他追至江边将金子还给失者。失者大喜过望。渡江至江浦时，看到大风将一船吹翻，船上大约有二十余人。此人自思，我就当做哈九没有还我金子，何不用它来做些好事？于是呼叫附近的渔舟救人，并许诺拯救一人，奉送五两金子！渔夫争相救人，结果只救到一个人。仔细询问被救之人，正是哈九的儿子。[②]

以上众多道德践行者的出身、地位、学养、成就虽然各有差异，但却都反映出敬业守职的崇高精神，这些崇高精神支撑着他们成就着彪炳青史的事业和英名。不同的职业集团，有不同的道德动机和职业良心，但忠于职守、献身事业的精神却是任何时候任何社会所必需的美德。因此，这些优秀传统不会由于时间的流逝而黯然失色，以上那些忠于职守、献身事业的道德楷模以及他们对于自己从事的职业所具有的恭敬谨慎、认真负责的态度仍然可以为我们今天的事业发展和成功提供精神动力。

## 四、社会生活中的道德践行

中国传统社会通过各种渠道而展开的道德教化效果显著，再加上自给自足的小农经济等社会历史因素，形成了道德践行的深厚文化土壤和心理基础。善恶有报、德福一致等价值观念深入人心，勤劳节俭、诚实守信、克己为人、善良朴实

① 史洁珵：《德育古鉴·功过案·交财类》，中国水利水电出版社 2011 年版，第 116 页。

② 兰陵学了氏校编：《感应篇注训证》，佛陀教育基金会 2008 年编印本，第 37 页。

等传统道德文化理念渗透到民间，成为人们崇尚的美德；扶危济困、乐善好施、礼让不争成为普通民众立身处世的信条。

### （一）周济贫寒，扶危助困

扶危济困是中华民族“重义”传统美德的具体体现，是处理群己关系中的一种传统美德。雪中送炭，解囊救困，治病救人，倾财赈灾，排忧解难，助人为乐等事迹历代不绝。

五代后晋时的燕山富商窦禹钧是以周济贫寒、克己利人而著称于世的义士。他自己的生活非常节俭，“家唯俭素，无金玉之饰、衣帛之妾”，将自己每年的大部分收入用来接济他人，“量岁之所入，除伏腊供给外，皆以济人。有同宗外姻无钱举丧者，他为之出钱葬之；家中有女儿而无钱出嫁者，他资助陪嫁；故旧相知生活窘困者，他资助其中有经商能力的子弟经营商业。前后一共资助棺椁埋葬者 27 户，资助陪嫁者 28 户，资助做买卖维持生活者数十家，而以柴米资助四方贫穷之人则不可数计。更可贵的是，他不仅从物质上救济贫穷者，而且从精神和人才培育方面帮助他人，“建造书院四十间，聚书数千卷，延礼文行之儒，以育四方之俊”，四方有志为学者，听其自至，若贫穷无供则给予生活上的资助，帮助他们完成学业，不少人由此而学有所成，“赖以成名者，前后接踵”。窦禹钧的事迹感动一方，著名政治家、文学家范仲淹曾书其事于册，以此教育子孙。[①]

而范仲淹也是一位轻财好施、扶穷济因的践行者，《宋史》记载其“好施予，置义庄里中，以赡族人”。他在第三次被贬后在原籍苏州吴县买了好田数千亩，当做义庄，其主要作用是救济族中贫困无告之人，又从中选出贤能之人主管资金，每人每天一升米，每年拿一批细绢做衣服，同时还在遇到天灾人祸或有婚丧嫁娶大事的人实施临时救助，为本族贫寒子弟设立义学，在义庄中聚集的族人将近百口。范氏给义庄订立章程，规范族人的生活。他去世之后，他的二儿子宰相范纯仁、三儿子尚书右丞范纯礼又续增规条，使义庄维持下去。后世的范氏子孙不断捐助义庄，如明末范允临捐助田地 100 亩，清前期大同知府范瑶捐助田地 1 000 亩。范氏义庄是中国最早的家族义庄，也是有史可考的第一个非宗教性民间慈善组织，延续了八百多年，直到清朝宣统年间，仍然有田 5 300 亩，且运作良好，范氏开创的“义庄”也受到了其他家族的认可和效仿，它为中国慈善事业树立了一个典范。[②]

一家一户的小农经济是中国传统社会的主体，这种经济形式难以抵抗自然灾

---

① 史洁理：《德育古鉴·功过案·救济类上》，中国水利水电出版社 2011 年版，第 68 页。

② 周秋光、曾桂林：《中国慈善简史》，人民出版社 2006 年版，第 116 页。

害的袭击，故在遭遇灾害之时出手相援成为民间扶危助困、周穷救急的重要形式，在交通不便、信息封闭的中国传统社会中，民间的这些善举成为官方救济的有力补充。

据《明史》所载，明代工部尚书丁宾关心百姓疾苦，不仅在遇到旱涝灾害时向朝廷报请赈济灾民，努力承担政府官员应尽的责任，而且好善乐施，捐出自己的家产救灾。万历丁亥年是一个多灾之年，水灾、饥荒和大旱先后袭击江苏一带，他动用家产实施了一系列的救济措施。当时米价飞涨，他让家人按照时价用米换布，每疋布加米四升，花费自家的积储千余石；又派人修筑田野圩岸，以备旱涝，并计算修筑圩岸的长度发给工人大米作为工钱，花费积蓄六百五十石。第二年，饥馑更为严重，他设置粥厂救济饥民，前来就食者每天达到几千人。又派人查访那些老弱不能前来就食之人，另行送粥上门，施粥的活动延续了九十天，缓解了灾害对民众的危害。至秋天又遇到大旱，丁公又赈饥民，规划救荒良策，“全活甚众”。在冬天到来时，灾民多苦寒，丁公又遍访衣单之人，编籍给票，届期凭票领取布料。倾尽原来所换的布匹，佐以棉花。每人发给布二疋，棉花四斤。他在短短两年内的一系列救灾行动总共散米一万二千四百余石，布三万四千疋，棉花六万八十斤。天启五年（公元 1625 年）淫雨，他又发仓庾施济，捐粟三千石赈贫民，并拿出三千两银子送给不能缴赋税的人家。他还将一生的积蓄在家乡丁栅建造了东来桥、南安桥、西成桥、北睦桥、丁宅桥等 5 座桥梁，在市梢东建造了 4 个防备盗贼的栅栏。①

地方上的普通民众也努力实践着扶危济困的善行。康熙壬午、癸未年间，齐、鲁之地遭遇大饥荒，谷价飞涨，饿死者甚众，以至于“白骨相望于道”。一些有资财的富家不是趁机提高物价以获取暴利，就是紧闭门户修治墙垣自植谷物，坐视民众饿死而不恤。而山东沾化县的吴璟见此情形而深为悯之，他仿照常平法（即谷贱时收进，谷贵时卖出的方法）以低价出售粮食以救济饥饿之人。又计算自己家中的人口，仅留极少的粮食用以供家人吃粥，拿出多余的粮食来煮粥糜以救济众人，因此而救活了很多濒死之人。

据百一居士《壶天录》所载，绍兴有一位姓何的商贾，以好善而闻名。常以自己的蓄资致力于调穷救急。当时某甲失业，被人催迫欠债甚紧，故只得打算鬻卖自己的亲生儿女以抵债。何氏从邻居那里得知些事后非常同情和痛惜，马上赶到某甲家中阻止，并拿出钱来帮某甲还债，而且要求他立约今后不得再卖儿子，又将某甲的女儿暂时收养，并许诺如果亲生父母希望女儿回归，可即刻来领。何氏的“慷慨之施，兼具仁厚”，让陷入绝境的某甲“既完其嗣，又清其逋”，乃

① 张廷玉等编：《明史》第二二一卷，中华书局 2003 年版，第 5830 ~ 5831 页。

至“涕零崩角”。[①]

明代著名慈善家袁了凡则为推动江南民众实施慈善活动奠定了思想基础，他在《了凡四训》中以自己的亲身经历向民众证实善有善报的道理，深深地影响了一代又一代的中国民众。袁了凡常常与嘉善的另一位慈善家陈龙正一起探讨修德行善的问题，陈龙正于崇祯十四年建立同善会馆，作为兴办慈善事业的常设机构和公所。同善会馆是江南最早兴起的民办慈善组织，成为后来风行全国的乡村社会团体，带动清代的民间组织介入慈善机构，推动了扶危助困的美德在更大范围的践行。例如，救济同乡的会馆、救助贞女孀妇的清节堂、救助贫民丧葬的掩骼会、救助族人的族田义庄都是当时民间人士践行救助之美德的慈善组织。[②]

明末清初时期，江南地区的民间慈善事业形成了高潮，一些进步的知识分子纷纷成立地方慈善组织，东林学派的主将高攀龙、钱一本、陈幼学、叶茂才等组织的同善会便是这样的一个民间慈善团体。向社会宣扬良好的道德风俗，收养生活无着的贫困孝子、节妇和贫老病者，资金由同善会员集体募捐。对社会实施了有效的救济。[③] 在同善会的推动下，更多民众投入到慈善事业中来。据有关史料统计，清代仅苏州一地，即有各种名目的社会慈善团体 120 多个，上海地区也有 80 多个慈善组织。

### （二）克己谦退，礼让不争

谦退礼让是中国传统道德的重要内容之一。《易经》中唯有《谦卦》全无悔吝凶咎，下三爻皆吉，上三爻皆利；孔子强调“君子无所争”。[④] 这些记载反映了上古社会和儒家学派对谦德的崇尚。以老子为代表的道家更是将谦退不争作为重要的处世原则，告诫人们：“不自见，故明；不自是，故彰；不自伐，故有功；不自矜，故长”。[⑤]

孔门高足曾子避席的典故就是一个谦退礼让的著名事例。据《孝经》所载，有一次曾子在孔子身边侍坐，孔子问他：“以前的圣贤之王有至高无上的德行，精要奥妙的理论，用来教导天下之人，人们就能和睦相处，君王和臣下之间也没有不满，你知道它们是什么吗?”曾子听了，明白老师孔子是要指点他最深刻的道理，于是立刻从坐着的席子上站起来，走到席子外面，恭恭敬敬地回答道：“我不够聪明，哪里能知道，还请老师把这些道理教给我。”在这里，避席是一种

① 百一居士：《壶天录》卷中，上海古籍出版社 1995 年版，第 28 页。
② 参见周秋光、曾桂林：《中国慈善简史》，人民出版社 2006 年版，第 181～203 页。
③ 梁其姿：《施善与教化——明清的慈善组织》，河北出版社 2001 年版，第 52 页。
④ 《论语·八佾》，《十三经注疏》，上海古籍出版社 1982 年版，第 2466 页。
⑤ 《老子》第二十二章，《二十二子》，上海古籍出版社 1985 年版，第 3 页。

非常礼貌的行为，表示他对老师的尊重。

如果说，曾子避席的事例反映的是学生对于老师的礼貌，而张良拜师则表现出身为贵族后代的张良对于一个陌生长者的礼让与谦逊。在秦灭韩后，身为韩国贵族之后的张良立志为先祖报仇。他因刺杀秦始皇未遂而受到追捕，避居到下邳。有一天，他到下邳桥上散步，碰到一个穿着粗布短衣的老人，故意把他的鞋子掉到桥下要求张良拾上来。张良尊敬老者，将鞋拾了上来又为老人穿上。这番礼敬行为让老人认识到张良是可教之才。他离去后又折回身来，约定与张良在第5天的早上来此会面！第五天天刚亮，张良到了下邳桥上，老人却已经先到，他生气地说："和老人约会，怎么迟到了？以后的第五天早上再来相会！"这位老人诚心要考验张良，下一个第五天又早于张良来到桥上，又嘱咐他过五天再来。如此这般的反复考验，老人终于放心地将《太公兵法》这本辅佐周武王伐纣的姜太公的兵书传给了张良。张良根据《太公兵法》向刘邦献计献策，成为刘邦运筹帷幄，决胜千里的军师，后来封他为留侯。这个故事虽然有一些神秘的色彩，但却称得上是践行谦退礼让之德的一个范例。

在社会生活中，一些明智之士更是会在家庭利益与他人发生冲突时主动选择谦让不争的态度，以此维持邻里之间的和谐关系。六尺巷的典故就是这方面的一个典型案例。清代礼部尚书张英的邻居在翻修宅邸时欲将院墙向外扩张，且不理会张英家人的抗议。张家在情急之下给张英修书一封，期待当朝权臣张英能出面协调，阻止吴家越界扩建，让张家在这场争斗中占得上风，张英随即赋诗一首，劝导为此事来信求助的家人说；"千里修书只为墙，再让三尺又何妨？万里长城今犹在，不见当年秦始皇。"何必为这几尺地争斗不休呢？君不见当年秦始皇开疆拓土，修筑了万里长城，但他横征暴敛，严刑酷法，弄得天怨人怒，结果官逼民反，秦帝国二世而亡，空留万里长城。家人见诗后．马上主动后退三尺。邻居见此，便也将正欲修建的围墙退让三尺，于是，两家的围之间，就形成了一条六尺宽的小巷。身居礼部尚书之要职的张英不屑于依仗权势为家族争利，且以生动的历史事实教育家人持守柔弱谦让之德，淡化家人的争斗意识。这一退让之举立即引起了相应的积极效应，在当事人转争为让的道德践行过程中，一场争斗烟消云散，六尺巷也成为了互让互谅的道德丰碑，给后人留下了教益和启示。这种不以权势争私利的精神，受到广大民众的由衷景仰，六尺巷的故事成为古今美谈，六尺巷至今仍是桐城一景，充分说明中国人对于谦让不争之德的认同和崇尚。

### （三）诚实守信，拾金不昧

诚信是中国传统文化中优秀的道德品质，也是一个人安身立命的保证，尤其是在为人处世上，人们更是看重忠诚守信。"情同朱张"的成语就包含了一个忠诚守信的动人事例。据《后汉书·朱晖传》所载，东汉的时候，河南南阳有两个人，一个叫朱晖，一个叫张堪。在就读于太学期间两人做了同学，相处甚为投缘。朱晖不但知识渊博，且为人正直。当时的张堪已是朝廷重臣，很欣赏朱晖的学识与为人，再加上同乡关系，就有意提拔朱晖，可他却婉言谢绝了。张椹觉得朱晖是个可以信赖的人。太学学业结束，两人归家分手之时，张堪推心置腹地和朱晖说：你是一个非常自持的人，倘若哪日我身体不好，乘鹤仙去，愿把自己的身家与妻儿托付你！朱晖忙道“岂敢岂敢”，但心却非常感激，毕竟有人把自己当作生死之交，也是一件让人欣慰的事。过了几年，张堪去世了，他为人为官，清正廉洁，家中少积蓄，妻儿生活非常拮据困难。正当他们为生活困窘发愁之时，朱晖闻讯赶来，向张堪的妻儿伸出援助之手，并且还不断地给予资助。朱晖的儿子对此不理解，询问朱晖何以对他的家人如此厚待。朱晖回答说：“我和张堪只是彼此倚重、生死相托的朋友，这就足够了。张堪信得过我，所以在生前曾有知己相托之言，我又怎能辜负这份信任呢？现在他的家人生活窘困，我又怎能袖手旁观?”

朱晖在家乡是一个扶贫济困非常有爱心的人，南阳太守很仰慕朱晖的为人，为了褒扬朱晖便想请他的儿子做官。可是，朱晖却认为张堪的儿子更为合适，于是向太守推荐。张堪的儿子果然在任职期间廉洁奉公，勤奋踏实，为功一方，没有辜负朱晖的对他的信任。朱晖可谓是真正做到了一诺千金，不计得失。这个典故反映出朋友之间持守诚信的深厚情谊，至今仍然值得现代人崇敬。

《南北朝杂记》记载了拾金不昧的事迹。南北朝南齐有一个叫甄彬的人，曾用一束苎麻到荆州长沙西库作抵押换钱，后来赎回苎麻时，在苎麻里发现用一条手巾包着的五两金子。甄彬得到金子后送还西库。管理西库的人非常吃惊，说：“早先有人用金子抵押换钱。当时仓促未能记录下这件事，你却能在见到后归还，恐怕是从古到今都没有这样的事。”于是用一半金子作为酬谢并让甄彬把名字详细的告诉他，两人往复推辞了十多次，甄彬坚决不肯接受。后来甄彬被任命为郫县县令，将要赴任之前，他向皇帝辞行，同去辞行的有五人。皇帝告诫他们一定要廉洁谨慎，唯独对甄彬说：“你昔日有还金的美名，所以不再以此告诫你了。”

在践行诚实守信之德的过程中，还流传着一些脍炙人口而又具有道德两难性质的典故，引发人们思考在持守诚信与捍卫国家利益发生道德冲突如何进行道德选择，从而提高在生活中更好地践行诚实守信之德的操作性。例如，战国时期的郑国商人弦高在路遇试图偷袭自己祖国的秦军时，牺牲自己的牛而诈称前来犒赏秦军，从而智退敌兵。对于这一为了国家利益而弃信行诈之举，《淮南子》的作者是这样处理的：当弦高智退秦兵而使国家转危为安之后，郑伯以存国之功赏弦高，弦高辞而不受，说出了一番含义颇深的话语：“诞而得赏，则郑国之信废矣。

为国而无信，是俗败也。赏一人而败国俗，仁者弗为也；以不信得厚赏，义者弗为也。遂以其属迁东夷，终身不返。”①

弦高以不信而辞厚赏的记载至少表达了作者的价值取向。其包含了以下几方面的意义：第一，“信”是国家立国定俗的根本，是国家所推崇的最高道德，处于“经”的地位，不可因一时的利益需要而动摇根本，放弃信德；第二，以诈术退敌只是一时的国家安全需要，处于“权”的地位，尽管弦高是为了国家安全而弃信行诈，但从国家长远利益着眼，则决不能褒扬不守诚信的行为，也就是说，在任何情况下，“不信”者都不应得到奖赏，君主的赏罚体现了价值导向，更是不可不慎；第三，行为者在守信和卫国行诈的道德两难选择中虽然选择了后者，但却由于违背了诚信道德而羞于在祖国立足，故举家迁到文明不发达的“东夷”且“终身不返”，足以显示守信在人生道路上的崇高地位。

### （四）治病救人，克己奉公

在中国传统社会中，广大民众普遍面临着缺医少药或交通阻隔的困境，治病救人、修桥铺路成为道德践行的重要表现形式。三国时福建侯官（今福州）人董奉就是这样一位典范，他居住在山里，天天为人治病，却不取分文。得了重病被他治愈的人，他就让患者栽五棵杏树，病轻的人治好以后栽一棵杏树。如此数年就栽下了十万多棵，成了一大片杏林。董奉每年把卖杏得来的粮食全部救济贫困之人以及出门在外却缺少路费的人，一年能散发出去数千斛粮食。② 董奉与当时的名医张仲景、华佗齐名，号称“建安三神医”，他的故事在民间广为流传，“杏林”成为医家的代名词。

有不少道教的高人也以高超的医术济人。元代道教的一个派别——大道正教的祖师刘德仁就是这样的行善救危之人。据史籍记载，他绝去嗜欲，摒弃酒肉，勤力耕种，自给衣食，朴俭慈闵，一心济世利人，“乡人疾病者远近来请治，符药针艾弗用，效如影响焉。”③ 他的义举得到乡民的广泛尊崇，“一时翕然宗之。”④

徐珂《清稗类钞·义侠类》还记载了一位少年立志修桥而至死不渝的感人事迹。康熙丁未年时，有位名叫郑成仙的人，他以织箕为业，质地坚固而价格公

① 《淮南子·人间训》，《二十二子》，上海古籍出版社 1987 年版，第 1292 页。

② 陈梦雷主编：《古今图书集成·博物汇编·艺术典·医部》卷五二五，《医术名流列传·董奉条》，中华书局、巴蜀书社 2008 年版，第 46 册，第 56721 页。

③ 田璞：《重修隆阳宫碑》，载中国道教协会研究室编：《道教史资料》，上海古籍出版社 1991 年版，第 297 页。

④ 吴澄：《吴草庐文集》二十六《天宝宫碑》，载中国道教协会研究室编：《道教史资料》，上海古籍出版社 1991 年版，第 350 页。

道，近村数十里争相购之。他在年少之时，在风雨之中过河，小桥木腐，多次几乎摔下桥去。他曾仰天发誓说："吾有生之日，当积箕为石以缮此桥。"闻者皆笑之。从此之后，他卖箕赚钱后即换成银子，贮之于小瓦罐中，埋藏在瓦锅底下，他的妻子与孩子皆不知道。当罐中的银钱渐满时，这些钱或被邻人借贷，或不小心泄露秘密而被他人窃去。如此三散而三蓄，却始终不改其志，反而其志愈坚。家中生活艰难，甚至连粗茶淡饭也吃不饱，但郑氏却无暇顾及。到了七十余岁时，他将诸位邻叟招至家中，对他们说：我的脚掌长出了老茧，背也驼了，但从未放弃多年来修桥的愿望。说完将瓦罐中的银钱倾出，合计共计有四十多两金子，当天即召集工人采石修桥。郑氏的妻子与孩子身着敝衣，"环立瞪目，作悔恨声"。以往讥笑郑氏之修桥之志向的人皆肃然起敬，他们惊愕地说："叟果至是耶？"遂共同选择吉日，开始营建桥梁。大家齐心协力，年少者拿起锹镐，年壮者肩扛石头，"挥汗趋役，穷日不休"。不到一月就完成了修桥的工作，这条曾经危险的道路，也化险为夷，"其道如砥"、一个身居乡下的普通农民，一生与全家节衣省食，不顾他人的讥笑和讽刺，以终身的积蓄来兑现为乡人修桥的夙愿，充分地反映了普通民众践行道德的壮举。

# 第七章

# 中国传统社会促进道德理念践行的经验

现实生活中道德与幸福的二律背反现象。康德所指出的无法在现实生活中解决这一问题，而只得将这一矛盾提到精神领域中去解决，因此，他在《实践理性批判》中指出，道德与幸福的必然结合不可能是现实的经验的综合，唯一可能就是先验的综合，必须借助于宗教的力量，故他又将灵魂不朽和上帝存在作为实现至善境界的必要前提。现代宗教哲学家鲍恩也曾认为，宗教伦理乃是克服追求美德与追求幸福生活两种不同价值系列之冲突的唯一方式。[①] 这些看法揭示了宗教信仰对于道德践行的促进作用，有其合理之处。但他们将宗教伦理视为解决冲突的“唯一方式”却不无偏颇。

中国先哲虽然亦重视宗教对道德践行的促进作用，但却有着更为开阔的思路，积累了更为丰富的经验。他们力图在此岸世界实现道德与幸福的结合，将积善修德视为通往幸福安康的必由之路：一方面，中国先贤认为，人道与具有道德属性的“天道”相感应，借助神灵的力量和人间的权威而建立起各种形式的赏善罚恶这一外在激励机制；另一方面，又通过揭示身体健康、心理健康和精神健康的相互联系而形成了修德行善以延年益寿的内在驱动机制；同时，在实施道德教育过程中既注重劝喻，又强调垂范，既动之以情，又晓之以理，形成了多维立体的育德网络，有助于将道德理念转化为精神信仰并被人们所践行，留下了值得总结的经验，以下试将其概括为以下几个方面。

① 万俊人：《宗教与道德之间：关于“信念伦理”的对话》，《东西方宗教伦理及其它》，中央编译出版社 1997 年版，第 117 页。

## 一、人道与天道相感

“天人合一”是中国传统的思维模式，人们往往从天道与人道的统一与联系来论述人事。而在中国人眼中，“天”不是无目的、无意志的自然之天，而是“好德恶刑”并能赏善罚恶的“道德之天”，儒、道思想家由“推天道以明人事”、“天人合德”等致思方式而推出了诸多道德律令或启示，这些道德律令并非对自然世界的盲目模仿，也并非如黑格尔所断言，不是经由自由所创造出来的东西，而是中国先哲自由创造的产物。中国先哲认为，天人同源同构，天地是大宇宙，人身是小宇宙，人对自身反观内照即可体悟大道和天地自然的运动变化之规律，故可以由身推之于家、推之于国。

在中国先哲这里，天地自然已被赋予了某种政治道德原则和道德理想，而不再是那种无意志、无目的的自然界，也即如林安梧先生所说的：“以此人格性道德连结为核心，去涵盖天地万物，整个世界亦因之而成为一价值意味的世界。”①

例如，老子从天地自然的发展规律中概括出政治美德和政治行政原则，并启示统治者将其运用于政治治理的实践之中。例如，他以“不争”“不自生”等美德来概括自然界那种无意志、无目的的本质属性：“天地所以能长且久者，以其不自生，故能长生”“天之道，不争而善胜，不言而善应，不召而自来。”② 因此，圣人应该效法天地这种“不自生”“不争”的特性，才能长存而不败，“身先”“身存”。③

儒家以天命、天理论证封建礼制法度及三纲五常的合理性、永恒性，由“天人合德”而最终确立封建伦理和法律的道德本体，将天作为忠孝仁义礼等道德规范的神圣来源，将封建伦理秩序归结为一种理所当然的自然法则，《礼记·乐记》说：“礼与天地同节”，“天地尊卑，君臣定矣”；宋明理学的代表人物朱熹更是将三纲五常等人伦道德涂上了天意的神圣光环，直接将天理等同于人理，提出了自己的天人合一公式。在这里，天被神秘化，封建伦理道德也被本体化和神圣化，天扮演着政治上和思想上的主宰角色，作为人们行为法则的人道来自于天之所赋，是不可违逆的天命或天理，伦理道德提升为到了本体、天理的高度，这无疑赋予了它们更高的权威性，在这一“无所逃于天地之间”的必然性面前，道德践行具有了更大的推动力。

① 林安梧：《中国宗教与意义治疗》，文海基金会出版，明文书局发行，1996 年版，第 212 页。

② 《老子》第七十三章，《二十二子》，上海古籍出版社 1987 年版，第 8 页。

③ 《老子》第七章，《二十二子》，上海古籍出版社 1987 年版，第 1 页。

在古人眼中，上天不仅具有道德意义，同时还具有超人间、超自然的神秘力量，它支配着国家的兴亡和个人的命运，从而形成了一股无形无象但却又是相当强有力的约束力量，成为“以神道设教”并进行道德赏罚的主要内容，促使人们践行道德，弃恶向善。早期道教经典《太平经》说：“天报有功，不与无德……吉凶之会，相去万里。”[①] 道教《玄都律文》亦称：违律者为天所刑，为善者自天佑之，为恶者天必殃之。这种充满的神秘色彩的方式虽然时常被人批评为荒诞愚昧，但在中国古代，这却是促进道德践行的重要因素，清人王庭曾在《太上感应篇注》的序言中指出，此文具有强烈的劝善戒恶之力量：“令村童野叟狰狞贪昧之夫，闻之心怖而却走，诵之口讷而舌咋”，生动地揭示了祸福报应论对普通民众的道德约束作用。

这种来自上天神灵的道德赏罚和约束力量覆盖了传统社会的各个阶层。即使至高无上的君主亦概莫能外。因为至高无上的君权来自于上天，而具有道德属性的上天只会将天命授予有德之君，并通过降下灾害或祥瑞以表达对君主之德行好坏的责罚或赞赏，这就是所谓的“天人感应论”。在《史记·龟策列传》中，就记载了春秋时期宋元王得到被视为宝物的大龟后，精于卜筮星占的博士卫平大谈天人感应的一番话。卫平认为，有德的君主才能获此灵龟，他说：“侯王有德，乃得当之。今王有德而当此宝。”相反，桀纣之时，“赋敛无度，杀戮无方”，从而遭到了上天的惩罚：“天数枯旱，国多妖祥。螟虫岁生，五谷不成。民不安其处……以是观之，安得久长”？[②]

汉初名儒陆贾曾指出：“治道失于下，则天文度于上，恶政流于民，则虫灾生于地。”[③] 汉儒董仲舒对“天人感应论”进行了系统的整理和阐发。他认为，天人是同类的，能够相互感应，天通过阴阳五行的变化产生并指导万物和人类，君主则是受命于天的天之子，是上天在人间的代表，他秉承天意而统治天下，必须秉承天意而行事。[④] 一方面，他是至高无上的权威，人们须拜倒在他的脚下；另一方面，君主又必须服从天意，积善修德。君行仁义，则天降符瑞以资鼓励，如出现灾异，则是由于君主有过失，上天对君主发出的警告和谴责：“灾者，天之谴也。”[⑤] 当灾害降临时，君主应据灾异的性质予以补救。如果一意孤行，不

---

① 王明：《太平经合校》，中华书局 1997 年版，第 573 页。

② 司马迁：《史记》一百二十八卷，《龟策列传》，中华书局 1959 年版，第 3235 页。

③ 陆贾：《新语·明诫》，见王利器《新语校注》，中华书局 1986 年版，第 155 页。

④ 董仲舒：《春秋繁露·尧舜不擅移，汤武不专杀》，《二十二子》，上海古籍出版社 1983 年版，第 785 页。

⑤ 董仲舒：《春秋繁露·必仁且知》，《二十二子》，上海古籍出版社 1983 年版，第 788 页。

加悔改，那么，天将予以更大的惩罚，甚至夺去他的君位。①

灾祥说等天人感应思想一方面发挥了为当权者慑服人心的作用；另一方面，它也促使统治者对自己的言行和国家的政治生活进行道德反省和行为调整。如，汉文帝曾因日食而急忙下诏自责说："人主不德，布政不均，则天示之灾，以戒不治。"② 在汉代帝王的纪传中，到处可见因灾异而下罪己诏或召问术士的记录。因此，清人赵翼在《廿二史札记》卷二中曾提出"汉诏多惧词"的结论，并列举数位君主因"水旱不时"、"灾异仍见"而自责的诏词，他还总结说，"两汉之衰，但有庸主，而无暴君。"此种看法甚确。不过，他将这一原因归之于"家风使然"。这却是比较表面化的结论。试问，这种小心谨畏的"家风"又是从何处形成的呢？愚意以为，个中原因必须从天人感应这一时代思潮中去寻找。在天人感应论充斥于朝野的汉代，拥有至高无上权力的君主之所以在各种灾异来临之时检讨自责，在诏书中屡屡出现"惧词"，乃是因为他们相信上天具有赏善罚恶的能力，灾异是上天对自己发出的警告和谴责，故对此怀有畏惧之心并努力根据灾异的性质予以匡正。在"好生恶杀"且拥有天命授予权的上天面前，他们断然不敢肆无忌惮，成为滥杀无辜的"暴君"。因此，"两汉之衰，但有庸主，而无暴君"的奥秘，主要还在于"天谴论"的道德警示和道德约束力。

除了汉帝之外，不少朝代都有些君主因为某些天象或天灾而反躬自责。如朱元璋就对灾祥怀有强烈的敬畏之心，认为"嘉祥无征而灾异有验，可不戒哉！"因为"灾异乃上天示戒，所系尤重"。③ 他强调，如果因灾害而反省革过，"日新其己"，则能消弭灾祸。"故前代忠臣硕士，若有妖魅之作，必致君宵衣旰食以回天意"。因此，如有所谓灾异出现，朱元璋往往能够及时自省而从不掉以轻心。例如，洪武十年十月，天上出现了荧惑犯舆鬼的星象。根据星占术理论，这预示着"贵人当狱死，不尔则火灾"。为此，朱元璋立即告诫臣下说："朕尝切思，上帝好生，故爱德人而象之，使省不觉之过，改故为之愆。特敕中书使诸大臣皆知，务以德禳灾。"他针对当时"就中亦为兵事，正在西番"的形势而下令严加备御，以防"无知肆侮"，造成对生命的戕害。④ 而当群臣因所谓祥瑞出现而"以诗文来献符祯"时，他又对这些"但及祥瑞而不及灾异"的阿谀逢迎表现出难得的清醒。他"闻祥而忧，睹祯而患"，进而反省说："近日以来，鸡鸣半夜，乖逆之气不数日见于晨申，况土木之工并作，不得已而为之，此皆帝之所恶，唯

① 董仲舒：《春秋繁露》、《五行救变》、《尧舜不擅移，汤武不专杀》等篇，上海古籍出版社 1983 年版，第 800、785 页。

② 司马迁：《史记》卷十，《孝文本纪》，中华书局 1959 年版，第 422 页。

③ 谷应泰：《明史纪事本末》卷十四，《开国规模》，中华书局 1977 年版，第 202～203 页。

④ 朱元璋：《明太祖文集》卷六，《谕中书天象敕》，黄山书社 1991 年版，第 92 页。

恐不答，心惊昼夜，如履薄冰，岂敢以甘露之降祯祥以为必然者也”[①] 可见，天人相感的灾谴论对朱元璋的道德劝诫作用是相当有效的。

除了最高统治者君主之外，政府的高级官员对异常的天象亦表现出警惧之心，并由此而敦促君主在政治生活中落实仁爱、宽刑等政治伦理理念或调整执政中存在的问题。例如，朱元璋称吴王以后的吴元年（1367 年）出现了“荧惑守心”的天象，“群臣皆震惧”，丞相刘基因此而密奏朱元璋：“宜罪己以回天意。”朱元璋次日上朝即以刘基之言谕群臣，“众心始安”。朱元璋登上帝位后不久，刘基又因大旱而“请决滞狱”，朱元璋随即命刘基处理冤假错案。不少蒙冤受屈者得以平反，据史籍记载，此举之后，“雨随注”，“帝大喜”。刘基还借此契机而建议宽刑，主张“立法定制，以止滥杀”。[②] 此类事例在其他帝王身上亦不鲜见，反映出居于至高无上之位的君主面对具有道德警诫意义的“天命”而不得不怀有的敬畏之心。

可见，一方面，“天人合德”的思维模式一方面给君主加上神灵之光环，使人民拜倒在君权、神权的脚下，为“三纲”等片面政治伦理原则的践行增添了筹码，这固然有相当大的阶级局限性和历史局限性；另一方面，它也在一定程度上约束了封建统治者的肆意妄为，也促使他们不仅仅限于遭到天灾袭击后的救灾除患行动，而是更进一步展开道德反省，将思路引向对以往和现有政治举措和施政状况的反思和调整，增强政治治理中的道德正当性和伦理合理性，从而推动着“为政以德”“重德轻刑”等政治伦理理念的践行。

从表面上看，神道设教应用的因果福报等道德赏罚观念是在鬼神、业力等神秘力量支配下的产物，但实质上是道德先觉者利用鬼神这一至高无上的权威，体现出中国先贤试图纠正世俗社会赏罚不公之弊病的努力，体现了对美好道德理想的追求，它对于缓解追求美德与追求幸福生活的二律背反现象，促进个人美德的培育与社会道德风尚的纯净。对于广大民众来说，神道设教所宣扬的祸福报应观具有较强的警束作用，它从宗教信仰这一更深层的意识领域中推动人们对于伦理规范的认同和践行。

## 二、劝喻与垂范并行

在中国古代，围绕着天人之际而展开的思考和讨论终究是要落实到人间，其目的是要建立起人间的伦理秩序，巩固或重建人间的王国。因此，历代统治者更

① 《明太祖文集》卷十，《甘露论》，黄山书社 1991 年版，第 216 页。

② 张廷玉等编：《明史》卷一二八，《刘基传》，中华书局 1974 年版，第 3779 页。

通过各种具体的方式对臣民进行道德教化。

通过言语和政教法令向民众传达为政者所倡导的道德要求，以图在社会成员身上培育起良好的道德品格，实现社会的治理和风俗的净化，这是历代为政者和士大夫常用的方式。

中国历史上多位皇帝都曾颁发道德劝诫的文告。朱元璋颁发“圣谕六言”：“孝顺父母，恭敬长上，和睦乡里，教训子孙，各安生理，无作非为”。

洪武三年（1370年），朱元璋把江南地区的所有地主召到京师，口谕数千言刊布之，曰：《教民榜》。洪武五年，在乡村各地建“申明亭”，凡地主有恶迹者，皆书其名及过于上，使人有所警戒。鉴于很多官员不听劝导，他又进行惩戒教育。他亲自采辑官民过犯条格律例，制成《御制大诰》及《续编》《三编》，颁行全国，警第衰官吏，使之“不敢轻易犯法”，还把《大诰》作为生员的必读书。通过独特的普法教育方式，使臣民知法、畏法，从而守法。元璋不仅编织了严密的法网，制定了严酷的条，对违法官吏尤其是贪官污吏处置也十分严厉。洪武四年，他下诏：“自今官吏有犯赃者，罪勿贷。”他还常常法外加刑，严惩奸。朱元璋统治时期，是中国封建社会中惩处贪官污吏最严厉、杀戮贪官污吏最多的时期。当时，对贪官污吏，不论其官位高低、身份贵贱，亲疏远近，一经发现，穷究不舍，严惩不贷。姑举几例证之。例一，“空印案”和“郭桓案”。“空印案”虽未有贪污之确证，然亦有作弊之嫌，当属肃贪之举。受此案牵连而获罪之官吏凡数百人。“郭桓案”由户部侍郎郭桓盗官粮七百万石而起。案发后，郭桓被处死，因有牵连而被下狱的官吏数万人，自六部左、右侍郎、诸司皆不免。

作为少数民族入主中原的清朝政权也继承了汉民族重道德劝喻的传统，天下初定，即将朱元璋的“圣谕六言”颁行八旗及各省。康熙即位后，将“圣谕六言”发展为“上谕十六条”向全国颁布。强调“敦孝弟以重人伦、笃宗族以昭雍睦、和乡党以息争讼．尚节俭以惜财用、明礼让以厚民俗、训子弟以禁非为”等。雍正更是对“上谕十六条”进行逐条解释，撰成洋洋万言的《圣谕广训》。

历代思想家均强调道德教化、道德修养，历代的史书寓善恶褒贬于史事之中，褒扬忠孝廉俭等道德行为，以生动的事例劝人向善弃恶。文学艺术作品亦常常成为弘扬道德理念的载体，“文以载道”“艺当合德”是中国艺术的指导性观念，《诗》三百篇的主要功能就是让人“思无邪”，发挥“厚人伦，美教化，移风俗”的作用，六朝的著名文学评论家刘勰亦将“设教”视为“文道”的关键。

但不少先哲也认识到了言语劝喻的局限性，故强调施教者率先垂范。老子说：“我无为而民自化，我好静而民自正，……我无欲而民自朴。”在这里，“我”指的是实施道德教育活动的行为主体——封建统治者。统治者“无为”“好静”“无欲”等崇高的道德形象将产生着道德示范和道德导向的作用，在民众心中产生强烈的道德认同感，引导他们效法模仿。庄子进一步通过对古代社会的憧憬以表达教化者以身作则的重要性。《庄子·人间世》中说："古之至人，先存诸己而后存诸人。所存于己者未定，何暇至于暴人之所行？"有道之君能够反求诸己，自己首先按照"道"的原则立身处世，修养德行，然后才能教化他人。如果自己尚且动摇不定，何能教育感化残暴之人，阻止他们做坏事呢？

儒家的德治主张更是明确地指出了为政者的道德行为对于社会的政治治理和道德风气的直接影响。孔子说："为政以德，譬如北辰，居其所而众星共之。"苟正其身矣，于从政乎何有？不能正其身，如正人何？"政者，正也，子帅以正，孰敢不正？""子欲善，而民善矣！君子之德风；小人之德草；草上之风必偃。"《孝经》的作者则通过对"天子之孝"的阐发而表达了类似的主张："爱亲者不敢恶于人，敬亲者不敢慢于人。爱敬尽于事亲，而德教加于百姓，刑于四海。"作为最高管理者，天子所应践履的孝道乃是通过自身爱亲敬亲的行为而为天下树立型范。《吕氏春秋》的作者亦指出上行下效的作用说，君主如能"以德以义"，则可实现"不赏而民劝，不罚而邪止"；如能"虚素以公"，效法顺应天地自然无私善施的特性，就能唤起和激发出广大民众本性中的善性，使他们自觉地接受教化，"变容改俗"。[①]

以上论述的核心思想是，为政者必须率先垂范，德化天下，以自己的道德实践为天下臣民树立良好的道德标范，才能激发民众的道德情感和道德行为，促进社会优序良俗的形成，这可谓是政治治理的金玉良言。

朱熹对于领导者所率先垂范所具有的影响力和感染力有着很深刻的认识，他说："为政以德，不是欲以德去为政，亦不是块然全无作为，便德修于己而人自感化。然感化不在政事上，却在德上。盖政者所以正人之不正，虽无所作为？但人之所以归正，乃以其德耳。故不待行为而天下归之如众星之拱北极也。""必自尽其孝，而后可以教民孝。自尽其弟，而后可以教民弟。如此类，宜其家人而后可以教国人，宜兄弟而后可以教国人。"[②] 为政者的崇高榜样能够感化和激励下属仿而效之，并增强他们对朝廷的向心力以及为国效力的积极性。

的确，根据社会学理论，崇尚与服从权威乃是一般民众的心理倾向，而处在封建专制统治下的中国民众，更是有着对上层统治者顶礼膜拜和服从的心理。因此，强调身教重于言教，强调统治者自身进行道德修养、践履道德规范的必要性和重要性，劝诫为政者以自身崇高的道德行为和人格风范感化和引领民众，而不仅仅片面地要求下属和民众履行道德规范，这无疑创建一个上行下效的良好社会

① 吕不韦主编：《吕氏春秋　上德》，《二十二子》，上海古籍出版社 1985 年版，第 699 页。
② 黎靖德编：《朱子语类》卷 23，中华书局 2007 年版，第 533～534 页。

伦理环境，促进社会成员从内心接受、认同和践行社会所倡导的伦理道德要求。

在中国历史上，一些明智之君都重视践履道德，汉文帝刘恒和唐太宗李世民等人在崇俭抑奢方面，算得上是垂范于民的典范。

据《史记·孝文本纪》记载，文帝“即位二十三年，宫室苑囿、狗马服御无所增益”，后宫嫔妃的衣裙不得拖地，帏帐不得文绣，“以示敦朴，为天下先”。他还曾主动取消修建露台的计划。汉文帝的这些行为在中国历史上具有深远的道德示范效应，被视为君主崇俭的典型案例而广为人们称道，亦为后世一些明智的帝王尊崇和效法。

根据文献记载，唐太宗李世民和明太祖朱元璋都曾感念此事而抑止奢华之举。李世民因患有气病，不宜居低下潮湿之处，臣下建议修造楼阁以居。但他考虑到修建楼阁“糜费良多”，并追思汉文帝当年将起露台而惜十家之产一事，故未接受修阁建议。[①] 明太祖朱元璋亦曾指着宫中的空地对诸王说：“此非不可起亭台馆榭，为游观之所，诚不忍重伤民力耳……汉文帝欲作露台，惜百金之费，当时国富民安。尔等常存儆戒。”[②]

作为最高权力拥有者的帝王以道德垂范天下其影响十分深远，如，李世民的节俭自律就曾带动了民众践行俭朴之德。据文献记载，在李世民的在位期间，社会风气纯朴不奢，“由是二十年间，风俗简朴，衣无锦绣……”[③] 出现了被后人称颂的贞观之治，展现出良好的社会道德风尚，充分彰显出为政者率先垂范所产生的显著效果。

随着封建经济的发展和资本主义萌芽的产生，进入明代中后期以来，人们的价值观念和社会风气发生极大的变化，金钱至上和享乐主义刺激着社会成员，奢侈之风盛行，贪污腐败日趋严重。清朝贵族入主中原之后，高度重视整顿吏治。康熙皇帝认识到，改变官场腐败的重要措施之一就是倡导节俭，崇尚节俭才能让官员保持清正廉洁。因此，他一方面加强对官员的道德教育，要求官员们修身节欲，清廉自律。据《清圣祖实录》所载，他曾教育漕运总督徐旭龄等人，为官应以清廉为第一。康熙皇帝深知，由于职务的便利，从事漕运的官员更容易出现贪腐问题，故他又进一步从道德情感的层面激发官员谨守清廉之德，他说，作一个清官是最快乐的，不仅当时的百姓感念景仰，即使在离任之后，百姓亦对他追思祭祀，以此勉励下属自觉地培养清廉之德。

另一方面，康熙皇帝自己亦以身作则，垂范于天下。例如，他在50大寿时，坚持不受礼，大学士及部院诸大臣恭进万寿无疆挂屏，他只将屏上所书的颂词抄

① 刘昫等：《太宗本纪》上，《旧唐书》卷二，中华书局1975年版，第35页。

② 谷应泰：《开国规模》，《明史纪事本末》卷十四，第200～201页。

③ 司马光：《资治通鉴》卷一九二，贞观元年，中华书局1976年版，第6041页。

本留下，原屏退还。他还亲自裁减皇宫的财政开支，同时也严禁官员服饰和房舍逾制。这些措施取得了显著效果，可以说，在中国历代政权中，清朝官员的廉洁程度位于前列，而康熙一朝的吏治清明程度又是清代首屈一指的。

除了为政者率先垂范之外，儒释道各家的先贤大德同样以其高风亮节感召着民众：孔子“饭疏食饮水曲肱而枕之”却乐在其中，孟子“一箪食一瓢饮在陋巷”亦不改其乐，这一道德风范鼓舞着一代又一代的志士仁人；全真道的创始者王喆强调将清心寡欲的内修真功和积德行善的外修真行相结合，以其崇高的人格魅力吸引民众，所到之处“人如云集”，“闻其风者咸敬”。[①] 他的门徒马钰亦以济众为己任，另一位高徒丘处机更是其道德魅力感动一方，甚至当地政府官员都要借助他的影响来稳定社会秩序，在他的感召下，在山东起事的杨安儿、耿格“皆投戈拜命，二州遂定”。其道德魅力感动一方，甚至当地政府官员都要借助他的影响来稳定社会秩序，在他的感召下，在山东起事的杨安儿、耿格“皆投戈拜命，二州遂定”。[②] 他还以 72 岁的高龄，应成吉思汗之诏请，远行万里赶赴中亚，劝谕成吉思汗“外修阴德……恤民保众”，[③] 从而减少了蒙元贵族的杀戮行为，在世界宗教史上留下了一段宗教领袖捍卫和平的佳话。佛教界的不少高僧同样以律己度人的道德情操发挥着移风易俗的作用。如，唐代的惠公禅师，“莫不与善，知人困穷，喻使耕织；因人灾患，劝守仁信。故闾里相化，耻为弋钓，日勤种植。不五六年，沮泽有沟塍，荒皋有阡陌，桑果竹园如伊洛间”。[④] 明代的无际禅师“升坛说戒，允协舆情，从之者如归市”。[⑤] 这些中华道德先贤的伟大精神足以让后人肃然起敬，万流景仰，其道德感染力是难以言喻的。

## 三、赏善与罚恶互补

如果说，劝喻与垂范主要是从思想认识和行为示范的层面来引导臣民践行道德的话，那么，通过一系列制度安排实施赏善罚恶，则是直接以得失利害来激励民众向善弃恶。

在中国古代伦理生活中，伦理和政治紧密结合。在这种情形下，伦理问题转化为政治问题。忠孝等道德规范直接成为了政治原则，而不忠、不孝、不敬等违犯封建礼教和皇权、危害家庭和睦与社会秩序的行为，则为封建法律严惩不贷。

① 范怿：《重阳全真集·序》，白如祥辑校：《王重阳集》，齐鲁书社 2005 年版，第 1 页。
② 陈时可：《长春真人本行碑》，赵卫东辑：《丘处机集》，齐鲁书社 2005 年版，第 413 页。
③ 耶律楚材编：《玄风庆会录》，赵卫东辑：《丘处机集》，齐鲁书社 2005 年版，第 137 ~ 139 页。
④ 《元次山集》卷八，《惠公禅居表》，中华书局 1960 年版，第 117 页。
⑤ 龙显昭编：《巴蜀佛教碑文集成》，巴蜀书社 2004 年版，第 236 页。

原本借助于传统习惯、社会舆论、内心信念来维系的道德规范被纳入制度化的赏罚之中。

早在秦汉时期，统治者就列出了谋反、大逆、不道、不敬等罪名对不守封建道德者予以处罚，但尚未统一量刑标准。到南北朝时期，逐渐从法律上明确这些罪名的构成，《北齐律》首次将反逆、大逆、叛、降、恶逆、不道、不敬、不孝、不义、内乱统称为“重罪十条”，隋朝的《开皇律》在此基础上进行损益，并正式以“十恶”概称。[①] 不敬、不孝、不睦、不义这些原本属于道德层面的问题与“谋反、谋大逆、谋叛”这些严重危害国家安全的政治问题一同被列为最严重的犯罪行为，不仅行为者自身受到严惩，而且累及全家：“大逆、谋反、叛者，父子兄弟皆斩，家口没官”。[②]

此后，“十恶”制度成为封建法典中的核心内容，为历代封建王朝所承袭，[③] 成为维护封建统治、强制民臣民恪守封建伦理道德的有力武器。

与惩罚并行的则是对善行美德的嘉奖，这从汉武帝给丞相公孙弘的书信中就可以反映出来，信中说：“古者赏有功，褒有德，未有易此者也。”[④] 汉代将举孝廉作为发现和培养官吏预备人选的一种方法，无“孝廉”品德者不能为官，正式从制度层面确立了赏善的机制。而晋代的九品中正制虽然对东汉纯粹依据道德行为作选拔官吏标准的制度进行了改革。但道德仍然是评议人物和选官的重要标准。[⑤]

隋朝建立后，隋文帝奉行法家治国之道，重赏罚，奖掖清廉良吏，惩治贪官污吏。据《隋书·刑法志》记载，隋文帝不敦诗书，不尚道德，专任法治，严察临下。他经常派人到各地侦察百官的行动，发现问题便严加处罚。他甚至秘密派人给官吏行贿，以此来考验官员是否受贿。一旦发现受贿，则立即处死，严惩不贷。即使是一些曾为朝廷立下过高功的人，亦不宽容。在严惩贪官的同时，隋文帝也十分注意奖掖清廉之吏。开皇元年（581 年），岐州刺史梁彦光有惠政，“廉慎之誉，闻于天下”，隋文帝下令给予嘉奖，奖励小米 500 石和御伞一把。相州刺史樊叔略政绩“当时第一”，隋文帝又奖励小米 500 石，并诏令全国，传示

---

① “十恶”具体是指谋反、谋大逆、谋叛、恶逆、不道、大不敬、不孝、不睦、不义、内乱十种最严重的犯罪行为。

② 魏征撰：《隋书·刑法志》，中华书局 1973 年版，第 710 ~ 712 页。

③ “十恶”制度直到清末修订《大清新刑律》时才正式废除。

④ 刘彻：《报公孙弘》，［清］严可均辑：《全汉文》卷四，中华书局 1987 年版，第 150 页。

⑤ 九品中正制创立之初，评议人物的标准是家世、道德、才能三者并重。但门阀世族完全把持了选拔权，才德标准逐渐被忽视，家世日益重要甚至成为唯一的标准，到西晋时终于形成了“上品无寒门，下品无庶族”的局面。

嘉奖。[1]

明太祖朱元璋亦经常告诫官吏廉洁奉公，同时在惩贪奖廉方面更是有得力的措施。一方面，他对于遵纪守法的官吏进行奖彰，曾立"彰善榜"，制"圣政记"以表彰清官廉吏，并以此作为官员升迁的主要依据之一。如四川定远县令高南在洪武二十年（1396 年）与知府余彦诚坐事被捕，当地百姓"奔走阙下，具善政以闻，太祖嘉之，赐袭衣宝钞遣还"，并列其名于"彰善榜"，以示嘉奖。而对于贪官的惩治则十分严厉，甚至还发明令人毛骨悚然的酷刑处置贪官，其示范效应当然十分显著。因此，洪武年间，出现了不少廉洁的官员，史称："一时守令畏法，洁己爱民"，"吏治焕然丕变矣"[2]

明王朝对于恪守妇德的女子亦采取形式多样的奖励方式，如立贞节牌坊、烈女祠，甚至以"诰命"褒奖"相夫教子"或"立节完孤"的女子，明太祖朱元璋则不仅旌表节妇本人，而且惠及家门，他曾下诏令规定，民间寡妇三十以前夫亡守志而不改嫁，到五十以后，仍不改嫁的人，官府旌表门闾，除免本家差役，极力对于那些守节的女性给予鼓励和褒扬。当然，这些道德奖掖措施的对象基本限于所谓夫亡而不改嫁的守节之妇，显然是极其狭隘的，它反映出封建伦理道德对于女性的压抑，更包含了诸多极不人道的因素。

康熙在选拔人才时，有明确的标准。标准就是"学行兼优"或"居官洁清，办事才"，即德才兼备。他曾强调，选拔人才要以人品为主，学问次之，必须以德为本，将道德的考量摆在首位。在他看来，舍去人品道德，才学是不足道的，也是无用的。所以，官员品行不端，作风不正，在革斥之列。但是反过来，只有德而无才也不行，康熙认为才优才可办事，故重视选拔才俊。在考察官吏时，十分注意考察官吏的廉洁形，发现清廉的官吏，即予以褒扬扶植。面对吏治腐败现状，他把清廉作为选官的首要标准，认为考察官吏，以奖励廉洁为要。

他一生始终注意培养清官、奖励清官、树立清官的典型让官员效仿。除了对于他们进行精神上的鼓励之外，还给予破格擢拔，委以重任。如，康熙非常称许以清廉自守而受人爱戴的清朝名臣于成龙，不仅多次召见，予以称赞："尔为当今清官第一，殊属难得"；而且在物质上赏赐优厚，又是赐饭，又是赐嘉奖诗，还破例地将这个没有进士资格的明末贡生由知县、知州、知府而官升河道总督。[3]广东海康的陈瑸，生活十分俭朴，常将自己的俸银用于公事。康熙称他为"苦行僧"，还称赞说："身为封疆大吏，而室中然无一物可以与人"，"真能为人所不

---

① 朱显仁主编：《中国传统行政思想》，第八章，福建人民出版社 2002 年版，第 209 页，

② 张廷玉等编：《明史》第二八一卷，《循吏传·序》，中华书局 1974 年版，第 7185 页。

③ 《康熙起居注》，中国第一历史档案馆标点整理，中华书局 1984 年版，第 660 页。

能为，与苦行僧无疑……国家得此等人，实为祥瑞。允当从优表异，以鼓励清操。"① 通过树立这些清廉的典型来教育各级官吏。受优奖清官政策的影响，康熙朝涌现了不少像于成龙那样名传后世的清官，如格尔古占德、傅拉塔、范承勋、张鹏翮、彭鹏、郭琇等。②

在嘉奖清官的同时，康熙也严惩贪腐。他认识到："致治安民之道，首在惩戒贪蠹，严禁科派，而后积弊可清。"因此主张重典治贪，贪污与十恶罪同列为不得赦免之列。他虽然主张为政以宽，尽量为罪犯死中求生，但对贪官却强调严惩。他在位61年，先后因贪赃枉法罪将湖广巡抚张汧、刑部尚书齐世武、兵部尚书耿额送上绞刑架，撤销明珠、余国柱等4名内阁大学士以及吏部尚书科尔坤、户部尚书佛伦等职务，可见其惩贪的决心和力度。③

以上所例举的道德赏罚主要通过制度强制和行政手段得以实施，它们对社会成员所产生的道德激励作用是不言而喻的。但是，这些措施终究还是一种外在的激励，故容易导致功利化、形式化、片面化等诸种弊端。汉代民谣中所揭露的"举孝廉，父别居，寒素清白浊如泥，高第良将怯如鸡"等现象，正是反映了时人对这一弊端的针砭。

为了弥补这方面的局限，除了在世俗社会中依靠行政手段和社会舆论进行道德赏罚之外，古人还构建了位于世俗社会之上以神灵为主体的道德赏罚体系。

中国本土宗教——道教将"道"这一无所不在、支配并维护世界秩序的控制力发展为一种具有道德约束力量的、有意志的人格神。如道教早期经典《老子想尔注》就继承发展《老子》中"天道无亲，常与善人"的思想，书中说："道设生以赏善，设死以威恶"。在这里，"道"成为具有赏善罚恶功能的人格神，他掌握人间的生死大权，并实施赏善罚恶，还将鬼神信仰与儒家的封建伦理纲常、道家的处世之道、佛教的因果报应说结合起来，认为人的行为决定祸福穷达等人生命运，以德福一致观来教化、引导和约束广大民众。希望以此威慑人们向善弃恶。

道德赏罚的根据来自神灵的道德监控。道教设计了一套严密的道德监督体系。道德监督的主体是处于人身内外的各种神祇：人身之外高高在上的道德监督者是天上的诸神：人身中的神灵，随时可向天上的司命之君报告人的善恶行止，"生死罪福，莫不先由身神"，从而迫使人们时时处处不忘谨慎守道，去恶从善。若犯有罪过，亦将向神相通报，给以自我反省的机会。这一纵横交织、包罗无遗的道德监督体系，为上天实施道德赏罚提供了依据，形成了一个位于世俗的法律

① 《康熙起居注》，中国第一历史档案馆标点整理，中华书局1984年版，第2233页。
② 朱显仁主编：《中国传统行政思想》，第八章，福建人民出版社2002年版，第365页。
③ 朱显仁主编：《中国传统行政思想》，第八章，福建人民出版社2002年版，第366页。

惩罚体系之上的道德法庭，实施着惩恶赏善的功能：“天道无亲，唯善是与”，“天报有功，不与无德。吉凶之会，相去万里”，[①]

由于天神是实施道德赏罚的主体，故能在一定程度上避免世俗社会中阻碍赏罚公正的某些因素，无论处于社会最上层的帝王还是处于下层的民众，都能得到行善必受赏、作恶必受罚的公正待遇：“常守要道与要德，虽遭际会，不死亡也。夫天命帝王治国之法，以有道德为大富，无道德为大贫困。名为无道无德者，恐不能安天地而失之也。”[②] 特别是那些贪赃枉法的官吏，更是难逃应有的惩罚：“欲得大官，以起名誉，因而盗采财利，以公趣私，背上利下，是即乱败正治，天地之害国家之贼也。民之虎狼，父母之恶子也。天地憎之，鬼神恶之，故其罪泄见者，时时见诛于帝王，以称天心，以解民之大害也。”[③]

唐代身兼名医和高道双重身份的孙思邈还通过太上老君话语，以鬼神报应论告诫同行。他在《千金要方·论大医精诚》中说：“老君曰：人行阳德，人自报之；人行阴德，鬼神报之。人行阳恶，人自报之；人行阴恶，鬼神害之。寻此二途，阴阳报施岂诬也哉。所以医人不得恃己所长，专心经略财物，但作救苦之心，于冥运道中，自感多福者耳。”[④]

佛教则以轮回报应的理论，对为恶者提出道德警戒，强调善恶与祸福之间存在着因果报应的对应关系。《无量寿经》说：“天地之间，五道分明，恢廓窈冥，浩浩荡荡，善恶报应，祸福相承。”晋代名僧慧远还曾专门作《三报论》与《明报应论》来论证善恶祸福的因果报应“乃必然之数”。佛教的业报轮回等学说告诫人们，在行为、言语和意识三个方面皆应存正弃邪，认为“业”通常分身、口、意三个方面，根据引发造作行为的意志动机以及行为的效果来划分，又可分为善业、恶业、无记业（不善不恶业），而行为发生后又有一种潜在的力量延续下去，并产生苦乐祸福等不同的果报，它通过六道轮回来体现。因果法则支配着万事万物，善因必生善果，恶因必生恶果，善必从善业而生，恶果必从恶业而生。今生的境遇取决于前世的善恶之业，而现世的善恶作业又将决定来世的善恶果报。这就警示人们勤修善业，避免恶报。

从北宋末年开始，以《太上感应篇》为代表的道教劝善书将儒家伦理道德、佛教因果报应说、道教的承负说和司功过之神以及长生成仙的理论加以整合，更直接地将善恶行为与祸福报应紧密结合起来，《太上感应篇》说：“祸福无门，惟人自召；善恶之报，如影随形”，“所谓善人，人皆敬之，天道佑之，福禄随

① 王明：《太平经合校》，中华书局 2007 年版，第 537 页。

② 王明：《太平经合校》，中华书局 2007 年版，第 374 页。

③ 王明：《太平经合校》，中华书局 2007 年版，第 442 页。

④ 孙思邈：《备急千金要方·大医精诚》，人民卫生出版社 1998 年版，第 3 页。

之，众邪远之，神灵卫之，所作必成，神仙可冀。”《阴骘文》告诫人们：“欲广福田，须凭心地，行时时方便，作种种之阴功。”“诸善奉行，诸恶莫作。”对于广大民众来说，这种祸福报应具有较强的警束作用，它从宗教信仰这一更深层的意识领域中推动人们对于道教伦理规范的认同和内化。

实际上，道教关于祸福报应的理论不仅在中国古代影响深远，融入中国人的民族性格之中，甚至在现代中国人这里仍然保留着它的烙印。王庭在为朱律久所注《太上感应篇》所作序言中曾指出祸福报应的道德警示作用时说：“令村童野叟狰狞贪昧之夫，闻之心怖而却走，诵之口讷而舌咋”。应该说，这些话语并非毫无根据的。

从表面上看，福报观念是在鬼神这一神秘力量支配下的产物，但实际上，却是道德先觉者通过鬼神这一至高权威，向人们展示行为与结果之间的深刻因果联系，它是现实的人际交往对等互动规律的曲折反映。而以天神为主体的道德赏罚系统虽然虚幻不实，但却体现了人们试图纠正世俗社会赏罚极不公正之弊病的理想追求。

在当时缺乏制度公正、政治黑暗、邪恶势力当道的现实环境中，社会赏罚系统产生了混乱和颠倒。同时，我们也不得不承认，任何世俗的赏罚都难免存在鞭长莫及的疏漏，中国先贤深感现实生活中道德与幸福严重相背离的不公状况，试图依赖神灵的威慑作用，虚拟一个无处不在的身神和天神的道德监督和道德赏罚体系以弥补上述缺陷，可谓是用心良苦。这对于缓解追求美德与追求幸福生活的二律背反现象，促进个人美德的培育与社会道德风尚的纯净，推进道德文化理念的践行，是有积极意义的。

## 四、动情与晓理相促

道德赏罚是基于人性中的趋利避害心理设计出来的激励因素，而人是有感情、有理性的动物，故动之以情，晓之以理，就能够以润物无声的方式促进行为主体接受和践行道德要求。

在中国传统社会中，民间流传的大量劝善作品常常就是通过以情动人的方式来弘扬孝道。这些作品弥补着由于孝道的政治化、片面化而日益失去内在道德情感支撑的弊端，成为促进民众道德践行的内在动力。

例如，道经《太上老君说报父母恩重经》就通过太上老君之口倡导孝道，但该经不是如《孝经》那样对社会各阶层践行孝道强行作出具体行为规范，而是极力描画出父母养育儿女之艰辛：

“怀汝十月，如携重担，气息奔喘，剧于走驰，或时寒热，坐卧不安，腹皮拆裂，心胸填满，发落消瘦，不能饮食。临生产时，逆前一月，常怀忧怖，恐不相离，或有时安，或有时患。当生之日，命如风烛，四肢百脉，及以五藏，或如刀刺，或如钩牵，或热如火，或冷如水，比当解离，或死或生尽世间苦，口不能述。既得生已，喜惧交集，诸苦诸痛，不可堪忍。三年携抱，日夜不离，坐卧不净，眠食失时，视儿气色，将息饥渴。或有疾病，父母心痛，闻子忍苦，母不能食，心口干燥。”

这真是一幅真实而生动的育儿画卷！那些让人感同身受的难言苦楚，必然激发起人们对父母之恩深深的感念，化为回向报答父母的孝德孝行。经文结尾处写道，听众闻经深为感动：“各怀涕泪，受斯语已，愈感孝诚，刻骨不忘，尊敬殷重，各还本国，稽首奉行。”① 这一场景虽然是作者的虚构，但却揭示了由道德情感而生发道德践行力量的必然性。

明代以来，民间更是流传着不少语言生动、情真意切、平实通俗的劝善作品。如，唐代王刚的《劝孝歌》、宋人邵雍的《孝父母三十二章暨其孝悌歌十章》、清代姚廷杰的《教孝编》、清代王家楫的《镂心曲　劝孝歌》、清代徐廷珍的《乌夜啼思亲曲》、清代吴正修的《二十四孝鼓词》和佚名作者的《道情劝孝歌》等，其中较具典型意义的作品是清咸丰年间江苏盐城王家楫撰着的《镂心曲·劝孝歌》，全文虽然只有千余字，但却字字情真意切，将父母对儿女的那种牵肠挂肚的疼爱和如山高水长的养育之恩淋漓尽致、栩栩如生地再现于读者面前，真可谓是动人心靡，催人泪下，从人们的心灵深处激发起对父母的情感和孝敬。以下对其略作介绍。

一开头，作者就描述了母亲怀胎和生育时的痛苦和艰难：“腹痛如刀，汗出如意，止不住泪珠抛，常把牙关咬，好一似火在心头阵阵烧。……哎呀，我娘亲呵，这段苦肠，问儿可知道。”② 接下来，作者又描写父母在儿女患病时的担心与操劳：“儿数岁，痘关临。我爹娘，魂梦也担惊。身有三分热，偏疑热十分。闻儿吟呻，侧耳频听，细揣情形那处疼……亲跋涉，请医生，天花如说重，吓得战兢期。办良药、还愁药不灵，又偷向神前许愿心……儿疾缠身，愿替儿身顶。”文中还描写了在儿女成长过程中，父母的种种牵挂、精心教养和殷切期望：“儿稍长，喜奔往。走出门，爹娘挂肚肠。忽听哭声扬，跑出忙忙望。怕人争强，怕儿跌伤，………儿六岁，送学堂。说儿书可读，便觉喜洋洋。贪顽耍，忧楚不堪当……” 等到儿女长大成人，父母又要为他们的婚姻嫁娶、成家立业诸事百般操劳和担忧：“为吾儿，谋室家……房栊皆佳、首饰无瑕，笙歌闹处乱如麻。件件

---

① 《太上老君说报父母恩重经》，《正统道藏·洞神部》，台湾新文丰出版公司 1982 年版，第 19 册，第 25 页。

② 向燕南、张越编注：《劝孝·俗约》，中央民族大学出版社 1996 年版，第 52 页。

事，心头挂，只忙得两耳龙钟两眼花。家中物，细检查，百般俱要管，安排总不差。望儿孝，不孝也由他，但内外和谐便是亲。苦经营，不肯享荣华；有银钱，要去买田车。悭财又恐傍人骂，转恨吾儿用太奢。”真是写尽了父母对儿女的无边牵挂，的确是“一息尚存，未肯稍闲暇”。[①]

作者还刻画了劳累终身、卧病不起的父母对儿女的牵挂以及身后的交代：“我爹娘，病卧在绳床。呼儿意感伤，交代家中帐。病入膏肓，汤药空尝，衣衾棺廓好商量。儿年轻，心难放，有几句良言切勿忘。好骨肉，莫参商。休交无益友，少入是非场。分外财，算来皆孽障，惟耕读两行继业长。守谦和，饶人也不妨。肯勤俭，家道自然昌……哎呀，我爹娘呵，离别情形，不忍回头想。”[②]

在生离死别之际，爹娘告诫子女要顾念亲情，选择益友，远离是非。不贪分外之财，谦和宽容，勤俭修身，昌明家道。这些道德教诲以临终遗言这一特殊方式进行传达，无疑更让读者感受到非同一般的道德传承，其道德感染力和思想的渗透作用是《孝经》一类的作品难以比拟的，它唤起了人们强烈的感恩孝亲的道德认同心理和报恩行孝的强烈动机。

然而，作者到此仍未收束，而是将笔锋一转，在结尾之处以第一人称表达对故亡父母刻骨铭心的追思与深刻的道德忏悔：“想爹娘，泪珠倾。归西去，何时又转东。……悔恨从前太懒慵，未曾把鸡豚奉，纵坟前祭扫有何功。”

父母恩重如山，欲尽孝报恩却为时已晚，追悔莫及，抱憾终身！行文至此，作者更抓紧时机更深一层地劝孝，以第一人称进行道德忏悔，规劝众人以己为鉴，及早行孝：“我亲去了，还伤心苦劝众儿曹。欲答亲思须及早……莫似我。甘旨多亏，墓前冷落无花诰。好物件，随亲要；好风光，随亲到。……莫似我，养志未能。爹娘为我愁多少……这房屋要住得牢，这田园要守得好，皆是我前人血与膏，何忍轻消耗。莫似我，消费家财任意飘，九泉白发添烦恼。出门宜早归，常在膝前绕，笑语亲承，谈几句闲词也热闹。莫似我有怀莫告，空对这冷雨凄风痛寂寥，一树寒鸦噪。亲言少，如珍宝；亲言多，休烦燥。但愿耳常闻，何惜言颠倒。莫似我，云山迢隔音容杳，听邻右呼号，偏听不见我爹娘叫。此时不孝何时孝，顶天立地好男儿，是谁肯与予同调。记在心，唱到老。”[③]

这些发自肺腑的道德忏悔，在传统的伦理道德读本中似乎是较少看到的，在儒家所标榜的道德圣贤身上更是难觅踪影的，但正是这种洋溢着真情实意的自我剖析，这份毫无推诿的坦诚与忏悔，拉近了与广大普通民众的心理距离，让人感到可信可亲，因而也就化为了有力的道德践行动力。

---

① 向燕南、张越编注：《劝孝·俗约》，中央民族大学出版社 1996 年版，第 53 页。
② 向燕南、张越编注：《劝孝·俗约》，中央民族大学出版社 1996 年版，第 54 页。
③ 向燕南、张越编注：《劝孝·俗约》，中央民族大学出版社 1996 年版，第 43 页。

除了以情动人之外，中国先贤还注意在实施道德教育过程中晓之以理，从而为道德践行注入了理性的支撑而更具增其稳定性、持久性。

为了引导人们崇俭抑奢，中国先贤常常针对人们的基本需要而阐发何以应当节俭的道理。如，宋代郑玉道、彭仲刚在其所编的《琴堂渝俗编·尚俭素》中，就以“不作无益以害有益，不务虚饰以丧实费”的理性思考来约束奢侈的行为，书中说：“俭常足人。能崇尚俭素，深自撙节。省口腹之欲、抑耳目之好……食可饱而不必珍，衣可暖而不必华，居处可安而不必丽，宾客可备礼而不必侈……如此则一身之术易供，而一岁之计可给。既免称贷取息、俯仰求人，又且省事寡过、安乐无事。故富者能俭则可以长保，贫者能俭则可以无饥寒，岂不美哉!”相反，奢靡之举乃是“饰一时之观而不顾实患”的愚蠢行为，其导致“富饶之家，日悛月削，浸以不足；中人之产，积逋累欠，浸以贫困。于是见利忘义，苟求妄取，兼并争夺，放僻邪侈，无所不为……”结果导致“身陷刑辟，妻子流难”的可悲下场。[①]

南宋著名爱国主义词人陆游为了教育后人淡化对于奢侈之物的占有欲，还在家训中运用了一些心理学的原理以增强说理的力度。他说，看到别人的华美衣服和珍奇的玩赏物品而起羡慕贪求之心，这是“常人之情”，但这却是一个毛病。如何应对这一毛病呢？他提出了非常平实的道理和方法。他说：“大抵人情慕其所无，厌其所有。但念此物若我有之，竟亦何用？使人歆羡，于我何补？如是思之，贪求自息。”[②] 在这里，他以一种实用的态度来劝诫子孙淡化或消解过分膨胀的物欲。他更看到提升道德境界对于抵御外物之诱惑的作用：“若夫天性淡然，或学问已到者，固无待此也。”这就是说，当一个人将节俭的美德内化为内在的道德品质，或者通达为人处世的学问和道理，从而达到较高的道德修养，这就能更为有效地抵抗诱惑。

道德与幸福和人生通达的关系，这是古今中外伦理学家皆十分关注的问题，中国先哲面对道德与幸福分离的社会现实，试图运用各种理论和方法进行弥补，努力将德福统一起来，福报论、灾谴论、仙寿说等就是具有典型意义的理论。而宋代的袁采则以迥异于前者的理论对这一问题作出回答。他在《世范》中，明确地将个人操守与荣华富贵区分开来，告诫后人不能以功利之心来看待道德操守。他说：“操履与升沉自是两途，不可谓操履之正自宜荣贵，操履不正自宜困扼。若如此，则孔颜应为宰辅，而古今宰辅达官不复小人矣。盖操履自是吾人当行之事，不可以此责效于外物。责效不效，则操履必怠，而所守或变，遂为小人之旧

① 向燕南、张越编注：《劝孝·俗约》，中央民族大学出版社1996年版，第198页。

② 陆游：《放翁家训》，载成晓军主编：《名儒家训》，湖北人民出版社1996年版，第135页。

矣。”[1] 在这里，袁采首先清除了希图以道德来谋取荣华富贵的功利之心。在他看来，践履道德乃是人之所应然，不能以它作为工具来求得任何外在的功利，这颇有几分类似于康德所说的绝对命令。但他不是通过上帝存在或灵魂不朽解决德福冲突，而是以富贵贫寒皆有定分的理论来化解德福冲突问题。他说：“今世间多有愚蠢而享富贵，智慧而居贫寒者，皆有一定之分，不可致诘。若知此理，安而处之，岂不省事！”他以人们所无法把握和认识的“一定之分”来解释德福分离的不公平现象，劝人们对此“安而处之”，以求心灵安和。

毋庸讳言，袁采的这些观点是一种消极的人生哲理，但由此出发，他又以人生皆有缺陷、富贵之人亦有忧虑等事实来教育后人坦然面对失意。他说：“人生世间，自有知识以来，即有忧患不如意事。小儿叫号，皆其意有不平。自幼至少至壮至老，如意之事常少，不如意之事常多。虽大富贵之人，天下之所仰羡以为神仙，而其不如意处各自有之，与贫贱人无异，特所忧虑之事异耳。故谓之缺陷世界。以人生世间，无足心满意者，能达此理而顺受之，则可少安。”[2] 袁氏的这番道理道出了人世间的诸多现实与无奈，颇有几分心理治疗的意味，可谓是洞察人类社会复杂的世事人情而道出的一番处世道理，因而亦能打动人心，从而为民众践行道德奠定一定心理基础。而袁采本人就是一位以廉明刚立而著称于世的道德楷模，可以说，上述思想正是支撑他清廉自守、刚正不阿之道德实践的精神支柱。

先贤不仅在家教、家训中谆谆善诱，而且也在官德教育中亦晓之以理。宋代著名政治家、文学家王禹偁的《待漏院记》就是善于在特定情境中对朝廷高官晓之以理的典范。

待漏院是宋朝为宰相等候上朝所设的处所，以表示崇尚勤于政务，宰相需要在东方未晓之时前往皇宫，在宫门外的待漏院暂息，等候上朝觐见皇帝。王氏看到，在这一特殊的时间和地点，宰相的所思所想常能集中地体现出他的人品与官德，而此时此地也正是加强道德劝导的最佳机会。王禹偁正是以此为背景，用自问自答的形式来展开劝诫。他首先描画了待漏之际宰相的种种心理活动：有些是正面的，“兆民未安，思所泰之；四夷未附，思所来之。兵革未息，何以弭之；田畴多芜，何以辟之……五刑未措，欺诈日生，请修德以厘之。忧心忡忡。”有的则是负面的：“其或私仇未复，思所逐之；旧恩未报，思所荣之。子女玉帛，何以致之；车马器玩，何以取之。奸人附势，我将陟之；直士抗言，我将黜之……群吏弄法，君闻怨言，进谄容以媚之。”

---

① 袁采：《世范·处己》，海南出版社 1992 年版，第 45～46 页。

② 袁采：《世范·处己》，海南出版社 1992 年版，第 49 页。

在待漏之际，宰相的所思所想常常是入朝议政的腹稿，也可能成为日后行政活动中予以实施的政纲、举措。因此，如何强化以上的正面思维而纠正负面思维，这将直接影响到政治的清浊和国家的命运。王氏抓住这一关键时机，敦促政府高官在进行正式的行政活动之前端正心态，为公去私。为了达到这一目的，他不仅只是从应然的层面立论，而是晓之以理，陈述利害得失。因此，他指明，不同的思想动机将导致截然不同的后果。

待漏之时能够情系生民、心忧天下、勤政爱民的宰相，不仅能够促进国家的政治清明、民众的安居乐业，而且也理所当然地拥有尊贵的政治地位和丰厚的俸禄："皇风于是乎清夷，苍生以之而富庶。若然，总百官、食万钱，非幸也，宜也。"他警示那些"私心慆慆"、想方设法以权谋私的宰相说：如若一心图谋公报私仇、营私舞弊、陟奸黜忠，绝不会有好下场。那些营私谋利、忘义弃义的恶念恶行所带来的后果不仅将危害朝廷，导致"时君惑焉，政柄于是乎隳哉，帝位以之而危"，更会因此而祸及身家性命，难逃法律的惩罚，"若然，则下死狱、投远方，非不幸也，亦宜也。"这番议论十分明晰地剖析了宰相个人德操、德行与其自身利益和国家、民众的整体利益的紧密联系。

在道德实践中，道德的践行源自行为主体的道德动机，而道德动机的发动需要对相关道德理念产生认同，需要激发相应的道德情感。而道德认同和道德情感的培养不是靠命令、灌输、强迫等简单方法所能奏效的。因为人是有理性、会思考、有感情的动物，对施教对象晓之以理、动之以情，这是培养道德认同及相关道德情感的有效方式。以上作品或通过叙述父母对儿女体贴入微的养育之恩以劝孝、劝忠，或通过剖析善恶行为的相关因果以劝善戒恶，诲人改过自新。处处是晓之以理、动之以情的劝诫，浸透着作者对社会道德生活和人生经验的深刻体悟，因而具有极强的感化力量和催人向善的内驱力，这些宝贵经验在今天仍然具有启示意义。

## 五、修德与养生紧联

追求健康长寿是人的普遍心理要求，而中国先贤深刻地认识到，人是由身体、心理和精神多个层面所组成的有机整体，身、心、灵三大层面相互影响、相互联系。修养心性道德不仅是家庭和社会的要求，亦对于个人的身心健康有所裨益，养生和养德是相通一致，又是相互依存、相互促进的，将道德培养建立在健体强身的内在需求之上，这是中国传统社会促进道德践行的更为内在而深刻的强大动力。

儒家虽然主要侧重于精神道德层面的修养，但孔子将"坦荡荡"和"常戚戚”作为君子和小人的心理特征，体现出他早已洞察崇高的道德人格与心理健康的密切联系。《大学》中说：“富润屋，德润身，心广体胖，故君子必诚其意”，言简意赅地揭示了修德对于身心健康的作用。

重生贵生、追求身心两全的道家道教针对人类期望身心健康、延年益寿的心理，充分地论述了修德行善对于养生益寿的重要意义，以图激发人们对于道德的内在需求。道家认为，损人利己的不道德行为将有损于行为者自身的身心健康。机巧智诈，孜孜于名利财富，这将大大地伤害健康；而超然物外，不为物累，才能求得心灵安和、肉体健康和精神自由，才能体道、得道，而体道、得道之人的德行又是最为圆满的。反过来说，体道、得道之人由于能遵道而行，即顺应客观规律，故体现为真诚坦荡的崇高德行，而这样的生活态度和精神境界又是大大有益于养生延寿的。《庄子·天地》中就指出：“执道者德全，德全者形全，形全者神全。”得道、守道之人能够遵循道的原则而行事，从而也就能在个人生活和社会生活的层面展现出“德”；相反，“机心存于胸中”，则心神不定，“神生不定者，道之所不载也”，精神不宁则身心不健，这是绝对无法作为“道”的体现者和承担者的，因此也不可能具有高尚之德行。该文还明确地将抱朴守真、自然无为这些具体的道德要求与保持身心健康联系起来。他指出，抱朴守真是有益于身心的“卫生之经”，胸怀坦荡，顺应自然，“与物委蛇而同其波”，在进行人际交往时，“不以人物利害相撄，不相与为怪，不相与为谋，不相与为事”，如此便无祸福病灾的困扰；而违背抱朴守真这一道德要求，好用智诈，弄虚作假，乃是养生之大害。

黄老道家进而从个体的生命价值出发，阐明遵循节欲、崇俭之德的必要性。《吕氏春秋》一书认为，出于养生的需要，必须对声色滋味的欲望进行节制：“耳目鼻口不得擅行，必有所制之，此贵生之术也”。① 这就将少私寡欲、崇俭抑奢这些道德要求与人们希图长寿健康这一基本需要密切结合起来，将做人之道与养生之道密切结合起来，而不仅单纯以克己利人等外在的社会要求来抑制君主对于“名位”“厚味”的追逐。该书的《有度》篇更是明确地提出了“通乎性命之情，当无私”的观点。作者认为，教育和帮助人们去除私心的有效方法是“通于性命之情”。书中通过季子答客问，阐述了通于养生之理则必然无私节己的观点：“通乎性命之情，当无私矣。夏不衣裘，非爱裘也，暖有余也。冬不用扇，非爱扇也，清有余也。圣人之不为私也非爱费也，节乎己也。节己，虽贪污之心犹若止，又况乎圣人？”②

---

① 吕不韦主编：《吕氏春秋·贵生》，《二十二子》，上海古籍出版社 1985 年版，第 632 页。
② 吕不韦主编：《吕氏春秋·有度》，《二十二子》，上海古籍出版社 1985 年版，第 721 页。

所谓“通乎性命之情”即是通晓养生之道，而俭啬寡欲是道家所倡导的养生第一要义。作者认识到，私欲这一动机乃是促使人们绞尽脑汁争夺名利财富的内驱力，而动机是与需要密切相联系的，一个深明俭啬寡欲以养生之理的人必然不会为声色财富这些个人私欲所牵累，自然能够在实践中做到去奢去贪，崇俭节欲，从内心深处认同俭朴廉洁等道德要求，将其化为自身的品德。这是从人们贵生、养生的基本需求出发，通过确立珍爱生命这一价值取向，来调节人们的需要结构，从而淡化人们对于外物的过分贪欲，以实现社会道德风俗的净化，这不能不说有其独到之明。

在继承道家生德相养理论的基础上，道教进一步发掘了道德行为对于提高生命质量的重要价值，认为修身养德是健康长寿的前提，揭示了道德与养生之间的必然联系。

晋代高道葛洪在《抱朴子》中指出了欺诈虚伪或争权夺利等不道德的行为对精神心理方面的损害：“行欺诈则神悲，行争竞则神沮”。这些思想是具有科学道理的，诚实无诈，胸怀开阔，公而少私，与人为善的人，才能心志平和，无疚无愧，乐观少忧。而违逆自己的自然本性，或是虚伪欺骗，猜忌无信，这无异于给自己套上枷锁，现代心理学实验证明，人在说谎之时，心跳加快，情绪紧张不安；人与人之间的不信任或猜忌等不良情绪亦将直接损害人的身心健康；而诚实坦率，随和无诈，就会造成一种彼此和谐融洽的人际环境，生活在这种环境当中，必然心情愉快，情绪高昂，有益于身心健康。

一些道经甚至直接将高尚的道德和利他的道德行为奉为祛病强身的药方。如《云笈七笺》卷四十所载的《崇百药》一文就说：“体弱性柔是一药，行宽心和是一药……救祸济难是一药，教化愚蔽是一药，谏正邪乱是一药，开导迷误是一药，扶接老弱是一药，以力助人是一药，与穷恤寡是一药……语言谦逊是一药……不自尊大是一药，好成为功是一药，不评论人是一药，好言善语是一药，施不望报是一药，心静意定是一药……尊奉老者是一药，内修孝悌是一药，蔽恶扬善是一药，清廉守分是一药，助人执忠是一药……恬淡宽舒是一药……仁顺谦让是一药，好生恶杀是一药……廉洁忠信是一药，不多贪财是一药，不烧山木是一药……慈心悯念是一药……”① 总之，一切善行以及符合道教伦理道德要求的行为皆有益于身心健康，故称之为“百药”。这些论述将美德善行作为治疾疗病的药方，揭示了人的道德状况、心理状况与健康、疾病之间的密切关系，推动着道德践行主体更为自觉地进行道德修养。

清代著名高道郑昌时还分析对比了“无我”和“有我”这两种不同道德境

① 《崇百药》，载胡道静等选辑：《道藏要籍选刊》第1册，上海古籍出版社1989年版，第279页。

界对于身心健康的不同影响。他说：试于一日之间验之。无我之时，胸中昭旷，如清风明月。有我之时，血气奔驰、五脏皆扰，方寸之中，隘不容针。以此验之，苦乐分矣，理欲辨矣。"[①]"无我"则神清气爽，自得其乐；"有我"则心理失衡，身心皆苦。这种顺应人的趋乐避苦和希图身心健康的心理而引导人们淡化私欲的方法显然也更加有助于激发人们对无我之道教境界的向往和追求。

道家这种生德相养、寓养生于育德、以养生促育德的方法与人的心理发展需要紧密结合，为道德教育奠定了心理基础，有其深刻的合理性。因为道德约束是内在的、软性的、需要长期培养，特别是在封建专制的政治模式中，君主的权力缺乏法律约束机制，在封建专制制度下，君主这一政治主体具有至高无上的地位，缺乏强有力的制度约束，除了超人间的天神的惩罚和他自身内部的疾病或死亡的威胁之外，君主是无所畏惧的。故对他们的道德劝诫能在多大程度上发挥作用，往往受制于当时的历史条件和君主的主观因素。在这种情境下，道家生德相养这一思想就凸显出特殊的积极意义：其将养生延命这一人的基本欲求与以德治国安民统一了起来，强调养生必须俭啬养神守德，纵欲无道则必然损身伤神；而明了此理则有助于君主自觉持守俭约，防止劳民伤财。这就将保全生命、延年益寿这一君主个人的需要与养民、安民、保国这一政治目标统一了起来，从而激发起统治者的内在道德需要，促使道家所倡导的道德要求依托于君主们对于生命的珍惜和热爱、对于疾病和死亡的恐惧而得以践履，为统治者持守政治道德要求提供坚实的心理基础。

同样，对于一般社会成员来说，道家从养生延寿、身心健康这一人的普遍需求出发，为道德寻找内在支撑的方法也是非常高明的，按照马斯洛人的需要层次理论，追求生命的安全是人的较低层次的需要，而追求人际的和谐，追求精神上的满足，渴望按自己的本性来发展、完善自我，实现自我的价值，这分别属于"归属需要""自尊需要""自我实现需要"等中、高层次需要。一般来说，需要层次越高，出现就越慢，道家将养生与养德统一起来，强调养生必须养德，无德必然害身，这就将保全生命这一低级需要与"归属需要""自尊需要""自我实现需要"这些中、高级需要紧密地结合起来，有助于人们将对于自我生命健康的养护与积德行善等社会要求联系起来，将提高生命质量这一基本心理渴求转化为对道德的内在需求，将对于养生之道的服从升华为对伦理规范的遵守，提高人们践行伦理道德规范的自觉性。

综上可见，中国先哲为推进道德文化理念的践行积累了丰富的经验："人道

① 郑昌时：《仙学正传》下卷，《杂说》，载徐兆仁主编：《东方修道文库　仙道正传》，中国人民大学出版社1993年版，第347~348页。

与天道相感”的理念在社会各阶层人士心中激起起践行道德的敬畏之心与自我纠错的动机；“劝喻与垂范并行”的措施通过价值导向与行为示范引导臣民弃恶向善；“赏善与罚恶互补”的机制则基于人性趋利避害的心理以得失利害激励民众自觉地检束身心；“动情与晓理相促”的方法借助情感和理性的力量促进人们接受并践行道德要求；“修德与养生紧联”的道理则顺应人类向往身心健康这一基本需求，为道德践行提供内在的心理支撑。总结这些经验，探讨其动力机制，将有助于激活与弘扬中国优秀的传统道德文化，为当代中国的道德建设和道德实践提供有益的借鉴。

# 第八章

# 中国传统社会践行道德文化理念的历史教训

中国先哲为推进道德文化理念的践行积累了丰富的经验，但也存在一些历史教训。事实上，这两个方面是同时并存的，并共同构成现代社会道德建设宝贵的历史资源。本章从责权失衡、扭曲人性、知行脱节、名实相分、重德轻智、重私情轻公义六个维度，探讨传统社会践行道德文化理念的教训，以为现代社会道德建设提供历史借鉴。

## 一、责权失衡

道德责任是指“人们在一定的内心信念和道德意识支配下，通过社会风尚、习惯、舆论和传统精神的约束或引导，自觉地无私地履行对社会和他人的道德责任。”又称道德义务。道德权利则“是指作为道德践行主体的个人在社会生活中基于一定的道德原则、道德理想而应具有的尊严、人格以及应享有的道德自由、权力和利益。”[①] 尽管从行为动机来看，道德主体履行道德责任确乎不以获得某种道德权利为前提，但是从道德行为所产生的客观效果而言，一个公正理想的社会应该对有德行的人以正当奖赏，包括社会的颂扬、人们的尊重，甚至是某种物质报偿，从而创建良好的道德氛围。也就是说，作为社会应该把道德责任与道德权力平等地分配给每一个人。然而“在传统道德生活中，道德观念的阐述、伦理

① 韩作珍：《论道德权利与道德义务及其相互关系》，载《宝鸡文理学院学报》（社会科学版）2003年第8期，第11～16页。

规范的制定、道德标准的设置与解释、道德教化与道德是非的评价权力，都是由优势地位者所垄断。”[①] 优势地位者出于维护自身利益的需要，把绝大部分道德权力分配给君、父、夫等尊贵者，而剩下的道德义务则全部要臣、子、妻等卑幼者来承担。

### （一）君、父、夫拥有绝对的道德权力

在君主专制的宗法社会，君主的权利至高无上，且不容动摇。这种权利首先就表现为最高的“制事立法”权。圣人“制礼作教，立法设刑”[②] 表达的就是这一事实。其次，拥有最高的行政权、司法权。《礼记》说：“君天下曰天子。朝诸侯，分职授政任功，曰：予一人。”[③] 董仲舒也说：“君也者，掌令者也，令行而禁止也。”[④] 除立法权、司法权和行政权之外，君主还拥有对天下的土地、人民的所有权。也就是说，在封建社会君主总揽了国家的一切大权，即所谓“主独制天下而无所制也”，其他一切在君主统治之下的臣民皆无权利可言，而只能作为专制君主臣仆的绝对义务。

由于中国传统社会独特的“家国一体”、“家国同构”[⑤] 的社会结构，使得在政治生活中对君权的强调，必然导致对家庭生活中父权的推崇。在家庭、家族中，父家长也是一个至高无上的“君主”，像专制君主一样，拥有“家法”的制定和增补权，可以根据家法自行惩罚子女，还可以向官府告发不肖子孙，让官府代为惩办，但子女却不能告发父母，否则就要处以不孝罪。拥有对子女行为，包括婚姻等重大事件的决策、管理权，如有违抗，则会受到严厉的惩罚，致死的事情亦时有发生，甚至还有“父而赐子死，尚安敢复请”[⑥] 的堂皇理由。此外，父家长还拥有对家中所有人口、财产的所有权，父母在，子女不能有私财；可以随意殴打、虐待子女，只要不致重伤，法律不予追究；可以出售子女，在某特殊情况下，还拥有对子女的生杀大权。总之，父家长总揽家庭、家族之中的一切权利。而与之相反，子女就只拥有绝对服从的义务，为了尽孝要不惜牺牲身体健康，身家性命，甚至还要搭上妻儿的性命。

家庭生活中父家长的权力地位，不仅体现在父子关系中，也体现在夫妻生活中，使得本来是平等的夫妻关系也因此“深染着血缘性的、纵贯轴的、上下的、

---

① 刘忠世：《分析传统道德理念的等级性》，载《齐鲁学刊》2001 年第 6 期，第 50 ~ 62 页。

② 班固：《汉书》第 4 册，中华书局 1962 年版，第 1079 页。

③ 《礼记・曲礼下》，陈襄民等译注：《五经四书全译》，中州古籍出版社 2000 年版，第 1166 页。

④ 苏兴撰，钟哲点校：《春秋繁露义证》，中华书局 1992 年版，第 221 页。

⑤ 根据朱汉民教授的分析，“家国一体”是夏商周的宗法政治结构，“家国同构”则是秦汉以后的宗法政治结构，详细论述请参见朱汉民《忠孝道德与臣民精神》，河南人民出版社 1994 年版，第 11 ~ 24 页。

⑥ 司马迁：《史记》第 8 册，中华书局 1959 年版，第 2551 页。

隶属的关系这样的色彩。”[①] 丈夫拥有妻子的人身权、财产权、人格权、监护权，而妻子作为丈夫的依附，却要承担事夫、顺夫、忠于夫的职责，丈夫死后，她还要承担丈夫对于家庭、家族的全部义务，如料理后事，抚孤延嗣，奉养翁姑，甚至是抚养丈夫之弟、妹等。就连是对自我的生命，妇女都没有处置的权利。夫权最典型地体现在传统社会规定丈夫可以休妻的“七出”上。其内容可见《大戴礼记》：“不顺父母，为其逆德也；无子，为其绝世也；淫，为其乱族也；妒，为其乱家也；有恶疾，为其不可与共粢盛也；口多言，为其离亲也；窃盗，为其反义也。”[②] 其中不仅规定了妻子绝对服从丈夫父母意愿，为夫生出男性继承人，坚决维护丈夫经济主权的责任，而且还规定了为丈夫保守贞操的义务，而与之相反的是妻子却要容忍丈夫的不贞和支持丈夫纳妾。由此可见，“七出”的实质是片面强调丈夫的权利和妻子的义务。

诚然，传统社会也宣扬臣对君、子对父的“谏诤”，妻对夫的“规劝”，似乎臣、子、妻还有着“逆命”的道德权利，但如果进一步分析，就可以看出这实际上仍是一种绝对义务。因为道德义务与道德权力有时是直接同一的，其分辨的依据“要视一个人在特定的道德情境中是作为义务主体还是作为权利主体出现而定。”[③] 如果这种道德权力超出一般权利的“享受”范围，并且成为一种高度责任化的行为，那么它实际上就是道德义务的道德权利表现形式。“这种权利只求尽义务，而不求索取。”[④] 以此来分析，可以看出，无论是臣对君，子对父的“谏诤”，还是妻对夫的“规劝”，都是为了维护君、父、夫的长远利益和权威地位，使他们免陷入“不安”“不义”“不仁”，而没有任何自我利益的考量。不仅如此，进谏、规劝还是臣、子、妻的绝对责任，哪怕是冒着“挞之流血”、亡之性命的危险境地，也须进言。

### （二）臣、子、妻要履行绝对的道德义务

与君、父、夫所拥有的绝对权利相对应，臣、子、妻则只有尽忠、孝、节的绝对义务，这不仅体现在传统社会思想家的高度抽象的理论论证中，也体现在非常现实的社会生活、政治生活和道德生活中。

首先，从理论形态来看，臣对君尽忠、子对父尽孝、妻为夫守贞节被不断地纲常化、绝对化，以致成为天理的必然要求。如果说西周时期的《仪礼》只是宣

① 林安梧：《儒学与中国传统社会之哲学省察》，学林出版社 1998 年版，第 105 页。
② 方向东：《大戴礼记汇校集解》，中华书局 2008 年版，第 1305 页。
③ 韩作珍：《论道德权利与道德义务及其相互关系》，载《宝鸡文理学院学报》（社会科学版）2003 年第 8 期，第 11 ~ 16 页。
④ 罗国杰：《伦理学》，人民出版社 1989 年版，第 198 页。

称“父至尊也”“君至尊也”“夫至尊也”的地位，那么韩非子则进一步把君臣、父子、夫妻的关系确立为一方事一方的主从关系。他说：“臣事君、子事父、妻事失，三者顺则天下治，三者逆则天下乱，此天下之常道也”[①]。而到了西汉董仲舒那里，则正式提出“三纲”的概念，确立君父夫的主宰地位，并宣称“王道之三纲可求于天”,[②] 使之具有权威性和神圣性。“三纲既是王道，它就不只是伦理道德原则，而且也是政治原则；它既源于天，具有天然合理的神圣性。”[③] 自此，“三纲”之说开始流行，这一时期出现的《孝经》《忠经》《白虎通》等儒家经典不断地重申和补充这一观点。两宋以后，理学家把臣、子、妻的道德义务进一步绝对化为“天理”，认为不仅是人应如此，即便是虎狼也有父子观念，蜂蚁也有君臣之道，雎鸠也有夫妇之合。因此臣尽忠、子尽孝、妻守节不仅是社会的最高准则，也是自然界的最高准则，是天道的必然，是一种无所逃于天地之间的绝对义务。

其次，从实践上来看，封建统治者试图通过各种暴力手段迫使人们接受这种道德义务。手段之一就是借助于伦理问题的政治化，把忠孝等绝对化的道德规范转化为政治原则，用法律对不忠不孝行为进行严惩。如历代法律中的“十恶制度”。“十恶”之中，谋大逆、谋叛与大不敬四项均为危害皇帝的行为，因违背“君臣之大义”而列于“十恶”之首。恶逆、不孝、不睦则属于卑亲属犯尊亲属的行为，有违“人道之大伦”，因而被认为罪大恶极。不道与不义，或因其以卑鄙的手段犯罪，或因其行为犯上有违“生人之大义”，亦不能不重罚。从根本上看，这些犯罪都是违反了“君为臣纲”“父为子纲”“夫为妻纲”之三纲原则，违反者不仅自身受到严惩，而且累及父母、兄弟、姐妹，导致满门抄斩，财产没官。手段之二就是在世俗的法律惩罚体系上构建一个以神灵为主体的道德法庭，将道教的鬼神信仰与儒家的封建伦理纲常、佛教的因果报应说结合起来，以此威慑人们践行绝对化的道德义务。神灵无所不在，遍布天上与地下、身内与身外，并各有分工。人身之外高高在上的道德监督者是天上的诸神，人身之中的神灵随时向天上的司命之君报告人的善恶行止，迫使人时刻谨守道德规范。

## 二、扭曲人性

在传统社会尊、长、贵者的绝对道德权力之下，注定卑、幼、贱者人性被扭

① 韩非子校注组：《韩非子校注》，江苏人民出版社 1982 年版，第 698 ~ 699 页。
② 苏兴撰、钟哲点校：《春秋繁露义证》，中华书局 1992 年版，第 351 页。
③ 张锡勤、柴文华主编：《中国伦理道德变迁史稿》（上），人民出版社 2008 年版，第 191 页。

曲的命运。这种扭曲不仅表现在对个性的压抑，还表现在对人格的扭曲，甚至是生命的摧残。在传统社会的道德实践中出现的普遍的愚忠、愚孝、愚节现象就是其极端体现。以致新文化运动的主将陈独秀说：中国社会的种种悲惨不安的状态，都是由忠、孝、贞节三种“中国固有的旧道德”所引发、助长的。[①]

### （一）压抑个性

首先，体现在对“为人臣者”个性的压抑。由于君权是绝对的，臣下只能以君王的意志和要求作为自己行事的准则和评价标准。为人臣者的行为符合君王的意识就是对的，否则就是错的，因此作为臣子的基本行为准则就是“顺”，韩非子把它提高“天下之常道”的地位，宣称：“臣事君、子事父、妻事夫，三者顺则天下治，三者逆则天下乱。”[②] 因此，不管君主的贤愚不肖，人臣只能尽力守法，专心事主，不许非议君主。“孝子之事父也，非竞取父之家也；忠臣之事君也，非竞取君之国也。……为人臣常誉先王之德厚而愿之，是诽谤其君也。非其亲者，知谓之不孝；而非其君者，天下贤之，此所以乱也。故人臣毋称尧舜之贤，毋誉汤武之伐，毋言烈士之高，尽力守法，专心于事主者，为忠臣”。[③] 否则就是不忠。不忠，就要给以最严厉的惩罚。“为人臣不忠，当死！”。[④] 这种以“顺”为核心，绝对服从君主的观念得到后世普遍的认同和践履，朱熹就曾说过：“臣子无说君父不是底道理，此便见得是君臣之义处”[⑤]，极大地束缚了臣下个性的发展和道德践行主体性的生长。

其次，体现在对“为人子者”个性的压抑，要求为人子、女、媳者不论是非曲直，逆来顺受，不违父命。这在历代的家训、族规里多有体现，特别是在谏诤这一问题上。北宋名臣、史学家司马光所撰写的《温公家范》称：“所谓争者，顺而止之，志在必于从也。”[⑥] 宋代袁采的《袁氏家范》说得更为具体：“子之于父，弟之于兄，犹卒伍之于将帅，胥吏之于官曹，奴婢之于雇主，不可相视如朋辈，事事欲论曲直。”[⑦] 因此，即使是父兄犯了不可掩饰的过错，为人子弟的也只能和言相劝，如果父兄仍坚持一意孤行，为人子弟的就应当接受，而不可再与辩解。总之，凡是做子女的，对父母之命不分是非曲直，都要绝对顺从。“见父

---

① 牛京辉：《论忠》，载《道德与文明》1995 年第 5 期，第 33～36 页。

② 韩非子校注组：《韩非子校注》，江苏人民出版社 1982 年版，第 698～699 页。

③ 韩非子校注组：《韩非子校注》，江苏人民出版社 1982 年版，第 702 页。

④ 韩非子校注组：《韩非子校注》，江苏人民出版社 1982 年版，第 2 页。

⑤ 朱杰人、严佐之、刘永翔主编：《朱子全书》第 40 册，上海古籍出版社、安徽教育出版社 2002 年版，第 400 页。

⑥ 骆承烈：《中国古代孝道资料选编》，山东大学出版社 2003 年版，第 69 页。

⑦ 骆承烈：《中国古代孝道资料选编》，山东大学出版社 2003 年版，第 71 页。

之执，不谓之进不敢进，不谓之退不敢退；不问，不敢对。此孝子之行也。”[①]

最后，体现在对“为人妻者”个性的压抑。敬顺丈夫被认为是妇女的德行，这不仅为男权社会所推崇，也为传统社会的妇女广为认同。东汉时期的班氏兄妹就是代表。班固从董仲舒所提出的夫为妻纲、男尊女卑的观念出发，极力提倡：“夫者，扶也，扶以人道者也。妇者，服也，服于家事，事人者也。”[②] 班昭则进一步对这一观念进行系统阐释，提出“三常”之说。班昭认为“妇人之常道”有三：其一“卑弱下人”，即要求女人应该“谦让恭敬、先人后己”，“忍辱含垢，常若畏惧”；其二“执勤”，即要求女子应“晚寝早作，勿惮夙夜，执务私事、不辞剧易”；其三“继祭祀”，即要求女子“正色端操，以事夫主，清净自守，无好戏笑，絜齐酒色，以供祖宗”[③] 当然，上述的内容并不是全无是处，但其根本精神是提倡对丈夫的服从。

值得指出的是：传统社会道德实践对个性的压抑绝不只是体现在这三者的身上，而毋宁说是对整个卑、幼、下层人民的迫害。社会上层随意地利用天理来压抑、迫害下层民众，“尊者以理责卑，长者以理责幼，贵者以理责贱”，尽管不合人情，违背天理也被视为当然，反之，“卑者、幼者、贱者以理争之，虽得，谓之逆”，根本没有申辩、争驳的权利，“在下之罪，人人不胜指数。”[④]

### （二）扭曲人格

人格一词具有多学科的内涵。从伦理学的角度而言，人格就是“一个人做人的尊严、价值和品格的总和。”[⑤] 意志独立、自主、自由是人格主体成立的必要条件和真正标志。从这些方面而言，传统社会无论是君臣关系、父子关系，还是夫妻关系都充满着对人格的扭曲。

其一，从君臣关系的维度看，对君主的服从达到情发于衷的地步，奴性精神步步升级，独立人格受到极大摧残。唐太宗李世民就直接宣称：“君虽不君，臣不可以不臣。”[⑥] 北宋赵普当政时，“每臣僚上殿，先于中书供状，不敢诋斥时政，方许登对。”[⑦] 元朝的廷臣自称奴婢，君臣关系异化为主奴关系，人格受辱之事则就更多了。如朝臣受杖之事，“人们对此已颇以为常，再也没有什么异议了”。“朝官一有过错，一顿棍子、板子、鞭子，挨不了被打死，侥幸活着照样做

---

① 陈襄民等译注：《五经四书全译》中州古籍出版社 2000 年版，第 1144 页。
② 陈力：《白虎通疏证》（上），中华书局 1994 年版，第 491 页。
③ 范晔：《后汉书》第 10 册，中华书局 1965 年版，第 2787 页。
④ 戴震：《孟子字义疏证》，中华书局 1961 年版，第 10 页。
⑤ 唐凯麟：《伦理学》，高等教育出版社 2001 年版，第 182 页。
⑥ 刘昫等撰：《旧唐书》第 1 册，中华书局 1975 年版，第 34 页。
⑦ 潘永因：《宋稗类钞》，书目文献出版社 1985 年版，第 96 页。

官。"[①] 就连是维护皇权的谏诤也变得非常困难，稍有不慎，即招杀身之祸。明仁宗时，翰林侍讲李时勉进谏，内容无非是劝皇帝"不宜屡进嫔妃，太子不可远离膝下"，竟引起"仁宗大怒，命左右以金爪拉其肋，拽出下狱。"[②]

其二，从父子关系的维度看，对父辈权威的服膺极大地剥夺了子女人格的独立性。在日常行为上，要"无违"于父辈的意愿和遗志。"父母在，不远游，游则有方"；"事父母几谏，见志不从，又敬不违，劳而无怨"；[③] 父母有罪，不能揭发，要"父为子隐，子为父隐"。[④] 在嫁娶、生育等大事上不能自主，子女的婚配完全由父母包办。父母或以门第权势缔婚，或以财产地位定亲，或"抱中论婚"，或"指腹为婚"，完全不考虑子女当事人的意愿。不仅如此，婚后还必须生子——男性继承人。父母去世之后，还要"三年无改于父之道"。[⑤] 而最为残酷的就是连人身也不能自主，"身体发肤，受之父母，不敢毁伤"，[⑥] 子女如有过，父辈甚至有生杀的权利。如此，子女就完全囿于父辈的摆布之下，只能恭顺屈从、逆来顺受，其在历史上不知道造就了多少人生的悲剧，葬送了多少青春和幸福，潜藏着多少辛酸与屈辱。

其三，从夫妻关系的维度看，妻子的人格具有强烈的依附性。其根源就在于封建宗法制度剥夺了妇女的各项权利，并通过礼教构筑的正统意识形态，尤其是四书、闺训、家规等"妇学"对女子进行灌输、熏陶，使其在思想上、潜意识中将"在家从父，适人从夫，夫死从子"、[⑦] "从一而终"的观念作为天经地义的信条，从而将妇女严格地束缚在以男性为中心的宗法家庭制度中。特别是自明朝推行程朱理学以来，妇女人格价值异化为替夫尽孝、抚幼、守节，沦为礼教的牺牲品，饱受人身侵害和名声侮辱，最后只有一死了之。仅以历史文献中的记录为例，《明史·列女传》中记载了265位忠孝、节烈妇女，[⑧]《清史稿·列女传》中记录了559位节妇、烈妇、贞女、烈女，其中有294位以自杀的非正常死亡的形式结束自己的生命。[⑨] "为夫守贞"成为明清两代社会中妇女人格的主体，成为妇女人生价值的最高实现形式，由此造成了妇女独立人格被否定，人生价值被扭

---

① 屈文军：《论元代君臣关系的主奴化》，载《江海学刊》2004年第1期，第139~144页。

② 王锜：《寓圃杂记》，中华书局1984年版，第13页。

③ 陈襄民等译注：《五经四书全译》，中州古籍出版社2000年版，第3077页。

④ 陈襄民等译注：《五经四书全译》，中州古籍出版社2000年版，第3176页。

⑤ 陈襄民等译注：《五经四书全译》，中州古籍出版社2000年版，第3047页。

⑥ 李隆基：《孝经注疏》，李学勤主编：《十三经注疏》（标点本），北京大学出版社1999年版，第3页。

⑦ 方向东：《大戴礼记汇校集解》，中华书局2008年版，第1301页。

⑧ 段颖惠：《迷失的本性——从〈明史·列女传〉中的妇女守节现象析明代妇女的贞节观念》，载《和田师范专科学校学报》（汉文综合版）2006年第2期，第97~98页。

⑨ 张涛：《被肯定的否定——从〈清史稿·列女传〉中的妇女自杀现象看清代妇女境遇》，载《清史研究》2001年第8期，第40~49页。

曲的悲惨境地。

### （三）残害生命

较之压抑个性，扭曲人格更为甚者就是对生命的摧残。在传统社会的道德实践中，统治者一方面通过暴力手段强力推行责权极度不平衡的道德规范；另一方面通过制度、教化等手段把一些愚忠、愚孝、愚节的事例树立为典型，致使社会荣辱观发生畸变，“子为父死，臣为君死”被视为天经地义和最大光荣，“饿死事极小，失节事极大”的观念被普遍认同，残害身体，乃至生命的事件屡见不鲜。

随着君主专制的中央集权不断强化，君权日益神圣，忠遂成为最高道德，对君主的忠渐由臣扩大到民。中国古代的观念是“主辱臣死”，而在封建社会的后期，特别是明代则发展为“主辱”民也死。不仅“食君之禄”的臣理当殉君，连未曾“食君之禄”的普通民众也自觉殉君。1449 年发生了历史上著名的“土木之变”。在与塞北瓦利的战争中，明英宗在土木堡被俘。事变发生后，河州卫“军家子”周敖尽管只是一介底层民众，也因君王受辱而失声大哭，绝食七日而死。这类事例在明亡时更多。1644 年李自成军攻占北京，崇祯帝自缢于煤山。北京的一位塾师汤文琼闻变自缢，死前咬破自己的手指在衣襟上写道：“位非文丞相之位，心存文丞相之心”。一些京外民众也有殉君者。如苏州人许琰，听闻京师被攻陷，崇祯帝为国献身，大为悲切，先是在胥门外投河，获救后又绝食，后竟哀号而死。

而在尽孝上，这方面的事例就更多了。且不说“刺血和药”“刺血写佛经”“刲骨疗疾”“探肝”“凿脑”这些血淋淋的事件，就是殉父的悲惨行为亦比比皆是。如东汉桓麟“会母终，麟不胜丧，未祥而卒，年四十一”。[①] 又如孝女叔先雄的父亲乘船湍水而亡，“尸丧不归，雄感念怨痛，号泣昼夜，心不存图，常有自沉之计。所生男女二人，并数岁，盛珠环以系儿，数位诀别之辞。家人每防闲之，经白许日，后稍解，雄因乘小船，于父坠处恸哭，遂自投水死。”[②] 东汉上虞人曹娥，因为她的父亲打鱼沉溺于江中，曹娥昼夜沿江号哭了七天七夜找寻父亲的尸体，最终投水自尽。明英宗时的周路，听闻父亲去世的消息后放声大哭，飞奔回家，到家之后竟然在庭前的槐树撞死。更有甚至，不只是牺牲自己的生命，甚至是儿子的生命。《明史》载明初山东日照有一个叫江伯儿的人，为治疗母亲的病竟然愚昧到割自己的肋骨肉，但仍然不能治愈母亲的病，于是向神祷告，许愿如果母亲的病好了愿意以儿子的性命来祭祀神灵。后来，真的杀了其三岁的小儿子。在《清史稿·列女传》中就记录了 9 个妇女殉亲自杀的事例。

---

① 范晔：《后汉书》，中华书局 1965 年版，第 1260 页。

② 范晔：《后汉书》，中华书局 1965 年版，第 2799 页。

自残守节、自杀殉夫的事例在历史上也有很多。有人根据《古今图书集成·闺媛典》的记载作了这样的统计：两汉节妇年均0.05人，魏晋南北朝为0.09人，隋唐为0.1人，两宋为0.48人，元为4.66人，明为98.34人，清初顺治、康熙两朝则达120人。① 一些青年寡妇为拒绝改嫁、坚持守节，甚至不惜“自刺其面”“自割其耳”“自髡其发”，等等。有人甚至以滚烫的开水毁坏自己的面容，再以烟煤灰涂抹伤口处，把自己搞成狰狞状，以打消他人的迎娶念头；还有人以石灰弄瞎自己的眼睛。而自杀殉夫的事例在元代即有，《元史》记载有几位年轻女子在丈夫病危时让人制作巨型棺材，待丈夫一死就自杀，以与丈夫同棺共葬。明代自杀殉夫的事例更多，自杀的方式如“绝食”“吞金”“仰药”“自缢”“投水”不一而足。到清代，殉夫的情形大为激增，《清史稿·列女传》就记载有59位，个别家庭甚至连妾，或者是未婚妻也殉夫。如同安少女洪许娘，七岁时由父母做主许林某为妻，但还没等到结婚林某就过世了，许娘听闻这个噩耗之后，滴水不喝，在床上躺了五天就死了。

## 三、知行脱节

道德实践权责的严重失衡，使道德越来越成为人欲的对立物，越来越为普通民众的道德能力所不及，从而不能切实地发挥指导人们行为的作用，体现在道德生活领域中，就是人们对伦理规范的认知与道德践履相互脱节。

在历史上，这种现象被称之为“假道学”，主要集中在士大夫的道德生活领域，而且自古就有，“至明中叶以后，程、朱知识主义的道问学倾向，使越来越多的学者沉溺于书册子，所学与所行严重脱节。”② 明朝余继登的《典故纪闻》称：讲学家多以富贵功名鼓舞后士学习，一时间闻风争附者很多。他们只要一坐到蒲团之上进入讲堂，就一个个作圣人君子道貌岸然状，而在平日，则无所不为，丑态毕露。王阳明也曾说：“士皆巧文博词以饰诈，相规以伪，相轧以利，外冠裳而内禽兽，而犹或自以为从事于圣贤之学。如是而欲挽而复三代，呜呼其难哉！”③ 正是以挽救社会、拯救世风为己任，王阳明“揭知行合一之说，订致知格物之谬，思有以正人心息邪说，以求明先圣之学”。④ 然而，王阳明的知行合一说并没有能改变这一社会风气。明清之际，士人的道德堕落和知行脱节较之以前更为突出。李贽在其《焚书》中揭露道：“种种日用，皆为自己身家计虑，

---

① 张锡勤、柴文华：《中国伦理道德变迁史稿》（下卷），人民出版社2008年版，第63页。

② 武道房：《从宋学到汉学：清代康、雍、乾学术风气的潜移》，载《学术月刊》2008年第10期，第139~146页。

③④ 王守仁：《王阳明全集》，上海古籍出版社1992年版，第282页。

无一厘为人谋者。及乎开口谈学，便说尔为自己，我为他人；尔为自私，我欲利他；我怜东家之饥矣，又思西家之寒难可忍也；某等肯上门教人矣，是孔，孟之志也，某等不肯会人，是自私自利之徒也。"[①] 这种现象甚至引起了皇帝的注意。康熙帝就曾批评道："朕见言行不相符者甚多，终日讲理学，而所行之事全与其言悖谬，岂可谓之理学？""道学者必在身体力行，见诸行事，非徒托之空言。今视汉官内务道学之名者甚多。考其究竟，言行皆背"。[②]

文人士子知行不一，貌是心非的现象在小说中也多有反映，如李绿园的《歧路灯》、纪昀的《阅微草堂笔记》、吴敬梓的《儒林外史》等。这从另一个方面反映现实生活中知行脱节现象的普遍存在。兹录纪昀《阅微草堂笔记》中的两例。[③]"有两塾师邻村居，皆以道学自任。一日，相邀会讲，生徒得坐者十余人。方辨论性天，剖析理欲，严词正色，如对圣贤。忽微风飒然，吹片纸落阶下，旋舞不止。生徒拾视之，则二人谋夺一寡妇田，往来密商之札也。"满口仁义道德的背后原来是利益的争夺和私欲的放肆。又一例："有讲学者，性乖僻，好以苛礼绳生徒。生徒苦之，然其人颇负端方名，不能诋其非也"。后来，生徒收买了一个妓女，让她去引诱讲学者。讲学者见妓女"言词柔婉，顾盼间百媚俱生"，竟为其所惑。妓女又说有隐形之术，"往来无迹，即有人在侧亦不睹，不至为生徒知也"。于是讲学者放心"因相燕昵"。结果"晓日满窗，执经者至，女仍垂帐僵卧"，"外言某媪来迓女，女拂衣径出"，"讲学者太沮，生徒课毕归早餐，已自负衣装遁矣"。至此，假道学的面目已完全毕露。值得指出的是，这种现象并不是士人中的个别现象，而是普遍的社会事实。正如纪昀所指出的："唐以前儒，语语有实用；宋以后之儒，事事皆空谈"。

知行脱节现象的产生固然有道德行为主体主观的因素，但如果成为一种普遍的社会现象，就往往预示着社会的道德实践出现了某种问题。归纳起来主要有以下两个方面：

首先，传统社会道德生活中的知行脱节问题是由于传统社会道德实践中对正当人欲的否定，并由此引发的与"私心难除"的矛盾的结果。现代心理学研究表明，人的需要和欲望是生活实践的原初驱动力量。人的欲望，特别是基本欲望是不能去除的。历史上曾有很多人看到了这一点。如清康熙帝曾说："凡人口之所言与身之所行，往往不相符合，故去私最难也。""夫贤之立身，以功名为本；士

---

① 李贽：《焚书》，中华书局 1975 年，第 30 页。

② 《康熙起居注》第 2 册，中华书局 1984 年版，第 1089 ~ 1090 页。

③ 张国风：《康乾时期文化政策的复杂性及其对小说的影响》，载《中国人民大学学报》1997 年第 2 期，第 94 ~ 100 页。

之居世，以富贵为先。"[①] 晚明的东林学派学者刘永澄说："假善之人，事事可饰圣贤之迹。只逢著忤时抗俗的事，便不肯做。不是畏祸，便怕损名，其心总是一团私意故耳。"[②] 王阳明也曾说："功利之说，日浸以盛，不复知有明德亲民之实，士皆巧文博词以饰诈，相规以伪，相轧以利，外冠裳而内禽兽，而犹或自以为从事于圣贤之学。"[③] 尽管上述观点的立场和结论不一定完全正确，但至少从某个方面揭示了人的欲望之不可除。不仅如此，如果"持论过高，标准过苛，过于压制人的本能趋向（如名利欲，畏死恋生，趋乐避苦，自私或自爱），那就很难被自觉奉行，其结果有两个：一是伪善之风盛行，二是泛道德主义暴政，这两种现象构成了中国传统道德经验史的重要侧面。"[④]

其次，传统社会道德生活中的知行脱节问题是由于传统社会道德实践中对"道德理想主义"的宣扬，以及由此引发的与现实生活中大多数人道德能力低下的矛盾。传统社会道德实践占主导的是人性善论，并由此建立起道德理想主义的高远目标，其固然在一定范围内确实培养了一些崇高道德典范，并有着可供现代社会借鉴的成功经验，然而存在一个问题：就是对人性弱点或人性恶的忽视。"很显然，人性的弱点或人性恶是实然存在，不会因为大讲向善的道理就不存在。而且向善之理倘不能正视人性的弱点，则只是一道德乌托邦，很难发挥实际的约束作用。"[⑤] 其对于道德能力相对低下普通大众来说更是如此。如吴敬梓在《儒林外史》所塑造的范进、严贡生一流。范进居丧不用银镶杯箸，不用象箸，却在燕窝碗拣了一个大虾元子送在嘴里。严监生为其兄严贡生了结官司后病死，严贡生安然回乡，坦然地说：岂但二位亲翁就是我们弟兄一场，临危也不得见一面，但自古道公而忘私，国而忘家。我们科场是朝廷大典，你我为朝廷办事，就是不顾私亲，也还觉得于心无愧。然而就是这位"公而忘私，国而忘家"的严贡生，乘其兄弟尸骨未寒之际，雄赳赳地打上门去，要从未亡人的手中抢夺亡弟的遗产。

## 四、名实相分

比"知行脱节"更为严重的是"名实相分"。如果说"知行脱节"还只是一个"知善"但不"行善"的"道德不作为"问题；那么"名实相分"就是"明知善"、却"行恶"，并用"善名"掩盖"恶行"的"不道德行为"问题。历史

---

① 《晋书·陆机陆云传》，转引自王永平：《论陆机陆云兄弟之死》，载《南京晓庄学院学报》2002年第9期，第18~26页。

② 黄宗羲：《明儒学案》卷五十八，《东林学案》，文渊阁四库全书本，第1056页。

③ 王守仁：《王阳明全集》，上海古籍出版社1992年版，第282页。

④⑤ 龚刚：《儒家伦理的空壳化问题》，载《伦理学研究》2009年第7期，第63~72页。

上，这类现象在统治阶级的道德生活中集中体现为“以道德之名掩盖不道德之实”，在被统治阶级的道德生活中集中体现为“借道德之名谋取功名利禄”。

### （一）以道德之名掩盖失德之过

在封建社会统治阶级那里，道德只是阶级统治的工具，从来都是用来规范别人，却从不约束自己，甚至把道德化为不道德行为的遮羞布。道德对于阶级统治的价值，早在孟子那里就已经说得很清楚。孟子说：“以力假仁者霸，霸必有大国”。[①]“假”，借也，“以力假仁”而霸，就是以力为后盾，借仁的名义才能成就霸业。历代统治者都非常明白这个道理，并以此作为政治、军事、外交斗争的不二法宝，其目的在于为不道德行为正名，以骗取群众的拥护。如三国时期的军阀割据争霸无不是打着忠臣义士的旗号，行的是弑君越位之实。试举几例：袁术、袁绍、曹操之间的军阀割据，表面上宣称恪守君臣之义，实际上都暗含着窥觑君位的主意。袁绍谋立宗室刘虞为帝，以控朝权，使人报袁术，希望得到支持，然而袁术却“观汉室衰陵，阴怀异志，故外托公义以拒绍”。袁术一边赞刘虞“圣主聪睿，有周成之质”，一边表忠心曰：“赤心，志在灭卓，不识其它”，[②] 而实际上是想自己当皇帝。袁绍、曹操争霸中原的手法也是这样：曹操方面是历数袁绍谋立刘虞为帝、擅自封拜等不臣之态，甚至说袁绍从弟袁术称“今海内丧败，天意实在我家”有谋逆之心，故当代天子讨其不义。袁绍方面则称曹操挟持天子，“乘资跋扈，肆行酷烈，割剥元元，残贤害善”，“身处三公之官，而行桀虏之态，殄国虐民，毒流人鬼”，又有“豺狼野心，潜苞祸谋，乃欲挠折栋梁，孤弱汉室”，故袁之讨曹，乃是“武王伐纣，不曰不义”[③]。而实际上双方都有着登上皇帝宝座的狼子野心。

再如曹丕篡汉、刘备自封汉中王，本为封建社会大不义之事，却惺惺作态、推脱再三，以装扮自己为大忠臣大义士。曹丕曾下令曰：“当奉还玺绶为让章，吾岂奉此诏承此贶邪？……义有蹈东海而逝，不奉汉朝之诏也。亟为上章还玺绶，宣之天下，使咸闻焉。”[④] 并列举尧舜让天下、颜回守知足之明分、王子搜被熏而不出等典故以自喻。这些把戏也许旁人看得不是很明白，但是他的臣下却深明主子用意，于是想方设法地证明他接受帝位才是“禅代之义”，才是造福苍生的天下大义，而不受禅则是“行不合义”。曹丕就反反复复地来了个三辞三让，终于不顾自己的“名节”和“固辞之义”而“割谦之志，修受禅之礼，副人神

---

① 陈襄民等译注：《五经四书全译》，中州古籍出版社 2000 年版，第 3297 页。

② 陈寿：《三国志》，中华书局 1982 年版，第 208 页。

③ 陈寿：《三国志》，中华书局 1982 年版，第 196～198 页。

④ 陈寿：《三国志》，中华书局 1982 年版，第 68 页。

之意，慰外内之愿”，当了皇帝。如此一场逼宫戏倒成了顺应民意的大义之举。而刘备在自封汉中王之后，自感名不正言不顺，煞费苦心地为自己找名目。在其上汉献帝的表中曰：“臣伏自三省，受国厚恩，荷任一方，陈力未效，所获已过，不宜复忝高位以重罪谤。群寮见逼，迫臣以义。臣退唯寇贼不枭，国难未已，宗庙倾危，社稷将坠，成臣忧责碎首之负。若应权通变，以宁靖圣朝，虽赴水火，所不得辞，敢虑常宜，以防后悔。辄顺众议，拜受印玺，以崇国威。仰唯爵号，位高宠厚，俯思报效，忧深责重，惊怖累息，如临于谷。尽力输诚，奖厉六师，率齐群义，应天顺时，扑讨凶逆，以宁社稷，以报万分。”[①] 刘备言他的部下“迫臣以义”，这是“大义”，他也就不惜“忝高位以重罪谤”来成就这个大义了。这样一来，他的行为也不义而义，而且还成了牺牲自己宝贵的名节而献身大义者了。

更为甚至则是司马昭杀了国君曹髦，却以臣“义在安国”为自己行为开脱，用忠孝之名转嫁责任于直接凶手成济，逼太后自咎。史载因司马昭专权日甚，曹髦不胜其忿，对臣下言曰：“司马昭之心，路人所知之也。吾不能坐受辱废，今日当与卿等自出讨之。”[②] 于是他率军自出讨昭，被司马昭部下成济所杀。事后，司马昭为掩饰其杀君之罪，声言“人臣之节，有死无二，事上之义，不敢逃难”，表示自己本欲“委身守死，唯命所裁”，遵守臣为君死之义；但又“忝当大任，义在安国，惧虽身死，罪责弥重”，用为臣当有安国家社稷之义为自己行为开脱；之后再把责任转嫁给直接杀害高贵乡公的凶手成济，表示要严惩以维护“君臣纲纪”，装扮出卫道者的面孔，逼得太后强忍失子之痛，下诏自责：“夫五刑之罪，莫大于不孝。夫人有子不孝，尚告治之，此儿岂复成人主邪?”。[③] 就这样，司马昭通过强词夺理、乔装打扮、转嫁责任，把一场以臣弑君，大违君臣之义的行为，变成了他维护国家社稷，反对高贵乡公“不孝（不义）”行为的“正义”之举。

事实上，统治阶级道德生活中“借道德之名行不道德之实”的现象远不止三国时代，也远不止局限于君臣之间的道德生活之中，而宁可以说是整个封建社会的共性。如王阳明所描述的明代中期的道德状况：“为大臣者，外讬慎重老成之名，而内为固禄希宠之计；为左右者，内挟交蟠蔽雍之资，而外肆招权纳贿之恶。习以成俗，互相为奸。忧世者，谓之迂狂；进言者，目以浮躁；沮抑正大刚直之气，而养成怯懦因循之风；故其衰耗颓塌，将至于不可支持而不自觉”。[④]

---

① 陈寿：《三国志》，中华书局1982年版，第886~887页。

② 陈寿：《三国志》，中华书局1982年版，第144页。

③ 陈寿：《三国志》，中华书局1982年版，第147页。

④ 《王阳明全集》卷九，上海世界书局1936年版，第1351页。

但与统治阶级相比，更多地是出于谋取功名利禄。

### （二）借道德之名谋取功名利禄

封建统治阶级虽然自身并不信奉仁义道德，但为了实现以德治国、王天下的政治需要，也为了树立自身的爱好仁德的形象，采取各种外在物质利益激励措施，并以制度的形式加以保障，其虽然在一定程度上促进了人们道德行为的践履，但也由此引发一些人把道德仅仅作为谋利的手段和赌牌，甚至作为一种包装和欺骗，异化为谋取功名利禄的工具。可以说，道德教化的功利化，以及相关制度的内在缺陷是导致这一现象产生的主要原因所在。

首先，道德教化的功利化是诱发被统治者借道德之名谋取功名利禄的内在原因。从个体的角度来讲，道德落实为人的德性。真正的德性深藏在人的内心，是个人灵魂中对某种行为准则的服膺，表现为一种自律，一种自我反省和自我批评，是自己做出来的，而不是讲给别人听的。同时也是一种自主，不为外在的名利和强权所左右。“若以强权威逼之，以名利诱惑之，威逼利诱之下，德性或被权力所玩弄，或被名利所收买，则只能造成德性的虚假繁荣。”[①] 因此，道德教化的根本途径和手段应是通过思想教育和感化激发人的道德自觉性和主体性。然而这些手段的作用虽然持久，但却是缓慢而软弱的。于是，传统社会的统治者便采用物质利益、做官当权、精神表彰（如树碑立传、贞节牌坊）等方面的利诱手段。“在形式上把道德抬到无以复加的至上地位并当做目的，在实践中却把道德由目的异化为达致个人功利目的的手段；以个人功利作为驱动人们实践道德的动力，并以此作为道德的维持手段”。[②] 结果使道德沦为更为狡猾、隐秘的功利主义的“聪明人的远虑”（罗素语）和算计。造成表面上宣扬道义，实际上，“‘德’以‘得利’为价值目标与内在驱动力，‘德’为‘得利’之手段途径，则是一种在社会生活中对社会各个阶层普遍发生作用的，隐藏在中国主导性传统伦理中的内在运行机制。”[③] 历史上，这样的事例很多。如东汉时，“矫情造作、沽名钓誉的表演盛行于世。有守墓数十年的‘至孝’却在墓庐中纳妾生子的，有受征召十余次而不就、以博清高之名，而私下走‘权门请托’、‘以位命贤’之路的，不一而足。”[④]

其次，传统社会察举征辟道德选官制度的内在缺陷为被统治者借道德之名谋

---

① 刘传广：《走出“伪君子”与“真小人”的怪圈》，载《道德与文明》2005年第6期，第31～36页。

② 肖群忠：《道德与人性》，河南人民出版社2003年版，第203～204页。

③ 肖群忠：《道德与人性》，河南人民出版社2003年版，第205页。

④ 秦晖：《传统十论》，复旦大学出版社2003年版，第188～189页。

取功名利禄起到推波助澜的作用。察举征辟制度是历代统治者用于选拔官吏的一条基本制度，同时兼有道德教化的功效。从理论上来说，这种制度具有一定的合理性。因为选用遵循道德教诲，比如具有孝、廉、敦厚等品格的人为官，对整个社会具有一种价值导向作用，从而最终达到天下大治；而具有诸如孝、廉、敦厚等品格的人，是不能用考试的方法所选出，只能用倾听社会舆论的方式来辟举。在实践中，这种选官方式也确实发挥过积极作用，历史上许多公卿大臣是通过察举征辟选拔的，察举孝廉成了普通人进入上流社会的主要途径。但是也有其内在缺陷：其一，在官员选拔考核的内容上以德行作为唯一标准，其弊端就在于“道德自为人生所不可缺少之要素，然亦只是人生中一端。过分看重，不免流弊……若专以道德来分别人高下，便造成社会上种种过高非常不近人情的行为，而其弊且导人入于虚伪。”① 一些人为了寻求道德声誉，不择手段，以致成为一种恶俗。其二，在官员选拔的程序上，采取乡举里选的形式，十分注重社会舆论。能否在社会上拥有孝、廉、敦厚等的名声，很大程度上决定了能否进入仕途。由此造成人们想方设法营造虚假声誉。其三，在选官权的设置上，名义上掌握在皇帝之手，实则控制在中央或地方官吏手中，容易被人利用，使察举权沦为身居高位的“公卿大臣”罗致人才，培植党羽、权力寻租的手段，而广大富于真才实学的士人则被排斥在政权之外。如此出现“举秀才，不知书，察孝廉，父别居。寒清素白浊如泥，高第良将怯如鸡”② 的现象就不足为怪了。

## 五、重德轻智

重德轻智是传统社会践行道德文化理念的又一教训。在传统社会道德实践的话语体系中，“智”与“知”相通，通常具有两种含义：德性之知与知性之知。因此，在谈论德与智的关系时也相应地出现两种情况：其一，道德与德性之知关系，也就是道德与道德认识的关系；其二，道德与知性之知的关系，也就是道德与知识（智）的关系。本节主要从“智”之“知性之知”这一维度讨论德与智的关系，分析在传统社会思想家的认识，教育制度推行中所体现的重德轻智的特点，及其历史原因和现实影响，以为现代社会处理这一关系提供历史借鉴。

### （一）伦理思想传统中的重德轻智倾向

就传统社会思想家对德与智关系的认识而言，作为“知性之知”的“智”

① 钱穆：《国史大纲》，商务印书馆 1994 年版，第 190 页。
② 庞月光译注：《抱朴子外篇全译》，贵州人民出版社 1997 年版，第 323 页。

始终未能从“德”的影响下脱离开来。这表现在宋代以前，“智”就直接被认为是一种明辨是非、善恶的道德智慧，而不是一种客观的知识，其价值不过是对仁、义的区分与坚持。如孔子曰：“智者不惑，仁者不忧，勇者不惧”;[①] 孟子言:“智之实，知斯二者（仁与义：作者注）弗去是也”;[②] 董仲舒说：“仁而不智，则爱而不别也”。[③] 三国时期的刘劭认为：智慧是道德的统帅，因为只有在智的统帅下，行仁施义才会真正实现道德目标，否则会适得其反，有德却似无德。尽管“智”的价值不断被提高，但始终是在被视为是一种德行的前提下，讨论智对德的作用。先秦的道家甚至认为“智”会导致人之本性的损害，“智慧出，有大伪”,[④] 具有一种反知识主义倾向，对后世产生深远的影响。

宋代以后，“智”的内涵虽然逐渐从“德”中独立出来，但对其价值的认识始终局限在道德建设范围之内。宋代理学家张载首提“见闻之知”与“德性之知”的概念，其所称的“德性之知”是指一种先验的道德觉悟，即是本文所说的“德”；而“见闻之知”则是指人与物接触产生的感性知识，即是“智”。这一分类方法得到了后世的广泛认同，但就“智”的价值而言，无论是肯定还是贬低，都始终局限在“智”之“求善”的功能这一狭隘维度，而掩盖了“智”之“求真”的意义。[⑤] 承认“智”的价值，如朱熹、王夫之、唐甄、戴震等。他们对于知识之于道德的价值的讨论，涉及从道德修养之成功到道德理想之实现，从对人道德行为之引导到对道德现实与道德理想关系之协调，以及从知识对道德意义之扩大等，都给予充分的肯定。贬低“智”的价值，如张载、二程、陆九渊、王阳明等。他们或者以“见闻之知”为“小知”，非但不能推类穷理，尽天下之物，而且还是梏其心、累其心之源，是玩物丧志的小技，只能损害德性，因此应将其驱逐到圣人之学之外。或者以“德性之知”“良知”为“本”、为“体”，以“见闻之知”为“末”为“用”，轻视感性经验知识、排斥客观知识。

传统社会思想家对于德智关系的认识与天人合一思维模式有很大关系。天人合一是中国传统的思维模式，人们往往从天道与人道的统一与联系来论述人事。具体到道德实践领域，就是“以天命、天理论证封建礼法制度及三纲五常的合理性和永恒性，由‘天人合德’而最终确立封建伦理和法律的道德本体，将天作为忠孝仁义等道德规范的神圣来源，将封建伦理秩序归结为一种理所当然的自然法

① 陈襄民等译注:《五经四书全译》，中州古籍出版社 2000 年版，第 3135 页。

② 陈襄民等译注:《五经四书全译》，中州古籍出版社 2000 年版，第 3367 页。

③ 苏兴撰，钟哲点校:《春秋繁露义证》，中华书局 1992 年版，第 257 页。

④ 张继禹:《中华道藏》（第 9 册），华夏出版社 2004 年版，第 29 页。

⑤ 详细论述请见李承贵:《中国传统哲学中的德智关系论》，载《齐鲁学刊》2001 年第 2 期。

则。"[①] 贵天而贱人，从而使得人道被严格地限制于天道，始终未能摆脱天道的制约而独立；人之"仁德"以天之"仁德"为依据，人之全部使命——包括道德践履和实践认知——在于体会和效法天之道德启示。因此，立德与内省成为人们的理想的生活方式，由此阻碍了有相对独立性的希腊式逻辑的发展，因而工具理性意义上的知识很难在传统土壤里破土而出。

传统社会思想家重德轻智的观念不仅影响到道德价值学说本身的科学性，而且还压抑了科学理性的增长。首先，就道德价值学说的科学性而言。"本来科学的价值论应该是以科学的认识论为基础的，可是中国思想家们从一开始就不注重纯粹理性的思考，因而使得自己的道德价值哲学建立在浅薄的先验神学、抽象的人性理论、简单的形象比喻以及狭隘的生活经验论证的基础上，从而使得中国学术文化产生了重了悟而不重论证，重人生而不重知论，同真善，合知行，一天人，既非依附科学亦不依附宗教的诸多特点。"[②] 其次，就科学理性的增长而言。重德轻智的观念，视科学为副业，人事伦理才是根本，极大地阻碍了科学事业的发展。如在我国古代能够青史留名的科学家，如张衡、张仲景、祖冲之、孙思邈、沈括等，他们的身份绝大多数首先还是朝廷官员，而独立的科学家少之又少。不仅如此，还有可能否定科学的价值，甚至走向"反智识主义"：一方面，对于"智性"产生了怀疑和憎恨，认为"智性"及由"智性"而来的知识与学问对人生有害而无益；另一方面，对于代表"智性"的知识分子，表现为一种轻鄙以至敌视。[③]

### （二）教育制度设置中的重德轻智传统

重德轻智更为明显地体现在教育制度的设置上。中国传统社会的教育分为官学和私学两大系统，两者虽然有很大的区别，但培养忠臣顺民是其一致目的，进行道德教育是其首要和主要的内容，重德轻智是其共同的特点。

首先，从官学系统来看。夏商周三代，"学在官府"，由贵族统治者垄断了文化教育，无论是中央官学的"国学"，还是地方官学的"乡学"，均以人伦道德作为重要的教学内容。这就是孟子所指出的："夏曰校，殷曰序，周曰庠，学则三代共之，皆所以明人伦也。"[④] 西周"国学"的教学内容继续沿袭的这一主题，主要传授三德、六行、六艺、六仪。其中的"六艺"虽指礼乐射御书数等六种艺能，包括一些贵族子弟必须掌握的军事、文化的知识技能，但六艺

---

① 吕锡琛：《中国传统社会促进道德理念践行的经验》，载《道德与文明》2010 年第 1 期。

② 肖群忠：《道德与人性》，河南人民出版社 2003 年版，第 244 页。

③ 余英时：《历史与思想》，台北聊经出版事业公司 1983 年版，第 1 ~ 2 页。

④ 陈襄民等译注：《五经四书全译》，中州古籍出版社 2000 年版，第 3324 页。

仍以礼教为主，旨在宣扬宗法道德、等级政治行为规范。两汉以降，随着儒学演变为国家的意识形态，儒家经典被确立为学校教育的基本教材。学校教育的目的就是使臣民们成为自觉服从君主专制制度下的顺民。所以，西汉时期不仅开始专立《五经》博士，还通过对《春秋》、《孝经》诸经的阐发，宣扬君权神授、三纲五常等维护封建专制的伦理学说。唐代中央官学的主体国子学、太学、四门学、广义馆等，专修儒经，包括《礼仪》《春秋》《三传》《诗经》《周礼》《仪礼》《易经》《尚书》《孝经》《论语》等。即使是关于医学、天文学等专科学校，也得以儒经为必修课。至于各地方官学，其大部分也是专修儒经。宋代以后，理学，作为儒学发展的新形态，成为国家的意识形态，受到了统治者的重视，理学家朱熹所撰的道德经典《四书集注》也就成为学校的统一教材。

其次，从私学系统来看。孔子是私学的开创者，其教育理念含有浓厚的重德轻智倾向。孔子曰："志于道，据于德，依于仁，游于艺。"① 他把"仁"和"德"视为根本，"德"不仅是六艺之本，也是人生的根本。作为知性之知的"艺"从属于"德"，统一于"德"。孔子的教育内容有四科："德行""言语""政事""文学"，其中"德行"列于诸科之首，他教诲学生说："行（孝、悌、信、仁——作者注）有余力，则以学文。"② 孔子有时甚至鄙弃学习科学知识。如"樊迟请学稼。"孔子斥其为"小人"。孔子重德轻智的教育观念为后世儒家学者所继承，并进而影响私学的高级形态——书院的教育理念。正如有学者指出的，书院教育呈现出一种"智识伦理化"的倾向。"所谓智识伦理化，是指在教育内容中应有智识这一层面，但在具体实施过程中，书院山长、教师和生徒大都不自觉地把智识仅仅作为伦理道德的人生智慧，或促进德性形成的伦理思维性工具。"③ 具体体现在：其一，就"智"的来源和本质来看，书院儒家学者认为，"智"和"仁、义"等德性一样都来源于"性""天"，都是"天理"在道德个体身上的具体体现，因而只要返身内求，而不需要通过外界的主观学习或客观影响等方式获得。如宋代白鹿洞书院山长朱熹说："得之于天者，仁义礼智信是也。"④ 阳明书院山长王阳明也说："智，性之性也。"⑤ 其二，就"智"的功用来看，是能促进"仁""义"等道德价值形成，达致"穷理尽性"的伦理思维性工具。如明清之际岳麓书院的王夫之所说："是故夫智，仁资之以知爱之真，礼

① 陈襄民等译注：《五经四书全译》，中州古籍出版社 2000 年版，第 3105 页。

② 陈襄民等译注：《五经四书全译》，中州古籍出版社 2000 年版，第 3045 页。

③ 吴增礼、唐亚阳：《试论书院教育的智识伦理化及其消极影响》，载《湘潭大学学报》（哲学社会科学版）2009 年第 1 期。

④ 黄宗羲：《宋元学案》，中华书局 1986 年版，第 2696 页。

⑤ 王阳明：《王阳明全集》，上海古籍出版社 1992 年版，第 68 页。

资之以知敬之节，义资之以知制之宜，信资之以知诚之实；故行乎四德之中，而彻乎六位之终始。终非智则不知终，始非智则不知始……是故智统四德。"[①] 如此，书院自然会把明人伦、学做人，作为为学的唯一内容，而斥"俗儒记诵词章"之学（主要指文章诗词类），"权谋术数"之说（主要指兵书类），以及"百家众技之流"（主要指科学与技术类）为惑世诬民的"杂泛之学"、奇技淫巧。

教育领域中的"重德轻智"，固然与教育家、思想家对道德与知识关系的认识有很大关系，但从根本上讲取决于封建社会的选官制度。在"学而优则仕"的价值观影响下，从政做官是传统社会知识分子的唯一出路，由此决定官员选拔制度对于教育目标、内容的设定有着"指挥棒"的作用。而在传统社会的选官制度中，重视道德品质是其一以贯之的特色。据学者考证，[②] 商朝的乡里举选，便有"三宅三俊"的标准，即从行政、民事、执法三方面要求官吏德才兼备。周朝则有"六德六行"的官吏选拔条件，所谓六德即知、仁、圣、义、中、和；六行即孝、友、睦、姻、会、恤。秦代出台的《为吏之道》提出了任官的标准，强调"审民能，以任吏"，强调官吏应遵循的行为规则"凡为吏之道，必精洁正直，慎谨坚固，审悉无私。微密纤察，安静毋苛，审当赏罚"。[③] 汉代的察举制和征辟制，三国时的"九品中正制"更是以德性作为唯一的选官标准。隋朝考试，逐步形成以科举制为主、荐举制为辅的选官制度。科举考试主要以儒家伦理道德经义为准，因此儒家道德经典成为做官的敲门砖，也进一步奠定了其在教育中的主导地位，而挤占了自然科学知识应有的地位，导致众多的科学和技术没能通过教育延续和生产出来，以致在历史上造成知识分子平日高喊忠君报国，临危弃城、献城，或者"一死报君王"的悲惨结局，在现实上铸就了近代以来中国科技文化传统孱弱的局面。

## 六、重私情轻公义

传统社会践行道德文化理念的教训除了前已所述的权责失衡、扭曲人性、知行脱节、名实相分、重德轻智外，还有一个重要的方面就是重私情轻公义。这里的"私"以家庭、家族为主体，内可以缩小到个人，外可以推及到熟人、乡党，

---

① 王夫之：《周易外传》，中华书局 1977 年版，第 3 页。

② 叶青锐：《中国古代选官制度与司法职业道德》，载《郑州航空工业管理学院学报》（社会科学版）2003 年第 12 期。

③ 周生春、韦光燕：《云梦秦简行政法文献新论》，载《浙江大学学报》（人文社会科学版）2005 年第 1 期。

和一些拟血缘关系，其共同点都是为了一家之私、一己之私或一党之私，不惜滥用公共权力，违背社会公正。其表现主要可以归纳为以下两个方面。

### （一）对熟人讲人情，对陌生人冷漠

中国人是特别讲究人情的，但是这种人情主要是对熟人而言，对非亲非故者不讲“人情”。这与传统社会的生产方式和人际交往空间有很大关系。传统社会盛行的是自给自足的小农经济，生产、生活资料大多依靠自身，很少对外交换，生活中安土重迁。传统社会中国人所有的主要就是家庭和家族生活，人际交往主要局限于个人生活、个人交往的私人生活空间，局限在氏族宗法关系中。久而久之，就演化成一个熟人关系圈。中国人讲人情也就主要是在这个范围之内。

熟人关系是一种以自我为圆心的关系圈，有着明显的亲疏、等次。一方面，是以血缘、亲缘、地缘为纽带连接起来，自然、自发形成的一种必然的、普遍的人际关系；另一方面，又是一种特殊的社会关系，人人都有自己的熟人圈。这正如费孝通先生所指出：中国人的人际关系“就是从自己推出去的和自己发生社会关系的那一群人里所发生的一轮轮波纹的差序。”① 由于关系的不同，相应的伦理道德规范就有所不同。“在熟人关系中盛行的是‘人情’与‘面子’的道义原则，凡事都要分个内外亲疏、高低贵贱，具有强烈的排他性，道义只存在亲戚熟人之中。”② 人们在处理与他人的关系时，几乎总是以是否与自己相熟为价值判断尺度，对于相熟和不熟的人区别对待，适用不同的准则规范，采取不同的行为，进而形成一系列相应的行为习惯。面子是熟人之间的通行证，是做人的资本和道德凭证。熟人之间最怕“丢面子”，也往往碍于“面子”有求必应，哪怕是勉为其难，否则就会内心不安。由此可见，熟人关系主要就是私人生活领域的社会关系，熟人关系的道德体系属于私德的范畴，具有明显的非公共性，是在社会生产力不发达、人们社会关系不丰富的条件下的产物。

诚然，以熟人关系为主线的为人处事的思维、行为方式，很好地适应了当时的社会，对于亲人融洽亲爱，乡邻和睦相处，家族团结凝聚，社会和谐稳定曾经发挥了很重要的作用，但也在一定程度上违背了社会的公平正义。主要体现在以下几个方面：一是亲疏有别，有违社会公平。人们在日常生活关系处理和各种交往当中往往生熟有别，形成亲亲疏疏、里里外外的不同关系层次。一般都相信熟人，关照优待熟人，对熟人态度亲和，讲道德，讲信用。而对外人则不信任，总

---

① 费孝通：《乡土中国生育制度》，北京大学出版社 1998 年版，第 26 页。

② 吴海文：《论传统的熟人社会道德转型及其现代公德意识的培养》，载《湖南科技学院学报》2009 年第 3 期，第 98～102 页。

以异类视之，“欺生”现象普遍存在（当然也难免例外存在“吃熟”现象，当另作别论）。二是道德标准适用上的双重性。人们的道德原则规范信念，在熟人圈和熟人地域范围内保持较好，表现较高的道德品质和行为习惯。但一旦越出这范围，进入生人地域，其道德品质往往就发生裂变，出现道德的失范和无序，形成双重道德人格。可以说，这些方面的影响在现代社会仍然广泛地存在着，这是现代社会道德建设不得不注意的历史借鉴。

### （二）为谋家族之利而违背社会公正

在传统社会的道德实践中，家庭（族）是一个特殊的伦理实体，其不仅是一个独立的生活共同体、利益共同体、也是法律责任共同体，家庭（族）成员荣辱与共，家庭（族）利益至上，内具亲和力和凝聚力，外具排异性和分散性。其在一定程度上维护了家庭的和谐稳定，但也极大地催生了“极度扩张型亲情义务观”，一些人为了家庭、家族的利益，不惜滥用公共权力，攀结权贵，营私舞弊，违背社会的公平正义。

“亲情义务观”是指个人对其眷属亲友履行社会义务的自觉。这是人的自然心理，只要家庭仍然是社会组织的基本形式，亲情义务观的存在就是合理的。然而在传统中国，这种亲情义务被无限地提升、扩张为最高、最大的义务，渗透社会政治生活的各个领域，这即是一种极度扩张型亲情义务观。“为家人谋利益成为人们政治选择和政治行为的原始驱动力，履行亲情义务实际成为人们参与政治的主要目标和最根本的人生目的。”① 历史上，升官之后提携族人的现象非常普遍。如西汉大臣张安世子孙相继，世代从政为官，家族中为侍中、中常侍、诸曹散骑、列校尉者等官职者十多人。如果是家族中有人入主后宫，则更会“一人得道，鸡犬升天”，如吕氏、卫氏、霍氏、王氏、邓氏等诸家族。即使是地方豪猾，也是族人、奴婢、宾客党亲连体，纵横乡里。古人将重用亲戚看作自己的本分，如某人的社会地位提高了，亲戚们都指望他尽其所能，提携更多的自家人。而人们为了最大限度地满足家人、亲友的利益欲求，大多通过扩大亲缘的方法，变国事为家事，化公务为私情，把政治关系转化成为追逐私利的手段。其中，最上乘的是与皇族联姻，身为皇亲国戚，不仅可以直接沐浴浩荡皇恩，得到君权的权利庇护，而且还能是父权与君威联为一体，私利与公利混而不分。后汉的何进、窦武、梁商都是以外戚执掌权柄，荣享富贵，并泽及子孙。次一等的结交王侯，权贵之间结成党羽，相互攀缘，亦能一荣俱荣，官运亨通。最末等也要攀龙附凤，做个门生故吏，得个“朝中有人好做官”。再不然，就结同门、叙同乡、拜义兄、

① 葛荃：《忠孝之道：传统政治伦理的价值结果与传统义务观》，载《天津社会科学》1992 年第 5 期。

拉本家、认干亲、以便官官相护，长保禄位。

历史表明，这种极度扩张型亲情义务观和极度发展的畸形关系网，使整个社会失去了基本的公正，严重的甚至导致以家族为单位的利益集团争斗和集体腐败的局面。在现代社会仍有深刻影响。有学者观察：现今中国的各类腐败活动中存在四种基本取向：个人取向、裙带取向、朋辈取向和团体取向。[①] 其中的裙带取向所占比例很高，而朋辈取向则是变相的裙带取向。由此提醒我们：在现代社会的道德建设过程中必须注意清除传统社会道德文化理念实践的不良影响，吸取其历史经验教训。

① 王沪宁：《反腐败：中国的实验》，三环出版社 1990 年版，第 109 页。

# 第三篇

# 扬弃超越

中国文化跨越数千年而历久弥新，是人类文明史上的一大“奇迹”。这一“奇迹”的出现，绝不能视为历史的偶然，必有其存在的内在根据，而深厚的道德文化无疑是维系中华民族生生不息的强大动力。中国向来被称为“礼仪之邦”，而礼仪的力量，就在于其伦理道德的殊胜。近代德国哲学家黑格尔在研究中国古代“最受尊重”的文化巨人孔子的时候，非常“失望”地发现，孔子不过是一个“世间的智者”，他没有“思辨的哲学”，只提出了一些“善良的、老练的、道德的教训”。[①]黑格尔太不了解中国，他不知道以孔子为象征的中国文化的精髓不是“思辨的哲学”，而是的“道德的哲学”。宋代哲学家陆九渊有云：“君子所贵在德。士庶人有德，能保其身；卿大夫有德，能保其家；诸侯有德，能保其国；天子有德，能保其天下。”[②]在传统中国人的眼中，道德的地位至高无上，个人的发展、家庭的和睦、社会的稳定乃至国家的繁荣都得靠它来保证。

中国在15世纪以前，一直保持了在世界文明的领先地位，直到近代，才与欧美列强拉开了差距。从鸦片战争经“五四”

---

① ［德］黑格尔：《哲学史讲演录》（第一卷），商务印书馆2009年版，第130页。

② 《陆九渊集》（卷二十二），《杂著》。

运动到新中国的成立，中华民族经历了长达一个半世纪的屈辱岁月，内忧频仍，外患接踵，古老的文明遭遇了前所未有的危机。在民族危亡的紧要关头，涌现出许多反思传统、寻找救国之方的仁人志士。在文化反思的大潮中，对传统文化肯定者有之，质疑者有之，但“否定”注定成为那个时代的最强音。“五四”新文化运动就是一个典型。在这场被称为“思想启蒙”的文化运动中，中国知识界的激进派将中国的落后归咎于为封建专制主义服务的“孔子之道”，认为只有接受西方的“民主”“科学”“自由”，才是拯救中国的唯一出路。在这一思潮的冲击下，中国传统文化受到了前所未有的冷遇。新中国成立后，在“极左”思潮和破“四旧”的文化大扫荡中，“孔子”作为“封建主义”和“修正主义”的祖师爷又一次搬上了被告席，中国传统文化再度被贬值。值得注意的是，我国理论界一直流行一种观念，即以马克思主义唯物史观中的“社会存在决定社会意识”为标准，判定传统伦理道德作为旧的上层建筑，乃是封建时代特有的经济基础的产物，一旦失去封建制度的支撑，皮之不存，毛将焉附，传统的伦理道德也就失去了赖以存在的基础，变成过时之物。这种对马克思主义唯物史观的机械理解至今仍然有很大的市场，实际上已经给中国传统文化和伦理道德判了“死刑”。

今天的中国，正经历着一场前所未有的社会大变革，中华民族正步入伟大的复兴之路，备受世界瞩目。然而，人们愈来愈发现，社会的变革、民族的复兴，如果离开了对本民族优良传统的继承和弘扬，就会失去内在的根据，就会脱离精神的依托，就会导致“信仰危机”。当代中国社会出现的诸多问题已经在不断地向人们敲响警钟。因此，要建设好中国特色的社会主义，只有把中华民族的优良传统作为必要的、核心的要素整合进去，这样的社会主义才是具有中国特色的，也只有这样，中华民族才称得上是真正的复兴。

在这样的背景下，继承和弘扬中国传统道德文化已成为一个时代性的重大课题，显得尤为紧迫。然而，要解决这样一个时代性的问题，我们得先做好两件事情。

一是冷静、认真地清理中国传统道德文化的历史遗产，弄清其基本结构、内涵、特征究竟是什么？现在许多人低估了这个问题的难度，他们用走捷径的方式回避了诸多关键环节，轻率地得出一些似是而非的结论。

二是客观、准确地认识我们所处的时代特征。在当代中国的社会条件下，我们究竟需要什么样的道德？用何种标准来评判中国传统道德文化中哪些部分是“精华”，哪些部分是“糟粕”？可以肯定，许多人对这个问题模糊不清，特别是对“精华”和“糟粕”失去了应有的判断力。

子曰：“人能弘道，非道弘人。”中国传统道德文化要实现其现代转型，不是一朝一夕的事情，但也不能自动地生成，需要无数代人的艰苦实践和智慧创造。必须明白，继承传统，光大祖业，不是让人胶柱鼓瑟，徒发思古之幽情，而是推陈出新，与时俱进。传统无疑是联结过去、今天和未来的纽带，但赋予传统“生命”的，不在过去，而在今天和未来。中国传统道德文化只有在不断的扬弃和超越中才能实现它的生命不朽。

# 第九章

# 中国传统道德理念的特征

中国传统道德文化是一个庞大而复杂的立体结构，必须对其进行全面、系统的历史分析才有可能理清特征。之所以强调全面、系统的历史分析，是因为长期以来人们忽略了它的复杂性，未能深入探究其结构的多元性、层次的多样性、内涵的变易性。换言之，人们所看到的往往只是儒家伦理道德的表层现象，忽略了儒家之外诸家的伦理思想；即使对于儒家，人们也只是看到儒家伦理的静态内涵，忽视了它的动态发展。

## 一、传统道德理念的多元性

谈到中国的传统道德，一般都是以儒家为主线，强调儒家的优先性和主导性，这本来是不成为问题的。但是，如果只局限于儒家，甚至认为唯有儒家才能代表中国传统的伦理道德，就会以偏概全，忽略了中国传统道德的多元性。

众所周知，自汉代中期以后，汉武帝采纳董仲舒“罢黜百家，独尊儒术”的策略，经白虎观会议，儒学确立了它在中国传统思想文化中的主导地位。儒学的独尊，不仅是政治的独尊，也是伦理的独尊，政治与伦理的一体化是儒学的一大特色，也是儒学受到历代王朝推重、将其作为治国指导思想的根由。但是，必须看到，在五千年的中国文明史中，儒学占据统治地位的时段不过两千年，汉代以前，百家争鸣，儒学并没有一统天下，而汉魏以后，佛、道兴起，儒、佛、道三家鼎足并存，各领风骚，各具特色，因此，中国古代的道德文化一直存在一个多元性的特征。

### （一）先秦诸子的道德理念

中国传统伦理观念虽然萌生于上古时期，在夏、商、周三代，主要表现为以上帝鬼神信仰为核心的宗教伦理，但正式定型则在春秋战国时期，在诸子争鸣中展示了多头式的发展。即在亚斯贝尔斯所说的“轴心时代”，中国文化发生了“终极关怀的觉醒”，先哲们用理智、道德的方式关注、思考宇宙人生，实现了对原始、上古文化的“超越”和“突破”，从而奠定了中国文化的基本特征。因此，先秦诸子百家的伦理主张可视为中国传统道德文化的第一个成熟标本。

在先秦诸子的争鸣中，各家几乎都提出各自的道德学说，特别是居于“显学”地位的道家、墨家、儒家、法家的道德主张最具代表性。可以肯定，中国传统的道德理念大部分在先秦诸子的学说中就已经被提出，且表现出多极发展、对立互补的特色。

儒家的伦理学说开创于孔子，发展于孟子，集大成于荀子。孔子最大的贡献是提出以“仁”为核心的道德体系，从而奠定了儒家伦理的基础。孔子的“仁”，涵盖恭、宽、信、敏、惠、孝、悌、礼、中、和、刚、毅、木、讷等一系列道德范畴。孔子在中国伦理史最大的贡献，是最早发现“人”的社会价值，在政治生活、道德生活中重视“仁”。“仁”即人伦。孔子提出的“仁者爱人”“克己复礼曰仁”“己所不欲，勿施于人”“己欲立而立人，己欲达而达人”等伦理命题是古代人文主义的伟大创造。孟子道“性善”，以开掘人性的“恻隐之心”“羞恶之心”“辞让之心”“是非之心”四种潜质，提出仁、义、礼、智“四端”说和完整的“仁政”理论。荀子主“性恶”，以“化性起伪”为手段，提出隆礼重法、德法并举的“礼制”理论。比较而言，孔子主“仁”，孟子倡“义”，荀子则重“礼”，仁、义、礼三者构成先秦儒家的核心道德理念。由孔、孟、荀开出的伦理主张和道德理念，经后世思想家的补充和发挥，形成一套系统、完善的道德原则和道德规范，在传统中国人的道德生活中占据主导地位。

墨家伦理学说的代表是墨子。墨子与杨朱之说曾盛极一时，遭到过孟子的排斥，所谓“杨氏为我，是无君也；墨氏兼爱，是无父也。无父无君，是禽兽也”[①]，遂在后世隐没不彰。但是，墨家提出的一系列伦理主张和道德理念在中国传统伦理思想史上仍居一席之地。墨子思想的核心是“兼爱”，以此为基础，提出“非攻”“尚贤”“尚同”“天志”“明鬼”“非乐”“节用”“节葬”等十大主张。墨家的“兼爱”同儒家的“仁爱”是对立的，但墨家的许多主张后来亦为儒家所采纳，并成为后世游侠精神和宗教思想的一大源头。

① 《孟子·滕文公下》。

法家的伦理学说发轫于商鞅、慎到、申不害，集大成于韩非。商鞅重“法”，申不害重“术”，慎到重“势”，韩非则法、术、势兼容，提出一套系统的法治理论。韩非轻视儒家所主张的仁义道德，重法不重德，但力主“臣事君、子事父、妻事夫”三者为“天下之常道”①，此一理念成为后世儒家“三纲”说之滥觞。法家的学说最初为秦朝所采用，其片面性亦为后世所诟病，但其内在的政治智慧却为后世所搬用，故有“外儒内法”之说。

道家的伦理学说由老子开创，庄子、杨朱各引一端。老子之学以“道”为核心，贵“道”而重“德”，但“道”只是老子哲学的原点，并非全具伦理的意义。老子伦理思想的纲骨则是由“道”引出的“无为”“柔弱”“不争”“守雌”“无欲”以及“慈”“俭”“不敢为天下先”等政治和人伦之德。老子对儒家的仁义道德多有抨击，如“绝圣弃智，民利百倍；绝仁弃义，民复孝慈”②，“夫礼者，忠信之薄而乱之首”③，“大道废，有仁义；智慧出有大伪；六亲不和，有孝慈；国家昏乱，有忠臣”④，等等。显然，老子置儒家的仁义礼智于“道”之下，带有非道德主义的意味。道家之“道”发展至庄子，为之一变，其主流被引入个人主义的领域。庄子以“齐物我”“等是非”“逍遥”于“无何有之乡”为人生信条，力图超越人世间的是非爱憎，追求所谓“至人无己，神人无功，圣人无名”之境界⑤。庄子的伦理主张是超道德主义的。道家到杨朱一派，又为之一变。杨朱主“为我”“贵己”“重生”，据称是“全性保真，不以物累形”⑥和“拔一毛而利天下，不为也”⑦，他只看重个人的生命，对于政治和社会大众哪怕是做一丁点的事情，也不会甘心情愿。杨朱是典型的个人利己主义者，这样的人对于社会虽无利益，但也说不上有害。老庄、杨朱的伦理主张具有批判现实主义的色调，与儒家的积极进取精神相映成趣，道家成为中国隐士主义的渊薮。

由于先秦诸子推崇的道德各有不同，早在战国之世，庄子就感叹“天下大乱，圣贤不明，道德不一”⑧。汉代司马谈对阴阳、儒、墨、名、法、道等六家学说曾有精辟的分析，认为诸子各家的学术归宗都在政治，差别只在详略优劣之不同。司马谈对各家的得失评判是：墨家的缺点是“俭而难尊”，然其“强本节用”，不可废也；法家的缺点是“严而少恩”，然其“正君臣上下之分”，不可改

① 《韩非子·忠孝》。
② 《老子》第十九章，今本，下同。
③ 《老子》第三十八章。
④ 《老子》第十八章。
⑤ 《庄子·逍遥游》。
⑥ 《淮南子·氾论训》。
⑦ 《孟子·尽心上》。
⑧ 《庄子·天下》。

也；儒家的缺点是“博而寡要，劳而少功”，然其“序君臣父子之礼，列夫妇长幼之别”，不可易也。而道家最优：“道家使人精神专一，动合无形，赡足万物”，“去健羡，绌聪明，释此而任术”。[①] 当然，司马谈推崇的道家已经是经过改造而流行于汉初的“黄老道家”。汉代班固对诸子百家亦有深刻的见解，他认为诸子百家中可观者只有九家，“皆起于王道既微，诸侯力政，好恶殊方，是以九家之术蜂出并作，各引一端，崇其所善，辟犹水火，相灭亦相生也。仁之与义，敬之与和，相反皆相成也。”[②] 班固的“相反相成”“相生相灭”可谓一语中的，揭示了先秦诸子伦理学说的差异与互补、对立与统一。正如《易经》所言：“天下一致而百虑，殊途而同归。”[③]

先秦诸子的伦理思想在历史的选择中遭遇过不同的命运。法家最先在秦代被确定为治国理论，因过于重法轻德，好景不长，后与儒家合流，被视为“外儒内法”或“阳儒阴法”；道家在汉初以“黄老之术”经略天下，用于休养生息，后来的某些历史时期还出现过统治者以道家治国的影子，道家还借助于道教长期流传；儒家自汉武帝以后一直居于中国传统政治、伦理的主导地位而无可动摇，但儒家经过历代的发展演化，不断融摄其他各家的学说，已非原始的“醇儒”；墨家在先秦虽为“显学”，在后代未受重用，但其主张也被整合到儒家和道教之中，在民间社会仍然发生影响。

### （二）道教、佛教的道德理念

两汉之际，佛教西来，道教创立，中国的思想文化进入一个新的历史阶段。随着佛、道二教的不断壮大，从南北朝开始，佛、道二教与儒家构成鼎足之势。从此，中国传统文化结构从先秦的“九流”变成此后的“三教”。三教之间既有冲突，又有融合，相互推动，共同发展，因此，要全面认识中国传统道德文化，必须对佛道二教的伦理思想有深入的了解。

#### 1. 道教思想

道教是中国的土产宗教。道教推重老子之“道”，但道教之“道”不是老子的“柔弱”“无为”，而是“长生不老”。道教是综合老子之道、鬼神观念和各种神仙方术而形成的一种“神仙信仰”。道教不同于其他宗教，它没有一个固定的教主，一般认为东汉顺帝时张陵在四川鹄鸣山创立“五斗米道”，标志道教的正式形成。道教流派众多，从“法术”的层面可分符箓、丹鼎两大派别。符箓派用

---

① 《史记·太史公自序》。

② 《汉书·艺文志》。

③ 《易·系辞下》。

符箓祈禳，以消灾却祸、治病除瘟、济生度死为职事，多流行于民间，自汉魏以来一直是道教的主流，早期的五斗米道、太平道，及后出的灵宝派、上清、正一道、神霄派、清微等派皆属此列。丹鼎派即金丹道教，分外丹与内丹。外丹用炉鼎烧炼金、银、铅、汞等自然“药物”，配制长生“金丹”；内丹以人体为“炉鼎”，炼化自身之精、气、神而“还丹”。丹鼎派最初只是少数帝王贵族的专利，并无严格组织，宋元时期的全真道算是有组织的内丹教派。

早期的道教曾与当局对立，或参与民间叛乱，被官方视为“邪教”。经过长时间的清理整顿，道家才由“异端”变“正教”，这一过程实际上是道教政治化、伦理化的结果。东晋时期，葛洪著《抱朴子》内、外篇，内篇言神仙养生，禳邪祛病，外篇言儒术经世，人间臧否。葛洪虽然主张道先于儒、道本儒末，但明确提出“修德成仙”论，认为“欲求仙者，要当以忠孝和顺仁信为本。若德行不修，而但务方术，皆不得长生也”①，即遵循世俗道德乃为成仙的先决条件。从葛洪的时代起，道教明确将儒家伦理纲常纳入其教义中。至南北朝，北魏嵩山道士寇谦之在太武帝的支持下，“除去三张伪法，租米钱税及男女合气之术”，“专以礼度为首，而加以服食闭炼”②，革新道教，厘定道教教义和斋醮仪范，进一步将儒家伦理道德观念和佛教的礼义规诫引入道教的教义和制度中，为北魏政治上层所接受。另外，南朝道士陆修静、陶弘景、唐代道士司马承祯等对完善道教的教理和制度作出过不同程度的贡献。

道教的伦理思想是在对“仙道”的追求中发展起来的，经历一个长期的演进过程。道教的伦理规范和道德观念主要有三大来源，一是吸取儒家，二是借鉴佛教，三是独立创造。作为传统社会的国家性宗教，道教在原则上承认了儒教伦理的基础地位，即“成仙”必须“修德”；作为后起于佛教的本土宗教，道教在方法上接受了外来佛教成熟而系统的教义、仪轨和戒律。但这不等于道教伦理没有自身的内容和特色。道教的伦理规范和道德观念可谓“杂而多端”，出于方便，可以简化为两大部分：一是黄老一系的道德观念，一是道教的清规戒律。

早期道教的伦理思想比较集中地体现在东汉顺帝时所出的《太平经》，它被认为是原始道教最具代表性的经典，是汉代初期流行的“黄老”道家的余流。《太平经》的道德理念大致有五个方面：即“敬上爱下”“孝为上第一”“安贫乐贱”“恶杀好生”“周穷救急”③。可以看出，《太平经》在尊重君权、强调儒家忠孝伦理的前提下，提出了一些新的道德理念。《太平经》主张顺从天命，安于贫贱；主张敬重生命，尚德慎刑；主张乐善好施，救穷济困，这些都是原始道教

① 《抱朴子·对俗》。
② 《魏书·释老志》。
③ 罗国杰主编：《中国伦理思想史》上卷，中国人民大学出版社 2008 年版，第 401 ~ 402 页。

伦理的亮点。即使是“敬上爱下”、“孝为第一”，道教也赋予了新的理念：“上”为君、父、师，不是君、亲、师，而且是上敬下爱，相互关心，具有平等精神；“孝”除了保持儒家的“作孝养亲”外，增加了尽孝为父母长生的内容，带有“一人升天，仙及鸡犬”之意味。实际上，《太平经》所提出的这些道德观念不断为后世所接受，多成为传统道德理念和风俗习惯，以致人们很难分清它们到底出自道家还是儒家。《太平经》的伦理思想实际上是儒道综合的结晶。

南北朝以后，随着道教宗派的成立，道教的戒律，即“道戒”不断出现。“道戒”的制定，标志着道教的伦理规范日益成熟和完备。“道戒”与道教的派别有关，宗派越多，戒律越杂。在南北朝时期，比较典型的道戒有“五戒”、“十戒”。如《老君说五戒经》规定了戒杀、戒盗、戒淫、戒酒、戒妄语等五戒[①]。《玉清经》规定了十诫：第一戒，不得违戾父母师长，反逆不孝；第二戒，不得杀生屠害，割截物命；第三戒，不得反逆君主，谋害家国；第四戒，不得淫乱骨肉姑嫂姊妹及其他妇女；第五戒，不得毁谤道法，轻泄经文；第六戒，不得污慢静坛，单衣裸露；第七戒，不得欺凌孤贫，夺人财物；第八戒，不得裸露三光，厌弃老病；第九戒，不得耽酒任性，两舌恶口；第十戒，不得凶豪自任，自作威刑[②]。以上道戒与佛教的“五戒”相似，当出于“灵宝”、“上清”等派。

宋元时期，道教的教派分化繁衍，流派众多，除了传统的正一派、上清派、灵宝派继续发展外，太一教、真大道、全真道、金丹道、净明忠孝道、清徽派、神霄派、东华派、天心派等教派纷纷涌现。诸多派别几乎都制定了各自的道戒。有些教派除了“戒律”以外，还制定了“清规”，全真道就是如此。全真道力倡苦修，离俗出家，其教大略以识心见性、除情去欲、忍耻含垢、苦己利人为宗。最初教风淳朴，仅有王重阳的“立教十五论”及其弟子马丹阳的“十劝语录”[③]。但随着教团的发展，教风渐变，一些教徒脱离俭朴刻苦之旨，遂立《全真清规》以约束之。《全真清规》中的十条禁诫是：(1) 犯国法遣出；(2) 偷盗财物，遗送尊长者，烧毁衣钵罚出；(3) 说是谈非，扰堂闹众者，竹篦罚出；(4) 酒、色、财、气、食荤，但犯一者罚出；(5) 奸猾慵狡，嫉妒欺瞒者罚出；(6) 猖狂骄慢，动不随众者罚斋；(7) 高言大语，作事躁暴者罚香；(8) 说怪事戏言，无故出庵门者罚油；(9) 干事不专，奸猾慵懒者罚茶；(10) 犯事轻者，并行罚拜。《全真清规》是全真道对犯戒道士的处罚条例，旨在维持道观的正常秩序。

---

① 《云笈七签》(卷三十九)，《太上老君说五戒经》。

② 《太上大道玉清经》(卷一)，《本起品》。

③ 《真仙直指语录》载有马丹阳“十劝”语录：一、不得犯国法；二、见教门人须当先作礼；三、断酒色财气；四、除忧愁思虑；五、遇宠若惊；六、戒无明业火；七、慎言语、节饮食、薄滋味、弃荣华、绝憎爱；八、不得学奇异怪事；九、居庵不过三间、道伴不过三人；十、不得起胜心。

这样，“清规”与“戒律”犹如法律与道德相辅而行，戒律警戒于事前，清规处罚于事后，起到了整肃风纪、从严治教的作用。全真道在清代还依照丘处机的“三坛大戒”理念授予信徒“初真戒”“中极戒”和“天仙大戒”，与前期的道戒相比，戒条更为规范，内容也更为丰富和完善，这一戒制对于全真龙门派的振兴起到了重大作用。直至今日，北京白云观仍举行道教“三坛（堂）大戒”的传戒制度。道教的伦理观念当然不止这些，但即使从全真道等道派的清规戒律中也可以看出，道教具有丰富的道德理念和伦理规范。

**2. 佛教思想**

与道教不同，佛教在中国属于外来宗教。佛教早在公元前六世纪就由释迦牟尼创立于印度，经过原始佛教、（部派）小乘佛教、大乘佛教、密教近二千年的发展演变，形成了丰富多样的教义理论和戒律制度，发展出独具特色的佛教伦理思想和道德规范。原始佛教从“人生皆苦”出发，提出苦、集、灭、道“四谛说”，认为人生因“无明”而造身、口、意“三业”，轮回于“六道”而不得解脱，要消除烦恼，摆脱轮回，必须勤修佛法、止恶行善。故佛教中自古就以“诸恶莫作，众善奉行，自净其意，是诸佛教”[①] 为佛法的纲要，这“十六字偈”也是佛教最核心的道德理念。佛教的伦理思想非常丰富，要而言之，则不出小乘的“三学”和大乘的“六度”。三学即（持）戒、（禅）定、（智）慧，偏于个人修行，是自我解脱的小乘“罗汉道”。六度即布施、持戒、忍辱、精进、禅定、智慧，重在普度众生，是慈悲济世的大乘“菩萨行”。从理论上说，小乘是“自利”的，大乘是“利他”的，而实际上，“三学”是“六度”的基础，只有“自度”方能“度人”。

佛教约于两汉之交传入中国，最初只有零星的影响，东汉、三国时开始传播，到两晋南北朝，因社会的长期动乱，佛教在社会各阶层广泛流行开来。至隋唐时期，佛教鼎盛，具有中国特色的各大佛教宗派如天台宗、华严宗、三论宗、唯识宗、禅宗、净土宗、律宗等相继成立。唐末五代以后，禅宗“一花开五叶”，独盛于天下。而净土宗则不断渗透到民间，出现了“家家观世音，户户弥陀佛”的景观。明清之际，佛教在中国虽然衰败，但经过近代太虚等高僧提倡的“人间佛教”运动，中国佛教重新获得振兴，至今仍然是中国第一大宗教。

佛教因主张人生皆苦、出世解脱的教义，与正统儒家的思维方式和伦理思想有明显的冲突。为适应中国社会的需要，佛教在保持其基本精神的前提下，吸取中国固有的文化因子，在与儒、道思想的融合中发展出中国佛教特有的伦理思想和道德理念，成为中国传统的“三教”之一。佛教在中国，一开始是大、小乘并

① 《释氏要览》（卷上），引《增一阿含经》语，《大正藏》（第54卷），第276页中。

行，但最终是大乘的菩萨精神成为主流。像道教一样，中国佛教的伦理思想深受儒家的影响，甚至可以说，中国佛教的精神属于大乘而非小乘，主要就是因为儒家入世精神的制约。但这不等于说，佛教伦理就被彻底儒化而没有自身的特色。实际上，中国佛教除了一些与儒家和道教相通或一致的伦理观念外，还建构了独具特色、内涵丰富的伦理观念和道德规范，形成了博大精深的人生观、善恶观、戒律观、修行观、孝亲观。

在中国佛教的伦理思想中，对传统社会影响最大的首先是佛教的因果报应说。在中国本土文化中，儒家本有“积善余庆，积恶余殃”之说①，早期道教《太平经》中提出过“承负说”，这些都属于中国本土的“善恶报应”说，即祖先的善行或过失，其后果会转移子孙的身上。中国佛教徒根据印度的“业报轮回”说，结合中国本有的善恶报应说，发展出“三世报应”说，其基本主张就是通俗所说的：“善有善报，恶有恶报，不是不报，时候未到。”这一理论的贡献最大者当推东晋时代的慧远。与儒家和道教相比，中国佛教的三世报应说有两大特点：一是人的善恶思想或行为是“后果自负”、“自作自受”，他人不能代替；二是报应的时间不局限于今生，会持续到过去、现在和将来“三世”，因果分明，报应不爽。佛教的因果报应说在民间曾长期流行，甚至对儒家伦理构成巨大冲击，历史上许多儒家学者对此提出过批评，宋代朱熹就感叹说：“今看何等人，不问大人小儿，官员村人商贾，男子妇人，皆得入其门！”② 即与此相关。

中国佛教的戒律观念也是传统道德的重要来源。其中最主要的就是佛教的“五戒十善”。佛教的戒律很多，包括出家的沙弥戒、具足戒和在家的居士戒。其中的具足戒，比丘约二百五十条，比丘尼则多至三百二十条。而对世俗社会影响最大的当属在家和出家通用的“五戒十善”。“五戒”即不杀生、不偷盗、不邪淫、不饮酒、不妄语。由五戒而发展出“十善”，从身、口、意三方面规范人的行为、语言和思想，涵盖更丰富的伦理内容，包括“身三”，即不杀生、不偷盗、不邪淫；“口四”，即不两舌、不妄言、不绮语；“意三”，即不贪欲、不嗔恚、不痴愚。五戒与十善各有侧重，五戒重于止恶，十善重于行善。佛教还为此提出专门的修行法则，即以“不净观”除贪欲，以“慈悲观”除嗔恚，以“因缘观”除愚痴，以“诚实语”除妄语，以“和合语”离两舌，以“爱语”离恶口，以“质直语”离绮语，以“救生”离杀生，以“布施”离偷盗，以“净行”离邪淫，等等。历史上的中国佛教徒还将佛教“五戒”同儒家的“五常”联系起来，即不杀生为“仁”，不偷盗为“义”，不邪淫为“礼”，不饮酒为“智”，不妄语

① 《易经·坤卦·文言》的完整表述是：“积善之家必有余庆，积恶之家必有余殃。”
② 《朱子语类》（卷一二六）。

为“信”，这是佛教会通儒教的看法，不是说“五戒”等于“五常”，而是二者同归于善，可以相济互通。

在佛教中，戒律本来用以“防非止恶”，戒条只是具体的形式。禅宗出现后，中国佛教受儒家“内圣”观念的影响，更重“心戒”，强调“心戒”重于“相戒”，特别是慧能提出“自正其心”、“心平何劳持戒，行直何用修禅，恩则孝养父母，义则上下相怜，让则尊卑和睦，忍则众恶无喧”[①]，明确地将佛教戒律同儒家伦理结合起来，进一步强化了佛教在世俗社会的道德教化作用。

中国佛教的修行观念对传统道德也产生过一定的影响。修行属于广义的道德践履，在佛教中则含有修习禅定或力行善举之义。修行在印度佛教中主要是“四禅八定”和“三学”“六度”，而在中国获得了很大的发展。中国佛教各个宗派之间的差异，主要不是追求目标的差异，关键就是修行方法的区别。像天台宗，主张“止观不二”“定慧双开”，将印度佛教的“三学”“六度”圆融起来。“止”的本意是“定”，“观”的本意是“慧”。智顗以此为基础，提出著名的“三止三观”说：“三止”为“体真止”“方便随缘止”“息二边分别止”；“三观”是“二谛观”“平等观”“中道第一义谛观”[②]。在宗教伦理的意义上，这一学说实际上是强调宗教解脱修行与人生完善的统一、超世离俗的宗教情怀与优化世俗伦理情怀的统一[③]。像禅宗，以“直指人心，见性成佛”为立宗的根本，对于印度佛教的修行理论和实践更是作了颠覆性的革新。在慧能看来，佛不是外在的偶像，而是“自心”所作，只要“明心见性”，便可当下成佛，众生与佛的差别只在于“迷”与“悟”，所谓“自性迷，佛即众生；自性悟，众生是佛”[④]。这样，禅宗便将传统的“禅定”修行方法注入了一种全新的理念，所谓“外离相曰禅，内不乱曰定”，“念不起为坐，见本性不乱为禅”[⑤]。也就是说，禅宗对脱离世俗的枯坐、苦行是不赞同的，反对徒具形式的念经、拜佛、坐禅、行善，认为只要有“无念”“无相”“无住”之心，即使不出家也可以成佛，“行住坐卧皆是禅”。后期禅宗发展到农禅并重，“运水搬柴，无非妙道；穿衣吃饭，皆为禅机”，只要保持一颗“平常心”，便可做到“既在红尘浪里，又在孤峰顶上”，既能超越，又不离俗。中国近现代的“人间佛教”就继承了禅宗的这一传统，提出了“以出世精神作入世事业”的救世理想。中国佛教的这些修行理念不仅体现了中国传统文化中的内向性品格，也体现了佛教积极入世、立足世间的现实品格。

---

① 《坛经·疑问品》，宗宝本，下同。

② 《摩诃止观》（卷三）上。

③ 王月清：《中国佛教伦理研究》，南京大学出版社 1999 年版，第 128 页。

④ 《坛经·付嘱品》。

⑤ 《坛经·行由品》。

综合地看，从汉魏至明清，在中国思想文化的舞台上，儒佛道三家各自扮演了不同的角色。以世俗政治和伦理的角度而论，儒家无疑占有主导性，儒佛道三教犹如“三驾马车”，儒为主，佛、道为副，因为无论是道教或佛教，在伦理思想和道德规范上都无例外地承认了儒家的基础地位。不过，从文化的整体性发展而论，儒佛道三家却很难说有主次先后之分：儒家主“入世”，重“治世”，崇“圣人”；道教主“隐世”，重“治身”，崇“仙人”；佛教主“出世”，重“治心”；崇“菩萨”。儒佛道三教确立了各具特色的文化品位、价值观念、理想人格和社会教化功能，而中国自汉代以后，三教并用成了历代帝王治理天下的基本国策，文人士大夫往往以三教兼通为基本的“为学之方”，至于中国的普通百姓更是以实用主义的心态“百家并用”，就不仅仅限于三教，其价值系统从来就是多元的。从这个意义上说，儒佛道是中国传统文化的“三大支柱”，而非“三驾马车”，并不存在先后主次之分。

## 二、中国传统道德理念结构的复杂性

中国传统道德文化经过几千年的历史发展和演进，形成了名目繁多、内涵丰富的诸多道德理念、规范和德目。仅就儒家一系而言，早在商代，就有“六德”之名，即知、仁、圣、义、忠、和六大德目。春秋时期的孔子提倡仁、礼、孝、悌、忠、信、恭、宽、中、和、刚、毅、木、讷等道德规范。《管子·牧民》篇以礼、义、廉、耻为“国之四维”。战国时期，孟子上继孔子，提出了仁、义、礼、智“四德”说，加上“五伦”，即父子有亲、君臣有义、夫妻有别、长幼有序、朋友有信的伦理原则。汉代的董仲舒则根据孔子的“君君，臣臣，父父，子子”，提出“三纲”，即君为臣纲、父为子纲、夫为妻纲；以及“五常”，即仁、义、礼、智、信。宋元时期，思想家们在“国之四维”上，配以孝、悌、忠、信，变成了孝悌忠信、礼义廉耻“八德”。中国现代哲学家张岱年在总结传统道德规范的基础上，提出中国传统伦理道德的九个主要规范，即公忠、仁爱、诚信、廉耻、礼让、孝慈、勤俭、勇敢、刚直“九德”[①]。现代伦理学家罗国杰则将中国传统伦理道德规范划分为四大部分，即基本道德规范、职业道德规范、家庭伦理规范、文明礼仪规范，并析理出十八个基本规范，即公忠、正义、仁爱、中和、孝慈、诚信、宽恕、谦敬、礼让、自强、持节、知耻、明智、勇毅、节制、廉洁、勤俭、爱物。[②] 这就变成了“十八德”。这些道德纲目主要是儒家提

---

① 张岱年：《试论新时代的道德规范建设》，载《道德与文明》1992 年第 3 期。

② 罗国杰主编：《中国传统道德·规范卷》，中国人民大学出版社 1995 年版，第 6 页。

出来的，也是中国传统社会最为基本的道德理念。

实际上，中国传统的道德理念、规范和德目还远远不止这些。关键在于清理繁杂多样的道德理念之间存在的内在关联。从古人提出的“六德”“四维”“三纲”“五常”“八德”，到今人总结的“九德”“十八德”，如此众多的中国传统德目之间到底是何种关系？它们之间是平行的，还是有层级的？或者还存在更为复杂的逻辑关系或内在结构？这都是值得深入思考的。

张立文认为，中华民族伦理范畴尽管多元多样，但有其一定的逻辑结构，即伦理范畴的各德目，可按其性质、内涵、特点、功能，依逻辑层次安置。这些范畴在整个逻辑结构层次间可以交叉互通，在一个逻辑结构层次内既有中华伦理精神德目，也有伦理行为规范德目，以及道德节操、品格、修养等德目。以下是张先生列出的一个基本结构图：

人心伦理范畴：爱、良知、耻、善、志、毅、格、省、正心、诚、乐、圣、忧，等；

家庭伦理范畴：孝、悌、敬、勤、俭、友、贞、温，等；

人际伦理范畴：仁、义、礼、智、信、恭、宽、敏、惠、恕、直、中，等；

社会伦理范畴：忠、廉、德、公、洁、庄、勇、节、健、实、恒、明、质、行、刚、气，等；

世界伦理范畴：和、合、强、美，等；

自然伦理范畴：顺、道、和，等①。

这个结构图囊括了近60个中国传统德目。张先生立足于中国传统哲学范畴的同心圆结构，以“人心”为逻辑起点，逐层扩展至家庭、人际、社会、世界和自然，这和《大学》所提出的“八条目”（即格物、致知、诚意、正心、修身、齐家、治国、平天下）修养次第吻合，与《中庸》和思孟学派所提出的“尽心知性以知天”、“参赞天地之化育”一致。当然，许多德目之间的界限不是绝对的。例如，“仁”这个范畴，既是人心道德的知、情、意，又是家庭、人际、社会、世界层面的伦理准则，更是自然宇宙层面的道德追求和境界。与此类似的还有“礼”“善”“和”“信”“诚”等。这些范畴显然具有更大的普遍性，而应该区别于其他范畴。这个结构实际上是对中国传统道德理念作静态的分类。

陈来曾深入研究早期中国伦理德行，并尝试对其进行逻辑分析和体系化分类。陈来对诸多的德行范畴或德目进行了分析，并把中国古代德性论的全体区分为四种类型：

性情之德：齐、圣、广、渊、宽、肃、明；

---

① 张立文：《中华伦理范畴丛书》，中国社会科学出版社2006年版，第21~24页。

道德之德：仁、义、勇、让、固、信、礼；

伦理之德：孝、慈、悌、敬、爱、友、忠；

理智之德：智、咨、询、度、诹、谋。

陈来认为，性情之德是“形式性的德性”，即指一般的道德心理状态；而理智之德则相当于亚里士多德定义“理智德性”；道德之德与伦理之德则立足于个体德性与人际伦常之分[①]。当然，理智之德在中国古代的德性论系统中不占主要地位，与亚里士多德的强调理论思辨也有着鲜明的不同。而且，中国古代道德理念的这四个层次之间的内在逻辑，既不能完全归结为亚里士多德定义的理智德性和伦理德性二分模式，也不能简单地割裂结为个体道德的知情意行四分结构。这个结构实际上是对中国传统道德理念的伦理境域作动态的功能分析。

任剑涛根据中国传统“内圣外王”的道德理想，提出了儒家伦理的“双旋结构”：一方面表现为以“仁”为核心、以安顿人心秩序的道德理想主义，另一方面又表现为以“礼”为核心、以整顿社会秩序的伦理中心主义。[②] 李承贵、赖虹则根据中国传统道德本体的二元性，即外向性的“天”（天帝）和内向性的“心”（“良心”），提出传统道德践履的两大途径：一为立足于“礼”的外在伦理约束，一为立足于“诚”的内在道德律令。[③] 这两种看法殊途同归：以“天”为根源的“礼”对应的恰好是以整合社会秩序为目标的政治伦理，以“心”为根源的“诚”对应的正好是以安顿人心秩序为宗旨的个体道德。这种分类实际上是对中国传统道德理念的思维方式，即“天人合一”和“内圣外王”的伦理精神的揭示。

我们还可以从“本体”与“工夫”的层面对中国传统道德理念进行更为系统的分类。采用这个分类标准的根据是中国传统哲学的“体—用”模式。在中国传统哲学中，“体”有本原、本体、根据、原则、境界、目标等多方面的含义；“用”则有作用、功能、方法、途径等方面的含义。若与“天人合一”和“内圣外王”结合起来，“体—用”问题的核心就是关于人的精神境界和价值追求，是关于“本体”与“工夫”的人生哲学和道德学说。用这个框架甚至可以将先秦诸子和儒佛道三教的伦理思想和道德理念全部贯通起来。

具体而言，儒家主成“圣”，佛教主成“佛”，道家主成“真”，道教主成“仙”，这些都属于道德境界的“本体”。在外在的层面上，它们被说成“天理”“天道”“自然”或“佛性”，在内在的层面，它们就是人的“本心”“本性”

① 陈来：《古代思想文化的世界：春秋时代的宗教、伦理与社会》，上海三联书店2002年版，第289页。

② 任剑涛：《道德理想主义与伦理中心主义——儒家伦理及其现代处境》，东方出版社2003年版，第6~8页。

③ 李承贵、赖虹：《略论传统道德结构》，载《上饶师专学报》2000年第1期。

“良知”“良心”。无论是哪一家，实际上都指向一个共同的目标，即超越有限的现实人生，达到最完满、最理想的道德境界。这种实现的过程和方法，在中国传统思想中可以概括为“工夫”。“工夫”也就是道德上的“觉悟”“体悟”或“修行”。无论是儒家、道家，还是中国佛家，在这一点上是高度一致的。从这个意义上，中国哲学的精神也就是中国伦理的精神，其特点就是天人合一、知行合一、本体与工夫的合一。这样，可以将中国传统道德理念区分为三个层次。

一是“本体”层次，实际上是对道德的最初来源和最高理想的抽象总结，包括“道”“德”“王”“圣”四个最基本的范畴。其中，“道”无疑是最高的范畴，“天道”“天理”成了万有的本原和法则。“德者，得也。”“德”即是“性”或“心”，都根源于“天道”或“天理”。因此，“道”、“德”二者构成了中国伦理道德的根据本体。“王”和“圣”分别指向本体的内圣境界和外王境界，国家政治的最高理想就是实行“王道”，而作为个体的道德人格理想便是成为“圣人”。

二是“工夫”层次，是对社会礼教和个人德性的基本要求，包括“礼”和“仁”两个最基本的范畴，再由此分区更多的德目。“礼”是整个社会治理的最高准则和群体生活的最高原则，至于忠孝、廉洁、谦让、直恕、正义等，都只是对“礼”的原则和精神的遵循和具体体现。宋人李觏说：“夫礼，人道之准，世教之主也。圣人之所以治天下国家，修身正心，无他，一于礼而已矣。”[①] 而“仁”则是立足于个体的道德完善和境界超越。“克己复礼曰仁”，自孔子第一次把“仁”从“礼乐”文化中独立出来，它就成为人的道德践履的起点和归宿，到宋明理学家更把“仁”提升为人格的最高标准。程颢说：“仁者以天地万物为一体，莫非己也。”[②] 因此，“仁”就是个人融贯宇宙万物、天下国家于自我的最高原则和理想境界。

三是“本体—工夫”层次，这是对由工夫实现本体过程中的基本原则的把握。仁、义、礼、智、信这“五德”之间的关系，通常认为，仁为至德，而其余四德是对仁德的体现。正如程颢所言：“仁者浑然与物同体，义、礼、知、信皆仁也。”[③] 事实上，“智”和“信”并非具体的德行或一般的伦理原则，因为它们并无具体的道德内容，然而却是所有具体的道德认识和行为成立的必要条件，而其自身却是无条件的。“智”或“明”就是道德践行主体对道德情境的认识与判断，简单说就是对是非善恶的判断和选择。而“信”或“诚”则是道德践行主体对道德认识与实践的一种确信，表现为言行一致、表里如一、始终如一。《中

---

① 李觏《礼论》第一。

②③ 《河南程氏遗书》（卷二）上。

庸》曰："诚者，天之道也；诚之者，人之道也。诚者不勉而中，不思而得，从容中道，圣人也。诚之者，择善而固执之者也。""自诚明，谓之性。自明诚，谓之教。诚则明矣，明则诚矣。""唯天下至诚，为能经纶天下之大经，立天下之大本，知天地之化育。"在这里，"诚""信"又变成了一切伦理道德的根本原则，相当于康德意义上的绝对命令。从本体的天道角度看，是"诚"是"明"，从工夫的人德角度看，是"信"是"智"。归结起来说，就是"中庸"的原则、"中和"的原则。"中也者，天下之大本也；和也者，天下之达道也。致中和，天地位焉，万物育焉"，《中庸》揭示了以"诚、明、信、智"为内容的中和、中庸原则的体与用：它们既是宇宙的根本法则，也是一切德性的最终根据和最高理想，更是一切道德实践工夫的最基本的原则和衡量一切德行真伪的最终标准。

这样，由"本体—工夫"的逻辑框架，大致勾画出中国道德理念的新定位或排序。这个定位或排序，实际上是一种"二维四面三层次"的道德谱系结构："二维"是指人的现实存在的个体和社群两个维度；"四面"是指根据本体、境界本体、知的工夫和行的工夫；"三层次"即指以"道""德""王""圣"为基本范畴的本体层次，以"仁""礼"为基本理念的工夫层次，以"诚""明""智""信"为根本原则的本体—工夫层次。①

根据上文的分析，可以看到，无论是对中国传统道德理念的内涵作静态的分析，还是对其伦理境域作动态的功能分析，无论是考察中国传统道德理念的思维方式，还是对其进行逻辑框架的揭示，都说明中国传统道德理念存在着复杂的多层结构。对中国传统道德理念的内涵、功能、思维方式、逻辑框架等问题的揭示，不仅有助于把握中国传统伦理道德的基本结构和发展规律，也是实现中国传统伦理观念融入现代社会的前提条件。

## 三、中国传统道德理念的开放性

中国传统道德理念除了流派的多元性和结构的复杂性以外，还有一个突出的特征，就是涵义的开放性。这里所说的开放性，指的是中国传统道德理念的内涵并不是静止的、一成不变的教条，而是处于动态的、不断发展的过程中。

众所周知，中国传统道德品目繁多，且许多理念一旦被提出，往往被不同流派、不同时代的思想家们赋予各种相同、相异甚至相反的内涵。这种情况在先秦诸子、儒佛道三家中可谓比比皆是。限于篇幅，这里仅以儒家为代表，着重对

① 刘立夫、胡勇：《中国传统道德理念的内在结构》，载《哲学研究》2010 年第 9 期。

忠、孝、仁、义等几个道德理念进行说明。

以“仁”为例。仁作为儒家重要的道德观念和规范，发轫于春秋时期。据清人考证，夏商以前无仁字，西周以后开始重视人，仁的观应运而生。《左传》中就有多处关于仁的说明。《左传·僖公八年》有“目夷长且仁，君其立之”，“能以国让，仁莫大焉”，以谦让君位为最大的仁。《左传·襄公七年》：“恤民为德，正直为正，正曲为直，参和为仁。”意为仁德是体恤民众、正己正人的结合。《左传·昭公十二年》：“古也有志，克己复礼，仁也。”《左传·僖公三年》：“出门如宾，承事如祭，仁之则也。”把约束自我、注重礼节作为仁的基本准则。春秋时代的孔子正是在继承前代思想的基础上，创立了一个以“仁”为核心的伦理思想体系。

孔子的“仁”，内涵丰富，但要而言之，则不出“爱人”① 二字。从肯定的方面说，就是“己欲立而立人，己欲达而达人”，这是作为一个执政者“博施于民而能济众”的“仁之方”②。从否定的方面说，就是“己所不欲，勿施于人”，在上者对待民众应该“如见大宾”、“如承大祭”③。无论是从正面说，还是从反面说，孔子的“爱人”实际上就是推己及人、“能近取譬”④。“近”的意思，一是指自身，就是以自己的感受、设身处地考虑他人；一是像爱自己最亲的人那样把爱扩展到其他人身上。所以，孔子说：“君子务本，本立而道生。孝悌也者，其仁之本与！”⑤ 按照血缘关系，人最爱的首先是自己的父母，其次是兄弟，其次才是其他的人，以此类推，这样，孝敬父母、友爱兄弟是“仁”的基础。有了“孝悌”的基础，孔子继而提出了“能行五者于天下”的“为仁”之道，所谓：“恭、宽、信、敏、惠。恭则不侮，宽则得众，信则人任焉，敏则有功，惠则足以使人。”⑥ 这样，孔子将“仁”这一对自己父母兄弟之爱最后扩展到天下国家之爱。所以，“仁”在孔子的学说中，不光是某一种特殊的德性，而且是一切德性的总和。⑦ 后来的孟子，正是在孔子“亲亲为大”⑧ 的基础上，进一步提出了“君子之于物也，爱之而弗仁；于民也，仁之而弗亲。亲亲而仁民，仁民而爱物”⑨ 的先亲、次民、后物的“仁政”次序。就是说，“仁”在孔子、孟子那里，还是一种“等差之爱”。

但是，到了宋明理学家那里，“仁”的含义已不完全是“等差之爱”。程颐

①③ 《论语·颜渊》。

②④ 《论语·雍也》。

⑤ 《论语·学而》。

⑥ 《论语·阳货》。

⑦ 冯友兰：《中国哲学简史》，北京大学出版社 1996 年版，第 38 页。

⑧ 《礼记·中庸》。

⑨ 《孟子·尽心上》。

曾说："医家以不认痛痒谓之不仁，人以不知觉不认义理为不仁，譬最近。"[①] 这里把"仁"提到了本体的高度。即"仁"不仅是具体的行为规范，而且是一切规范的"所以然"或根据。程颐解释说："故仁，所以能恕，所以能爱。恕则仁之施，爱则仁之用。"[②] 在孔、孟那里，"仁者爱人"，仁与爱是浑而为一的，仁即是爱，爱即是仁，不存在"体"和"用"的关系。到了二程那里，才开始有了区别。程颐反复强调，"仁"与"爱"之间存在着性情体用的区别，是绝不容混淆的。他指出："孟子曰：恻隐之心，仁也。后人遂以爱为仁。恻隐固是爱也，爱自是情，仁自是性，岂可专以爱为仁？孟子言恻隐为仁，盖为前已言恻隐之心，仁之端也。既曰仁之端，则不可便遗之仁。退之言博爱之谓仁，非也。仁者固博爱，然便以博爱为仁，则不可。"[③] 又说："恕者，入仁之门，而恕非仁也。"也就是说，在二程那里，"仁"已经不是一种情感上的"爱"，而是出于人的"本性"的终极之"爱"。这显然是受了佛教的影响，与佛教的"无缘大慈，同体大悲"在思路上非常接近。

再来看"孝"和"忠"。孝是中国传统家庭道德中最重要的规范，故有人认为，中国文化在一定程度上就是"孝文化"。但很多人盲目地将"忠孝"混同起来，变成了僵化的"愚忠愚孝"。孝和忠的观念，有一个发展和演变的过程。孝起源于商周的祭祀礼仪，由"尊祖"逐渐发展为"孝亲"，到西周已经被正式作为一个伦理观念。孔子对孝道已经有多方面的发挥，主要有：第一，"能养"。所谓"有事，弟子服其劳，有酒食，先生馔"[④]，就是在物质上为父母提供吃喝等要求，这是最低层次的孝。第二，"色难"。这是"敬"的要求。就是对父母的孝要真诚，要和颜悦色，所谓"至于犬马，皆有能养，不敬，何以别乎？"[⑤] 故《礼记·祭义》云："之有深爱者，必有和气。有和气者，必有愉色。有愉色者，必有婉容。"第三，孝之以"礼"。这是社会道德对孝的要求。所谓"生，事之以礼；死，葬之以礼"[⑥]。礼敬的内容很多，包括孝子为死去的父亲守"三年之丧"，父亲犯罪，"子为父隐"，等等。第四，孝忠一体。这是由家庭道德向社会道德的推广。其基本模式是"孝—悌—忠"。孔子说："弟子入则孝，出则弟。"[⑦] 孝是事父，悌是敬兄，以事父敬兄之心处理人际关系，则不可能犯上作乱，变成了"忠"。所谓"其为人也孝悌，而好犯上者，鲜矣。不好犯上而好作乱者，未之有也"，是故"孝悌也者，其为仁之本与"。[⑧]

---

① 《河南程氏遗书》（卷第二）上。
② 《河南程氏遗书》（卷第十五）。
③ 《河南程氏遗书》（卷第十八）。
④⑤⑥ 《论语·为政》。
⑦⑧ 《论语·学而》。

这里要特别提及"忠"的问题。孔子所说的"忠"，还不仅仅是"不犯上"，还有其他方面的意义。首先，在人与人的关系中，强调义务的承担，尽心而为，不反悔。所谓"为人谋而不忠乎?"[①] "爱之，能勿劳乎？忠焉，能勿悔乎?"[②] 其次，要忠于自己的言行。孔子强调要"主忠信"，"言忠信，行笃敬。"[③] 即说到做到，诚实无欺。最后，就是臣子对君主要尽责任和义务。《论语·八佾》载鲁定公问孔子："君使臣，臣事君，如之何?"对曰："君使臣以礼，臣事君以忠。"孔子的回答很巧妙，首先是君对臣有"礼"，然后才是臣对君的"忠"，双方是对等的，不是哪一方片面的付出。《论语·颜渊》载齐景公问政于孔子，孔子对曰："君君，臣臣，父父，子子。"公曰："善哉！信如君不君，臣不臣，父不父，子不子，虽有粟，吾得而食诸?"孔子的意思是：做君主的要像君的样子，做臣子的要像臣的样子，做父亲的要像父亲的样子，做儿子的要像儿子的样子，否则就会大乱。这里没有后世的纲常名分问题。后来孟子继承孔子，在孔子的"君君，臣臣，父父，子子"的基础上，提出了"五伦"，即"父子有亲，君臣有义，夫妇有别，长幼有序，朋友有信"[④]。但孟子对"君臣有义"的问题，也是对等的关系。孟子说："君之视臣如手足，则臣视君如腹心；君之视臣如犬马，则臣之视君如国人；君之视臣如土芥，则臣之视君如寇雠。"[⑤] 这种民主平等的君臣关系论即使在今天未必有人敢提出来，虽然今天在名义上已经不存在"君臣关系"。倒是法家的韩非最先提出臣对君的绝对忠诚问题，他说："臣事君，子事父，妻事夫，三者顺则天下治，三者逆则天下乱，此天下之常道也，明王贤臣而弗易也。"[⑥] 后经董仲舒等人的发挥，成为著名的"三纲"说。

再谈"义"。义虽然为"五常"之一，却是中国古代含义极广的道德范畴，也是最不易把握的。早在《管子·牧民》篇中就有"何谓四维？一曰礼，二曰义，三曰廉，四曰耻"，"四维不张，国乃灭亡"之说。但具体以何为"义"，并未说明。孔子说："君子之于天下也，无适也，无莫也，义之与比。"[⑦] 这里的"义"就是合理、恰当，但亦无具体所指。《中庸》说："仁者人也，亲亲为大；义者宜也，尊贤为大。"这里的"义"有了一个具体的标准，就是"尊贤"。孔颖达疏曰："义者宜也，尊卑各有其礼，上下乃得其宜。"以遵循尊卑上下的礼节

---

① 《论语·学而》。
② 《论语·宪问》。
③ 《论语·子路》。
④ 《孟子·滕文公上》。
⑤ 《孟子·滕文公下》。
⑥ 《韩非子·忠孝篇》。
⑦ 《论语·里仁》。

关系作为“义”的原则。孟子说：“羞恶之心，义之端也。”[①] 这里以羞耻之心为“义”的根源。又说：“生，亦我所欲也，义，亦我所欲也，二者不可得兼，舍生而取义者也。”[②] 这里的“义”是指比生命更重要的道德原则。

不过，对于“义”，最难把握的还不是“义者宜也”这一概念本身。作为一个道德理念，“义”在中国古代往往是与“利”对应的一对范畴，形成了中国传统的“义利之辨”。在中国传统的义利之辨中，不仅可以看到中国古代思想家对于伦理学核心问题的关注，更重要的是这一答案的多样性。孔子曾说：“见利思义。”[③] “君子喻于义，小人喻于利。”[④] 初步提出了关于义利关系的基本主张，即以对“义”和“利”的取舍作为区分“君子”与“小人”的标准。孟子对孔子的思想有所发展。在《孟子·梁惠王》篇中，当梁惠王问及何以“利吾国”时，孟子的回答是：“王何必曰利，亦有仁义而已矣。”根据孟子的解释可知，孟子义利观的要害在于：“义”是国家之“公利”，“利”是个人之“私利”，任何单纯考利个人私利的做法都是不可取的。汉代的董仲舒则在孟子的基础上明确提出“正其宜（义）不谋其利，明其道不计其功”[⑤]。荀子则不同，他认为：“义与利者，人之所两有也。虽尧舜不能去民之欲利，然而能使其欲利不克其好义也。虽桀纣亦不能去民之好义，然而能使其好义不胜其欲利也。故义胜利者为治世，利克义者为乱世。”[⑥] 荀子倾向于性恶，并不否认利，只是以礼以义制利。孟子和董仲舒的看法代表了中国传统义利观的主流，但荀子的以礼节利也同样获得了后世的赞同。南宋陈亮就说：“必尽知天下天下之害，而后能尽知天下之利。”[⑦] 提出“崇义以养利，隆礼以致力”[⑧] 的义利一致论。而清代的颜习斋更是尖锐地批判董仲舒一系的义利观，他质疑道：“世有耕种而不谋收获者乎？世有荷网持钩而不计得鱼者乎？”[⑨] 他认为，义乃利之和，利乃义之基，一切圣贤都是讲功利的。为了纠偏，他提出了“正其义以谋其利，明其道以计其功”的著名论断[⑩]。

需要提及的是，先秦的墨家就注重功利，提倡“尚利”，将能否“兴利除害”作为道德评价的尺度。墨子曾说：“若事上利天，中利鬼，下利人，三者而

---

① 《孟子·公孙丑上》。
② 《孟子·告子上》。
③ 《论语·宪问》。
④ 《论语·里仁》。
⑤ 《汉书·董仲舒传》。
⑥ 《荀子·大略》。
⑦ 《水心别集》（卷十四）。
⑧ 《水心别集》（卷三）。
⑨ 《颜习斋先生言行录》卷下。
⑩ 《四书正误》（卷一）。

无不利，是为天德。”[①] 可见，中国古代从来不缺功利论传统，墨家与儒家荀子一系的义利观即是代表；中国古代也从来不缺道义论传统，孔孟、董仲舒一系的儒家义利观即是代表。

从“忠”“孝”“仁”“义”等理念的个案分析可以看出，中国传统道德理念具有丰富多彩的内涵。在不同流派、不同时代的思想家们的演绎发挥中，许多道德概念或命题在思想内容上都不是单一的，而是多义的，它们既可能是对立的，也可能是兼容的，还有可能是互补的。中国传统道德理念这种开放性特征，体现了多元的价值观念和思想倾向，它们恰似永不枯竭的源头活水，为现代人在不同的社会情境中提供了多元的道德选择路径。

① 《墨子·天志下》。

# 第十章

# 中国传统道德理念的现代反思

对中国传统道德的反思和批判，并非自今日始。在中国历史上，每当出现政治危机或社会大变革之时，往往会导致对文化传统的重新评估。如果我们将春秋战国时代的“百家争鸣”看是中国传统道德文化的定型期，那么，从汉代开始，对传统道德文化的反思和批判就已初露端倪。西汉初期，黄老道家流行，司马谈《论六家要旨》即以道家的“无为”为中心，纵论各家之优劣，而专推道家。在汉武帝罢黜诸家、独尊儒术之后，思想界并非彻底风平浪静，儒家的伦理学说既有来自内部批判，也有来自外部的挑战。东汉班固在《汉书·艺文志》中便以儒家的“仁义”为标准，强调各家之学既“相生相灭”，又“相反相成”。魏晋玄学则以“名教”与“自然”为主题，提出了“越名教而任自然”“名教即自然”等命题，提倡发展人的自然本性，揭露儒家伦理纲常压抑人性的一面。之后，佛、道二教对儒学形成了长期的冲击。宋明理学在综合儒佛道三家思想的基础上，重建孔孟“道统”和儒家的伦理学说。但在宋明儒学内部，既有程朱“理学”与陆王“心学”的争鸣，亦有“道义”学派与“事功”学派的对立。理学侧重“道问学”，而心学侧重“尊德性”。而在程朱陆王分别强调“人心”与“道心”、“天理”与“人欲”之别的同时，王安石、陈亮、叶适等儒者则以事功主义见长，反对“空谈”性命，主张义利一体。特别是明清易代之际，来自儒学的内部批判就更为激烈。如李贽就明确反对“咸以孔子之是非为是非”的“千古不易之理”，主张“穿衣吃饭，即是人伦物理”。黄宗羲痛斥“君为臣纲”的传统道德教条，提出“君之与臣，名异而实同”，认为君臣关系不是主仆而是同事关系。唐甄在反对“君为臣纲”的基础上，进一步提出“毋立教名，毋设率形，使民自为善而不知”的反忠孝仁义的主张。戴震则直斥程朱理学的理欲善恶之辨为“以理杀人”。如此等等。

但总的看来，从汉代开始，到明清以前的中国传统社会，对于社会主流道德的反思和批判，无论激烈与否，一般都不会构成对儒学主流价值的颠覆。即使“名教”出现危机，也只是道德信仰的暂时失落，一旦新的政权革故鼎新，重树权威，移风易俗，社会即告安定，“名教”便重新复位。明清之际，随着封建专制主义弊端的日益暴露和新兴市民阶层的兴起，出现了直接否定封建纲常、具有近代启蒙意义的新思潮，但这种“启蒙主义”毕竟属于特殊历史时期的空谷之音，不足以造成对传统伦理道德的根本冲击，直到近代才发生巨大的转折。

自 18 世纪以来，欧洲经过资本原始积累和工业革命，资本主义迅速崛起，而远在东方的中国仍然沉浸在田园牧歌式的小农社会。从 1840 年的鸦片战争开始，古老的中国在西方列强坚船利炮的重击下，国门洞开，在西方一系列不平等条约的政治控制、经济掠夺和文化渗透下，向来以“天朝”自居的中国被迫沦落为一个半殖民地、半封建国家，这是中国数千年文明史上从未有过的“大变局”。中国向来以华夏文明而骄傲，主张“以夏变夷”，耻于“用夷变夏”。历史上尽管汉民族政权在周边少数民族的武力征服下，多次出现“天命靡常”“政统”失守，但“道统”不绝。诚如马克思所说，野蛮的征服者总是被他们那些所征服的较高文明所征服。中华五千年的“礼乐”文明因而保持了它的连续性而不中断。然而，这一次完全不同于以往，征服者已经不再是野蛮落后的“夷狄蛮貊”，而是文明程度、技术水平远高出于自身的西方列强。这就决定了古老的中华文明必然要经历一次前所未有的血与火的洗礼。自近代以来，面对西方文明的强大冲击，中国思想界在如何回应外来文化、如何对待自身的文化传统问题上，一直处于反思与重建的过程中，迄今未止。如果我们将中国近代以来的文化反思和批判作一总体的判断，则大致不出自由主义、保守主义、激进主义和马克思主义四大流派，而最具代表性和影响力的，无疑是激进主义、保守主义和马克思主义。对这三种有代表性的观念进行回顾与总结、分析与批判，无疑是正确评估中国传统道德文化的基础性工作。

## 一、激进主义的道德观

中国近现代的文化激进主义的典型，莫过于以反对旧道德、提倡新道德为主题的“五四”新文化运动，这种激进主义道德观至今仍然发生着巨大的影响。“五四”新文化运动以“民主”“科学”为旗帜，对封建旧道德进行了彻底的清算，其中，尤以陈独秀、李大钊、鲁迅、吴虞等人的批判最为尖锐，也最为深入。其代表性思想，主要有两个方面。

其一，儒教与民主政治和现代生活势不两立。陈独秀认为，孔子之教的精华是“礼教”，其根本“教义”是“三纲五常”，“三纲之根本义，阶级制度是也。所谓名教，所谓礼教，皆以拥护此别尊卑明贵贱制度者也”。[①] 所以，以孔教为代表的封建旧道德，是维护封建宗法等级制度的，是帝制的根本思想。它与现代民主政治是不可两立的：一个是重在平等精神，另一个是重在尊卑阶级。“民主共和的国家组织、社会制度、伦理观念和君主专制的国家组织、社会制度、伦理观念全然相反，万万不能调和的。”[②] 陈独秀进一步提出，旧道德与现代生活是不相适应的。从经济上看，现代伦理学上的个人人格独立，与经济学上之个人财产独立，可以互相发明。然而，封建旧道德“以纲常立教”，为人子、为人妻者，既无个人独立之人格，复无个人独立之财产。所以说，封建旧道德“甚非个人独立之道也”。再从政治上看，现代政治生活中，每个人“莫不发挥其个人独立信仰之精神，各行其是。子不必同于父，妻不必同于夫”，然而封建旧道德所要求的则是“父死三年，尚不改其道；妇人从父与夫，并从其子”，没有“个人独立信仰之精神”。由此，陈独秀得出结论：以孔丘为代表的封建伦理学说与现代思想及生活，绝无迁就调和的余地。[③]

五四时期被誉为“只手打孔家店”的吴虞，在他一系列批判封建旧道德的文章中，也尖锐指出：儒家“孝悌”之类的道德观念，为二千年来专制政治与家族制度联结之根干，是“专为君亲长上而设”的。时至今日，“共和之政立，儒教尊卑贵贱不平等之义当然劣败而归于淘汰”。[④] 吴虞呼吁：“到了如今，我们应该觉悟，我们不是为君主而生的！不是为圣贤而生的！也不是为纲常礼教而生的！”若儒教不革命，儒学不转轮，中国必无新思想、新学说，中国人就永远无改造成“新国民”的希望[⑤]。

其二，封建礼教是压制人格独立的“奴隶道德”，是“吃人”的工具。陈独秀指出，中国自汉武帝以来，定孔子伦理纲常于一尊，百家废黜，压制了国民的聪明才智；这种思想若不开禁，中国永不可能有近世所倡导的自由平等的一天。所以，“要拥护那德先生，便不得不反对孔教、礼法、贞节、旧伦理、旧政治；要拥护那赛先生，便不得不反对旧艺术、旧宗教；要拥护德先生又要拥护赛先生，便不得不反对国粹和旧文学”。[⑥] 陈独秀还严厉地揭露旧道德是一种“以己

---

① 陈独秀：《吾人最后之觉悟》，《独秀文存》，安徽人民出版社 1987 年版，第 41 页。
② 陈独秀：《旧思想与国体问题》，《独秀文存》，安徽人民出版社 1987 年版，第 103 页。
③ 陈独秀：《孔教与现代生活》，《独秀文存》，安徽人民出版社 1987 年版，第 4 页。
④ 吴虞：《家族制度为专制主义之根据论》，《吴虞文录》，上海亚东图书馆 1947 年版，第 7 页。
⑤ 吴虞：《吃人与礼教》，《吴虞文录》，上海亚东图书馆 1947 年版，第 32 页。
⑥ 陈独秀：《新青年罪案之答辩书》，《独秀文存》，安徽人民出版社 1987 年版，第 242、243 页。

属人之奴隶道德”。他指出，“三纲”之说，就是要剥夺民、子、妻的“独立自主之人格”，而成为君、父、夫的“附属品”。在这种“奴隶道德”的统制下，造成了严重的后果：“社会上种种不道德，种种罪恶，施之者以为当然之权利，受之者皆服从于奴隶道德下而莫之能违”。[①] 不仅如此，它还助长了种种“虚伪”“利己”的行为，是一切“作恶的工具”。甚至可以说，“中国历史上现社会上种种悲惨不安的状态，也都是这三样道德在那里作怪”。[②] 陈独秀说的“三样道德”，即传统的忠、孝、贞节。

鲁迅对封建道德的虚伪鞭笞得更为无情。他在《狂人日记》中写道：“我翻开历史一查，这历史没有年代，歪歪斜斜的每页上都写着‘仁义道德’几个字。我横竖睡不着，仔细看了半夜，才从字缝里看出字来，满本都写着两个字是‘吃人’！”鲁迅特别反感的旧道德就是“孝”“节”一类的说教，认为“孝烈这类道德，也都是旁人毫不负责，一味收拾幼者弱者的方法”[③]。他断定，节烈这事是极难、极苦，一般人做不到的，自他两不利，于人、于家、于国都无意义，现在已经失了存在的生命和价值。

吴虞很赞同鲁迅，认为《狂人日记》“把吃人的内容和仁义道德的表面看得清清楚楚。那些戴着礼教假面具吃人的滑头伎俩，都被他把黑幕揭破了”。他还写了一篇《吃人与礼教》的文章，举出了许多历史上的事例来补充说明，那些“忠臣”“义士”为了“身传图像，名垂后世，却把他人的生命拿来供自己的牺牲”；为了他们一二人“在历史故纸堆中博得‘忠义’二字，那成千累万无名的人，竟都被人白吃了”。他总结说：“孔二先生的礼教讲到极点，就非杀人吃人不成功，真是惨酷极了！一部历史里面，讲道德说仁义的人，时机一到，他就直接间接的都会吃起人肉来”。“我们如今，应该明白了！吃人的就是讲礼教的！讲礼教的就是吃人的呀！”鲁迅和吴虞的这些言论，极大地激发了人们对封建旧道德的义愤，推动了反对封建斗争的深入发展。[④]

然而，对于陈独秀、鲁迅、吴虞等人的激进主义言论，必须有历史和理性的眼光才能作出准确的评价，即必须回到“五四”新文化运动的历史情境本身，才能得到同情的理解。众所周知，鸦片战争以来的中国，饱受西方列强的欺凌，处于内忧外患下的清王朝已无力领导中国摆脱“亡国灭种”的危机。辛亥革命推翻了清王朝的封建统治，建立起中华民国，但紧接着便是袁世凯、张勋等人的帝制

---

① 陈独秀：《答傅桂馨（孔教）》，载《新青年》（第三卷）第一号。

② 陈独秀：《调和论与旧道德》，《独秀文存》，安徽人民出版社 1987 年版，第 565 页。

③ 鲁迅：《我们现在怎样做父亲》，《鲁迅全集》第一册，人民文学出版社 2005 年版，第 142～143 页。

④ 张岱年、楼宇烈：《五四时期批判封建旧道德的历史意义》，《纪念五四运动六十周年学术讨论会论文选》，人民出版社 1980 年版。

复辟，破灭了民国以来人们对于“共和”“民主”的希望。特别是袁世凯复辟前，“尊孔”之风甚嚣尘上，由一批封建遗老遗少发起成立的“宗圣会”“孔教会”“孔道会”等，公然鼓吹“树尼山教义以作民族精神”，以“陶淑人民道德”。[①] 康有为等人则力推孔教为“中国之国魂”，提出有意保中国，则不可不先保中国魂。而袁世凯则发布《尊崇伦常令》，公然声称“政体虽更，民彝无改”。并制定《天坛宪法草案》，规定国民教育以孔子之道为修身之本。还以政府名义正式发布尊孔告令，由教育部下令规定旧历八月二十七日孔丘生日为“圣诞节”。又发布《褒扬条例》，规定凡“孝行”“妇女节烈贞操，可以风世者”，分别等差，由大总统给予“匾额、题字并金质或银质褒章”，力图恢复封建纲常名教，等等[②]。这样，孔子便作为封建帝制复辟的工具重新被搬上政治舞台，封建专制主义在孔教的掩盖下借尸还魂。正是在这种情景下，一些进步的思想家深切地感到，孔教与帝制，有不可离散之因缘，“盖主张尊孔，势必立君；主张立君，势必复辟”[③]。因此，要打倒帝制，恢复共和，必须在文化层面“打倒孔家店”，进行一场“新旧思潮之大激战”。正如陈独秀所说：“政治根本解决问题，犹待吾人最后之觉悟。”在政治上，“必弃数千年相传之官僚的专制的个人政治，而易以自由的自治的国民政治”；在伦理上，必弃“别尊卑明贵贱”的“三纲之说”。就这两种“觉悟”而言，陈独秀又认为“伦理的觉悟”比之“政治的觉悟”更为重要，“伦理的觉悟”，乃是人民“最后觉悟之最后觉悟”[④]。可见，五四时代的激进思想家们之所以急切地抬出西方的民主和科学，无情地攻击旧道德，确是时势的使然。即由于孔子已被历代权势者奉为“偶像权威”，儒学已成为“专制政治之灵魂”，在袁世凯等人利用孔子和儒学来复辟帝制的时候，不打倒孔子的牌位，改造国民的价值观念，中国就会永远停留在专制主义和等级制度统治的时代，就不会有进步的希望。

然而，“五四”时期的激进主义思想家们尽管抨击孔子之教不遗余力，带有强烈的情感色彩，却不能简单地将他们完全归结为“民族文化虚无主义者”或者“全盘西化派”。只要认真分析其言论，便不难发现，他们中的大多数只攻击“三纲”，不及“五常”。换言之，“五四”新文化运动否定的是为封建专制主义和等级制度辩护的“礼教”，而不是作为一般文化意义上的道德信仰。比较而言，吴虞确有“民族文化虚无主义者”之嫌，鲁迅亦算得上一种“全盘西化派”。但

① 中国社会科学院近代史研究所编：《中国近代尊孔逆流史事纪年》，中华书局 1974 年版，第 29 页。

② 张岱年、楼宇烈：《五四时期批判封建旧道德的历史意义》，《纪念五四运动六十周年学术讨论会论文选》，人民出版社 1980 年版。

③ 陈独秀：《复辟与尊孔》，载《新青年》（第三卷）第六号。

④ 陈独秀：《吾人最后之觉悟》，载《新青年》（第一卷）第六号。

像胡适那样明确承认自己是“全盘西化”派，呼吁“死心塌地”去学外国，不要怕模仿，不要怕丧失我们自己的民族文化，毕竟属于一种恨铁不成钢的激愤之言。陈独秀在当年的反孔高潮中曾多次强调，孔子之教并非一无是处，“所谓君道臣节名教纲常，不过儒家之主要部分，而亦非其全体”①。陈独秀曾明确地指出：“孔学优点，仆未尝不服膺。”“记者之非孔，非谓其温良恭谦让信义廉耻诸德及忠恕之道不足取，士若私淑孔子立身行己忠恕有耻，固不失为一乡之善士，记者敢不敬其为人？”② 显然对中国传统道德没有全盘否定。鲁迅、吴虞等人曾大骂“礼教吃人”的罪过，但无论痛骂得多狠，其实都不过是当时袁世凯等人所推崇的忠孝节义之类。可见，新文化运动的旗手们真正所反对的，只是封建“礼教”，是“别尊卑、明贵贱”“家族主义”及国民性中的“愚昧”“奴性”等等，而“三纲”又是这一切的核心，但对于“三纲”之外的诸多道德规范，并不一概排斥，有的反而真诚地服膺和赞许。

在今天看来，“五四”新文化运动把儒家不适宜新时代的因素暴露无遗，这种反传统的文化激进主义曾被许多人曲解为对儒家道德的全盘否定，给中国传统文化予以致命的一击。但是，离开了具体的历史条件而不加分析地继承所谓的“五四精神”，不仅是对五四新文化运动的片面理解，也是对中国传统文化不负责任的做法。正如有学者所指出：“新文化运动提倡启蒙和对传统的激烈批判，其对历史的推进作用是众所公认的，而‘五四’思潮把整个文化传统看成巨大的历史包袱，要传统文化对中国的落后挨打负全部责任，则明显带有激进的色彩。”③ 五四新文化运动是中国近现代激进主义思潮的一部分，其主要特征就是主张对中国社会进行根本性的改造。但这种改造绝不是任意地割断历史，而必须以理性的精神融贯中西，重塑中华民族的价值观念和道德权威。近现代西方文明的发展表明，文化是“连续”与“变革”的统一，而不是“传统”与“现代”的断裂，机械地、形而上学地全盘否定传统文化，不仅在学理上无法自圆其说，而且在实践上的直接恶果就是大大损伤中华民族的自尊心、自信心和凝聚力。

“五四”新文化运动真正否定的是与封建专制主义血肉相连的“三纲”，并为此而推崇“民主”“自由”“人格尊严”等西方价值观念，这种做法只能视为特定历史时段的合理之举，却不能当成永远不变的“旗帜”。五四时期提出的“打倒孔家店”的口号是有特定含义的，基本上就是指“三纲”，而不是中华民族数千年形成的全部精神、道德、文化体系，用当年陈独秀的话来说，就是：“所谓君道臣节名教纲常，不过儒家之主要部分，而亦非其全体”，“孔学优点，

① 任建树等：《陈独秀著作选》（第三卷），上海人民出版社1993年版，第487页。

② 任建树等：《陈独秀著作选》（第一卷），上海人民出版社1993年版，第228页。

③ 陈来：《传统与现代—人文主义的视界》，北京大学出版社2006年版，第63页。

仆未尝不服膺”，当我们重新反思“五四精神”和自己的文化传统的时候，这一点是必须要清楚的。

## 二、保守主义的道德观

中国近现代的道德保守主义跟文化保守主义是联系在一起的，也可以说道德保守主义是文化保守主义的一个最重要的方面。保守主义的道德观与前述激进主义的道德观恰恰构成国民心态的两极，在近现代中西文化的冲突、融合中，既相互对立，又相互补充。

保守主义道德观的源头可上推到清末的“中体西用论”。“中体西用论”的出现，从根本上讲，是近代中国对西方文明挑战的一种回应，其核心就是中国在坚持民族本位的前提下如何吸取和消化强势的西方科技、政治和文化。这一派多与“洋务派”“改良派”有关。清代改良派的先驱冯桂芳很早提出“以伦常名教为本，辅以诸国富强之术”。他所谓的“富强之术”，主要是“制洋器”，重格致（科学），不仅承认坚船利炮不如人，也承认“人无弃才不如人，地无遗利不如人，君民不隔不如人，名实必符不如人”[①]，看到了西方文明的优势，从而要求适当改革内政，但改革的前提是不能破坏中国本有的“伦常名教”。之后，王韬、马建忠、薛福成、郑观应等人将这种学习西方、改革内政的思想进一步推进，扩充为兴工艺、振商务、设议院、废科举，但仍然无保留地拥护中国固有的伦理道德。他们认为西方的工艺科技乃至政法制度只是拿来使用的“器”，至于维护中国自身生存的根本，还是传统的“纲常名教”。像王韬的“盖万世不变者，孔子之道也”[②]，薛福成的“取西人器数之学，以卫吾尧舜禹汤文武周公之道”[③]，郑观应的“道为本，器为末，器可变，道不可变，庶知所变者，富强之权术，而非孔孟之常经也”[④]，邵作舟的“中国之杂艺不逮泰西，而道德、学问、制度、文章，则敻然出于万国之上”[⑤]，等等。一句话，他们几乎一致认定，中国的纲常名教等“圣人之道”是不可改变的，而且优越于西方。用郑观应的话来概括，就是：“中学其本也，西学其末也，主以中学，辅以西学”[⑥]。这也成为后来洋务派大臣张之洞著名“中体西用”说的先导。

---

① 冯桂芳：《校邠庐抗议》，《戊戌变法》第一册，上海人民出版社 1957 年版，第 30 页。
② 王韬：《弢园文录外编》（卷十一），《杞忧生〈易言〉跋》。
③ 薛福成：《筹洋刍议·变法》。
④ 郑观应：《盛世危言·道器》。
⑤ 邵作舟：《邵氏危言》，中华书局 1977 年版，第 45 页。
⑥ 郑观应：《盛世危言·礼政》。

张之洞的“中体西用”说曾得到过光绪帝的褒奖，其基本思想体现在他的《劝学篇》中。他说：“不可变者，伦纪也，非法制也；圣道也，非器械也；心术也，非工艺也。……法者，所以适变也，不可尽同；道者，所以立本也，不可不一。夫所谓道、本者，三纲四维是也。……若守此不失，虽孔孟复生，岂有议变法之非者哉?”① 又说：“中学为内学，西学为外学；中学治身心，西学应世事。……如其心圣人之心，行圣人之行，以孝弟忠信为德，以尊主庇民为政，虽朝运汽机，夕驰铁路，无害为圣人之徒也。”② 张之洞的这个《劝学篇》可以说在思想上覆盖了前述诸家的改良主义观点，完整而系统地完成了一个理论的建构。这个“中体西用”说的要点在于：孔孟的“三纲四维”“孝悌忠信”等是“本”，是“内”，是“主”，西方的“法制”“器械”“工艺”等是“末”，是“外”，是“辅”，“中学治身心，西学应世事”，修身是根本，应世是方便。这就将“西学”纳入到中国传统“内圣外王”的框架中，且将西学作为“外王”的一个部分，仍然维护了儒学千百年来的权威。③

张之洞等人的“中体西用”论的政治意图是非常明显的，无非是借传统的孔孟之道以保存清王朝的政治制度。正如他本人所言：“吾闻欲救今日之世变者，其说有三：一曰保国家，一曰保圣教，一曰保华种，夫三事一贯而已矣。保国、保教、保种，合为一心，是谓同心。保种必先保教，保教必先保国。种何以存?有智则存，智者教之谓也。”④ 正因为此，《劝学篇》客观上成了清末“新政”的指导思想。然而，再好的良药，对于早已病入膏肓的清王朝来说，都有可能无济于事。随着辛亥革命的爆发，清政府的倒台，张之洞所预设的“保国”“保教”目标无法达到，但他所提出的“中体西用”论却成为此后一个长时期继续讨论的基点，无论是发扬它还是批判它的人们，都离不开《劝学篇》设定的范畴和论域。⑤

《劝学篇》刊行后不久，即遭到改良派人士的谴责，其理论被视为“体用两橛”，逻辑混乱。谭嗣同从中国传统的“道器不离”（王夫之）出发，提出“器既变，道安得不变?”⑥ 而中西兼通的严复则评价说：“中学有中学之体用，西学有西学之体用，分之则并立，合之则两亡。议者必欲合之而以为一物。”⑦ 认为

① 张之洞：《劝学篇·外篇·变法第七》。

② 张之洞：《劝学篇·外篇·会通第十三》。

③ 李泽厚：《中国思想史论》下册，安徽文艺出版社1999年版，第1142~1143页。

④ 张之洞：《劝学篇·内篇·同心第一》。

⑤ 当代学者李泽厚提出“西体中用”说，傅伟勋提出“中西互为体用”说等，都没有绕过张之洞的“中体西用”论。

⑥ 谭嗣同：《报贝元征》，《谭嗣同全集》，中华书局1981年版。

⑦ 严复：《与外交报主人书》，《严复集》第3册，中华书局1986年版，第558页。

中学与西学各有体用，中体与西用的勉强拼接，实为“牛体马用”，无法成功。严复考析洋务运动实践，批评其“盗西法之虚声，而沿中土之实弊”，无以救中国。故提出“以自由为体，以民主为用”的新体用模式。严复这种“自由——民主”的体用观实际上已经将中国传统的纲常伦理完全排除在现代生活之外，这跟五四新文化运动中的文化激进主义的思路已毫无两样。五四新文化运动的思想家们以“打倒孔家店”为口号，凸显了“西学”与“中学”的根本对立；而同一时代的梁启超、梁漱溟、张君劢、章士钊等人则提出了中国“精神文明”或“东方文化”的优越性，从而引发了“科学与人生观”的著名大论战。如果将前一派说成是“西化派”，那么后一派则可视为“国粹派”。事实上，前一派很多人后来日益走向了马克思主义，而后一派则演变成了中国文化本位派和“现代新儒家”。现代新儒家无疑是中国近代“中体西用”论的继承者，从其诸多言论中可以看到中国近现代道德保守主义的思想发展。

从“辛亥革命”、“五四”运动到今天，一部分学者强调继承、发扬孔孟程朱陆王之学，以之为中国哲学或中国思想的根本精神，并以它为主体来吸收和改造西方近现代思想，以寻求当代中国社会、政治、文化等方面的现实出路，是现代新儒家的基本特征。现代新儒家的主要代表有熊十力、梁漱溟、张君劢、唐君毅、徐复观、冯友兰、牟宗三、钱穆等人，结合本书的研究范围，这里仅选取梁漱溟、冯友兰关于中国传统伦理文化中的“体用”主张。

梁漱溟关于中西（伦理）文化的基本主张，体现在他在1921年所作的《中西文化及其哲学》一书中。这本书也是对五四文化激进主义的一种直接回应。梁漱溟早年对佛学有过研究，所以他的中西文化观从印度（佛教）、中国（儒家）和欧美（民主、科学）三方的比较中得出。梁漱溟列举了中西文化与伦理的各种差异，如“学”与“术”“喜新”与“好古”“法治”与“人治”“剖析”与“直观”“平等”与“尊卑”“个体”与“家族”“社会公德”与“伦常私德”，等等。但他同时认为，中西间的这些差异，不是出于地理环境或经济背景，而是出于各自的精神传统，即中西方不同的人生“意欲”，或“人生态度”“生活路向”。具体而言，西方文化是“以意欲向前为根本精神”，“中国文化是以意欲自为调和折中为其根本精神”，“印度文化是以意欲反身向后要求为其根本精神”，中国、西方、印度三种文化的不同源于“生活中解决问题的方法的不同”：西方人每当遇到问题，是从前面下手，其结果就是“改造局面，使其可以满足我们的要求”；中国人是“遇到问题不去要求解决，改造局面，就在这种境地上求我们自己的满足”；而印度人则是“遇到问题他就想根本取消这种问题或要求”。这样，在中国、西方、印度三种文化精神主导下，形成了三种不同的生活方式：西洋人的生活是直觉运用理智，中国人的生活是理智运用直觉，印度人的生活是理智运用现象。在梁漱溟看来，中西文化的差异，根本不是历史阶段的差异，不是西方要比中国先进，而是取决于人们对不同精神传统和生活"路向"的选择。

梁漱溟之所以如此坚持他的"文化三样态说"，而不是盲目地崇拜西方，是因为他看到了西方近代所谓"机械文明"的弱点。他认为西方近代的机器生产无非是西方人"理智的活动太盛太强"，虽然物质生活发达了，但人与人的关系完全被物质利益所掩盖，人对人是靠"算账"来确立界线，一切都成了"机械的关系"，他们"风驰电掣地向前追求，以致精神沦丧苦闷，所得虽多，实在未曾从容享受"，因此，"机械实在是近古世界的恶魔"！相反，中国孔子所倡导的"乐天""知命"的情感生活和中庸之道却能让人享受一种自然惬意的情趣：不计成败利钝，无须"分别一个物我而打量计较"，凡事皆重调和、平衡、适中。所以，在梁漱溟看来，虽然中国人的车不如西洋人的车，中国人的船不如西洋人的船，中国人的一切起居享用都不如西洋人，而"中国人在物质上所享受的幸福，实在倒比西洋人多"。"我们的幸福乐趣，在我们能享受的一面，而不在所享受的东西上——穿锦缎的未必便愉快，穿破布的或许很快乐。"梁漱溟还说，中国人"无我"的生活情趣导致了一种高于西方的道德水准："西洋人要用理智的，中国人是要用直觉的——情感的；西洋人是有我的，中国人是不要我的。在母亲之于儿子，则其情若有儿子而无自己；在儿子之于母亲，则其情若有母亲而无自己；兄之于弟、弟之于兄、朋友之相与都是为人可以不计自己的，屈己以从人的，他不分什么人我界限，不讲什么权利义务，所谓孝弟礼让之训，处处尚情而无我。……家庭里、社会上处处都能得到一种情趣，不是冷漠、敌对、算账的样子。"显然，梁漱溟对建立在个人主义和无情竞争基础的"西方物质文明"是反感的，反而推崇以人际情感关系为基础的"东方精神文明"。

梁漱溟还认为，中、西、印三种文化形态在层次上不是平行的，而是具有不同的终极价值：即"意欲向前"的西方文化、"意欲调和持中"的中国文化和"意欲反身向后"的印度文化是递相演进的。这就是著名的"文化三路向"说。也就是说，在西方、中国和印度三大文化系统中，西方的物质文化是最低层次，中国的情感文化是中层次的，印度的宗教文化是最高层次的。这样的分类标准虽然有局限性，但它反对以纯粹的科技发展或物质文明为取舍的做法无疑是有见地的。按照梁漱溟的分析，社会、经济等"低的问题"解决之后，精神的、情感的等"高的问题"随之而来，人类不可能永远满足于"以物的态度对人"的时代。如果说印度宗教彻底否认人生或人的现实生活（小乘佛教），这种过高的精神修炼毕竟不是人人所能达到的，那么，梁漱溟所推出的人类第二条路向即以孔子儒学为本的中国"路向"无疑对人类的未来发展具有重要的参考价值，因为他认为中国的文化体现了"似宗教非宗教，非艺术亦艺术"的"中庸"境界，能够解决人生的苦恼和精神无着落的问题。故梁漱溟断言“世界未来的文化就是中国文化的复兴”。

梁漱溟正是以他的“文化三路向”说对五四时期的文化激进主义提出了挑战：“有人以五四而来的新文化运动为中国的文艺复兴，其实这新运动只是西洋化在中国的兴起，怎能算得中国的文艺复兴？若真中国的文艺复兴，应当是中国人自己人生态度的复兴。”梁漱溟所说的“中国人自己人生态度”即是宋明理学所推出的“孔颜乐处”的精神境界，他断定儒家的这种淡化物质欲求、注重精神价值和道德理想的人生追求才是真正的“中国精神”，而中国真正的文化复兴只能是这种“中国精神”的复兴，而不是将西方的文化搬到中国而否定自己的传统。梁漱溟得出的最后结论是：“只有踏实地奠定一种人生，才可以真正吸收溶取了科学和德谟克拉西两精神下的种种学术、种种思潮而有个结果。否则，我敢说新文化是没有结果的。”

显而易见，梁漱溟的中西文化观无疑带有个人主观臆断，很多说法在理论上是站不住脚的，但是，他的思想中却隐含着发人深省的洞见：无论你是否同意“中西文化三路向”说，无论你是否同意“孔颜乐处”就是中国人的理想道德境界，也无论你是否同意“世界未来的文化就是中国文化的复兴”，有一点不得不让人同意，即中国文化的“复兴”必须以自己的传统为“本位”，再去整合融通“科学”“民主”等西方的种种因素，否则，这种“新文化是没有结果的”。这一点，梁漱溟实际上已经超越了他的时代。

现代新儒家的另一个代表是冯友兰。冯友兰不同于梁漱溟，梁漱溟不是专业哲学家，他的思想多靠直觉，而冯友兰受过专业的学术训练，他的思想有系统的逻辑体系。冯友兰自觉地以程朱理学为“道统”，但声称自己不是“照着讲”，而是“接着讲”，即继承、改造、发展中国的传统哲学，其基本的命题和理念发源于程朱理学，故称其学说为“新理学”。

冯友兰对中国哲学和伦理问题的基本看法主要集中在他的“贞元六书”[①]中。冯友兰对哲学有着独到的见解，他认为哲学就是“对人生的系统反思”，因此，他的哲学仍然是以伦理为本位的。在《新理学》中，冯友兰指出，哲学之所以为哲学，并不在于能使人获得任何具体的才能、知识、经验或智慧，而只能使人提高自己的精神境界，哲学使人“经虚涉旷”而“廓然大公”，而人通过哲学的反思，可以逐渐从“自然境界”提升到“功利境界”“道德境界”乃至“天地

① “贞元六书”是冯友兰在“贞元之际”（1937～1946年）所写的六本著作，即《新理学》《新事论》《新世训》《新原人》《新原道》《新知言》。按《周易》“乾卦”的卦词为“元亨利贞”，表示春夏秋冬的循环，“贞元之际”就是冬、春之际，冯友兰用以说明抗战时期固然面临压城之黑云，但也是民族复兴与民族觉醒的前夜。

境界”，所以，“新理学”最终所讲的仍然不出“内圣外王”之道。

与梁漱溟的“意欲”说或“路向”说不同，冯友兰从“别共殊”“明层次”“辨城乡”“说家国”“新原人”等角度出发，提出中西文化并非类型特殊，而是时代阶段的差异，是古今之分，而非中西地域之别。但冯友兰同时认为，文化的“理”是公共的，是各民族都有和必然会有的“共相”，但分别到某一具体民族、国家，又表现出各自的“殊相”。冯友兰看到了中国与西方在社会发展水平上的差异，在《新事论》中，他提出“中国现在所经之时代，是自生产家庭化的变化转入生产社会所化的文化之时代，是一个转变时代”，所以，他赞成张之洞等洋务派举办实业，以提高中国的社会化水平，批判“五四”时期思想家们过于看重文化的决定力量。不过，就他的“新理学”而言，冯友兰反复强调虽然“实际”世界是变化的，而“理”或“理世界”是不变的。《新理学》说：“不变的是社会或某种社会所必依照之理，变者是实际的社会。理是不变的，但实际的社会除必依照一切社会所必依照之理外，可随时变动，由依照一种社会之理之社会可变为依照另一社会之理之社会。”就是说，不同的社会的“理”规定着不同的制度、道德和法则，这些不同的制度、道德和法则都是“合理”的，但在不同层次却有事实上的不同或冲突。例如强盗团体有自己的道德如勇敢、公平、义气等，但强盗团体及其道德对全社会来说又是不道德的。又如，“负战争责任之国家之战争行为若从一较高的社会之观点看，是不道德的，但其勇敢的兵士之行为，还是道德的”，[①]战争可以是不道德的，但并不能因此而否认士兵勇敢作战的道德行为。可见，有超越各种具体而变化着的实际道德至上的“共同道德”，这就是不变的“理”。它不是维系某一具体社会存在之“理”，而是维系所有社会存在之“理”。《新事论》以为：“大部分的道德是因社会之有而有的，只要有社会，就需有这些道德，无论其社会是那一种社会，这是不变的。”故在冯友兰看来，“道德无所谓新旧，无所谓古今，无所谓中外”。冯友兰指出：“我们提倡现代化的，但在基本道德这一方面是无所谓现代化的”“社会制度是可变的，而基本道德则是不可变的”“如所谓中学为体西学为用者，是说组织社会的道德是中国人所本有的，现在所须添加者，是西洋的知识、技术、工业，则此话是可说的”“中国所缺的，是某种文化的知识、技术、工业，所有的是组织社会的道德”。在这里，冯友兰充分肯定了当年张之洞提出的“中学为体，西学为用”的文化观，认为道德在根本意义上（“理”）是无所谓古今中外，无所谓现代化的。

冯友兰结合中国古代的“五常”之说，对道德之“理”不变论作了具体的分析。《新理学》说：“（五常）不是随着某种社会之理所规定之规律而有，而是随着社会之理所规定之规律而有。而这也就是‘至善’。按照这种‘道德的本质办法’去办事，先圣后圣，若合符节，即完全一致。可见，道德中的至善及时中所依据的是客观而非主观的。”他举王阳明的“良知”为例：王阳明提倡的“良知”，不过是说“遇见事物自然而然知其至当处置之办法，我们只须顺我们的良知而行”，至于人是否有“良知”，姑且不论。然而，人的“良知”是不能“随便规定的”，否则，就没有一致的道德标准，逻辑上说不通，事实上也行不通。“如说我们的良知于某种情形下，对于某种事物之处置，必作某种规定，此即无异说于某种情形下，某种事物之正当的处置办法，自有一定的，无论何人，苟欲于此求至当，必用此办法。此即无异说，所谓至当或‘天人之中’本是本然有的，不过我们良知良能知之。良知即我们之智者，即我们的知愈智。”冯友兰用“至善”解释“五常”，用“至当”解释“良知”，用“不变的”“公共的”“超越的”等词汇来规定“理”，用西方的思辨逻辑和实用主义、新实在论等重新阐释中国哲学，从而开出孔孟儒学和宋明理学的“新统”。他将程朱理学的“理”“气”等基本范畴提升为完全舍弃实际内容的极度抽象的逻辑世界，又落实、肯定现实世界的各种制度、道德、规范、标准上，用“理”来论证“一切现实的都是合理的”，以特有的方式重构了传统儒学的“极高明而道中庸”内在理论。①冯友兰在他的“新理学”中为中国传统哲学和道德原则进行了“合法性”论证。

从张之洞的“中体西用”论，到梁漱溟的“中西文化三路向”论，再到冯友兰的“道德无所谓中外”论，可以看到中国近现代的文化（道德）保守主义的几种不同思路：张之洞是从“体用”出发肯定传统“名教”的根本地位，梁漱溟从文化“类型”不同出发认定中国固有文化决不亚于西方文化，冯友兰则从“理”的普遍性出发得出时代有先后，而道德无古今的结论。

## 三、马克思主义的道德观

马克思主义作为中国革命的理论武器和中国共产党的指导思想，其道德观在现当代中国的伦理学说中无疑占据着主导地位。马克思主义道德观立足于历史唯物主义，从社会存在决定社会意识、经济基础决定上层建筑的理论出发，对历史上的伦理道德问题作了深入的分析和论证。马克思主义经典作家没有关于道德问题的专著，但恩格斯晚年曾针对杜林、费尔巴哈等人的抽象道德论，在《反杜林论》《家庭、私有制和国家起源》《路德维希·费尔巴哈和德国古典哲学的终结》等著作中，批判了超阶级、超时代、超民族的道德原则，提出道德作为调节人们行为的规范，是社会关系的产物，特别是经济关系的产物。“人们自觉地或不自觉地，归根到底总是从他们阶级地位所依据的实际关系中——从他们进行生产和

① 李泽厚：《中国思想史论（下）》，安徽文艺出版社 1999 年版，第 1125 页。

交换的经济关系中，获得自己的伦理观念。"[①] "一切以往的道德论归根到底都是当时的社会经济状况的产物。而社会直到现在还是在阶级对立中运动的，所以道德始终是阶级的道德；它或者为统治阶级的统治和利益辩护，或者当被压迫阶级变得足够强大时，代表被压迫者对这个统治的反抗和他们的未来利益。"[②] 由一定社会的经济基础所产生的人们之间的利益关系，构成了全部社会道德生活的本质。道德作为一种意识形态，总是一定阶级利益的反映。由于人们在社会经济结构中处于不同的地位，就自然形成各自不同的或根本对立的阶级利益，从而决定了人们处理自己与他人、社会关系的不同态度，决定了人们解决个人利益与社会整体利益关系时所遵循的不同的道德原则和规范。一旦经济利益关系发生了变化，人们的道德观念和道德生活或迟或早总要产生相应的变化，由此推动着道德的发展变化。恩格斯从道德与经济利益的关系出发，论证了道德的历史性、阶级性，在理论上颠覆了杜林的"永恒道德论"和费尔巴哈的"抽象道德论"，从而确立了无产阶级的道德观。

用马克思主义唯物史观的基本立场和方法来分析和评判中国传统道德问题的，首推五四时期的李大钊。李大钊最先曾以进化史观批判中国传统道德，认为宇宙万物和人类社会都是按照自然的法则"渐次发生，渐次进化"的，道德的进化"亦必应其自然进化之社会"，"泰（大）半由于自然淘汰，几分由于人为淘汰"，"孔子之道，施于今日社会为不适于生存，任诸自然之淘汰，其势力迟早必归于消灭"。[③] 这些观点与陈独秀、鲁迅等人的文化激进主义是一致的，即认为中国传统道德已不适应现代中国社会发展的需要。而在"五四"新文化运动时期，他第一个引进马克思主义的唯物史观，在《我的马克思主义观》《物质变动与道德变动》《由经济上解释中国近代思想变动的原因》等文章中，回答了中国是否在"物质上应当开新，道德上应当复旧"这一时代性的课题。

李大钊运用唯物史观探讨了道德的源头和本质。对于道德究竟如何发生，有人归之于个人经验，有人归之于教育，有人归之于习惯礼俗，也有人归之为利己心，等等。对于道德上牺牲自我、利益他人的行为，在有些人看来是无论如何由人间现实的生活都不能说明的，于是就想在人间现实生活以外的地方，求道德的根源。西方基督教的灵肉分离观就是如此，即认为神灵赋予人高尚的灵魂，而恶心的是人间的肉欲，是由物质界产生的。宋明理学家所说的"天理"与"人欲"的斗争大致与此说不差。西方的哲学家如柏拉图、康德之类在理论上都曾"努力

① 《马克思恩格斯选集》（第3卷），人民出版社1995年版，第434页。

② 《马克思恩格斯选集》（第3卷），人民出版社1995年版，第134页。

③ 李大钊：《自然的伦理观与孔子》，《李大钊全集》（第二卷），人民出版社2006年版，第453～455页。

建设超自然的灵界”。在李大钊看来，这些说法几近徒劳，直到马克思主义产生，“这最高道德的要求之本质才有了正确的说明”。李大钊认为，研究伦理学的根本方法就是马克思的唯物史观，要说明道德“何以因时因地而生种种差别”，非借助于马克思主义一派的唯物史观不可。李大钊指出：“人类社会生产关系的总和，构成社会经济的构造。这是社会的基础构造。一切社会上政治的、法制的、伦理的、哲学的，简单说，凡是精神上的构造，都是随着经济的构造变化而变化。我们可以称这些精神上的构造为表面构造，表面构造经常视基础构造为转移。”[①]这里说的“基础构造”“表面构造”即是后来通称的“经济基础”“上层建筑”。这同恩格斯所说“一切以往的道德论归根到底都是当时的社会经济状况的产物”是完全一致的。根据唯物史观社会存在决定社会意识的原理，李大钊指出：“道德是精神现象的一种，精神现象是物质的反映，物质既不复旧，道德断无单独复旧的道理，物质既须急于开新，道德亦必跟着开新”。由此，他断言，道德会“随着社会的需要，因时因地而有变动，一代圣贤的经训格言，断断不是万世不变的法则”，任何“圣道”“王法”“纲常”“名教”，都要随着社会的变动“而有所变革，且是必然的变革”。并指出，宇宙、社会“只有前进，没有反顾，只有开新，没有复旧”，“物质既须急于开新，道德亦必跟着开新”，“物质上、道德上，均没有复旧的道理”[②]。

李大钊根据马克思主义理论对中国传统道德与自然经济与家族制度的关系作了深刻地分析。他指出，中国以农业立国，中国的大家族制度，就是中国的农业经济组织，就是中国两千年来社会的“基础构造”。在这种社会经济基础上产生出来的伦理道德，完全是一种“牺牲个性”的道德。“孔门的伦理是使子弟完全牺牲他自己以奉其尊上的伦理，孔门的道德是与治者以绝对的权力、责被治者以片面的义务的道德”。然而，这样的伦理道德为什么能在中国支配中国人心两千多年呢？李大钊认为，这绝不是因为孔子这种学说本身有什么绝大的权威，也不是因为它是什么永久不变的真理，而是“因他是适应中国二千余年来未曾变动的农业经济组织反映出来的产物，因他是中国大家族制度上的表层构造，因为经济上有他的基础”。李大钊断言，随着中国社会经济的变动，大家族制度必定陷入“崩颓粉碎之命运”，“孔子主义也不能不跟着崩颓粉碎了”，“孔子之于今日之吾人，非残骸枯骨而何也？”[③]。也就是说，中国的小农经济和家族制度成为以儒家为主导的传统道德的土壤，随着中国的小农经济和家

---

① 李大钊：《我的马克思主义观》，《李大钊选集》，人民出版社 1959 年版，第 85 页。

② 李大钊：《物质变动与道德变动》，《李大钊文集》下，人民出版社 1984 年版，第 909 页。

③ 李大钊：《由经济上解释中国近代思想变动的原因》，《李大钊文集》下，人民出版社 1984 年版，第 179 ~ 182 页。

族制度的瓦解，儒家那套适应于当时条件下产生的伦理学说，已经无法适应于现代生活，一种适应新时代需要的新思想、新道德也必然会产生。可见，在“五四”新文化运动中，李大钊对封建旧道德的批判比当时一般人要深刻得多，至今仍然影响着当代中国伦理学界。

然而，李大钊毕竟是一位马克思主义者，他比一般人站得更高、更远，他尽管从根本意义上否决了作为偶像的孔子，却没有将孔子作为文化遗产全盘抛弃。李大钊曾明确地指出：由于孔子已被历代封建统治者改铸为专制君主的“护符”，成为保护君主政治的“偶像”，“故余之掊击孔子，非掊击孔之本身，乃掊击孔子为历代君主所雕塑之偶像的权威”，即“掊击专制政治之灵魂”，因此，孔子学说不能全看成是封建性的糟粕：“孔子之说，今日有其真价，吾人亦绝不敢蔑视”，其“固有之精华”，仍须“发扬光大之”，“俾孔子为我之孔子”。[①] 显然，李大钊同陈独秀一样，针对的只是作为封建专制主义护身符的“孔教”，而不是儒家学说的全部。

在五四“打倒孔家店”的声浪高涨之时，李大钊非常清醒地对孔子进行了学理上的辩护，其中最有说服力的一点，就是将“孔子”区分为“实在的孔子”“历史的孔子”和“世界的孔子”三种形态，发前人所未发，体现了李大钊独特而开阔的文化视野。以下是李大钊《宪法与思想自由》一文关于三种孔子的论述。

（1）“实在的孔子”，即历史上孔子的本来面目，是没有被包装或扭曲过的孔子真模样。李大钊对这样的孔子推崇备至，自认为不逊于那些“尊孔的诸公”：“圣人之权威于中国最大者，厥为孔子。以孔子为吾国过去之一伟人而敬之，吾人亦不让尊崇孔教之诸公。”“孔子于其生存时代之社会，确足为其社会之中枢，确足为其时代之圣哲，其说亦确足以代表其社会其时代的道德。”以今人的眼光视之，只要“这个孔子之道”符合真理，就应该以科学的态度认真对待，“孔子之道有几分合于此真理者，我则取之；否者，斥之”。实际上就是后来毛泽东所说的“取其精华，去其糟粕”。

（2）“历史的孔子”，即后人理解的孔子。这样的孔子带有鲜明的时代气息和个性化特征，他不再是春秋时期那个独一无二的个体存在，而是经过历史加工的“千人千面”的个性化、文化化的孔子。汉唐有汉唐的孔子，宋明有宋明的孔子，现代有现代的孔子。在汉唐，孔子被神化，被奉为“万世师表”“至圣先师”和“素王”，儒学定于一尊，孔子成为神道设教的神学化的孔子。在宋明，人们想象中的孔子，就是经过周敦颐、二程、朱熹在融合儒释道基础上重建的义

① 李大钊：《自然的伦理观与孔子》，《李大钊文集》上，人民出版社 1984 年版，第 246 页。

理化的孔子。经过这两次大的改造，孔子不再是“时代的圣哲”和“社会的中枢”了，而成为被统治者用来巩固统治的护身符。“现代的孔子”就是被袁世凯和尊孔派为复辟帝制而神圣化的孔子，袁世凯和尊孔派立孔教为国教，把“孔子之道”列入宪法，孔子再次被专制主义所利用，这个偶像崇拜必须打倒。李大钊认为，神圣化的孔子作为专制时代的产物，已失去了其赖以存在的依据，成为“残骸枯骨”，不适应现时代需要。

(3)“世界的孔子”，即具有世界文化影响和价值的孔子。“实在的孔子”经过历史的积淀深刻地影响了整个世界，孔子已是一个“圣者”的文化符号，孔子于是成为“世界的孔子”。从全球的视野看，孔子与其他文化中的“圣人”相比毫不逊色。李大钊曾把孔子与释迦牟尼、基督、穆罕默德并称为世界四大“圣哲”，并把苏格拉底视为西方的孔子，“希腊圣者苏格拉的，今世哲俊共许为西方孔子者也”。孔子的影响，首先当然是在中国，但在中国以外，“日本、高丽、越南等国，因为他们的农业经济组织和中国大体相似，也受了孔门伦理的影响不少”，因为孔子对东亚社会文化的影响，形成了一个独特的“儒教文化圈”或“筷子（汉字）文化圈”。儒家文化在东亚走向现代化的过程中也发挥了它应有的作用，塑造了与欧美现代化迥然不同的“东亚现代化模式”。李大钊深为中国能有孔子这样的文化巨匠而感到骄傲，“孔子之不生于他国，而生吾华，他国之歆羡之者，或亦引为遗憾万千；而吾华之有孔子，吾华之幸，亦吾华之不幸也。”至于“吾华之不幸”，就是作为孔子的子孙后代，千百年来国人丧失了文化的创造力，对孔子一味鞠躬尽礼，顶礼膜拜，致使中华文化毫无生气，实在是文化的悲哀！李大钊热情讴歌圣人的伟大事业，并感慨“自尧、舜、禹、汤、文、武、周、孔之历史，有示范人伦之权威，而尧、舜、禹、汤、文、武、周、孔反以绝迹于后世”。面对当代中国文化的落后，李大钊疾呼，我们应该恢复文化自信，发挥自身文化的创造力。他坚信，“古时的自然能产生孔子那样的伟人，现在的自然亦可以产生孔子那样的伟人。”但千万不要墨守成规，崇拜古人，这样做只会自我封闭，成为“尧、舜、禹、汤、文、武、周、孔之罪人”。①

从李大钊对孔子的三种形态的分析可以看出，李大钊对以孔子为代表的中国传统道德文化的态度是开放的、客观的。李大钊在方法论上坚持了马克思主义唯物论和辩证法的统一：神圣化、政治化的“历史的孔子”已经不适时宜，是必须打倒的；而“真实的孔子”“世界的孔子”却光辉闪耀，让人敬重。对于如何继承人类优秀文明成果的问题，李大钊曾有过非常形象化的说明：“孔子与牛肉，

① 朱人求：《李大钊的孔子情结》，载《安徽师范大学学报》2009 年第 5 期。

释迦与鸡肉，基督与虾，以至穆罕默德与蟹，其为吾人之资养品等也，吾人食牛肉，在使变为我之肉也，吃虾蟹等物，在使变为我之物也。”① 这实际上就是“古为今用，洋为中用”的另一种比喻性表述。这种既有民族性、又有世界性的双重文化视野，加上历史唯物论的方法论，是李大钊能够合理分析和评价中国传统道德文化重要前提。

“五四”时期所开创的彻底反对封建旧道德、提倡新道德的革命事业，特别是李大钊的马克思主义文化观和道德观，后来为中国共产党人所继承和发扬。毛泽东在《新民主主义论》中，曾针对新文化运动以来某些极端观点，对民族文化遗产的继承问题提出过非常精要的论断：“中国的长期封建社会中，创造了灿烂的古代文化。清理古代文化的发展过程，剔除其封建性的糟粕，吸收其民主性的精华，是发展民族新文化提高民族自信心的必要条件；但是决不能无批判地兼收并蓄。必须将古代封建统治阶级的一切腐朽的东西和古代优秀的人民文化即多少带有民主性和革命性的东西区别开来。……我们必须尊重自己的历史，决不能割断历史。但这种尊重，是给以历史以一定的科学地位，是尊重历史的辩证的发展，而不是颂古非今，不是赞扬任何封建的毒素。”这段论述扬弃了五四以来文化激进主义和文化保守主义的片面性，坚持了马克思主义的辩证否定原则。后来，毛泽东还提出过“古为今用，洋为中用”的文化方针。毛泽东的主张，代表了中国共产党人对于传统文化的基本态度和基本原则。从理论的源头上看，毛泽东所提到的“糟粕”“精华”“批判地继承”“古为今用，洋为中用”等，是用马克思主义基本理论分析处理中国传统文化的一个范例，但其基本主张早在李大钊那里就有了雏形，或者说大多是从李大钊那里发展而来。

然而，必须看到，尽管李大钊、毛泽东等共产党人明确提出了关于对待中国传统文化（含传统道德）的基本原则和方法，但在实践上却曲折重重，远没有那么简单。新中国成立以后特别是“文革”时期，传统的一切都被看成“封建毒素”，只有“糟粕”，没有“精华”，“批判继承”变成了“全盘否定”，这实际上是将五四文化激进主义的某些论点再度放大。其实际效果是，在马克思主义的旗号下做出了违背马克思主义的事情，在“破四旧”的旗号下使封建主义“借尸还魂”。正如有学者指出，作为西方文化的批判者，马克思主义在近现代中国表现出“固有的激进、革命的性格”，它超越了一般意义上的文化激进主义，却在一定程度上又回到了马克思、恩格斯当年对资本主义的“革命热情”和“战斗精神”。但是，历史已经昭示，“马上得天下，不能马上治之”。文化激进主义

① 李大钊：《宪法与思想自由》，《李大钊文集》上，人民出版社 1984 年版，第 563 页。

虽有利于打破一个旧世界，却不利于建设一个新世界。当代的中国，改革开放已成不可以逆转的趋势，但在建设中国特色的社会主义事业中，无论在理论上还是实践上，对于中国传统文化和传统道德的继承、发展和创新问题仍然处于艰难的探索中，特别是对于何为“精华”、何为“糟粕”、何以“批判地继承”、何以“扬弃和超越”等根本问题，仍然有待认真总结和进一步研究。

# 第十一章

# 中国传统道德理念的继承与开新

一个时代有一个时代的道德。今天的中国，与传统时代已不可同日而语，时代改变了，必然会伴生新的道德观念和道德规范。但是，这不等于说，当代中国的伦理道德与传统不再发生任何关联。纵观全球，古今中外任何一个民族，在走向新的社会进步时，都会面临一个如何对待传统文化和传统伦理道德的问题。欧洲近代文明的开端，就是以“复兴”古代希腊、罗马文化为旗帜的。按德国学者韦伯在其《新教伦理与资本主义精神》所说，现代资本主义的勤奋、节俭、责任等所谓“天职”观念均脱胎于基督新教尤其是加尔文教派的苦修、禁欲、虔诚等宗教伦理，成为推动资本主义发展的巨大精神动力。在现代的阿拉伯国家中，无论是否实行政教分离，《古兰经》所倡导的伦理思想仍然深刻影响着现代伊斯兰国家的政治、经济、社会风俗和生活方式，主导着现代阿拉伯世界的价值走向。事实表明，传统作为一个民族世代相承、相对稳定的群体历史经验，凝聚着该民族的智慧和力量，虽然就其整体而言，不可避免地要打上深刻的历史烙印，但其中所包含的精华部分，却往往能够超越历史时空的界限，成为一种文明的积累，也成为一个民族迎接新的时代挑战的历史前提和内在动力。在当代中国，如何对待传统文化和传统伦理道德文化，从根本上讲是一个如何认识和处理现代化和民族化的关系问题，实质上则是走什么样的现代化道路的问题。①

中国传统道德如何继往开来？这个问题虽然复杂，但其核心仍然不离“精华——糟粕”这四个字的基本判断。就一般的原则而言，毛泽东早在 20 世纪 40

① 唐凯麟、张怀承：《儒家伦理精粹》，湖南大学出版社 1991 年版，第 2 ~4 页。

年代就有过精要的论述，即剔除其封建性的糟粕，吸收其民主性的精华，但绝不能无批判地兼收并蓄。这个一般原则现在仍然没有过时。但要落实到具体的道德理念时，就不能停留在一般的原则上，还必须将中国传统的道德理念采取个案性的分析，指出哪些理念是精华，哪些理念是糟粕，哪些理念是精华和糟粕并存，等等。同时还必须看到，所谓的精华或糟粕都是相对的、动态的：过去是精华，现在可能变成了糟粕；现在是精华，将来可能是糟粕；在中国是精华，在其他地方可能是糟粕，等等，都是有条件的、相对的。因此，必须有一个权衡的时空坐标，有了一个权衡的时空坐标，才能够准确地定位。我们今天定位的坐标，就是当代中国的社会发展现状和中国目前所处的时代环境。

当代，人类已经步入了后工业化时代和信息化时代，与古老的农业文明相隔不可以道里计，甚至与几百年前的工业文明相比也有了质的飞跃。科技革命和经济全球化不断拉近世界各国的时空距离，人类仿佛同住一个“地球村”。当代中国，也在随着世界的发展潮流正发生着巨大的变化，改革开放、市场经济和民主政治不断推动着社会的现代转型，中国在现代化的道路上走出了自己的特色，并在国际社会中发挥着越来越重要的作用，中华民族正在重新崛起。可以肯定，中国社会的现代转型，为当代中国的道德发展提供了新的社会土壤，也为当代中国的道德建设提出了新的挑战。今天的中国，一方面是旧的道德体系，也就是几千年来在中国形成的传统道德体系遭到破坏；另一方面新的道德体系尚未定型，正处于探索和发展过程中。新中国成立以来迄今，中国政府先后七次制定全民道德规范，每一次都有调整、变动，便是这一过程的反映。在这一新旧交替的时代，人们往往不知所从，出现所谓的“信仰断层”现象。有人指出，当代国人的道德状况令人担忧，官德失范、公德淡薄、人格缺失、善恶不分、是非不明，表现出“道德滑坡”和“信仰危机”。[①] 尽管这种说法有些以偏概全，但也不是空穴来风。如何克服当代中国的“信仰断层”或“信仰危机”，为全体国民提供一套新的切实可行的道德理想和道德准则已成为新时代的重大理论和实践课题。当代中国人需要什么样的道德？这个问题需要长时间的社会实践和理论探索才有可能获得正解，但可以肯定的是，我们只有站在时代的高度，在广泛吸取世界各国先进的道德理念和文明成果的同时，努力开掘本民族固有的道德精华和文化传统，通古今，贯中西，才能重树中华“礼仪之邦”的新形象。

依据当代中国所处的时代背景和社会环境，对中国传统道德理念的价值定位，至少有三个角度可以重点考虑：一是民主政治，二是市场经济，三是普世

① 刘智峰：《在精神的废墟上》，《道德中国——当代中国道德伦理的深重忧思》，中国社会科学出版社 2001 年版，第 5 页。

价值。前两个是中国的政治、经济背景，第三个是中国的世界背景。从这三个角度来重新定位中国的传统道德理念，我们将会看到，当年李大钊提出的三个孔子即“实在的孔子”“历史的孔子”和“世界的孔子”的思想确有孤明先发之意义。

## 一、现代民主政治视域下的中国传统道德理念

近代以来的民主政治是对中世纪封建专制政治的否定，是西方近代启蒙运动和资产阶级革命的产物。“民主”不仅是一种政治制度，也是一种道德观念。从制度上看，民主政治包括一些基本准则，如主权在民、法治精神、多数原则、个人平等、程序正义，等等。从道德观念上看，民主的核心就是人的平等、自由。因此，尽管现代中西方在民主制度的设置上可以不同，但民主政治所体现的平等、自由等价值理念则是无可争议共识。

中国的封建专制主义制度延续了两千多年。从今天的角度看，封建专制主义制度最大的缺失就在于维护等级和特权，践踏人的个性和尊严，在此基础上形成的中国传统伦理道德也深刻地打上了这一时代的烙印。其中，最受人诟病的莫过于“三纲”，即君为臣纲、父为子纲、夫为妻纲。“五四”新文化运动曾激烈地抨击儒教与民主政治、现代生活势不两立，主要针对的也就是“三纲”。

“三纲”作为一种伦理制度，其落后性是显而易见的，它最大的弊端就是片面强调君权、父权和夫权，忽视了臣权、子权和妇权，这是由中国传统的封建中央集权政治、小农经济和宗法制度这一特定时代条件所决定的。“三纲”的形成和强化经历了一段较长的时间，但与它相关的内容是否全部都是“糟粕”，还要作具体分析。

“三纲”本来是古代处理人伦关系的三大伦理道德规范。孔子最先提出了“君君，臣臣，父父，子子”二伦，把基本的社会关系概括为君臣父子两大关系，他的本意是提倡君臣之间、父子之间必须遵循既定的“礼”，做他们该做的事情，不能越位，否则就会大乱[①]。这个出发点没有错，现在仍然需要维持社会秩序，还要讲上下之礼，父子之亲。孔子这里没有后世严格的纲常名分问题。后来孟子加了三伦，变成了“五伦”，即“父子有亲，君臣有义，夫妇有别，长幼有序，朋友有信”，但孟子重点讨论的是“君臣有义”的问题。孟子说：“君之视臣如手足，则臣视君如腹心；君之视臣如犬马，则臣之视君如国人；君之视臣如土

① 《论语·颜渊》。

芥，则臣之视君如寇雠。"① 这完全是君臣之间的对等关系，谁也不能强迫谁，双方必须相互尊重。孟子还说过"民为贵，社稷次之，君为轻"②，将民的地位置于君之上，这是古代难得的"以人为本"的政治主张。当然，孟子并不是说人民的政治地位高于帝王，而是说帝王的政治地位和权利要靠人民去支撑，人民才是国家的基础。出自于秦汉之际的《礼记·礼运篇》也提到了"五伦"的准则，称之为人之"十义"，曰"父慈、子孝、兄良、弟弟（悌）、夫义、妇听、长惠、幼顺、君仁、臣忠"。这里除了将孟子的"朋友有信"改为"兄良弟弟（悌）"外，其他四伦没变，但仍然是对等关系，是对父子、兄弟、夫妇、长幼、君臣"五伦"之间的责任和道义的明确要求。从社会秩序的层面而言，"十义"虽然包含了不平等的人际观念，但在古代却是必要的，没有这些人伦规范，一个社会要正常运转是不可能的。今天看来，"十义"的提法仍有某些合理之处。其中的"父慈子孝""兄良弟悌"无须改变，任何时代都不会提倡六亲不认，父子不分，兄弟阋墙，手足相残。君臣关系现在已经不存在，故"君仁臣忠"可以不讨论。"夫义妇听"，可以改为"夫义妇惠"，这是对夫妻双方的约束：丈夫不"义"，为所欲为，妻子当然可以不从，但妻子如果不贤惠，河东狮吼，恐怕丈夫也会反感。至于"长惠幼顺"，可以改为"尊老爱幼"，这个提法现在已经很明确。所以，原始儒家的"五伦""十义"的诸多内涵还不能轻易否定。

法家的韩非，只提三伦，说"臣事君，子事父，妻事夫，三者顺则天下治，三者逆则天下乱，此天下之常道也，明王贤臣而弗易也"。③ 现代人讲究在法律上一律平等，但韩非没有这种观念。韩非只重视君主的权威，强调君臣、父子、夫妻之间必须严格遵守上下等级关系。有人认为，后世儒家的"三纲"说即滥觞于此。但"三纲"理论的真正的完成还是汉代的董仲舒。董仲舒借助阴阳家的"天人感应"说，对"王道之三纲"作了系统的论述。如"王道之三纲，可求于天"，"君臣父子夫妇之义，皆取诸阴阳之道。君为阳，臣为阴；父为阳，子为阴；夫为阳，妇为阴"④，等等，用阴阳理论来论证了君臣、父子、夫妇三伦的合理性，但其核心还是君尊臣卑。到汉章帝时召开白虎观会议，钦定了"三纲"的法律地位："三纲者何谓也？谓君臣、父子、夫妇也。""故《含文嘉》曰：君为臣纲，父为子纲，夫为妻纲。"⑤《含文嘉》是汉代《礼纬》中的一篇，可见，三纲之道是汉代儒学共同关注的时代问题。古人所说的"纲"，是指捕鱼提网的

① 《孟子·滕文公下》。
② 《孟子尽·心下》。
③ 《韩非子·忠孝篇》。
④ 《春秋繁露·基义》。
⑤ 《白虎通义·三纲》。

总绳，有了纲，就能总揽全局。《尚书·盘庚篇》云：“若网在纲，有条而不紊。”纲举目张正是此意。一个国家、一个家庭、一个团体，总得有主从关系，有领导与被领导的关系，这是自然的原则，但“三纲”如果只讲主从关系、领导与被领导的关系，那就意味着主从之间的绝对尊卑和下级对上级必须绝对服从，这是不符合现代民主精神的。

宋代以来的思想家们曾对“三纲”有过广泛的讨论。朱熹《孟子集注》有一段讨论孟子说的“大孝”问题，文云：“李氏曰：‘舜之所以能使瞽瞍底豫者，尽事亲之道，其为子职，不见父母之非而已’。昔罗仲素语此云：‘只为天下无不是底（的）父母。’了翁闻而善之曰：‘唯如此而后天下之为父子者定。彼臣弑其君、子弑其父者，常始于见其有不是处耳。’”从这段文字看出，后世流行的“天下无不是底父母”是北宋理学家罗仲素最先提出的，后来的王夫之将这句话的发明权给了朱熹的老师李延平，但无论是谁说的，都把父母看成是绝对的权威。按理学家的解释，舜是孝子的典范，为了尽孝道，明知父母偏袒心术不正的弟弟，也“不见父母之非”，用这种心态来侍奉父母，可谓“大孝”；相反，如果对父母锱铢必较，非要分出一个对错来，就有可能闹出臣弑君、子弑父的悲剧来。据此，朱熹的弟子陈了翁提出，臣也不应“见君有不是处”，提出“天下无不是底（的）君”，意为君主是真理的化身，永远都不会犯错，做臣下的不能有任何怀疑。其本意是尊君以屈臣、贵君以贱民。但王夫之在《读四书大全说》中提出了反对意见，他认为“天下无不是底父母”是出于人的自然情感，而“天下无不是底君”是无端套用，违背了“理一分殊”的原则，即不是同一个理。与王夫之同时代黄宗羲作《原君》，明确提出君主的职分是以“天下为公”，“不以一己之利为利，而使天下受其利，不以一己之害为害，而使天下受其害”；但后世的君主违背了作人君的本怀，他们为了夺取天下，不惜“荼毒天下之肝脑，离散天下之子女”，为了一己的淫乐，忍心“敲剥天下之骨髓，离散天下之子女”，还以此为理所当然，其结果，君主便成了“天下之大害”。这就对神圣不可侵犯的君权提出了严重的挑战。同一时代的顾炎武在对专制君主制度的反思中提出了更为深刻的见解，这就是他的“亡国”与“亡天下”“保国”与“保天下”之说。《日知录》云：“有亡国，有亡天下。亡国与亡天下奚辨？曰：易姓改号，谓之亡国。仁义充塞，而至于率兽食人，人将相食，谓之亡天下。”又云：“知保天下然后知保国。保国者，其君其臣，肉食者谋之；保天下，匹夫之贱与有责焉耳矣。”改朝换代，不过是一家一姓的事，保江山社稷，那是当权者的事，但如果民族的根本利益、礼仪道德被破坏，草民百姓、贩夫走卒都要起来反抗。顾炎武的“天下兴亡，匹夫有责”，即是从反对专制主义的君主制度而来。但按照顾炎武的“天下——国家”之别，“天下”是全体人民的“天下”，不是某一个人的“天下”，“国家”是全体人民的“国家”，不是某一个人的“国家”，对于不以“天下为公”的君可以不尊，对于民族的根本利益却不能含糊。

今天，古代三纲中的君臣关系已经不存在，也可以说转换成了国家与人民的关系，在民主的政治体制下，“君为臣纲”也就是“国为民纲”，“忠于祖国”就是现代爱国主义的应有之义。

过去有人在批判“三纲”之害时，提到“君要臣死不得不死”，“父要子亡不得不亡”，说这是三纲的极端发展。此言无据。古代官方文件中从来没有这种规定，也从来没有哪一个思想家敢提出这样的伦理规范。这是小说的炒作，是针对君主专制和宗法制度而发的。只能说在中国古代的君主专制和宗法制度下，臣子、儿子在某种极端的情况下生命得不到法律的保障，而不能说中国古代有这样的伦理道德观念。另外，君臣关系与父子关系在古代中国虽然“同理”，但不“同质”。所谓“虎不食儿”，父亲真要自家的子亡，那也是“大义灭亲”，是自己的儿子犯了大过，在国法与亲情面前选择了国法，属于正义之举。中国古代的君主集权是逐步加强的，臣的地位越低，君臣关系也越紧张，在这种情况下，君若要臣死，臣很难做到不死，这个问题从根本上讲，与其说是“君为臣纲”这一伦理规范的恶性膨胀，毋宁说是封建专制主义的政治制度发展到极端的结果。当然，“君为臣纲”不能说与封建专制主义的政治制度毫无关系。

倒是“饿死事极小，失节事极大”自有出处。《程氏遗书》卷二十二载程颐与学生对话曰：“或问：‘孀妇于理，似不可取（娶），如何？’伊川先生曰：‘然！凡取（娶），以配身也。若取（娶）失节者以配身，是己失节也。’又问：‘人或居孀贫穷无托者，可再嫁否？’曰：‘只是后世怕寒饿死，故有是说。然饿死事极小，失节事极大。’”程颐意思很明确：男人娶寡妇为妻，是一种失节行为；寡居的女子改嫁，也是失节行为。一个人即使贫困致死，也不能失去品节。古代寡妇再嫁，是因为经济上会失去保障，只得改嫁以求生存，程颐对此是很清楚的，但他认为守节比求生存更重要。程颐当时说的，男人、女人都得讲节操，不完全是针对妇女。据研究，程颐这一言论在宋代影响甚微，到了明清时代，由于程朱理学成为正统思想，女性守节之风才弥漫朝野。清人方苞曾提到：“饿死事小，失节事大之言，虽村农市儿，皆耳熟焉。”① 中国民间流行“寡妇门前是非多”之语，也应与此有关。明清时期出现那么多誓死守节的“烈女”，与中国古代男女极端不平等的社会条件是大有关系的，“夫为妻纲”这条伦理规范在一定程度助长了男女之间的不平等。

“三纲”只是传统的一个伦理原则，与之相对应的，还有三个具体的道德规

---

① 方苞：《望溪全集》（卷四）。

范，那就是“忠”“孝”“贞”。即“君为臣纲”则臣必须“忠”，“父为子纲”则子必须“孝”，“夫为妻纲”则妻必须“贞”，这都是下级对上级的基本义务。我们的问题是，在“三纲”的规定下，上级对下级有没有基本的义务约束呢？在此，有必要了解与这三个具体道德规范的传统经典《忠经》《孝经》《礼记》。

《忠经》是东汉马融所撰，它的成书已在白虎观会议（汉章帝建初四年，即公元 79 年）之后，即这本书是在“三纲”制度已经确立的情况下完成的。但《忠经》所讲的“忠”，却具有双向的关系。按此经所说，忠分多种，有圣君（皇帝）之忠，有冢臣（重臣）之忠，有守宰（地方长官）之忠，有兆民（百姓）之忠，还有君子之忠、小人之忠，但忠的要点，在乎“一其心”，即一心不二。《忠经》说：“夫忠，兴于身，著于家，成于国，其行一焉。是故一于其身，忠之始也；一于其家，忠之中也；一于其国，忠之终也。”[①] 所谓“一于其身”，就是言行一致，表里合一；所谓“一于其家”，就是尽心以行孝，家和万事兴；所谓“一于其国”，就是忠君保国，万众一心。《忠经》指出，“忠”不仅在于“奉君忘身，徇国忘家，正色直辞，临难死节”，更在于“沉谋潜运，正己安人，任贤以为理，端委而自化”[②]。但关键在于，“忠”不只是百官和小民要做到的，皇帝同样也要忠。经云：“故王者，上事于天，下事于地，中事于宗庙，以临于人。则人化之，天下尽忠，以奉上也。是以兢兢戒慎，日增其明，禄贤官能，式敷大化，惠泽长久，万民咸怀。故得皇猷丕丕，行于四方，扬于后代，以保社稷，以光祖考，尽圣君之忠也。”[③] 皇帝除了忠于天地宗庙外，还得兢兢业业，勤政爱民。又曰：“王者立武，以威四方，安万人也。淳德布洽，戎夷秉命。统军之帅，仁以怀之，义以厉之，礼以训之，信以行之，赏以劝之，刑以严之，行此六者，谓之有利。”这是对王者以德统军的六点要求。又曰：“明主之为国也，任于正，去于邪。邪则不忠，忠则必正，有正然后用其能。是故师保道德，股肱贤良。内睦以文，外威以武，被服礼乐，提防政刑。故得大化兴行，蛮夷率服，人臣和悦，邦国平康。此君能任臣，下忠上信之所致也。”[④] 这是对王者选贤任能、用正去邪的用人要求。只有这样，才能获得臣下和万民的拥戴，才能天下太平。也就是按“圣君”“明主”的要求而“忠”。可以看到，中国尽管自汉代就确立了“君为臣纲”这一道德要求，皇帝成了万民之统，一切人都必须为皇帝尽忠，但皇帝也要为天下和臣民尽忠。所以，不能把中国传统的“忠”看成是绝对的、片面的义务，即“愚忠”。《忠经》的现代价值也在此。

① 《忠经·天地神明章第一》。
② 《忠经·冢臣章第三》。
③ 《忠经·圣君章第三》。
④ 《忠经·广为国章第十一》。

《孝经》的完成当在“三纲”制度确立以前。现在很多人都鼓励儿童就开始读《孝经》，还有人提出了“新二十四孝”，但从权利与义务的标准来看，《孝经》还不如《忠经》，因为《孝经》全篇都是谈子女之孝顺父母，主要是树立父亲的权威，而没有说到父母该为儿女做点什么，这是令人费解的。也许在《孝经》的作者看来，父母该为儿女做什么，本来就不成为一个问题。经中说，孝是“至德要道”，“圣人之德无以加于孝”，“罪莫大于不孝”，从天子到卿大夫、士人、庶民百姓，都必须尽孝。如“天子之孝”是：“爱亲者，不敢恶于人；敬亲者，不敢慢于人。爱敬尽于事亲，然后德教加于百姓，刑于四海。”天子有了对父母的爱，才能把亲人之爱推广到天下百姓，这与孟子所说的“仁政”思路相通。“卿大夫之孝”是：“非先王之法服不敢服，非先王之法言不敢道，非先王之德行不敢行。”这就让人死守陈规，不敢越雷池一步。通用的则有“五孝”，即“居则致其敬，养则致其乐，病则致其忧，丧则致其哀，祭则致其严”。至于为何要尽孝，《孝经》大致谈到了“身体发肤，受之父母”，“父母生之，续莫大焉”，即父母因为对子女有了生养之功，因而子女的孝敬属“天之经，地之义”，也就是说，孝是不容讨论的，无条件的。当然，生我者父母也，孝顺父母义不容辞，但是否就如经中所说的那样，不问父母是否尽了做父母的责任，就无条件地“夙夜匪懈，以事一人”？只怕也不合情理。但《孝经》中有一处说得很好，就是儿子可以“从父之令”，但在父亲“不义”时，可以不盲从。“故当不义，则子不可以不争于父，臣不可以不争于君；故当不义，则争之。从父之令，又焉得为孝乎！”可以理解为，子女必须尽孝，但在大是大非面前，应当据理力争，不能跟着不义。看来，宋人说“天下无不是底（的）父母”，实际上是不符合《孝经》的本意的。《孝经》还有个一以贯之的思想，就是“以孝为忠”“忠孝一体”。所谓“夫孝，始于事亲，中于事君，终于立身。”“故以孝事君则忠，以敬事长则顺。”“君子之事亲孝，故忠可移于君。”这明显是在为“忠君”提供理论依据。因此，现代人读《孝经》必须有一个理性的态度和客观的判断。

当然，《孝经》讲的“孝”不是中国孝文化的全部。《尚书·尧典》说“克谐以孝”，即让家庭和谐就是孝。《中庸》说“夫孝者，善继人之志，善述人之事者也”，即继承先辈之遗志、完成先辈未竟的事业就是孝。《论语》上提到“能养”“无违”“三年无改于父之道”等就是孝。《大学》说“孝者，所以事亲也”，《新书·道术》谓“子爱利亲谓之孝”，等等，都涉及孝的某些方面。中国传统的“孝”文化很发达，有人说儒家思想的核心就是“孝”，但“孝”的范围太宽，内涵太多，对此既要有宏观的把握，又要有细节的分疏，否则，很容易以偏概全。



中国古代有专门论孝的《孝经》，也有专门论忠的《忠经》，但没有专门讲女子守节的“贞经”。不过，《礼记》中早就有了“三从四德”之说。《大戴礼记·本命》篇云：“男者任也，子者孳也，男子者，言任天地之道，如长万物之义也，故谓之丈夫。丈者长也，夫者扶也，言长万物也。”“女者如也，子者孳也，女子者，言如男子之教，而长其义理者也。故谓之妇人。”这是说女子生来不如男，应该听男人的话。又曰：“妇人，伏于人也。是故无专制之义，有三从之道：在家从父，适人从夫，夫死从子，无所敢自专也。教令不出闺门，事在馈食之间而已矣。是故女及日乎闺门之内，不百里而奔丧。事无独为，行为独成之道，参知而后动，可验而后言，宵夜行烛，宫事必量，六畜蕃于宫中，谓之信也。所以正妇德也。”这是说女人本来就是在男人之下的（“伏于人”），故不能按自己意志行事（“无专制之义”），只能在家从父，适人从夫，夫死从子，“三从”之说即源于此。该篇另有“五不取”“七去”之法。“五不取”即五种家庭出身的女人不能娶；“七去”即男人在七种情况下可以离婚。“四德”之说见于《周礼·天官·内宰》，包括德、容、言、工，就是说做女子的，第一要紧是品德，能正身立本；然后是相貌，出入要端庄稳重，不可轻浮；然后是言语，与人交谈要会随意附义，懂得该言与不该言；然后是治家之道，包括相夫教子、尊老爱幼、勤俭节约等方面的细节。总的看来，在中国传统社会，女人与男人之间的政治、社会地位极不平等，男尊女卑，内外有别，许多针对女子的伦理道德规范是单方面的、不公正的，今天已经成为历史的陈迹。当然，在现代的家庭生活中保留一点“内外有别”，这是家庭分工的需要。至于德、容、言、工“四德”，若剔除其宫廷性、封建性的尊卑观念，保持“东方女性”的端庄温柔，多一些“窈窕淑女”，少一些“野蛮女友”，还是值得提倡的。

以上讨论的是现代民主政治与“三纲”的关系。其实，“三纲”不是儒家伦理道德的全部，更不是整个中国传统伦理道德的全部。中国文化、儒家思想的核心不在“三纲”，而在人本、仁爱、忠恕、和谐等价值追求；数千年来真正推动中华民族前进的动力也不在“三纲”，而在“自强不息”“厚德载物”等民族精神。[①] 长期以来，人们常将“三纲”与“五常”并称，简称“纲常”。但“常”与“纲”根本不同。“三纲”是对君臣、父子、夫妻三伦的政治、社会地位的主从、高低、尊卑的定位，而“五常”则是五种基本的道德原则，是对一切社会阶层的要求，性质大不一样。“纲”以定尊卑，“常”以扬德性。“常”的本意是“永恒”“不变”，即任何时代、任何地方都无须改变的道德原则。也就是说，“五常”具有道德的绝对性和普遍性。我们可以参看前人的解释。

按孟子的“四端”说，仁是“恻隐之心”，“义”是“羞耻之心”，“礼”是

① 李存山：《对“三纲”之本义的辨析与评价》，载人大复印资料：《中国哲学》2012 年第 4 期。

"辞让之心"，"智"是"是非之心"，"信"没有解释。但人能够具备这四种"心"，已是足够的善。班固《白虎通德论·情性》云："五常者何？谓仁、义、礼、智、信也。仁者，不忍也，施生爱人也。义者，宜也，断决得中也。礼者，履也，履道成文也。智者，知也，独见前闻，不惑于事，见微者也。信者，诚也，专一不移也。"这是迄今关于"五常"最为完整的解释。简要地说，"仁"就是关爱他人，"义"就是行为适当，"礼"就是行事有矩，"智"就是遇事不惑，"信"就是诚信不移。敦煌文书中发现过一件《孝经注》的残片，其中有关于"五常"的另一种解释，其文曰："好生恶死曰仁；临财不欲，有难相济曰义；尊卑慎序曰礼；智深识远曰智；平直不移曰忠；信义可复曰信。"①《白虎通德论》和《孝经注》的两种解释，各有所长，前者是从本质来定义的，后者是从现象来描述的。如，《孝经注》以"尊卑慎序"为"礼"，用的就是描述现象的方法；而《白虎通德论》以"履道成文"为"礼"，用的就是本质定义的方法。我们今天继承是礼的本质和原则，是"履道成文"，是"辞让之心"，而不是"尊卑慎序"。当然，即使是现代社会，礼的仪式中仍然会有"尊卑慎序"，只是其内涵不同而已。又如"仁者爱人""智者不惑""义者宜也""信者诚也"，都是普适性的道德原则。以此而言，"五常"确是任何时代都适宜的"恒常之道"。

有必要说明一下，古人将"三纲五常"连到一起，统称"纲常"，是因为他们认为"三纲"和"五常"都是"礼"的一部分。中国古代的伦理道德规范最初多出于"礼"。董仲舒提出的"三纲五纪"、《白虎通义》提出的"三纲六纪"等都属于"礼"。东汉经学家马融对《论语》中的"殷因于夏礼，所损益可知也"注释曰："所因，谓三纲五常也；所损益，谓文质三统也。"后来何晏的《论语集解》、皇侃的《论语义疏》、邢昺的《论语注疏》等都采马融之说，这就是"三纲五常"被连用的来历。朱熹后来在《论语集注》也同样引马融之说，但他讲得更深入："三纲五常，礼之大体，三代相继，皆因之而不能变。其所损益，不过文章制度，小过不及之间。"即是说，"三纲五常"的"大体"，即根本原则是不会变的，所变的只是制度和形式。朱熹还说过："宇宙之间一理而已。天得之而为天，地得之而为地，而凡生于天地之间者，又各得之以为性；其张之为三纲，其纪之为五常，盖皆此理之流行，无所适而不在。若其消息盈虚，循环不已，则自未始有物之前，以至人消物尽之后，终则复始，始复有终，又未尝有顷刻之或停也。"② 这是说"三纲五常"都是由"天理"的总原则派生出来的，

---

① 中国思想政治工作研究会：《中国人的美德——仁义礼智信》，中国人民大学出版社 2006 年版，第 8 页。

② 《朱文公文集》（卷十七），《读大纪》。

所以是永恒的。汉代董仲舒说"天不变，道亦不变"意思相同。冯友兰在他的《新理学》中说"社会制度是可变的，而基本道德则是不可变的"也是同一思路，但冯友兰把"三纲"和"五常"分开了，而且提出了"共相"和"殊相""实际世界"和"理世界"的差别问题，这是他的高明处。可见，中国古代的思想家由于时代的局限，他们将"礼"的总原则和"礼"的具体的形式和内容混到一起。后人不明白其中的道理，也不加区分地将"三纲五常"放到一起批判，五四时期的很多思想家就犯了这样的错误，这是不利于清理中国传统道德文化遗产的。

中国传统道德范畴非常广泛，远非"三纲五常"所能涵盖。像墨家的"兼爱"、道家的"自然"、佛教的"慈悲"就不在它的范围。儒家的伦理规范有很多出自"五常"的系统或与之相关，如仁可对应诚、恕、慈、宽；义可对应公、志、勇、刚；礼可对应让、恭、孝、俭、惠；智可对应和、敏；信可对应忠、毅，等等[①]。但还有很多规范在这个系统以外，像乐、忧、贞、温、直、中、廉、勇、节、健、和、合、良知、正心，等等，还可以找出很多，用现代的伦理学分类，这些道德规范既有公德，也有私德，既有德性伦理，也有规范伦理，很多范畴都是中性的，是中华传统美德的重要组成部分，也是建设中国现代道德文明的重要资源。它们与现代中国人的生活并无冲突，但因长期的"断层"而被扭曲，或被人遗忘，现代人对它们似乎已经非常陌生，这是必须要改变的。

## 二、现代市场经济视域下的中国传统道德理念

市场经济是以社会化大生产为基础的商品经济，是商品经济发展到一定阶段的产物。市场经济最早出现在欧洲，随着资本主义向世界的扩张而逐渐成为现代世界经济的主导形态。当代全球经济的一体化，一定意义上就是市场经济的全球化。中国自改革开放以来，发展社会主义市场经济，逐步融入世界经济一体化的大潮中。尽管中西方的市场经济模式有别，但市场经济所体现的竞争、信用、互利等基本价值原则却不会两样。

中国传统社会是以小农经济为基础的。在传统的农业社会，虽然不乏商业活动和商品交换，但简单的商业活动和商品交换并不能构成市场经济。那么，在小农经济、专制政治和宗法社会中形成的中传统道德观念在多大程度上能适应当今市场经济的要求？这确实是值得深入探讨的一个问题。

① 中国思想政治工作研究会：《中国人的美德——仁义礼智信》，中国人民大学出版社 2006 年版，第 23 页。

众所周知，市场经济首先是逐利的。一方面，每个商品生产经营者都希望赚钱，实现商品利润的最大化；另一方面，每个商品消费者都希望省钱，实现商品效用的最大化。也就是说，任何一个真正的“经济人”，无论是买方还是卖方，都不能不考虑自身的经济利益，于是便出现双方的利益博弈：每一位卖者都争取“贵卖”，每一位买者都争取“贱买”，双方都不肯在交换中吃亏。从理论上讲，在纯粹的市场经济下，主体行为的目标都是为了利己而非利他，经济人也就是完全利己的人。换言之，市场经济是以利己为动力的，利己也就成为市场经济伦理行为的基本性质。虽然，社会主义市场经济以生产资料公有制而非以私有制为基础，其目的是为了满足整个社会日益增长的物质和文化需要，而不是为了获取剩余价值。但是，这只能说明社会主义市场经济与资本主义市场经济是有区别的，却不能改变在社会主义市场经济条件下，人们的经济行为本身的趋利性。也就是说，在市场经济条件下，趋利、求利都是正当的，是符合道义的。

有人认为，市场经济与中国传统道德是不相容的，因为重义轻利一直是儒家的主流观念。其实，这样的看法既不全面，也不深入。

在中国古代道德理论中，义利关系一直是思想家关注的重心。中国古人眼中的义利，主要是讲公与私的关系，或公利与私利的关系。二程有言：“不独财利之利，凡有利心，便不可。”[①] 古人所讲的利，既包括物质利益，也包括各种其他的享受。至于义，墨子说“义者正也”[②]，朱子说“义者宜也”[③]，即是社会正义。可见，中国古人所讨论的义利问题，本质上还是道德与利益的关系。中国古代的义利观，流派很多，而且随着时代的发展而丰富，但大致可以分为两大流派：一是重义轻利，这一派占主流地位，代表德性主义的传统；一是义利并重，这一派作为前一派的补充，代表功利主义的传统。但到底哪一种思想更适合现代市场社会，还有待于具体分析。

先看重义轻利论。这是儒家的“正统”。孔子曰“君子喻于义，小人喻于利”[④]，即君子重义，小人重利，义和利是区分君子与小人的一大标准。《论语·子罕》提到“子罕言利与命与仁”。朱熹《四书集注》引程子之言曰：“计利则害义，命之理微，仁之道大，皆夫子所罕言也。”钱穆《论语新解》释云：“利者，人所欲，启争端，群道之坏每由此，故孔子罕言之。”简言之，孔子很少谈“利”，就是因为人皆好利，若助长言利之风，必启争端，坏仁道。所以，孟子在

① 《二程集·河南程氏遗书》（卷十六）。
② 《墨子·天志下》。
③ 《朱子语类》（卷二十七）。
④ 《论语·里仁》。

见梁惠王时，说的第一句话就是："王何必曰利，亦有仁义而已矣!"[①] 孟子的本意与孔子同，即从国家的根本利益出发，主张先义而后利。孟子认为，如果人人都注重一己之私利（"上下交征利"），那就会争夺不休（"不夺不餍"），造成君臣、父子、兄弟之间相互算计，篡逆之事难免不发生。后来，董仲舒提出的"正其宜不谋其利，明其道不计其功"[②]，与孔孟有直接的继承关系。根据《汉书》本传，董仲舒之语是董仲舒在为江都相时对易王所说，围绕的主题仍然是"仁谊（义）"的问题，后文还有对"诈力"的批评。[③] 宋代的朱熹、二程基本上都是沿着孔孟、董仲舒的思路论证义利关系。二程说："义与利，只是个公与私也。才出义，便以利言也。只那计较，便是为有利害。若无利害，何用计较？利害者，天下之常情也。人皆趋利而避害，圣人则不论利害，唯看义当为不当为，便是命在其中矣。"[④] 这里明确提出义利问题的实质就是公利与私利的问题，公利就是社会的整体利益，是儒家所规定的道德原则（义）。朱熹进一步指出，义本来就包含利，只是不去计较利。他说："罕言利者，盖凡做事只循这道理做去，利自在其中矣。"[⑤] "正其宜，则利自在；明其道，则功自在。专去计较利害，定未必有利，未必有功。"[⑥] 又引程子之言曰："君子未尝不欲利，但专以利为心则有害。唯仁义则不求利而未尝不利也。当是之时，天下之人唯利是求，而不复知有仁义。故孟子言仁义而不言利，所以拔本塞源而救其弊，此圣贤之心也。"[⑦] 朱熹提出"存天理，灭人欲"在某种意义上是孔孟义利观的另一种表达，"天理"即仁义、天下之公利，"人欲"即私欲、个人之私利。

很多人认为重义轻利就是不讲利，不要利。这是断章取义，不合事实。重义轻利，不是不讲利，而是先讲哪种利的问题。这是孔孟、程朱一系的传统。董仲舒说得最清楚："天之生人也，使人生义与利。利以养其体，义以养其心。心不得义不能乐，体不得利不能安。义者心之养也，利者体之养也。体莫贵于心，故养莫重于义。……夫人有义者，虽贫能自乐也。而大无义者，虽富莫能自存。吾以此实义之养生人，大于利而厚于财也。民不知而常反之，皆忘义而殉利，去理而走邪，以贼其身而祸其家。此非其自为计不忠也，则知其所不能明也。"[⑧] 按

① 《孟子·梁惠王上》。

② 《汉书·董仲舒传》。

③ 《汉书·董仲舒传》云："是以仲尼之门，五尺之童羞称五伯，为其先诈力而后仁谊也。苟为诈而已，故不足称于大君子之门也。五伯比于他诸侯为贤，其比三王，犹武夫之与美玉也。"

④ 《二程集·河南程氏遗书》（卷十七）。

⑤ 《朱子语类》（卷二十七）。

⑥ 《朱子语类》（卷三十七）。

⑦ 《四书章句集注·孟子集注》（卷一）。

⑧ 《春秋繁露·身之养重于义》。

董仲舒所说，义和利都是人基本需要，缺一不可，利用来养形，义用以养心，但比较而言，义重于利。为什么？人若有义，虽贫而自乐，人若无义，虽富而难存。陆九渊有云："常人所欲在富，君子所贵在德。士庶人有德，能保其身；卿大夫有德，能保其家；诸侯有德，能保其国；天子有德，能保其天下。无德而富，徒增其过恶，重后日之祸患，今日虽富，岂得长保？"[①] 这与董仲舒说的意思一致，即无德而富，徒增其恶，有德者才能保身、保家、保国、保天下。

可见，在儒家重义轻利的德性主义传统中，强调的是国家社会的整体利益和道义原则，主张个人利益服从整体利益，甚至为了整体利益而放弃个人私利的诉求。这个传统虽然有压制、限制个人利益追求的一面，但它重视社会全体之利，体现了"天下为公"的政治理想，对于维护传统社会的稳定发挥了积极的作用。今天，儒家所提倡的"以义为上"的义先利后论、"利以养其体，义以养其心"的义利分工论仍然具有很强的现实针对性，对于在市场经济中人们私心过重、"一切向钱看"、甚至为了私利而不择手段的做法无疑具有正本和纠偏的作用。

再看义利并重论。义利并重也称"义利双行"，虽然不是传统义利观的"正统"，但它与重义轻利论并存互补，体现了中国传统义利观的多元性。

义利并重论在先秦的墨家那里就有所体现。墨子有《贵义》篇，但对义的理解与儒家不同，而以利为义的标准，强调义之所以可贵，是因为义能够为人类带来实际的好处。墨子的"贵义"和"尚利"是同行的。墨子说："若事上利天，中利鬼，下利人，三者而无不利，是为天德。"[②] 这就将"兴利除害"作为道德评价的尺度。墨子正是从以利为义出发，提出了他的"兼爱"理论："夫爱人者，人必从而爱之。利人者，人必从而利之。恶人者，人必从而恶之。害人者，人必从而害之。"[③] 所谓"兼相爱，交相利"，也就是一种"互利之爱"，而不是儒家的"仁爱""等差之爱"。现代人所说的"人人为我，我为人人"与墨子的"兼爱"相通。不过，墨子从政治角度的角度谈义利，他的宗旨主要不是生意场上的互利互惠，而在于消除战乱的根源，实现天下太平。

有人认为先秦的荀子也主张义利并重，这是一种误解。《荀子·大略》说："义与利者，人之所两有也。"这里看到了社会正义和个人私利是人的双重需要，与孔孟有所不同。但荀子接着又说："虽尧舜不能去民之欲利，然而能使其欲利不克其好义也。虽桀纣亦不能去民之好义，然而能使其好义不胜其欲利也。故义胜利者为治世，利克义者为乱世。"这又回到了孔孟的立场，义高于利，以义为上。荀子还说："故天子不言多少，诸侯不言利害，大夫不言得丧，士不通货财。

① 《陆九渊集》（卷二十二），《杂著》。
② 《墨子·天志下》。
③ 《墨子·兼爱》。

有国之君不息牛羊，错质之臣不息鸡豚，冢卿不修币，大夫不为场园，从士以上皆羞利而不与民争业，乐分施而耻积藏。然故民不困财，贫窭者有所窜其手。”大致是说，从天子到诸侯、卿、大夫、士，这些国家的统治者都不应该涉及资生事业，让老百姓做他们该做的事情。按《礼记·大学》的解释，这就叫“国不以利为利，以义为利”。可见，荀子与孔孟一脉相承，还是重义轻利。

儒家讲义利并重，且具有商业伦理的性质，主要还是在宋代以后。宋代的李觏、王安石、陈亮、叶适、明代的李贽、王夫之、清代的颜习斋等人在先儒重义轻利的基础上，重新阐释儒家的义利观，他们将批判的矛头主要对准孟子和董仲舒。李觏说：“愚窃观儒者之论，鲜不贵义而贱利，其言非道德教化则不出诸口矣。然《洪范》八政，一曰食，二曰货。孔子曰：足食，足兵，民信之矣。是则治国之实，必本于财用。……礼以是举，政以是成，爱以是立，威以是行。舍是而克为治者，未之有也。是故圣贤之君，经济之士，必先富其国焉。”[①] 在李觏看来，“贵义贱利”不是儒学的本义，《洪范》“八政”最先两项就是“食”与“货”，孔子也说“足食，足兵”，可见治国的根本，靠的是物质条件。李觏对儒家羞于谈利的做法很反感，他说：“利可言乎？曰：人非利不生，曷为不可言！欲可言乎？曰：欲者人之情，曷为不可言？”即人的本能在于满足求利的欲望，没有什么不好讲的。李觏还批评孟子的“何必曰利”是一种过激的言论。[②] 王安石也有类似的看法。他说：“孟子所言利者，为利吾国。如曲防遏籴，利吾身耳。至狗彘食人则检之，野有饿殍则发之，是所谓政事，所以理财，理财乃所谓义也。一部《周礼》，理财居其半，周公岂为利哉！”[③] “曲防遏籴”出于《孟子·告子下》，是说筑堤防水，以邻为壑，荒年聚粮，禁止邻国采购，都是自私自利的做法。“狗彘食人”出自《孟子·梁惠王上》，是说富人家的猪吃了穷人的食物才被制止，道路上出现饿死的人才开仓济贫。可见，“政事”必须“理财”，“理财”就是“义”。叶适批评董仲舒说：“仁人正谊不谋利，明道不计功，此语初看极好，细看全疏阔。古人以利与人，而不自居其功，故道光明。后世儒者行仲舒之论，既无功利，则道义者乃无用之虚语也。”[④] 意思是说，没有功利，光讲道义就是无用的空话。清代的颜习斋质疑道：“世有耕种而不谋收获者乎？世有荷网持钩而不计得鱼者乎？”[⑤] 他认为，义乃利之和，利乃义之基，一切圣贤都是讲功利的。颜元得出了与董仲舒完全相反的结论：“正其宜以谋其利，明其

---

① 《李觏集》（卷一六），《富国策》。

② 《李觏集》（卷二九），《原文》。

③ 《临川先生文集·答曾立公书》。

④ 《习学记言序目》（卷二十三）。

⑤ 《颜习斋先生言行录》卷下。

道以计其功。”[①]

李觏、王安石、叶适、颜元等人的功利主义主张，表面上是义利并重、义利双行，实际上则是强调利在义先，无利而不成义。换言之，他们所主张的，是道德必须以一定的物质条件为前提，无利之义是没有意义的。可见，义利并重论肯定了追求物质利益的合理性，在一定程度上纠正了重义轻利论的片面性。义利并重论的提出，与宋代以后商品经济的发展有一定的不无关系，也是宋明理学“理欲之辨”的产物。宋代的陈亮与朱熹就义利、王霸问题曾多次展开辩论，陈亮的“义利双行，王霸并用”[②] 就是针对朱熹而发的，明代的李贽说“穿衣吃饭，即是人伦物理”[③] 也是为了反对理学家的“存天理，灭人欲”。所以，义利并重的思想对于打破理学对人性的禁锢是有积极意义的，也是中国传统经济伦理思想的一大亮点，即使从现代市场经济的眼光来看，亦有相当的合理性。

这里出现了一个误区：因为市场经济的趋利性，很多人便将市场经济这种趋利性当成了社会一切道德的总原则，认为中国的功利主义道德传统优越于中国的德性主义道德传统，换言之，在社会主义市场经济条件下，“正其宜以谋其利，明其道以计其功”要优越于“正其宜不谋其利，明其道不计其功”。这实际上是用18世纪英国古典经济学家亚当·斯密的标准来衡量当代中国的道德问题，不仅在理论上缺乏说服力，在实践上亦颇具误导性。

正如前文所分析，孔孟程朱一系的重义轻利派强调的是“义在利先”“利以养其体，义以养其心”，而非根本不讲利。李觏、王安石、叶适、颜元等人的义利并重派强调的是无利而不成义，道德必须以一定的物质条件为前提。一个是注重国家社会的公利，一个是注重利益本身的正当性，二者分别从不同的角度和层次看待道德与利益的关系，实际上并无根本的冲突。从思想史的角度看，义利并重派是对重义轻利派的某种纠偏，但以现代流行的“正义论”的眼光看，正义就是为了维护和满足最大多数人的最大利益，以此而论，二者很难区分高下优劣。

这里有必要解释一下亚当·斯密的市场道德法则。马克思在分析资本主义商品经济时曾指出，一个人为另一个人服务，目的是为自己服务，“每个人都把另一个人当作自己的手段互相利用”。[④] 而亚当·斯密则用“一只看不见的手”来描述这种行为的双重性质：每个人都不断地努力为他所能支配的一切资本找到最有利的用途，他所追求的是他自己的利益而不是社会的利益。但是，他对自己利

---

① 《四书正误》（卷一）。

② 《陈亮集·又甲辰秋书》。

③ 《焚书·答邓石阳》。

④ 《马克思恩格斯全集》（第46卷），人民出版社1974年版，第196页。

益的追求又必然会引导他选择最有利于社会的用途。① 在市场的交易中，人们通常不打算促进公共利益，也不去考虑对促进公共利益有多大的帮助。“他受着一只看不见的手的指导，去尽力达到一个并非他想要达到的目的。”但是，“他为了自己的利益，往往能使他比为了社会利益更有效地促进社会利益。”② 斯密的著名论证可以简化为一条市场经济的道德法则，即“看不见的手定律”：经济人的目的就是为了利己，但主观的利己却造成了客观的利他。通俗地说，就是“主观为自己，客观为别人”。

不可否认，在中国的社会主义市场经济中，亚当·斯密所揭示的那只“看不见的手”同样也会起神奇的作用。但却不能以此认定，当代中国的道德标准便是“主观为自己，客观为别人”。也有人认为，在市场经济条件下，纯粹的利他是不可能的，纯粹的损人是卑鄙的，而损人不利己则是愚蠢的，比较起来，为己利他算是最高尚的。以此而言，亚当·斯密所赞赏的为己利他原则还是道德的、善的，是值得肯定和辩护的。在这样的条件下，人们要做的只是将损人利己的恶德降低到最低限度，使一切市场经济行为都达到为己利他的境界，从而保持市场经济的良性发展。为此，在现代中国，如果单纯是从市场经济的角度来考量，“自利利他”的道德原则仍然是最理想的价值标准。③ 这个看法是出于“单纯的市场经济角度”，不能说没有道理。但是，很多人夸大了这个“单纯的市场经济角度”，实际上是蔽于一曲，忽视了“市场经济条件下”道德的多元性和价值的多样性。

众所周知，亚当·斯密的理论实际上是为资本主义的自由经济和自由竞争辩护的，亚当·斯密时代人们的道德水平也并不值得现代人去效法。很难想象，如果每一个人在“一只看不见的手”的指引下，“都把另一个人当作自己的手段互相利用”，追求的完全是“他自己的利益而不是社会的利益”，这样的社会还有多少秩序可言？在这种条件下，与其说是人们有道德，还不如说是人们害怕法律的惩罚才考虑道德。在这种条件下，所谓的“自利利他”说白了就是“自利”，而不是“利他”，因为主观的“自利”并不能保证客观的“利他”。而道德如果离开了利他，那样的道德将不成为道德。

市场经济的内在规则是等价交换原则，在这个原则下，承认求利的合理性，只要这个利的合法的、合理的。但如果将市场经济的等价交换原则运用到生活的一切领域，一切东西诸如爱情、权力、地位、名誉、贞操、亲情，都可以花钱去

---

① Adam Smith, *An Inquiry into The Nature And Causes of The Wealth of Nations*, Volume 1, Fifth Edition, P. 419.

② Ibid, P. 421.

③ 王海明：《新伦理学》中册，中华书局 2008 年版，第 678 页。

交换，这就成了泛市场主义。中国长期形成的历史传统是非市场的，在改革开放的时代，我们推行社会主义市场经济，是历史的必然，也是进步的，但必须看到，等价交换并不适应社会生活的一切领域。今天看来，当代中国社会出现的许多问题如假冒伪劣产品横行、食品安全堪忧、不讲信用、官场腐败、人情冷漠，等等。不是中国人现在不求利、不讲等价交换，而是过分求利、将等价交换的原则放错了地方。这是功利主义过了头，越了位。因此，我们既要发扬传统的功利主义义利观，同时，保持传统的德性主义义利观，两者不可偏废。

今天的中国，社会的主流道德是政府倡导的集体主义、为人民服务、雷锋精神、无私奉献等社会主义、共产主义崇高道德，此外，还有作为底线道德的公民道德规范。在现实的生活中，每一个人都不可能是纯粹的“经济人”，即使一个市场经济行为再多的人，他也总是要有种种非市场经济的行为，如谈情说爱、行走观望、孝养父母、教育子女等。当他从事市场经济时，他是经济人，他的一切行为的目的必定是利己的。但当他谈情说爱、孝敬父母、教育子女时，他便不是经济人而是社会人，他的行为可能不是利己的，而是利他的。此外，还有一些私人领域，如食欲、性欲、睡眠的满足等，这些生理行为的满足也必然是利己的。生理人和经济人一样，都完全是利己的。所以，马斯洛说，生理需要是以自我为中心的，人的无私利他的高尚品德是人较高级的需要的属性：“需要越高级，必定越少自私。饥饿是极度利己主义的，他唯一的满足方式就是满足自己。但是，对于爱和自尊的追求却必然关涉他人；而且，关涉他人的满意。”[①] 这就说明，我们不能拿市场经济中的行为道德来代替社会的所有道德。可以这样设想，一个人可以有双重的道德身份：当他作为一个经济人而从事经济活动的时候，他应当遵循为己利他的道德原则；而当他作为一个社会人而生活在非市场经济领域、从事非市场经济活动的时候，他应当遵循无私利他的原则。而且，一个人作为社会人如果对无私利他原则遵循得越好，那么，当他是经济人时，他对为己利他的原则也会遵循得越好，从而越不会发生损人利己的行为。反之，一个人作为一个社会人，如果对无私利他的原则遵循得越不好，那么，他从事损人利己的可能性便越大。试想，一个平常心地善良、乐善好施的人，在经商时怎么会轻易坑蒙拐骗、损人利己呢？很难想象，平时无恶不作、为非作歹者，在经商时会遵纪守法、公平交易。所以，一个作为社会人而对无私利他的道德原则的遵循程度与他作为经济人而对为己利他的道德原则的遵循程度成正比例关系。这一关系告诉我们，无私利他、集体主义虽不是市场经济的道德原则，却是市场经济存在与发展的人格保障、人格前提、人格条件——为己利他是市场经济的道德原则，无私利

① Abraham H. Maslow, *Motivition And Personality*, Second Edition, & Row, New York, 1954, P. 100.

他是市场经济的人格保障。

从上面的分析看出，越是市场经济的时代，传统道德中的核心价值越是显示出其优势。不是传统的道德价值无用了，而是我们抛弃了传统道德价值，才造成了一时的信仰危机。当然，重视传统不是回到过去，更不是复古主义，而是提倡传统的价值理念和精神追求，在崇高的道德底蕴中生发出鼓舞人心的当代道德理想。

## 三、全球伦理视域下的中国传统道德理念

全球伦理亦称普世伦理、世界伦理，最初由德国神学教授孔汉斯提出，指的是“一种最低限度的共同价值”。在《走向全球伦理宣言》中，孔汉斯提出了当代世界通用的几条“底线伦理”，其中，孔子的“己所不欲，勿施于人”和耶稣的“你希望人怎样待你，你也要怎样待人”被列为两条“金律”，世界各大宗教共有的“不杀人、不偷窃、不撒谎、不奸淫”等戒条成为四项“不可取消的规则”。尽管孔汉斯倡议的全球伦理范式不无商榷之处，但它至少为我们提供了两点重要启发：其一，解决人类的现代性生存危机仍然离不开人类古老的道德信念和处世智慧，技术和物质文明的进步并不意味着传统道德退出历史舞台；其二，世界各民族的道德文化存在着诸多共性，在现代文明的发展中具有平等的参与权。

孔汉斯所提出的普世伦理范式来源于一种“求同”的思路，即在现存世界各大文明传统、特别是宗教传统中找出一些相同或相近的道德理念或伦理规范，作为全球“一体化”时代各国的价值共识，以求应对世界各国共同面临的现代性困境，维护人类社会的可持续发展。随着对问题探讨的不断深入，人们关于普世伦理的思考也更加多样化，但有一点是可以肯定的：普世伦理既不是哪一种宗教的伦理，也不是哪一个民族的伦理，既不是少数发达国家的道德规范，也不是广大发展中国家的道德规范，普世伦理是一种平等、开放、多维的伦理通约，只有通过世界各民族和国家的多元文化参与、沟通与互动，才有可能真正达成世界伦理的共识。不可否认，发轫于西方启蒙运动以来的民主、自由、平等、博爱、公平、正义等理念无疑是现代世界伦理文化的主流，是无可争议的“强势伦理”。然而，在有着民族文化传统的非欧美国家，对于这种“强势伦理”不可能以拿来主义的方式全盘“移植”，而只能结合其具体国情有条件地“嫁接”。在全球伦理的视域下，我们既赞同用以化解全球危机的“底线伦理”，因为它体现了人类普遍的道德诉求和价值准则，更赞同尊重世界各民族世代相传“个性伦理”，因为它决定了该民族在全球化时代道德文化创新的灵魂和生长点。因此，建构普世

伦理既要“求同”，也要“存异”，只有“求同存异”的普世伦理才有真实的生命力。

就当代中国而言，中国传统道德文化中并不缺乏全球性的“底线伦理”，甚至“黄金规则”，要想从中国传统道德理念中找出几条与西方或世界其他地方相同或相近的概念或训条并不难，但这样做并无多少实际的意义，只能表明中国传统道德是有普遍性的，不是特例。我们认为，在全球伦理的大背景下讨论中国的传统道德文化，最重要的，并不是要寻求中国传统道德与世界道德文化的共性，而是要发展其个性。发展个性不在标新立异，而在强调自身文化的主体性，强调人类在全球一体化时代文化发展的多元性、多样性。中国文化若没有自身的“主体性”，也就没有资格参与全球伦理的对话。全球伦理的对话，很大程度上就是在各民族道德文化的差异中寻求共性，在“存异”中“求同”。换言之，重视和保持中国传统道德文化的个性，正是中华民族对于构建全球伦理或普世价值的最大贡献。

人类文明已经发展到信息化时代、后工业时代，但无论发展到何种地步，人类所面临和需要解决的根本问题并无不同。这个根本问题具体有三点：一是人与自身的问题，即身心关系；二是人与人、人与社会的问题，即人我关系；三是人与外部环境，即天人关系。这三大关系是古今中外一切哲学问题、道德问题的起点和归宿。与这三大关系对应的，大致涉及中国传统道德的三个带有根本性的问题：即内圣与外王、私德与公德、天人合一与生态伦理。现代思想界、特别是“新儒家”的关注重点也离不开这三大主题，它们对于中国现代道德文化发展而言，过去多被视为“瓶颈”或“短板”，却又是民族特色与世界价值的双重载体。在大力弘扬中华优秀传统文化的今天，确实有进一步讨论的必要。

### （一）“内圣外王”与德性伦理

后世多以“内圣外王”为儒家的道德理想，这是不全面的，而且往往会造成误读。实际上，“内圣外王”是中国传统各家人生哲学共有的价值追求和思维方式，先秦诸子以及后来的儒、道、佛三家都发展了各自的“内圣外王之道”，宋代程朱理学的兴起，才将此道归为儒家的“专利”。

《庄子·天下篇》最早提出“内圣外王”的理念①。按该篇所说，“内圣外王”本来是诸子百家都着力发挥的道德理想，只是由于“天下大乱，圣贤不明，道德不一”，才各取一端，发生了“内圣”与“外王”的分途，即“道术为天下

① 《庄子·天下篇》云：“是故内圣外王之道，暗而不明，郁而不发，天下之人，各为其所欲焉，以自为方。”

裂”。在《天下篇》看来，“内圣”是修道，属于人格理想或人生境界，“外王”是用术，属于政治理想或处世态度。《天下篇》最为推崇的“内圣外王”有两种模式：一是儒家的模式，以“邹鲁之士、缙绅先生”（孔子）为代表。其人格理想是“天人”“神人”“至人”“圣人”“君子”的合一，“以天为宗，以德为本，以道为门，兆于变化”；其政治理想是配享神明，顺天应人，恩泽百姓。二是道家的模式，以关尹、老聃为代表，主张“以本为精，以物为粗，以有积为不足，澹然独与神明居”，又云“建之以常无有，主之以太一，以濡弱谦下为表，以空虚不毁万物为实”。前一句是“内圣”，后一句是“外王”，意以恬淡空虚的心境谦待人类与万物。《天下篇》还对墨翟、禽滑厘、宋钘、尹文、彭蒙、田骈、慎到、庄周、惠施、桓团、公孙龙等人物的思想进行了评论，但认为他们的主张多拘于一隅，不能周全。

《庄子》虽有寓言的成分，但《天下篇》对先秦诸子的评论却不能看成是寓言，它清晰地揭示了中国传统文化中的几种典型的人生观、价值观、政治观和道德观。中国传统的“内圣外王之道”事实上是分途的、多元的、多型的。其中，有积极应世的，也有消极遁世的，有的与政治相关，有的与政治无关。比较而言，儒道两家最为典型。儒家的“内圣外王”多以政治为指向，道德与政治合而为一；道家的“内圣外王”多与精神境界为指向，道德与政治若即若离。

汉代以后，儒学独尊，三教并立。但从汉至唐，儒学主要担负着“外王”的责任，“内圣”方面则让位于道教（道家）和佛教。魏晋玄学提出的“越名教而任自然”“非汤武而薄周公”“应物而无累于物”“夫圣人虽在庙堂之上，而其心无异于山林之中”等主张，抨击现实外在的礼法制度对人的自然本性的摧残、压抑，要求恢复人的本真状态。佛教接过魏晋玄学，将玄学的“自然”论引入“心性”论，构筑了更为精微复杂的心灵世界。禅宗以“直指人心，见性成佛”为教旨，提出“无念为宗、无相为体、无住为本”① 的修行原则，并主张“佛法在世间，不离世间觉”，“运水搬柴，无非妙道”，“穿衣吃饭，即是佛事”，追求当下解脱。道家旨在无累于物，活出人的本真，故有“至人无已，神人无功，圣人无名”之说②；佛家意在解脱烦恼，破除人的“我执”“法执”，故有“无我相，无人相，无众生相，无寿者相”之说③。道教（道家）的隐世主义和佛家的出世主义极大地拓展了中国传统的“内圣”之道。当然，按照《庄子·天下篇》的本意，无论是道家，还是禅宗，它们的主张不仅仅是“内圣”的，也是“外王”的，即是以隐世的、出世的智慧处理政治或日常生活，待人接物，安身

① 《坛经·定慧品》。
② 《庄子·逍遥游》。
③ 《金刚经》第十四品，《离相寂灭分》。

立命。

宋代理学兴起后，理学家认为儒家的“内圣外王”之道是最完整的，批评佛道二教流于空虚寂灭，有“内圣”而无“外王”。朱熹认为，佛、老之学不管如何高深，“只是废三纲五常，这一事已是极大罪名”，其他的就不用说了。又因为佛、老的最高本体是“空”“无”，无论其见地如何，只能见到一个“空虚寂灭”，背离了父子、君臣、民生彝伦之道。朱熹指出，《易传》讲“敬以直内，义以方外”，是内外兼修，既要存心养性，又要兼济天下，这是儒家的长处；而佛、老只有虚无的内圣功夫，不能做外王的事业，只有“上半截”，缺了“下半截”，终究不能治理天下。[①] 按程朱等理学家的意见，佛道二家仅有“内圣”，没有“外王”，只有儒家才有“内圣外王”的发言权。

儒家关于“内圣外王”的经典表述，是《礼记·大学》中的“三纲领八条目”之说。“三纲领”即“明明德”“亲民”“止于至善”；“八条目”即“格物、致知、诚意、正心、修身、齐家、治国、平天下”。故儒学又称“修齐治平”之学。《大学》中的“内圣”即是“明明德”，以格物、致知、诚意、正心、修身为内容；“外王”即是“亲民”，以齐家、治国、平天下为要目，而由“内圣”成功实现“外王”，就是“止于至善”。儒学推崇的最高境界是“仁”，是成圣的最高要求。孔子认为，“仁”既是“泛爱”一切人，又是一种“克己”的工夫，其核心是推己及人，博施于民。孟子以“四端”之心释“仁”，认为在位者只要将其人性中本具的“恻隐之心”“羞恶之心”“辞让之心”“是非之心”扩而充之，便能实现“仁政”。按照儒学的思路，“内圣”就是“修己”，“外王”即是“安人”，“修己”是基础，“安人”是目的，二者是相互统一的。只有内心的不断修养，才能成为“仁人”“君子”；也只有在“内圣”的基础之上，才能够安邦治国，万民拥戴。同样，“内圣”也只有达到“外王”的目的才有意义，“外王”实现了，“内圣”才最终完成。这就是《大学》中的“止于至善”。

儒学的“内圣外王”是道德与政治的高度一体化。换言之，“为人之道”即是“为政之德”，道德修养的好坏直接决定政治成就的高低。按孔孟所说，以德化人便是“王道”，以力服人则是“霸道”，政治必须以为政者良好的道德修养为根据，才能做到执政为民，与民同心，得民心者得天下。虽然孟子有“穷则独善其身，达则兼济天下”[②] 之说，但这只是就士人处境顺逆时的个人选择而言，并不改变儒学的基本精神。

有人针对儒学的这种德政合一的“内圣外王”之道提出了强烈的质疑，认为

① 《朱子语类》（卷一二六）。
② 《孟子·尽心上》。

"内圣"根本就开不出"外王"。其理由是，"内圣外王"强调的是在既定的社会体制下的自身修行，并不诉求外部社会制度的建设与改善，有德者未必有好报。与西方民主、宪政、自由主义制度相比，缺少分权制衡的理念，一旦人治过头而法治不及，就会实施困难，常常出现"内圣不外王，外王不内圣"的局面，是"政道"有余而"治道"不足。其次，"内圣外王"强调的是"人人能够且应该成圣"的"圣人道德""君子之德"，境界太高，期许太多，古人实现者尚寥寥无几，更何况仅仅满足于"底线道德"的现代人。此种论调对现代"新儒家"构成了强烈的挑战。

要回应上述质疑并不难。首先，就儒家的"内圣外王"而言，它所强调的是个人德性修养对于其政治成就的决定性作用，而非开创一套现代西方式的民主制度。不可否认，中国古代的思想家提出"内圣外王"之道的初衷，是为了"应帝王"，即为封建君主提供一套政治道德理想。也就是说，在基本政治制度已经确立的前提下，其所重视的是道德人格魅力，以行"王道"。正如孔子所言，"为政以德，譬如北辰，居其所而众星拱之。"[①] 因此，"内圣外王"所追求的是"以德治国"的理想政治模式，其本意既非改变国体，亦非改变政体。换言之，为政者的道德水准对于任何时代都是至关重要的，与国家的性质和体制无关。当然，发源于西方的现代民主制度重视人的平等、自由和人权，是人类政治制度史上的一大进步，也是中国需要吸取的文明成果。但是，现代民主政治与传统"内圣外王"的政治理念不仅不矛盾，反而构成了互补的两极。一方面，通过民主与法制的建设，为有德者提供一种良善的政治环境，使其最大限度地发挥德性的力量；另一方面，有德者的执政，为民主与法制的真正落实提供了人格的保证。道德与法制在任何时代都没有理由偏废。有人以现代西方民主政治为标本，怀疑中国历史上从来就没有实现过"内圣外王之道"，认为中国传统的德政一体的政治运作模式是失败的。这种观点将中华几千年的政治文明成就全盘否定，是缺乏历史常识的武断。

其次，就中国传统各家的"内圣外王"而言，它所强调的是个人道德境界对于"安身立命"的基础性作用，而非仅仅局限于政治一途。正如前文所分析，"内圣外王之道"是诸子百家、儒佛道三教的"共法"，不是儒家的"专利"，一直到宋明理学成为文化"正统"后，其他各家才隐而不彰。但儒、佛、道三家，各有分工，很难相互取代。如果说，儒家提供了一种"政治之道"，那么，佛道二家则提供了另外两种"处世之道"。道家旨在全身保真、应物而无累于物，佛家旨在解脱烦恼、破除一切执着。儒佛道三家的"内圣外王之道"实各有所长，

① 《论语·为政》。

相互补充，三家既有"为君之道"，亦有"为官之道"，又有"为人之道"，为人类提供了多元的价值选择。冯友兰曾根据中国传统"内圣外王之道"的特点指出："在中国哲学中，无论哪一派哪一家，都自以为讲内圣外王之道。"他解释说，中国的"圣人"人格即是"内圣外王的人格"，它超世间，又不脱离世间。"内圣"是就其修养的成就说，"外王"是就其在社会上的功用说，圣人不一定有机会成为实际的政治领袖，有最高精神成就的人，可以为王，而且最宜于为王，至于实际上他有机会为王与否，那是另外一回事，亦无关宏旨。[①] 这个解释显然是综合了《庄子·天下篇》和后来儒佛道三家"内圣外王之道"的发展实际而立论的。冯友兰在《新原人》中还综合中国传统的道德境界论创造性地提出了著名的"人生四境"说。这个理论根据一个人在做事时的"觉解"的程度不同，将人的精神境界分成由低到高的四种等级，即"自然境界""功利境界""道德境界""天地境界"。"人生四境"说与"内圣外王"既可谓异曲同工，亦可谓其现代性发展。中国的"内圣外王"，不仅是一种应世之道，也是一种修养之方，不仅是帝王将相之道，也是平民百姓之道。它可以与政治事功有关，也可以与日常生活有关。它的人格理想和精神境界可以是儒家的"圣人"，也可以是道家的"真人"，也可以是佛教的"菩萨"。需要指出的，传统"内圣外王"之道中的理想人格和精神境界，只可视为预设的一种"目标"和"可能"，并不意味着全社会中的每一个人都必须成为实际的"圣人"。换言之，中国传统的"内圣外王"之道是讲精神的修养境界和应世之道，给人以奋斗向前的信心与力量，并不涉及"底线道德"。

中国传统的"内圣外王"之道为现代德性伦理提供了一种重要的思想资源。西方自启蒙运动以来，民主法治与规范伦理并进，德性伦理遭到破坏，"人如何成为一个有道德的人"的问题被搁置一旁，而代之以"我应当如何遵守道德规则"。在这种情形下，一个人只要遵守共同认可的游戏规则，就算是一个合格的公民。人们多习惯于"照章行事"，不再考虑道德品位；人们多满足于"形于外"的他律约束，不再重视"得于心"的自律培养。现代人的道德知觉能力在不断弱化，最终导致种种外在伦理规范的效力降低。这种情况在现代西方如此，中国也不例外。现代社会流行大而全的伦理制度，而美德成了"稀缺资源"，在缺乏个人美德的内在心理支撑下，任何外在的伦理规范都不可能健全有效地建立起来，从而导致了全球性的"道德危机"。麦金太尔有感于现代西方制度伦理的弊端，指出："在美德与法则之间还有另一种关键性联系，因为只有对于拥有正

① 冯友兰：《三松堂全集》（第五卷），河南人民出版社 2001 年版，第 6～7 页。

义美德的人来说，才可能了解如何去运用法则。”① 可见，仅有伦理规则而缺乏有德者的社会是不可能健全的。在全球呼唤美德伦理回归的今天，中国应该吸取西方重律不重德的教训，在重视建设制度伦理和伦理制度的同时，还应该重视德性伦理建设②，充满自信地吸取中国传统的“内圣外王之道”的思想智慧，重塑中华民族“以德立国”的美好形象。

### （二）私德与公德

早在一百多年前，梁启超就提出了“中国人缺乏公德”的著名论断，在学术界影响很大。有人认为，中国人不是不讲德，而是“先私德后公德”。有人甚至调侃，中国人既不讲公德，也不讲私德，只有熟人之间，才讲点道德。堂堂的中华“礼仪之邦”竟沦落成了“缺德之国”。当然，调侃毕竟无济于事，这个问题还得从梁启超当年的话头说起。

梁启超是中国历史上区分“公德”与“私德”的第一人。在《论公德》一文中，梁启超开宗明义地指出：“我国民所最缺者，公德其一端也。”接着，梁启超对于公德与私德以及二者的关系作了一明确的界说。其文曰：“人人独善其身者谓之私德，人人相善其群者谓之公德，二者皆人生所不可缺之具也。无私德则不能立，合无量数卑污虚伪残忍愚懦之人，无以为国也；无公德则不能团，虽有无量数束身自好、廉谨良愿之人，仍无以为国也。吾中国道德之发达，不可谓不早，虽然，偏于私德，而公德殆阙如。试观《论语》《孟子》诸书，吾国民之木铎，而道德所从出者也。其中所教，私德居十之九，而公德不及其一焉。”结合全文，梁启超所说的“私德”即是“独善其身”和“束身寡过主义”，“公德”即是“相善其群”与“利群主义”。在他看来，中国的道德文化虽然起源很早，也很发达，但私德占了九成的比例，而公德“不及其一”。梁启超对中西方道德的差异作了综合比较：中国将人际关系分成君臣、父子、兄弟、夫妇、朋友五伦，而西方则仅有家族、社会、国家三伦；中国的伦理只关乎“私人对私人”，西方的伦理却关乎“私人对团体”。中国唯有家族伦理稍为完整，而社会、国家伦理欠缺。中国的私人修养不可谓不高尚，然仅以“独善其身”“不在其位，不谋其政”为能事，不思群体国家之责任义务。西方的公德发达，而公德的优势在于“利群”，此泰西诸国强盛之因；中国的私德发达，却“无益于群”，此中国“政治之不进，国华之日替”之由。梁启超的结论是，中国要强大，必须发明

① ［美］麦金太尔著，龚群、戴扬毅等译：《德性之后》，中国社会科学出版社 1995 年版，第 192 页。

② 吕耀怀：《道德单元》之“道德建设：从制度伦理、伦理制度到德性伦理”，湖南人民出版社 2008 年版，第 207 页。

"新道德"，以"固吾群""善吾群""进吾群"。

不可否认，梁启超站在中西比较的立场，揭示中国传统伦理文化之不足，发人之所未发，极具智慧与洞见，亦予国人以警醒和启迪。在民国前后，讨论公德、私德之关系者，远不止梁启超一人，前有严复，后有梁漱溟、鲁迅、陈独秀诸大家，但均未有梁氏之系统与深度。正因为此，凡关于中国传统的公德、私德问题的讨论，无人能绕过梁启超。然而，很多人忽略了梁启超当年提出公德、私德问题的时代背景和写作意图。梁启超写这篇文章是在上个世纪初（1902），正值中国遭受列强欺凌、政治衰败不堪之际，大部分知识分子对中国固有的文化、制度失去了信心，梁启超的"道德革命"主张实与随之而来的"新文化运动"一脉相承。其实，仔细分析梁启超的《论公德》一文，其主旨与其说是严格划分私德与公德的之界线，不如说是在批评时人、特别是某些政府官员对国家大事的麻木冷漠。正如梁氏在文中所云，公德与私德"本并行不悖"，并不存在谁优谁劣，而是得"公私兼善"的"全体"才最为理想。梁氏所痛恨者，是中国那些"曲士贱儒"在国难当头仍奉行"独善其身""束身寡过"的"末流"之弊；这帮人以"清、慎、勤"相标榜，却少有"视国事如己事者"，他们享受了国家给予的好处，却不知"公利公益"为何物！中国正是由于"束身寡过之善士太多，享权利而不尽义务"，才日见衰败。

一些学者在研究梁启超的公德、私德说的时候，发现其思想系统中存在着明显的"内在矛盾"：既提倡公德，又赞赏私德。殊不知，梁启超本来就不偏向哪一种德，更没有轻视中国固有的道德传统。梁启超发表《论公德》的次年（1903），便又写出《论私德》，这两篇相互补充的文章，恰恰说明了梁启超对于中西道德的折中态度。

《论私德》开篇即云："私德与公德，非对待之名词，而相属之名词也。"私德与公德，本来就是"同一个德"，不是两个对立的概念，而是相互统属的一体两面。梁启超根据斯宾塞的理论分析说："夫所谓公德云者，就其本体言之，谓一团体中人公共之德性也；就其构成此本体之作用言之，谓个人对于本团体公共观念所发之德性也。"一个人离开了所属的团体或社会，便无所谓"德"，只有他将所具有的"德性"作用于所属的团体和社会，才成其为"公德"。所以，公德与私德之间，并无明确的界线，它们本来就不是两种不同的德，因为它们的所属是同一个"主体"。所谓"道德"，必须是有利于"公"而言，如果于"公"无益，也就是无所谓道德。这个道理，古今中外概莫能外。梁启超基于孟子的"古之人所以大过人者无他焉，善推其所为而已矣"[①]，又下了一个著名的论断：

① 《孟子·梁惠王上》。

“公德者，私德之推也。”公德即是私德的外推：私德具者，推之于外，便是公德；私德缺者，即便有公德，也是假托。“故养成私德，而德育之事思过半焉矣。”“私德者，人人之粮，而不可须臾离者也。”可以看出，梁启超实际上肯定了中国传统的“内圣外王”之道。

梁启超当然不是纯粹从学术上研究私德。如果说，《论公德》是梁启超批评“曲士贱儒”在国难当头的“独善其身”“束身寡过主义”，那么，《论私德》则是梁启超不满时政的动荡和全盘西化者的媚外主张。梁启超指出，中国当时的私德早已堕落，其堕落之因具体有五条：①由于专制政体之陶铸；②由于近代霸者之摧锄；③由于屡次战败之挫沮；④由于生计憔悴之逼迫；⑤由于学术匡救之无力。从这五条原因可以看出，中国不是没有好的私德传统，只是因为专制政治、外族侵略、民生凋敝、思想混乱而不彰。需要指出的是，梁启超所谓的“学术匡救之无力”，针对的是晚清时代一些学人抛弃故有的文化传统，一味地宣扬西方所谓民主、自由、权利等所谓“公德”，搞学术“移植”，却因外来思想的水土不服而变味，破坏有余，成事不足。梁启超认为，中国要达到真正的“群治”，德、智、力三者缺一不可，唯求有德者最难。自古以来，能成就大事业的豪杰之士无一不具备醇厚高尚之品质：如英国的克伦威尔、美国的华盛顿、日本的吉田松阴、西乡南洲；亦有心术不正而终乱天下者：如汉之王莽、宋之韩侂胄、明之张献忠、近世之洪秀全。梁启超最崇拜曾国藩，认为曾国藩以其“天性之极纯厚”“修行之极严谨”，敢于“扎硬寨，打死仗”“莫问收获，但问耕耘”，足能率厉群贤以共图事业之成功。由中古中外的事例足以证明，个人之品德修养对于国家、社会兴衰之决定作用。

综合梁启超的两篇论文，至少可以发现两大要点：

（1）公德与私德是“同一个德”，或者说是同一主体之德的两个向度，公德即是私德的外推。私德乃个人之修养，这种修养必须是有利于他人的独善，只有有益于社会国家者，才称其为“道德”。私德是内在的善，公德是外在的善，二者的合一谓之全善。私德是个人之善，公德是集体、国家之善。换言之，“独善其身，兼善天下”，即是梁启超关于公德、私德关系的最好诠释。

（2）伦理可变，道德不变，即以为中国旧的“五伦”关系可以因时代而改变，但中国传统的一些基本道德理念则无须改变。如古代人可以“娶妾”，在现代变成了违法，这是伦理之变；古代人讲“仁义”，在现代还得继续，这是道德的不变。但梁启超对这个问题还缺乏明确的论证。

自梁启超之后，“中国人缺公德”之说几成定论，但很多人忽略了梁氏当年提出公德问题的时代背景，更没有看到其关于公德、私德关系的辩证观点，而是断章取义，或扬公德而贬私德，或将公德、私德当成是两种完全无关的德。还有人抱着

“揭疮疤”的心态，攻其一点，不及其余，将本民族的道德传统当成历史包袱。甚至有人将今天的中国人“不讲公德”的社会问题归咎于中国过去缺乏公德，将现代人的责任推到古人头上，如此等等，把一个本不复杂的问题复杂化了。

其实，梁启超关于公德、私德说的要义就在于“公私兼善”。从这个意义上讲，中国传统道德中蕴含丰富而有价值的“公德”资源，私德就更不用说了。孔子的“己所不欲，勿施于人”，“己欲立而立人，己欲达而达人”[①]，《左传》的“不以家事辞王事，以王事辞家事”[②]，范仲淹的“先天下之忧而忧，后天下之乐而乐”，[③] 顾炎武的“天下兴亡，匹夫有责”，[④] 等等。无不体现中国传统道德的“公天下”的理念，是中华传统道德文化宝贵的精神财富。

公德和私德关系，在中国古代常常表现为“公私之辨”。中国古代是一个小农兼血缘的社会，在这种社会条件下发展出来的伦理道德不可能不打上时代的烙印。小农社会的特征是自给自足，血缘社会的特征是家族和亲情至上。梁启超认为中国古代中国惟有家族伦理稍为完整，而社会、国家伦理欠缺，指出了五伦之中有四伦皆属于家族伦理（君臣一伦被认为是父子一伦的放大）。但家族伦理的发达并不等于社会“公德”不发达。有人说，中国古代的家族伦理抑制了公德的发展，这种看法并不全面。如父了相隐的问题，孔子就提出“父为子隐，子为父隐”。这个典故出自《论语·子路》，大意是说父亲偷了别人家的羊，儿子是站出来告发，还是保持沉默？孔子的答案是，父亲应该替儿子隐瞒，儿子也应该替父亲隐瞒，“直道”便在其中。一般来说，偷盗是犯法的行为，若从维护社会公义出发，儿子理应不分亲疏，指证犯罪者，这便是“直道”；但孔子则从维护人伦关系出发，认为儿子不肯作证，是不忍心见到父亲受到惩罚，这是亲情最直接的流露。孔子的这种思想到底有没有道理？当然有道理。因为亲情伦理与社会公德之间并不就是非此即彼的关系。中国古代有关于“亲亲相隐”的伦理规定，并得到了法律的保护[⑤]，这种重亲情的私德在古代主要是为了维系宗法制度和社会稳定，在当时是有积极意义的。即使在强调法制的现代社会，欧美诸多国家的法律也仍然规定几等亲之间不能够相互为证，主要是考虑到父子之间的亲情不受摧残，因为一旦父子之间伦常亲情崩溃，人间温暖消失，法制再严明也没有意义。中国古代是以“礼”来调节“法”，而“礼”的根本是个人内心的自觉。孔子主张的父子相隐，本意当然不是鼓励犯罪，而是维持人伦秩序和人的道德自律，尽

① 《论语·卫灵公》。
② 《公羊传·哀公三年》。
③ 《岳阳楼记》。
④ 《日知录·正始》。
⑤ 《汉书·宣帝纪》云：“自令子首匿父母，妻匿夫，孙匿大父母，皆勿坐”。

管在一定程度上损害了法律的公正，但在根本上却是在维护公共的秩序，体现了道德与法律之间的张力。

事实上，中国古代的思想家提出的许多道德理念，正是为了克服小农社会和宗法社会的伦理局限，将个人和家族的伦理关系提升到社会和国家的层面，即由私德发展为公德。如“老吾老以及人之老，幼吾幼以及人之幼”[①]，其中“老吾老”“幼吾幼”是私德，而“老人之老”“幼人之幼”则成了公德；“首孝悌”“次谨信”是私德，但紧接着的“泛受众”“而亲仁”，又强调了公德。历史上儒家极为重视“公私之辨”，从孟子的“王何必曰利，亦有仁义而已矣”[②]，到宋代的理学家反复讨论义利关系，都说明了这一点。儒家的义利关系相当于公私关系，认为一个人为了一己之利益、欲望或信念，不去履行对家庭、国家、民族的义务责任，就是“自私”。[③] 宋代理学家多从这个角度强调儒家的正统，抨击佛老。二程说：“佛本是个自私独善，枯槁山林，自适而已。”[④] 朱熹说：“佛氏之失，出于自私之厌；老氏之失，出于自私之巧。”[⑤] 在理学家看来，佛教出世主义和道家的隐世主义将个人的精神解脱置于首位，放弃了对天下国家的责任，虽然算得上某种“独善”之举，却是自私自利的做法。当然，这只是儒家单方面的看法，事实上中国的佛教、道教的道德观念中也不缺乏“公德”意识，这里不再讨论。在中国历史上，每当国家处于危亡之际，潜存于人们内心深处的国家、民族高于个人、家庭的道德意识总是被唤醒和激活，无数的仁人志士弃“小家”、顾“大家”，舍身以赴国难的事例比比皆是，说明中国传统的“公德”精神一直在发生着实际的作用。今天，中华民族在经历了无数的坎坷磨难后仍能屹立于世界的东方，保持着自己的文化传统，也不能不说是这种“公德”精神、亦即鲁迅所说的“民族的脊梁”在发挥着积极的作用。

不可否认，中国传统的公德与西方的公德在理念上并不完全相同。中国传统的公德是以私德为基础的，即由“独善其身”发展为“兼善天下”，“极高明而道中庸”。但不能理解为“先私德，后公德”，更不能理解为“先私后公”。正如梁启超所指出，公德与私德不是两种不同的德，而是同一主体之德的两个方面，亦即个人的道德修养必须指向社会和国家的“公利”，才成其为道德。也就是说，中国传统的公德精神在于“公私兼善”，而非“先私后公”，即在“逻辑上”可以分先后，而在“时间上”不可分先后。

西方现代意义上的“公德”，大致属于“责任伦理”的范畴，严格地讲，是

---

①② 《孟子·梁惠王上》。

③ 崔大华：《儒学的一种缺弱：私德与公德》，载《文史哲》2006 年第 1 期。

④ 《程氏遗书》（卷二）上。

⑤ 《朱子语类》（卷一二六）。

指在公共生活中跨越了伦理范围的德性观念和行为准则。这种观念或行为有“去伦理化”的倾向，亦即不考虑亲情和私人关系，只考虑公共生活的“合理”秩序和正常运行。中国古代的“五伦”，即君臣、父子、夫妇、兄弟、朋友，都是“熟人”关系；西方社会只剩“三伦”，即家族、社会、国家，基本上是“路人”关系。西方的“公德”多指“路人关系”。梁启超认为应将伦理与道德分开，确实看到了问题的关键。就道德精神而言，中国既有“熟人道德”，亦有“社会道德”“国家道德”，与西方无分高下。但就伦理关系而言，中国的伦理多为“熟人伦理”，西方的伦理多为“路人伦理”，中国缺乏西方经由民主政治和基督教信仰发展起来的平等、自由和个人空间等观念。现代性的公德理念强调在公共生活领域中，个人在拥有权利和自由的同时，也要尊重他人的权利、自由和公共秩序。随着中国传统社会结构的瓦解和民主政治、市场经济的推进，现代中国已经摆脱了传统的“五伦”关系，公共生活领域在不断扩大，在人际关系中既要讲“熟人”关系，也必须讲“路人”关系。这就有必要借鉴西方的“责任伦理”，培养和强化公民的责任意识和法律意识。

但是，也无须将西方的“公德”理念抬得过高。由于文化传统和政治、经济等方面的原因，西方的公德与私德实际上是分离的。这种分离，主要表现为两点：一是公众生活排除熟人关系、伦理关系，一切按规矩办事；二是个人修养与公德无关，公德高者未必有私德，私德高者未必有公德。这两点在中国实际上很难完全接受。在中国，在公共领域中按规矩办事是应该的、必需的，但要完全排除熟人关系，基本不可能。其实，在一个法制健全的社会，重视人情、亲情，并非坏事，比将每一个人都当成“路人”更为“合情合理”。至于将公德与个人修养分开，其缺陷是不言自明的，在西方正以“德性伦理”弥补之，不值得中国亦步亦趋地去效法。

还有一个问题，人们往往把“公德”理解为遵纪守法、不随地吐痰、过马路看红绿灯、上车买票、排队不插队，等等，这些其实体现的是现代公民的基本道德素养，而不是“公德”最主要的含义。有些人每当看到一些国人达不到上述要求时，就感慨“中国人没有公德”，此类言论既不严谨，亦不负责。培养良好的公民素养，是一复杂的系统工程，政治秩序、经济条件、法律保障、社会风气、道德风尚、文化传统等皆不可缺，不能仅仅归咎于中国缺乏公德的传统。事实上，中国不是缺乏公德的传统，而是我们现在丧失和背离了自己的公德传统。有学者指出，公德包含了公民对待公共事务的基本道德素养和行为，但其核心精神是关怀公共事务的公共精神①。从这个意义上讲，中国传统道德中“内外兼修”

---

① 尤西林：《中国人的公德与私德》（演讲稿），见 http：//blog. 163. com/pangaofengwell/blog/static/49215169201032211312754 4/

“天下为公”的理念仍然值得提倡和发扬光大。

### （三）“天人合一”与生态伦理

20世纪以来，由生态危机引发的人类生存危机已成为一大世界性的难题。在反思此问题的过程中，人们发现，现代生态危机尽管与现代科技、生产能力、工业化、人口过剩、资本主义的生产方式等有着直接的关联，但更深层次的原因，则是人类的价值观念的偏离以及行为方式的失当。换言之，现代生态危机在根本上还是一种伦理道德的危机。“深层生态伦理学”强调，人类只有实现价值观和发展观的根本转变，走出“人类中心主义”的误区，善待自然，才有可能实现可持续发展。在这一方面，中国传统的“天人合一”理念是一种具有普世价值的伦理资源，为发展现代人与自然的和谐关系提供了一种古老而常新的生态智慧。

关于“天人合一”，很多人按字面意思，将其理解为“人与自然的和谐相处”，这是不准确的。事实上，中国古人所讲的“天人合一”，并非都是指向“生态学”的。因为在传统的农耕文明时代，由于生产能力有限、人口数量不多，环境破坏只是局部性的，并未出现人口爆炸、工业污染、物种灭绝、不可再生资源的枯竭等现代社会的“生态危机”，生态问题还没有上升到现代性的高度。中国古人所讲的“天”，既包括了“自然之天”，也包括了“神灵之天”“道德之天”和“义理之天”，其内涵非常广泛，不能完全规约为“自然”一种涵义。原初意义上的“天人合一”大致也有四个方面的涵义。

第一，天人相类，即认为人是“天”按照自己的形象复制出来的。《黄帝内经》云：“天圆地方，人头圆足方以应之。天有日月，人有两目。地有九州，人有九窍。天有风雨，人有喜怒。”① 人与天的关系，相当于“小宇宙”与“大宇宙”的关系，这是中医的看法。董仲舒云：“人之体形，化天数而成；人之血气，化天志而仁；人之德行，化天理而义；人之好恶，化天之暖清；人之喜怒，化天之寒暑；人之受命，化天之四时。”② 从天人相类的现象中，董仲舒推出了“天有四时，王有四政”③ 等政治神学信条。

第二，天人一体，即天人同质，同类相感。《中庸》曰：“国家将兴，必有祯祥；国家将亡，必有妖孽。”《吕氏春秋》曰：“凡帝王者之将兴也，天必先见祥乎下民。”④ 这本属于中国古代阴阳家的理论，董仲舒后来将它发展为系统的

---

① 《素问·宝命全形论》。
② 《春秋繁露·为人者天》。
③ 《春秋繁露·四时之副》。
④ 《吕氏春秋·应同》。

"天人感应"说。如"王正，则元气和顺，风雨时，景星见，黄龙下；王不正，则上变天，贼气并见"①，前一句是"祥瑞说"，后一句则是"灾异说"。

第三，天人同性，即天地之性亦人之性，尽性则可以知天。《中庸》曰："唯天下至诚，为能尽其性；能尽其性，则能尽人之性；能尽人之性，则能尽物之性；能尽物之性，则可以赞天地之化育；可以赞天地之化育，则可以与天地参矣。"《孟子》曰："尽其心者，知其性也；知其性，则知天矣。存其心，养其性，所以事天也。"② 张载正是从思孟学派的"存心养性""知性知天"的思路中提出了完整"天人合一"理念：儒者"因明致诚，因诚致明，故天人合一。致学而可以成圣，得天而未始遗人"，③ 认为圣人可以以一己之"诚"通天地之性，将仁爱普及宇宙万物。

第四，天人同理，即"人道"通于"天道"。老子云："人法地，地法天，天法道，道法自然"。④《礼记》云："乐者，天地之和也；礼者，天地之序也。和故百物皆化，序故群物皆别。乐由天作，礼以地制。过制则乱，过作则暴。明于天地，然后能兴礼乐也。"⑤ 法天地之理，尽人事之责，是中国古代哲学家的普遍主张。宋代的理学家提出的"天理人欲之辨"正是这一思路的反映。

从上述有关天人关系的基本内涵来看，中国传统的"天人合一"论是带有一种宗教式的"崇天情结"的。这种"崇天情结"具体又可分为敬天意识、顺天意识、法天意识和同天意识。"夫大人者，与天地合其德，与日月合其明，与四时合其序，与鬼神合其吉凶"，即是敬天意识；"先天而天弗违，后天而奉天时"，即是顺天意识；"人法地，地法天，天法道，道法自然"，即是法天意识；"以通神明之德，以类万物之情"，即是同天意识。在这些基于天的不可逾越的"权威"和无与伦比的"神性"中，其宗旨主要不是生态性的。然而，中国传统的天人观内含着关于人在宇宙中的地位、人与宇宙万物的关系、人的行为准则和精神生活的终极根源等基本哲学问题的答案，这恰恰又是现代生态伦理学需要认真吸取的思想资源。⑥

关于"天人合一"论的生态伦理学价值，可以从不同的角度去挖掘和解读，但最为重要的，至少有两点：一是有机的宇宙观，这是对"人类中心主义"的颠覆；二是节制的生活观，这是对"现代消费主义"的纠偏。

---

① 《春秋繁露·王道》。
② 《孟子·尽心上》。
③ 《横渠易说·系辞上》。
④ 《老子》二十五章。
⑤ 《礼记·礼运》。
⑥ 刘立夫：《"天人合一"不能归约为"人与自然和谐相处"》，载《哲学研究》2007 年第 2 期。

### 1. 有机的宇宙观

西方生态学家有一个普遍的看法，认为“人类中心主义”是造成现代生态危机的一大思想根源。在《圣经》的“创世说”中，人类被设置在宇宙的“中心”，享有宰制万物的权力[①]。在主客二分和科技理性的助推下，人类这种宰制能力被不断放大，终于导致了宇宙秩序被严重破坏的灾难性后果。

不可否认，在西方的文化传统中，人既是“万物的尺度”，又是“造物主”的“异己力量”，人来到这个世界的目的不是为了回报自然，而是为了改造自然、征服自然。客观而言，人类到目前为止还是宇宙中最具智慧的生命，若将自身安置于宇宙万物的中心，并不为过；问题在于，人类若过高地估计自身的地位和能力，将自身以外的一切都当成“对象之物”，可以凌驾于万物之上，而非以万物的存在为自身存在的前提，这就将人置于“与物为敌”的境地，最终会受到自然规律的惩罚。比较而言，东方文化对生命和宇宙的理解迥异于西方传统，中国的道教、佛教和儒家的宇宙观中往往有着主客混融的、整体的、有机的、人性化的特点。[②] 中国传统文化中的自然，可以视为一种“有机的自然”“人性的自然”，而非一个完全独立于人自身以外的客观世界。在这种观念下，人类不过是生活于天地之间、属于宇宙万物之中的一物而已，人类与万物的区别就在于能够“知性知天”“赞天地之化育”。

中国传统宇宙观的一个基本看法，就是认为人与宇宙万物“一体共生”。《易经》云：“易有太极，太极生阴阳，阴阳生四象，四象成八卦。”《道德经》云：“道生一，一生二，二生三，三生万物。万物负阴而抱阳，冲气以为和。”无论是儒家还是道家的宇宙生成学说，都将“阴阳”“气”作为包括人在内的天地万物构建的“质料”，最后则以“太极”或“道”贯通，形成人与万物统一的宇宙。正如《易经》所云：“有天地然后有万物，有万物然后有男女，有男女然后有夫妇，有夫妇然后有父子，有父子然后有君臣，有君臣然后有上下，有上下然后礼义有所错。”[③] 人类不是离开天地万物之外的某一特殊的生命，而是天地之间的一大“造化”，人类社会与自然的内在的规律是相通的。当然，人与其他自然物亦有不同，乃是“万物之灵”。但是，中国人所谓的“万物之灵”的观念，突出的不是人对自然的“征服”与“霸权”。正如《老子》所云：“生而不有，为而不恃，长而不宰”，“辅万物之自然而不敢为”。

---

① 《旧约·创世纪》上说：“凡地上的走兽和空中的飞鸟都必惊恐，惧怕你们；边地上一切的昆虫并海里的一切鱼，都交付你们的手。凡活着的动物，都可以作你们的食物。这一切我都赐给你们，如同蔬菜一样。”

② Callicott, J., *Earth's Insights*, Berkeley: University of California Press 1994, p. 87.

③ 《易传·系辞上》。

《尚书·泰誓》云："唯天地万物之母，唯人万物之灵。"这里的"灵"是"灵性"，即人所独具的道德和智慧。荀子说得很清楚："水火有气而无生，草木有生而无知，禽兽有知而无义。人有气、有生、有知、而且有义，最为天下贵也。"[①] 水火、草木、禽兽、人是自然万物的四种"序列"，人的"高贵"就在于气、生、知（智）、义四者兼备。由此，我们可以想到莎士比亚在《哈姆雷特》一剧中的名言："人是宇宙的精华，万物的灵长。"但哈姆雷特在"俄狄浦斯情结"的驱使下，最终走上了杀父娶母的"乱伦"之路，他没有承担"为天地立心"的使命。中国的文化传统不是这样，人作为与天、地并立的"三才"之一，他必须用天地所赋予他的"灵性"去与万物"感通"，"德配天地"。

儒家的"仁爱"主张体现了典型的"德配天地"的理念。孟子云："君子之于物也，爱之而弗仁；于民也，仁之而弗亲。亲亲而仁民，仁民而爱物。"[②] 按照孟子的说法，"仁"与"爱"源于"天"所赋予的"四端"之心，是对"天"的回归和报答。《中庸》说："能尽人之性，则能尽物之性；能尽物之性，则可以赞天地之化育；可以赞天地之化育，则可以与天地参矣。"由亲亲到仁民，再到爱物，与天地相参，构成了儒家生态伦理的基本秩序和内在结构。宋明理学在一定意义上是对先秦儒学的这种"天人合一"的仁爱精神的发挥。程颢有言："人与天地一物也"，[③]"仁者以天地万物为一体"，"仁者浑然与物同体"。[④] 张载对此更有系统的表述。《西铭》曰："乾称父，坤称母，予兹藐焉，乃混然中处。故天地之塞，吾其体，天地之帅，吾其性，民吾同胞，物吾与也。"张载将宇宙比喻为一个大家庭，天地是父母，人类是子女，人作为宇宙大家庭的成员，应该担负一个家庭成员应尽的责任和义务，他不仅要为人类自身负责，还要为非人类的万物负责，这就"民吾同胞，物吾与也"。这个思想在宋明理学的历史上受到了高度的赞扬和推崇。

有人提出，儒家的"仁爱"是一种"等差之爱"。如孟子所说，先"亲亲"，次"仁民"，再"爱物"，不是完全彻底的"平等之爱"。这个问题可以有不同的看法。按照儒家的伦理观念，亲亲为大，由近及远，人性的伟大就在于将亲情扩展到无亲之物，最后达到"民吾同胞，物吾与也"的境界。张载的《西铭》实际上已经上升到了这样的"天地境界""宇宙境界"。

如果我们不局限于儒家，从道家、佛家那里还会发现另一重天地。老子曰："道大、天大、地大、人亦大，域中有四大，而人居其一焉。"人不过是宇宙

---

① 《荀子·非相》。

② 《孟子·尽心上》。

③ 《河南程氏遗书》（卷十一）。

④ 《河南程氏遗书》（卷二）。

"四大"构成要素中的一部分。庄子曰："天地与我并生，万物与我为一"；"以道观之，物无贵贱"。列子解释说："天地万物与我并生，类也。类无贵贱，徒以小大智力而相制，迭相食，非相为而生之。人取可食者而食之，岂天本为人生之?"[①] 这里非常清楚地表述了人与其他生命是"同类""并生"的关系，只有智力大小的区分，却没有高低贵贱之别。道家已经超越了儒家的"仁爱"之域，达到了一种"与天为一"的境界。至于佛教，从"缘起性空"的宇宙观与"一切众生皆有佛性"的生命观出发，发展出"无缘大慈，同体大悲"的慈悲观念，将"不杀生"作为信徒的第一大戒。佛教认为，世界上的"有情"生命因为生命境界的不同而在"六道"中轮回流转，人不过是其中的一"道"，众生都是平等的。中国佛教还发展了印度佛教的"无情有性""草木成佛"论，不仅认为一切"有情"众生有"佛性"，甚至认为石头、瓦砾之类的"无情"之物也有"佛性"。禅宗的"青青翠竹，尽是法身，郁郁黄花，无非般若"[②]，苏轼的"溪声尽是广长舌，山色无非清净身"，均可如此理解。如果说，在有机的、人性的自然观下，儒家发展了"仁爱"的精神，那么，道家则发展了"至爱"的精神，佛教更是发展了"慈爱"的精神。"仁爱"的最高境界是"与物同体"，"至爱"的最高境界是"物无贵贱"，"慈爱"的最高境界是"同体大悲"，这三种"爱"不仅是对人类之爱，也是对宇宙万物之爱，是中国传统"天人合一"理念下发展出来的"非人类中心主义"的生态智慧。

现代生态伦理学一直面临着一种理论困境，即自然物作为道德践行主体的"合法性"问题。西方传统伦理学都是围绕人与人之间的关系而展开，动物和其他非生命的自然物即使有"生存意志"，也不具有人格、理性，它们也无法理喻人类赋予的"道德权力"，更无法主动地履行其"道德义务"。人来自于自然，但毕竟要高于自然，一切带有主观性的道德规范都只能由人来"定夺"，自然物不具备像人一样的道德践行主体性。其实，关于道德的主体是否涉及"非人"的问题，在中国的传统道德哲学中，可以找到与西方伦理学不同的"范式"。如前所述，中国传统哲学认为人作为"万物之灵"，就在于人有道德与智慧，按冯友兰在《新原人》中的说法，是因为人具有"觉解"自身行为的能力。但道德的源头在"天"不在"人"，故"道之大原出于天，天不变，道亦不变"[③]。天地万物皆有"道"，唯人能够以"诚"体悟之，《中庸》所谓"诚则明之，明则诚之"。所以，中国传统所谓的"道德"，是一种"得"，即人对天地之道的体悟。其他"非人"的生命虽然缺乏像人类一样"体悟"的能力，却同样被赋予了

① 《列子·说符》。

② 《大珠慧海禅师语录》卷下，《诸方门人参问语录》。

③ 《汉书·董仲舒传》。

"天之道"。这样，所谓的"道德权利"和"道德义务"也就是天地"本有"的规则，不是人为天地万物"立法"，而是人"发现"了天地万物的"法"。张载说"为天地立心"，是讲"理一分殊"，是"人道"根据"天道"而"立"，这个"心"就是"天理"。可见，在中国传统的道德哲学中，所谓道德践行主体与客体是相互混溶的，人不是道德的"立法"者，而只是道德的"承担"者，万物本身即是道德的体现。这种对道德主客对立的消解，正是现代生态伦理学实现对传统道德伦理观念的革新而需要认真吸取的重要思想资源。

**2. 节制的生活观**

生态问题产生的原因是多方面的，它与追求利润最大化的资本主义制度、威力强大的科学技术和生产能力、基督教原罪式的"人类中心主义"都有关系，但是，所有这些问题还可以从人性的深处找到更隐秘的答案。要想从根本上解决地球上的生态问题，必须从人类自身，尤其要从人类的精神深处寻找原因。这个人类精神深处的原因就是人类欲望的过度膨胀，在无休止地外逐中丧失了自我。

今天，人类正生活在一个物欲横流、消费至上的时代，人们最关注的是财富的多寡，是收入的高低，是人均 GDP 的大小，是经济主导下的消费主义、享乐主义。似乎谁也无法阻挡一个世界性的潮流，那就是人类在肆无忌惮地、毫无节制地消耗和浪费地球有限的资源，人与人之间盲目攀比，国与国之间冷酷竞争，义无反顾地追求着一种数字式的、符号式的物的消费和享受，不管这种物的消费和享受对其自身来说是否真的有必要。过度消费和享受已经成为今天这个时代的"流行病"，这是人类生存的悲剧，也是导致现代全球性生态危机的精神根源。

客观而言，人的正常的生活需求本身是无可厚非的，因为人的正常生存离不开必要的物质需求和满足，但是，这种对物质的需求和满足得有某种必要限度。一般来说，人对物的需求意愿可以分为"生存"的意愿和"奢侈"的意愿，满足"生存"的意愿具有正当性，体现着人类经济生活的理性，也是激发物质文明进步的动力；而满足"奢侈"的意愿则是无止境的，是生存需要以外的享乐和虚荣，这种意愿使得人们屈从于不断膨胀的欲望，永不停歇地追逐着超出自己实际需要的物质财富，其正当性则是值得质疑的。从经济学的角度说，如果消费不是为了满足人的正常生活需要，而是为了满足不可满足的欲望，那种消费虽然会产生某种生产效率和经济效益，最终却会造成社会资源的巨大浪费，从而滋生一种贪得无厌的享乐主义。从这个意义上说，现代的市场需要并非人的真实需要，而是由市场力量制造出来的"虚拟需要"。① 经济的全球化和世界市场的一体化正

① 黄万盛：《大同理想：时代的使命和责任》，李建华主编：《伦理学与公共事务》，湖南人民出版社 2007 年版，第 15 页。

在把这种“虚拟需要”扩张到全世界的每一个角落，从而导致了现代生态问题的继续恶化。可以肯定，生态环境的恶化与人类的精神堕落实际上是同步进行的，生态危机的实质就是人类的精神危机。因此，生态危机的解决期待着一场真正的“精神革命”。这场“精神革命”的核心就是人类必须适可而止悬崖勒马，对日益膨胀的欲望进行降温。在这一方面，中国传统的节制理念蕴含着丰富的生态智慧，为现代人提供了一种可贵的“心灵环保”思路，对于解决现代生态危机具有根本性的意义。①

中国传统的节制理念具体又可分成以“适欲”“制欲”“寡欲”“灭欲”“无欲”等理念，内涵在儒、佛、道等“天人合一”思想体系中。也就是说，中国传统的“适欲”“制欲”“寡欲”“灭欲”“无欲”等关于对节制人的欲望的观念，不是出于外在的强加，而是符合自然规律即“天道”的原则的。

“适欲”一词最先出现于道家的文献，主要是从养生的角度来讨论。《吕氏春秋·重己》篇云：“凡生之长也，顺之也；使生不顺者欲也，故圣人必先适欲。”高诱注：“适，犹节也。”故“适欲”也就是“节欲”。《文子·九守》篇云：“夫所谓圣人者，适情而已，量腹而食，度形而衣。”这里的“适情”与“适欲”同义。《庄子·逍遥游》上说：“鹪鹩巢于深林，不过一枝；鼹鼠饮河，不过满腹。”人和动物的基本需求其实非常简单，过多的需求毫无必要。《老子》曰：“五色令人目盲，五音令人耳聋，五味令人口爽，驰骋田猎令人心发狂，难得之货令人行妨。是以圣人为腹不为目，故去彼取此。”人应该摒弃物欲的诱惑，保持内心的安宁充实。《吕氏春秋·本生》篇发挥说：“出则以车，入则以辇，务以自佚，命之曰招蹶之机；肥肉厚酒，务以自强，命之曰烂肠之食；靡曼皓齿，郑卫之音，务以自乐，命之曰伐性之斧。”即纵情于美食佳肴、声色犬马，只会损人肠胃，伤人元气，促人早衰死亡。在道家看来，真正健康的生活也就是在物质的满足方面适可而止，贵在保持平淡的心态。只要能满足人的正常欲望和基本需求，除此以外的其他欲望和追求不仅无益，反而有害。

道家的“适欲”是追求“禁欲”与“纵欲”之间的一种平衡。《吕氏春秋·行欲》篇说，世界上谁都有欲望，只是这种欲望有“性”与“非性”的差别，前者是欲望的正当满足，后者是欲望的变态满足。“欲不正，以治身则妖，以治国则亡”，有智慧的人“审顺其天以行欲”，按照自然的规律合理适当地满足自己的感官之欲。《吕氏春秋·贵生》篇还说，一般人都希望最大限度地满足自己的欲望，而真正懂得生命之道的人却不为外在的嗜欲所牵制，遵从“害于生则止”“利于生则为”的养生原则。

① 刘立夫、刘杰锋：《道家适欲观对现代生态伦理的启示》，载《淮阴师范学院学报》2007 年第 5 期。

"寡欲"的理念来自孟子的"养心"观。《孟子·尽心下》云："养心莫善于寡欲。其为人也寡欲，虽有不存焉者，寡矣；其为人也多欲，虽有存焉者，寡矣。"这里说的"存者"就是人的道德良知。朱熹在《四书集注》中对此有按语云："欲，如口鼻耳目四肢之欲，虽人之所不能无，然多而不节，未有不失其本心者，学者所当深戒也。"这里的"本心"，也就是孟子所说的"四端之心"。儒家认为，修养心性的最好办法就是防止"多而不节"，醉心于感官之欲望满足的人，只会遮蔽本有的道德良知，降低人之为人的标准。《庄子·大宗师》说过："其嗜欲深者，其天机浅。"这是说，一味沉溺于感官享受的人，智慧一定很浅薄，因为他"天赋"的东西在欲望中丧失掉了。这两种说法可谓殊途同归：培养道德智慧的最好办法是减少人的欲望。

孟子说的"寡欲以养心"，与儒家的"孔颜乐处"是一致的。一般人认为，减少了对欲望的满足，一定会相应地减少人的"幸福指数"。但儒家认为，这是见小不见大，"孔颜乐处"就是追求"大乐""至乐"。"孔颜之乐"源自《论语》中《雍也》篇和《述而》篇，孔子称赞弟子颜渊虽然"箪瓢陋巷"，生活贫穷，却"不改其乐"，又自谓"饭疏食，饮水，曲肱而枕之，乐亦在其中矣。"宋代理学家热衷于讨论的"孔颜之乐"，亦是指此。周敦颐不除门前草，心如光风霁月般的空灵。按照朱熹等人的解释，这实际上是一种精神境界。朱熹在《论语集注》中说："人欲尽处，天理流行，随处充满，无少欠阙，故其动静之际，从客如此。而其言志，则又不过即其所居之位，乐其日用之常，初无舍己为人之意。而其胸次悠然、直与天地万物上下同流、各得其所之妙，隐然自见于言外。"中国人常说的"安贫乐道"，不是安于贫贱，重在"乐道"，即在简单的生活中亦能发现自在的快乐。恰如孔子在《论语·先进》的心境："暮春者，春服既成，冠者五六人，童子六七人，浴乎沂，风乎舞雩，咏而归。"平凡之中含着一种洒脱闲适的审美享受。朱熹认为，"孔颜之乐"的精髓就在于随遇而安，舍己为人，在平常的生活中心胸坦荡，达到与天地万物合一的境界。这种快乐就是"鸢飞鱼跃"的自然流露，只有亲身体验它的人才会得到。

由此，可以进一步讨论儒家"灭欲"的理念。有人将理学家的"存天理，灭人欲"当成"绝欲主义"，这是一种误解。按照二程、朱熹的本意，这恰恰是儒家一向所主张的"中庸之道"。朱熹曾解释说："饮食者，天理也；要求美味，人欲也。""饥便食，渴便饮，只得顺他。穷口腹之欲便不是。盖天只教我饥则食，渴则饮，何曾教我穷口腹之欲？"正常的穿衣吃饭就是"天理"，而"穷口腹之欲"则是"人欲"。儒家向来就承认人的欲望是客观存在的，这是人的天性，没有凡圣之分。但是，儒家同样主张有节制的生活，做到"欲而不贪"，

“欲不可纵”。荀子说：“从人之欲，则势不能容，物不能赡也。”[1]“欲多而物寡，寡则必争矣。”[2]人的欲望是无穷的，而满足欲望的自然、人工之物则是有限的，一旦不加节制，势必引发争端，故荀子主张“以礼制欲”。这是用外在的礼节调节人的欲望。而孟子说到的“养心莫善于寡欲”，则是在“尽性知天”的内在层面降低人的欲望。朱熹等人说的“存天理，灭人欲”，从人道与天道合一的角度强调人性的回归，主要来源于孟子。

“无欲”一语可见于佛教。《佛遗教经》上说：“汝等比丘，当知多欲之人，多求利故，苦恼亦多，少欲之人，无求无欲，则无此患。直尔少欲，尚宜修习，何况少欲能生诸功德。少欲之人，则无谄曲以求人意，亦复不为诸根所牵。行少欲者，心则坦然，无所忧畏，触事有余，常无不足。有少欲者，则有涅槃，是名少欲。”[3]佛教是一种典型的反欲望主义的宗教，原始佛教的核心教义就可以概括为“人生皆苦，涅槃解脱”，而人生苦难的根本原因就在于“贪嗔痴”三种“根本烦恼”。《佛遗教经》上说，多欲多烦恼，少欲少烦恼，无欲无求，则无烦恼之患。该经还提到“知足之法”：“若欲脱诸苦恼，当观知足，知足之法即是富乐安隐之处。知足之人，虽卧地上，犹为安乐。不知足者，虽处天堂，亦不称意。不知足者，虽富而贫。知足之人，虽贫而富。不知足者，常为五欲所牵，为知足者之所怜愍。”中国人常说的“知足常乐”，按佛教所说，这是因为知足的人，不再为各种欲望所牵挂，心中平安快乐。佛教开出八万四千法门对治八万四千烦恼，也就是对治人的各种欲望。在佛教看来，无欲或少欲是人类获得“法喜”之乐的关键。禅宗主张的“平常心是道”，反对刻意造作，可以看成是中国佛教各派中发展起来的最为简易直接的去欲之道。《景德传灯录》载有大慧珠海“饥来吃饭，困来即眠”的典故：“有源律师来问：和尚修道还用功否？师曰：用功。曰：如何用功？师曰：饥来吃饭，困来即眠。曰：一切人总如是同师用功否？师曰：不同。曰：何故不同。师曰：他吃饭时不肯吃饭，百种须索，睡时不肯睡，千般计较，所以不同也。律师杜口。”[4]吃饭、睡觉时百般计较、千般思索，说的是人脱离了“平常心”之后心态，有这种“计较”心的人是永远也不会安宁的。用大慧珠海的话说，就是“心逐物为邪，物从心为正”，心邪即是心为物转，心正即是心能转物。禅宗发展了一种“随缘任运”的生活情趣与“得大自在”的审美境界。

中国传统的“适欲”“寡欲”“无欲”理念首先不是为了解决生态问题而提

① 《荀子·荣辱》。
② 《荀子·富国》。
③ 《大正藏》第26册，第287页下。
④ 《大正藏》第51册，第246页下。

出的，但其中关于人生的意义和生命价值的思考，却可以跨越时空，在现代这一物欲横流、生态失衡的时代反而焕发出新的活力，凸显出一种合理的生活方式和价值理念。现代文明实际上是在纵欲主义的绝路上行进，人们在狂热地“购买”和“使用”中寻求自我满足，用前所未有的速度吃掉、穿坏、更换或扔掉一切，而知足常乐、艰苦朴素一类的古训倒成了迂腐之见。可以预见，人类在消费主义的驱使下若再不回头，地球有限的资源将被迅速挥霍耗尽，承载人类与万物的“诺亚方舟”在不久的将来会自沉于人类的“欲望之海”。这不是危言耸听。英国著名历史学家汤因比说过：“人类精神潜能的提高，是目前能够挽救生物圈构成要素中唯一可以信赖的变化。”① 在全球性生态危机日益严重的今天，人类确实需要重新评估中华文化中博大精深的生存之道和生活方式，吸取“适欲”“制欲”“寡欲”“灭欲”“无欲”等多种节制之道中的合理智慧，提倡和实践一种简朴、节俭、自然的生活态度和生活方式，实现人与自然的和谐相处，这正是“人类精神潜能的提高”的应有之义。

梁漱溟在《东西文化及其哲学》中提到，中、印、西三种文化不存在先进与落后之分，而在于对“意欲”的不同理解和进路，西方文化的根本精神是“向前”的，印度文化是“向后”的，中国文化则是“调和折中”的。不可否认，在经济全球化潮流日盛的今天，西方这一“意欲向前”的文明还会持续下去，人类还看不到朝着印度文化那种“意欲向后”的模式退回去的远景，但是，人类若不想与生态危机同归于尽，就必须在纵欲主义的匆匆前行中放慢脚步，不断反思问题的症结，从人类自身的心态和行为中找出真正的原因。解铃还需系铃人。在这一方面，“调和折中”的中国文化不失为一种补救之道，具有现代生态文明的普世价值。由中国传统的“天人合一”理念发展出来的有机的、人性化的宇宙观以及节制、中道的生活观，对于人类中心主义和现代消费主义、享乐主义，在一定程度上具有颠覆和纠偏的作用。

① 阿诺德·汤因比著，徐波译：《人类与大地母亲》，人民出版社 2001 年版，第 576 页。

# 第四篇

# 策略机制

在该项目的前三篇，我们分别介绍了中国道德文化的传统理念与现代践行必要性、可能性。在此基础之上，对中国道德文化的传统理念进行了提炼，同时提炼出了有关核心道德理念十三个；并对道德文化在古代社会践行的经验、教训进行了历史性审理。与此同时，审时度势地认为中国古代道德文化的传统理念在现代践行需要扬弃与超越：认为中国古代道德文化理念结构存在着复杂性、中国古代道德文化在现代践行过程中，需要超越和创新。对中国古代道德文化的传统理念进行系统的发掘、整理以后，落实到现实层面，也即当代社会我们应该如何践行中国古代优秀的传统道德文化，以应对当代中国在经济、社会转型过程中的道德危机，达到个体能慎独践行中国古代优秀道德文化的目的，共建中华民族美好的精神家园，建立一个优序良好的和谐社会，同时将中国优秀道德理念世界化，增强中国的国际影响力。

中国道德文化的传统理念与现代践行这一问题，其核心在于中国优秀道德文化在当代社会如何践行。换言之，中国优秀传统道德文化在当代践行的策略与机制问题是其关键。在新形势下，考察中国古代优秀道德文化在当代践行究竟存在哪些缺陷，可为我国优秀道德文化在当代社会的践行提供切实可行的操作建议。在此基础之上，进一步提出我国优秀道德文化现代践行的策略，以及保障优秀道德文化在现代践行的保障机制，由此可进一步界定优秀道德文化在现代践行所要达到的预期目标。因此，中国古代道德文化在现代社会的践行的逻辑顺序为：中国道德文化践行的策略、机制缺憾→现代社会践行中国古代道德文化的策略→保障优秀道德文化在现代践行策略的机制→中国优秀道德文化在当代社会践行的目标。本篇围绕着这几个层面展开，希求实现中国优秀道德文化的传统理念在当代社会能真正践行。并实现当代社会所能实现的礼宜乐和的和谐社会理想。

# 第十二章

# 传统道德文化现代践行问题的凸显

中国在转型期凸显道德危机，这一方面表明了中国当代道德建设的滞后，另一方面则表明了中国古代优秀道德文化在当代社会尚未很好的践行，中国优秀传统道德文化尚未完全融入社会主义核心价值体系之中。中国现在离优序良俗、礼宜乐和的和谐社会理想还有多远，这是转型时期的中国所面临的非常现实的问题，同时也是当代伦理学人义不容辞的责任担当。当代社会普遍面临社会转型所带来的道德危机与信仰危机，这背后的原因是什么？中国优秀道德文化缘何在当代社会不能得到很好的践行，原因何在？中国优秀道德文化在当代践行的困境在哪儿？人们没有忘记中国优秀道德文化，但却忘却了中国优秀道德文化在当代如何践行。那么我们必须审慎反思为何中国优秀道德文化在当代社会不能得到很好的践行？马克思说过："一个时代所提出的问题，和任何在内容上是正当因而也是合理的问题，有着共同的命运：主要的困难不是答案，而是问题。因此，真正的批判要分析的不是答案，而是问题。"① 马克思注重发现问题，因为发现问题比解决问题更为关键。中国古代优秀道德文化在当代社会没有很好地践行并实现社会的完整意义上的优序良俗；中国古代优秀道德文化之所以没有融入马克思主义道德生活并实现传统文化在马克思主义指导下的中国化；中国优秀道德文化没有内化为人们道德品质的一部分，中国优秀道德文化在现代没有内化为人们的道德信仰，其问题就在于中国古代优秀道德文化在现代社会在践行的策略与机制层面存在着缺憾。综观当代社会践行中国古代优秀道德文化在当代践行存在诸多问

① 《马克思恩格斯全集》（第二版）（第40卷），人民出版社1995年版，第290页。

题，可归纳为几个层面：道德践行的主体意识淡薄；道德践行的客观环境凝滞；道德践行策略尚未完全当位；道德践行机制尚未明确；道德践行的地区行业差异致使道德文化不能很好地践行。道德践行的策略与机制诸多层面存在的难题阻碍了中国古代优秀道德文化在当代社会的践行。

对中国古代优秀道德文化在当代践行的策略与机制层面作一检讨，发掘当代社会践行道德文化在策略与机制方面的不足，有利于我们从更高的层面实现中国优秀道德文化在当代的践行，为优秀道德文化在当代的个体慎独践行、建立优序良俗的和谐社会奠定基础。

中国古代社会为我们留下了宝贵的道德文化资源，这点毋庸置疑，这对我们当代社会建构礼宜乐和的和谐社会有着不可替代的作用。中国道德文化的价值是我们当代践行的内驱力。然而，中国古代优秀道德文化在现代践行陷入了困境，中国古代优秀道德文化在现代社会的推行难度巨大。

在了解道德文化践行之时，必须首先考虑何谓道德践行？笔者认为，所谓道德践行，就是将优秀的道德文化资源内化为自身道德品质的策略与机制的综合体，在自身道德素质不断提升的背景之下，逐渐将中国道德文化资源不断提升为人们的道德信仰，将道德信仰外化为指导人们实际行动的黄金规则并以之规范自己的行为；道德践行是个人道德品质提升、人际和谐、社会安定的前提、基础，是实现社会优序良俗的根本保障。因此，中国古代优秀道德文化在当代践行有着不可低估的价值。但事实上，不论是中国古代优秀道德文化，还是继承与发展而来的道德文化在现代践行都存在着诸多问题、困境。

## 一、道德践行的主体、主观困境

中国古代优秀道德文化在当代社会仍然存在着巨大的价值，然而中国古代优秀道德文化在当代社会没有很好地践行下去并内化为人们道德品质的一部分，其主要原因在于中国古代道德文化的现代践行存在着主体困境：第一，道德践行主体的不想与不愿作为；第二，道德践行主体的道德认知与道德践行的知行不一；第三，由道德践行主体的知行不一而所引发出的道德责任与道德理性的矛盾与冲突。“由于这些难题的困扰，主观的德性常常不能顺利地转化为合乎德性的实践活动，也不能产生应有的客观结果。”①

① 贾新奇：《论道德践行的几个难题》，载《道德与文明》2007 年第 5 期。

### （一）道德践行主体践行中国古代优秀道德文化是现代优序良俗社会的必要条件

中国经济正在迅速发展，当前社会重利轻义的现象背后出现了道德践行之危机。全球化时代，中国古代优秀道德文化能为当今社会的优序良俗、和谐美好奠定良好的基础。然而，当今社会在发展的过程中，由于单纯的利益驱使而导致了人们对古代社会优秀文化道德的信仰危机，并由此而出现道德践行危机，不得不让我们重新反思中国古代优秀道德文化的现代践行问题。

现代社会，我们在发展经济的同时也提出了以适当的方式解决因义利之辨的冲突而凸显出来的道德问题。当代道德践行主体皆围绕着经济利益的角逐而忽视了道德践行。中国古代道德文化在现代社会不能很好地践行下去，排在第一位的原因还是道德践行主体的道德践行意识淡薄。因为中国古代道德文化的践行，与道德践行主体的践行意识息息相关。就中国道德文化的践行而言，道德践行主体的自我认知非常关键。就是说，道德践行主体对中国古代道德文化的认知度与道德践行紧密关联。因为践行中国古代优秀道德文化，与道德践行主体的关注度密不可分。由此，在践行中国古代优秀道德文化之时，我们将道德践行主体践行的道德意识摆在首要位置。

鉴于中国古代优秀道德文化的道德践行主体的践行意识淡薄，由此阻碍了中国古代优秀道德文化在当代社会的践行。当然，我们这里所阐释的道德践行主体既包括单个的道德践行主体，同时亦包括群体性的道德践行主体。简而言之，本书所涉的道德践行主体，在一定意义上是指所有生活在社会现实中的活生生的应当遵循一定的伦理道德规范的道德个体以及道德群体。从广义上来说，凡是生活在人世间的一切现实的人，皆可称之为道德践行主体，可见，道德践行主体既可以是单个的主体，也可以是群体性的主体。

以上主要对道德践行主体进行了阐释，那么何谓中国古代优秀道德文化的现代践行呢？所谓中国古代优秀道德文化的现代践行主要是指社会生活实践中，道德践行主体能将中国古代优秀道德形成道德理念、逐渐上升为道德信仰，并将道德文化自觉地运用到自己的生活、工作与学习当中并以之规约自己行为的一种道德实践模式。这种道德文化践行模式主要表现为道德践行主体的自觉性、能动性以及意志性等显著特征。

因此，中国古代优秀道德文化的践行与道德践行主体是密不可分的。道德践行即道德践行主体的道德践行，离开主体的道德践行毫无主体实践意义。也即谈及古代优秀道德文化的现代践行之时，必然谈及道德践行主体，离开道德践行主体谈道德践行只是空中楼阁。谈及古代道德文化践行之时，必须把道德践行主体的践行放在第一位。道德践行主体对中国古代优秀道德文化的践行，必将对中国当代社会的优序良俗起着非常关键性的作用：和谐社会的建构、社会秩序的美好，社会的优序良俗等皆与道德践行主体对中国古代优秀道德文化的践行紧密相连。

道德践行主体对中国古代优秀道德文化的践行是现代优序良俗的必要条件，但现代社会道德践行主体践行中国古代道德文化存在诸多弊端，致使中国古代优秀道德文化的现代践行难以为继。

### （二）道德践行主体的不想与不愿作为

中国古代优秀道德文化的现代践行最大障碍即道德践行主体的不想作为，不愿作为，或者说是主观想作为，实践之时却无所作为。换言之，中国古代道德文化在当代不能践行，也即道德践行主体的道德意识淡薄是首要因素。显然，道德践行主体的存在，是道德文化得以践行最为积极、最为活跃的因素。从目前看来，中国道德文化在当代社会不能践行，关键问题就在于道德践行主体的道德践行意识淡薄。在现实世界之中，道德践行主体多关注的是自己当前的利益，在他们看来，只有利益才是实实在在的。道德践行主体的价值倾向凸显了道德践行主体对中国优秀道德文化的冷漠，亦决定了他们对道德文化的践行态度。现实的利益正在消解着道德践行主体的意志，现实利益斩断了道德践行主体对中国古代优秀道德文化践行的那种深厚的情怀，继而出现了道德践行主体对道德文化的冷漠，由此可知中国古代优秀道德文化在当代社会践行的命运了。

中国古代优秀道德文化的现代践行业已成了问题，现实生活中我们所目睹的是中国优秀道德文化在当代社会的迷失，也可称之为迷失的中国古代道德文明。究其原因则本之于物质利益对道德践行主体的侵蚀，使得道德践行主体的是非观念模糊，导致了道德践行主体践行意识、意志的薄弱。简而言之，中国古代优秀道德文化的现代践行，在很大层面上是道德践行主体主观上的不想作为。道德践行主体对道德知识是清楚明了，但他却主观不愿意作为，也即道德践行主体虽知不行，知行不一；道德践行主体的不愿意作为，即表现为道德践行主体在践行道德之时，可能发生的是道德责任与道德理性的矛盾与冲突：说白了即道德践行主体在践行道德之时，可能会损伤道德践行主体自己的部分利益，进而导致道德践行主体的道德责任与道德理性的博弈，使道德践行主体放弃道德践行，此亦给道德文化的践行带来了严重的危机。主要表现为知行不一、道德责任与道德理性相脱节、道德理想与道德现实相分离。

### （三）道德践行主体的知行不一凸显道德责任与道德理性的矛盾与冲突

道德践行主体对中国古代道德文化的践行意识淡薄，在不想与不愿作为方面表现为“知行不一”。所谓“知”，在古代社会主要是指对道德知识的把握；所谓“行”，在古代社会主要是指对道德的践履、践行。在现实社会中，大多数都对中国古代优秀道德文化诸如仁、义、礼、信、诚、孝、宽、中等有所了解，且公认这些道德规范是我们当代建构和谐社会不可或缺的重要因子。人们能耳熟能详地背诵出中国优秀道德文化，知道中国优秀道德文化的基本价值，但在践行中国古代优秀道德文化之时，他们的态度却截然相反，这种道德践行可以说是道德践行主体知而不行。也就是说，在中国古代道德文化的践行中，不知不行，虽知也不一定行，道德践行主体的道德践行意识淡薄，道之不行可知也。虽知不行，那么不知也就更不能行了。由此亦可以管窥中国古代优秀道德文化的现代践行现状。就道德践行困境而言，在现实生活中，大多数情形之下是人们明明知道如何做是合乎道德的，但一旦在现实中实践起来，却不能很好地推行下去。其原因在于“践行道德，一般来说总是需要人们尤其是行为主体付出一定的功利代价的，但是无论是按照功利主义学说，还是根据大多数普通人的日常理解，付出代价是为了给人带来更大的好处。”[①] 践行道德主要是利他行为，且需付出代价；如若我们换位思考，道德践行主体在践行道德之时，换来的是别人的利益与好处，如此则造成道德践行主体自身蒙受损失，也许在多数情况之下道德践行主体将会重新思考其道德践行的合理性。从心理学的角度来说，道德践行主体，由于自身的物质利益受损而燃烧了他人的道德行为，道德践行主体必将使自己的道德意志力下降。故此，道德践行主体明知践行道德是好事，却不能很好地将道德践行下去。因为“无论是奋斗者还是争夺者，都具有谋取利益的天性；同时也在‘谋取’利益中展现着截然不同的灵魂”。[②] 这一语道破了人们在践行道德时的困惑，由此亦可知中国古代道德文化能否在当代社会践行下去。一旦人们在践行道德时利益蒙受损失，他们的道德责任与道德理性的矛盾与冲突就会凸显出来。

知行不一最终凸显道德责任与道德理想的矛盾与冲突。在现实社会中，践行中国传统优良道德文化，如果要付出相应的代价，甚至承担相应的道德责任，由此引发道德践行主体的道德责任与道德意志的矛盾与冲突，这是导致中国古代优秀道德文化在现实中不能践行的直接原因。这种矛盾与冲突，实际上是进行道德

---

① 贾新奇：《论道德践行的几个难题》，载《道德与文明》2007年第5期。

② 曾钊新：《道德心理论》，中南工业大学出版社1987年版，第72页。

选择时经常遇到的两难，就践行主体而言，来源于知行矛盾，更为深层的原因则是来自义利矛盾与冲突引发时的两难选择。在具体的道德情境当中，践行主体由其道德良心而自然引发其要承担道德责任。很显然，承担道德责任，则可能要付出相应的经济代价，甚至可能付出生命代价。“作为一个有德性的人，个体自我拥有道德践行的主观愿望，但是他面临一种两难境地：如果选择道德践行，就无法获得道德所许诺给他的正当权益；如果坚持对自我正当权益的诉求，就不能按照自己的道德观念去行动。”① 也即他所面对的是道德责任与道德信念的矛盾与冲突。从利益的角度进行深度思考，道德践行主体在做出道德选择之时，道德意志往往会受到严重的削弱。从人性论的角度来说，儒家哲人大多主张人性为善，这正是人的道德责任的原始基点。鉴于人性为善，道德践行主体的道德责任感油然而生，但道德践行主体鉴于自身利益的诉求，在面对义利之间的矛盾与冲突之时，其道德意志即大打折扣。因此，道德践行主体之道德责任与道德意志的矛盾与冲突，是中国古代优秀道德文化在当代不能践行的直接原因。在当代社会，面对义利之间的矛盾与冲突，道德达人所预期的“正其义不谋其利”，也即我们所期待的是“在道德践行与自我正当利益不能两全的情况下，一个人应该放弃对自身利益的诉求，坚定地贯彻自己的道德信念”② 的道德观，但事实恰好相反，在道德践行与自我正当利益相互冲突的情形之下，道德践行主体往往选择的是自我的正当利益，而放弃的是自己的道德责任，甚至道德信仰。事实上，中国古代优秀道德文化在当代社会的践行，虽然是道德践行主体的原因造成的，但仍然可以从物质基础的角度找到终极的原因。

道德践行主体的知行不一以及道德践行主体的责任与道德理想的矛盾与冲突，最终导致中国古代优秀道德文化的现代践行陷入了困境。

### （四）在道德理想与道德现实的矛盾与冲突中践行中国古代优秀道德文化

如何摆脱困境，践行中国古代优秀道德文化，是我们当下应该着手解决的主要问题。道德践行主体的不想、不愿践行中国道德文化是中国古代优秀道德文化现代践行的最大难题。要解决道德践行主体在践行道德文化的困境，我们只有从教育入手。诚然，在践行中国古代优秀道德文化之时，我们的道德教育确实起到了一定的作用。在我们的道德教育实施过程中，灌输也好，说教也罢，其最终的结果导致了道德践行主体有着崇高的道德理想并塑造了理想的道德人格。另外，在道德践行过程中，道德践行主体的道德理想却抛之脑后，因为道德践行主体是

①② 贾新奇：《论道德践行的几个难题》，载《道德与文明》2007 年第 5 期。

现实中的人，导致了道德理想与道德现实的矛盾与冲突。一方面，人们所崇尚的是伟大而崇高的道德理想；另一方面，在道德践行的过程中，却因为诸多因素的困扰，最后又不得不放弃自己的道德理想，抛弃其理想人格，回归到世俗的层面，从而放弃对古代优秀道德文化的践行。冯友兰先生将人生分为四个境界：自然境界、功利境界、道德境界、天地境界。这四个境界在一定意义上说是有梯次关系的：也即这四层境界意味着道德境界的提升。最低的是自然境界，最高的是天地境界。大多数人处于功利境界之中，少数人可能处于功利境界与道德境界之间，达到道德境界或者说达到天地境界的人是微乎其微。由此，在我们的传统教育当中，教育工作者所起到的作用主要在于设置了美好的道德理想蓝图，然而践行结果却令人瞠目结舌。处于功利境界的人们熟知道德理想，但却不能将道德文化落实到践行层面，“极有可能使美德理论漂浮于道德理想主义的真空而缺乏现实的道德实践价值”①。因此，我们仍然要回归到道德教育，重塑道德文化的主体教育。

## 二、道德践行的客观困境

2006 年 3 月，胡锦涛总书记在政协十届四次会议上提出了以八荣八耻为主要内容的社会主义荣辱观。社会主义荣辱观体现了中华民族优秀传统道德与时代精神的有机结合，具有很强的民族性、时代性和实践性，对于构建社会主义和谐社会、实现优序良俗具有重要意义。在当今时代，中华民族优秀传统道德面临着严峻的挑战，主要表现为中国古代优秀传统道德不能很好地践行。

中国优秀道德文化的道德践行发生滞障的客观原因主要表现为：市场经济条件下的逐利情结、道德教育与道德践行相脱节、外来与本土冲突、理想与现实矛盾、传统与新潮碰撞、道德践行的免责困境、道德生活脱离社会根基等。

### （一）市场经济下的逐利情结是道德践行之“顽疾”

当代中国处于经济、社会的转型时期，转型期所带来的综合征，给中国道德文化的现代践行带来了严重的挑战。对经济利益的过度追求成为中国古代优秀道德文化现代践行的最大障碍。换言之，从客观层面上来说，中国古代优秀道德文化在现代不能践行的隐形障碍表现为社会大环境中客观存在的逐利情结。在一些人看来，共产主义理想是遥远的，道德理想是空的，人民币是实的，真正的物质

---

① 万俊人：《儒家美德伦理及其与麦金太尔之亚里士多德主义恶视差》，载《中国学术》2001 年第 2 期。

利益、金钱才能给人带来实惠。在当代人类的生活中，物质利益的追逐取代了人们道德生活的修养，换言之，追逐利益代替了人类的道德生活。马克思说：“人们奋斗所争取的一切，都同他的利益有关。”① 的确，人类生活的一切层面最终都可从经济利益的追逐层面找到确切答案。当前，转型时期的中国，利益的角逐成为人们生活的主流层面。现代社会的物质生活丰富、精神生活则相对贫乏，中国古代优秀道德文化在当代社会践行的命运亦可想而知。一部中国古代哲学史，也是一部中国古代伦理学史。从中国古代历史文化角度来看，道德的践行即在道德与经济之间的平衡，也即古代社会所推崇的义利之间的平衡。如果道德生活可以消解经济生活，则人类将生活在道德社会中；如果道德生活无以消解经济生活，则道德生活必将在人们的逐利情结中逐渐走向消亡。欲望是人类优秀道德文化的消解器，人的欲望正吞噬着中国古代优秀道德文化现代践行的理性与激情。“人类的恶德就在他那漫无止境的贪心，他一时很满意于获有两个奥布尔的津贴，到了习以为常的时候，又希望有更多的津贴了，他就是这样的永不知足。人类的欲望是无止境的，而许多人正是终身营营，力求填充自己的欲壑。”② 人的欲望是无止境的，而人的欲望又是中国古代优秀道德文化践行的“绊脚石”。在义利发生冲突时，人们倾向于见利忘义，此乃社会客观的从众心理使然。

在中国古代社会，天理与人欲之辨乃是儒家哲人所倡导的核心问题，儒家哲人一般讲求“存天理，灭人欲”，其实质上是要求人类放弃过度的物质欲求，进而实现“正其义而不谋其利”的道德理想；同样，佛教要求人们放弃尘世间形形色色的物质欲求，以求得人心之平静；道家则希望一切回归自然，主张人要清心寡欲，放弃不必要的物质利益和诱惑，以求得内心的平静。儒释道三家皆希望人类通过心性修养，以达到成圣、成佛、成仙之境地。由此可知儒释道三家基本的价值倾向，即主张人类放弃对物质欲望过度追求以成就理想人格，最终实现人类礼宜乐和的和谐社会理想。在当代社会，人类所面临的困境却是人类对物质欲望的无限贲张，中国古代优秀道德文化往往被搁置一边，社会大环境的逐利情结如此，此乃中国古代优秀道德文化现代不能践行的“顽疾”。

### （二）道德教育与道德践行相脱节乃道德践行之“瓶颈”

中国古代优秀道德文化在当代社会不能践行，逐利情结固然是导致道德文化不能践行的“顽疾”，但这种逐利情结能否通过教育的方式驱利而逐义呢？事实

① 《马克思恩格斯全集》第1卷，人民出版社1965年版，第82页。

② ［古希腊］亚里士多德著，廖申白等译：《尼各马科伦理学》，商务印书馆2003年版，第73~74页。

上，中国道德文化在当代社会能否践行，一个非常重要的因素就在于教育，因为通过教育，成就心性修养，能使大众回归到道德的轨道上来，做到驱利而逐义，甚至舍生取义。然而，在现实社会中，我们的道德大众化教育大多是以说教为主，轻视的是道德践行层面，换言之，道德教育与道德实践相脱节，这也是中国古代道德文化现代不能践行的“原因之一”。

众所周知，道德践行前提在于“知”，即道德践行主体首先要对道德知识有一定的认知与把握。古代社会中的“知”即对道德知识的把握，“行”即对道德知识的践行。当然，在古代社会，对道德知识和道德践行的把握包含着多重方面：知先行后、知行合一、知行并进等多重观点，本书认同“知先行后”的基本观点。也就是说，中国古代优秀道德文化在当代社会的践行，首要的基本前提即要对道德知识熟悉与了解。道德教育是中国古代优秀道德文化得以践行的不可或缺的充分条件，但不是必要条件。有道德教育，可能导致道德践行；有道德践行，但不一定是由于道德教育使然，也即有道德教育并非一定有道德践行。“人类生活经验历程的本身同时演示着两个事实：一是人类文明社会中的德育一直没有停止过；二是人类非德（道德）的行为也伴随着人类生活。”[①] 此语恰当地说明了道德教育与道德践行之间的鸿沟，也即道德教育与道德生活实践存在着脱节的地方，这是中国古代优秀道德文化在现代不能践行的不可或缺的原因。当代中国非常重视对人道德方面的教育，从幼儿园开始一直到博士培养阶段，都有系统的思想道德教育，这种教育对塑造理想人格、推行道德践行起到了一定的作用。但从道德践行层面而言，道德教育作用是非常微弱的，这不能不让我们反思我们的道德教育与道德践行相脱节的问题。中国古代的优秀道德文化在当代社会不能践行的困境在于我们的教育多关注的是书本上的道德说教，而鲜有人关注道德践行问题。针对中国古代优秀道德文化在当代的践行问题，教育者与被教育者皆存在着“不知不行、假知错行、知而不行、知而妄行、错知‘叛行’”[②] 的道德难题。更有甚者，目前的思想道德教育设有将中国古代优秀道德文化作为我们道德教育的主流内容来抓，使中国古代优秀道德文化有被人遗忘的倾向，由此亦可知中国古代优秀道德文化在当代的命运。为了促使中国优秀道德文化在当代社会能更好地践行，我们的首要任务是回归传统、然后回归实践，让传统道德回归到社会交往当中，在交往之中提升中国古代优秀道德文化在当代践行的力度。唯其如此，中国古代优秀道德文化才能在实践交往中得到切实践履。

---

① 王立仁：《德育价值论》，中国社会科学出版社 2004 年版，第 127 ~ 128 页。

② 张明仓：《知行矛盾论——当前德育难题的一种教育学沉思》，载《中州学刊》1999 年第 1 期。

### （三）道德践行的免责难题是道德践行的“困惑”

中国古代优秀道德文化在当代社会不能很好地践行，除了客观因素中的逐利情结的驱使、道德教育与道德践行相脱节以外，道德践行过程中的免责困境对道德践行者构成了冲击，这种冲击在一定程度上阻碍了中国古代优秀道德文化在当代的践行。

毋庸置疑，中国古代优秀道德文化确实在践行着，但这些优秀道德文化践行的时间不长，很难让道德践行者将古代传统道德文化形成道德信仰，并能自觉地长久地践行下去，核心原因在于道德践行中客观存在的免责难题一直困扰着道德践行者。要想让道德践行者持之以恒地将中国古代优秀道德文化践行下去，一个非常重要的前提即除道德践行的免责难题，并由此形成道德信仰。

然而，由于道德文化的践行主体在道德践行过程中要担负着客观存在的道德免责难题，形成了中国古代优秀道德文化践行的困境。在本书研究中，我们撷取了中国优秀道德文化的十三个范畴。诸多道德楷模也一直在遵循并践行着中国古代优秀道德文化，并形成了道德信仰，他们对中国古代道德文化笃信与身体力行：尚义、推仁、知耻、遵礼、守廉、诚信、公忠、贵和、举孝、明智、持节、致谦、宽恕。然而，在现实生活中，当普通大众对道德文化还没有达到道德信仰的高度时，他们有时也会践行传统道德文化，但当道德践行者面临道德免责难题之时，中国古代的优秀道德文化能否践行下去，就要提出疑问了。比如说，某人在践行“诚”这一道德要求：如若他以诚对待他人，而别人不讲诚信，最终使得老实人吃亏，此情此景，儒家之“诚”还能否践行下去，这位道德践行者能否将“诚”继续推行下去，恐怕还得重新反思。再比如说，推仁亦是儒家伦理的一大特色，在当代社会确实也有人在践行之。如在日常生活中，道德践行者见一老大爷被他人驾车撞倒，此时驾车之人逃之夭夭，践行儒家之仁的人，秉承着“仁者爱人”的思想，此种境况之下，他必定会将被撞倒的老大爷扶起并急送医院，而当老人之家属赶到医院之时，他们可能会认定撞倒老大爷的就是这位践行“仁爱”的人，在缺乏相关证据的情况下，这位践行儒家之“仁”的人就会被讹，道德践行者终究难逃道德之责。自此，这位践行儒家之“仁”的人就会“一朝被蛇咬，十年怕井绳”，再也不愿、亦不敢执着于“推仁”了。且在道德免责难题上，人们亦会将践行中国古代优秀道德文化而吃亏的现象推而广之。道德免责难题是当代道德践行中所遇到的普遍现象。由于道德免责难题而引发的道德践行困境，也是导致中国古代优秀道德文化不能践行的重要原因。

### （四）道德理想与道德现实的差距是道德践行的“鸿沟”

除了道德免责难题困扰着道德践行者，道德理想与道德现实的差距也困扰着中国古代优秀道德文化在当代的践行。

我们深信，任何人都想做有道德、有理想之人。理想与现实之间的鸿沟，亦是中国古代优秀道德文化在当代社会的践行难题。在社会现实生活中，当我们在践行中国古代优秀道德文化之时，我们所要考虑的问题是道德是否是道德践行者的第一需要，如若不是第一需要，那么在第一需要背后的直接原因是什么？其实，中国古代道德文化在现代践行的第一要素即经济利益的促动。“任何人如果不同时为了自己的某种需要和为了某种需要的器官而做事，他就什么也不能做。”① 因此，有道德理想，但无利益，在人的道德境界不是很高尚的情形之下，他是不能促使中国古代优秀道德文化在当代践行的。只有当道德文化成为人们的某种需要的时候，中国古代优秀道德文化才能在当代社会践行下去。唯其如此，我们才能从更深入的层次解决理想与现实之间的矛盾与冲突，使中国古代优秀道德文化得以践行。在社会现实生活中，道德说教之人可能有着崇高的道德理想，但当他为自己的生计而忙碌与奔波之时，这种道德理想可能会化为乌有，理想与现实之间的鸿沟愈加深远。

另外，中国传统文化一般多谈心性问题，在西学东渐过程中，中国一些学者多倡导“实学”，对中国古代一些人空谈心性问题多加斥责，认为道德生活脱离了现实根基使然。事实上，当代道德教育者，仍然在某种层面上有空谈性命之嫌疑，道德说教不能解决现实，理想和现实之间存在着一定的差距，这也是中国古代优秀道德文化不能践行的原因之一。

### （五）外来与本土文化的冲突与融合对道德践行的“冲击”

如果说中国古代道德文化的现代践行客观存在市场经济条件下的逐利情结、道德教育与道德践行相脱节、道德践行的免责难题、道德理想与道德现实的差距是内在的客观存在的困境，那么外来与本土文化的冲突与融合对道德践行的“冲击”是外在的客观存在的困境。

外来文化与本土文化的冲突与融合，是中国古代优秀道德文化不能践行的外因。从道德文化之视角来说，外来文化中所谓的“自由主义”“人本主义”对中国古代优秀道德文化的冲击与影响，导致了中国古代优秀道德文化在当代社会不能践行。外来文化与本土文化的摩擦，类似于中国魏晋南北朝时期的“名教”与

① 《马克思恩格斯全集》第3卷，人民出版社1995年版，第342页。

“自然”之争。在接受了西方所谓的“自由主义”“人本主义”的教育与教化之后，有人认为如将中国古代优秀道德文化诸如仁、义、礼等道德规范付诸实践，则极有可能在某种层面上扭曲人性、压抑人性，使人不能率性而为，此类思想类似于中国古代优秀道德文化“越名教”之感；西方所谓的“自由主义”，则有尽情释放人之本性，不为外物所压抑，不为道德所困扰，这些人所崇尚的一种类似于老庄式的“任自然”。一方面，有人认为中国古代优秀道德文化压抑了人之本性；另一方面，则是西方所谓的“自由主义”让人尽情释放人性。而人作为性情中人，在选择时自然有“趋利避害”的本性，在道德选择层面自然就选择了“任自然”的西方道德文化，忽视或者放弃的是中国传统道德文化。这种类似于“名教”与“自然”之争的“本土文化”与“外来文化”的冲突与融合，直接导致了中国优秀道德文化不能践行的一个不可回避的原因。

### （六）应对措施

一直以来，我们以拥有五千多年的传统文化而感到自豪。在对中国传统文化的认识过程中，道德文化是其重要的方面。中国古代优秀道德文化曾为中国古代社会相对意义上的优序良俗打下了坚实的基础，但在当代社会，中国古代优秀道德文化的践行缺失面临着来自客观层面的困境。中国古代优秀道德文化践行的最大困境就是来自当前市场经济条件之下的逐利情结，利益冲击了优秀道德文化的现代践行。其实人类道德活动的一切层面，最终皆可从利益找到其终极的理由。当然，道德教育有助于人们存义去利，但我们的道德教育在某种层面上缺失了道德践行，注重的是道德说教。此外，我国当前的德育教育中，在开设道德教育课程方面鲜有中国古代优秀道德文化的内容，这不能不说是一大悲哀，更使中国古代优秀道德在当代社会不能践行雪上加霜。不仅如此，在现实生活中客观存在的道德践行的免责难题、道德理想与社会现实的差距、外来自由民主的冲击，也是导致中国古代优秀道德文化不能践行的客观原因。

我们在反思中国古代优秀道德文化缘何在当代社会不能践行之时，必然要针对客观情势，有针对、有目的地解决道德践行问题。一方面，要大力加快社会主义经济建设进程，不断丰富人们日益增长的物质文化生活需求，唯其如此，道德存在与道德践行才可能有坚实的物质基础；另一方面，道德教育要始终关注道德认知与道德践行的高度统一，杜绝单一道德说教，坚决落实道德教育与道德践行相统一的精神，并在道德教育中适当开设有关中国古代优秀道德文化的内容。在文化全球化的过程中，要大力加强文化宣传力度，增强我国的文化软实力，不断提升中国道德文化影响力、竞争力，采取主动进攻的道德文化模式，以取得中国古代优秀道德文化在全球化时代的竞争力，防止西方文化冲击中国古代优秀传统道德文化，在做好以上工作的前提之下，我们才能更好地提升中国古代优秀道德文化的地位，才能将中国古代优秀道德文化生活化、大众化；逐渐培养国民对中国古代优秀道德文化的深厚情感，逐渐确立公民的道德文化理想，进而逐渐培育公民的道德信仰，将中国古代优秀道德文化不断地推行下去。唯其如此，中国社会的优序良俗才能实现，一个美好的道德情境之下的和谐社会才能真正实现。

## 三、道德践行的伦理权威丧失

中国古代优秀道德文化的传统理念与现代践行的障碍除了主、客体方面的困境之外，还存在着道德文化的伦理权威丧失困境。

在当代经济与社会转型时期，古代道德文化在当代社会能否践行，与道德文化的权威丧失与否密切相关。古代优秀道德文化与现代践行的基础在于广大民众对传统道德文化的信仰，换言之，现实中道德文化的合理性的说明是道德文化得以践行的关键。“20 世纪哲学最棘手的问题之一是合理性问题”①，事实上，中国道德文化的传统理念与现代践行最棘手的问题依然是合理性问题。也就是说，中国古代优秀道德文化的践行，对道德文化的合理性的说明至关重要。然而，从中国目前之现状看来，中国古代道德文化在当代践行的主要障碍在于古代道德文化的伦理权威丧失，进而导致了人们对道德文化信仰的丧失，也即中国优秀道德文化在当代社会存在的合理性依据业已消失，这是导致中国道德文化的传统理念与现代践行的一大困境。道德信仰是对某种道德文化的专一的、持久的、恒定的心理状态。道德信仰具有持久性、稳定性、可操持性。事实上，道德践行要求道德践行主体有着对道德文化的特殊的、持久的、稳定的信仰；信仰丧失的背后，是道德践行危机的产生。造成中国古代优秀道德文化与现代践行的伦理权威的丧失主要在于：古代主宰之“天”的现代伦理权威丧失；历史震荡冲击了儒家核心伦理道德的延续；中国道德文化的传统理念尚未融入社会主义核心价值体系中。

### （一）古代主宰之“天”的现代伦理权威丧失

中国道德文化的传统理念在当代究竟能否践行下去，关键问题在于对中国古代伦理道德的合法性说明。简而言之，道德践行主体缘何遵守、信仰中国古代道德文化并践行之，这是解决道德文化的传统理念与现代践行不可或缺的因素。

一部古代中国哲学史，即一部中国传统伦理思想史。中国古代社会是一个相对意义上的和谐秩序社会，古代道德文化的践行是构建和谐社会的重要一环。古

① ［美］劳丹著，刘新民译：《进步及其问题》，华夏出版社 1990 年版，第 116 页。

代社会为什么对道德文化能够信仰并践行之，主要是因为树立了道德文化践行的伦理权威，其核心范畴为“天”。“天”在古代社会具有主宰之天、自然之天、义理之天三重内涵。古代社会道德文化的践行，其权威在“天”，也即人们遵守并践行中国古代优秀道德文化，其权威主要来自天的“主宰”之义，当然此处之“天”亦有“义理之天”的义涵。主宰之“天”的意蕴类似于西方的上帝，因为上帝全知全能，且是道德的化身。古代社会道德之践行，皆依赖于主宰之天。

中国古代社会的传统文化是以伦理道德为核心的文化。古代社会道德文化践行的内在动力机制在天，对“天”的敬畏是古代社会道德文化得以践行的根本保障。早期人类社会，人类对天的认识处于模糊、敬畏的心态。对“天”的敬畏日后成为人们道德信仰的一种内在驱动力，其原因在于上天是全知全能、至善的道德化身，天乃人世间一切的最高主宰，只有顺从天意，才能有善的结果；如若违背天意，则必将受到天谴、天杀。主宰之天在人世间有惩恶扬善的功能，人类如若在人世间做了坏事，不受伦理道德规范的约束，则必将受到天谴。人们出于对上天的敬畏，内心世界的道德信念是绝对不能做坏事，否则上天必将惩罚，于是，在日久的伦理道德教化之中，逐渐将“天”神圣化、人格化，再加上历史上一些有识之士的推波助澜，古代人对道德文化的信仰也就自然形成。在中国古代历史上，典型的例子就是西汉大儒董仲舒将“天”神圣化，强化天的权威，以促使封建传统的道德文化顺利地推行下去。董子提出了天谴说、灾异说。董子之意，如若不遵守儒家的纲常伦理、则人世间必将受到“天”的惩罚；如若为政者不践行道德规范，则“天”将某种灾异降落人间，使得臣民百姓受到苦难。为此，“天”的权威被更加强化了，在“天”监管之下的封建纲常伦理才能得以践行。魏晋南北朝时期，虽然“天”的权威在一定程度上受到质疑，但以伦理道德为核心的儒家“名教”并没有退出历史舞台。相反，在“天”的关照之下，儒家纲常伦理仍然是封建社会的核心价值体系。尤其到了宋元明时期，传统文化的“天”被称之为“天理”，从形而上层面更为巧妙地说明了“天”的主宰性与神圣性。故此，在宋明时期，以儒学为核心的传统伦理道德在“天”的主宰下已深入人心，无论是在理论层面对传统道德文化的“认知”，还是在实践层面关于道德文化之“践行”，宋明理学都达到了中国传统道德文化践行的巅峰。

由上可知，道德文化的践行，对道德文化敬畏感的塑造尤为重要。古代道德文化能很好地践行，期间“天”的伦理权威功不可没。儒、释、道三家实际上都是在塑造伦理道德的权威，塑造一种全新的道德信仰。儒家的成圣，以“天”作为道德的权威；佛家的成佛，以现报、生报、来报的激励机制以塑造人的道德信仰；道家成仙，以成就理想的人格作为道德信仰的“诱饵”。儒家成圣、佛家成佛、道家成仙，皆是通过塑造理想人格为道德践行提供内在的动力机制。

反观当今社会，随着科技的进步与发展，人们对“天”的认识相比古代已经大有不同，现代意义上的“天”已经不具备古代主宰之“天”、义理之“天”的含义，仅余下自然之“天”。“天”已经不再具有惩恶扬善的功能。由此，鉴于现代人对“天”的神秘感的消失，使中国古代道德文化的现代践行陷入了困境。任何人做某件事情总要找到原因和理由，同样，现代人在践行古代道德文化之时，总是在问一个问题：我凭什么践行中国古代的伦理道德规范？如果我不践行又会如何呢？为此，古代道德文化的现代践行，关键在于塑造道德践行的伦理权威，在伦理权威的基础之上，重塑人的道德信仰，唯其如此，中国传统道德文化的现代践行才能落到实处。

### （二）历史震荡断裂了古代核心伦理道德的践行

中国道德文化的传统理念在现代践行的困境，除了“天”之伦理权威的丧失而导致现代人伦理信仰的缺失外，还和中国社会发展中几次大的历史震荡导致传统文化的断裂有关。历史上，这三次大的历史震荡表现为魏晋玄学时期的“名教”与“自然”之辨、中国的五四运动、文化大革命运动。这三次大的历史震荡使中国古代道德文化的现代践行在伦理权威丧失的基础之上再次陷入困境，可谓使道德文化践行雪上加霜。

在中国古代哲学史上，魏晋时期的“名教”与“自然”之辨，实际上是一场关于是否要践行儒家道德文化，是否要超越儒家的纲常伦理，尽情展现人的自然本性的论争。这场争论始于西汉董仲舒以来以“天”为主宰的道德权威逐渐丧失的基础之上的一场论争。东汉以降，董子所创造的以“天”为伦理权威的道德文化践行了一段时间。随着时间的推移，董子所创造的关于儒家伦理道德践行之“主宰之天”的权威产生了怀疑，一些学者甚至认为儒家的纲常伦理压抑了人之本性，并主张人应尽情展现其本性，复归于道家所主张的“自然”。王弼提出“名教出于自然”，阮籍与嵇康等提出了“越名教而任自然”。所有这些结论皆对儒家道德文化之权威是一种极大挑战，使儒家道德文化的践行陷入了困境，其消极影响不容置疑。故此，魏晋时期的“名教”与“自然”之辨，是古代道德文化践行的第一次危机，其影响尤为深远。

如果说“名教与自然之辨”对道德文化在古代社会践行的权威产生了冲击，那么，随着时间的推移，中国近代社会所爆发的五四运动与现代社会所爆发的文化大革命对中国道德文化的现代践行产生很大影响。

五四运动提倡新文化，反对旧文化。“五四”志士认为，是中国传统道德文化阻碍了中国历史前进的步伐。因此，中国欲崛起，首要问题在于对中国以道德文化为核心的传统文化进行反思，部分人甚至主张全盘否定中国传统道德文化。

于是乎，在中国学术界出现了以反对孔子所开创的以道德文化为核心的中国传统文化的“旧文化”运动，而提倡西方资本主义国家所提出的民主与科学运动。由此，中国古代不论是以“三纲五常”为封建社会核心价值体系的糟粕性文化，还是以仁、义、信、诚、恭、宽、惠等为核心的优秀道德文化，都遭到了同样的命运：最终皆被遗弃，正如给小孩洗澡一样，洗澡水与小孩一同被倒掉了。民众对传统道德文化大有洗心革面、一切从头而来的感觉。对中国优秀道德文化严重的信仰危机，导致了中国古代优秀道德文化的现代践行难以为继。

一波未平一波又起，中国古代优秀道德文化在“文革”时期再次遭受到重创。中国古代优秀道德文化信仰的培养，乃是经历了相当长时间，才最终得以内化为人们道德品质的一部分。经过五四运动与文化大革命运动的冲击，中国几千年来所培养起来的对中国古代优秀道德文化的信仰受到了前所未有的考验，对之否定和排斥的声音一度甚嚣尘上。

中国古代优秀道德文化在经历五四运动与文化大革命运动以后，道德信仰的丧失，期间隐含着一个重要的原因；那即是从五四以后至今，中国人道德观念的一致性丧失。“五四”以后，人们对中国古代道德文化有着不同的观点：有人赞扬之，有人贬抑之。中国古代道德文化的道德观念一致性丧失，落实到现实层面，就是道德相对性层面的存在导致了中国古代优秀道德文化不能践行。因为同样的道德文化，可能会因其对象、地区、地域的差异而导致对道德文化的不同评价。中国古代优秀道德文化的践行，在某些人、某些地域看来是合乎道德规范，但在另一些其他人看来却是不合乎道德的。由道德相对性的角度所衍生出来的道德文化、道德观念的不一致，亦导致了中国古代优秀道德文化在当代的践行陷入了困境。“道德的正确性或错误性随地区而异，并不存在可以在一切时代用于每一个人的绝对的或‘放之四海而皆准’的道德标准。……道德的正确性随个人的信仰或生活文化的信仰而定，所以，正确和错误的概念一旦脱离了它所由产生的具体环境则毫无意义。”① 鉴于道德文化的相对性与道德人道德观念的不一致性，促使了中国古代优秀道德文化不能践行。当然，当今社会是一个开放的社会，人们的思想观念都会发生不同的变化，在道德理念的王国里亦可能有着自己的标准。“在一个开放的多元社会里，不同的甚至是相互冲突的道德观念、道德理想、道德目的是并存的，相互竞争的，没有任何一种完备性的道德观念能够成为统一人们的道德价值的基础。每个人都可以在生活中自主选择、确定和调整他们的生活目的和道德理想，形成他们自己的道德观念”② 对中国古代道德文化的道德观

① ［美］彼彻姆·汤姆著，雷克勤等译：《哲学的伦理学》，中国社会科学出版社 1990 年版，第 51 页。
② 金生鈜：《规训与教化》，教育科学出版社 2004 年版，第 289 页。

念的不一致看法，加深了中国古代优秀道德在当代践行的难题。更有甚者，在当代社会，一些不明白、甚至不了解中国古代优秀道德文化的人，动辄以“三纲五常”、中国礼教吃人现象等作为中国古代道德文化的核心而极端地加以否定。这些人只看到中国古代道德文化的负面层次，以偏概全地对中国古代道德文化加以全盘否定，瓦解了道德践行主体对中国古代优秀道德文化的信仰。

五四运动、“文革”对中国古代优秀道德文化的道德信仰造成了很大的伤害。对中国古代道德文化的信仰缺失，直接导致了中国古代道德文化在当代践行的困境。

### （三）核心价值体系建构过程中的传统伦理尚未融入

当代中国的社会主义核心价值体系，已脱离了古代社会以“三纲五常”为核心的价值体系，这是值得肯定的。在以马克思主义为指导的社会主义核心价值体系的关照之下，抛弃古代旧式糟粕性的核心价值体系是必要的。与此同时，我们也必须清醒地意识到古代社会伦理文化的精华。在践行社会主义核心价值体系时，如何看待中国古代优秀道德文化在核心价值体系的地位，我们必须慎重思考。

在建设社会主义核心价值的过程中，不能否认传统道德文化在建设社会主义核心价值中的重大作用。中国传统文化在长期的发展过程中，形成了独具中国特色的五大原则与五大功能，即理想主义的道德原则、慎独的道德原则、实事求是的道德原则、民本主义的原则、忧患意识和艰苦奋斗的原则；教育教化的功能、辐射同化的功能、整合的功能、凝聚的功能、规范导向的基本功能。中国道德文化所形成的独具特色的中国文化，铸就了中华民族精神，为我们建立社会主义核心价值体系提供了可资借鉴的文化资源。因为“这些东西至今仍然具有其顽强的生命力和永恒的价值，在维护国家统一、调解社会矛盾、改善人际关系中发挥着巨大的精神作用。”[①] 由此可知传统的优秀道德文化在社会主义核心价值体系的建构中具有不可低估的价值。在建构社会主义核心价值体系时，我们更强调社会主义核心价值体系的马克思主义指导与坚持社会主义的发展方向，对优秀道德文化传统对社会主义核心价值体系的充实与建构有所忽略，忽视了道德文化在构建社会主义核心价值的基础性作用。社会主义核心价值体系处于建构、成型、内化、大众化阶段，所经历的是从核心价值内化为人们的道德品质，逐渐向道德信仰的过渡。在社会主义核心价值体系成型并内化的过程中，中国古代优秀道德文化逐渐为人们所遗忘，由此导致了中国古代传统道德文化的信仰危机。中国古代

① 于文军：《弘扬传统美德的思考》，载《求是》1997 年第 13 期，第 21 页。

优秀道德文化践行的伦理权威丧失亦可想而知了。

建设社会主义核心价值体系与践行中国古代优秀道德文化是一脉相承的。在笔者看来，社会主义核心价值体系的核心内容在某个层面上应当吸收中国优秀传统的道德文化，任何否定中国传统文化魅力的行为，都会导致极为严重的后果。"否定中国文化传统的结果，最终酿成了一系列恶果，造成了'断裂的一代'、'西化的一代'，造成了对传统文化没有温情和敬意、失落迷茫的一代人。"[①] 当前，中国正处于建设社会主义核心价值体系之时，可以肯定，建设社会主义核心价值体系是必需的，但如何在建设社会主义核心价值体系时有效地融入中国古代优秀道德文化，使古代优秀道德文化逐渐融合为人们日常生活中的一部分，并借助于核心价值体系的建立形成人们对传统道德文化的信仰，这是必须要解决的一个问题。

此外，当代社会所流传的多是中国古代优秀道德文化的负面宣传。在日常生活中，人们往往以"存天理灭人欲"全面贬斥中国古代优秀道德文化。对中国传统道德文化的信仰业已岌岌可危，中国道德文化的现代践行走进了死胡同。

中国道德文化的传统理念在现代践行之所以成了问题，关键在于人们对中国古代优秀道德文化的信仰上出了问题。对中国道德文化的信仰危机不是一朝一夕的问题，而是由历史的积淀逐渐形成的核心问题。魏晋时期所出现的"名教与自然之辨"，古代主宰之"天"的伦理权威现代丧失，导致中国古代优秀道德文化的合理性出现危机；"五四"以来的新文化运动，以反对旧文化为其本旨，大大挫伤了对中国古代优秀道德文化的伦理权威；而"文化大革命"的爆发，则直接摧毁了中国古代优秀道德文化的伦理权威；中国当代社会主义核心价值体系处于酝酿与建构的动态过程中，中国古代优秀道德文化在社会主义核心体系的地位还处于热议之中。由于历史的逐渐积淀，对传统道德文化的信仰逐渐成了问题，对中国古代道德文化的信仰度降低，最终的结果是中国古代优秀道德文化在现代践行出现了困境。因此，中国古代道德文化的现代践行问题，必然与建设社会主义核心价值体系有机结合起来，也即有机地将中国古代优秀道德文化融入社会主义核心价值体系中，唯其如此，才能重树中国古代优秀道德文化的伦理权威，中国古代优秀道德文化才能在社会主义核心价值体系的建设过程中得到践行。

① 张岱年：《文化与价值》，新华出版社 2004 年版，第 40 页。

## 四、道德践行的机制策略滞后

如上所述，中国古代优秀道德文化在现代践行迟缓或者停滞的主要原因在于道德践行主体道德意识淡薄；道德践行的客观环境凝滞；由此造成了人们对优秀道德文化的信仰趋向于丧失。诸多不利于因素的合力造就了中国古代优秀道德文化践行力度不够。

### （一）道德践行需要稳定的道德践行机制与策略

中国古代优秀道德文化在现代社会践行力度不够，事实上还有可以补救的措施：即当代社会如若有稳定的道德践行机制、或者说有比较好的道德践行策略，中国古代道德文化在当代社会能有所补救，从而使中国古代道德文化能很好地践行下去。但事实上恰好相反，在道德践行的合理机制与策略层面，现代社会稳定的道德文化践行机制，亦没有很好的道德文化践行策略，加深了中国古代优秀道德文化在当代社会的践行难度。中国古代优秀道德文化需要很好的道德践行与机制的保障，如此方能实现中国古代优秀道德文化在当代社会的践行。

中国古代优秀道德文化在古代社会能很好地践行，关键因素就在于古代社会有着很好的道德践行策略与机制。策略与机制的贯彻执行，这是中国古代优秀道德文化在当时社会很好践行的直接诱因。中国道德文化之所以能流传人间，且两千余年而经久不衰，一个很重要的原因在于古代社会对道德文化践行形成了稳定的道德践行机制与道德践行策略。

道德文化的践行策略是某个时期所采取的道德践行的临时性、单一的、依赖于某人，或者是某些人的经验建立起来的，在当时历史条件之下行之有效的一种道德文化的践履方式；道德践行机制则是道德践履的多种有效方式、方法的综合而总结和提炼出来的，且在道德践履过程中被实践证明了的较为固定的、系统化、理论化、制度化的系列方法和方式的综合。很显然，道德践行的策略是主观随意性很强的道德践履方式，他往往依赖于人们的实践经验或者是偏好；而道德践行机制则不然，它表现为稳定的、正式的、固定的、成型的、上升为理论高度的成熟的理论模式。因此，道德践行机制是一稳定的实践模式，而道德践行策略则表现出当下的、临时性的实践特征。

以下主要考察中国古代道德文化践行机制为中心，以期为我们现代社会践行优秀传统道德文化之机制有所借鉴与启示。

## （二）古代社会道德机制促进了道德践行

古代社会之道德文化的践行机制与践行策略的推动下，古代社会逐渐形成了人们关于道德文化的道德意识、道德情感、进而形成了对古代道德文化的道德意志、道德敬畏。可见道德践行之机制与策略是人类道德行为形成的关键性因素，此乃道德因素内化为自身道德品质的关键性一环，是人类择善固执的不可或缺的因素。归纳起来，古代社会形成的道德践履机制主要有道德合法性的论证说明机制、有教无类、立德树人道德人格考核机制、崇贤明、举孝廉的道德推举评价机制。

第一，道德文化合法性的论证说明机制。

古代社会的道德践行并流传不息存在着前提性条件：即人们首先有对道德文化之信仰的真情实感。换言之，对道德合法性的说明，此乃人们产生道德情感、继而产生道德敬畏、并对道德文化的择善固守的前提性条件。在人类漫长的道德发展史上，道德文化的不断践行，关键在于人们形成了稳定的道德合法性的论证说明机制。这种论证说明机制，从原始社会无知、自发的对天道视域中的道德文化敬畏，到后来官方性的形而上学的论证说明机制，将道德文化合法性的论证表现得淋漓尽致。正是这种道德合法性的论证说明机制的形成，使人们对道德文化的敬仰由无知型的信仰方式，实现了到后来道德慎独的转变；这种道德文化的合法性机制的转变，为中国古代道德文化的践行，中国道德文化的不断流传，内化为人们的道德心理奠定了坚实基础。

道德性从一开始就表现为中国传统文化的特色。中国哲人从一开始就关注人之道德问题，西方哲人则一开始关注的是自然界的问题，“在不同的历史文化背景下，西方哲人关注的是对象世界，他们力图了解对象世界的奥秘以及对象世界奥秘背后的动因，并希求以哲学的方式寻求解决的方案；中国哲人与西方哲人关注的主要对象略有不同，中国传统哲学从一开始就注重关注人的问题，中国哲人更多的是关注人在生存世界中如何能够安身立命、如何修道成性以完善自己的人格。”[①] 由于中国哲学关注的是人如何成圣成贤的问题，因此中国的道德文化比较发达，但道德文化的形而上层面不像西方哲学那样发达。基于此，西方诸多哲人叫嚣中国没有哲学，只有思想。先秦道德合法性的说明主要出于自发的对上天的敬畏。天在中国古代有主宰之天，义理之天、自然之天三重涵义。在中国道德文化的发展史上，天主要有两种涵义，即主宰之天与义理之天。人们对道德的敬畏，可以从天的这种形上层面的意义进行分析与整理。先秦时代的“天”，类似

① 陈力祥：《王船山礼学思想研究》，巴蜀书社 2008 年版，第 1 页。

于西方的“上帝”，“上帝”它全知全能，是主宰一切的基础，中国的天亦有类似的概念。从一定意义上说，天是道德人格的化身，亦是道德文化起源的基本依据。同时，天对那些不遵循道德文化的人来说，还有惩恶扬善的基本功能，由此才形成了人们对上天的敬畏，也成就了人们对道德的敬畏之情。故此，“天”为先秦道德文化的践行奠定了合法性依据，亦是人们对道德的敬仰逐渐内化为人们道德品质的内在根据。因此，主宰之天与义理之天成就了古代道德文化践行的合法性依据。这种合法性依据，对某些人而言，是在对天无知、懵懂的情况下所产生的对道德文化的敬畏，继而自觉践行道德文化，并形成了道德自觉。

秦以降，人类步入封建社会，对道德文化的合法性追问依然是一项重要任务，因为道德文化合法性依据的说明，是涉及道德文化能否继续践行下去的关键所在。不管是出于一种主观努力，还是另有他因，将“天”作为道德合法性理论依据的方向没有改变。董仲舒论证道德合法性的方法在于以天人感应为其神学目的论体系的核心。“天”乃人类道德的起源，董子的观点与先秦时期的观点无异。董子曰：“道之大原出于天，天不变，道亦不变”（举贤良对策三），这里所讲的“天”则是自然界或者是人类社会的最高主宰，这里所讲的“道”即是以“三纲五常”为核心的封建社会存在的基本依据，董子在更高层次上强化了“天”的主宰意义，使得道德合法性在更高层次上能令人信服，从而为道德文化的践行奠定了基础。董子对天的强化主要表现如下：董子首先凸显天人同类，然后强调人副天数，最后说明天之灾异遣告。董子所论证的道德文化合法性的途径即是从天与人有相通的地方着手，指出人与天有诸多相似的地方：如人有四肢，天有四时，天有阴阳，人亦有阴阳。通过天与人之间的简单比附，从而将天与人之间的关系打通。通过人副天数，如若人违背“道”，也即违背“天”，则必然遭到灾异遣告。以天为核心，通过人副天数、天谴等途径，强调了封建社会的道德合法性，提升了道德合法性的理论根据，提升了人类的道德敬畏，故此，以天为核心论证道德文化的合理性，有助于封建社会道德文化的践行。

当然，董子在道德合法性问题上的论证有助于封建道德文化的践行，但董子关于道德文化合法性的简单比附，很快就因为其在形上层面的肤浅而引起了人们的质疑。于是引起了在魏晋南北朝时期的名教与自然之争，所谓“名教”：即“正名分、定尊卑为主要内容的封建礼教与道德规范”；所谓“自然”，主要指“天道自然，认为天使自然之天，天地的运转，万物的化生，都是自然而然，自己如此的”①。由此，关于道德伦理的合法性问题，其实是要不要以伦理道德为核心的根本问题，这是中国哲学史上第一次因道德层面的合法性危机而引起的对

① 《大百科全书哲学》（卷一），中国大百科全书出版社 1987 年版，第 621 页。

道德文化的公信力的质疑，是对传统道德文化的能否继续践行的严重挑战，这直接影响了中国传统道德文化在魏晋时期的践行。

宋以降，为重振儒家的纲常伦理文化，一批有识之士，以挽救儒家道德文化所面临的巨大挑战为己任，他们吸收了佛教文化的法统说，汲取了道家文化在形上层面的营养，并融合儒家《易经》在形上层面的合理内核，创造性地开创了宋明道学（宋明理学）。在危机时刻，这批有识之士挽救了面临着巨大挑战的儒家道德文化，使儒家道德文化在形上层面得到了合理性的论证，为封建道德文化的践行扫清了障碍。

不论是儒家道德文化面临危机也好，面临着巨大挑战也罢，人们都在不断地推动儒家道德文化的合法性论证，并因此而形成了道德合法性的论证机制。汉代设立了“五经”博士，专门为儒家的纲常伦理论证服务。汉章帝亲自主持白虎通会议：这次大会，初衷是针对儒家经典而展开的讨论，但最终由于杨终所奏的内容而发展成为一次确定儒家核心价值体系（纲常伦理体系）的大会。因为汉章帝认为儒家学者的章句训诂破坏了儒家的核心价值体系，因此，白虎通会议由讨论经学问题最终发展为讨论儒家的纲常伦理问题。“方今天下少事，学者得成其业，而章句之徒破坏大体，宜如石渠故事，永为后世则”①。这里所讨论的儒家核心价值体系问题，说白了就是儒家的道德文化。这次会议的规格异常之高，由皇帝亲自主持，说明了古代社会在道德文化的践行方面用心良苦。即使是在道德文化受到严重挑战的魏晋时期，儒家道德文化虽然受到严重挑战，但它仍然是封建社会主流意识形态，并有一批志士仁人不断为儒家道德文化的合法性而不懈努力，并因此而形成了道德文化的合法性论证机制。宋明以降，这种道德合法性的论证说明机制已经完整地建立起来了，并在宋明时期形成了不同的学派。比较主流的学派有气学派、心学派以及理学派。各学派表面是论证不休，但其最终目的只有一个，即将道德文化的合法性论证进行到底，为践行中国古代道德文化奠定了坚实的基础。

第二，有教无类、立德树人道德人格考核机制。

古代社会道德文化的践行，除了有着形而上层面的道德合法性的论证机制以外，中国道德文化践行中的有教无类、立德树人之机制，也是保证道德文化践行必不可少的条件。众所周知，古代社会教育的特点，也即以伦理道德教育为中心的教育体制，凸显了中国哲学、中国古代教育的特质。中国古代社会道德文化的践行，在很大程度上依赖于中国古代教育。

① 《二十四史·后汉书》（第三册），中华书局1997年版，第1559页。

先秦时代，孔子开创了有教无类[1]、立德树人的以伦理道德为核心的儒学教育教学体制，这是中国古代道德文化得以践行、流传的重要原因。孔子是大教育家，这一点在学术界业已达成共识。他的有教无类的道德教育公平论，使人人在道德教育方面公平合理，亦是道德教育践行的必要条件。在道德教育方面，孔子开创了循循善诱、有教无类、知行并进、身体力行等道德教育方法，为道德文化的践行创造了条件。孔子所开创的儒家道德教育模式，成为我国古代社会道德文化践行的最为直接的原因。后来的儒家教育，从教育内容上来说，主要是以伦理道德为核心的教育，而从教育方法上来说，主要是孔子教育、教学方法的不断延续与开新。孔子所开创的以道德教育为核心的教育模式、教育方法，使儒家的道德文化不断得以践行，并在华夏之地，乃至东亚、南亚都产生了巨大的影响。

春秋战国时期的考核机制出于世袭和选举。选举制度的产生，也即考核机制的诞生，这种考核即是对人之伦理道德为核心的考核，直接推进了古代社会的道德践行。孔子以伦理道德为核心的教育模式，直接开启了西汉的道德考核制度。"考试"一词，源于汉董仲舒的《春秋繁露·考功名》："考试之法，合其爵禄，并其秩，积其日，陈其实，计功量罪，以多除少，以名定实，先内弟之。"也即西汉的考核机制直接形成了以考"德"为核心的考核模式，也形成了自先秦以来的以道德水准论成就的教育考核机制，这大大推进了道德文化内化为人们内心的道德品质的进程。这种道德考核机制一直延续到科举制度的出现。"科举"一词，最先出现于西晋时期："今科举优劣，莫若委任达官，各考所统。在官一年以后，每岁言优者一人为上第，劣者一人为下第，因计偕以名闻。"[2] 学术界一般认为真正意义上的科举肇始于隋炀帝，这个时期的科举是中国历史上以德才为标准的具有严密的考试程序的考核机制。科举考核机制虽然在历史上有几次短暂的中断，但由于科举机制的有用性与道德的至上性，使科举制历史上延续了千年之久。特别是在宋元明清时期，更是强化了科举考试的规范性。以朱熹为代表的理学大师，更是强调了科举考试在内容上的统一性，突出以"四书"为核心内容的八股考试模式。故此，科举考核机制的推出，凸显了中国古代道德文化践行机制。中国古代社会道德考核机制的推行，使得儒家的伦理道德规范不断内化为人们的道德情感，整合为人们的道德心理，从而转化为人的道德意志，外化为人们的道德行为，大大加强了人们的道德践行力度。儒家以道德伦理为核心的考核机制不断推向前进，也是儒家伦理道德能流行于世而经久不衰的一个重要原因。

中国古代社会的道德考核机制，加速了我国古代道德文化的践行。以"科

① 朱熹：《四书章句集注》，中华书局 1983 年版，第 168 页。
② 《二十四史·晋书》（第四册），中华书局 1997 年版，第 1026 页。

举”为载体的儒家科举考核模式，对儒家道德文化的践行之价值不可低估，对儒家文化圈的形成功不可没。中国古代的这种以科举考试为机制的道德文化践行模式，对整个世界，特别是我国的周边国家产生了不同程度的影响。正如西方传教士丁韪良先生所言：“科举是中国文明的最好方面，它的突出特征令人佩服……当今在英国、法国和美国正在取得进展的文官考试制度，是从中国的经验中间接而来的。”[①] 这足以说明科举考试机制对世界文明的影响，也间接说明了科举考试机制对我国古代道德践行之价值。

第三，崇贤明、举孝廉的道德推举评价机制。

中国道德文化在古代社会的践行，另一重要原因在于古代社会一直重视崇贤明、举孝廉的道德推举机制。道德推举机制的形成对古代道德文化的践行作用是不可低估的。道德贤明之人的推举，有助于加强对传统道德文化的践行，这一点我们可以从道德心理的角度进行分析。马斯洛的人类动机理论将人的需要分为五个层次：即生理的需要、安全的需要、归属和爱的需要、尊重的需要和自我实现的需要。[②] 人的五大需要层次理论中，人有尊重的需要、自我实现的需要，这也凸显了人存在的意义，凸显了人之所以为人的价值。故此，人因为其道德行为至善、道德行为之真而被推举的时候，这就意味着人被他人尊重，同时也意味着自我价值的实现。故此，当某人被他人以道德模范推举的时候，他即实现了他本人的道德价值和道德追求，亦意味着被他人所认可。故此，举孝廉、崇贤明的道德推举机制是道德文化践行不可或缺的。

在中国哲学史上，中国古代道德文化践行的推举机制始于尧帝。史记尧帝开始并非帝位，但由于他本人道德品质高尚、人们的拥戴、部族首领的举荐，最终其长兄将帝位禅于尧。同样，尧帝老了以后，他召开了推举大会，让大家推举有德之人继承帝位，有人推举尧帝之儿，被尧帝当场否定，几经选择，最终尧帝将自己的帝位禅于非常孝顺、又非常有才能的舜。同样，舜将自己的地位传给治水三过家门而不入的大禹，鉴于禹之道德品质高尚，天下职位本来已经传给了舜帝儿子，但最终由于民心所向，经过举荐，帝位最终还是禅让给了禹。从帝位的禅让可以看出，帝位的获得都是经过大家举荐，而且为帝之人必须是道德品质高尚之人。虽然帝制的禅让后来为世袭制度所取代，但后来所形成的选贤与能的传统一直没有改变。特别是春秋战国时期，这种推举机制一直就未曾改变。从历史上的禅让制，到后来的选贤与能的实践，都没有改变一个事实：即道德品质高尚之人能得到人们的拥戴与支持，能得到人们的尊重与爱护。而被拥护之人则能在某

① 刘海峰：《科举制度对西方考试制度影响新探》，载《中国社会科学》2001 年 5 期，第 188 ~ 202 页。
② 马斯洛著，许金声译：《动机与人格》，华夏出版社 1987 年版，第 44 页。

种意义上实现了马斯洛所说的自我实现与尊重的需要。道德推举机制有助于道德品质的提升，有利于人们道德文化在古代社会的践行。

当人类驶入封建社会以后，虽然封建帝制仍然是世袭制，但崇贤明、举孝廉的推举方式业已形成机制。“孝廉”一词最早出现于班固之《汉书》，有史证曰：“元光元年冬十一月，初令郡国举孝廉各一人。”[①] 举孝廉的推举机制，自武帝以后，孝廉举荐制度化了，并频频出现在我国史书当中，一直到清朝都未曾改变，这充分说明了孝廉机制的成型，表明了上层阶级对优良道德品质的推崇，举孝廉的道德推举机制为我国古代社会道德文化的践行奠定了坚实的基础。由于孝廉制度的存在，大大加速了我国传统道德文化践行之力度。

### （三）策略机制滞后阻碍了道德文化的现代践行

中国古代社会兴起了严格的道德文化践行机制：从形而上的道德文化合法性的论证说明机制；到有教无类、立德树人的道德人格考核机制；再到崇贤明、举孝廉的道德推举评价机制，这些都充分展示了中国古代道德文化践行机制的严密逻辑性。

中国古代道德践行机制的形成，大大促进了中国道德文化在古代社会的践行，在一定程度上有利于人们对传统道德文化产生道德情感，有助于产生道德敬畏并内化为人们道德意志，进而形成一种道德内化机制。千百年来，人们一直都以践行儒家道德文化为己任而乐此不疲，并在道德文化践行方面开创了各种践行的方式：比如说以慎独的方式、致良知的方式践行中国古代的道德文化。中国道德文化在当时社会的深入践行，这与古代社会道德文化践行机制的深入人心密不可分。

当前，中国处于社会制度的转型阶段，在这个特定的阶段，人类所面临的是道德文化与经济利益的冲突。如何理性地应对由于社会转型而带来的这种矛盾与冲突，是我们义不容辞的责任。当今时代的有识之士，目前正以积极的方式应对转型时期所带来的义利冲突，从古代社会践行道德文化之机制汲取营养是理性的选择。

然而，从现实层面来说，目前中国道德文化的现代践行缺少必要的机制与策略。换言之，中国道德文化的现代践行缺少必要的道德践行机制与策略，由此导致了中国古代优秀道德文化的现代践行存在很大的难度。

就目前状况而言，中国古代优秀道德文化不能很好地践行下去，期间关键性因素在于其策略。中国古代道德文化的现代践行没有明确的践行策略，践行策略

---

① 《二十四史·汉书》（第二册），中华书局 1997 年版，第 160 页。

方面存在的问题主要表现为合理的形上立道策略，以说明道德文化践行的合理性；没有合理的立教制度对优秀传统道德文化进行推行，加强道德文化的现代践行；没有建立起合理的道德文化多维立体宣传策略，以深入道德践行的道德信仰；没有重磅推出中国古代道德文化践行的榜样示范策略，以更为深入地推进道德文化之践行；没有更好地优化道德践行环境，以加强道德文化的现代践行；没有中国道德文化的实践推行策略，直接阻碍了中国道德文化的践行。道德文化的现代践行，由于缺乏必要的策略，导致中国古代道德文化在现代社会不能很好地践行。

由于缺乏践行策略，严重阻碍了中国古代道德文化在当代社会的现代践行；同样，中国古代道德文化如若没有保障其现代践行机制，亦不能践行中国古代道德文化。策略是前提，机制则是保障策略得以运行的保障。只有策略与机制的合力，才能更好地推进道德文化的现代践行。中国优秀道德文化的现代践行，除了在策略方面存在问题以外，现代践行还存在着机制问题。中国道德文化在当代社会的践行，既存在着策略问题，是道德文化不能践行的直接原因，加上现代践行存在着机制问题，这更加剧了道德文化现代践行之难度。从目前看来，中国当代关于道德文化的践行，并没有任何的道德践行机制。如前所述，中国古代社会都存在着一整套有关道德文化的践行机制，正是由于这些机制的存在，使得道德文化在古代社会得以践行。中国古代道德文化在当代社会尚未建立起完整的践行机制，故此，道德文化在当代社会践行带来极大的难题。简而言之，中国道德文化在当代社会的践行尚未建立薪火相传机制、践行激励机制、践行评价机制、践行监督机制、践行法律机制、践行预警机制等。正是由于道德文化的现代践行没有完整的机制问题，从而促使道德文化在当代社会不能有效践行。

道德文化的现代践行的搁浅，除了机制欠缺以外，在近现代史上，五四运动与文化大革命运动对中国优秀传统道德文化的现代践行产生了巨大冲击。这两次冲击，也使人们对中国优秀传统道德文化之信仰陷入了危机。而社会的发展必须让我们以马克思主义核心价值观为指导，回到传统，重振儒家传统道德文化之公信力，唯其如此，我们才有可能建设优序良俗的和谐社会。而在践行中国古代道德文化中，最为关键的是如何践行中国古代的道德文化，这没有现成的答案。针对中国经济社会而凸显出来了一系列矛盾与冲突，我们应理性应对这种矛盾与冲突。理性的方式是回归传统，以求中国道德文化的现代践行；我们必然要从中国古代社会践行道德文化的机制与策略中汲取营养，以“扬弃”的科学态度对待中国道德文化。如此，中国道德文化在古代践行所形成的机制的当代价值也就凸显出来了。

古代社会道德文化的践行，使得中国优秀的道德文化得以传承，并内化为人们内心道德品质的一部分，足以凸显中国古代道德文化践行机制的正确性、有效性、实用性。故此，在中国传统道德文化的当代践行中，我们也必须建立有效的道德践行之机制。在推进中国道德文化在当代社会的践行过程中，首先我们必须建立道德文化的现代践行信仰机制。事实上，在传统道德文化践行的过程中，贯彻执行的一个难点即是人们对传统道德文化的价值判断为独断论，这是人们对道德文化信仰危机的产生的重要原因。人们往往对道德文化知其然，不知其所以然，这不利于道德文化之践行。因此，道德文化的当代践行，我们必须树立人们对传统道德文化的信仰。换言之，我们应该对道德文化在当代践行的合法性予以阐释，这是践行中国古代道德文化的关键一环，这也可以看作是对道德合法性的形上层面的论证与说明。

社会主义核心价值的建立，是我们应对经济与社会转型所凸显的义利冲突之良方。但社会主义核心价值的建立，它仍然需要借鉴与吸收中国传统道德文化的核心内容。故此，社会主义核心价值的建立，在汲取传统文化的营养的同时，需要借鉴古代道德文化践行的道德践行机制。对道德文化合法性的论证与说明机制的形成，有助于人们提升对道德文化的信仰；在树立道德文化的权威性的基础之上，重新树立有教无类、立德树人道德人格考核机制。还应对大众进行教育，使人们获取某种道德人格。此外，在道德文化的现代践行过程中，古代的举孝廉、崇贤明的道德推举机制是必不可少的，使隆德之人可以实现自我价值，得到马斯洛所说的受到人的尊重的需要。在这种意义上说，古代道德文化的践行机制是我们现代践行的基础和前提，亦是我们考察古代道德文化践行之机制的真正意义所在。

# 第十三章

# 传统道德文化现代践行之目标

传统道德文化的现代践行，须有其基本的价值向度。即传统道德文化现代践行的基本目标是什么？教育学家鲁洁认为：“所谓德育目标，就是指一定社会对教育所要造就的社会个体在品德方面的质量和规格的总的设想或规定。”① 即传统道德文化的现代践行，其目标是促使社会个体在道德品质方面有质的飞跃之预期，这种预期是建立在传统道德文化现代践行的策略与机制的基础之上的。总体说来，中国传统道德文化的现代践行所达到的目标表现为四个逻辑层次：固定行为与消除随意；道德信仰与理想人格；精神自律与慎独践行，优序良俗与善德幸福。传统道德文化的现代践行，合适的策略与合宜的机制不可或缺。在策略推动与机制保障之下，传统道德文化的现代践行必将达到所预期的目标。当然，这种预期目标并非一蹴而就，这种目标是逐级推进、梯次上升的逻辑过程。

## 一、消除随意与固定行为

传统道德文化的现代践行，最低层次的目标为：消除随意与固定行为。随着社会经济的转型，道德践行主体的诸多行为已经超越了传统道德文化之苑囿，传统道德文化的现代践行达到的一个最基本目标就是消除人之行为的随意。在此基础之上，将道德文化的践行内化为人之道德品质的一部分，进而达到固定行为之

① 鲁洁、王逢贤：《德育新论》，江苏教育出版社 1994 年版，第 130 页。

目标，并以此消除人之行为的随意。固定行为与消除随意本身也有一种逻辑上的递进过程。消除随意是固定行为的前提与基础，而固定行为则是消除随意的升华，二者之间是相互影响、相互制约、相互协调的。

道德文化的现代践行，消除随意是最基础的目标。传统道德文化的伦理权威丧失，从而促使道德践行主体在社会生活中缺乏必要的行为规约，表现出行为的随意性倾向。这种随意性倾向不合乎社会世俗伦理道德规范的基本要求，随意性背后的原因即在于人们行为尚未被固定下来，原因在于传统道德文化的规范伦理作用尚未内化为人们道德品质的一部分，传统道德文化不能起到固化人们行为的作用。传统道德文化的现代践行，即是要让道德文化能对整个社会有着规范的作用，即消除随意与固定行为，达到精神自律，成就理想人格，其最高的价值指向为优序良俗的和谐社会，实现人之幸福。在人的道德品质尚未上升到一定程度之时，还需要规范伦理以促使传统道德文化之现代践行，以实现社会的优序良俗，因为“道德是为了社会而被制定出来的”①，社会的需要是道德赖以存在的前提与基础。在社会物质生活尚未达到一定程度之时，传统道德文化的践行，能起到固定人们行为的作用。中国传统文化博大精深，“中国高度发达的文化曾像一座光芒四射的灯塔照亮了世界的东方，影响了世界文明的进程”②，古代社会高度发达的传统文化犹如一盏明灯，照亮了现代人之心，不断指引人们前进的方向和目标。古代道德文化的现代践行，要达到的初期目标即是固定行为，使人之行为不能处于背离道德行为的随意性之中，这是传统道德文化践行的最为基本的一项功能，也是最低层次的社会功能。涂尔干说：“道德的功能首先是确定行为，固定行为，消除个体随意性的因素。”③“固定行为”，是以传统道德文化规范道德践行主体的行为，使道德践行主体能有效学习传统道德文化，通过对道德文化的学习，使之内化为人之内心世界的道德品质，再由内化的道德品质外化，成为人们行为的指南，这即是我们所说的道德文化现代践行的最低层次的目标，即固定人们的行为。这种行为的价值向度要合乎四个基本要求：其一，传统道德文化固定的行为是合乎道德的行为，即是在道德规约之下的行为。其二，这种行为要以符合社会的基本利益为目标。其三，固定行为要以集体行为为重。传统道德文化现代践行的“道德的目标也就是那些以社会为对象的目标。而合乎道德的行动，也就是根据集体利益而行动。……规范的控制和道德标准的形成，既不能靠科学家的研究来确定，也不能靠政治家来确定；这必定是与之有关的群体的任务。”④即固定行为模式的获得必然是要建立在道德行为的基础之上。固定行为的道德行

① ［法］涂尔干著，陈金光等译：《道德教育》，上海人民出版社2001年版，第85页。

② 裘士京：《试论中国文化的特征》，载《安徽师范大学学报》1999第2期。

③④ ［法］涂尔干著，陈金光等译：《道德教育》，上海人民出版社2001年版，第29页。

为，必然是建立在传统道德文化基础之上的行为。其四，“固定行为”必然是那些值得称赞的行为，我们称之为德性的行为。“我们称那些值得称赞的品质为德性。”① 可见，传统道德文化对人之行为的固定，其目的是在于消除随意，使人之行为越来越高尚。

传统优秀道德文化的现代践行，一个非常重要的目标即是以优秀传统文化固定人的行为；固定了人之行为，则人之行为必将消除随意，也即人之行为能远离那些非道德的行为，消除人之行为的随意性。这是传统道德文化现代践行的一个最为基本的价值目标与价值追求，亦是最低限度的价值追求。在最低价值追求的关照之下，道德文化的现代践行还要使道德践行主体形成精神自律，能够实现慎独践行。

## 二、精神自律与慎独践行

精神自律与慎独践行是传统道德文化现代践行的第二层次目标。传统道德文化的现代践行，能促使道德践行主体消除随意行为，将自己的日常行为逐渐固化，远离非道德行为，久之，道德践行主体就会将已经固化的行为变成自己的精神自律，并进一步促使道德践行主体慎独践行传统道德文化。

在现实生活中，道德践行主体践行优秀传统道德文化，可通过现实的、鲜活的、生动的例子让道德践行主体接受熏陶，通过熏陶使道德践行主体接受并热爱传统道德文化，在实践中增长自己的德性，形成最美妙的道德情操，“我们永远也不会尝到灵魂的最美妙情操——那就是对德行的热爱”②，道德践行主体在践行传统道德文化之时，使道德践行主体不断接近最美妙的道德情操，虽然不能完全达到最美妙的境界，但却能够无限接近灵魂深处中的最美之处。对道德文化的现代践行，可不断激起道德践行主体的道德激情，进而在灵魂深处产生对传统道德文化的热爱，并在一定层面上增进自身之德性，因为“只有生长自身才是道德的‘目的’”③。可见，传统道德文化的现代践行，在一定程度上有利于敦促道德践行主体对传统道德文化产生热爱与敬畏之情，增长自身的德性，最终产生道德自律的内驱力，在道德生活实践中自觉约束自己的行为，并因此而形成对道德生活的精神自律，这些行为又可称之为公正的行为，或者是自制的行为。“当一些行动是一个公正或自制的人将会履行的那些行动时，这些行为才被称为公正或自

① ［古希腊］亚里士多德著，廖申白等译：《尼各马科伦理学》，商务印书馆2003年版，第1103a10页。

② ［美］列奥·斯特劳斯、约瑟夫·克罗波西主编，李天然等译：《政治哲学史》（下），河北人民出版社1993年版，第188页。

③ ［美］杜威著，许崇清译：《哲学的改造》，商务印书馆1933年版，第95页。

制的行动。"[①] 道德践行主体践行传统道德文化，本质上是一种榜样示范，是一种道德范式。在这种榜样示范与道德范式的指引之下，道德践行主体能逐渐形成自己的德性，并在一定层面上形成一种精神自律，从而触及道德文化生活的基础性作用，因为"道德的基础是人类精神的自律"[②]。传统道德文化的现代践行，能产生一种实践理性，使道德践行主体形成精神上的自律，在精神自律的前提之下，可敦促道德践行主体在更高意义上践行道德文化，提升自身的道德自觉。这种道德自觉的产生，是道德践行主体将传统道德文化"既不是铭刻在大理石上，也不是铭刻在铜表上，而是铭刻在公民们的内心里"[③]。可见，传统道德文化的现代践行，使道德践行主体在实践中接受传统道德文化，在接受中热爱传统道德文化，在热爱中铭记传统道德文化，在铭记传统道德文化中产生精神自律。这种对传统道德文化精神自律的自觉性，源于对道德文化本身践行的动作记忆。根据心理学的基本观点，动作记忆是最为根本的，最难以遗忘的一种记忆方式，它有利于道德践行主体铭记传统道德文化，践行传统道德文化。践行传统道德文化"对社会每个成员的完满生长有贡献"[④]，在精神自律的基础之上，道德践行主体慎独践行道德文化，将会不断提升自己的道德境界。那么在何种意义上才能出现我们所说的精神自律呢？自律是在道德践行主体自身的价值得到认同之时才会出现。皮亚杰认为自律与互惠相关联，只有在互惠的基础之上，才能产生自律。"自律只与互惠有关，当相互尊重的情感强到足以使个人从内部感到要像自己希望别人对待的那样去对待别人时，才出现自律。"[⑤] 从心理学的角度来看，不同的道德践行主体均希望能够达到他人所希望的那样去对待他人，如若每个道德践行主体均做到了这一点，方可出现道德文化现代践行的精神自律，因此，精神自律在一定程度又称之为慎独。

慎独是一种境界、一种目标、一种思想道德上的自律，道德践行主体慎独践行优秀道德文化，需要道德践行主体的精神自律，这意味着道德践行主体在践行传统道德文化之时，是在没有他人监督与督促的情形之下，凭着道德践行主体的高度自觉而进行的。传统道德文化的现代践行，如若每一位道德践行主体均能做到慎独践行，如此这个社会能形成坚定的道德信仰，并能因此而成就理想人格。

---

① ［古希腊］亚里士多德著，廖申白等译：《尼各马科伦理学》，商务印书馆 2003 年版，第 1105b8 页。

② 《马克思恩格斯全集》（第 1 卷），人民出版社 1956 年版，第 15 页。

③ ［美］列奥·斯特劳斯、约瑟夫·克罗波西主编，李天然等译：《政治哲学史》（下），河北人民出版社 1993 年版，第 70 页。

④ ［美］杜威著，许崇清译：《哲学的改造》，商务印书馆 1933 年版，第 100 页。

⑤ ［瑞士］让·皮亚杰著，傅统先、陆有铨译：《儿童的道德判断》，山东教育出版社 1984 年版，第 233 页。

## 三、道德信仰与理想人格

传统道德文化的现代践行，促使道德践行主体形成道德信仰与理想人格是第三层次的目标。在精神自律与慎独践行的基础之上，道德践行主体在传统道德文化践行过程中形成对传统道德文化的认识，逐渐加深对道德文化的情感体悟，进而形成对传统道德文化的依赖，最终促使道德践行主体产生道德信仰。马克思经典作品告诉我们，我们必须在认识→实践→再认识→再实践的不断循环往复中不断提升对传统道德文化的信仰。

传统道德文化践行的基本目标是要促使道德践行主体达到道德信仰与成就理想人格。道德信仰与理想人格之间是相互联系、相互影响、相互制约的，道德信仰的建立，能有效成就人之理想人格；同时理想人格的存在，是在道德信仰之后所形成的。

传统道德文化的现代践行，成就道德践行主体的道德信仰是非常重要的一环。然而，在现实生活中，对传统道德的疏忽，造成道德践行主体对道德文化现代践行的不知不行，或知而不行之现状。对传统道德文化信仰的缺失，是当代社会行为随意、伤风败俗的主流原因。传统道德文化的现代践行，必然要在道德践行策略的指引之下，通过道德践行主体慎独践行道德文化，造就对传统道德文化的道德信仰。“道德信仰是道德的价值理想，是道德体系存在的精神根基，道德信仰的缺失就是对道德的釜底抽薪。”① 如若缺失了道德信仰，就会造成传统道德文化现代践行根基的沦丧，后果是造成人与人之间冰冷的关系，人之动物性一面的必然凸显。故此，在道德文化现代践行的过程中，树立道德信仰必不可少，成就理想人格不可或缺。

信仰、道德信仰究竟指称的是什么？学术界关于信仰的认知可谓见仁见智。综合起来关于信仰学术界主要有如下几种说法：信仰的知识形态说，代表人物贺麟认为：“信仰是使个性坚强、行为持久、态度真诚、意志集中的一种知识形态。”② 信仰的心理状态说，代表人物张锡金认为：“信仰是对某种理论、学说、主义或人等的信服和崇拜，是带有倾向特征的心理状态”③。信仰的最高理想和终极目标说，代表人物魏长领说：“信仰就是人们对人生及其生活于其中的社会乃至整个宇宙的起源、存在、性质、意义、归宿等重大问题的认定和确信，并以

① 魏长领：《道德信仰与自我超越》，河南人民出版社 2004 年版，第 3 页。

② 贺麟：《文化与人生》，商务印书馆 1988 年版，第 89 页。

③ 张锡金：《人生哲语录》，《信仰说》，商务印书馆 1988 年版，第 89 页。

此形成人们的最高价值理想和终极目标。"[①] 还有信仰的强烈情感和思想倾向说，代表人物黄明理认为："信仰是主体源于实际生活实践而对某种对象（理论、价值或人格化的神灵等）的极度信服，并视之为具有终极价值以作为自己精神寄托的强烈情感和思想倾向。"[②] 还有信仰的终极价值说，代表学者王玉樑认为"信仰是主体超越现实、超越自我、追求最高价值的自我意识，是对具有最高价值的对象高度信服、景仰、向往、追求，并以之统摄自己的精神生活，作为自己的精神寄托的思想倾向，是主体对终极价值的追求。"[③] 还有关于信仰的主导价值观说，代表学者万俊人认为："信仰的根本问题或本质是一种生活价值导向问题。对社会而言，它通常表现为某一个社会、民族和社群所选择并确定的一以贯之的价值理想和终极目标，有着鲜明的社会意识形态特性。对个体而言，它总是显现为某一特殊的成熟个体在其生活实践中所选择并坚信不移的主导价值观，对其言行有着支配性和决定性的影响。"[④] 关于信仰的阐释可谓是林林总总，学术界关于信仰的阐释，均具有一定的合理性。这些阐释的共同点就在于信仰是主体对某种事物稳定的、一以贯之的、强烈的笃信之情。我们认为，信仰是基于社会现实需要而产生的对客体的一种强烈的欲望与情感，基于这种欲望与情感造就了人之极度的渴望的情感体验。

学界关于信仰的阐释为道德信仰的阐释奠定了实质性基础。信仰而外，学术界关于道德信仰的阐释见仁见智。贺麟先生认为道德信仰是"对人生和人性的信仰，相信人生之有意义，相信人性之善；对于良心或道德法律的信仰，相信道德法律的效准、权威和尊严。又如相信德福终可合一，相信善人终可战胜恶人，相信公理必能战胜强权等，均属道德信仰"[⑤]。贺麟先生对道德信仰的阐释，罗列了道德信仰的具体层面，述及了道德信仰的具体事例，而没有触及道德信仰的本质。价值学说大家李德顺先生认为道德信仰是"对某种道德目标及其理论的信服和崇拜"[⑥]，本书从这种观点，结合学术界关于信仰的基本涵义，认为道德信仰是道德践行主体对基本的道德规范的一种坚定不移的态度与情感，道德信仰是道德践行主体本身内在的道德力量，这种道德力量是促使道德践行主体慎独践行道德的内驱力。

道德践行主体如若没有道德信仰将是可怕的，只有在信仰的基础之上，才能有效催生道德文化的现代践行。因为只有建立在对传统道德文化信仰的基础之

① 魏长领：《道德信仰与自我超越》，河南人民出版社 2004 年版，第 11 页。
② 黄明理：《社会主义道德信仰研究》，人民出版社 2006 年版，第 18 页。
③ 王玉樑：《理想、信念、信仰和价值观》，载《东岳论丛》2001 年第 4 期。
④ 万俊人：《信仰危机的"现代性"根源及其文化解释》，载《清华大学学报》2001 第 1 期。
⑤ 贺麟：《文化与人生》，商务印书馆 1988 年版，第 92 页。
⑥ 李德顺：《价值学大词典》，中国人民大学出版社 1995 年版，第 90 页。

上，才能有效催生传统道德文化的践行。同时，践行中国古代传统道德文化，也能在一定层面上加深对传统道德文化的体悟，从而促进道德践行主体对中国传统道德文化的践行。道德信仰是道德践行的内驱动力，只有在内驱动力的敦促之下，才能有效将传统道德文化运用于社会现实生活之中。道德信仰是道德践行的前提，道德践行是道德信仰的结果；只有道德践行主体信仰道德文化，才有践行道德文化之结果。樊和平说："道德信仰不只是对某种道德精神、道德价值的信仰，而且是对一定的伦理原理、道德法则、道德生活逻辑的信仰，这些原理和法则，并不只是局限于伦理与道德之内，而是在伦理展开和道德运作过程中建立的伦理与社会、道德与生活的因果链环。"① 此言恰当地说明了传统道德文化的信仰对道德文化践行的因果链。通过对传统道德文化的信仰，进而使人获得德性，更好地践行中国传统道德文化。"德性是一种获得性的人类品质，对它的拥有与践行使我们获得任何诸如此类的利益。"② 道德信仰是促使道德践行主体践行传统道德文化的基本前提，道德信仰也可反哺道德践行，凸显道德信仰的基本价值。因为对传统道德文化的践行"必须依托于信仰的理论本性。失去信仰的支撑，道德就成为无源之水，只能是一种外在于人的社会对象，不可能上升为人自觉的追求。而信仰支持和保证着道德，就会使得道德有了真正动力"③。道德信仰是传统道德文化践行的前提，它能有效催生道德践行主体对传统道德文化的现代践行。在道德信仰的基础之上，使传统道德文化"成为促使道德行为的观念，行为的原动力"④。道德践行主体如果缺失道德信仰，社会就会出现道德危机和伦理危机，对传统道德文化信仰的缺失，是道德文化当下不能践行的直接原因。弗洛姆说："过去反对信仰，是为了解脱精神枷锁，是反对非理性的东西；它表现了人对理性的信仰，……今日缺乏信仰则表现了人的极度混乱和绝望。"⑤ 在传统道德文化践行的过程中，没有道德信仰是相当可怕的，没有道德信仰就相当于社会现实生活中没有尺度与标准，没有尺度即不能成就方圆。当前，如何将传统道德文化推行下去，道德信仰非常关键，传统道德文化如何"转化成广大群众自觉遵守的行动。可以说，这是一个比构建道德体系更为艰难的任务。一方面，需要法律、制度和经济政策等支持，这是外在的制裁力量。另一方面，更为重要的是需要一种内在的精神力量的支撑，我认为这种内在的精神力量主要是道德信仰。"⑥ 道德践行有利于道德信仰的建构，同时道德信仰的建构亦是促使传统道

① 樊和平：《善恶因果律与伦理合理性》，载《上海社会科学院学术季刊》1999 年第 3 期。
② ［美］麦金太尔著，宋继杰译：《追寻美德》，译林出版社 2003 年版，第 242 页。
③ 任建东：《道德信仰论》，宗教文化出版社 2004 年版，第 26 ~ 33 页。
④ ［美］杜威：《道德教育原理》，浙江教育出版社 2003 年版，第 8 页。
⑤ ［美］弗洛姆著，孙依依译：《为自己的人》，三联书店 1988 年版，第 184 页。
⑥ 魏长领：《道德信仰与自我超越》，河南人民出版社 2004 年版，序言部分。

德文化践行的内驱力。

道德践行主体在道德信仰基础上对道德文化的现代践行有助于在一定意义上成就道德践行主体理想的道德人格。道德文化的现代践行，本质上可以看成是道德教育，道德教育之目标即是为了完善道德人格。“德育实为完善人格之本”[1]，这是蔡元培先生关于德育目标的完美阐释，说明了人之道德伦理的提升，不论是正规的教育，还是以传统道德文化现代践行现身说法的实践教育，其主要目的均是为了达到教育目标，价值指向为完善人格。著名伦理学家罗国杰说：“道德教育和道德修养的目的，在于在整个社会范围内形成普遍的、完美的道德人格。”[2]故此，传统道德文化现代践行，即是当下最为现实的为实现道德教育目标的一种教育模式，他所承载的任务即是完善人之道德人格。

传统道德文化的现代践行，首先是固化人的行为，使人消除随意并使人之行为合乎道德。其次是在固化人之行为的基础上使人养成自律，能够慎独践行道德文化，并在此基础上，成就道德信仰，培育理想人格，体现出传统道德文化现代践行的梯次前进。“任何一种道德，都要树立这样一个理想人格作为人们在道德上奋斗的目标和方向”[3]。传统道德文化的现代践行，其目标是为了使人能够形成对传统道德文化的信仰，并有目的地成就人之理想人格。道德践行主体通过践行传统道德文化，磨炼出道德践行主体的道德意志，锤炼道德践行主体的道德品质，熏陶道德践行主体的道德情感，进而达到道德信仰与成就理想人格，可见，道德人格是“个人自觉地将一定社会的道德要求和规范转变为个人内在道德品质的过程，是完善自身道德人格的道德实践。”[4] 传统道德文化的现代践行，能直接给道德践行主体以熏陶，影响道德践行主体的道德人格。

总之，传统道德文化的现代践行，其目的在于使人树立科学的道德信仰，成就高尚的理想人格，这是较高的道德境界，亦是道德践行个体层面的目标。通过道德文化的现代践行，能直接、生动地给道德践行主体树立标杆，并不断敦促道德践行主体产生道德信仰，成就其理想的道德人格。在道德信仰与理想人格的基础之上，传统道德文化现代践行的终极价值目标是社会的优序良俗与人们的善德幸福，这是从社会层面的关于传统道德文化现代践行之目标。

---

① 《蔡元培文选》，人民教育出版社 1980 年版，第 15 页。

② 罗国杰：《伦理学》，人民出版社 1989 年版，第 437 页。

③ 罗国杰：《伦理学》，人民出版社 1989 年版，第 445 页。

④ 周中之：《伦理学》，人民出版社 2004 年版，第 483 页。

## 四、优序良俗与善德幸福

传统道德文化的现代践行，其终极价值在于建立优序良俗的和谐社会，让道德践行主体在善德之中享受幸福。现代社会是一个传统伦理道德缺失的社会，在人们的物质生活尚未达到一定境界的时候，欲建立优序良俗的和谐社会，还要以规范伦理规制人之行为，因此，我们需要以传统的伦理道德来调适人与人、人与社会、人与自然以及人内心世界的矛盾与冲突。引导道德践行主体践行道德文化，实现人之行为的固化，消除人之行为的随意。通过固化人的行为，使人养成精神自律，使道德践行主体由他律践行道德文化逐渐转变为慎独践行传统道德文化，在自觉慎独的基础上，逐渐使道德践行主体形成道德信仰，成就理想人格。如果社会中的每一个人都对优秀传统道德文化抱有坚定的信仰，每个人都是道德高尚的正人君子，都具备理想人格，如此，则优序良俗的和谐社会将不期而至，道德践行主体也会在践行道德文化中享受到因为自己的善德而带来的幸福。

传统优秀道德文化的现代践行，其最终目标指向优序良俗的和谐社会，优序良俗的和谐社会其价值指向是人之幸福。无论是在中国古代社会，还是现代社会，我们行动的一切均要以提升人的幸福为基本价值指向，一切以人为核心，人是目的而不是手段。因此，传统道德文化的现代践行，仍然要以人为核心，以提升人之德性为基本目标，以人之幸福为最终目的。“德性是为了幸福、为了兴旺发达、生活美好所需要的特性品质。”[①] 传统道德文化的现代践行，其终极价值在于以人为其基本目标，价值指向是在提升德性基础之上的人的幸福。在人之德性的基础之上，实现人的共同理想。“道德当然并不是人的存在的全部内容，但它所追求的善，始终以实现存在的具体性、全面性为内容；而道德本身也从一个方面为达到这种理想之境提供了担保。”[②] 德性为人之幸福生活提供了道义上的担保，幸福之源泉在于普遍的善的人性。可见，欲使人获得幸福，“我们必须考察德性的本质，这样我们就能更清楚地了解幸福的本性”[③]。德性的存在，是获取幸福的源泉。易言之，幸福的获得，其背后的原因是人之德性的增长。为了追求幸福，我们就必须获得德性，以德性为人生目标。无论是在道德实践中，还是在社会生活实践中；无论是我们从传统道德文化中汲取营养，还是通过其他途径获取道德资源，其价值向度是人之德性，德性是为了追求某种善。“一切知识，

---

① Rosland hursthouse, *On virtue ethics*, oxford, 1999, P. 29.

② 杨国荣：《伦理与存在》，上海人民出版社 2002 年版，第 6 页。

③ ［古希腊］亚里士多德著，廖申白等译：《尼各马科伦理学》，商务印书馆 2003 年版。

一切抉择都是追求某种善”[①]，如此则能如实提升人之德性，人之德性的增长，则能提升人之幸福。故此，在人类社会生活实践中，我们永远以提升人之德性为目标，因为我们要以人为其目的，而不是以人为手段。可见，善德是人之幸福的前提与基础，只有通过善德，才能在更高意义上提升人之幸福指数。践行传统道德文化，目标瞄准人之德性的增长，通过道德实践增长人之德性，进而提升人之幸福，这种幸福是基于善德基础之上的人之幸福。

人之幸福的产生是基于道德律令基础之上的幸福，幸福指数的抬升，均与人的道德素养不可分割。通过践行传统道德文化以提升人之道德素养有一个最基本的价值向度，即人的幸福。在现代社会，我们始终将人看成目的，而不是将人看成手段。“我们把幸福看成是人的目的”[②]，传统道德文化的现代践行，亦是围绕着人的幸福为目标。可见，人的幸福是传统道德文化践行的最高境界。因为“幸福是终极的和自足的，它是行为的目的”[③]。幸福是我们所要追求的目标，幸福的获取，源自于人类行为的完善与完美。人行为的完善与完美，最终要追寻到人之德性上来，因此，“我们所要研究的是人的德性，因为，我们所要寻求的是人的善和人的幸福。”[④] 传统道德文化的现代践行，以道德实践的方式增进人之德性，进而给人带来幸福。善德能给人带来幸福，提升人之幸福指数，故此，在我们看来，德是善的前提与基础。善德是真、善、美的完美同一，建立在善德基础之上的道德必然能给人带来幸福。善德是幸福的代名词，是人之幸福的同一。亚里士多德说：“最优良的善德就是幸福，幸福就是善德的实现，也就是善德的极致。”[⑤] 传统道德文化的现代践行，终极目标是为了在优序良俗的基础之上，追求人之幸福，且这种幸福是建立在普遍的善的基础之上的幸福。因为“道德的本体是普遍”[⑥]。

综上所述，中国传统的优秀道德文化的现代践行之目标，存在着四大层次：消除随意和固定行为；精神自律和慎独践行；道德信仰和理想人格；优序良俗与善德幸福。道德文化现代践行的四个层次之目标，凸显了传统道德现代践行的目标的梯次性，凸显了道德文化现代践行由低级不断向高级逐级提升的逻辑过程。同时这种逻辑过程也表明传统道德文化践行的目标性与目的性，即传统道德文化现代践行始终是以人为目标，以人的幸福、社会的和谐为最高的价值指向。

---

① ［古希腊］亚里士多德著，廖申白等译：《尼各马科伦理学》，商务印书馆2003年版，第1095a页。

② ［古希腊］亚里士多德著，廖申白等译：《尼各马科伦理学》，商务印书馆2003年版，第1176a31页。

③ ［古希腊］亚里士多德著，廖申白等译：《尼各马科伦理学》，商务印书馆2003年版，第1097b页。

④ ［古希腊］亚里士多德著，廖申白等译：《尼各马科伦理学》，商务印书馆2003年版，第1102a14页。

⑤ ［古希腊］亚里士多德著，吴寿彭译：《政治学》，商务印书馆1997年版，第55页。

⑥ ［德］黑格尔：《哲学史讲演录》（第1卷），三联书店1956年版，第249页。

# 第十四章

# 道德文化的传统理念与现代践行策略

众所周知，古代社会的道德践行是比较成功的，这主要是基于道德相对主义而言的成功学。换言之，古代社会优秀道德文化的成功践行主要是基于当时的社会历史条件的相对视域中的道德践行，显示出成功之迹象。显然，中国古代社会优秀道德文化之所以在当代社会仍然能深入人心，并成为当代人们道德生活的不可或缺的一部分，主要得益于古代社会道德践行之策略与机制。有关古代社会道德践行机制，在以下章节探讨，在此不再赘述。

当今社会所面临的道德困境，使我们不得不重新审视中国古代优秀道德文化。中国古代优秀道德文化亦需要发展、需要创新，如此才能深入发掘其内在的价值。直面当代社会所面临的道德危机，发掘中国古代优秀道德文化在当代社会的积极价值并实现其创造性转换刻不容缓，因为“传统伦理是传统文化中代表着民族性格和民族精神的核心成分，是一个民族基本的安身立命的基础所在”①。道德文化的传统理念在当代社会仍然不但具有不可磨灭的价值，随着时代的推移，似乎传统道德文化所绽放的魅力越大，对当代社会的价值就越发显得重要。黑格尔说：“传统并不是一尊不动的石像，而是生命洋溢的，有如一道洪流，离开它的源头越远，它就膨胀得愈大。”② 传统离我们越远，她所弥留的余香愈加浓厚，其价值似乎越发尊贵，越是让人发觉其价值的迷久留香。越是道德文化面

① 杨清荣：《经济全球化与我国传统伦理》，载《理论月刊》2002 第 10 期。

② ［德］黑格尔：《哲学史讲演录》（第 1 卷），商务印书馆 1982 年版，第 9 页。

临着困境之时，我们越是回味着中国古代优秀道德文化所散发的幽香。事实上，在当代社会，中国古代传统道德文化现代践行的激情，已被经济的，甚或是科技的因素给消解了，让我们在现实中面对道德困境之时表现出无能为力。因为当代社会“不仅仅是一场社会物质生活方式与日常交往方式的变更，……更为根本的是人的价值坐标体系存在意义标尺的转变”①。直面经济转型时期的道德问题，我们有必要反思传统，让传统道德文化更好地散发其余香，让传统道德文化在当代社会仍然能够践行，以挽救因社会转型而带来的社会危机与道德危机，为建构理想的和谐社会发挥其内在的价值。

中国道德文化的传统理念与现代践行的具体策略，应该遵循的基本原则为：其一，应该抓住道德践行之本，也即道德践行策略要始终牢牢扣住中国古代道德文化，以把握中国古代优秀道德文化作为根本。其二，应该抓住道德文化现代践行的功夫，也即道德践行应牢牢扣住道德文化的践行之策略。前者是对道德文化的把握，也即传统文化所说的“知”，后者即是传统文化所说的“行”。也即中国古代道德文化的践行，应牢牢抓住道德文化，也即固本——以中国古代优秀道德文化为本是基础，亦是道德践行的前提；具体的道德践行策略是道德文化践行之具体推行。

中国道德文化的现代践行，需要根据实情提出具体的践行策略。中国道德文化的传统理念与现代践行的策略没有一条放之四海而皆准的真理：因为在中国这样一个拥有13亿人口的大国，由于道德践行主体的年龄段、地域、个性、职业、生活状况等差异，在何种情况下能促使道德文化现代践行策略理当略有差分。事实上，我们研究道德文化现代践行策略之时，所能考虑的问题依然是道德文化大众化之策略与机制。换言之，我们今天所探讨的中国古代优秀道德文化现代践行的策略是具有普世性的道德文化践行策略，是有差分性上的道德文化现代践行策略。中国道德文化的传统理念与现代践行始终是道德践行主体的道德践行，道德文化的现代践行始终以“人”为道德践行主体的现代践行。鉴于道德践行主体在不同的年龄段对道德文化之知，对道德文化之行是不一样的，所提出的研究方法亦是因人而异。我们在探讨中国道德文化的传统理念与现代践行的策略之时，道德践行主体践行中国古代道德文化，一个首要前提即是将道德践行主体区分为不同的年龄段。为此，在探讨道德文化的现代践行策略之时，本书将践行道德文化的道德践行主体区分为幼儿期、少年期、青壮期、老年期四个阶段。针对四个阶段区分的道德践行主体，我们所提出的道德文化践行策略亦是不同。在这种践行策略之中，道德文化的践行既有四个年龄段的普适性的践行策略，亦有针对某个

① 高兆明：《信任危机的现代性解释》，载《学术研究》2002年第4期。

年龄段的道德践行策略。

中国古代社会道德知识的践行，在一定程度上可以从两面，也即知行的角度阐释道德文化知识的践行问题。如前所述，探讨中国古代道德文化的践行，一个预设的前提是道德践行主体能对道德知识清醒的认识，对道德知识的把握是道德践行的前提。中国古代社会针对道德知识与道德践行提出了最为基本的两对范畴：即知（对道德知识的把握）和行（对道德知识的践履）的关系问题。古代社会有关道德知识的认知与道德文化之践行有多种观点：有知先行后，知易行难、知行合一等观点。在中国古代道德文化的践行之时，我们取知先行后的基本观点。中国道德知识的践行层面首要问题是道德践行主体对道德知识的把握，而后才能有道德知识的践行。比如程颐就力倡道德知识的践行，“学者固当勉强，然不致知，怎生得行?”“须是知了方得行”[①] 由此，探讨道德文化的践行之时，我们务必首先探讨道德践行主体对道德知识的把握，然后才有道德践行主体对道德知识的践行。为此，道德文化的传统理念与现代践行的基本策略就涵盖在两个层面：其一，道德践行主体对道德知识把握层面的策略有教育为先策略、载体宣介策略、道德灌输策略。其二，道德践行主体的道德践行策略包括情感渲染策略、榜样示范策略、风俗熏陶策略、逆向耻感策略、乐教熏陶策略等。故此，中国道德文化践行策略分为两个部分。一是对道德知识的把握策略，二是对道德知识的践行策略。对道德知识的把握策略是对道德知识践行策略的前提与基础，中国古代道德文化知识的践行又是道德文化知识把握的进一步深入。中国古代道德文化知识的“知”与“行”是相互联系、相互影响、相互制约的，二者不是前后贯通、截然分开的。对中国古代道德文化知识的把握，期间有行；中国古代道德文化知识的践行，亦不能离开对道德文化知识的把握。由此可知，中国古代道德文化的现代践行是知中有行，行中有知，对道德文化知识的把握是为了更好的践行道德文化，对道德文化知识的把握有利于道德知识的内化为人们道德品质的一部分，由此可知道德知识的把握与道德知识的践行是密不可分的，二者不可截然分开。

## 一、寓德入教的现实立教策略

要想实现中国道德文化的传统理念在现代社会的践行，对道德践行主体进行教育应先行。传统道德文化的现代践行，一个前提性条件是道德践行主体对道德文化的认知，易言之，对道德文化的把握，是道德践行主体践行道德文化的前

① 程颢、程颐：《二程集》，中华书局 1981 年版，第 187 页。

提。“知”是行之始，行乃“知”之成。对道德文化认知，也即“知”的获得，在很大层面上依赖于教育。多维教育措施的实施，必将为传统道德文化的现代践行奠定基础。

### （一）道德践行——道德教育须先行

传统道德文化的现代践行，核心策略在于道德教育，因为道德教育是对道德践行主体的道德灵魂进行熏陶的前提，中国古代社会的道德教育就是明鉴：一部中国古代思想史，毫不夸张地说是一部中国古代的道德教育史。古代社会核心价值体系的大众化、普及化，在一定层面上是道德教育的力度与强度使然。《礼记》言曰：“君子如欲化民成俗，其必由学乎！玉不琢，不成器；人不学，不知道。是故古之王者建国君民，教学为先。”[①] 此语阐明了个人践行道德并提升自己的道德境界的途径，即进行学习和教化。道德教育是中国古代优秀道德文化现代践行之先导，宋明理学的总结与开新者王船山说：“唯立学校以教俊士，而德明于天下，则民日迁善而美俗成矣。”[②] 船山此言点明了教育在优序良俗中的重要作用。古代社会在相对长时间内能实现相对意义上的优序良俗，与道德教育密不可分。古代有识之士密切关注，历代统治者亦从现实需要的层面颁布相应的法律法规，以推动道德教育的合理化。“朕惟治国以教化为先，教化以学校为本。”[③] 古代优秀道德文化形成了统治者重视，知识界推波助澜，由此为中国古代优秀道德文化的现代践行奠定了基础。

古代社会的道德教育传统奠定了道德文化在古代社会践行、化民成俗的原始根基。自古及今，道德文化的现代践行依旧需要现实立教。道德教育至关重要，那么何谓现代意义上的道德教育？道德教育是“指一定社会或集团为使人们自觉遵循其道德行为准则，履行对社会和他人的相应义务，而有组织有计划地施加系统的道德影响。它是一定社会或集团的道德要求转化为人们内在的道德品质的重要条件之一”。[④] 道德教育的最终目的就是为了使人获得德性，加强道德修养，提升人生境界。同时道德教育需要遵循一定的准则、规范，这样才能够实现所设定的目标。道德教育是促使中国古代道德文化在当代社会践行的一大法宝，因为“德性在我们身上的养成既不是出于自然，也不是反乎自然的”，[⑤] 即是说，人之德性的获得，并非完全是天赋，是生之俱来的；但人天生都有良知，通过教育可以把人身上良知变成行动的指南，这又是自然的。人之德性的养成，既需要内在

①② 王夫之：《船山全书》（第四册），岳麓书社 1991 年版，第 870 页。

③ 张廷玉：《明史·二十四史》第 19 册，中华书局 1997 年版，第 1686 页。

④ 《中国大百科全书（哲学卷）》，中国大百科全书出版社 1987 年版，第 126 页。

⑤ 萧公权：《中国政治思想史》，辽宁教育出版社 1998 年版，第 36 页。

的道德禀赋，亦需要外在的道德教育，内在禀赋和外在道德教育相结合，才能成就其理想人格。

古代社会重视教育，教育的主要内容在于对传统道德文化的认知，在古代社会，从平民到知识分子，再到上层统治者，道德文化的践行呈现出相对意义上的成功。当今社会经济发展的同时，出现了系列道德信仰危机，让我们不得不重新审视中国古代优秀道德文化，如何践行中国古代优秀道德文化，学术界、政界都有热议，他们所提出的解决办法多种多样，如有人提出利用宗教解决道德信仰与道德践行的问题，但学界有人亦持相对意义的否定态度："正式的宗教教育对于道德的发展，并未占有特别重要或独特的地位，至于公立学校和家庭则相反，应该扮演重要而独特的角色。"① 即从纯粹宗教的角度不能解决道德践行的问题，解决该问题的关键在于依靠教育，而不是其他。我国虽然主张宗教信仰自由，但依靠宗教教育是不可能彻底解决道德践行问题的。只有通过教育，才能真正实现优秀道德文化的践行，教育是促使古代优秀道德文化践行的一种内驱力。道德教育对道德践行的内驱力在于使道德践行主体成为审美之人，通过道德教化而具有美德，践行美德之人，内心世界激荡着一种审美愉悦。正如德国教育大师席勒所言："教养的最终任务之一就是使人在其纯粹自然状态的生活中也受到形式的支配，使其在美的王国所涉及的领域里成为审美的人。因为道德的人只能从审美的人发展而来，不能由自然状态中产生。"② 道德教育促使道德践行是可行的，因为审美愉悦的内驱力在发挥作用使然。通过道德教化，使人了解到什么是美的，什么是丑的，进而使人树立耻感文化，产生道德焦虑，促使中国古代优秀传统道德文化的现代践行。道德教育促使道德践行的内驱力，实际上是通过教育，对道德文化进行美德分析、美德评判。正如西方现代教育学家艾德勒直言："教育不是旨在形成任何各种各样的习惯，而仅仅在于形成良好的习惯，即传统上作为美德分析的东西。"③ 此言表明了道德教育促使道德文化践行的方式，遵循的路径为：道德教化→审美的人→美德分析→耻感文化→唤醒良知→道德焦虑→道德践行。由此可知道德践行的源头在于道德教化。道德教化是道德践行这个大系统中非常重要的一环，在道德教化这个大系统中，首要的任务是唤起道德践行主体的道德良知。通过良心的发现，促使道德践行主体产生道德焦虑，进而促使道德文化现代践行。"凡人之为不善者，虽至于逆理乱常之极，其本心之良知，亦未有不自知者。但不能致其本然之良知，是以物有不格，意有不诚，而卒入于小人之

① Lawrence Kohlberg, *The Philosophy of Moral Development*, Harper & Row, Publishers, San Francisco, 1981, P. 303。

② ［德］席勒著，徐恒醇译：《美育书简》，中国文联公司 1984 年版，第 176 页。

③ 《现代西方资产阶级教育思想流派论著选》，人民教育出版社 1980 年版，第 234 页。

归。故凡致知者，致其本然之良知而已。”① 由此，道德教化，发明本心必不可少，通过道德教育，使道德践行主体的良知由“坎陷”到呈现，最终促使道德文化的践行。“一切的道德都是一个包括有许多规则的系统，而一切道德的实质就在于个人学会去遵守这些规则。”② 通过良知的呈现，去遵守传统道德文化规则，在规则指引下，真正促使道德文化的现代践行。由此，中国古代优秀道德文化的现代践行，道德教化应首当其冲。

### （二）道德践行——道德教育必须生活化

中国古代优秀道德文化的现代践行，道德教育生活化是其必备的基本原则。古代社会多重视道德教育，这在一定程度上有利于道德践行。但同时我们也清楚地看到，中国古代社会的道德教育在一定程度上有脱离现实根基之嫌疑。新儒学三大主流派之一的陆王心学，主张格物致知，主张回归本心致良知，不假外求以致良知；多讲求心性修养，道德生活多内求于心，道德教育不是生活化，而是在道德理想的形上王国里自得其乐，这不利于道德文化的践行。由此，陆王心学一派遭受到了西学东渐的严厉冲击，一些有识之士主张“实学”，主张道德学问的经世致用，在他们看来，空谈心性的道德修养不利于道德文化的传播，不利于道德文化的践行。他们认为道德教育应该大众化、生活化，也即道德教育应有利于道德在当代社会的践行。不单单是我国古代的实学家讲求道德教育大众化、生活化，现当代一些著名的教育家他们亦主张道德教育生活化。陶行知先生曰：“没有生活作中心的教育是死教育，没有生活作中心的学校是死学校，没有生活作中心的书本是死书本。”③ 显然，陶先生此处谈及的教育涵盖道德教育，其核心宗旨在于道德教育生活化，否则道德践行则是天马行空、空中楼阁。陶先生此言，为道德文化的传统理念与现代践行指明了方向，要想通过道德教育，实现道德践行主体的道德践行，道德教育必须根植于现实生活，否则道德教育不能转化为道德践行，知行之间的转化是不可能的。因为“任何切合实际和真实的发展伦理学都必须牢牢地根植于社会现实之中”，④ 这一句话道破了道德教育所应遵循的基本原则。

道德教育需根植于道德生活，如此方能实现道德教育向道德实践的现实转化。不仅仅是国内学者关注这一点，在国外更是有诸多大师强调这一点。道德教

---

① 《王阳明全集》（下），上海古籍出版社 2006 年版，第 1101 页。

② ［瑞士］让·皮亚杰著，傅统先、陆有铨译：《儿童的道德判断》，山东教育出版社 1984 年版，第 1 页。

③ 《陶行知全集》（第 4 卷），四川人民出版社 1991 年版，第 65 页。

④ 胡道玖：《发展伦理学：一个亟待深化的研究领域》，载《湖南师范学院学报》2004 年第 5 期。

育生活化、道德生活大众化是人类的共识。在亚里士多德看来："教育明显应基于三项准则：中庸、可能的与适当的。"① 很明显，道德教育在很大程度上应该有一适度的标准，这适度的标准即是我们所说的道德教育生活化，道德教育不应该在彼岸世界的道德王国里游离，而应该回归现实生活，也即道德教育生活化、大众化。道德教育能使我们获取道德知识，但不能获得道德践行的内驱力，只有道德教育生活化，我们才能切实感受到道德教育的魅力所在。"德性使我们确立目标，实践智慧使我们选择实现目的的正确手段。"② 道德教育能使我们获得道德知识，但不一定获得道德践行的理性，只有在道德教育生活化的基础之上，才能使道德践行主体在践行道德之时获得道德践行之动力，唯其如此，道德践行才能实施下去。故此，亚里士多德于此谈及了道德教育与道德践行的关系，首先是道德知识，然后才有道德践行，也即有着先知后行的韵味。此外，亚里士多德还从道德践行的层面谈及了道德知识，也即道德践行亦能促使道德知识的积累，道德知识与道德践行是相互影响、互为前提的。"离开了实践智慧就没有严格意义上的善，离开道德理性也不可能有实践智慧。"③ 但在这期间，一个首要的基本前提即是道德教育必须生活化，唯其如此，道德文化知识才能向道德践行转化，道德践行才能导致优序良俗的美好和谐社会的实现，道德教育才能发挥其应有的功能。因为"一个人如果有了实践智慧的德性，他就有了所有的道德德性。"④ 此语恰如其分地说明了道德教育生活化原则是道德教育向道德践行飞跃的理论前提。

### （三）道德践行——在教育时机和教育策略中游离以利道德践行

道德教育的终极价值在于道德践行，并由此实现社会的优序良俗。由此，道德教育必须瞄准道德践行之目标，唯其如此，道德践行才能真正实现。中国优秀传统道德文化在现代社会仍然具有重要价值，但传统道德文化离现实践行还有很长的一段路程要走，究其原因是道德教育的践行目标没有瞄准。诚如王立仁先生所说："人类生活经验历程的本身同时演示着两个事实：一是人类文明社会中的德育一直没有停止过；二是人类非德（道德）的行为也伴随着人类生活。"⑤ 中国当代社会一直比较重视道德教育，但道德教育的效果却值得商榷。道德教育的动机和道德教育的效果显然不能成正比发展，由此必须反思当前的道德教育，其

---

① 苗力田：《亚里士多德全集》（第9卷），中国人民大学出版社1992年版，第286页。

② ［古希腊］亚里士多德著，廖申白等译：《尼各马科伦理学》，商务印书馆2003年版，第1145a5～6页。

③ ［古希腊］亚里士多德著，廖申白等译：《尼各马科伦理学》，商务印书馆2003年版，第1144b33页。

④ ［古希腊］亚里士多德著，廖申白等译：《尼各马科伦理学》，商务印书馆2003年版，第1145a2页。

⑤ 王立仁：《德育价值论》，中国社会科学出版社2004年版，第127～128页。

问题在于道德教育脱离现实根基，单纯地重视道德说教，忽视了道德教育所取得的效果。这不得不使我们重新审视我们传统的道德教育，道德教育必须瞄准道德践行，道德文化的传统理念在当代社会才能切实践行下去。

道德教育的目标须瞄准道德践行，此乃道德文化的传统理念与现代践行关键性一环。道德教育如何瞄准道德践行，道德教育的时机与策略至关重要。道德教育的时间起步早，策略定得好，可以很好地实现道德践行主体对传统道德文化的践行，可以形成道德教育的终身性以提升主体的道德水准，此乃我国道德教育的根本宗旨。

对道德践行主体进行道德教育，时间上起步早很关键。具体措施是从幼儿园开始，一直到博士阶段都要实施传统道德文化的教育，这应该是一项普遍的道德教育建制。即是说，道德文化的教育与付诸践行，应该从娃娃抓起，而不是相反。西方哲学家洛克所称道的“白板说”，反对道德认识的天赋观念论，主张人之道德观念起源于感觉经验，“认为人出生时心灵犹如白纸或白板，对任何事物均无印象；人的一切观念和知识都是外界事物在白板上留下的痕迹”。[①] 洛克此言，说明天赋观念并不能给人以道德良知，提升人的道德境界，人的道德良知、道德信仰、道德践行都是从经验的层面，依靠后天教育或实践而来的。洛克此言，为我们的道德教育提供了最佳时间段理念，即从幼儿开始进行道德教育、进行道德熏陶是最佳选择。因为幼儿的头脑相对成人来讲是一张白纸，在这张白纸上可以书写任何的东西，对幼儿进行道德教育，很容易把道德知识传输到幼儿的大脑，使幼儿接受道德文化，在持续的道德教育中让人形成道德信仰并自觉践行良好的道德品质。“蒙以养正，圣功也；蒙，君子以果行育德。”[②] “蒙”即是对小孩的道德启蒙教育，从小就能培养其道德品质，此乃一项伟大的事业。我国著名的教育学家陶行知亦提出，道德教育使人形成一种理想的道德人格，最佳时机是在六岁以前，唯其如此，道德教育才有可能之基础。“人格教育，端赖六岁以前之培养。凡人生态度，习惯，倾向，皆可在幼稚时代立一适当基础。”[③] 故此，实施道德教育，应该从幼娃娃抓起，通过培养其良好道德品质，为道德践行奠定基础。

古代社会的道德践行相对意义上的成功，其秘笈就在于对道德教育时间的把握得当，并由此而形成了古代社会相对发达的伦理文化。封建社会的道德教育模式，在一定程度上是比较成功的，这“显然与儒家价值的普遍建制化有密切的关

① 《中国大百科全书（哲学一）》，中国大百科全书出版社 1987 年版，第 26 页。

② 王夫之：《船山全书》（第一册），岳麓书社 1988 年版，第 101 页。

③ 《陶行知文集》，江苏人民出版社 1981 年版，第 111 页。

系”，[①] 这是所说的普遍建制，在一定程度上是指对道德教育时间的把握。古代社会伦理文化比较发达，在一定程度上取决于古代社会稳定的普遍性的道德教育建制。具体说来，涵盖着两个层面：其一，幼儿道德教育抓得早且及时；其二，道德教育内容的层次性比较强。比如说，古代社会有小学与大学之分，小学之时讲求的是洒扫应对的道德教育，既有对道德文化的强记博闻，亦突出道德文化的践行；大学教育主要侧重于道德之“理”，以道德教育作为人们科举取士的重要依据。“学而优则仕”，这里的“学”应该包含着对道德知识的把握；道德知识优秀之人，才能为官，才能“为政以德，如众星拱之”。由此，在中国古代社会在逐级层次性的道德教育之下，最终促使道德文化在古代社会能很好地推行下去。

历史的车轮驶入21世纪，当我们重提中国道德文化的传统理念与现代践行时，我们须重新反思当代社会对待传统文化的基本态度。中国古代社会所遗留下来的寓德入教的普遍建制，“自辛亥革命以来，这个建制开始全面解体了”，“儒家经典在新式教育中所占的分量减轻。民国初年，中小学堂的修身和国文课程中还采用了不少经训和孔子言行，‘五四’以后一般中小学教科书中所能容纳的儒家文献便更少了。”[②] 一方面对道德教育的普遍建制改变了，另一方面道德教育的经典文本亦逐渐减少乃至全盘抛弃。中国传统文化中的道德经典逐渐遗忘，种种迹象表明，中国古代道德文化在现代践行困难重重，与我们今天对待优秀传统经典的态度有关。在古代历史上，即使在魏晋南北朝名教与自然之辩非常剧烈的情况之下，儒家有识之士仍然以振兴儒学，恢复其纲常名教为己任，为此有“便以经术为先，立太学，置五经博士，生员千有余人。……于是人多砥尚，儒林转兴”，[③] 说明传统伦理道德的践行，是在以教育为先的前提之下，通过先知后行实现的践行。由此，以教育为根基，是传统道德文化践行的前提与基础。

对道德践行主体进行道德教育，起步要早，要从幼儿开始就对其进行传统美德的教育，同时为了使人们的道德知识能够转换为行动，实现道德践行，制定一定的道德教育策略也很重要。

对道德践行主体进行道德教育，可采取的具体策略为：

首先，以法律文书的形式建立道德文化的逐级教育模式。具体方式为：幼儿园的传统道德教育→小学传统道德文化教育→初中传统道德文化教育→高中传统道德文化教育→大学传统道德文化教育→研究生入学考试传统道德文化→博士研究生入学考试传统道德文化。由此，则逐级形成传统道德文化的教育培养模式、培养方式，如此可为道德文化的传统理念与现代践行打下坚实的基础。

---

①② 于时英：《中国思想传统及其现代变迁》，广西师范大学出版社2004年4月版，第131页。

③ 魏收：《魏书》，《二十四史》（第六册），中华书局1997年版，第1841页。

其次，明确上述七个阶段传统道德文化教育的道德教育文本。具体策略为：幼儿园明确规定小孩学习背诵《三字经》《弟子规》等基本的传统道德教育文本，并让老师不断地讲解；小学阶段必须每周有 4 节课的时间学习古代道德文本，比如说《幼学童蒙》《颜氏家训》等经典文本；初中阶段学习《孝经》等文本；高中阶段学习《论语》《孟子》，并作为大学入学考试必考的科目予以规定。大学阶段学习《大学》《中庸》等科目，并作为一门必修课程规定学分，必须修完传统道德文化课程并拿到学分方能毕业；在研究生入学考试方面，政治理论的考试除了马克思基本理论方面的知识外，应该把传统道德文化的知识加进去，可占到 30% 的比例。在研究生培养阶段，应该有道德文化传统理念的 13 个具体范畴的学习、体悟，并辅以专门的道德文化的论文，作为必修课程出现，必修合格才能毕业；在博士入学考试阶段，要将传统道德文化的考试作为一门必修课，强化考试力度，也即加强道德文化的学习与修养。上述不同阶段、不同文本的传统道德文化之教育，为道德文化的现代践行奠定基础。最后，高等学校应该培养专业的道德文化教师，鉴于传统道德文化教育乃是长线型学科，故此，需要政府建立免费师范教育，以确保传统道德文化之师资力量，也才能确保中国传统道德文化在当代社会的践行。

道德文化的传统理念与现代践行，道德教育应瞄准道德践行而实施具体的教育方略。我们应重视教育，尤其是对幼儿的道德教育。教育的方式又可从多重角度出发，因为教育的方式对传统道德文化的现代践行至关重要。对幼儿道德文化教育可以采取视觉动漫策略，这种教育主要基于幼儿的心理特点、成长规律、接受能力而有针对性地开展。对成人教育亦要因材施教，因为成人有自己的思维模式、生活方式、知识积淀等。成人接触到的媒体主要为电视、报纸、网络等。故此，通过网络、电视等媒介对成人进行道德教育是可行的，也是必需的。

总之，传统道德文化的现代践行，不能离开传统的道德教育模式，但教育模式必须以道德生活化为其出发点与归宿地。在此前提之下，注重道德教育的时机与道德教育的策略，传统道德文化在当代社会践行的效果就不言而喻了。

## 二、媒介载体网状化宣传教育策略

中国道德文化的传统理念深入人心，其目标要瞄准道德践行，期间道德教育须先行。道德教育的存在模式有两种：一是正规的道德教育，二是非正规的道德教育。何谓非正规的道德教育，即是说道德教育是在非正式的场合进行，只要是在可能的场合，道德教育可能无处不在，无时不有，如此方能达到道德践行之目的。可见，在道德教育的过程中，促进道德文化践行的道德教育之方式与手段亦非常重要。道德教育能促使道德践行，是传统道德文化得以践行之前提与基础。道德教育的逐级教化模式与道德教育之文本模式的确定，以及道德文化教育的师资力量问题，这些皆是保障道德文化现代践行的关键性要素。以往谈及的道德文化现代践行的策略，在某种意义上特指正规的道德教育。实际上，道德教育应该是建立一种无所不在的道德教化模式，这就涉及下文所要讨论的一个核心命题：媒介载体大众化道德教育策略。

当今社会是信息社会，信息社会的道德教育是与信息技术密切相关。传统道德文化的现代践行，正规的道德教育必不可少，其他层次非正规的道德教育、教化模式（媒介、媒体的对传统道德文化的宣传教育）亦是必需的，如此，通过主流的、非主流的道德教育方式，形成道德教育无处不在，道德教育的影响无所不有的局面。如此，道德文化的传统理念才能真正贯彻执行下去。具体说来，道德文化的媒介载体宣传策略可以从以下几个层面予以详细阐释：从静态视觉媒体教育策略国学载体、动态视觉媒体的道德文化宣介策略、移动通讯工具策略。由于静态的道德文化教育模式是以书籍、典籍等为基本载体，这是我们进行传统道德文化教育最为基本的模式，故此，在文中不作重点介绍。本书所要重点介绍的是一些动态的、与媒介载体相关的、尚未引起学术界注意的一些道德践行模式。

### （一）视觉媒体道德宣传教育策略

当代社会文化多元化、经济全球化、信息瞬息化。信息技术的瞬息万变，为道德文化的传统理念与现代践行奠定了良好的媒介基础。当代中国人享受着物质文化的同时，亦享受着精神文化给他们带来的种种刺激，视觉媒体冲击着人的感觉器官。由此，我们从视觉媒体的角度加强道德文化的宣传教育，以切实加强推行中国传统道德文化的现代践行。因为“当代文化正在变成一种视觉文化而不是一种印刷文化”①，由此可知视觉媒体在很大层面上更能有力地促进道德文化的宣传教育，视觉媒体承载着道德文化的方方面面比正规的道德文化的媒体的承载更具有个性吸引力。

当前，中国学术界关于道德文化的研究成果可谓是硕果累累，但道德文化如何践行，并使传统优秀道德文化成为当代社会优序良俗的源动力，这是当代学人必须深思的问题。中国道德教育面临着道德教育的不间断与道德践行的不连续的二难困境：中国的道德教育与德育研究从未停止过，非道德的行为在社会上依旧非常盛行，因此，我们须反思道德文化的传统理念与现代践行终极问题出自何

① ［美］丹尼尔·贝尔著，赵一凡、蒲隆、任晓晋译：《资本主义文化矛盾》，三联书店1991年版，第56页。

方？事实上，洞察目前的道德文化教育之现状，笔者认为，道德教育过于单一化、正式化、乏味化等降低了道德教育之效果。乏味的道德灌输、道德说教给我们的传统道德文化之践行带来了极大的难题，并由此而形成了对传统道德文化的信仰危机。因此，传统道德文化的现代践行，必须改变道德文化教育模式，不能单纯地以乏味的道德教育模式灌输道德文化，而要采取多角度、多层次、多视角、多趣味的方式进行道德宣传教育，并最终促使传统道德文化得以践行。由此，视觉媒体的道德教育模式是最佳选择方案之一。因为视觉媒体的道德教育模式，是建立在丰富有趣的教育模式基础之上的道德教化摹本，是一种不经意的教育、教学模式，从而使道德教育之后达到意想不到的道德践行效果。

单纯的、乏味的道德教学与道德研究，对传统道德文化的现代践行皆不会有很大的冲击性意义。视觉媒体承载着传统道德教育的重任，并在此基础促使道德践行向良性方向发展。信息化时代，我们所倡导的视觉媒体包涵着电视、电影、智能手机以及平板电脑等视觉媒体，这些媒体的存在可从视觉上冲击促成道德文化的现代践行。

由此，我们所探讨的是传统道德文化的现代践行的非主流的道德教育模式，实现传统道德文化现代践行的切实可行的方法在于道德教育的形式多样化、内容的趣味化。如何实现由于单纯地为研究而研究的道德教育模式向现实践行的转化，则是非常关键的一环。道德文化的现代践行，“最难的一点，就是将有一定深度的学术思考，如何交融于具体的、有限度而且只能是表现在时态的电视画面之中”①，这是传统道德文化现代践行的出路之一。故此，电视画面的宣传教育模式，为道德文化的现代践行开辟了一条崭新的道路。众所周知，人们的生活与视觉媒体息息相关，因为视觉媒体可以实现传统道德文化向现代践行的转换，视觉媒体比传统的道德文化具有更为强劲的优势。视觉媒体的基础性作用表现在如下几个层面：一是改变了传统道德文化单一的灌输模式。二是视觉媒体的生活场景和影像记号改变了道德文化的抽象性，视觉媒体能实现道德文化生活化、大众化。如此，则能使道德践行主体更为形象地加深对传统道德文化的了解，有利于传统道德文化的现代践行。“时空的具体性可以使一般性的生活场景和影像记号所表现的抽象内容具有一种可经历的情境意义。”② 为此，传统道德文化的现代践行，必须与现实相连，如此切实实现道德文化的现代践行。三是视觉媒体的受众面广泛，更有利于道德践行主体对道德文化的了解。随着科技的进步、人民群众生活水准的提高，使一些视觉媒体成为人们生活中不可或缺的部分。通过视觉

① 尹静媛：《境界——有感于刘郎的电视艺术》，载《电视研究》2002 年第 10 期。

② 钟大年：《纪录片创作论纲仁》，北京广播学院出版社 1997 年版，第 135 页。

媒体呈现道德文化、践行道德文化的现实画面、呈现道德文化现代践行的真情实感，使广大群众能真正感受道德文化的伟大魅力，从而产生对传统道德文化践行的冲动。一方面是对道德践行的比照、反思，回归自己的反思；另一方面是使自己在潜意识当中接受视觉刺激，从而使道德践行主体自觉践行传统道德文化，进而激起道德践行主体对传统道德文化践行的内在冲动，形成道德践行的动力结构。“动力结构”，即一定的动力机制与相应的由社会主体劳动性质所规定的行为动因的结合。[①] 在道德践行的动力机制的关照之下，产生相应的道德践行冲动，通过视觉媒体的中介作用，则必然能促使道德文化在现代社会的践行。

视觉媒体促使人之道德意识的加强，是在不经意的情况之下促成道德教育，并最终促使道德文化的践行。此种方式可以弥补我们在正规的、刻意的道德教育方面的不足。我们的道德教育以视觉媒体涵盖着电视媒体，还包含着电影、移动电视、手机视频、手机短信等视觉媒体。从目前来说，我们所需要解决的问题是：如何充分利用这些视觉媒体以解决我们所遇到的道德践行难题。在笔者看来，道德践行必须是在一种有趣、感官“刺激”层面上的践行，如此方能使道德践行主体产生道德践行之冲动。为此，如何规划传统道德文化在视觉媒体上的呈现方式就显得尤其重要了。笔者认为，中国传统道德文化的现代践行，必须是建立在视觉媒体的有效性的基础之上的道德教育，由此，如下几个层面的呈现道德文化的视觉媒体必不可少，且应遵循如下策略：其一，在中央一套的黄金时间播放一集关于践行传统道德文化践行的电视剧；而且规定在每个省卫视频道必须转播。其二，就电影媒体而言，应多拍摄一些关于如何践行道德文化的电影，是观众在有意或者说是在无意之情形之下接受传统道德文化之熏陶，比课堂正规的单一的道德教化更具有震撼力。如此，文化部门在考虑电影的拍摄之时，首当其冲不是考虑其经济效益问题，而是应该考虑传承道德文化的隐形价值问题。现代人物质生活丰富了，很多人更多的关注其精神层面的学习、精神层面的提升与享受。由此，电影成了最佳的消遣方式。在电影承担着传承道德教育的历史性功能，我们必须牢牢抓住这一契机，谨防电影被一些庸俗低下的替代品所替代。其三，移动电视上应该多以践行道德文化的公益广告为主，因为移动电视有自己的特点，观众群体大、乘车的时间短暂等特点。为此，在移动电视方面，建议多播放一些有趣的、短小的传统道德文化践行的公益广告宣传片，其效果更为可观。其四，根据人的不同年龄段，应该准备一些适合年龄的关于传统道德文化践行的片子。所有这些片子均应该涉及中国优秀传统道德文化的践行问题。针对当代人所使用的大众化的手机通讯工具，也应很好地将其利用起来。手机还可承载着传

① 郭波：《论现实社会主义条件下人的本质》，载《大连大学学报》1999 年第 1 期。

播中国优秀传统道德文化的重任。比如，每年的老人节、父亲节、母亲节都可由电信部门制定传播传统道德文化的短信。这种短信必然要满足几个基本：短小精悍，好记好背好传诵，同时要求短信之词必须是传诵中国传统道德文化的短信。在满足上述情况之下的短信，则为传播传统道德文化提供了可能。总之，手机短信功能必须以传播优秀道德文为能事，如此则能为道德践行奠定良好的基础。因为知是行之基础与前提。

以上是关于如何践行道德文化的媒体宣传教育策略。传统道德文化要践行下去，媒体的宣传教育是必不可少的。由此，中央的政策支持必不可少。电视、电影、移动电视、智能手机等现代媒体交互使用，以宣传、传播优秀传统道德文化，当然如此亦离不开中央政策的倾斜与关照；只有在政策的支持下，各种视觉媒体才能有目的、有针对性介绍各种优秀的传统道德文化，进而在舆论的指导之下，各种媒体有序地宣介各种道德文化，最终为道德文化的践行奠定坚实的基础。历史证明，历史上凡是政府政策所支持、所导向的行为，最终都取得了良好的效果。故此，在道德文化的现代践行过程中，道德践行主体的道德实践活动，如若是建立在道德践行主体的基础之上，那么道德文化的现代践行效果更佳。

### （二）网络媒体道德宣传策略

传统优秀道德文化的现代践行，除了有感觉冲动的视觉媒体文化教育方式而外，网络媒体的道德宣传教育策略亦必不可少。在当代信息化社会，网络已成为广大青少年沟通交流、学习的必不可少的媒介载体。通过网络媒体，宣介中国古代优秀道德文化是一条必不可少的良道。在当代社会，网络的舆论力量有着比其他媒体更为独特的优势：受众多、传播迅速，而且参与范围广、网络直接参与度更高。故此，网络对人之道德教育之方式比其他模式更为宽泛，更为直接。网络的基本价值表现为：宣传中国古代优秀道德文化、评介各种优秀道德文化、舆论的压力与指导等，如此，能促使道德践行主体在了解、识记、辨别真伪的过程中，进而产生践行传统道德文化的内驱力。

信息化社会，网络媒体的主体为广大青少年，这亦是我们传承中国优秀传统道德文化主力阵营；网络自身存在的许多特点，为传统的优秀的道德文化通过网络宣传教育、现代践行奠定了扎实的基础。网络媒体对传统道德文化的现代践行不可或缺。

第一，网络媒体的主体为广大青少年。

中国传统道德文化的现代践行，其主体为广大人民群众，而在广大民众当中，广大青少年的道德素养具有很大的不可确定性。青少年肩负着道德文化的传承与践行的重任，由此，中国古代优秀传统道德文化在当代践行的历史命运，主要取决于广大青少年。广大青少年是上网的主要力量。根据"CNNIC发布的《第25次中国互联网络发展状况统计报告》披露，截至2009年12月底，中国网民规模达到3.84亿，网民的最大群体仍是学生，占网民总数的28.8%。就学历情况来看，大专以上学历的占24.3%。大学生网民群体已经成为我国网民群体的主流，他们的网络行为与网络价值观不仅影响着其自身的现实生活，也对整个网络社会环境起到重要影响"①。目前，网络正以一种超强的方式影响和渗透着人们的思想，亦改变着人们的日常生活方式。中国目前的网民人数业已超越了美国而跃居世界第一。鉴于网络媒体的主体为广大青少年，通过网络媒体催生传统道德文化的现代践行是可能的，这种可能性主要取决于网络媒体如何宣传介绍中国优秀传统道德文化。通过网络媒体的道德教育模式，使传统道德文化在现代社会的践行提供了内驱力：其一，网络媒体涉及面较广；其二，网络媒体的青少年有学识之人较多，为网络媒体传播道德文化提供了可能性；其三，网络媒体可提供丰富多样的道德教育、道德践行模式，比如视频模式，比如新闻模式、BBS讨论模式等，较之以往单一的、呆滞的传统道德教育模式，网络媒体在推进道德文化的现代践行方面更具有可操作性。此外，网络媒体所提供的信息具有及时性、广泛性、生动性、趣味性、形象性等特点，如若利用网络媒体传播中国古代优秀道德文化，则必然可收到意想不到的效果。那么，通过网络媒体传播古代优秀道德文化并使之在当代社会得以践行，其具体途径如何，这是我们必须首先面对的具体问题。

第二，广大青少年通过网络媒体践行道德文化之途径。

传播古代优秀道德文化并使之在当代社会践行，网络媒体的作用独具特色。中国古代优秀道德文化的现代践行的具体途径如何呢？

欲使中国古代优秀道德文化在当代社会践行，具体策略为：其一，门户网站在醒目处宣传介绍道德文化必不可少。为了让广大网民能很好地接触到中国古代优秀道德文化，主管网站建设的政府部门可以作出具体规定，凡是在中国境内域名注册的网站，必须设置中国古代优秀道德文化的专门栏目，并且在醒目的位置让大家能一目了然。因为中国古代的优秀道德文化的当代践行，首要的是让大家了解中国古代优秀道德文化，要让网民能轻松找到相关的道德文化栏目，而不是花费很大精力还不能找到道德文化践行相关栏目。这是了解传统道德文化是践行道德文化之前提与基础。其二，网络媒体的道德文化游戏策略是宣传道德文化、践行中国古代优秀道德文化必不可少的环节。网络媒体的一个很大的功能即是游

① 张楠、李航敏：《大学生网络道德问题分析及教育的对策建议》，载《思想理论教育导刊》2010年第10期。

戏功能。游戏是当代青年网民乐此不疲的事情之一，故此，政府能否组织开发系列的关于践行中国传统道德文化游戏，如此，让广大网民在游戏人生中，潜移默化地接受传统道德文化之熏陶，逐渐产生道德信仰，进而在生活中践行中国古代优秀道德文化。

由此，道德知识、道德践行的游戏化，这是中国古代优秀道德文化在当代社会践行的不可或缺的重要性因素。众所周知，目前的网络游戏不乏暴力与色情情节，这与中国传统的优秀传统道德文化的现代践行背道而驰，加剧了道德文化在当代社会践行难度。如若政府能有效利用网络媒体，控制所开发的网络游戏，既要摒弃那些庸俗低下的东西，同时亦要兼顾新开发的网络游戏的主题是践行中国古代优秀道德文化，并兼顾中国古代优秀道德文化游戏的趣味性，如此，中国传统的优秀的道德文化才能很好地践行下去。通过网络在当下宣传中国古代优秀道德文化，同时亦在一定层面上兼顾其趣味性，那么网络的正面功能则能在一定层面上大大优化，进而促使广大网民在游戏中逐渐提升自身的道德水准，潜移默化地达到践行中国古代优秀道德文化之目的。由此，网络平台的逐渐转型，可能为建立当代社会的优序良俗添砖加瓦。

中国古代优秀道德文化在网络媒体成功践行，网络游戏的转型势在必行。此外，我们还必须关注道德文化的网络舆论策略，因为舆论的力量是无穷的。网络媒体的舆论策略，承载着关于道德文化践行的千金重任。从目前网络发展的现状来说，网络的舆论作用比网络的宣传作用意义更为深远。近几年一些重大的社会事件，均与网络的舆论导向息息相关。利用网络媒体的舆论导向功能，将舆论的焦点引导到正面的、积极的、优秀的道德文化层面上来，引导广大网民求真、求善、求美，辅之以电视媒体等，更加大人们对中国古代优秀道德文化深刻体悟。由此，将大有裨益于中国古代优秀道德文化在当代社会的践行。具体策略是，一旦发现现代社会中践踏中国优秀道德文化的行为，即可通过网络舆论的力量，宣扬中国传统道德文化的真善美，并且对践踏传统道德文化行为所述进行抨击，达到正面宣传、践行中国古代优秀道德文化之目标。

综上所述，道德文化的现代践行，与网络游戏的转型、BBS舆论的讨论密不可分。借助于网络媒体的宽泛性、灵活性、网络群体的广泛性等层面，将道德文化践行下去。信息化时代，网络媒体是当代人了解世界、传播真善美的不可或缺的工具之一，是道德人提升道德境界的一条崭新途径。通过把握网络媒体的特点，政府政策的制定执行，使网络文化成为广大道德践行主体终身受用的媒体，实现道德文化的游戏化身，把握好网络媒体的舆论导向，如此，网络媒体是中国古代优秀道德文化在当代社会践行的必然途径之一，亦可收到意想不到的效果。

网络媒体对人之道德素养的提升，是道德人了解传统道德文化、践行传统道德文化不可或缺的重要途径。由此，中国古代优秀道德文化的现代践行，与网络媒体的宣传教育不可分离。当然，网络媒体的舆论导向离不开其他媒体如电视媒体等的鼎力相助。

中国古代优秀道德文化的现代践行，视觉媒体与网络媒体的作用不可低估。在我们的日常生活中，鉴于大家的出行皆与公共交通密切相连，故此，我们要充分发挥公交媒体对传统道德文化的宣传教育作用，以方便我们能更好地践行中国古代优秀道德文化。

### （三）公交媒体宣传教育策略

中国古代优秀道德文化的现代践行，媒体的宣传教育必不可少，其中公交媒体的宣传教育更是一种不经意的最佳选择模式之一。

中国古代优秀道德文化的现代践行，是刻意以某种目的为价值导向而设计的关于中国优秀道德文化现代践行的策略。与此同时，我们不能忽视中国优秀传统道德文化现代践行的不经意的道德践行策略：因为不经意的道德践行策略往往能收到比刻意实现道德践行更好的效果。这种不经意的道德践行策略涉及道德文化现代践行的公交媒体策略与石雕、石刻文化宣传教育策略。

在日常生活中，公交成为大家出行的必备工具。在城市生活有公交车、地铁、高铁、飞机、火车等交通工具。为此，我们可以利用公交宣传传统道德文化，进而为道德文化的践行打下坚实的基础。具体有以下策略。

就公交车而言，我们可以利用公交车、高铁座位椅的后背、公交车的拉手、公交车车厢的两边的空隙，写上关于中国古代传统道德文化的德目，有空间的地方诠释德目所蕴涵的深刻含义、甚至还可以以漫画的形式宣传古人如何践行中国古代传统道德文化。当然，还有一种比较直接的方式运用公交系统宣传传统道德文化，一种是以自动报站的方式宣传中国古代道德文化，比如说：在自动报站体系中自动设置文明礼让的宣传策略。最为明显的是湖南省长沙市的公交就是这样的，上车以后，公交车将自动报站说明："文明礼让是中华民族的传统美德，请给老人和带小孩的乘客让座"，为此，当一些乘客听到这些宣传道德文化教育话语，且看到确有老人与小孩需要帮助之时，内心会产生一种道德焦虑，于是在善意的公交报站中，中国传统道德文化的践行得以实现。事实上，长沙近十年来的道德文明程度的提高，与公交车的宣传教育传统道德文化模式是分不开的：公交车里的这种宣传传统的道德文化模式，是现实生活中践行中国古代道德文化之活生生的例子。笔者2003年到长沙生活，那时候长沙几乎无人让座，但现在利用公交报站宣传文明礼让，这几年长沙让座的逐渐"火热"起来，这一方面要归结为整个社会都在进步，另一方面亦说明了长沙公交宣传中国传统道德文化确实起到了一定的作用。笔者看来，人类文明的进步，必须通过宣传以使人知，通过现实垂范以使人行。如此，中国古代优秀道德文化在当代践行才能知行合一。这种利用公交车宣传中国古代传统道德文化，有两种基本意义：其一，公交宣传模式，能充分宣传中国古代的优秀传统道德文化；其二，利用公交宣传、践行中国古代优秀道德文化，还可以丰富人们枯燥的旅行生活，如此则能一举两得。故此，城市公交是宣传中国传统的优秀的道德文化基本工具之一，同时也可为中国古代道德文化的现代践行奠定较为扎实的基础。

公交的宣传教育为我们的道德文化践行奠定了基础。同时，公交车、高铁、火车上面的移动电视亦是我们宣传传统优秀道德文化的必备的手段。首先这些交通工具上面的移动电视的广告是我们必备的广告工具。在这些移动电视上面，人们往往是因为漫长的旅行时间难熬，因为单一的生活模式让他们觉得旅行如此漫长，因此，旅行途中的移动电视的有趣性、宣传性等功能可能彻底释放出来。我们可以在移动电视上放映关于中国古代道德文化的宣传片，小品、动漫、甚至是电视剧。从而使公交工具成为人们道德水准提高的标杆。

总之，政府应该对移动电视多加监控，要求移动电视播放与中国传统道德文化的小品、电视剧、动漫等。此外，政府还应该对这些小品、动漫等制作的水平进行严格的监控，以防这些作品的庸俗化、低俗化。如此，我们的公交形成中国古代道德文化的现代践行才能真正实现。故此，公交对中国古代优秀道德文化的现代践行，其功不可没。

### （四）石雕、石刻文化宣传教育策略

中国道德文化的现代践行，除了上述新兴的、动态的公交宣传教育策略以外，石雕、石刻这种静态的、常态的道德教育模式不可或缺，因为这是一种永久性的道德教育、道德践行模式。如此，中国传统的优秀的道德文化教育模式，既有动态的宣传教育践行模式，亦有静态的宣传教育践行模式，还有正规的道德教育践行模式，形成中国古代道德文化现代践行的网状模式。通过正规的、非正规的道德教育模式，使传统道德文化教育无处不在，道德践行无时不有。践行中国古代优秀道德文化，我们不能忽视生活化的道德宣传教育模式，这种模式将道德以生动符号的形式呈现在人们面前。

道德文化的宣传、教育以至现代践行，首要的是对道德文化进行宣传。目前，中国的综合国力大有提升，人们的文化生活水平亦蒸蒸日上，为此，一些改善民生的休闲公园应运而生，这些休闲公园的存在，为我们的传统道德教育提供了契机。

具体策略为：建议在公园等人群聚集的地方，设置一些石雕、石刻。这些石

雕、石刻文化不是仅仅起着装饰作用，它的另外一项功能则在于宣传中国古代优秀道德文化，即运用石雕、石刻等中国传统的优秀道德文化德目。到公园里休闲的人，可以接受中国古代优秀道德文化的熏陶逐渐了解中国传统的优秀道德文化，从而为践行道德文化奠定扎实的基础。

当然，扩建基本的石雕与石刻以弘扬中国的传统的道德文化，一个不容忽视的方面即在于修建场所的数量，修建的越多，传统道德文化的为广大民众所接受的面可能也就越大，中国传统的道德文化现代践行的概率也就越大。由此，政府关于休闲公园数量稳定的保障机制不可或缺。

中国古代社会遗留至今的一些石雕、石刻在当代社会都成为珍宝，个中缘由在于那些石雕本身的价值使然。中国当代社会很注重文化生态的建构，石雕、石刻是文化生态的很重要的一个载体。在公园里建立一些石雕、石刻文化，在很大层面上可以促进中国的文化生态，从长远道德角度来说，亦有利于中国古代优秀道德文化的现代践行。

中国古代优秀道德文化的现代践行，其具体策略可以在公园里建立一些石雕、石刻文化。石雕文化的基本作用在于雕刻一些具有传统道德文化的具体德目，介绍其在道德文化之时方面的专有知识体系。而石刻文化则以具体的、生动的践行道德文化之楷模为其具体形态，同时还可以石刻古代社会的道德楷模，当代社会的道德楷模，先进事迹等均是考察的对象。

同时，除却休闲公园里的石雕、石刻文化可以为宣传道德文化、践行道德文化外，笔者还有非常重要的关于道德文化的现代践行的石雕、石刻文化策略。古代社会有道德文化践行的“功德碑”，这些“功德碑”的设置，为封建社会的道德文化践行奠定了基础。功德碑的设置，从道德情感上来说，为道德践行者树立了一座永远的丰碑，为道德践行者的道德理想、道德信念维持与延续注射了一支“强心针”，是道德践行主体的道德意志维系的内驱力。故此，在我们社会主义中国，应当为当代道德楷模践行中国古代优秀传统道德文化之人建立“道德模范碑”。生活在城市里的道德文化践行楷模，则在公园里建立“道德楷模碑”；生活在农村的践行中国古代优秀道德文化之人亦在村口专门开辟一块地儿建立“道德楷模碑”，最终形成传统道德文化践行的道德心理机制，最终促成传统道德文化在现代社会的践行。

### （五）建立传统道德文化纪念馆

中国古代优秀道德文化的践行，离不开道德文化的宣传与教育。中国社会欲建立优序良俗的美好的和谐社会，中国传统的优秀道德文化应该是一种稳定的模式。建立道德文化纪念馆是其不错的一个选择。

当前时代是物质生活相对丰富，道德生活相对贫乏的社会。如何将中国古代的优秀道德文化很好地践行下去，这是时代赋予我们的责任。传统优秀的道德文化不仅要在当代社会践行下去，而且还必须持续地践行下去，那么道德文化纪念馆的建立势在必行。到目前为止，偌大的中国尚未有一个严格意义上的道德文化纪念馆。建立道德文化纪念馆的目的是为了让道德践行主体了解中国传统的道德文化，践行道德文化。综观中国改革开放的几十年，物质生活取得了巨大的成就，然而精神生活却在滑坡。建立道德生活纪念馆的意义非常重大。

那么如何建立道德生活馆，以更好地践行中国古代优秀道德文化？具体措施：在中国的政治文化中心北京，建立一个全国规模的道德文化纪念馆，也即国家级的道德文化生活馆。在国家级纪念馆中，设立三十一个省、自治区、直辖市的道德纪念分馆。国家级的道德纪念馆的基本作用在于从宏观上、总体上把握我国传统的优秀道德文化。纪念馆可展出传统道德文化理念、中国传统道德文化历史审理、中国传统道德文化扬弃超越、中国传统道德文化践行、中国传统道德文化现代践行经典案例等。此外，还可建立三十一个省、自治区、直辖市的分馆，其目的在于介绍每个省的特别突出的传统道德文化践行模范，特色之处等，如此，道德纪念馆的建立，则必然为弘扬中国古代的优秀的道德文化奠定扎实的基础。

除了在北京建立国家级的中国道德文化纪念馆以外，在各省、自治区、直辖市的省会城市亦可建立传统道德文化的纪念馆，并免费对外开放。省会城市所建立的道德文化纪念馆，与北京形成一种垂直领导的道德纪念馆管理模式。省级道德文化纪念馆必须介绍本省的特色，介绍本省的道德文化践行、道德文化、道德教育、道德表彰等。具体则因地制宜设立道德文化纪念馆，如此，则能从中央到地方皆能形成完整的道德纪念模式，可为道德践行奠定良好的基础。省级道德文化纪念馆，其目的在于表彰每个省的道德模范，践行中国古代优秀道德文化。仿照国家级传统道德文化纪念馆，设立若干分馆，对中国传统道德文化进行详尽的介绍，当然形式可以多样。另外还可设立分馆，分馆的作用主要是针对地级市及其以下的县等的践行传统道德文化之模范，感人事迹等，并以此作为传播、弘扬中国传统道德文化的固定的场所。

由此，从中央到地方，基本上都能建立一套完整的垂直领导的道德文化纪念馆，以此诠释、表彰、弘扬、践行中国古代的优秀道德文化。具体说来，传统道德文化纪念馆的基本作用在于：其一，介绍我国的优良的传统道德文化；其二，介绍中国共产党建党以来党的文化建设所取得的成就；其三，全国道德楷模的优秀事迹等；其四，省级道德文化纪念分馆之介绍每个省级的重要的道德模范。

在道德文化纪念馆的推动之下，传统道德文化的理念会深入人心，人们的道德信仰会更加坚定，人们的道德情感会更加深厚，人们的道德意志会更加坚强。由此，传统道德文化的现代践行必将成为现实。故此，道德文化纪念馆的建立，必将为传统道德文化的践行奠定坚实的基础。

## 三、乐教熏陶策略

音乐教化（以下简称为“乐教”）是指通过音乐乐感对人的熏陶，使人之心灵受到震撼，借助音乐节奏与快感，辅之以传统道德文化德目作为音乐歌词，使人们在欣赏音乐之时感受道德文化的魅力，从而产生践行道德文化的内在冲动，进而实现道德文化的现代践行。中国古代优秀道德文化的现代践行，立体的教育模式必不可少。在立体的教育模式中，乐教发挥着非常重要的作用。中国古代社会非常重视乐教，目的在于通过乐教推进道德文化在当时社会的践行。我们今天的道德教育，更多关注的是传统正规的道德教育模式，忽视了音乐在道德教育中所起的作用，忽视了道德教育的现代乐教模式。

乐教促使中国传统道德文化的现代践行，其逻辑路线如下：乐教可提升人之德性→乐教提升德性在于音乐和心灵的相通→心灵在节奏与快感中受到震撼并产生践行道德文化的冲动→在音乐中达到和合之境。

### （一）音乐以净化情感、“医治”德性为目标

古代社会的道德文化教育，既有正规的教育，同时亦有乐教熏陶策略；中国古代优秀道德文化的践行相对比较成功；与乐教对人之德性的增长不容忽视。现代社会音乐文化发达，但从某种意义上来说，今天的音乐文化只是专注人的感官快感，忽视了人之德性的增长；更为甚者，某些俗乐甚至对优秀道德文化的践行有着巨大的逆作用。我们应该反思利用乐教推动中国古代传统道德文化现代践行的路径与方式；此外，还应该反思乐感教育，回归乐教之传统，从而真正促使古代优秀道德文化得以践行。

古代哲人非常重视乐教，因为在他们看来，音乐能净化人之情感，“医治”人之德性。古代礼乐文明的出现，亦可归结为历代统治者对乐教的关注与重视：因为通过音乐教化，既能增加人之快乐，净化情感，同时亦能“医治”人之德性，音乐的这一功能在古代即得以凸显。先王皆以音乐为其本，以凸显其教化之功能。“乐也者，圣人之所乐也，而可以善民心，其感人深，其移风易俗，故先王著其教焉。”（《礼记·乐记》）乐教对人之情感的培育与德性增长的作用不可等闲视之。所谓“移风易俗，莫善于乐”（《孝经·广要道》）是也。具体说来，古代社会乐教的基本价值功用主要分为两个层面：其一，音乐给人带来快乐之

情。“夫乐者，乐也，人情之所必不免也，故人不能无乐。”（《礼记·乐记》）人通过欣赏音乐，能提升人之快乐，丰富人内心之情；其二，乐教还能“医治”人之德性。事实上，乐教的存在与人的德性的增长紧密相关。“德者，性之端也；乐者，德之华也”（《礼记·乐记》）。道德品质是人内在的本性，而音乐能提升、升华人之德性。可见人之道德品质的提升，必须依靠乐教，因为乐教能使人之道德良知开花结果，乐教能促使人之道德品质提升。

不仅中国古代哲人重视音乐的德教功能，西方哲人对音乐的德教功能亦给予极高的评价。古希腊著名哲学家柏拉图认为：“音乐教育至关重要，其目的在于改造人性培养美德，培养人有节制地、和谐地爱好美好、有秩序的事物。”① 乐教能熏陶人之道德情感，增加人之快乐；同时通过乐感能调适人之情、调适人之德行，使人择善固执。可见乐教对成就人之德性的重要性。亚里士多德认为，音乐的基本价值表现有三：教育、娱乐和消遣，② 亚氏此言，把乐教的教育价值摆在第一位。音乐最基本的价值在于教人为善，敦促并使人回归到道德的至善之境。可见，西方哲人对乐教的功能评价与中国哲人不谋而合。因为音乐在一定程度上能医治人之坏的品性，使人能回归到原始的善的起点。西方学者认为，乐教的方式是对道德践行主体进行道德教育最好的方式之一。他们认为：“向感官灌输音乐，‘对人类来讲是头等重要的事情；随着而来的是，他们能观察美的外貌和形式，并听到优美的节奏和旋律，因此，他是第一个充满节奏和旋律确立音乐的人’，因为音乐能医治人类坏的品性，使人的心灵恢复到原来质朴的正常状态。”③ 亚里士多德提出了音乐的基本价值，同时他还对为何要学习音乐进行了反思，为什么要学习音乐？亚里士多德给出了三种答案：“一是像睡眠和饮酒一样，学习音乐只是为了娱乐和休息，可以使我们快乐；二是音乐能培养人的品德，使人养成快乐的习惯；三是音乐能使人享受闲暇，提高智慧。”④ 由此，在古希腊哲人的眼中，乐教即是净化情感和医治德性的代名词。“音乐不宜以单一的用途为目的，而应兼顾多种用途。音乐应以教育和净化情感为目的。”⑤ 故此，乐教的基本价值在于以道德教化为出发点，以提升人之道德情感为终极目标，这为中国道德文化的现代践行提供了崭新思路。

古代哲人通过乐教以提升人之德性，正是当代中国人所忽视的。古代社会的小学及乡校六艺中包含着礼、乐、射、御、书、数六艺。其中“乐”居于第二

---

① 吴式颖、任钟印：《外国教育通史》第2卷，湖南教育出版社2002年版，第257页。

② 苗力田：《亚里士多德全集》第9卷，中国人民大学出版社1994年版，第278页。

③ 汪子嵩：《希腊哲学史》，人民出版社1997年版，第349页。

④ 汪子嵩：《希腊哲学史》，人民出版社1997年版，第144页。

⑤ 苗力田：《亚里士多德全集》第9卷，中国人民大学出版社1994年版，第284页。

位，可见古人对《乐》的重视。乐之存在，因为它本身的价值使然。“这种乐教，在西周社会处于向上发展时期，确实对于改变社会风俗、稳定社会秩序，为加强各诸侯国与王室之间的联系起了巨大的作用。”[①] 乐教的基本价值在于提升人之德性，使人自觉践行道德文化，人人都有较高的道德修养并自觉践行道德文化，有利于实现社会的和谐、稳定与优序良俗。乐教在古代社会受到关注，故此道德文化在古代社会践行比较容易，至少在一定程度上道德文化的践行比现代社会要完善一些。故此，在当代社会，中国优秀道德文化的现代践行，我们必须从古人那里寻求智慧，必须重视道德文化的音乐教化。

乐教能矫治人之德性，这不容置疑。我们要知其然更要知其所以然，所以我们进一步追问，乐教缘何能提升人之德性，音乐和人之德性的增长在何种意义上成为可能？

### （二）乐心相感：音乐和心灵的感通性使乐教成为可能

乐教能抑人之情并提升人之德性，这是因为音乐和人之心灵是相通的，声音→心灵的震撼→灵魂→理性的培育→人之德性的增长，这是音乐缘何能提升人之德性的逻辑路线。

音乐以教育净化情感、医治德性为目标，这是古今中外大家公认的乐教功能。但是如果我们继续追问乐教缘何能净化情感、医治德性，那么这恐怕是地道的哲学问题，因为哲学总是寻求事物背后的原因。乐教具有一大特点，即“夫声乐之入人也深，其化人也速，故先王谨为之文”。（《荀子·乐论》），乐教具有化民成俗之特点，其化民成俗快，且能净化情感和提升人之德性，原因就在于音乐的旋律与人之心灵具有相通之处，也即我们通常所说的“乐心感应”。音乐之声，是人心之动的产物，由此似乎可以感受到音乐由人心生也，即“音之起，由人心生也。人心之动，物使之然也。感于物而动，故形于声”（《礼记·乐记》）是也；另外，音乐亦可感人心也，使人之心产生强烈的震撼，故此音乐亦可震撼人心。“凡音者，生人心者也。情动于中，故形于声。声成文，谓之音”（《礼记·乐记》）是也。故此，音乐与人心之间是一种双向互动的关系：即人心→感生音乐，音乐→感生人心。音乐与人心之间是相通的，所以音乐和人心可以实现双向互动。

音乐可以感生人心，这主要取决于乐感，每种音乐都有一定的旋律，旋律震撼人之心，激荡人之灵魂，“灵魂就是一支旋律，灵魂蕴藏着旋律”，[②] 可见，旋

---

① 李国钧、王炳照：《中国教育制度史》第1卷，山东教育出版社2000年版，第78页。

② 苗力田：《亚里士多德全集》第9卷，中国人民大学出版社1994年版，第281页。

律激荡起人的灵魂，人的灵魂深处亦蕴藏着旋律。人的灵魂受到音乐的熏陶而产生强烈的震撼，并且能在震撼中陶冶人之德性。因为“凡音者，生于人心者也；乐者，通伦理者也”。人之心与乐相感，乐与人之伦常相通。音乐生于人之心，这种音乐能震撼人之灵魂，人的灵魂在受到音乐的震撼后，能够得到净化，回归到“良知”状态，回归到伦理纲常之正常轨道，从而实现了乐教增强人之德性的作用，“君子曰：礼乐不可斯须去身，致乐以治心，则易直子谅之心，油然生矣。”（《太平御览·乐部》）音乐和人的心灵相通，音乐可以治心，心正则身正，身正则社会风气正，社会风气正则表明道德文化得到了践行。

乐教缘何与人之德性联系在一起，中国古代哲人已详细阐释；同样，古希腊哲人柏拉图对该问题也给出了同样的回答，他在《普勒泰戈拉篇》中指出：“也许音乐能解决我们的问题：心灵在音乐中学会了和谐与韵律，甚至学会倾向于公正；因为‘气质和谐的人岂能不公正’。”[①] 柏拉图认为乐教能使人之心灵变得和谐，心灵和谐后，就会拥有公正之美德。由此，要想实现道德文化在当代社会的践行，就必须重视音乐的基本价值，重视人之道德建设主体之灵魂。音乐与人的灵魂的关系，就是人的灵魂与人的理性的关系，就是乐教与人的德性的基本关系，音乐使人的灵魂受到震撼，灵魂受到震撼后，导致人的理性张扬，理性在张扬的过程中，使人之德性得以增长。因为音乐能“切中人心，对青少年的情操与性格都有影响。音乐本身是一种自由和高贵的文雅学科。它能使人愉快舒畅悠闲安逸，形成高尚自由的心灵，使理性得到发展”。[②] 故此，通过系列逻辑推理可知音乐和德行增长的逻辑路线为：音乐→灵魂→人之理性的增长→人之德性的增长→身心之和。故此，乐感对人之道德文化的提升，对人自觉践行道德文化至关重要。

乐教能提升人之性情，矫正人之坏的德性，并最终促使道德文化的现代践行。要想实现中国道德文化的传统理念在现代社会的践行，不能离开乐教的支撑作用。乐教能提升人之德性，促使道德践行主体对传统道德文化形成道德信仰。“音乐教育比其他教育都重要，因为音乐教育的节奏和曲调有强烈的力量浸入人心灵的深处，如果教育方式适当，音乐能滋润人的心灵，美化人的心灵；如果没有这种合适的教育，心灵就会因此而变丑。旋律和曲调的和谐、庄严和优美能使卫国者精神和谐、举止有理、仪态优美。”[③] 故此，乐教对人之道德情感的提升至关重要，通过音乐的熏陶，使人的灵魂受到震撼，促使人形成真善美的完美人格，

① ［美］威尔·杜兰特著，金发等译：《哲学的故事》（上），生活·读书·新知三联书店 1997 年版，第 40 页。

② 吴式颖、任钟印：《外国教育通史》第 2 卷，湖南教育出版社 2002 年版，第 331 页。

③ 吴式颖、任钟印：《外国教育通史》第 2 卷，湖南教育出版社 2002 年版，第 257 页。

并在此基础上形成坚定的道德信仰，在道德信仰的支撑下，自觉践行道德文化。

### （三）在旋律与快感享受中践行传统道德文化

乐教可增进情感、矫正人之德性，乐教的这种功能并不是在枯燥无味的说教中实现的，而是寓教于乐，在旋律与快感享受中使道德践行主体潜移默化的受到影响，从而自觉践行传统道德文化。

就人的本性而言，都是趋乐避苦的。如若能使道德践行主体在快乐的享受中践行道德文化，这当然是最佳践行策略了。音乐能给人带来快乐，通过音乐的节奏和快感，能使道德践行主体自觉的践行道德文化。亚里士多德认为，“音乐的教导很适合少年的本性，青少年由于年龄关系极不情愿忍耐那些缺少快乐的事物，而音乐在本质上就是令人快乐的事物。”① 不单单是青少年对那些缺乏快乐的事情不感兴趣，事实上，这是所有人的本性，任何人都乐意在快乐中完成自己想做的事情，而音乐正好符合人寻求快意之需求。由此，道德文化的践行与音乐之感受密不可分。“既然音乐带来快乐的享受，而德性在于快乐和爱憎的分明，那么必须阐明的是，没有比培养正确的判断能力、学习在良好的情操和高尚的行为之中求取快乐更紧要的事情了。”② 这种快乐即欣赏音乐。先哲亚氏此言，深刻揭示了音乐在轻松和快乐中促使道德践行主体践行道德文化的价值。

音乐的节奏能唤醒人内心深处的灵魂，在快乐的欣赏音乐中提升自己的道德修养，形成完美的道德人格。“亚里士多德很重视美育在人的和谐发展中的重大意义，尤其强调音乐对人的理性的培养和发展的巨大作用。他认为，让儿童上音乐课，既是教育，可以净化他们的心灵，又是娱乐，还可以使他们的理智得到享受，同时音乐影响情操，其效果将及于性格。”③ 亚里士多德关于乐教的基本功能应该从四个层面体现出来：其一，音乐可以培养和发展人的理性，催生人对道德文化的认知与践行，这是音乐首要的价值。其二，音乐能净化人之心灵；其三，音乐能使人得到快乐；其四，音乐能影响人之情操。音乐的这四种基本功能，终归促成人形成完美的道德理性，为人达到道德的理想境界指明方向，最终促使人们践行中国传统道德文化。理性即是对道德文化知识的把握，透过理性，使人能够把握道德文化。诚如亚里士多德所言：“人们通过三种途径成为善良贤明之人。这三种途径是本性、习惯和理性。”④ 由此，道德文化的现代践行，音乐熏陶是必不可少的，音乐能使人产生内在快感，从而使道德践行主体在欣赏音

① 苗力田：《亚里士多德全集》第9卷，中国人民大学出版社1994年版，第281页。
② 苗力田：《亚里士多德全集》第9卷，中国人民大学出版社1994年版，第280页。
③ 苗力田：《亚里士多德全集》第9卷，中国人民大学出版社1994年版，第278页。
④ 苗力田：《亚里士多德全集》第9卷，中国人民大学出版社1994年版，第257页。

乐、得到快乐之时化民成俗，终归促使道德文化的现代践行。

乐教和人之心灵的互通使乐教成为可能。音乐能否促使古代优秀道德文化在现代社会的践行，在很大层面上取决于音乐节奏与旋律对人之灵魂的触动，音乐对人之道德情感的激励作用。亚里士多德指出："旋律自身就是对性情的模仿，这一点十分明显，各种曲调本性迥异，人们在欣赏每一支乐曲时的心情也就迥然不同。"① 鉴于人在欣赏音乐之时的心情迥异，由此造成人的内心世界或喜或悲，此时，灵魂就会在这种或喜或悲的状态中不断地受到善恶之染，并由此而形成道德情感、产生道德信仰。亚里士多德曰："如果对象令人愉悦或令人痛苦，灵魂就会追求它或否定它，感到快乐或痛苦就会按照相应于善或恶或注入此类的东西的感性媒介而行动。"② 故此，音乐的目的应该是让人快乐，唯其如此，才能使音乐提升人的道德情感，"医治"人之德性。反之，则音乐不能起到医治人之德性的目的。因为音乐的"节奏和旋律模仿愤怒和温和勇敢和节制以及所有与此相反的性情，还有其他一些性情，其效果十分明显，灵魂在倾听之际往往是激情起伏。在仿照的形象面前感到痛苦或快乐与亲临其境面对真实事物的感受几乎相同"。③音乐给人的快乐与善等德性相应，而音乐给人带来的痛苦是与恶相关联的。故此，音乐如若能提升人之道德品质，必然是能给人带来快乐的音乐、令人振奋的音乐。乐教的基本价值在于激发人之灵魂，拨弄灵魂当中那根快乐之弦，使人之激情尽情迸发，产生快感，形成善之理念，进而形成道德践行的内驱力。在这种快乐的情境之中，音乐对人之道德境界的提升才能真正起到作用。亚里士多德认为："关于曲调和节奏，我们还须考察，是所有的曲调和节奏都适用于教育还是应当有所区分。"④ 并不是所有的音乐都能对人起到教育的作用，只有优美的曲调和旋律才能使人感受到快乐，使人的心灵受到震撼，才能提升人的道德，使人受到感染，产生践行道德文化的冲动。只有使人快乐的音乐，才能使"他们如疯如狂，不能自制，仿佛得到了医治和净化"。⑤

不可否认，音乐能给人带来快乐，使人在欣赏音乐中提升人之道德境界。那么通过乐教提升人之道德境界宜在何时开始呢？笔者认为儿童时期为最佳，因为儿童的大脑好比是一张"白板"，只要你在上面写什么，那么在白板上的东西一定是清晰可见。"假如某一曲调井然有序且富教育作用，就宜于在儿童时期的教育中采用。"⑥ 儿童之时，头脑没有写入任何东西，通过音乐对人的教化作用，

①③ 苗力田：《亚里士多德全集》第9卷，中国人民大学出版社1994年版，第280页。

② 苗力田：《亚里士多德全集》第9卷，中国人民大学出版社1994年版，第81页。

④ 苗力田：《亚里士多德全集》第9卷，中国人民大学出版社1994年版，第284页。

⑤ 苗力田：《亚里士多德全集》第9卷，中国人民大学出版社1994年版，第285页。

⑥ 苗力田：《亚里士多德全集》第9卷，中国人民大学出版社1994年版，第286页。

使儿童从幼年开始就接受音乐的熏陶，这是人们道德水准得以提升的关键一步，因为少儿是形成道德观念、道德信仰的关键时刻。通过乐教，使人们的道德水准在潜移默化中逐步得以提升，而不是一蹴而就，因为“习惯或性格的养成，如同疾病的发生，是渐渐的，一步一步的，是不可知觉的”①。由此，在儿童时期实施乐教，能使幼儿之道德水准逐步得以升华，将传统的道德文化逐渐内化为人们道德品质的一部分，如此，道德践行才能得以落到实处。

音乐必须以增强人之快乐为目标，如此才能提升人之德性并促使道德践行主体的践行，乐教必须有着真正的德育方向，并培养人之德性，使人能在乐教的熏陶之下，逐渐形成道德情感，产生道德信仰，从而能真正践行中国古代优秀道德文化，这是我们重视乐教的初衷。乐教对道德教育的终极价值表现在人之内心世界之和，人己之和，人与社会之和。

### （四）乐中平则民和而不流

乐教能调人之情，和人之性。通过乐教，能够顺利实现人之道德水准的提高。人之道德水准的提高，有利于人的内心世界、人与人、人与社会之间的和谐，由此，乐的终极价值在和。“乐言是其和也”“乐者天地之和也”（礼记·乐记）。通过乐之旋律与节奏，不断拨动人之内心世界的那根弦，从而产生快感，使人之心灵得以净化、情感得以抒发、德性得以医治。由此，乐之和可分为：内心之和，人情之和，人性之和。乐之和始于人心之和，究其原因在于古人认为“心之官则思”，乐动而人心随之而和，乐管乎人心。由人心之和，则能实现人情之和，乐之终极价值得以凸显。“乐也者，和之而不可复者也；礼也者，理之不可易者也。乐合同，礼别异。礼乐之统，管乎人心矣。”（《荀子·乐论》）乐能治人之心，复人之情，矫人之德以实现人之内心世界、人与人、人与社会之间的和谐。故此，乐的终极价值在于实现其和。“乐从和，和从平。声以和乐，律以平声”（《荀子·乐论》），此乃和之价值的凸显。由此，乐教对人之德性的增长，主要从人之内心世界的调适开始而逐渐向外开显；人之内心世界的和谐，则能直接导致人之德性的增长。可见，德性与知乐是一体两面的东西：知德性则为君子，是君子则知乐。“知声而不知音者，禽兽是也；知音而不知乐者，众庶是也。唯君子为能知乐”（礼记·乐记），可见知乐与人之德性是紧密相连的。君子与知乐是相互联系、相互影响、相互制约的。知乐之人，可以成就为有德之人；有德之人，亦可熏习而成为懂乐之人。君子之德，可通过日常生活中表现出来。因为“听其雅颂之声，志意得广焉；执其干戚，习其俯仰诎伸，容貌得庄焉；行其

① 周辅成：《西方伦理学名著选辑》上卷，商务印书馆1964年版，第310页。

缀兆，要其节奏，行列是正焉，进退得齐焉”（礼记·乐记）。因乐则能表现出人之德性，也即因乐能迅速厘清人之德性，人之德性与乐感的获得是同一的。通过乐教，可以管窥人之行为端庄与否，人之意志焕发与否，人之音容笑貌端正与否。雅乐能提升人之精神面目，提升道德理性，雅乐能促使人之德性的增长。荀子曰：“乐中平则民和而不流，乐肃庄则民齐而不乱。”（《荀子·乐论》）由此，通过音乐，人之心性情、精气神均能以一种更适度的方式予以调适，从而使人之行为合乎君子德性。由此，乐教的作用可谓大矣。乐教不仅仅能提升单个人的道德品质，同时亦能提升群体的道德品质，以乐教为中心，推己及人，诸多人均能享受这种乐教思想，则能够达到移风移俗的效果，如此则天下咸宁。故此，乐教的主要价值凸显为对人之道德理性的提升，成就个人之美德。这即是我们所说的“乐行而伦清，耳目聪明，血气和平，移风易俗，天下皆宁”（《礼记·乐记》）是也。乐教的最高境界就在于移风易俗，天下咸宁，天下和合，此乃乐教价值的最高体现。人成其为人，礼乐是其最为基本的价值理性工具。因为人“兴于诗，立于礼，成于乐”（《论语·泰伯》），人之所以为人，关键在于以礼立身，因乐而成就人之德性。

实现道德文化的传统理念在现代的践行，离不开乐教，因为音乐可增进人之德性，在德性的光环之下，我们可以感受到乐教之情感渲染。乐教能增长人之德性，提升人之道德理性。从而使人们不断将道德理性内化为道德品质，形成道德信仰。这是由外而内的过程，也即由乐教情感增进人之道德品质，培养人之道德情感。当然，道德生活的最终目的是为了实践，实现社会的优序良俗。由此，在此基础之上，内化的道德品质需要外化，这即是道德践行。乐教促进道德文化的现代践行的逻辑关系是由外而内，然后再由内而外的过程，即外→内→外。外→内表现为将外在的音乐中潜在的乐感与旋律内化为人们的道德品质；内→外则表现为业已内化的道德品质指导人之行为，外化为人们的道德践行，成为人们行为的道德指南。

综上所述，乐教促使道德文化的现代践行是可能的，和其他方式相比，在音乐的熏习之下，乐教更有利于促使传统道德文化的现代践行。

### （五）乐教促使道德文化的现代践行的具体策略

以上阐释了乐教之目的在于增进人之道德情感，提升人之道德理性。音乐和人之心灵的相通之处使乐教增进人之德性成为可能。基于乐教能增长人之德性为基本出发点，我们将利用乐教提升道德践行主体的道德水平，并由此而践行中国优秀道德文化。具体策略的推行如下：

第一，乐教歌词内容的设计，应该紧紧围绕中国传统道德文化的经典为歌词蓝本。比如说，可以利用《孝经》，将其精华的部分摘录出来最为乐教之歌词，所摘录出来的经典文献必然要能表现传统道德文化的精华性、旋律性、识记性。然后根据不同的年龄段，谱写曲调。可以书写各种不同的曲调，亦供不同年龄段的人听取并受到感染，最终践行中国古代优秀的道德文化。还可以利用《论语》中的歌颂有关仁义礼智信经典话语作为歌词，将其中蕴涵着浓厚的道德文化情感的话语作为蓝本。这在一定程度上保证了乐教歌词的正确导向，为道德文化的现代践行奠定正确的价值取向。

第二，乐教的旋律应该视具体情况分而论之。现在的音乐节奏有摇滚型的、轻音乐型的，婉约型的、抒情型的，不一而同，针对不同的道德践行主体，因材而乐。唯其如此，道德文化的歌词才能适时地进入到人之道德心灵，引起心灵的震撼，中国古代优秀道德文化才能真正践行下去。

其三，注重乐教的年龄梯次性问题。不同年龄段的人对音乐的追求与执着是是不同的，为此，为了使乐教能成为人们道德践行的内驱力，我们在设计乐教之时，应当考虑乐教的不同年龄段，唯其如此，才能发挥音乐的道德教化功能，进而实现中国道德文化的传统理念在当代社会的践行。不同的年龄段有着不同的年龄要求：比如：小孩喜欢儿歌，就应该考虑音乐的节奏是欢快的、稍偏柔和型的；若是青年人，就应该根据青年人的特点，制定相应的音乐：如奔放型的流行歌曲等是最适合不过的了。如中老年人，则应该适合中老年人的习尚音乐之特点而审定具体的音乐方案。由此，欲增长人之德性，就应根据人之不同的年龄阶段，制定适合不同年龄阶段的人的音乐的欣赏，如此，才能真正实现音乐对人之道德的提升，从而促使道德文化的现代践行。

## 四、榜样示范策略催生道德践行

中国传统道德文化的现代践行，除了以教为本而外，榜样示范与逆向耻感的激励与鞭笞，可以说如一对孪生姐妹，不断地推动中国传统道德文化的现代践行。榜样示范是从正面激励道德践行主体对中国古代优秀道德文化的践行；逆向耻感则是从负面鞭笞道德践行主体践行道德文化。无论是榜样示范，还是逆向耻感，均是导致古代优秀道德文化现代践行的内驱力。

中国古代优秀道德文化的现代践行，依赖于榜样的示范与激励作用。以下就榜样的原初义涵及其伦理意蕴，榜样示范的哲学基础以及榜样示范如何促进中国传统道德文化现代践行三方面分而述之。

### （一）榜样的原初义涵及其伦理意蕴

中国优秀传统道德文化的现代践行，榜样示范的激励机制不可或缺。何谓榜样示范？“榜样示范法是以正面人物的优良品质和模范行为影响受教育者品德的一种方法。”[①] 榜样示范蕴含两层涵义：其一，榜样示范的主体具有优良的道德品质，高尚的道德行为；其二，榜样示范的客体会受到榜样的影响并成就其道德人格。故此，谈及榜样示范，我们有必要对榜样的原初意蕴进行阐释，如此方能更好地解释榜样示范何以可能，以及能否促使道德文化现代践行的问题。

“榜样”二字，大家都耳熟能详。榜样的内涵在学界可谓是仁者见仁智者见智。探究榜样，必须从其原初字义着手，如此方能确切地阐明其引申义。榜样的原初涵义为“矫不正”之意。在《汉语大字典》中，“榜”被解释为“正弓弩器”[②]，即是说，“榜”的原初涵义是使弓箭得以矫正，这与早期韩非子关于“榜”的解释如出一辙。韩非子曰：“榜者，所以矫不正也。”（《韩非子·外储说右下》），由此可知《汉语大字典》中关于“榜”的阐释，实际上借鉴了韩非子关于“榜”之内涵的阐释。

随着时代的发展，榜样的基本涵义逐渐向伦理道德的意蕴转向。“榜”从最初的工具理性逐渐向具有人文意蕴的伦理文化意蕴转化。“榜”的涵义转化，起因于时代的需要，是时代精神的集中体现。比如学者彭怀祖先生认为：“榜样是在一定历史时期经组织认定，公众舆论认可和公共传媒广泛传播，体现时代精神和人民意愿，代表先进生产力的发展要求，代表先进文化的前进方向，代表最广大人民群众的根本利益，值得公众效仿和学习的先进典型。榜样的特征体现了人格品质的先进性、与时俱进的时代性和广泛传播的权威性。”[③] 这深刻揭示了榜样的缘起、榜样的道德内蕴、特征等，体现了榜样的时代精神特征。榜样是时代的缩影，反映了特定时代的时代精神风貌和精神特质，榜样“是指一定社会规范和行为准则的具体化、形象化和人物化，榜样是一个时代的缩影，体现着时代的精神风貌和格调”[④]，这正是榜样在现时代的真实写照。由榜样内涵可知，榜样已经从本初义涵逐渐向更为广深的伦理层面渗透：榜样即是以先进的道德理念指引着人们前进的方向，成为人们行为的指南，是社会优序良俗的道德源泉。由此，有人提出“榜样就是人的某一实际的行为实践活动及其活动的成果或行为实践中蕴含、体现、彰显出来的，对于其他社会成员具有借鉴、激励、警示作用的

① 华中师范大学等六校合编：《德育论》，陕西人民教育出版社1986年版，第173页。

② 汉语大字典编辑委员会：《汉语大字典》，湖北辞书出版与四川图书出版1987年版，第1268页。

③ 彭怀祖、姜朝晖：《榜样论》，人民出版社2002年版，第8页。

④ 张元龙：《思想政治教育方法面面观》，载《浙江师大学报社科版》1995年第5期。

东西。榜样既可以是某种具体的方法、方式，也可以是做人做事的原则、规范，还可以是人具有的某种品质、精神、作风，还可以是一个人和事本身”①。榜样的内蕴在于以高尚的道德品质去影响和指导他人的行为、通过由此及彼，推己及人的做法，使社会依靠榜样的示范而过渡到优序良俗的和谐之境。

榜样是时代精神良好道德品质的体现，是被他人模仿并得以示范的基石，赖以模仿并受到教化之根基。榜样从原初之义涵，已经发展到具有伦理意蕴的榜样。如若我们把榜样者视为道德践行主体，而模仿者视为客体的话，那么道德践行主体与道德客体之间的关系是一种双向主客互动的关系：榜样即是道德践行主体（榜样）对道德客体的影响和教化——示范；同样，榜样亦是道德客体对道德践行主体的（榜样）模仿——接受示范的过程。榜样是道德客体对道德践行主体的学习或模仿。如在《现代汉语词典》中认为，“榜样”是指“作为仿效的人或事例多指好的”。② 其一，榜样内涵中的“好”说明了榜样乃道德品质高尚之人，如此榜样才能通过道德权威成为他人模仿的对象；其二，相对榜样而言，学习者和榜样之间必然存在着势差（道德水准的差异），如此，模仿或学习才能提上日程，榜样才能真正成为“人们藉以模仿的形象”。③ 道德践行主体和道德客体之间有着彼此之间的位势差，才能促使榜样学习者、模仿者真正有着模仿和学习的内驱力。所以，“榜样或道德榜样，原本是应该被模仿和学习的对象，亦即应该被模仿和学习的品德高尚的人，说到底，亦即达到了品德培养目标的人”④ 才能成为榜样。

从客体的角度来阐释榜样，榜样是客体对道德践行主体（榜样）的学习与模仿，从主体的角度来阐释榜样，榜样是主体对道德客体的影响与示范。“榜样是以他人的高尚思想、模范行为和卓越成就来影响学生品德的方法”。⑤ 所谓“影响”，即以高尚的情操、行为给人以示范，以使人提升道德水准，成就他人道德人格的方法。即榜样“是以高尚的思想、模范的行为、优异的成就教育影响受教育者的一种方法”⑥。榜样可促使人之道德素养的提升，使他人能够模仿其高尚的行为，使道德文化得以践行。可将榜样定位为构建道德基础的一种手段，并利用这种手段去影响他人的视、听、言、动，进而催生道德文化的践行。在此基础之上，榜样的终极涵义定义为教化、示范之意，并由此而成就人之道德人格。由此，有学者认为“榜样是凝聚了特定历史时期的人民的共同理想追求、具有较高

① 张茹粉：《榜样教育的理性诉求》，载《河南师范大学学报》（哲学社会科学版）2008 年第 2 期。
② 中国社会科学院语言研究所词典编辑室编：《现代汉语词典》，商务印书馆 2005 年版，第 15 页。
③ 朱本：《榜样与榜样教育》，载《教育研究》1994 年第 3 期。
④ 王海明：《论道德榜样》，载《贵州社会科学》2007 年第 3 期。
⑤ 王道俊、王汉澜主编：《教育学》，北京人民教育出版社 2004 年版，第 230 页。
⑥ 班华：《现代德育论》，安徽人民出版社 2000 年版，第 232 页。

的道德境界，因而能够对他人具有教化作用的人格范式。”[①] 故此，榜样的内涵已经从其原初的矫正之意过渡到教化与示范之意。所谓榜样示范，也即利用正面人物高尚的道德情操，高尚的行为等去影响他人，让他人的思想道德素养及其行为合乎道德规范，提升道德理念，促使他人践行道德文化的一种方法。

榜样的终极价值在于通过榜样力量的影响，最终使他人受到影响，进而模仿榜样，最终促使道德文化的现代践行。道德文化的现代践行，依赖于榜样示范，那么榜样示范的哲学基础是什么？榜样示范在何种意义上成为可能呢？

### （二）榜样示范的哲学基础

中国传统道德文化的现代践行，离不开榜样示范的催生作用，那么榜样示范发生作用在何种意义上成为可能？易言之，应具备何种条件方能使榜样发生示范作用。榜样之所以成为他人所向往模仿的对象，关键在于榜样的示范作用使然。榜样示范的基础有如下几个层面：榜样本身应以真实性为其前提；榜样与模仿者之间的德性存在位势之差；榜样人格与模仿者人格之间的同质性；模仿者对榜样人格的心理认同。榜样所具备的这四种基础性条件使榜样示范成为可能，并在一定意义上催生道德文化的现代践行。

首先，榜样本身必须具有真实性的特质。传统道德文化的现代践行，离不开榜样的催生作用，就榜样本身而言，榜样必然要以真实性与科学性为其本质特征。只有建立在真实、可信基础之上的榜样才能令人信服，榜样示范才有可能；如若榜样建立在虚无或者说是虚构的基础之上，那么一旦人们了解榜样的虚构真相，榜样的神圣性就会消失殆尽，榜样示范的功用将不复存在。强调榜样的客观真实性是榜样示范作用发生的第一要义，亦是探讨传统道德文化能否现代践行的前提与基础。正如高楼一样，榜样的真实可信是大楼地基，地基牢固，则高楼长久挺立；地基不牢，则大楼不能长久留存。曾钊新先生说：“值得我们仰慕和追求的范例，必须以真实性为基础。”[②] 榜样在发生示范作用之时，必然要以真实性为前提，反之，榜样不能发生示范作用。榜样的真实性可以从两方面说明：一方面是说榜样确实存在，不是虚构、虚拟的，这是榜样真实性的一面；另一方面，榜样的真实性还表现为对榜样不能虚夸，即对榜样不能无限制的夸大。在现实生活中，有时为了弘扬榜样、宣扬榜样，提升榜样之光辉形象，往往将榜样无限拔高，不断夸张并超越其原初形象。榜样形象的拔高，事实上已经超越了榜样的真实可信程度，与虚构榜样无异，这不是对榜样的褒扬，而是对榜样的贬损。

① 成云雷：《当代中国道德建设中的榜样作用》，载《毛泽东邓小平理论研究》2005 年第 5 期。

② 曾钊新：《道德心理学》，中南大学出版社 2002 年版，第 154 页。

一旦模仿者、学习者发现榜样被过分浮夸，榜样的形象将一落千丈，更谈不上榜样能发挥示范作用了。因此，脱离榜样的真实性特质将贻害无穷。拔高榜样实质上是导致榜样形象的毁灭。在我们的道德生活实践中，传统观点总认为榜样“高、大、全”为最佳：“无论是过去还是现在，无论是事件还是人物，在形塑典型和树立榜样时，我们总是简单地把它拔高、再拔高，或彰显一点而掩全面，认为只有把形象塑造得‘高、大、全’才有说服力和影响力。”① 无限地拔高榜样，本意想完善榜样，其结果却大相径庭。把榜样形象塑造得‘高、大、全’是一种误解与偏见。传统道德文化的现代践行，如若要依托榜样的示范发生作用，那么榜样必然以真实性为基本前提；否则，榜样示范催生道德文化的现代践行必然成为空中楼阁。

其次，榜样与模仿者在德性方面存在位势差。榜样之所以为榜样在于其道德水准的优先性，如若榜样与模仿者在德性层面处于同一水平线上，则榜样必将不会成为道德之楷模。因此，榜样示范性作用的发生，必然要求榜样与示范者之间的道德水准存在位势差，即榜样的道德水准、道德境界比模仿者的道德境界高，行为规范更为模范，榜样示范作用才能发生。“受教育者与榜样之间应当存在适当的位势差。”② 这是榜样发生示范作用最根本的条件，没有这种条件的存在，榜样的示范作用就不可能发生。

再次，榜样与模仿者人格的同质性为榜样示范提供了可能。榜样与模仿者均属于人这个大类，同属一类容易实现交流与沟通，亦容易产生亲近之感，如此亦能为模仿奠定基础。模仿是人的自然倾向，这是道德示范的前提性基础。古希腊哲人亚里士多德提出：“模仿是人的一种自然倾向，人之所以异于禽兽，就是因为善于模仿。”③ 人所具有的模仿天赋，为模仿者模仿榜样提供了可能，亦为催生道德文化的现代践行奠定基础。榜样示范作用首先在人格的影响方面具有同质性，亦即榜样的人格影响模仿者人格的发展。苏霍姆林斯基说：“人只能用人来建树”，因为“只有人格才能影响到人格的发展和规定”④，此言恰好切中榜样示范与模仿者之间所存在的同质性，为榜样示范提供了可能。榜样与模仿之间是人与人之间的交流，人格与人格之间的互动，为榜样示范提供了同质性基础。榜样示范存在着位势之差，人具有模仿的特质，且榜样与模仿者之间存在榜样示范与模仿的特质，这是榜样示范发生作用的同质机理。

---

① 白明亮、姚敏：《幽暗意识与榜样教育——一种道德教育的反思》，载《南京师范大学学报》2004年第3期。

② 戴锐：《榜样教育的有效性与科学化》，载《教育研究》2002年第8期。

③ 伍蠡甫等编：《西方文论选》上册，上海译文出版社1979年版，第67页。

④ 苏霍姆林斯基语，转引自崔相录：《德育新探》，光明日报出版社1987年版，第132页。

最后，模仿者对榜样的心理认同乃是榜样示范的基础。榜样能否成为人们示范之源，成为他人模仿的对象，模仿者对榜样的心理认同极为关键。模仿者对榜样的认同，表现为模仿者对榜样心向之、神往之，这样模仿者就容易产生模仿的内在冲动，产生模仿的内驱力。弗洛伊德是最早提出现代心理学意义上“认同”概念的哲学家，他认为认同是“个人与他人、群体或模仿人物在感情上、心理上趋同的过程”①。榜样认同亦是如此，榜样认同是模仿者在内心世界对榜样喜好、崇拜，并由此而产生一种内在模仿的冲动。可见，榜样认同是榜样被模仿的内驱力。模仿榜样是在认同基础之上的一种自发的、自觉的行为，不是一种强迫性的模仿行为，强制的行为不可能产生模仿的冲动。因为“任何强迫模仿的企图，都会引起抵制或冷淡的态度，使它不能达到目的——这一事实，可以说明很多使年轻人崇拜文学、艺术和道德行为上优秀范例的用意很好的努力，所以会遭到失败”②。由此，榜样示范是一种自觉的道德情感认同，建立在情感认同基础之上的模仿者将榜样视为学习和模仿的对象，并由心理上的认同，发展为情感上的认同，继而发展为行为上的模仿。由此，对榜样心理上的认同感很重要，他是榜样示范能否成功的决定性要素。榜样能激励他人、示范他人进行模仿、学习；同时，模仿者、学习者因模仿、学习以提升自己的道德境界，完善自己的道德追求，提升自己的道德人格。对榜样的模仿、学习是一种慎独而非强迫性的学习方式。模仿者由于自身的道德需要，自我价值的认同与实现，往往对榜样采取积极吸收的方式，因为在他们看来。作为榜样，“其身正，不令而行；其身不正，虽令不从。”（《论语·子路》）榜样对人的影响，是一种不言之教，是以实际行动激励他人行动，催生他人模仿、学习榜样，成就自己的人格特色，在人格特色外化的情形之下，实现道德完善，并不断催生道德文化的现代践行。

### （三）榜样示范催生道德文化的现代践行

榜样示范的理论基础的澄清，说明了榜样示范是可能的。榜样示范的可能，为催生道德文化的现代践行奠定了坚实的基础。榜样示范催生道德文化的现代践行，还是应该从榜样示范的内在基础谈起，由榜样的示范、刺激感染并催生道德文化的现代践行，基本逻辑理路遵循着外→内→外的逻辑。这个逻辑理路表明模仿者首先由于外界榜样的“刺激”，与自身的道德素养相比对，“见善修然，必以自存也。见不善，愀然，必以自省也”（《荀子·修身》）道德模仿者见其善

① 万明刚：《多元文化视野价值观与民族认同研究》，北京民族出版社 2006 年版，第 2 页。

② ［美］托马斯·沛西·能著，王承绪、赵瑞瑛译：《教育原理》，人民教育出版社 1964 年版，第 167 页。

者，以榜样为自身学习的楷模，内心世界产生向善的道德渴望，因自己道德水准不如榜样而产生道德焦虑，希望自己亦能模仿榜样之行为，达到榜样的道德境界。于是，模仿者竞相模仿榜样，最终模仿者亦提升了自己的道德水准，在自身道德境界的提升之下，人之道德行为外化，进而产生对道德文化践行的行为自觉。榜样催生道德文化现代践行即是遵循着这样的逻辑理路。

人们向往榜样而产生道德渴望、因比之不及而产生道德焦虑。并由此而催生传统道德文化的现代践行，应从心理学角度发掘榜样模仿的内在动因。传统道德文化的现代践行，在一定程度上与榜样行为的诱因不可分离。心理学家韦恩·卡肖曾说，许多东西实际上是我们通过观察他人学到的，当观察到别人的行为导致了理想的结果时，我们便会去效仿他们，榜样的行为常常充当一种导致正确行为的诱因。如此，榜样催生道德文化的践行，是由于内心世界的“见贤思齐焉，见不贤而内自省也”（《论语·里仁》）的道德需要而引发的，内心世界的道德渴望往往是一个人践行道德文化的原始动力。模仿者通过观察榜样的高尚行为，确立自己的模仿对象，最终提升自己的道德行为，进而践行传统道德文化。“大部分的人类行动是通过对榜样的观察而习得的，即一个人通过观察他人知道了新的行动应该怎样做，这一被编码的信息在后来起着引导行为的作用。”[①] 由此，道德文化的现代践行，榜样示范催生践行是一条切实可行的道路。向他人学习，将他人高尚的道德品质视为自己努力的方向，“学莫便乎近其人”，这是模仿者提升道德品质、践行道德文化的切实可行路径。

通过榜样的示范，模仿者无论是自身的道德素养，还是外在的道德行为均得到了净化与提升。榜样示范，使“怯懦者转而勇敢，盲目者转而奋起，麻木者转而猛醒，嫉妒者转而谦逊，动摇者转而坚定，幼稚者转而成熟”[②]。故此，在道德榜样的示范之下，能有效提升模仿者的道德素养，从而为道德文化的现代践行提供动力机制。中国古代道德文化浩如烟海，古代社会多擅于道德说教，在一定程度上滋生了道德文化在古代社会的践行。随着时代的发展，榜样示范独显其魅力，原因在于榜样能将“所规定的东西变成可行的、无可怀疑的。他们把实践规则以较一般的方式表示出来的东西，变得看得见、摸得着的”[③]，易言之，榜样的力量在于将抽象的道德说教变成了一种直观的感性，将道德文化更加生活化、大众化，为道德文化的现代践行提供了基础。

榜样示范有其独特的魅力，能促使模仿者慎独学习榜样的行为模式，使其行为与榜样行为的道德性接近。在榜样的学习与模仿过程中，榜样的社会认可程度

① 彭仲生：《榜样激励在大学生思政教育中的运用》，载《中国成人教育》2006 年第 9 期。

② 彭怀祖、姜朝晖：《榜样论》，人民出版社 2002 年版，第 226 页。

③ ［德］康德著，苗力田译：《道德形而上学原理》，上海人民出版社 1986 年版，第 59 页。

至为关键，因为榜样只有得到社会的认可，模仿者、学习者才能将榜样视为自己模仿和学习的对象，并以榜样为楷模而不断地进行自强激励和自我强化，以期达到榜样的样式标准。因之，榜样的社会认可度至为关键，因为“如果受教育者学会了社会所要求的行为模式，并因为表现这种榜样行为而受到社会的认可，并不断进行自我激励与自我强化，这种模仿榜样的行为就会得到加强并反复出现；如果受教育者表现这种榜样行为并未受到社会认可，那么这种行为便不太可能再发生”①。故此，道德模仿者在模仿榜样之时，榜样为社会所认可不可轻视。

如若榜样是社会所普遍认可的，那么模仿榜样就可能实现，个中缘由在于模仿者、学习者有价值认同的需要。根据马斯洛的需要层次理论，人最高的需要是自我价值认同、自我价值实现的需要。榜样模仿者接受榜样示范的激励、模仿，并不断进行自我强化，以期达到实现自身价值，此乃榜样示范的内在动因。“模仿成功者或优秀者的行为方式，这也是普遍使用的一种社会学习策略。因为成功者通常被认为是健康、财富、幸福、功名等有价值的象征，而成功者所拥有的这些特征对模仿者而言是一种替代性的强化，使模仿者认同并仿效成功者的某些行为方式，以期获得直接的强化。”② 自我价值的实现是人类的最高需求，正是通过对榜样的模仿以兑现自我价值，进而促使道德文化不断得以践行。结合人的认知过程来研究人的模仿行为的西方社会心理学家班杜拉，“证实模仿是在后天的社会化过程中逐渐习得的，是由于社会榜样的影响，通过学习榜样的行为而发生的。”③ 所以模仿榜样，学习榜样，不断地向榜样靠近，实现模仿者理想的道德人格，进而使模仿者能自觉地践行优秀传统道德文化。在道德文化的现代践行过程中，不断实现道德践行由他律向自律转化，由规制强化践行向自觉慎独践行的转化。

加强榜样教育是催生传统道德文化现代践行的必经之路。因为“榜样教育是指在社会的引导下，通过对榜样人物的感知和理解，引导人们仿效榜样人物的思想作风和言行举止，以期在广大群众中形成符合一定要求的社会态度和行为习惯的活动。”④ 榜样教育的意义可谓深远，加强榜样教育，可使人对榜样认识更为深入，增强对榜样的神圣性、敬畏感，并以榜样为模仿对象，践行中国传统的优秀道德文化。榜样教育不仅仅是必需的，而且是切实可行的，通过榜样示范，必将为道德文化的现代践行提供必要的理论基础与内驱力。道德文化的现代践行依

---

① 彭仲生：《榜样激励在大学生思政教育中的运用》，载《中国成人教育》2006 年第 9 期。

② 姚海林：《学习心理学》，北京师范大学出版社 2006 年版，第 247 页。

③ 班杜拉：《经由对侵犯性榜样的模仿而产生的侵犯行为》，载《变态和社会心理学杂志》1961 年第 61 期。

④ 肖仲辉：《当前榜样教育的问题、原因与对策》，载《四川行政学院学报》2004 年第 1 期。

赖于榜样示范，榜样示范依赖榜样对象，榜样的塑造依赖于榜样教育。由此，中国道德文化的现代践行效果的优劣，其决定权在于榜样教育的实施程度。榜样教育有着自身的特点，它能将抽象的道德说教转化为在现实生活中活生生的经典道德案例，以直观、直接的方式给人们施加影响，震撼模仿者的道德心灵，最终催生道德文化的现代践行。故此，道德文化的现代践行，榜样示范教育是最为关键的，亦是最重要的道德践行模式。

## 五、道德焦虑引发耻感以催生道德文化践行

中国传统道德文化的现代践行有诸多策略：榜样示范和道德焦虑都能催生道德文化的现代践行，榜样示范从正面催生道德文化的现代践行；道德焦虑则是从逆向刺激道德践行主体的内心世界产生道德耻感，进而催生道德文化的现代践行。榜样示范能促使道德践行主体产生一种见贤思齐的道德践行内驱力；道德焦虑是道德践行主体就自身的不良行为与他人的榜样行为进行比对，进而反求诸己，自我反省、自我审视，并在内心世界产生逆向耻感，从而激发道德践行主体产生践行道德文化的内驱力。道德焦虑与逆向耻感是一对“孪生兄弟”，道德践行主体的道德焦虑系耻感产生的前提，道德焦虑是逆向耻感的必然结果。由此，由逆向耻感而产生的道德焦虑在一定程度上有助于道德文化的现代践行。

从心理学的角度来说，逆向耻感是人内心世界对其行为的不合乎德性的不满而由此而产生的道德焦虑。逆向耻感也是一种积极的道德情感，其终极价值在于道德文化的现代践行。学术界鲜有人认为耻感文化能催生道德文化的践行，笔者认为，由道德焦虑所产生的逆向耻感亦能催生道德践行主体对道德文化的现代践行。逆向耻感催生道德文化现代践行的逻辑线索为：道德焦虑→逆向耻感→唤醒道德良知→追悔非道德行为→实现道德文化的现代践行。以下就耻感文化的内涵、道德焦虑与道德耻感之间的关系，道德焦虑如何提升道德文化的现代践行展开。

### （一）耻之内涵及其两个层面

研究道德耻感对道德文化的现代践行，必然要先了解“耻”。“耻”在辞海中注释为“羞愧之心”,[①] 即“耻”的基本涵义为耻辱、羞愧之意。从道德情感来说，“耻”是道德践行主体在做道德选择之时，深感自身道德素质不及一般，或者是尚未达到心目中已有的道德水准之要求，由此而产生所谓的羞愧之心、羞辱之耻，从这个层面上来说，“耻”可以理解为一种积极的道德情感。因之，道

① 辞海编辑委员会：《辞海》，上海辞书出版社1989年版，第4761页。

德耻感在一定程度上应该归属于积极的道德情感，这种积极的道德情感来自人之内心对道德败坏的愤怒，因为“耻辱是一种内向的愤怒”[①]，并由此而表现出积极的道德情感。这种“内向的愤怒”虽然无言，但却是道德践行主体内心真实情感的写照。不仅如此，耻感还是人类积极的、向上的、稳定的道德情感。耻感可分为对“耻”的认知，以及由认知而产生的内心世界的矛盾与冲突，亦即“羞耻感”。耻感分为两个逻辑过程：即先知其耻，而后羞耻。曾云莺教授认为：“耻感可分为知耻感和羞耻感：知耻感是指个体在了解了耻辱内涵的基础上形成的对耻辱自觉的规避和抵制；羞耻感是指个体因自己的言行或品质不符合社会道德准则和行为规范而产生的一种否定的情感体验。”[②] 从曾教授对耻感的分类可知：知耻是知，羞耻则是自己在践行道德文化之后所产生的一种情感体验，前者偏向于知，后者则偏向于行，二者有一定的区分。基于此，罗国杰先生认为“知耻之心是道德自律思想中的一个重要思想内容，知耻之心是道德自觉的一个重要的思想基础。”[③] 此处所言的“耻”主要是偏向为“知”，也即对道德知识的把握；而羞耻感则与之不同，所谓羞耻感主要是指在外界行为的刺激之下所产生的一种对道德文化的反思，表现为道德践行主体的道德焦虑，是道德践行主体本身的良知与现实的道德践履不一致而产生的矛盾与冲突，体现的是外界道德践履与自身道德良知的差异。诚如王建敏先生所言：“羞耻感实际上体现了一种自我反省、良知惊醒的普遍意义，……具有道德自律性与道德良知性。”[④] 道德践行主体缘何自我反省，原因就在于外界客体对其本身的刺激，从而引发道德践行主体对自身行为的反思，由反思而产生道德焦虑。由此，羞耻感侧重于道德耻感的动态方面，而知耻感则侧重于静态。从动态角度所谈及的羞耻感更容易引起道德焦虑，由于理想的道德人格与其本身人格的差距甚大，故此，道德践行主体容易产生道德焦虑，由道德焦虑产生道德耻感，因为道德焦虑与道德耻感之间存在着必然联系，正是由于这种必然的联系，促使道德耻感有效促进道德文化的现代践行。

### （二）道德焦虑引发道德耻感

道德耻感是一种内在的积极的道德情感，它能有效催生道德文化的现代践行。道德焦虑是耻感产生的前提条件，即是说，有了道德焦虑，才有耻感，有耻感催生人之道德良知，并因之催生道德文化的现代践行。道德践行主体因道德焦

---

① 《马克思恩格斯全集》第1卷，人民出版社1965年版，第407页。

② 曾云莺：《耻感错位的成因及解决对策》，载《广西师范大学学报》（哲学社会科学版）2006年第3期。

③ 罗国杰：《中国传统道德——教育修养卷》，中国人民大学出版社1995年版，第395页。

④ 王建敏：《道德学习论》，浙江教育出版社2002年版，第297页。

虑而最终做出善的选择，这种选择既包括善的道德理念的选择，同时亦包括道德行为的抉择。可见，道德文化现代践行中的道德焦虑与耻感是紧密相连的。那么，道德耻感与道德焦虑在何种意义上相连，他们之间的“动力因”表现何在？这必须从道德焦虑谈起。

道德焦虑是道德践行主体在面临道德自由选择的情境之时，因道德践行主体自己的道德水准、行为规则与外界环境比对之时存在着差距，进而在人的内心世界产生矛盾与冲突，于是在这种情境之下有了道德耻感；道德践行主体因为道德耻感，于是“有了羞愧，感到内疚，才能进行道德反思”[①]。道德践行主体羞愧、感到内疚，是因为自己的思想境界或者行为表现和社会上提倡的公认的道德标准存在着差距，从而引发道德践行主体对道德良知进行追问，导致道德践行主体产生道德耻感。也即“道德焦虑是指意识到自己的思想行为不符合社会道德规范就会产生良心谴责、内疚感和羞耻感。”[②] 道德践行主体的道德焦虑，使道德践行主体内心世界产生内疚，它是道德耻感之动因；道德践行主体之所以出现道德焦虑，原因在于道德践行主体面临道德规范之时所作出的艰难抉择。由此看出，道德焦虑是原因，耻感是其结果，二者是前因后果的关系。

就因果层面来说，道德焦虑是道德耻感产生的必然原因。此外，道德焦虑还是道德践行主体在面临自由选择之时所遇到的道德抉择困境，因为“焦虑是个人面临自由选择时，所必然存在的现象”。[③] 道德践行主体有进行选择的自由，但这种自由选择有时候会出现自己的道德水准和社会的道德标准不一致的情况，由此道德践行主体必然产生道德焦虑。当然，人的这种自由选择与人的自我意识密切关联，因为只有具备自由意志的人才能有自我选择的意愿。“人一旦形成了自我意识就会有独立的倾向和选择自己生活的意愿，焦虑也就会随之出现”[④]。人有独立的自我意识，就决定他有自由抉择的基本权利，在面临道德困境之时，道德理想与现实存在着巨大差距，道德践行主体由此产生道德焦虑。故此，道德焦虑的产生与人的意识是紧密相连的，没有道德意识的人是不会产生道德焦虑的。比如说小孩，他天真无邪、无忧无虑，在道德意识萌发之前，他是不会产生道德焦虑的。“自我意识尚未形成的儿童，只有恐惧而无焦虑可言。”[⑤] 离开人的意识，就没有了道德焦虑；道德焦虑不复存在，由道德焦虑所产生的道德耻感亦将不复存在，因之，由道德焦虑所催生的传统道德文化践行亦将不复存在。道德焦

---

① 曾钊新、李建华：《道德心理学》，中南大学出版社 2002 年版，第 317 页。

② 曾建平：《儒家与弗洛伊德的道德心理学之简略比较》，载《心理学探新》2006 年第 3 期。

③ Kierkegard, s. *The Concept of dread*. Princeton N. J. Princeton University Press, 1969. P. 691。

④ 蔡飞：《精神分析焦虑论批判》，载《南京师范大学学报》（社科版）1995 年第 3 期。

⑤ 保罗·蒂利希著，成穷、王作虹译：《存在的勇气》，贵州人民出版社 1988 年版，第 33 页。

虑是道德践行主体“对其所信奉的道德信条产生疑虑，产生道德冲突而又没有能力作出道德选择时所产生的情绪状态”①。道德践行主体本来可以进行自由选择，但现实生活中的道德目标与自身的选择相去甚远，基于此，道德践行主体就会引发道德焦虑。由此，道德焦虑是一种道德情感，这种情感与道德耻感紧密相关，道德耻感关涉道德践行主体的理想、信念。“焦虑是由情感联结引起的，不是生理遗传症，也不是实验性神经症，而是与个人生存的基本价值如理想和信念等有关。”② 道德焦虑和道德耻感一样，并非人先天就具有的属性，而是人在后天的社会实践活动中获得的，具有后天性。道德焦虑和道德耻感不仅具有后天性，而且还与人的心理活动紧密相关。

### （三）道德焦虑引发耻感唤醒良知以利道德文化的践行

从心理学角度来看，道德焦虑容易引发人产生耻感，道德焦虑之人容易产生对道德文化的追悔，对道德文化的追悔容易使人发现良知，进而践行传统的道德文化。

道德文化的现代践行，不能离开人类的道德耻感。因为耻感首先是人内心世界的情感动力之源，这种动力之源正好源自于人之道德焦虑。故此，由道德焦虑所产生的道德耻感是人类行为的遮羞布，是人类道德灵魂的撼动器。舍勒说：“羞耻不仅是人身体的遮蔽物，而且是人灵魂的天然罩衣。”③ 道德焦虑是人内心世界弥足珍贵的“发动机”，能有效催生人对优秀道德文化的忧虑与反省。由道德焦虑所引发的道德耻感更是体现人的一种道德情感，这种道德情感是一种健康的、积极向上的道德情感，至少不是一种消极的道德情感。汤因比先生说：“耻感是一种积极的道德情感。”④ 耻感是对已发生的非道德行为的追悔、反思。因之，羞耻有益于道德践行主体内心世界以一种积极的心态反思道德文化，表现为积极的、上进的道德情感，正如日本学者白石浩一说：“羞耻心是人类情绪的精华”“羞耻心的存在，能够阻止人类免于堕落，……进而促使人类的向上心。”⑤ 故此，羞耻感是道德践行主体积极的、向上的道德情感，它能催人奋进，是道德践行主体不断地向更高的道德境界迈进的内驱力，这种内驱力能有效催生道德文化的现代践行。由此，我们可以明确“羞耻感是人们行善改过的情感动力”⑥。

① 刘黔敏：《教师道德焦虑探析》，载《当代教育科学》2004 年第 16 期。

② 陈新忠、李忠云：《道德焦虑及其对策》，载《高等农业教育》2005 年第 4 期。

③ 刘小枫选编：《舍勒选集》（上），上海三联书店 1999 年版，第 553 页。

④ 汤因比著，郭小凌、王皖强著：《历史研究》（中），上海人民出版社 1986 年版，第 238 页、264 页。

⑤ 姚鹏等：《东方思想宝库》，中国广播电视出版社 1990 年版，第 302 页。

⑥ 曾钊新、李建华：《道德心理学》，中南大学出版社 2002 年版，第 41 页。

具备耻感之人，就能在内心世界形成道德焦虑，并因自己的行为或者道德境界与优秀的道德标准的差距而感到不安，从而催生人们不断反思，改过自新，不断向善。从耻感文化能催生人们积极向上、改过自新的角度而言，耻感文化是一种善的文化、积极的文化。耻感文化能催生人不断完善自己的道德境界，不断走向高尚，故此，具备耻感文化之人应该是善的。“羞耻正如怜悯一样，虽不是一种德性，但就其表示一个人因具有羞耻之情，而会产生过高尚生活的欲望而言，亦可以说是善的。”① 就人之德性而言，道德耻感并非是一件坏事，是善的源头与动力。

知耻并非为恶，而是善念的凸显。这种善的表现并不在于耻本身，而是由耻感之后的道德追悔所表现出来，这种耻感文化来自焦虑，而“焦虑是指当人类视为与其生存同等重要的某种价值观遭遇威胁时所作出的反应。”② 因之，在道德层面，当道德践行主体面临道德困境之时，首先会产生道德焦虑，继而产生耻辱；道德焦虑可促使人扬善去恶，它是人向善的内驱力，“焦虑在产生道德方面居功至伟。”③ 此言恰当阐释了适度的道德焦虑可促使人增长其德性，那么缘何适度的道德焦虑能促使人增长德性？其原因在于人内心世界的道德耻感以及由耻感而起的道德追悔。道德焦虑是“对可知行为的追悔，是对生命的拯救”。④ 道德焦虑是道德耻感的前提与基础，因为有道德焦虑，所以才有对过去非道德行为的追悔。追悔不但是对生命的赎罪，更是对道德灵魂的拯救。道德践行主体因自己的行为与外界道德标准相去甚远，在进行道德自由选择时，产生道德焦虑，道德焦虑促使人的内心世界产生耻感，因耻感而追悔，追悔乃人之善良本心的外显，是人道德良知的呈现，良心发现，使人能进一步产生践行道德文化的内驱力。故此，由道德焦虑而产生的追悔、悔恨在道德践行主体的重建层面产生了极大的作用，有学者甚至认为悔恨“是灵魂自我治愈的一种形式，甚至是重新恢复灵魂失去的力量的唯一途径”⑤。由于悔恨，最终能促使道德践行主体呈现其道德良知，使良知“坎陷”变为良知呈现。鉴于人之良心呈现，人之道德良知的外显最终促使道德文化的现代践行。“良心主要有两种成分，其一是由一些道德情感组成的，例如焦虑、罪感和悔恨；其二是由行为组成的，包括节制自己、抵制诱惑和执行社会要求等方面。”⑥ 由此可知，良知既涵盖了焦虑和悔恨，同时还包括了人的行为，正是在良知之行的敦促之下，道德践行主体既能节制自己，同

① ［荷兰］斯宾诺莎著，贺麟译：《伦理学》，商务印书馆 1983 年版，第 215 页。

② 罗洛梅著，郭本禹、方红译：《人的自我寻求》，中国人民大学出版社 2008 年版，第 24 页。

③ 徐建军、刘玉梅：《道德焦虑：一种不可或缺的道德情感》，载《道德与文明》2009 年第 2 期。

④ 周辅成：《西方伦理学名著选辑》（上），商务印书馆 1987 年版，第 74 页。

⑤ 刘小枫选编：《舍勒选集》（上），上海三联书店 1999 年版，第 679 页。

⑥ Brenda L. Voling, Annette Mahoney, *Sanctification of parenting, moral socialization, and young children's conscience development*. Psychology of Religion and Spirituality, 2009 vol1 No1. P. 53 – 68.

时亦能抵制诱惑，并能慎独执行社会的基本道德规范。可见，良心在传统道德文化的现代践行方面起到关键性作用。在“性、权力、金钱、政治、饮食、学业成就、种族态度、亲戚关系和多种多样的其他得失和活动中，良心都将对人施以痛苦的打击。良心似乎能与人的生活和行为的所有方面为难，在其周围荡起内疚的涟漪”[①]，在良知的作用下，道德践行主体在进行道德选择时，会在内心产生焦虑，由焦虑而产生羞耻感，对自己的非道德行为进行反思，并因之进行内心反省、自我谴责，从而促使自己产生践行传统道德文化的内驱力，并最终实现优秀道德文化的践行。比如就孝文化而言，对父母的不孝，不孝者本人可能会因为他人的指责、非议而感到道德焦虑，焦虑之后感到羞耻，于是不孝者的内心世界将会形成一种内在的道德追悔，这种道德追悔将促使道德践行主体不断进行自我反省，不断反问自己的道德良知。因之，就有焦虑→耻辱→良知→追悔等逻辑线索的出现，不孝之人不断地进行道德反思，进行自我良知的发问，最终促使道德文化的现代践行。在中国优秀传统道德文化的现代践行中，道德良知的作用不可小觑。卢梭高度重视良知的基本价值，他说：“良心啊！良心！你是圣洁的本能，永不消失的天国的声音，是你在妥妥当当地引导一个虽然是蒙昧无知然而是聪明和自由的人，是你在不差不地判断善恶，使人形同上帝！是你使人的天性善良和行为合乎道德。”[②] 良知是一种先天的本能，本身是纯善无恶的，良知是促使人心向善的源动力，是人之道德践行的内驱力。“良心会给行恶者带来烦恼，折磨与难过，鞭笞，责备；相反的，对行善者而言，良心是安慰，快慰，幸福与平安的泉源。”良心是“我们做坏事的监视人，好事的防卫者”[③]。良知在促使人践行道德文化方面所起的作用丝毫不亚于其他任何外部强制力量。“良心这机能安放在我们心中，为的是要管辖我们的正当的主宰，为的是去指导并调节一切下等的根性、情绪以及行为动机，这是良心的权柄和职司。它的权威就是这样神圣。”[④] 良心是道德行为的反省器、传统道德文化践行的助推器，并因之导致道德行为的最终践行。

### （四）结语

传统道德文化的现代践行，不但需要直接现实的方法，同时也不能忽略人内心世界的微妙变化在践行中国传统道德文化方面所起的作用。实践证明，人都是有焦虑情绪的，焦虑情绪主要源自于人之内心世界的矛盾与冲突，正是因为人内

---

① 默里·斯坦因著，喻阳译：《日性良知与月性良知》，东方出版社 1998 年版，第 2 页。

② 卢梭著，李泽沤译：《爱弥儿》下卷，商务印书馆 1981 年版，第 417 页。

③ 曾仰如：《伦理哲学》，台湾商务印书馆 2000 年版，第 241 页。

④ 周辅成：《西方伦理学名著选辑》（下卷）商务印书馆 1987 年版，第 328 页。

心世界的矛盾与冲突，使得道德践行主体面临非道德行为时产生道德耻感，触动人之内心世界深处的道德良知。道德焦虑是道德耻感的基本前提，道德焦虑是人之内心世界向善的源动力，是传统道德文化现代践行的内驱力。因为道德焦虑产生道德耻感，道德耻感能有效催生人之道德良知，道德良知能唤醒人对非道德行为的追悔，进而产生对传统道德文化现代践行的内驱力，敦促传统道德文化的现代践行。总之，在道德文化的现代践行方面，道德耻感能有效促进传统道德文化的现代践行。道德耻感的源头在于道德焦虑，传统道德文化的现代践行，不能脱离人之道德焦虑的内驱力。道德焦虑能有效催生道德文化的现代践行，不但是可能的，同时也是可行的。

# 第十五章

# 传统理念的现代践行机制

中国传统道德文化的现代践行，既需要良好的策略，同时亦需要保证策略运行的机制。道德文化现代践行的机制包括政府长效导向机制、实现多维评价机制、巩固立体监督机制、加强践行预警机制。这些机制的存在，为道德文化践行的策略提供了保障，能有效催生道德文化机制的执行。

## 一、政府长效导向机制

中国传统道德文化的现代践行，其策略必不可少，保证策略的运行并达到预期的目标则需要稳定的机制的保证与实施。在所有保障传统道德文化现代践行的政策机制当中，政府的导向机制最为关键。政府导向机制是促使传统道德文化现代践行的最为珍贵的机制策略之一。传统道德文化的现代践行，只有在政府长效导向机制的保证之下才能有效推行。

### （一）政府导向长效机制的内涵及其在道德文化践行中的缺失

传统道德文化的现代践行，政府政策的导向非常关键。政府对道德文化现代践行的关注，决定着传统道德文化在现代社会能否践行。那么何谓政府导向机制？在厘清这个概念之前，有必要先对机制的概念做一梳理，然后才有进一步深入探讨政府导向机制的可能。机制，“本意是指机器运行过程中，各零部件由于某种机理形成的因果联系和运转方式。后来，许多学科纷纷引入‘机制’概念来研究自己学科的对象，如生物学和医学借此类比，用生物机制、病理机制等概念，表示有机体内部生理或病理变化中其各器官之间的关联、作用和调节方式。”① 由此可见，“机制”应是事物之间一种稳定的、关联的因果性联系，它是事物取得稳定进展并能取得一定成果的积极的、稳定的保障模式。就中国传统道德文化现代践行的政府导向长效机制而言，则是指由政府出面负责主管，使传统道德文化得以践行的健康的、稳定的、积极的、长效性的一种调节模式，是道德文化得以践行的前提性的制度保障。政府导向长效机制具有长期性、目标性、引领性的特征。所谓长期性，是指在传统文化现代践行过程中，政府在政策、资金、方法、策略等层面的支持应该是长久的，而不是针对现实情况、头痛医头、脚痛医脚，临时抱佛脚的做法，如此，则不利于传统道德文化的现代践行。首先，在传统道德文化的现代践行过程中，政府应该积极应对，根据现实情况，既制定出传统道德文化现代践行的长期政策，还要针对现实的具体情况，制定出道德文化现代践行的中短期规划。无论是近期方针还是长期政策，政府都应该以政策的相对稳定为前提。其次，政府导向的长效机制还必须具有目标性。即是说，政府导向长效机制应该瞄准道德文化践行，要始终扣住道德文化的现代践行这个目标。只有目标明确，才能制定出有利于道德文化现代践行的具体策略，从而推动道德文化的现代践行。最后，政府导向长效机制必须凸显政府的引领性，政府的方针与政策的指引是各项事业取得长足进步不可或缺的重要因素，政府对传统道德文化现代践行的引导主要表现为方针的制定、政策的倾斜、资金的扶持等方面的引领。历史证明，中国封建社会历朝历代核心价值的推行，封建政府在方针、政策、制度、资金等方面的超前引领是不可或缺的重要因素。优秀传统道德文化的现代践行，政府的引领不可或缺。

优秀传统道德文化的现代践行，不能脱离政府导向长效机制。当今，在我国经济迅猛发展、社会物质文明取得巨大成就的过程中，不同程度地出现了一些信任危机、信仰危机等社会道德问题。在社会主义转型时期，我们面临着不可忽视的道德滑坡现象，中国优秀传统道德文化或多或少被人们淡化遗忘，而这些优秀传统道德文化是我们重构精神家园所不可或缺的宝贵财富。如此，中国优秀传统道德文化的现代践行重新提上日程。而政府在道德文化现代践行过程中，并没有一种促进传统道德文化现代践行的长效机制。故此，当前面临着道德文化滑坡的情形，建立政府导向机制是必不可少的，因为政府导向长效机制对社会主义精神文明建设有着不可低估的价值。

---

① 罗国杰：《伦理学》，人民出版社 1989 年版，第 83 页。

### （二）政府导向长效机制之价值功用

传统道德文化的现代践行，政府导向的长效机制必不可少。此项机制的建立，是促进传统道德文化现代践行的前提与基础。政府导向长效机制的建构，对传统道德文化现代践行的价值主要有：调控与规范功能、引导与保障功能、信息捕捉与适时纠偏功能。

调控与规范功能。政府导向长效机制能对传统道德文化的现代践行进行有效调控与规范。政府是传统道德文化现代践行方向的主宰者，传统道德文化在当代社会的践行，决定性因素就在于政府所主导的调控功能。政府调控包括宏观政策的制定、评价机制的建立、监督机制的执行以及在道德文化践行过程中预警信号的捕捉等。在调控功能的发挥过程中，政府时刻扮演着裁判员与运动员的双重角色，既要有居高临下的政策制定，还要有细致入微的具体措施实施。政府在调控的同时，也意味着对传统道德文化现代践行之措施与策略的规范。故此，传统道德文化的现代践行，政府导向是一个航向标，政府是方向。政府导向长效机制的作用能有效指引着道德文化的现代践行，政府既是一个宏观调控者，又是具体行为的监控者、方向的指引者。因之，道德文化的现代践行，政府的调控也就意味着政府对道德文化践行之规范，使道德文化的现代践行有规可循、有矩可蹈，指引着传统道德文化现代践行朝着良性方向发展，从而实现传统道德文化在现代社会的践行。可见，在政府长效机制的建构之时，政府的作用表现为调控与规范，通过政府的调控与规范，有效引导与保障着传统道德文化的现代践行。

引导与保障功能。除了调控与规范之功能而外，政府导向长效机制的功能还表现为对传统道德文化现代践行的引导与保障。所谓引导功能，是指在传统道德文化的践行过程中，政府有责任对传统道德文化在当下践行在制度规范、政策导向、方向、目的、目标等层面进行疏导、沟通并提供相应的保障，以确保传统道德文化的现代践行沿着健康、稳定、正确的方向实施。因此，随着社会时代的不断发展，古代传统道德文化中的某些德目并不适合现代社会，即以现代社会的标准来衡量，这些德目有其糟粕性的一面。在传统道德文化的现代践行过程中，政府导向的长效机制即在于以合理的方式对道德践行主体进行引导，使其能取其精华，去其糟粕，并在社会现实生活中践行优秀的传统道德文化。只有这样，才能在道德文化现代践行的过程中，道德践行主体对道德文化的现代践行就能在长效机制的引导之下走上正轨，保障道德践行主体践行道德文化的方向性、目标性。当然，政府导向长效机制还能在一定层面上对传统道德文化现代践行过程中所出现的各种风险进行规避，引导道德践行主体始终在道德文化现代践行的良性轨道上运转，这样就能始终保障道德文化现代践行的方向性的正确性，预期结果的完满性。可见，政府导向长效机制的存在，能有效引导道德文化的现代践行，并能保障传统道德文化现代践行的社会主义方向，确保传统道德文化的践行为社会主义服务。政府导向长效机制既能对传统道德文化践行从宏观方面进行方向性的把握，同时还能从微观方面对传统道德文化现代践行的主要问题、落实道德文化现代之策略等方面予以审视。这些都必将有利催生道德文化的现代践行，并对传统道德文化现代践行提供有力保障。可见，政府导向长效机制的存在，不仅能正确引领道德文化现代践行的方向，还能保障传统道德文化现代践行的方向性与目标性，为传统道德文化现代践行提供基本引导保障与方向保障。

当然，政府导向长效机制还有信息捕捉与适时纠偏功能。所谓信息捕捉，是指在传统道德文化现代践行过程中，政府作为道德文化现代践行的组织者、实施者，对传统道德文化现代践行的全部过程进行适时跟踪，以更加贴切地接近道德文化现代践行过程中所面临的新情况、新问题。在发现问题的基础之上，更加完满地对道德文化现代践行进行适时纠偏，使道德文化的现代践行回归到理性、正确的轨道上来，从而使传统道德文化的现代践行能走上良性践行的轨道，实现传统道德文化现代践行的预期目标。信息捕捉，能适时反映道德践行主体对传统道德文化现代践行时出现的或好或坏信息，在政府导向长效机制的指导之下，将良好的道德文化践行之策略发扬下去。如若传统道德文化现代践行已经偏离了预定的“轨道”，则在政府导向长效机制的指引之下，适时纠偏，纠正道德文化践行之时的方向性迷失、纠正传统道德文化践行的轨道偏离，预防传统道德文化践行终极结果的迷失。可见，传统道德文化的现代践行，政府导向长效机制的存在，有利于传统道德文化践行之时的信息捕捉与及时纠偏，唯其如此，传统道德文化的现代践行才能向着既定的目标迈进。

政府导向长效机制具有调控与规范功能、引导与保障功能、信息捕捉与适时纠偏功能，在传统道德文化现代践行过程中，政府导向长效机制所发挥的作用是不容置疑的。传统道德文化的现代践行，依赖于政府导向长效机制，那么如何才能确保政府导向长效机制的运行，这要依赖于政府导向长效机制的运行程序。

### （三）政府导向长效机制的运行程序

政府导向长效机制价值功用的发挥依赖于政府导向长效机制的运行。只有政府导向长效机制能良性运行，才能更好地促进传统道德文化的现代践行。政府导向长效机制的运行，必须有专职管理人员的养成机制之保障，必须夯实长效机制的制度基础，完善政府联动机制，贯彻落实垂直领导机制之下的责任落实机制。唯其如此，才能确保政府导向长效机制的运行，并因此实现传统道德文化的现代践行。

专职管理人员的养成机制是政府导向长效机制的保障。为了确保传统道德文化的现代践行，政府导向机制的存在无疑不可或缺。政府导向机制的运行，不能脱离政府部门的专职管理人员，因为他能提供专门的专职服务，确保政府长效机制的落实；政府专职管理人员的存在，可确保政府导向长效机制的运行，政府长效导向机制的实施与运行，又可反馈道德文化的现代践行，也即保障传统道德文化的现代践行。所谓专职管理人员的养成机制，即在政府的牵头领导下，采取稳定的、既定的专职管理传统道德文化现代践行的管理模式。这种专职管理人员的养成机制具有稳定性、目标性、实施性、实践性等基本特点。专职管理人员养成机制的存在，是政府导向长效机制价值功用的前提与基础，是长效机制其他价值与功用发挥作用的前提与基础。

在传统道德文化现代践行的过程中，专制管理人员的养成机制的存在能大大加速政府导向长效机制的运行。在专职管理人员的监管之下，能更好地夯实政府导向长效机制的制度基础，也能更为完美地体现政府协调联动机制，体现垂直领导机制之下的责任落实机制。诚如是，专制管理人员的存在，能更好地落实传统道德文化现代践行的政府导向长效机制，以促使传统道德文化现代践行的落实到位。

当然，政府导向长效机制的运行，还必须夯实长效机制的制度基础。传统道德文化的现代践行，首要的基本前提就是政府部门的重视，只有得到政府部门的重视，建立政府部门长效机制的制度保障，传统道德文化的现代践行才能得以贯彻执行。制度是保障长效机制的基础，是长效机制得以实现的保证。制度在经济学中理解为“管束、支配人们经济交往活动的一套规则、程序”。[①] 诺思认为制度是：“人为设计构建政治的、经济的和社会的互动关系的约束，（奖惩、禁忌、习俗、传统及行为规则）和正式的规则（宪法、法律、产权）组成”[②]。诺思关于制度的阐释，说明了制度的设计主体、制度的价值、制度的构成。而后，诺思（North）跳出经济学范畴对制度作了更为深入的阐释。“制度是社会博弈的规则，是人所创造的用以限制人们相互交往的行为的框架……”[③] 制度是限制人们交往的行为框架，限定是为了更好地实施。政府长效机制的建构，制度是保障机制运行的前提性条件，是人们在社会实践中不断得以完成预定目标的一种稳定的社会规则；表面限定人的行为，实际却是社会促成人类行为的完成。罗尔斯在一定意义上更是将制度阐释得更为明确而清晰，他认为“制度可以理解为一种公开的规范体系，这一体系确定职务和地位及它们的权利、义务、权力豁免等。这些规范

---

① 高兆明：《制度公正论》，上海文艺出版社 2001 年版，第 26 页。

② North，Douglass. *Institutions.* Journal of economic perspectives 5，1991，（winter），P. 97.

③ 韦森：《社会秩序的经济分析导轮》，上海三联书店 2001 年版，第 84 页。

指定某些行为类型为能允许的，另一些则为被禁止的，并在违反出现时，给出某些惩罚和保护措施”①。就学界关于制度内涵的界定可知：制度是一种规范，制度既规定了权利，同时亦设定了义务，制度具有重大价值，制度能有效调节政治经济、社会之间的和谐关系。为确保传统道德文化的现代践行，必须以制度作为保证践行的基础。即是说，在道德文化的现代践行过程中，为弥补社会对传统道德文化认识的不足，须以制度明确规定政府导向长效机制。首先，要明确规定传统道德文化践行的主管单位，规定主管单位部门负责人的权利义务。制定传统道德文化现代践行的目标，传统道德文化现代践行的近景规划与远景规划等，通过目标与计划的制定，保证传统道德文化的现代践行能够分年度、有计划、有梯次地逐步推行。其次，在国家财政的支持方面，要有专门适度的经费预算与拨款制度，配合传统道德文化现代践行的目标与规划，各个单位每年都要拿出一定经费用来奖励那些在传统道德文化践行方面做出巨大贡献的公民。最后，在传统道德文化践行层面，还必须有保证道德文化现代践行的教育制度，如何在教育层面催生道德文化的现代践行。总之，为确保道德文化现代践行的顺利开展，必须有制度确保道德文化践行的长效机制的实现，唯其如此，道德文化的现代践行才能真正落实到位。

政府导向长效机制的有序运行，还必须完善协调联动机制。道德文化现代践行的制度基础是政府导向长效机制的总体方针、政策。在制度健全与保障的基础之上，道德文化的现代践行还必须有完善的协调联动机制。所谓协调联动机制，是指政府或者其他组织为完成一项单个部门无法完成的特殊的任务或使命，在政府的精心组织之下，其下属所有单位有机组成一个统一体，并且联合作战，有机配合，协调行动，促使政府下属单位的各项人员与组织能各司其职，有机协调、有条不紊地完成预定目标或使命。由此可知，协调联动机制是和谐的整体，传统道德文化现代践行预定目标成败的关键在于这种和谐的整体之间能否有机协调、紧密配合，期间任何一环节出现问题，都必将导致预定目标的失败，有牵一发而动全身之感。由此，传统道德文化的现代践行，必须建立有效的道德文化现代践行的协调联动机制，这种联动机制的建立，必须以政府为协调单位，在道德文化现代践行的问题凸显层面、策略方面、机制层面、评价与反馈层面、效果层面等都必须形成一种集体合作的联动机制，从而建立传统道德文化现代践行的整体机制。因为传统道德文化现代践行所存在的问题、策略、机制、效果、评价、反馈等层面均是一个统一的整体，脱离开其中任何一个环节，优秀传统道德文化在当代社会均不可能得践行，或者践行之效果不够完满、不甚理想，不能达到道德文

① ［美］约翰·罗尔斯著，何怀宏等译：《正义论》，中国社会科学出版社 1988 年版，第 54 页。

化现代践行的预定目标与效果。故此，在谈及道德文化现代践行之时，必然将道德文化的各个环节有机联动起来，唯其如此，才能有效催生传统道德文化在当代社会很好的践行下去。故此，欲建立道德文化现代践行的长效机制，协调联动机制是必不可少的。

最后，必须完善道德文化践行垂直领导机制下的责任落实机制。传统道德文化的现代践行，离不开道德文化践行的责任落实机制。循名责实，责任担当可以说是道德文化现代践行的保障，建立起责任担当意识，必须在一定程度上率先建立道德文化现代践行的垂直领导体制。所谓道德文化现代践行的垂直领导体制，是指为实现传统道德文化的现代践行，设立一套由中央到地方的领导机构，下属机构直接归属于上级领导机构领导与管理模式的管理制度。垂直领导机构能有效催生道德文化的现代践行，因为在垂直领导机制之下，上级领导机构与下级所属机构是直接领导与被领导的关系，这种垂直领导机制能有效保证道德文化现代践行的责任意识是否落实到位。传统道德文化的现代践行，责任意识的落实到位是非常重要的一环。建立在垂直领导之下的各级机构，均是传统道德文化得以践行不可或缺的环节。垂直领导的各级单位，均在自己的职责范围之内履职。在责任意识的导航之下，人才会有忧患意识，有为促进道德文化现代践行的动力源泉，在敦促道德文化现代践行的过程中才能有创新意识、超前意识、主动进取意识，进而在催生道德文化现代践行层面，由被动应付变为主动迎战，由消极对待变为积极请战，不断推动优秀传统道德文化的现代践行。故此，在垂直领导体制之下的循名责实，进而在政府的指引之下，建立道德文化现代践行的长效机制，促使传统道德文化践行取得圆满的结果。可见，在传统道德文化现代践行之时，政府导向长效机制建构实施，创新垂直领导下的责任落实机制不可或缺。

### （四）政府导向长效机制的务实求稳

政府导向长效机制能有效保证中国优秀传统道德文化的现代践行。为确保道德文化践行的长效机制的顺利实施，完成传统道德文化现代践行的基本目标，我们必然要确保政府导向长效机制的务实求稳。如此，优秀传统道德文化的现代践行，总体上的目标即是要瞄准长效，要紧紧围绕着长久践行这个目标而奋斗。首先，我们所推行的政府导向的长效机制要务实，而不能务虚。即为确保长效机制的建立，必须制定实际的方针、政策。理论一旦制定出来，就要为实践服务。其次，政府导向机制要注重稳，目标要集中，时间要长期，空间分布要广。要确保道德文化现代践行之时，所制定的政策不能朝令夕改，否则就会导致人心涣散，不能有效保证政府导向长效机制的实施，不能催生传统道德文化的有效践行。故此，确保政府导向长效机制必不可少。

## 二、多维评价监测机制

中国传统道德文化的现代践行，与评价监测机制的设立不可分离，因为评价机制的设立有助于道德文化的现代践行。以下将从传统道德文化现代践行缺乏多维评价机制、多维评价机制的价值、多维评价机制的基本思路以及多维评价机制要注意的几个问题分别阐释传统道德文化践行过程中的多维评价机制。传统道德文化的现代践行，不能脱离道德文化现代践行的评价机制。多维评价机制的设立，有利于我们正确把握传统道德文化现代践行所存在的问题，以便于我们深入针对传统道德文化的现代践行采取相应的应对措施。

### （一）传统道德文化现代践行的评价存在的问题

日前，传统道德文化现代践行，除了人们从总体上夸夸其谈地评价道德文化在现代社会所存在的问题外，总体看来，传统道德文化的现代践行目前尚未有保障其践行的评价机制的存在。具体说来，传统道德文化现代践行的评价机制存在着如下几个层面的问题。

传统道德文化现行践行的评价机制不完善。统道德文化的现代践行，以往我们更多关注的是道德文化的宣传教育：即重“知”轻“行”，认为道德文化现代践行，只要是道德文化“传输”出去就可以了，至于道德文化现代践行以及效果如何，则相对来说比较轻忽。就传统道德文化现代践行现状而言，道德文化的现代践行目前缺乏必要的评价监测机制。无评价监测机制，则不能反馈关于道德文化践行的基本情况，不能反馈道德文化践行之现状，则不能对症下药，制定出合乎时势的道德文化践行之策略。故此，道德文化现代践行的机制缺失，或者不够完善，导致了传统道德文化践行不能落实到位，由此阻碍了传统道德文化的现代践行。

传统道德文化现代践行缺乏必要的道德践行机制。就目前状况而言，传统道德文化的现代践行在很大层面上有一些评价，但不能说些许评价本身就已经形成了评价监测机制。就目前评价之现状而言，传统道德文化的现代践行存在着单向评价的弊端与评价主体的单一化倾向。所谓单向评价，专指传统道德文化践行的评价只是政府部门的单一评价，或者是说教育部门对传统道德文化践行之单一评价。这些部门对道德文化践行之评价，大多是基于道德文化践行结果的评价，这种评价往往是单向度的、单一的评价模式。道德文化践行的评价，应该是多元、多维的评价体系，目前道德文化践行的评价体系、评价主体、评价模式均表现出单一的、单向度的评价模式，也即唯一的政府部门对道德文化践行的评价。就评价的主体而言，表现出评价主体的单一性。正常的评价应该是自评与他评的结合，不应该是单向度的评价体系，因为单一的、单向度的道德文化构建模式，如此则不利于道德文化的现代践行。传统优秀道德文化践行的评价，就评价的主体而言，应该是自评与他评的结合。道德文化践行的评价不单单是政府部门对道德文化践行的自我评价，还应该有其他部门、团体、组织、个人等的他评。其他各级组织或者个人对道德文化践行的评价，应该包括对政府催生道德文化践行的工作力度、工作方式、工作效率等管理方面的评价，除此还应该包括道德践行主体践行道德文化的力度、成绩、区域等各方面的评价。就评价的内容而言，亦表现出评价只是评价道德文化践行的最终结果的单一的效果评价模式。就政府部门而言或者是教育部门而言，他们所言说的评价只是对道德文化现代践行的效果的评价，或好或坏的简单评论而已，评论的方式亦相对简单。建立完善的评价机制，评价的内容应该更为宽泛。应该既包括道德践行的结果进行评价，还应该包括道德文化践行目前所存在的问题、道德文化践行之策略、道德文化践行所达到的效果、道德文化践行的机制本身都要进行适当的评价。即对道德文化的现代践行评价在内容层面应该是全面的、全方位的，而不是在内容层面是一对一的评价模式。就评价的层次而言，亦应该是全方位的、多层次的评价体系。即说，从评价的层次性来说，评价应该既包括高层次的评价，下级主管机关都要有秩序的有机评价。国家机关、省级机关、市级机关、县级机关等均要形成完善的评价模式与评价体系，逐一形成一种等级制的评价模式。就评价的标准而言，目前道德文化的现代践行亦表现出单一的评价方标准，亦即以效果为单一的评价模式。建立完善的评价机制而言，应该建立完善的评价标准。道德文化的现代践行的评价而言，道德文化的现代践行，无论是从评价的主体，还是评价的方法，抑或是评价的层次、评价的标准而言，在学术界均表现为单一的模式。这种单一的评价模式与评价机制均窒碍了中国道德文化的现代践行。

传统道德文化的现代践行不仅表现出评价机制的单向度性，还表现出对道德文化现代评价只注重结果的评价，忽视了评价结果的反馈。在道德文化的现代践行之时，学术界更多关注的是道德文化之结果，而道德践行结果无非两种：好与坏。了解这两种结果已经是足够了，而不会对这种结果背后的原因予以深刻的考察，寻求其背后的原因。故此，对传统道德文化现代践行的评价，往往只看到其现象，而没有发现现象背后的原因，这亦不利于道德文化的现代践行。故此，以往关于道德文化的现代践行，在评价的机制方面，人们更多是关于道德文化现代践行的结果，忽视的是道德文化践行的评价反馈的基本问题。这亦是道德文化践行的评价机制所存在的问题。

综上所说的道德文化的评价机制所存在的问题，给我们提供了更多关于道德文化现代践行的根本方法，因为道德文化现代践行的评价机制的建立，具有一定的基础性作用。

### （二）评价机制的基本作用

传统道德文化的现代践行，评价监测机制的设置不可或缺。传统道德文化评价监测机制的建立，作用主要表现在如下几个层面。

信息捕捉、反馈。传统道德文化的现代践行，评价机制的设立是不可或缺的一环，其功能表现为信息的捕捉与反馈。传统道德文化的现代践行，捕捉信息即是对道德文化践行存在的问题、策略、目标等进行评价，通过评价，对道德文化现代践行既有策略进行监控，反馈捕捉道德文化现代践行存在的问题、问题背后的原因，以及运用策略践行传统道德文化的效果等信息。通过评价信息的折射，捕捉并监测传统道德文化践行过程中将要出现的各种可能的问题。根据所捕捉到的道德文化现代践行之评价的基本信息，提出更为有益于道德文化现代践行的方法、策略等。由此可知，适当的评价可以捕捉到道德文化践行过程中的基本信息，对道德文化现代践行起到强大的监测功能，在一定程度上更加有利于道德文化的现代践行。

道德文化的现代践行评价监测机制的设立，激励功能是道德文化现代践行基本意蕴。评价机制的设立，无论是正面评价，还是负面评价，激励功能必然会在道德文化现代践行的过程中凸显。在道德文化现代践行之时，如若就政府管理机构而言，从负面评价道德文化的现代践行，他们关于道德文化现代践行管理不到位，那么就会适当刺激管理者提升自己的管理水平。就道德文化现代践行的策略而言，经过一段时间监测与评价，如若道德文化的现代践行的评价效果不是很理想，那么就会敦促政府主管部门不断改进道德践行策略，在一定意义上亦有利于道德文化的现代践行。如若从正面评价监测道德文化现代践行之现状，易言之，道德文化现代践行在一定程度上取得了预期成果，亦增加了管理者对道德文化践行管理的成就感与责任感，更是提升了他们关于道德文化现代践行的信心。就道德践行者而言，道德文化现代践行如若能取得预期成果，道德文化践行者亦能因为自己践行道德文化而在内心世界得到审美愉悦，更加有利于敦促道德文化的现代践行。故此，道德文化的现代践行评价机制的建立，激励功能是其中最为显著的一项成就，评价与监测机制的设立有利于道德文化的现代践行。

### （三）多元评价监测机制的设立

多元评价监测机制是传统道德文化践行的一个重要的环节，由此设立多元评价机制迫在眉睫。多元评价监测机制的构建，应该围绕着如下几个层面进行：评价监测网状平台的搭建、评价监测网络平台的搭建、评价监测方式的多渠道性、评价监测结果必须有效运用。

评价监测网状平台的搭建。传统道德文化的现代践行，首先，应该搭建一个评价监测网状平台。该网状平台由教育部主管部门牵头，在教育部专门设立道德文化现代践行的评价监测司。下设传统道德文化现代践行的问题评价监测部门、践行策略评价监测部门、践行机制落实评价监测部门以及道德文化评价监测反馈部门。其次，在各级地方设置道德文化现代践行的直报点。在教育部设立了评价监测部门专职负责道德文化的现代践行的评价与监测，相应地，在各省、自治区、直辖市等相应设立子机构作为道德文化现代践行的直报点，设立子机构的主要目的是为了提供道德文化现代践行评价与监测的素材，以使评价与监测平台更为合理。当然，评价监测网状平台的搭建，还需要道德文化践行的特约联络员。这些联络员的职责归结为下级联络员对上级联络员的直接负责。并且保证在政治上、思想上、义务上、责任心上都很过硬的特殊人才。由此，评价监测网状平台的搭建，无论是从道德文化践行监测的主管部门，还是从具体的操作人员，抑或是从评价监测的反馈来看，都形成了严格意义上的网状的管理、实干的评价监测部门。故此，道德文化的现代践行都在一定意义上推进了道德文化的现代践行。

评价监测网络平台的搭建。上文所说的是网状建设平台，与网络建设平台不同；前者是从评价与监测的密度而言，后者则是建设网络监测评价的网络建设模式。信息化是现代社会的主要特征，传统道德文化的现代践行，评价监测亦不能离开网络。网络看似虚拟，其实它确实是很实在的东西。那么网络评价监测平台的搭建，具体栏目可设置：道德文化践行问题、践行策略、践行效果、省级信息、信息反馈、联系我们等。这些栏目的主要目的是为了发现传统道德文化践行的问题、道德文化践行的策略、道德文化现代践行的目标等及时提供必要的评价监测素材，以便教育评价监测司能及时发现问题、并能针对问题对症下药，以方便随时能对道德文化的现代践行进行评价与监测，最终更好地催生传统道德文化的现代践行。

评价监测方式的多渠道性。传统道德文化的现代践行，无论是发现道德文化现代践行的问题，还是道德文化现代践行的策略以及践行效果的评价监测，都不能离开评价监测的基本方法。一是常见的调查监测方式。评价监测方式有个案深度调查、电话访问、网上调查、问卷调查等社会学基本方法。二是采取随机基层走访的方式，以提高评价监测的真实性。传统道德文化的现代践行，作为管理人员，不能只是高高在上，而是要深入基层，如此才能深入了解与把握基层道德文化践行存在的问题、道德文化践行所运用的策略的有效性的反馈等基本信息。只有通过深入调查与研究，才能对道德文化现代践行存在的问题，道德文化践行的基本策略，道德文化现代践行的具体状况等作出实事求是的评价与监测。具体的操作则是采取随机基层走访的方式。比如，由上级政府派专人随机到地方去查看道德文化现代践行所存在的问题、道德文化现代践行的成效等。随机走访是随机的，事先不打招呼、不通知，如此，则能实事求是进行评价与监测，以便我们的评价监测能更好地接近真相。以真正实现道德文化的现代践行。三是监测点的数据提供，亦是对道德文化现代践行进行评价与监测的基本渠道之一。监测点有直接的针对性、目的性，故此，监测点所提供的数据往往更为真实，亦更为切实。故此，以监测点为构建评价监测的模式，是不错的选择。

评价监测结果的运用。传统道德文化现代践行评价与监测机制的运用，评价监测网状机构的设置、网络评价体系的设立以及评价机制设立的多元性，为道德文化现代践行提供了评价监测的最好思路。多维的评价监测机制的设定，为道德文化的现代践行提供了动力模式。无论是何种评价与监测方式，其最终目的是为了将评价与监测的基本内容运用，以切实使道德文化能够得以践行。为此，针对传统道德文化的问题评价与监测中所提出的问题，进行有针对性的“诊断”，反思道德文化现代践行所存在的问题，在诊断的背后，提出更为合理的道德文化现代践行的基本策略，对原有的道德文化现代践行策略进行第一次否定，在否定的基础之上，提出更为有利的道德文化践行策略。然后再行实施道德文化践行，践行之后，再次对道德文化现代践行的机制与策略再次进行评价与监测，然后再次诊断，提出新的践行策略。如此，不断对道德文化践行的否定、肯定、再否定、再肯定的螺旋式辩证思维模式，不断地推行道德文化的现代践行。使我们所设定的道德文化现代践行不断地由辉煌走向更为辉煌，从而使道德文化的评价监测的结果能发挥得淋漓尽致。

### （四）多维评价监测要注意的几个问题

多维评价监测虽然能有效催生道德文化的现代践行，评价监系统的生成亦不是一朝一夕的。多维评价与监测要注意几个问题：其一，要注意评价监测的反馈性。就是对道德文化的评价与监测之后，要注意评价后的反馈，以便更好地提升道德文化的现代践行。易言之，就道德文化的评价监测机制，不能仅仅是评价完毕，而没有反馈，那么这种评价监测机制是不完善的，是无益的评价与监测。其二，评价监测机制的完成，要注意信息的全面性、可靠性。道德文化的现代践行，评价监测机制的好坏，直接关系到道德文化践行之结果。如若所搜集的信息不完全、不可靠，都将可能对道德文化践行评价与监测起到负面的作用，由此连锁而起的反馈机制亦将受到严重的影响，亦由此不能真正实现道德文化的现代践行。其三，要注意多维评价与监测的长期性。即道德文化的现代践行，是一场持久战，而不是一蹴而就的事情。多维评价与监测，要经过否定之否定的多次反复，不断地针对老问题，提出新的解决问题的办法，唯其如此，传统道德文化的现代践行才能有效地实施下去。故此，对多维评价监测模式，要注意其效果的长期性、评价监测时段的长久性等问题。如此，才能真正实现道德文化的现代践行。

## 三、巩固立体监督机制

道德文化的践行，立体监督机制是道德文化现代践行的基本保障。立体监督机制的制定是为了更好地敦促长效机制与评价监测机制的完成。故此，巩固立体监督机制，成就道德文化的现代践行就显得尤为重要了。

### （一）传统道德文化现代践行缺乏监督机制

社会转型时期，传统道德文化的权威与地位接受了现实的严峻挑战。道德文化现代践行的重提，表明了道德文化现代践行的复兴。在道德文化现代践行复兴的背后，究竟如何践行传统道德文化，以挽救我们所面临社会转型时期的新的道德危机，为此，我们提出了道德文化现代践行的机制与策略，建构了道德文化践行的长效机制，构建了道德文化现代践行评价监测机制。道德文化的现代践行之策略的执行、机制的保障等，最终均不能离开道德文化现代践行的监督机制。

监督机制对道德文化的现代践行是如此重要，但就目前道德文化现代践行之现状而言，综观传统道德文化现代践行之现状，当前对传统道德文化现代践行的重提是在当代社会转型时期，鉴于国内的道德文化与道德信仰存在着信仰危机的情形之下而提出的应对之策略。践行策略、践行机制、践行之最终的结果等，均处于摸索阶段。期间道德文化现代践行的监督机制尚未建立起来，将不利于道德文化的现代践行。传统道德文化的现代践行，必须建立道德文化现代践行的立体监督机制，才能有效促进与保障道德文化的现代践行。

### （二）立体监督机制的价值

传统道德文化的现代践行，需要立体监督机制。立体监督机制的设置，其价值表现为：及时发现问题、权衡践行实施、有效敦促践行。立体监督机制能为传统道德文化的现代践行保驾护航。那么何谓道德文化现代践行的立体监督机制，依笔者之见，所谓道德文化现代践行的立体监督机制，就是在传统道德文化践行的过程中，通过对传统道德文化现代践行存在的问题、践行的策略、践行的机制等进行系统考察而形成立体的、全方位的、由上而下的监督体系。就监督主体而言，包括道德文化践行的主体监督机构、教育管理部门、教职员工、人民群众等；就监督的内容而言，应涵盖对道德文化现代践行的管理、道德文化现代践行策略的落实、道德文化践行经费的落实、道德文化践行的基本情况等作为监督的对象。这里所说的监督机制，既包括上级主管道德文化践行的部门对下级主管部门的监督，同时亦包括下级单位和个人对上级部门监管的监督。由此，道德文化的现代践行形成了一种自上而下、自下而上、多维的立体监督体系。具体说来，谈到的监督机制，主要价值包括如下几个层面。

敦促道德文化的现代践行。就传统道德文化的现代践行而言，监督机制的设立，在一定意义上就是对道德文化现代践行的敦促。监督机制的设立，好比是有一双慧眼在敦促着道德文化的现代践行。监督机制的设立，如何能促使道德文化的现代践行？首先，就主管部门而言，监督机制的设立，能有效促进道德文化专管部门制定相应的方针、政策，加大管理力度，有效催生道德文化的践行。其次，加大对传统道德文化现代践行策略的监督。针对道德文化的现代践行，虽然制定了相应的方针与政策，亦实施了相应的践行策略。但在践行过程中，具体执行之时，存在着策略存在、执行不力；策略存在、执而不行的情况，如此，针对此种情形，监督力度的加强，能有效加强道德文化的现代践行。

权衡道德文化现代践行的效果。立体监督的实施，不但能有效敦促道德文化的现代践行，同时亦能对道德文化现代践行的效果进行权衡。传统道德文化的现代践行，一方面，需要有效策略的实施，促使传统道德文化的现代践行；另一方面，设立监督机制，还有利于对道德文化现代践行的效果进行有效权衡。由此，监督机制的设立，有利于即时监督道德文化现代践行之效果，并适时监督评估与监测机制的执行。上文所谈及的道德文化的评价与监测，如若处于毫无监督的真空之下，则评价与监测则可能失效。在监测机制的干预之下，如若道德文化现代践行的效果不甚理想，则能促使道德文化现代践行的降低力度，甚至暂停；如若道德文化现代践行的效果很好，则深入推进道德文化现代践行的力度。由此可知，道德文化现代践行的监督机制的实施，有利于更好地催生道德文化的现代践行。监督仿佛是一双“鹰眼”，它时时都能够有效敦促道德文化的现代践行。

总之，无论是道德文化践行得好与坏，监督机制的设立均能有效地催生道德文化的有效践行。监督机制是道德文化现代践行的催化剂，是道德文化现代践行的警醒器。在监督机制的规约之下，道德文化最终能得到更好地践行。

### （三）立体监督的基本构建

为确保传统道德文化的现代践行，立体监督机制必不可少。立体监督监督机制的建构，应该包含如下几个方面的内容：监督意识的觉醒；监督机构的设置；

监督渠道的拓宽；监督形式的创新等。

道德文化的现代践行，在很大层面上依赖于监督机制的实施。构建立体监督机制，监督意识的觉醒是前提。即是说，传统道德文化的现代践行，当道德践行还需要他律的时候，就必然需要有较强的监督意识。首先，监督意识的觉醒，在一定层面上有利于把握监督机制存在的伟大历史意义，才能有针对性地提升道德文化践行的水准。监督机制的建构，需要监督意识的觉醒作为前提。先知后行，方能为监督机制的建构提供前提性条件。其次，道德文化的现代践行，在监督意识的觉醒之后，监督机制的建立还必须有监督机构的设置。在我们看来，监督机构好比是人之身体的基本架构一样，监督机构的设置是监督机制的基本要素，离开监督机构，则不能称其为监督机构。道德践行机构监督机构的设置，是监督机制的基本架构。道德文化的现代践行，监督机构的设立，须由专职的监督管理人员，需要设置专职的管理机构，配备专职的管理人员。监督管理机构的设置，须由管理人员确定监督目标，要有明确的监督内容等。在监督实施的背后，还要有明确的监督失职问责制。即道德文化的现代践行，由于监管、或者说监督不力的话，要进行问责，如此，道德文化的现代践行才能起到真正促进作用。监督机构的设置，道德文化的现代践行，循名责实非常关键，因为它为传统道德文化的现代践行奠定牢固的基础。当然，在监督机制的监管之下，道德回报机制的设立，必将为道德文化的现代践行奠定基础。在中国，在监管机构的分工与协作之下，设立道德文化现代践行的回报机制。最后，监督机制的设置，拓宽监管渠道与创新监督形式非常必要。传统道德文化的现代践行，监督渠道的拓宽与监督形式的创新非常必要。监督渠道的拓宽是指监督不仅是监督机构对道德践行主体践行道德文化的监督；还包括道德践行主体对监督部门的监督。道德践行主体可对监督机构的不作为，或者是监管不力之行为同样实施监督，如此，方能真正实现道德文化的现代践行。此外，监督机构的设置，还要有目的、有针对性地创新监督形式。比如，监督部门对道德文化践行的监督，其形式可以多种多样，可以实地监督，可以通过网络实施监督，亦可以通过网络讨论来监督，还可通过民意调查实施监督。总之，道德文化现代践行的监督，不能执着于单一的监督模式，而是要不断地采取多角度、多方位的监督模式，如此，方能实现道德文化的现代践行。易言之，监督模式的多样化，既可以包括道德文化现代践行的“硬”监督模式，还可以包括监督的“软”监督模式。

### （四）立体监督践行所需要注意的问题

立体监督监督机制的构建，需要设立几个需要注意的问题：监督流于形式的问题；监督机制的长期性问题；公平对待监督主体的问题。

为确保监督机制的建构，有效催生道德文化的现代践行，需要谨防监督机制流于形式。道德文化的现代践行，需要监督机制的保障。监督机制的制定，其出发点是直面道德文化的现代践行，但随着时间的推行，监督机制就会出现前紧后松的情形。监督机制刚一开始严格执行，但是随着时间的推移，监督的主体、监督的形式、监督的内容、监督发生作用的方方面面均会出现各种状况，最终导致监督流于形式。由此，监督机制的制定，应该注意监督的长期性。简言之，监督机制的制定应该有一个长效性的问题，也即监督机制的制定应该注意其长期性问题，要避免监督机制形成的短视。在监督执行时，要特别注意监督过程中的公平性问题。首先是尺度公平的问题；比如说道德文化的现代践行，监督机构执行监督，要针对监督提出问题，要有针对性地提出系列问题，其尺度是否一致或者说公平。其次是公平对待监督主体的问题。立体监督的主体既包括政府部门度对下级部门的监督，还包括上级机关对道德践行主体践行道德文化的监督；同时亦包括下级机关、个人对上级机关的监督执行力的监督，为此，上下级机关对道德文化的监督与检查，不是对等的关系，故此，监督机制的设定，一定要注意监督主体权利的对等性，不能以权压人。

综上所述，道德文化践行过程中，要注重监督机制的设立，但要谨防监督机制流于形式，监督机制的建构要合乎长效机制的打算，监督的实施要实施其合乎平等性原则。

## 四、加强践行预警机制

传统道德文化的现代践行，预警机制的设立是不可或缺的一环。预警机制的设立是对传统道德文化现代践行的必要的、有益的补充，必将对道德文化的现代践行产生深远的影响。那么何谓预警机制、预警机制有何作用、如何加强预警机制、加强预警机制所应当注意的问题是什么，以下将围绕着这几个方面展开阐释。

### （一）何谓传统道德文化践行预警机制

传统道德文化现代践行的预警机制，即指传统道德文化在现代践行过程中的预警制约机制，简言之，为防止道德文化在现代践行之时出现不可预测的、干预道德文化践行可能出现不利因素的影响而采取的防范、遏制道德文化践行的制度、措施和方法的总称。其特点是对传统道德在现代践行过程中即将出现的问题，或者是不好的苗头，在这些征兆尚未发生之时即给予警示和预先防范。其目的是为了使传统道德文化能得到很好地践行，在道德文化的现代践行过程中的不利因素尚未发生之时即将其扼杀，以促使道德文化更好地践行。“凡事预则立，不预则废”，此言恰当地说明了传统道德文化现代践行，必须事先对道德文化现代践行可能出现的各种情况予以预测，事先预防，唯其如此，道德文化的现代践行才能取得预期的效果。

### （二）加强预警机制的作用

道德文化现代践行预警机制的设立是道德文化现代践行的重要组成部分。道德文化现代践行预警机制的作用在于引导、预测、防范与纠正，这与黄明哲先生所说的科学的预警机制略有不同，黄明哲先生曰：“科学的预警机制具有三个基本功能：引导、防范、纠正。这三个功能既是相辅相成的有机联动的整体，又各有侧重，具有不同的阶段性和针对性。”① 笔者赞同其观点，但又略有不同，即认为预警机制的逻辑线索为引导→预测→防范→纠正。这是合乎逻辑的过程，笔者认为预警机制的功能应该还有预测的功能。

在道德文化现代践行的预警机制的功能中，预警机制的功能首先表现为引导。引导功能，即是对道德文化现代践行的重视，也即对执行道德文化现代践行的部门进行合理的规劝，动之以情，晓之以理，以推动相关部门对传统道德文化现代践行的预警机制的重视，这是预警产生和存在的前提和基础。在引导功能发挥作用之后，预警干预机制的第二个部分即将发生作用：即预测功能的发挥，对道德文化现代践行过程中可能出现的、或者说出现最坏的、即将对道德文化践行产生负面影响的层面进行系统的预测，将阻碍道德文化现代践行的不利因子扼杀，从而能切实推动道德文化的现代践行。预测功能的发挥，将不利于道德文化现代践行的因子扼杀在摇篮里，为道德文化的现代践行扫清障碍，极大地推进了道德文化的现代践行。预测功能，是道德文化现代践行的预警机制，必将为道德文化的现代践行提供内在的源动力。道德文化的现代践行，预测功能而外，预警机制的防御功能即将发生作用。预测功能为道德文化的现代践行进行把脉，未雨绸缪，防范功能则为道德文化现代践行“开出药方”，医治道德文化现代践行过程中所出现的问题，使道德文化的现代践行能趋近于亡羊补牢，以便更好地催生道德文化的现代践行。无论是对道德文化现代践行的把脉，还是对道德文化现代践行所存在的问题开出药方，都必将为道德文化现代践行提供有力的支撑。传统道德文化现代践行的干预机制，无论是预测还是防范。预测也好，干预也罢，道德文化的现代践行最终的走向为纠偏，因为预测、干预的不可测因素甚多，为此，有必要对干预机制再次纠偏，也即我们所说的否定之否定，如此方能切实实现道德文化的现代践行。

总之，道德文化现代践行的干预预警机制，能有效实现道德文化的现代践

① 黄明哲：《关于构建党风廉政预警机制的思考》，载《西华大学学报》2005年第5期。

行，其价值的逻辑过程则表现为引导→预测→防范→纠正，能有效保障传统道德文化的现代践行。

### （三）预警机制加强的构建

如何加强道德文化现代践行的预警机制，这是我们所面临的一个重点问题，亦是一个难点问题。预警机制的设定，从管理者与道德践行者两个层面可以分为内预警系统与外预警系统两个层面[①]来设定。内预警系统与外预警系统相互联系、相互影响、相互制约、相互作用。就管理者而言，可以分为内预警。内预警系统是指道德文化践行的管理者而言，是通过监察管理者的管理到位与否来催生道德文化的现代践行。内预警系统是一个自我约束、自我调整的稳定的系统。传统道德文化的现代践行，主管道德文化现代践行的政府部门必然做到认真管理好传统道德文化的现代践行。一方面管理者管理不到位，实质上就会影响到道德文化现代践行的整体效果；另一方面，管理部门自身人员要带头践行传统道德文化，如此方能达到内圣外王的效果，促使道德文化更好地践行下去。故此，预警机制的构建，首先应该承建内预警机制，哲学上认为内因是外因的决定性的因素，只有练好了内功，才能更好地鼓励与带动他人践行道德文化。如若主管道德文化践行的机构没有达到要求，则内预警机制的价值功用必然敲响警钟。当然，道德文化的现代践行，还有一个重要的方面即是外预警机制的设立：即道德践行主体践行道德文化之时，要慎重考虑道德文化践行的问题、策略、机制、效果等层面。即对道德文化的现代践行，必须考虑道德文化践行的每一个方面。简言之，对道德文化的现代践行，要充分考虑到道德文化现代践行所面临的问题、即将采取的措施、采取措施而后的结果，以及要达到的目标等，均要以合适的方式进行处理。外预警系统要采取合理的方式，如此方能实现道德文化的现代践行。故此，外预警系统应该有完善的预警机制，及时发现问题→对现存的问题分析→提出解决问题的基本方式。故此，外预警系统主要是针对传统道德文化的外在管理系统来执行的，外预警系统本身就是一完整的逻辑体系。外预警机制的发现问题阶段，需敏锐的问题意识，如此方能真正体现出预警之前提功效。在发现问题之时，要广泛而深入进行社会调查，以期获得发现问题的一手材料，如此，才能真正合乎预警机制的前提，实现预警机制的基本价值。发现问题后，要求对传统道德文化现代践行过程中所出现的问题进行系统的反思，并进行有效分析与整理，以便于去粗取精、去伪存真，找出问题的根源，以便更好地针对问题对症下药，解决实际问题。由此，第三个环节即是针对病症，切实解决问题。由此，中国道德文化的传统

① 黄明哲：《关于构建党风廉政预警机制的思考》，载《西华大学学报》2005 年第 5 期。

理念的外预警系统必然包涵三个重要的环节，发现问题、理顺问题、解决问题。

当然，预警机制产生之际，我们必须遵循着预警机制建构的几个基本特点：其一，问题发现敏锐性特点。即在道德文化现代践行的过程中，要对道德文化的现代践行过程中即将出现的问题要有敏锐的观察力、洞察力。如此，方能洞察传统道德文化现代践行即将出现的问题并由此而产生预警。敏锐性是发现问题的第一要义，没有敏锐性，则不可能实现问题的预警机制。其二，针对性强的特点。预警机制的设立，必须直面道德文化践行的问题。在传统道德文化现代践行之时，应该分清楚道德文化践行的预警机制是内预警，还是外预警，分清了这两种情况之后，尔后才能真实地反映出道德文化现代践行所存在的问题，针对问题对症下药，切实解决问题。其三，解决问题的及时性特点。传统道德文化的现代践行的预警机制，及时性的特点最为关键。预警机制的目的是为了及时解决实际问题，对道德文化现代践行过程中所发现的问题，及时梳理问题的症结所在，并及时提出相应的应对策略。由此，及时发现问题、及时纠正错误，以促使传统道德文化的践行步入正轨，防微杜渐，以促进优序良俗的建立，及时性的问题才能真正起到相应的作用。

### （四）预警机制构建的要注意的基本问题

预警机制的构建，是为了预防传统道德文化践行过程中的突发性问题而设，其宗旨是为了协调并解决好道德文化践行过程中的突发性问题。为此，道德文化的现代践行要注意几个基本问题，方能切实实现道德文化的现代践行。首先，要注意预警机制的长期性问题。预警机制存在的长期性问题不容忽视。需要谨防的是：切勿将道德文化的现代践行的预警机制看成是当下的、短暂性的预警机制，而不关涉践行的长远性。易言之，对于预警机制的设置，要目光长远，而不能只看当下，唯其如此，预警机制才能起到预警作用，道德文化的现代践行才能实现之可能。其次，道德文化现代践行的预警机制的建构，要更多关注道德文化现代践行的内预警机制。内预警在道德文化践行过程中的作用更大、亦更明显。道德文化的现代践行，内预警是对传统道德文化现代践行进行决策的主管人员管理不当，或者是管理不力的一种警示，其主目的是监督其对道德文化践行的长效机制的完成。内预警机制的设定，是道德文化的现代践行的必然完成。由此，道德文化的现代践行，必须注意管理层面的内预警机制。最后，预警机制的设立，还必须注意长效机制的问题。即是说，预警机制的设立，其目的是为了传统道德文化现代践行有一种长期性的效果，也即达到我们前文所说的道德文化现代践行的慎独践行。由此，道德文化的现代践行的预警机制的设立，不能三天打鱼两天晒网。唯其如此，才能真正实现道德文化的现代践行。

# 第五篇

# 效果检测

中国传统道德文化理的现代践行，要经常有效果的检测与反馈。我们在调查中发现，目前对中国传统道德理念的践行情况整体上不尽人意，主要表现为政治道德观念和经济道德理念践行较差；社会的强势群体与弱势群众对传统道德理念的践行成交差，即社会地位越高，践行状况越差；乡村社会比都市社会践行状况好。

对中国道德文化传统理念之现代践行状况的检测是一个十分复杂的过程，需要确定一些基本的要素；需要建立科学的指标体系；还要有科学的方法，如如何抽样、如何采集数据、如何分类等；还要有一个反馈系统，从中发现新问题，进行再修正、再引导。

# 第十六章

# 中国道德文化传统理念现代践行之现状

中国传统道德文化经过两千多年的历史发展和演进，已经有了很丰富的内容，并形成了名目繁多、内涵丰富的道德规范。古代社会运行中发挥举足轻重作用的传统理念，如今对当代中国社会的发展仍旧具有深远影响，它蕴含着丰富的民族精神和宏大的道德理念，指导着一个民族的团结和发展。随着现代文化的发展，道德文化传统理念的践行受到了冲击和威胁。只有经过认真反思和处理的文化传统理念才能真正发挥古为今用的效果。对当代中国社会践行道德文化传统理念的现状与特点进行全面的了解显得尤为迫切与必要。只有在充分了解践行道德文化传统理念现状和特点的基础上，对道德文化传统理念进行“去粗取精，去伪存真”意义上的审查才是有针对性的，对推进讨论当代中国践行其所选择的道德文化的传统理念的策略与机制问题才是有价值的。

## 一、传统理念现代践行的整体概况

今天的中国已进入社会主义市场经济时代，政治民主化、经济全球化已成为不可阻挡的趋势，传统的封建臣民道德已不适应现代公民道德的需要。在这样的背景下，如何使传统的道德理念在现代社会发挥作用，古为今用，已成为我们无法绕过的理论难题。那么，研究中国传统的道德理念对今天的社会发展和人生实践的有效性和可能性是我们首先关注的问题。

### （一）当前中国社会道德文化传统理念践行现状

为研究传统道德文化践行情况，本书开展了主题为“关于核心职业人群践行中国道德文化传统理念的状况调查”的电话访谈项目，其中核心职业人群为“士农工学商”，传统理念为仁、礼、信、孝、廉、节、和、义、智、忠、恕、耻、谦13个范畴。

该调查通过对每一项道德文化传统理念的践行及其总体践行情况进行打分（最高分为10分，最低分为0分），得出13种传统理念的评分结果，如表16－1所示。

**表16－1　　十三项道德文化传统理念的评分情况**

| 道德文化传统理念 | 评分均值 | 标准差 |
|---|---|---|
| 孝 | 7.35 | 1.88 |
| 智 | 7.29 | 1.66 |
| 和 | 6.83 | 2.05 |
| 仁 | 6.65 | 1.99 |
| 谦 | 6.34 | 1.93 |
| 礼 | 6.33 | 2.01 |
| 恕 | 6.33 | 2.01 |
| 义 | 6.27 | 2.00 |
| 诚 | 6.26 | 2.24 |
| 忠 | 6.19 | 2.19 |
| 节 | 6.19 | 1.93 |
| 耻 | 5.75 | 2.29 |
| 廉 | 4.85 | 2.69 |
| 总评价 | 6.48 | 1.65 |

由表16－1可知，当前道德文化传统理念的总体践行评价的得分为6.48分，标准差为1.65分，总体践行情况良好。其中，孝、智、和的得分依次为7.35分、7.29分、6.83分，居十三项道德文化传统理念之首，被认为是当前社会践行得最好的三个理念。而耻（5.75分）与廉（4.85分）的得分没有及格，被认为是当前社会践行最差的两个理念。从标准差来看，耻与廉的标准差也是最大的，分别为2.29分和2.69分，反映出人们对这两个理念的评价分歧较大。而对于智和孝的评分的标准差最小，分别为1.66分和1.88分，说明公众对这两项道德文化传统理念评分内部差异性较小。

### （二）公众认为最重要的三项道德文化传统理念

在对十三项传统理念依次打分的基础上，该调查让被访者选择其中自认为最重要的三项。通过对被访者选择的最重要的三项传统理念的分析，得出 13 项传统理念的重要性排序，结果如表 16-2 所示。

**表 16-2　　十三项道德文化传统理念的重要性选择情况**

| 选项 | 频数 | 选项百分比 | 个案百分比 |
|---|---|---|---|
| 孝 | 1 354 | 22.7% | 68.0% |
| 诚 | 777 | 13.0% | 39.0% |
| 和 | 709 | 11.9% | 35.6% |
| 廉 | 610 | 10.2% | 30.6% |
| 义 | 573 | 9.6% | 28.8% |
| 仁 | 502 | 8.4% | 25.2% |
| 忠 | 457 | 7.7% | 23.0% |
| 礼 | 312 | 5.2% | 15.7% |
| 恕 | 219 | 3.7% | 11.0% |
| 智 | 133 | 2.2% | 6.7% |
| 耻 | 125 | 2.1% | 6.3% |
| 谦 | 114 | 1.9% | 5.7% |
| 节 | 88 | 1.5% | 4.4% |
| 合计 | 5 973 | 100.0% | 300.0% |

从表 16-2 可以看出，孝、诚、和、廉是当前公众认为最为重要的传统理念。在十三项中国道德文化传统理念中，公众认为重要的道德理念按照重要的程度高低依次是孝、诚、和、廉、义、仁、忠、礼、恕、智、耻、谦、节，选择的个案百分比分别为 68.0%、39.0%、35.6%、30.6%、28.8%、25.2%、23.0%、15.7%、11.0%、6.7%、6.3%、5.7%、4.4%。结果可以说明，孝、诚、和、廉等传统理念不仅是民众心中最重要的传统理念，而它们的积极践行也成为现代中国社会的首要任务。

对表 16-1 和表 16-2 进行对比，有两点需要注意：其一，与公众对于中国道德文化传统理念的践行状况的评价不同，公众认为道德文化传统理念中最重要的三项为孝（有 68% 的被访者选择）、诚（有 39% 的被访者选择）、和（有 35.6% 的被访者选择）。传统理念中的“诚”虽然在当前社会践行中并非居于前三，但“诚”被公众认为是最重要的道德理念之一；其二，公众认为廉在当前社会的践行状况是最差的，同时被认为在当前社会第四重要的传统理念。这种现实的状况与公民的期望形成了较大的差距，因此道德文化传统理念中的廉在当前社会的需求最为强烈。

### （三）小结

在现实社会中，公众认为中国道德文化传统理念总体践行评价基本良好，对于孝、智、和道德文化传统理念的践行状况较好，意见也较为统一，而对于廉和耻的践行评价最差，分歧也最大。

中华民族传统文化源远流长，生活在传统文化环境中的中国人，其思想、文化、意识、行为自然受到传统文化的影响。这种文化已经深深地融入人们的思想意识和行为规范中，并内化为民族性格，渗透到社会生活的各个领域。然而，随着时代的发展变化，特别是20世纪80年代以后，经济观念、竞争观念、商品观念、消费观念影响着社会生活也冲击着道德标准。传统的伦理道德失去了应有的吸引力，新的伦理道德尚未建立。加上西方思想文化和意识形态的入侵和影响，处在社会转型时期的中国人便处于道德迷惘的境地。正如调查数据所反映的，公众认为中国道德文化传统理念总体践行的状况不是很乐观，其中孝、智、和的道德文化传统理念践行的比较好，但廉和耻被践行的比较差，公众对这两项道德文化传统理念的评分均未超过6分。

公众认为孝、诚、和、廉的道德文化传统理念在当前社会非常重要。由于廉的实践状况与重要性落差最大，因此可以认为其在当前社会的需求最为强烈。孝、诚、和、廉是十三项道德文化传统理念中公民认为最重要的道德文化传统理念。其中对于孝、诚、和的选择较为一致，而工人和学生群体对于廉的选择也较多。孝文化是公众一致认可的道德文化传统理念。孝敬父母、尊敬老人，是我们中华民族的传统美德，调查的数据也再次验证了这一事实。诚实守信、以和为贵是中国传统文化的精髓，指导着华夏子孙崇尚和平、追求自强、实现自我，在当前中国社会，它对于我们的社会生活仍然意义重大。廉洁文化是社会主义先进文化的重要组成部分，是执政为民的前提，也是我党和政府自身队伍建设的一个重要方面。但由于廉的实践状况最差，其重要性评价彰显了当前社会对廉的强烈需求。

目前，造成传统理念的现代践行整体情况的原因主要有以下几个方面[①]：

第一，政府和社会对传统理念的控制力弱化。随着我国的逐步对外开放，人们认识上的突破和超越，使得利益主体及价值取向趋于多元。现代道德在调节当今复杂社会时明显有力不从心、甚至缺位的隐忧。一方面政府和社会在建设和倡导社会主义道德规范，另一方面少数官员和领导干部或公众人物在破坏社会主义

① 张道理、张翔宇：《和谐社会背景下传统道德的弘扬》，载《江淮论坛》2008年第4期。

道德规范。从中可看出现代道德的衰退和政府控制的减弱。因此，人们对廉这一理念的践行情况给予较低的评价，但又是他们认为最重要的理念之一，而这一问题应当得到政府和社会的反思。

第二，社会道德价值的评价标准缺乏一致性。随着外来文化的入侵，我国文化的多元化导致了对传统文化的冲击，传统道德文化也受着各种新生元素的拷问和批判，始终无法形成一种公认的正确的道德规范评价体系。正是当前的道德规范评价体系的混乱使得人们无所适从，人们的心理生活处于紊乱、甚至处于矛盾状态，从而导致一部分人的道德调节处于自发状态。在这个经济全球化的背景下，我们的社会通过各种信息反馈出的舆论价值观，的确让人感觉我们这个社会正义的道德体系在倾斜、无序甚至消失。

第三，人与人之间的关系失调。尽管主流道德宣传未有一日松懈，但是，社会冷漠、人与人交流的空间缩小、互不信任、见死不救等媒体反射出现的现象向我们昭示着人与人之间的关系已经严重失调。换言之，人们从过去那种定位于群体利益的价值观，已经转向了过于定位个人利益的价值观。

总之，在当今这个日益复杂的社会，要积极践行中国道德文化传统理念，充分发挥主流思想的作用依然任重而道远。

## 二、传统理念在制度规范上的体现状况

早在古代，中国道德文化传统理念就以制度规范的形式来约束公众。在各种制度规范中都吸收了传统道德理念的精神。在21世纪的今天，传统道德理念通过特定的程序渗透到了包括法律法规、政策政令、规章制度三种主要形式的制度规范中。这些制度规范主要涉及政治、经济、法律和道德规范四个方面。

### （一）传统理念在政治制度规范上的体现

改革开放以来，中国以农业文化为特色的文化，已经发生了重大变革，古老的传统文化结构也正在历经筛选、淘汰和不以人的意志为转移的优化，但其基本的精华或者说道德观念，仍然渗透、潜藏、支配着人们的观念和行为。现阶段，我国道德文化传统理念在政治制度规范上的主要体现在中国社会主义核心价值体系上。

党的十六届六中全会通过的《中共中央关于构建社会主义和谐社会若干重大问题的决定》强调指出："建设和谐文化，是构建社会主义和谐社会的重要任务。社会主义核心价值体系是建设和谐文化的根本。"这一崭新的科学论断是以胡锦涛为总书记的党中央率领全国人民在建设社会主义和谐社会的伟大实践中，根据

社会主义社会的本质属性，结合我国思想道德建设的新实际而提出来的，具有很强的现实针对性①。在社会主义核心价值体系这一有机体中，社会主义荣辱观居于重要地位，它吸收了传统道德理念的精神。

胡锦涛把社会主义荣辱观精辟地概括为坚持“以热爱祖国为荣、以危害祖国为耻，以服务人民为荣、以背离人民为耻，以崇尚科学为荣、以愚昧无知为耻，以辛勤劳动为荣、以好逸恶劳为耻，以团结互助为荣、以损人利己为耻，以诚实守信为荣、以见利忘义为耻，以遵纪守法为荣、以违法乱纪为耻，以艰苦奋斗为荣、以骄奢淫逸为耻”。社会主义荣辱观就是中华传统道德理念与时代精神的有机统一与融合。“以热爱祖国为荣，以危害祖国为耻”，不讲“忠”行吗？“以服务人民为荣，以背离人民为耻”，不讲“爱”行吗？“以崇尚科学为荣，以愚昧无知为耻”，不讲“智”行吗？“以辛勤劳动为荣，以好逸恶劳为耻”，不讲“俭”行吗？“以团结互助为荣，以损人利己为耻”，不讲“仁”行吗？“以诚实守信为荣、以见利忘义为耻”，不讲“义”行吗？“以遵纪守法为荣、以违法乱纪为耻”，不讲“礼”行吗？“以艰苦奋斗为荣，以骄奢淫逸为耻”，不讲“廉”行吗②？“八荣八耻”荣辱观，一方面它保持了中华民族传统道德文化特色，弘扬了传统文化魅力；另一方面它立足传统道德文化，积极引导人们吸收人类先进文化成果，与世界文化交流、比较、发展，从整体的、全局的参照中，将自己升华一步、提高一步。

### （二）传统理念在经济制度规范上的体现

我国改革开放后，推行社会主义市场经济，为了保证市场经济健康有序地发展，社会建立了一系列调控机制，包括法律法规、政策条例等制度规范。这些制度规范继承了中国传统道德理念，如诚信理念、合作理念、科学理念、公正理念等。在当代这些传统道德理念发展成为与社会主义市场经济制度相适应的市场经济道德规范。市场经济道德规范的突出特征是与市场经济规则要求的一致性。例如，价值规律要求人们遵守等价交换、平等互利的道德规范；竞争法则要求人们树立公平竞争的道德观念；经济交往的复杂多样性要求人们树立遵纪守信的道德意识；私人和个别利益对社会利益的依赖要求人们树立对社会负责的意识等。可以说，人们对市场经济各种法律规则的遵守，体现了对社会主义市场道德规范的遵守③。

---

① 吴潜涛：《社会主义核心价值体系的科学内涵》，载《道德与文明》2007 年第 1 期。

② 陈立川：《融合与升华：社会主义荣辱观中的传统道德文化探析》，载《西华师范大学学报》（哲学社会科学版），2008 年第 2 期。

③ 杜学礼：《对市场经济道德规范的深入思考》，载《理论探索》2004 年第 6 期。

目前我国已经建立起了较为完备的市场经济法律体系，有了关于市场主体的法规（如企业法、公司法等），关于市场主体交易行为的法规（如物权法、债权法保险法、专利法、商标法、证券交易法、著作权法等），关于市场体系的法规（如产品质量法、反不正当竞争法、消费者权益保护法等），关于市场管理的法规（如实物买卖法、期货交易法、信贷法、劳动力市场管理法、建筑工程招标投标法等），关于宏观调控的法规（如物价法、银行法、税法、产业政策法、投资法、计划法、预算法等），关于社会保障的法规（如劳动法、社会保险法等）。这些各种规范市场的法律法规，包含传统道德理念，迫使一部分缺乏商业道德操守的生产者和经营者从自己所付出的代价中，学会认同和遵守商业道德，从而更加有力地推动我国传统道德理念的践行和在现有经济制度中的融合。例如，《合同法》中确立了自愿和公平、诚实信用、平等等法律基本原则，《刑法》中设立了合同诈骗罪、生产销售伪劣商品罪、强迫交易罪等严重的违反社会公德的罪名。

### （三）传统理念在法律制度规范上的体现

法律是由国家制定和认可的，反映统治阶级的意志，法律与道德理念的区别还在于是否有强制性措施保证其施行。依靠国家的强制力作为实施的保证，这是法律规范的一个突出特征。法律通过确定社会关系参加者的权利和义务来确认、保护和发展对统治阶级有利的社会关系和社会秩序，是实现阶级统治的工具，它具有阶级意志性、权利义务性、行为规范性、国家强制性。法律在世界各国都兼有“公平”“正直”“正义”等含义。法律强调的是人们外部行为的合法性，不能离开行为去过问动机，但人们单纯的思想是不在法律的调整之列的。而传统道德强调的则是除了人们的外部行为之外，它还要求人们的行为动机的善良与高尚，是人们行为时心理的内在机制。从这种意义上来说，道德理念是法律的基础，法律是道德理念的具体体现。

我国《宪法》《民法通则》《刑法》和《治安管理处罚条例》，在保障社会秩序方面已经做了许多规定。如《宪法》规定的公民的基本义务，既是国家对公民最重要、最基本的要求，也是社会最重要、最基本的具有法律形式的道德规范。《民法通则》将“民事活动应当尊重社会公德，不得损害公共利益、自愿、公平、等价有偿、诚实信用”等作为基本原则加以规定。《刑法》和《治安管理处罚条例》把卖淫、嫖娼，遗弃和虐待老人、儿童，制作传播淫秽制品等严重破坏和违反道德的行为规定为犯罪或违法行为，并规定了相应的惩罚措施。《婚姻法》《继承法》对婚姻家庭方面的道德予以规定。《教师法》《法官法》《律师法》等都把有关职业道德的内容上升为法律，《婚姻法》将婚姻道德上升到法律的高度。这些规定，不同程度地体现了传统道德理念，也提高了道德规范的约束力，对于有效地引导人们的思想、规范人们的行为，起到了一定的促进和保障的作用。

### （四）传统理念在道德规范上的体现

在当代社会生活中，传统道德理念在道德规范上的体现主要表现为公民基本道德规范上。2001 年 9 月 20 日中共中央颁布实施的《公民道德建设实施纲要》，它以“公民道德”为道德建设的主题，在人们的公共生活、职业生活和家庭生活三大领域规定了“爱国守法、明礼诚信、团结友善、勤俭自强、敬业奉献”的二十个字的基本道德规范，这既有对中国传统道德理念的继承和弘扬，又有对新形势、新时代条件下的新道德的规定。

在公共生活领域，传统道德理念在制度规范上表现为社会公德。社会公德的制度规范的内容主要包括维护人与人之间相互尊重、合作互助的制度规范，如尊老爱幼、见义勇为、救死扶伤、助人为乐等；保护人与人之间正常交往的制度规范，如诚实、正义、公平、守信等被人们普遍公认的为人处事的原则；维护公共秩序、公共设施、公共卫生、公共安全的制度规范，如不乱扔垃圾，不随地吐痰，不乱穿马路等；保证人们礼貌交往、友好沟通感情的制度规范，如谦虚恭敬、和睦互爱、不说粗话脏话等；维护人与自然关系的制度规范，如环境保护，不滥杀野生动物，不乱砍滥伐森林等[①]。

在职业生活领域，传统道德理念在制度规范上体现为职业道德。由于每种职业所固有的社会性质和地位不同，决定了每种职业在道德上有自己的特殊要求：做官要有官德、行医要有医德、从艺要有艺德、执教要有师德。可以说职业道德是一种高度社会化的角色道德。要维护这些职业道德，必须制定相应的制度规范。结合当前的职业道德状况国家制定了具体的职业道德的制度规范：以爱岗敬业、诚实守信、办事公道、服务群众、奉献社会为基本职业道德。这些基本的职业道德规范，主要对职业和职务中体现的社会关系的三大要素——责、权、利予以制度规范。

在家庭生活领域，传统道德理念在制度规范上体现为家庭美德。家庭美德的制度规范是指将以尊老爱幼、男女平等、夫妻和睦、勤俭持家、邻里团结为主要内容的家庭美德转化为制度规范。现有的家庭美德的制度规范主要体现在《婚姻法》中。《公民道德建设实施纲要》把家庭美德作为公民道德建设的三大主要内容之一，鼓励人们在家庭中做一个好成员。各地的《市民公约》也规定了尊老爱幼、夫妻和睦、邻里团结等基本规范，号召市民以此为基本准则自觉遵守。虽然这些家庭美德的制度规范已经能够有效地解决家庭生活中的道德问题，但针对家庭生活中出现的新矛盾，还应该及时制定新的家庭道德的制度规范。

---

① 田静：《公民道德的制度规范研究》，西南政法大学硕士学位论文，2005 年。

## 三、传统理念在传媒载体上的呈现状况

传媒是人类传播能力发展变化的表现，是指在一定时间内将信息传递给散布在不同地区的个人或媒体。传媒主要指受众覆盖面广泛的电视、综合性报纸（包括漫画）、刊物、因特网等传媒，这些传媒以其丰富多彩、声情并茂、鲜活刺激、直观生动等特点，迅速，渗透到现代人生活的方方面面，人们的思想观念、道德情操必然要受到大众传媒的影响，并迅速反馈到他们日常学习、工作、生活的态度及行为方式上。

随着我国改革的深入推进和市场经济的逐渐完善，人们在享受经济发展带来的物质文明时，也更多地感到社会的道德状况在恶化。损人利己、家庭矛盾、破坏公德等不道德行为似乎处处可见，充斥在我们生活的每个角落。许多有识之士在忧虑中提出“道德滑坡”“道德衰退”等观点，试图将贯彻道德文化传统理念重新拉入人们的视野。众所周知，媒体在当今社会已经占据举足轻重的地位，人们的生活、工作甚至社会的运行和发展已经离不开它。在这样的背景下，有识之士凭借传媒宣传他们的忧虑，于是近几年出现众多与道德相关的电视栏目、报纸专栏、网络论坛等传媒载体，如央视《道德观察》就是一个典型的例子。认识传统理念在传媒载体上的呈现状况有助于树立道德模范等积极榜样以影响周围人群，以及为提高我国社会成员的道德素质水平找寻积极途径，并优化社会整体的道德环境，为和谐社会建设添加一定的积极因素。

### （一）央视《道德观察》栏目案例分析

《道德观察》于2004年底正式在中央电视台《社会与法》频道开播，是顺应我国现代化转型过程中道德问题的愈加凸显而创办的，是我国中央媒体第一个直击种种道德理念和道德行为的栏目。一方面对高尚行为讴歌，在感动中激发个人心中向善的力量；另一方面对不道德行为揭露和鞭挞，在震撼中让个人完成心灵的净化，对道德文化传统理念在现代化建设中的呈现有全新的理解视角。这一栏目的建立对规范和优化现代人的精神状况和思想道德十分必要，已成为“深刻反映中国道德现状、深入进行道德思考、促进中国道德生态建设”的电视互动平台，并由此引发了一系列仿效效应。地方媒体纷纷以此为范，《人间》《人生》等类似节目雨后春笋般现于大众视野，对各个层次人群的道德行为规范产生积极影响。

《道德观察》作为中国唯一一档全国平台播出的社会道德类专题栏目，直击种种道德事件，具有实时性和事实性。再者，栏目自身的诸多特点又决定了其同时具有权威性和导向性，即既有在电视传媒领域研究道德现象的权威性，又有对

当前整个社会道德状况发展的及时反馈性，以及引导向正确方向发展的导向性。根据我们对电视栏目《道德观察》播出以来的相关节目反映出的具体道德事实进行内容分析，能获得我国当前传统理念在媒体呈现下的整体状况的一定的认识，也成为深入研究中国社会道德问题的一种有效和有意义的途径。

**1.《道德观察》相关报道对传统理念的呈现情况**

通过对搜集到的《道德观察》栏目的相关的147期相关报道进行主题、感情基调、社会行动者等各方面的分析可知，我国当代社会整体的道德文化传统理念的践行状况在电视媒体的呈现下，体现出以下几方面特征：

首先，我国2006~2009年的道德状况，整体上来看是良好的。虽然我们未将当今道德水平与我国其他时段的道德水平做比较，因而也未对我国当前整体的道德水平提高或是降低得出结论，但研究仍然表明，我国当前社会道德的整体水平较高，无论在对整个事件性质和结果的报道上，还是对事件中行为主体的认知描述上，都是肯定性的、积极的评价明显多于否定性的、消极的评价，中性的感情基调和评价在道德事件的分布上也较高于否定性的报道。

其次，关于报道议题，社会公德与家庭美德方面的相关报道数量略多于职业道德方面的，且在社会公德的相关报道中，大于2/3的报道展现的是积极向上的方面，如社会帮扶、助人为乐等是被弘扬最多的主题，消极性事件所占比例很小；家庭美德与职业道德中，三种评价所占比例差异较小，但仍是褒扬性和中性的事件均多于受到贬抑的事件。

最后，媒体视角下，对道德事件的关注主要集中在东部沿海发达地区的大中城市、小城镇以及中部的农村地区，很少对西部地区进行关注，说明新闻媒体报道的地域偏颇在一定程度上存在。但事件的道德性与否在不同的城乡和地区并无显著差异，说明道德事件的分布不受其发生的地域环境影响，无论在经济发达地区还是经济贫困地区，都有道德行为存在，也有不道德行为发生。

总之，媒体报道对道德文化传统理念的呈现体现了传统理念在当今社会的践行情况总体还比较乐观，只是其中存在某些地域或者选题方面的偏颇。

**2. 传统理念的媒体呈现中的差异与媒体本身有关**

作为央视栏目，《道德观察》栏目在传统理念的呈现上存在这样的偏颇在一定程度上体现了新闻媒体选择新闻事件时，由于自身价值取向、媒体性质和媒体责任等原因产生的差异，这跟央视的自身特点是紧紧相关的。

首先是覆盖面广，只要是通有线的地方，都可以接收到央视10多个频道的节目。潜在的观众群太过庞大，节目的思想和思路对影响群众的主流观点的形成有着重要的影响。其次是央视在老百姓心中的地位很高。央视一直代表一个官方形象，是主流媒体的话语平台，也是官方权威的象征。虽然公众明白很多时候央视打一些官腔、说一些套话假话，但是从信任度上来讲，公众还是更愿意相信央视，而不是地方的电视台。最后就是离“心脏”更近的央视在制作播出节目方面也会禁忌更多，同为历史，近现代的却不可触碰，同为话题，社会敏感的不能谈论①。《道德观察》作为中央电视台播出的道德类节目，代表的是社会主导意识形态的主流媒体的声音，得到国家政治力量的扶持，某种程度上会在报道中贯彻政府的议程和态度。这无疑会为宣传和维护国家大政方针，构建稳定和谐的社会，贯彻社会整合理念，或作为某些特殊时期特定的报道，而更多地选择积极的事件，以体现社会主导力的所需要的方向。然而，这种结果就可能会与社会现实的某些真实状态不太相符，不利于公众舆论对我国当前道德状况进行正确有效的认识。

### （二）传统理念与媒体的关系

为了更深入地研究传统理念在媒介的呈现，首先应从两者的关系入手。只有了解了传统理念与媒体的关系，才能从根本上认识传统理念在媒体的呈现机制。

中国传统道德文化是中华民族在长期的历史发展过程中所创造的，是带有鲜明的民族特点的物质财富和精神财富总和。它在各个时期都具有其先进性，在人与人、人与社会以及人与自然的各种矛盾突出的当代社会，也有着现实的指导意义。它可以帮助和指导各个行业的人们处理和消除现实中面临的问题和矛盾，达到和谐发展。对于传媒这个新兴行业也不例外。它的普世性作用，对于其行业的发展也具有约束和规范作用。

因此，道德文化传统理念和媒体之间的关系主要体现在两个方面。

一方面，中国传统道德文化是指在长期的历史发展过程中形成和发展起来、保留在中华民族中间、具有稳定形态的中国文化。经过几千年的传承，已经渗透到社会的思想观念、思维方式、价值取向、道德情操、生活方式、礼仪制度、风俗习惯、宗教信仰、文学艺术、教育科技等的各个方面，指导和约束社会人的行为。这种指导与约束作用对作为社会行为者的传媒工作者则表现为培养其崇高的社会责任感、公正公平的工作态度，使其更好地为人民、为社会服务，不会在经济利益面前脱离正义的轨道。

另一方面，媒体具有文化传承功能，是传播传统文化的主要工具。传统文化在经济全球化的时代需要保护，更需要传播，只有在传播中才能永葆持久的生命力和影响力。无论是物质文化遗产，还是作为非物质文化遗产，其生命力不仅在于保护层面，更应让其广为流传。而媒体则承担了这一重任。一方面，它将传统理念

① 刘红娟：《大众传播时代传统文化的命运——〈百家讲坛〉现象解析》，首都师范大学硕士学位论文，2008年。

作为节目内容，通过固定的栏目对传统道德文化进行宣传弘扬；另一方面，节目中社会行动者可以通过自己的道德行为影响受众，从而产生良好的社会效果。

因此，传统理念和媒体的关系是相互影响、相互促进的。道德文化传统理念对新闻工作的影响作用是潜移默化、无处不在的，它直接或间接地影响媒体工作者的工作态度、责任与目的，从而影响新闻工作质量。而媒体对传统理念的呈现，也有利于传统道德对媒体工作者的进一步作用①。

### （三）媒介应当更好地呈现传统理念

随着科技的迅猛发展，媒体行业在快速发展的同时，面临的问题也越来越严重。由于一些媒体工作者责任感缺失、道德失衡及对经济利益的盲目追求，导致各种问题层出不穷。

在多元文化，尤其是西方外来文化的冲击下，精神文化生活出现了一定程度的危机，主要表现在：一是道德价值标准的混乱。一些媒介在营利和市场竞争压力下一味追求娱乐和煽情，节目追求感官刺激，迎合甚至张扬人性的某些弱点和阴暗面，宣扬拜金主义、享乐主义、唯利是图等消极价值观念，淡化人们的道德意识，潜移默化地侵蚀着大学生脆弱的精神家园，使人们价值判断混乱，导致玩世不恭、游戏人生、道德滑坡某些非理性的情绪化举动等失范现象。二是精神能力的滑坡。为获得最大的消费群体，大众传媒必须生产穿透力很强的传媒消费品。这就出现了大量标准化、程式化，没有独特个性、韵味和风格的文化产品。而无个性的文化必然会造就无个性的人。人们的精神能力（包括认知、审美、创造、评价等）便容易滑坡，导致精神生活变得表层化、低俗化②。这些现象体现了某些传媒思想政治教育功能的弱化，如汶川地震中风靡一时的“范跑跑事件”。因此，要解决这些问题，除了进行法律法规和职业道德准则教育外，还需要发挥传统理念的引导与规范作用。

首先，培养传媒的文化自觉意识，坚定对传播传统理念的信仰。“文化自觉”是我国著名社会学家费孝通先生提出的命题。基本意思是生活在既定文化的人对其文化有“自知之明”，明白它的来历、形成的过程、所具有的特色和它发展的趋向③。传媒的文化自觉意识具有重要的现实意义。传媒要以自觉自知的态度对待文化传统。同时，能够以开放的胸怀实现东西方文化间的平等对话。传媒对中华文化的传播是润物细无声、寓教于乐的渗透方法，没有文化自觉意识，就难以

---

① 康素娟：《试论传统文化对当代新闻工作的影响》，载《新闻知识》2010 年第 8 期，第 5 ~ 7 页。

② 焦树民、徐莉莉：《媒介素养教育在大学精神文化建设中的价值与路径分析》，载《东南传播》，2007 年第 10 期。

③ 费孝通：《关于“文化自觉”的一些自白》，载《学术研究》，2003 年第 7 期。

承担传媒的社会角色。没有文化自觉意识，传媒也就没有社会责任与社会良知[①]。只有提高传媒的文化自觉意识，才能更好地发挥传媒对传统理念的宣传作用，这样传统道德文化的才能真正繁荣。

其次，丰富完善传播传统理念的方式。随着社会的发展，受众心理发生了很大变化，尽管传统文化在本质上对受众具有可接受性，但是当传媒采用的传播方式不恰当时，会引起受众的反感甚至拒绝。随着互联网、现代通讯系统、广播电视等现代媒体的广泛运用，使知识信息在世界范围内广泛传播，思想文化交流及其传播呈现出分散性、便捷性、跨国界等特点。传统文化的传播必须注重针对受众的心理特点和潜在趋向，采取受众喜闻乐见的形式，满足其不同的潜在心理需要。从这个角度上，丰富传播理念的方式也显得非常必要。另外，由于如今某些媒介对传统理念的践行有负面影响。比如网络媒体，由于其彻底的民间性和话语的非理性特征，容易改变传统纸质媒体和电子媒体的立场，进而发生网络媒体和非网络媒体的集体狂欢，并发展成价值判断力部分丧失的集体晕眩，从而导致传媒思想政治教育功能的弱化。因此，对于这类媒体，在积极丰富的同时，应努力完善其运行机制，保证其传播功能的正常发挥。

最后，加强受众媒介素养教育。在这个价值标准混乱的社会，媒介素养教育对于人们形成正确的主流意识发挥着重要的作用。首先，它能够给受众提供解读媒介信息的正确视角，让他们能正确认识当今的传统理念践行情况。然后，它还可以提升受众的媒介道德水平及批判精神，提高思想境界，辨别是非，追求永恒的道德精神。加强媒介素养教育的途径主要有开设专门课程、加大投入实践活动、加强媒体互动等。只有加强受众的媒介素养教育，才能保证媒体传播传统理念的效果，才能更好地排除像网络论坛等非理性和民间性很强的媒介对主流道德价值观的影响。

## 四、传统理念在核心人群中的践行状况

中国古代社会按照行业，把人们分为士农工商四个等级。为了解不同从业领域核心人群传统道德文化理念的践行情况，结合当前的社会分工，我们将当前核心人群划分为“仕、农、工、商、学”五大类，这里的“仕”指的是国家工作人员，包括了公务员、事业单位工作人员；“农”指农民；“工”指工人，包括企业管理人员、企业一般员工、专业技术人员、产业人员；“商”泛指商业领域的从业人员，包括私营企业主、个体工商户和商业的服务人员；“学”指学生。

① 郭一曲：《浅谈现代传媒的文化自觉意识》，载《中国广播电视学刊》，2005年第1期。

### （一）数据分析所呈现的核心职业人群践行道德文化传统理念的总体状况

我们通过电话调查了不同职业人群践行传统道德文化理念的基本情况。在调查的过程中，基于诸多学者的研究成果将中国传统道德文化的核心理念操作化为忠、孝、和、礼、义、仁、恕、廉、耻、智、节、谦、诚 13 个维度。调查数据统计分析发现，核心人群对当前中国传统道德文化理念践行状况的评分因职业的不同而具有显著差异。对中国传统道德文化理念在当前实行状况总体的评分差异体现在：一是农民的得分最高，均值为 6.87 分，标准差为 1.46 分；二是学生的评分，均值为 6.65 分，标准差为 1.23 分；三是商业从业人员，均值为 6.64 分，标准差为 1.34 分；四是工人群体，均值为 6.37 分，标准差为 1.50 分；五是国家工作人员，均值为 6.27 分，标准差为 1.39 分。总体来看，农民的评价最高，而国家工作人员的评价最低。在 13 个传统道德理念维度上，不同职业人群评价的差异主要体现在孝、和、廉 3 个维度上。在孝的维度上，首先商业从业人员评分最高，其次是学生，再次是农民、工人，最后是国家工作人员。在和的维度上，农民群体的评分比其他从业人员都要高。在廉的维度上，首先学生和农民的评分最高，其次是国家工作人员，再次是工人，最后是商业从业人员。

### （二）现实生活中核心职业人群践行道德文化传统理念的现状

上述结果是通过数据分析得出的核心人群践行传统道德理念的总体状况，在现实生活中，不同职业人群践行传统道德理念的具体现状有所差异。

#### 1. 国家工作人员践行道德文化传统理念的现状

国家工作人员的政治素质、思想境界、精神状态、职业道德，既关系到公务员队伍的形象，更关系到党和政府的形象，关系到中国特色社会主义的建设事业。这一核心人群践行中国道德文化传统理念的状况，对社会的影响深远。我们党和国家领导人历来重视公职人员的道德建设，邓小平同志曾经多次指出：“为了促进社会风气的进步，首先必须搞好党风，特别是要求党的各级领导同志以身作则。党是整个社会的表率，党的各级领导同志又是全党的表率。”① 随着社会主义市场经济的发展，极大地促进了社会生产力的发展，对国家工作人员的道德建设起到了很大的推动作用。尤其是加入 WTO 以来，新的市场规则要求政府要按市场经济规则运行，强化法制建设，对政府的服务质量和效率都提出了更高的要求，同时也是对公务员的道德素质提出了更高的要求。整体来说，我国公务员

① 《邓小平文选》第 2 卷，人民出版社，1994 年版，第 17 页。

道德文化的主流是积极的、进步的。“热爱祖国、忠于人民，求真务实、开拓创新，顾全大局、团结协作，恪尽职守、廉洁奉公”，这32个字凝练和铸成21世纪中国公务员精神，高度概括了中国公务员的本质特征和根本宗旨，丰富蕴含着中华民族的道德文化传统理念①。

从表16-3中可以看出，现实生活中，国家工作人员对十三项道德文化传统理念践行状况横向差异较大。其中，对智、孝的传统理念的践行得分在7.0分以上，两项传统理念的得分分别为7.35分和7.04分，而且这两项传统道德理念的践行的群体内部差异最小，标准差分别为1.55分和1.82分。其次为和（均值为6.73分，标准差为1.78分）、仁（均值为6.58分，标准差为1.84分）、恕（均值为6.24分，标准差为1.80分）、谦（均值为6.24分，标准差为1.78分）、礼（均值为6.16分，标准差为1.95分）、节（均值为6.15分，标准差为1.92分）、义（均值为6.10分，标准差为1.89分）。相比较而言，国家工作人员在诚、忠、耻、廉四项道德文化传统理念方面践行的比较差，践行状况得分未达到6分。其中诚的平均得分为5.93分，标准差为2.15分、忠的平均得分为5.88分，标准差为2.06，耻的平均得分为5.58分，标准差为2.16分，廉的平均得分为4.80分，标准差为2.62分（见表16-3）。

**表16-3　　国家工作人员的道德文化传统理念践行现状**

| 排序 | 道德文化传统理念 | 均值 | 标准差 |
|---|---|---|---|
| 1 | 智 | 7.35 | 1.55 |
| 2 | 孝 | 7.04 | 1.82 |
| 3 | 和 | 6.73 | 1.78 |
| 4 | 仁 | 6.58 | 1.84 |
| 5 | 恕 | 6.24 | 1.80 |
| 6 | 谦 | 6.24 | 1.78 |
| 7 | 礼 | 6.16 | 1.95 |
| 8 | 节 | 6.15 | 1.92 |
| 9 | 义 | 6.10 | 1.89 |
| 10 | 诚 | 5.93 | 2.15 |
| 11 | 忠 | 5.88 | 2.06 |
| 12 | 耻 | 5.58 | 2.16 |
| 13 | 廉 | 4.80 | 2.62 |

① 石玉亭、刘英：《公务员精神与中华民族优秀传统文化》，载《甘肃社会科学》，2007年第1期，第227~229页。

**2. 农民践行道德文化传统理念的现状**

农村至今是中国社会的广阔大地，农民在中国社会仍占绝大多数，占全国人口的近70%，达8亿人。长期以来，农民信守的传统道德的主流仍是几千年的儒家道德观，其稳定的传承性使得传统道德世代相传。绝大多数农民尊重传统文化，重视人际和谐和牺牲奉献、艰苦奋斗和包容精神、尊老爱幼、勤俭节约。

从表16-4中可以看出。现实生活中，农民对十三项道德文化传统理念践行状况横向差异较大。其中，对孝、智、和的传统理念的践行得分在7.0分以上，三项传统理念的得分分别为7.31分、7.27分和7.25分。其次为仁（均值为6.88分，标准差为2.07分）、礼（均值为6.59分，标准差为2.04分）、诚（均值为6.54分，标准差为2.10分）、义（均值为6.52分，标准差为2.21分）、谦（均值为6.46分，标准差为2.05分）、忠（均值为6.43分，标准差为2.23分）、节（均值为6.41分，标准差为1.87分）、恕（均值为6.41分，标准差为2.15分）。相比较而言，农民在耻、廉两项道德文化传统理念方面践行的比较差，践行状况得分未达到6分。其中耻的平均得分为5.71分，标准差为2.60分，廉的平均得分为4.99分，标准差为2.77分（见表16-4）。

**表16-4　　农民的道德文化传统理念践行现状**

| 排序 | 道德文化传统理念 | 均值 | 标准差 |
|---|---|---|---|
| 1 | 孝 | 7.31 | 1.79 |
| 2 | 智 | 7.27 | 1.93 |
| 3 | 和 | 7.25 | 2.16 |
| 4 | 仁 | 6.88 | 2.07 |
| 5 | 礼 | 6.59 | 2.04 |
| 6 | 诚 | 6.54 | 2.10 |
| 7 | 义 | 6.52 | 2.21 |
| 8 | 谦 | 6.46 | 2.05 |
| 9 | 忠 | 6.43 | 2.23 |
| 10 | 节 | 6.41 | 1.87 |
| 11 | 恕 | 6.41 | 2.15 |
| 12 | 耻 | 5.71 | 2.60 |
| 13 | 廉 | 4.99 | 2.77 |

**3. 工人践行道德文化传统理念的现状**

工人阶层与传统文化有着天然的血脉联系，中国传统文化经过五四运动的变革，产生新的变化，但这并未改变根植在中国人心底的传统的文化理念，中国工人阶层特别是老一代工人阶层，深受儒家传统文化的影响，他们具有浓厚的民族文化的道德理念和价值取向。

从表 16 –5 中可以看出，现实生活中，工人对十三项道德文化传统理念践行状况良好。其中，对智、孝的传统理念的践行得分在 7.0 分以上，两项传统理念的得分分别为 7.27 分和 7.23 分，而且这两项传统道德理念的践行的群体内部差异最小，标准差分别为 1.59 分和 1.89 分。其次为和（均值为 6.68 分，标准差为 2.04 分）、礼（均值为 6.22 分，标准差为 2.00 分）、义（均值为 6.18 分，标准差为 2.02 分）、仁（均值为 6.56 分，标准差为 2.00 分）、谦（均值为 6.23 分，标准差为 1.97 分）、恕（均值为 6.19 分，标准差为 2.01 分）、节（均值为 6.15 分，标准差为 1.92 分）、诚（均值为 6.10 分，标准差为 2.20 分）。相比较而言，工人在忠耻、廉三项道德文化传统理念方面践行的比较差，践行状况得分未达到 6 分。其中忠的平均得分为 5.97，标准差为 2.19 分，耻的平均得分为 5.60 分，标准差为 2.26 分，廉的平均得分为 4.71 分，标准差为 2.69 分。

**表 16 –5　　　　工人的道德文化传统理念践行现状**

| 排序 | 道德文化传统理念 | 均值 | 标准差 |
|---|---|---|---|
| 1 | 智 | 7.27 | 1.59 |
| 2 | 孝 | 7.23 | 1.89 |
| 3 | 和 | 6.68 | 2.04 |
| 4 | 礼 | 6.22 | 2.00 |
| 5 | 义 | 6.18 | 2.02 |
| 6 | 仁 | 6.56 | 2.00 |
| 7 | 谦 | 6.23 | 1.97 |
| 8 | 恕 | 6.19 | 2.01 |
| 9 | 节 | 6.15 | 1.92 |
| 10 | 诚 | 6.10 | 2.20 |
| 11 | 忠 | 5.97 | 2.19 |
| 12 | 耻 | 5.60 | 2.26 |
| 13 | 廉 | 4.71 | 2.69 |

**4. 商人践行道德文化传统理念的现状**

当今经济社会的大潮中，商人更成为时代的弄潮儿。那么商人群体在中国道德文化传统理念方面的践行状况如何呢？

如表 16 –6 所示，商人群体对传统道德理念其中，对智、孝的传统理念的践行得分在 7.0 分以上，两项传统理念的得分分别为 7.79 分和 7.48 分，而且这两项传统道德理念的践行的群体内部差异最小，标准差分别为 1.67 分和 1.70 分。其次为和（均值为 7.02 分，标准差为 2.01 分）、仁（均值为 6.76 分，标准差为

2.03 分)、礼（均值为6.66 分，标准差为1.91 分)、恕（均值为6.57 分，标准差为1.97 分)、诚（均值为6.55 分，标准差为2.28 分)、谦（均值为6.54 分，标准差为1.82 分)、忠（均值为6.54 分，标准差为2.25 分)、节（均值为6.43 分，标准差为1.95 分)、义（均值为6.35 分，标准差为1.93 分)、耻（均值为6.00 分，标准差为2.21 分)。而商人在道德文化传统理念中的廉方面践行的比较差，践行状况得分为4.68 分，标准差为2.71 分，说明商人在该项道德文化传统理念的践行上群体内部差异较大。

**表16-6　　商业从业人员的道德文化传统理念践行现状**

| 排序 | 道德文化传统理念 | 均值 | 标准差 |
|---|---|---|---|
| 1 | 孝 | 7.79 | 1.67 |
| 2 | 智 | 7.48 | 1.70 |
| 3 | 和 | 7.02 | 2.01 |
| 4 | 仁 | 6.76 | 2.03 |
| 5 | 礼 | 6.66 | 1.91 |
| 6 | 恕 | 6.57 | 1.97 |
| 7 | 诚 | 6.55 | 2.28 |
| 8 | 谦 | 6.54 | 1.82 |
| 9 | 忠 | 6.54 | 2.25 |
| 10 | 节 | 6.43 | 1.95 |
| 11 | 义 | 6.35 | 1.93 |
| 12 | 耻 | 6.00 | 2.21 |
| 13 | 廉 | 4.68 | 2.71 |

**5. 学生践行道德文化传统理念的现状**

如表16-7所示，传统道德理念中，学生群体对孝和智的传统理念的践行得分在7.0 分以上，两项传统理念的得分分别为7.73 分和7.06 分，而且这两项传统道德理念的践行的群体内部差异较小，标准差分别为1.87 分和1.59 分。其次为谦（均值为6.80 分，标准差为1.70 分)、和（均值为6.78 分，标准差为1.96 分)、仁（均值为6.77 分，标准差为1.83 分)、恕（均值为6.55 分，标准差为1.81 分)、义（均值为6.49 分，标准差为1.67 分)、诚（均值为6.46 分，标准差为2.25 分)、耻（均值为6.42 分，标准差为2.02 分)、忠（均值为6.40 分，标准差为1.97 分)、礼（均值为6.35 分，标准差为2.09 分)、节（均值为6.07 分，标准差为1.76 分)。而商人在道德文化传统理念中的廉方面践行的比较差，践行状况得分为5.49 分，标准差为2.46 分，说明商人在该项道德文化传统理念的践行上群体内部差异较大。

表 16－7　　学生的道德文化传统理念践行现状

| 排序 | 道德文化传统理念 | 均值 | 标准差 |
|---|---|---|---|
| 1 | 孝 | 7.73 | 1.87 |
| 2 | 智 | 7.06 | 1.59 |
| 3 | 谦 | 6.80 | 1.70 |
| 4 | 和 | 6.78 | 1.96 |
| 5 | 仁 | 6.77 | 1.83 |
| 6 | 恕 | 6.55 | 1.81 |
| 7 | 义 | 6.49 | 1.67 |
| 8 | 诚 | 6.46 | 2.25 |
| 9 | 耻 | 6.42 | 2.02 |
| 10 | 忠 | 6.40 | 1.97 |
| 11 | 礼 | 6.35 | 2.09 |
| 12 | 节 | 6.07 | 1.76 |
| 13 | 廉 | 5.49 | 2.46 |

总体来看，核心职业人群对于孝、智、和的道德文化传统理念践行得较好，而在廉、耻方面践行得相对不理想。从表 16－3 到表 16－7 分职业还可以看出，在十三项道德文化传统理念中，除学生外的核心职业人群对于孝、智、和的道德文化传统理念践行现状均为最佳，而学生群体践行的最好的道德文化传统理念为孝、智、谦。所有的核心职业人群对于孝和智的践行得分均在 7.00 分以上。

### （三）核心职业人群道德文化传统理念践行中的问题

在本次调查中，我们询问了被访者两个问题，其一是对自身在中国道德文化传统理念践行的状况打分，其二是选择三个自己认为对当前社会十分重要的道德文化传统理念。这种问题设置的方式正好可以反映当前核心职业人群道德文化传统理念践行中的问题。就是，如果某个职业群体对某项道德文化传统理念践行的很好（在十三项道德文化传统理念中靠前），并也是其看重的道德文化传统理念，则说明了当代社会对于该项道德文化传统理念的良好践行，反之则反映了该项道德文化传统理念的精神与当前社会现状的矛盾，为当前问题之所在。如表 16－8 ~ 16－12 所示，我们使用核心职业人群对于道德文化传统理念的看重程度的序号与现实生活中的践行得分状况排序相减，如果，得出的位差为负，则反映了道德文化传统理念在现代社会践行中的问题之所在。

**1. 国家工作人员践行道德文化传统理念的问题**

随着改革的深化和社会主义市场经济的发展，经济成分、利益主体、社会组织和社会生活方式日趋多样化，不可避免给人们的思想观念带来了一些消极影响。同时我国正处于社会的转型期，社会生活的方方面面都在进行着急剧的变革，市场经济的义利观不仅影响了我国经济的微观层面，更是对人们世界观、价值观的一次冲击。尤其是国家的一些工作人员对自己的道德要求降低，严重违背了传统道德理念，出现了以权谋私、权钱交易、官僚主义、享乐主义、腐败等问题。在现实生活中，从县处级到地厅级再到省部级，再高级别领导干部贪污腐败的新闻早已不是什么新鲜的事情了。

**表 16－8　　国家工作人员践行道德文化传统理念中的问题**

| 道德文化传统理念 | 道德文化传统理念选择百分比（%） | 看重程度排序（a） | 践行状况得分排序（b） | 位差（a－b） |
|---|---|---|---|---|
| 廉 | 11.2 | 4 | 13 | －9 |
| 诚 | 13.3 | 2 | 10 | －8 |
| 忠 | 8.6 | 7 | 11 | －4 |
| 义 | 9.0 | 5 | 9 | －4 |
| 耻 | 3.5 | 9 | 12 | －3 |
| 孝 | 18.3 | 1 | 2 | －1 |
| 和 | 11.5 | 3 | 3 | 0 |
| 礼 | 6.6 | 8 | 7 | 1 |
| 仁 | 8.7 | 6 | 4 | 2 |
| 节 | 2.1 | 12 | 8 | 4 |
| 恕 | 2.8 | 11 | 5 | 6 |
| 谦 | 1.2 | 13 | 6 | 7 |
| 智 | 3.2 | 10 | 1 | 9 |

从表 16－8 可以看出，国家工作人员在道德文化传统理念的践行过程中，廉、诚、忠、义、耻、孝的现实践行情况和其自身认为的重要性之间的位差为负，分别为－9、－8、－4、－4、－3、－1。说明这几项道德文化传统理念是国家工作人员在道德文化传统理念践行中存在的问题和亟须认真践行的。总之，国家工作人员在道德文化传统理念的践行中的问题按照从高到低的程度在于廉、诚、忠、义、耻、孝。

**2. 农民践行道德文化传统理念的问题**

随着社会主义市场经济在我国的确立，农村日益卷入市场经济的大潮，农民确立起了市场观念，以适应经济的发展。然而，市场观念的核心就是利益观念，即一切以利益为先。人们考虑一切事情以自己的利益为出发点，对自己有利就做，对自己无益就不去做。当这种观念成为农民的主导观念时，农村传统道德体系受到了严重冲击，一些中华民族的传统美德，逐渐地被一些农民所抛弃。

**表 16－9　　农民践行道德文化传统理念中的问题**

| 道德文化传统理念 | 道德文化传统理念选择百分比（%） | 看重程度排序（a） | 践行状况得分排序（b） | 位差（a－b） |
|---|---|---|---|---|
| 廉 | 7.8 | 7 | 13 | －6 |
| 忠 | 8.8 | 4 | 9 | －5 |
| 诚 | 12.3 | 3 | 6 | －3 |
| 义 | 8.7 | 5 | 7 | －2 |
| 恕 | 2.7 | 9 | 11 | －2 |
| 和 | 15.3 | 2 | 3 | －1 |
| 耻 | 0.9 | 12 | 12 | 0 |
| 孝 | 24.8 | 1 | 1 | 0 |
| 谦 | 2.3 | 10 | 8 | 2 |
| 仁 | 8.4 | 6 | 4 | 2 |
| 节 | 0.9 | 12 | 10 | 2 |
| 礼 | 5.6 | 8 | 5 | 3 |
| 智 | 1.6 | 11 | 2 | 9 |

从表 16－9 可以看出，农民在道德文化传统理念的践行过程中，廉、忠、诚、义、恕、和的现实践行情况和其自身认为的重要性之间的位差为负，分别为－6、－5、－3、－2、－2、－1。说明这几项道德文化传统理念是农民在道德文化传统理念践行中存在的问题和亟须认真践行的。总之，农民在道德文化传统理念的践行中的问题按照从高到低的程度在于廉、忠、诚、义、恕、和。总的看来，农民在践行传统道德理念上，优秀的传统道德理念践行的比较好，这是主流。但在社会转型期市场经济发展过程中，由于错误道德价值取向的引导而导致部分传统道德理念被抛弃，但这不是主流。

**3. 工人践行道德文化传统理念的问题**

随着时代的变化，中国工人阶层优越地位已受到冲击，面对前所未有的矛盾，他们当中的主流已放弃对改革的抱怨情绪，重新面对变化的利益格局，不断使自己适应市场经济所提出的新要求，建立了与市场经济条件下的新的价值观。但从目前来看，在 1992 年全面推进经济体制改革之后，工人阶层经历着磨炼和嬗变，随着以信息技术为核心的现代科学技术的飞速发展，西方科技文化对我国工人的影响随同经济的交往的频繁而加深，这对中国工人阶层的道德意识形成了一定影响。

表 16－10　　工人践行道德文化传统理念中的问题

| 道德文化传统理念 | 道德文化传统理念选择百分比（%） | 看重程度排序（a） | 践行状况得分排序（b） | 位差（a－b） |
|---|---|---|---|---|
| 廉 | 11.3 | 4 | 13 | －9 |
| 诚 | 13.4 | 2 | 10 | －8 |
| 忠 | 7.2 | 7 | 11 | －4 |
| 耻 | 2.0 | 11 | 12 | －1 |
| 孝 | 22.2 | 1 | 2 | －1 |
| 和 | 11.9 | 3 | 3 | 0 |
| 义 | 10.2 | 5 | 5 | 0 |
| 仁 | 8.2 | 6 | 6 | 0 |
| 恕 | 3.1 | 9 | 8 | 1 |
| 礼 | 5.0 | 8 | 4 | 4 |
| 节 | 1.5 | 13 | 9 | 4 |
| 谦 | 1.6 | 12 | 7 | 5 |
| 智 | 2.3 | 10 | 1 | 9 |

从表 16－10 可以看出，工人在道德文化传统理念的践行过程中，廉、诚、忠、耻、孝的现实践行情况和其自身认为的重要性之间的位差为负，分别为－9、－8、－4。说明这几项道德文化传统理念是工人在道德文化传统理念践行中存在的问题和亟须认真践行的。总之，工人在道德文化传统理念的践行中的问题按照从高到低的程度在于廉、诚、忠。

**4. 商人践行道德文化传统理念的问题**

社会背景、外界因素对商人的心理的影响是难以避免的，毕竟人是趋利辟害的。随着社会的发展和市场经济体制的建立，诚信这个中华民族最基本的道德观念在社会生活中被人们忽视、淡忘，“老实”几乎成了一个贬义词，“老实人吃亏”也成为很多人的共识，由于受市场经济的一些负面影响，使一些人面对各种利益的诱惑，背弃诚信，使传统的道德理念在市场经济大潮中受到严峻的挑战，导致社会诚信出现危机。在全国闹得沸沸扬扬的“三鹿奶粉事件”，就突出了现代商人为了追求利益，而不顾消费者的安危，丧失了诚信、重利轻义。

**表 16－11　　商人践行道德文化传统理念中的问题**

| 道德文化传统理念 | 道德文化传统理念选择百分比（%） | 看重程度排序（a） | 践行状况得分排序（b） | 位差（a－b） |
|---|---|---|---|---|
| 廉 | 10.2 | 3 | 13 | －10 |
| 义 | 9.3 | 5 | 11 | －6 |
| 诚 | 12.5 | 2 | 7 | －5 |
| 忠 | 7.6 | 7 | 9 | －2 |
| 和 | 10.2 | 3 | 3 | 0 |
| 耻 | 1.6 | 12 | 12 | 0 |
| 孝 | 24.0 | 1 | 1 | 0 |
| 恕 | 5.1 | 8 | 6 | 2 |
| 仁 | 8.2 | 6 | 4 | 2 |
| 礼 | 5.1 | 8 | 5 | 3 |
| 谦 | 2.2 | 11 | 8 | 3 |
| 节 | 1.3 | 13 | 10 | 3 |
| 智 | 2.7 | 10 | 2 | 8 |

从表 16－11 可以看出，商人在道德文化传统理念的践行过程中，廉、义、诚、忠的现实践行情况和其自身认为的重要性之间的位差为负，分别为－10、－6、－5、－2。说明这几项道德文化传统理念是商人在道德文化传统理念践行中存在的问题和亟须认真践行的。总之，商人在道德文化传统理念的践行中的问题按照从高到低的程度在于廉、义、诚、忠。

**5. 学生践行道德文化传统理念的问题**

学生作为具有一定科学文化水平和理性思维能力的群体，在接受道德教育和形成道德思维能力来讲都远远超过其他阶段的受教育者和社会群体，但学生践行传统道德文化理念的现状却不容乐观。近些年来，学生的败德行为时有发生，造成了不良的社会影响。

**表 16－12　　学生践行道德文化传统理念中的问题**

| 道德文化传统理念 | 道德文化传统理念选择百分比（%） | 看重程度排序（a） | 践行状况得分排序（b） | 位差（a－b） |
|---|---|---|---|---|
| 廉 | 9.6 | 3 | 13 | －10 |
| 诚 | 15.6 | 2 | 8 | －6 |
| 义 | 9.4 | 4 | 7 | －3 |
| 忠 | 6.2 | 7 | 10 | －3 |
| 礼 | 4.7 | 8 | 11 | －3 |
| 节 | 1.8 | 12 | 12 | 0 |

续表

| 道德文化传统理念 | 道德文化传统理念选择百分比（%） | 看重程度排序（a） | 践行状况得分排序（b） | 位差（a－b） |
|---|---|---|---|---|
| 孝 | 24.2 | 1 | 1 | 0 |
| 和 | 9.2 | 5 | 4 | 1 |
| 仁 | 7.8 | 6 | 5 | 1 |
| 耻 | 3.3 | 11 | 9 | 2 |
| 恕 | 3.3 | 11 | 6 | 5 |
| 谦 | 3.7 | 9 | 3 | 6 |
| 智 | 1.4 | 13 | 2 | 11 |

从表16－12可以看出，学生在道德文化传统理念的践行过程中，廉、诚、义、忠、礼的现实践行情况和其自身认为的重要性之间的位差为负，分别为－10、－6、－3、－3、－3。说明这几项道德文化传统理念是学生在道德文化传统理念践行中存在的问题和亟须认真践行的。总之，学生在道德文化传统理念的践行中的问题按照从高到低的程度在于廉、诚、义、忠、礼。

# 第十七章

# 中国道德文化传统理念现代践行监测的要素

中国道德文化传统理念现代践行的监测是一项庞大复杂的工程项目，要想高质量完成监测任务就必须要有一个完善合理的监测系统，依据科学的监测原则对当代社会的核心人群进行全面的监测。在“中国道德文化传统理念践行状况监测指导中心”的指导下，设立具体执行的分支机构，依据科学性、系统性、客观性、可操作性、操作的规范性、非功利性和自主性七大原则，通过监测点对于核心人群“士、农、工、学、商”的中国道德文化传统理念现代践行情况进行监测。其中，中国道德文化传统理念被划分为仁、礼、信、孝、廉、节、和、义、智、忠、恕、耻、谦十三个范畴，通过对这十三个范畴的监测来反映中国道德文化传统理念现代践行的情况。

## 一、监测原则

中国道德文化传统理念现代践行监测是一项庞大而复杂的任务，正由于在监测实践中的复杂性和不可预见性，使得监测活动的进行也呈现出复杂性特征。因此，在整个监测过程中，必须遵循一定的原则和基本准则，规范监测机构及其整个监测过程，从而在复杂的监测活动中寻求突破，达到预期目标。

### （一）科学性原则

中国道德文化传统理念现代践行监测的实施首先需要贯彻科学性原则。科学性不仅是贯彻落实科学发展观，引领核心人群践行中国道德文化传统理念的首要原则，也是进一步开展核心人群践行中国道德文化传统理念的价值基础。它是中国道德文化传统理念现代践行监测实施的前提，是实现监测网络价值目标的基础。中国道德文化传统理念现代践行监测的科学性主要体现在以下几个方面：

第一，中国道德文化传统理念现代践行监测的科学性表现在对监测网络的内涵、特征、功能等基本范畴的科学界定上。这需要我们对中国传统道德理念的本质有深刻的理解和准确的把握，从而为监测网络设定科学的逻辑起点。

第二，科学性原则表现在监测工作的组织体系上，它是中国道德文化传统理念现代践行监测网络科学性的要求得以贯彻和实现的重点。这需要结合不同区域、不同人群各自的特点进行设计，实事求是地研究具体区域、具体监测对象的特点和组织体系本身的固有特征，审慎考量。

第三，科学性原则还表现在监测网络的指标体系、调查方案设计、统计反馈等具体操作层面上，这些是遵循测量科学性的难点，需要根据理论界对于中国道德文化传统理念现代践行的理论研究成果，结合监测工程本身的特点，仔细斟酌，并设计出既能反映传统文化本质涵义，又能够充分体现现代人道德理念的指标体系。

第四，中国道德文化传统理念现代践行监测的科学性还表现在监测结果的反馈层面上，这是科学性的落脚点，也是检测、评价监测网络科学性的重要手段。它需要我们结合整个道德文化监测情况，在宏观考察和微观研究的基础上，提出改进、完善中国道德文化传统理念现代践行的新措施、新方法。

### （二）系统性原则

系统性原则是从现代管理理论发展而来，现代管理理论认为，组织是一个开放的社会技术系统，不仅包括组织结构和技术的因素，而且包括管理、心理和社会方面的因素。系统性原则强调各个不同组织过程的连贯性和全面性。系统论的任务，在于调整系统结构，直辖各要素关系，使系统达到优化目标。一个系统通常包括总系统和相对独立的子系统，不同系统有不同的功能和目标，功能和目标的失当和混淆，势必造成系统的失效和混乱。

中国道德文化传统理念现代践行监测的系统性主要体现在将测量系统的各个部分看做一个有机整体而不是相互孤立的个体，这也就要求我们必须从各种角度、层次去揭示中国道德文化传统理念现代践行当中的规律性，从而得出全面正确的结论，科学地指导、管理实践活动，促进传统理念的科学。

中国道德文化传统理念现代践行监测的实施其实本身就是一个系统。在中国道德文化传统理念现代践行监测中，我们所构造的总系统，应该有它自己的目标，相应的指标体系则应围绕这个目标去展开。我们所设立的总体目标应能反映践行中国道德文化传统理念的战略目标，为相关部门对核心人群践行中国道德文化传统理念的宏观管理、宏观决策和宏观监控服务。每个子系统在总体的构造中也都根据各自属性和运行规律有所创新、有所提升、有所发展。也就是说它们在维护总体属性和总体目标的情况下，自身涵义、功能及其现代意义也可以得到深化和扩展。

贯彻系统性原则，我们首先，要树立系统性观念，在宏观上分析整个中国道德文化传统理念现代践行系统的组成及其功能，研究这个系统中的各个要素、社会环境、不同核心人群特点间的相互关系和变动的规律性，积极调整监测网络系统结构，实现整个监测体系的和谐。其次，我们要积极把握中国道德文化传统理念现代践行监测体系中的各个子系统，诸如运行机制、指标体系、反馈机制等。由于核心人群类型较多，人员众多，所在区域比较分散，加之调查面积较大，导致监测点也相对比较分散，组织机构的设置也需要因此调整布局。建立监测点之间、组织机构之间的有机联系，从而形成一个自我调试、和谐运作的系统，是一个值得认真探究的任务。

### （三）客观性原则

对中国道德文化传统理念现代践行情况实施监测的初衷在于创造一个监测信息传输、集中及其处理的平台，并通过这个平台，得到核心人群践行中国道德文化传统理念状况的客观数据，为决策者了解、分析、判断、决策提供客观依据。由此，中国道德文化传统理念现代践行监测的实施必须要保证其客观性。客观性为我们提出了两个要求。

首先，客观性原则要求我们本着实事求是的态度，避免主观臆断和主观猜测，从客观公正、实际的角度出发，一切以事实为依据，把握好中国道德文化传统理念现代践行监测工作实施的每一个环节。

其次，客观性原则要求我们牢牢把握中国道德文化传统理念现代践行监测的中立性。中国道德文化传统理念现代践行监测的监测网络构建作为一个工具性的体系，应该是中立的。它所监测的结果，只能是一个情况说明，而不能作为具体监测点之间的评先评优的标准，不能作为具体人员的评价标准。也就是研究的重点在于具体数据的搜集、整理和反馈，而不在于对监测主体的个体评价，否则，必然会影响他的中立性。毕竟任何一项任务的运行和操作都需要具体的操作者，一旦赋予它功利性的标签，它在被操作的过程中会受到人为意志的影响，导致功能异化，从而偏离监测的本意，影响监测结果，偏离其正常的发展轨道。

### （四）可操作性原则

由于各类核心人群各个个体之间本身存在差异性，加之思想道德本身的抽象性、动态性和复杂性，对核心人群践行中国道德文化传统理念状况加以监测，无论是在理论上还是实践中，都是一件非常困难的事情。

所以，中国道德文化传统理念现代践行监测的实施过程中，必须遴选符合现在社会实际的指标体系，且能在实践操作中将其量化为具有量化特征的指标，建立中国道德文化传统理念的各种组成部分现代统一的监测系统。只有通过量化指标的制定和资料的搜集及其分析，才能对我国核心人群践行中国道德文化传统理念的现状进行实证分析和综合评价，力求使得我们的监测结果在动态运行中无限趋近于践行中国道德文化传统理念的现实状况，从而对思想道德问题的发生、发展和消解实现有效的预警监测。

### （五）操作的规范性原则

任何一项措施的操作，都需要对其进行规范，并依据规范进行运作。在中国道德文化传统理念现代践行监测的实施过程中，监测点信息收集和反馈，组织机构体系运行，都需要严格遵守，严格执行监测工程运行规则，以期实现制度化、规范化，避免操作者由于主观臆断或者出于自身经验而不进行实际操作，导致监测数据不符合实际。在监测的过程中，实际操作人员遇到重大异常情况，应及时向有关领导报告，以便于统一调度、减少损失。

### （六）非功利性原则

监测网络所汇集以及处理的信息，旨在了解我国核心人群的道德文化传统理念现代践行情况，并依据监测出来的数据和分析的结果来影响有关部门的决策，从而采取适当的措施改进核心人群践行中国道德文化传统理念。

为了避免信息失灵和监测失灵，各个监测点以及相关子系统的监测结果不能作为评价监测点核心人群践行中国道德文化传统理念状况的依据。而对监测点和相关子系统的考核，内容不是其工作范围内核心人群践行中国道德文化传统理念，而是其遵守和执行监测情况是否符合现实状况。

### （七）自主性原则

监测网络作为一个监测平台，其预警作用的发挥不仅依赖于执行监测的人员具体执行情况，更加依赖于被调查人群的合作情况和合作意志。

一般而言，自主性原则是对个人的意志和自由的尊重，要求个人按照自己的意愿和选择来决定行为的过程。其核心是对人权的尊重，包含有知情同意、保密、隐私等内容。自主性原则尊重有自主能力的个体所做的自主选择，承认该个体基于个人价值信念所持看法做出选择并采取行动的权利。在对核心人群践行中国道德文化传统理念情况的调查和监测中，要注意保护受调查人的隐私，尊重受调查人员的自主权利，充分尊重他们的自愿性，不死缠烂打，不在对方不知情的情况进行调查。

## 二、监测内容

中国道德文化传统理念现代践行状况的监测内容主要包括：确定评价体系，数据分析和反馈。我们将中国道德文化传统理念划分为仁、礼、信、孝、廉、节、和、义、智、忠、恕、耻、谦十三个范畴，评价体系是对中国道德文化传统理的十三个不同的组成进行细化和解释，对其内涵进行充分的分解，明确践行中国道德文化传统理念需要注意的方面和问题，为之后的指标体系建立提供一个明确的方向。

### （一）中国道德文化传统理念的指标体系的具体内容

我们将中国道德文化传统理念划分为仁、礼、信、孝、廉、节、和、义、智、忠、恕、耻、谦十三项，并简要阐述各自内容，明确中国道德文化传统理念的丰富内涵，为监测体系的制定提供前提性指导。

**1. 仁**

“仁”是中国道德文化传统理念的核心，在我国文化发展历程中具有广泛而深远的影响，是众多思想家、理论家、学者讨论和研究的重点。

从整体来看，“仁”的理念在中国具有极其广泛的涵义范畴，从个人行为到国家社稷都有涉及，因此，“仁”被广泛认同为道德感情和道德理性的统一，孔子更是把“仁”作为最高的道德原则、道德标准和道德境界。

本书将“仁”归纳为三个要义：即仁者爱人、克己复礼、仁政。前两者主要约束个人行为，而“仁政”思想则针对统治者提出，约束统治者的政治行为。

“仁者爱人”是孔子儒家思想的精髓和核心，它深刻的揭露了孔子的以人为本的儒家理念。孔子认为，爱人是仁的基本内涵，社会的各个等级、阶层都应该相互谦让、相互爱护。孔子试图以仁爱为根本建立起社会等级之间充满人情味的伦理社会关系，从而实现社会的良好秩序和和谐共存。孟子在后来发展了孔子的学说，孟子《仁者爱人》：“孟子曰：‘君子所以异于人者，以其存心也。君子以仁存心，以礼存心。仁者爱人，有礼者敬人。爱人者，人恒爱之；敬人者，人恒敬之。'" 表现了天下为仁的朴素的人道主义精神和质朴的辩证法思想。

"仁者爱人"主要体现三个方面，一是要以协调人与人、人与社会之间的相互关系为宗旨和归宿。主要表现为"己所不欲，勿施于人"和"己欲立而立人，己欲达而达人"的推己及人精神。二是重视发挥人的主观能动性，强调人的内在道德修养。强调人们应该主动、积极参加各种活动，培育自身的内在道德修养，主动帮助他人，实践仁者爱人。三是一种博爱的思想，所谓博爱是指人们要以爱人为基础，并从爱人延伸至热爱周围的人和事物，包括爱集体、爱祖国、爱人民、爱生命、爱人类的生存环境、爱大自然、爱人类的劳动创造、爱文明进步、爱一切真善美的事物。总之，就是爱一切人和事，帮助一切需要关心的人。

仁的目的是复礼，而复礼的关键在于克己，因此说克己复礼是实践仁这一理念的重要方式。"克己复礼"出自《论语·颜渊》："颜渊问仁。子曰：'克己复礼为仁。一曰克己复礼，天下归仁焉！为仁由己，而由人乎哉？'"它主要强调随时注意约束自己，克服种种不良习性和私心，不为私欲熏心遵循自然规律，按公义、公理来办事。

"仁政"思想是孟子对孔子"仁"的理念的重要发展，其最早出自《孟子·梁惠王下》，核心思想是当政者要尊重人民、爱护人民、招贤纳士。在孟子看来，官吏的使命是协助君主奉行仁政，一方面，官吏要帮助君主修养仁德；另一方面，要在自己管辖的领域内实现仁政。为了更好的治理国家和管理社会，当政者要尊重人民、爱护人民、招贤纳士。在选拔官员上，当政者应该广泛招贤纳士，被选拔的官员一定要有以"仁"为核心的道德操守，决不能任用道德低下的人。从现代社会的角度来看，仁政就是要尊重人民在当代社会的主体地位，坚持发展为了人民，发展依靠人民，发展成果由人民共享的执政理念，用善政对待人民，爱护人民。

**2. 礼**

礼从字面理解，即礼数、礼仪、礼貌。礼的理念也是中国传统理念的重要组成部分，它主要指社会的典章制度和道德规范。作为典章制度，它是社会政治制度的体现，是维护上层建筑及其与之相适应的人与人交往中的礼节仪式。在孔子以前已有夏礼、殷礼、周礼。夏、殷、周三代之礼，因革相沿，到周公时代的周礼，已比较完善。作为道德规范，它是国家领导者和贵族等一切行为的标准和要求。

在长期的历史发展中，"礼"作为中国社会的道德规范和生活准则，对提高中华民族精神素质和道德修养起了重要作用；同时，随着社会的变革和发展，"礼"也不断被赋予新的内容，不断地发生着改变和调整。中国传统道德中的"礼"主要来源于儒家思想，本书将其内容分解为外在行为规范、内在个人修养以及待人处事原则三个方面进行阐述。

外在行为规范主要是指体现在日常生活中的行为礼仪行为，可以分为待客有道、聚会有制、长幼有序、学门肃清、行礼有仪、长幼有序等。所谓待客有道是指要主动迎客，恭敬待客。聚会有制，指参与聚会、餐宴、会议座次分明，发言、用餐符合时宜。行礼有仪指见面、告别、各种社交场合中行礼应仪态端庄，落落大方。学门肃清指对待师长有礼貌，对待同学应互相尊重。长幼有序指尊老爱幼，扶助老弱。

内在个人修养则主要体现为提升个人品行。应该倡导通过自身的努力提高自己的道德水平，进而实现温柔敦厚的中正平和，充满理智的仁爱。同时，还要注意培养自身个性，显现出自身优势，形成对人、对己、对环境的正确态度和以能力为中心的心理特征。将自身的个人修养和个人气质提升到一个较高的境界。

礼是处理人际关系的重要原则，所以不可避免的需要归纳出待人处事若干原则。本书将其归纳为三项原则：尊重原则、适度原则、自律原则。尊重原则指在各种类型的人际交往活动中，以相互尊重为前提，既尊重对方，不损害对方利益；同时又要保持自尊。适度原则指无论是身在不同场合还是所面对对象不同，应始终不卑不亢，落落大方，把握好一定的分寸。自律原则是指交流双方在要求尊重自己之前，首先应当检查自己的行为是否符合礼仪规范要求，并以端庄大方、和谐为准则约束自己的行为。

**3. 信**

“信”是儒家伦理思想体系的一个重要范畴，也是中国传统道德的一项基本规范，在社会生活的诸多领域发挥着重要作用。儒家“信”的思想对于中华民族诚信不欺、讲求信用的文化传统的形成，对于理想人格的培养，都产生了极为重要的影响。充分借鉴传统儒家“信”的思想，加强诚信教育，促成现代人高尚人格的形成，对建设和谐社会有着重要的意义。

信要求人们言行一致，信守诺言、以诚待人，表里如一，大胆地承担责任。中国传统的诚信内涵包含三个层次：一是信于言，意思是人要忠实于自己的言行，即说到做到。“言而无信，不知其可也”，指的就是要言于信，这是人与人之间交往最基本的准则。二是信于义，是指言行要合乎和忠实于自己的社会身份和职责，要求一个人的言行需要符合基本的社会道义和道德准则。三是信于“天”，或称之信于性，其意是指人的言行要忠实于自己的本性，忠实于上天赐予的个人品性，不做违反天命的事。

**4. 孝**

孝是中国传统社会十分重要的道德规范，也是中华民族尊奉的传统美德，在中国传统道德规范中，孝具有特殊的地位和作用。被尊为儒家经典之一的《孝经》说，孝是“德之本也，天之经也，地之义也”，“教民亲爱，莫善于孝”。汉字教育的“教”字，就由“孝”和“文”组成。

仁与孝是儒学思想中两个互为关联的基本概念，一直以来，孝被认为是孔子仁学的基础，孔子说："孝悌也者，其为仁之本与！"随着儒学的发展，对孝的理解也出现了很大的变化。仁与孝是儒学思想中两个互为关联的基本概念。以儒家为正统的中国文化，其最高的理念是仁，而最有社会实践意义的却是孝（包括悌）。

孝的理念主要包括养亲、尊亲两个方面。所谓养亲，就是子女有义务和责任供养父母，一方面让父母免于饥饿、免于困苦，在物质上为父母尊长提供保障，另一方面尽自己的义务侍奉、赡养父母，在父母遭受疾病、年龄困难时在身边服侍，使父母得以安享天年。在《孝经·庶人》中就有"用天之道，谨身节用，以养父母，此庶人之孝也。"可以说，养亲是"孝"最基本的要求和首要标准。

尊亲，从字面来理解，即尊重父母尊长。然而在我国的传统文化中，尊亲并不仅仅指尊敬父母尊长，它还有更为深远的含义。《孝经·开宗明义》中说："立身行道，扬名于后世，以显父母，孝之终也。"孝敬父母的终点或者说最高境界是：成家立业，修德行道，在后世扬名，让父母得到荣耀。也就是我们通常说的光宗耀祖的意思。儒家认为，让父母有尊荣才是真正的孝，更高境界的孝。正如《孟子·万章上》中说："孝子之至，莫大乎尊亲；尊亲之至，莫大乎以天下养。为天下父，尊之至也；以天下养，养之至也。"孟子认为，尊荣父母的最高程度，没有高过拿整个天下来奉养父母的。为天下人的父亲，是最高的尊荣；拿整个天下来奉养父母，是最高的奉养。

**5. 节**

传统的"节"的思想不仅包含了一种朴素的节用思想，更包含了一种社会、政治和教育的价值，在德性修养上发挥了巨大的作用。

节，从消费观念上看，包含节用、节俭和节制思想。"节用"关系到国家和百姓的富裕，生产和经济的发展，社会的稳定和政权的巩固，无论是家庭成员还是国家公职人员都有义务遵循节用原则。节俭主要是要指人们在生活、工作等社会活动中，要珍惜人类有限的资源和人类自身的劳动成果，并从我们先辈的优良传统中吸取艰苦奋斗的精神。节制，意味着结合自发性及知识的能力，运用精神的知识及理解力来调节自身行为。

从德性修养的角度来讲，节指气节、节操，就是在个人利益与名节发生矛盾时，能够把名节放在第一位，不因贪图利欲而违背原则，不因追求私欲而失去操守。看重志气和节操，注重气节，历来是中华民族的传统美德。气节、节操既是做人的标准，更是检验灵魂的试金石，它要求为官、为人要诚信无欺，见义勇为，甚至舍生取义。

**6. 廉**

"廉"主要是针对官员提出来的道德准则，在历史的漫长发展中，一直都要求为官“以廉为本”，这是所有为官者必须建立的基本道德意识。“廉”要求官员要清廉而政绩优异、忠于职守、廉洁正直、明辨是非、依法办事。《孔子家语》中说，“上恶贪则下耻争，上廉让则下耻节”，可见，为官者清廉与否，对于社会具有明显的诱导作用。更重要的是“治官莫若平，临财莫若廉，廉平之守，不可改也”（《孔子家语》）。廉洁自律是每一个为官执政者不能不具备的道德操守，不能不时刻警惕的心理意识。执政者拥有对社会公共物品的分配和驾驭的权力，如果没有将“廉”作为自己的道德考量准则，最后个人操守必然会被财富贪欲所掩埋，失去做人做事的原则。

**7. 和**

中国道德文化传统理念中的“和”强调一种以人为本的和谐人际关系，它的主要观点包含“天人合一”和“和而不同”两个理念。

“天人合一”的宇宙哲学意识是“和”文化给世界文明的一笔重要遗产，更是和谐的重要原则。“天人合一”思想强调人与自然的和谐统一。它主张人与万物并无特异之处，人与自然是相互统一的，必须处理好人与自然的关系，把大自然对人类的报复减小到最低限度。这个思想对于今天的环境保护有着十分重要的借鉴意义。

和而不同则是指要承认不同，在尊重差异性的基础上形成和谐统一，如果一味追求同，不仅不能使事物得到发展，反而会使事物衰竭。可见，“和而不同”体现了哲学中的辩证思想。

**8. 义**

义是中国道德文化传统理念中君子的重要特征之一，义主要有三个层次，一为家庭之义，二为国家之义，三位社会公义。

家庭之义指个人对家庭的责任，它主要是基于私人关系的义，建立在血缘关系基础之上，充满了情感主义，因而通常被称为“小义”。

国家之义指个人处理国家与国家利益之间的关系的义，我们称之为大义。任何一个人都应该遵循的最基本的大义则是热爱自己的祖国，为国家的利益着想。

社会公义则是从更加广泛和深远的角度探讨社会的公共利益。公义具有平等与公平的特性，它的基本观念是“严谨地执行律法，维护社会正义”，从而从制度的层面上维护社会的公共利益，最终形成一个彼此尊重、和平共处的社会。从人类的角度来看，社会公义还包含全世界范围内的人道主义理论。

**9. 智**

“智”即知识和理性，是明辨是非的能力。《孟子·告子上》说，“是非之心，智之端也”。智反映了个人运用智慧的能力，而智慧反映了人的一种特性和能力，具有自觉能力或能动性。

在儒家思想中，智主要是指道德层面的知识和理性。人是有理性的动物，这是人区别于其他动物最为显著的特征，人正是有理性和智慧，才能对自己的道德行为进行制约，从而树立正确的道德观。当然，智不仅包含树立正确的道德观的要求，也包含探索和获取智慧的过程，古人所说的“勤学笃思”即是指获得智慧需要努力学习，发挥主观能动性，勤于学习，善于学习，思考智慧的真谛。

**10. 忠**

忠是中国道德文化传统理念的重要范畴，在政治道德发展史上有着特殊的地位和作用，尤其是在对官员的约束上，忠的理念非常广泛。可以说，忠是调节国家、官员、人民三者关系的重要伦理规范。

狭义上来说则是主要针对官员提出，即忠于国家、忠于君主，是君臣关系的具体化和对象化。在中国传统社会中，君臣关系不具有对等性，君主有着绝对的支配权力，“君权神授”君主是天命所归，因此臣子对君主的忠诚是无条件的。

广义上来讲，忠包含忠于国家、忠于君主、忠于人民、忠于家庭、忠于朋友、忠于自己等，是社会交往和人际关系的重要伦理规范。广义上的忠要求我们尊重他人，履行承诺，做人表里如一，勇于改正自己的错误。

**11. 恕**

“恕”即宽恕，其主要思想为宽以待人的人际协调策略。

宽以待人就是要充分尊重他人的想法和行为，不求全责备，不强加给他人意志，不要强加或者有意地勉强他人适应自己的思维、观念、主张和思想，充分尊重他人言行，包容他人的缺点与不足。

但是在宽容这一点上，要注意，宽容而非纵容，也就是说指“宽”须有度。宽容必须建立在遵循法律法规和制度纪律的基础上。对不良行为和错误倾向，如果无原则地宽容，那就是包庇、护短。

**12. 耻**

在中国的传统教育中，非常重视耻感教育。传统理念认为，一个人要成为一个对社会有用的人就应该具有耻感，要有耻、知耻。

在浓厚的群体意识氛围中，中国人重视自尊、在乎名誉，视别人的侮辱和讥笑为羞耻，时常用他人的评价来规范和矫正自己的言行。中国传统道德中，面子至上理念尤为根深蒂固，这种观念在很大程度上让人们拥有更多的耻辱感和自尊心。

耻感教育，从个人修养上看，要坚持真理、坚持原则，主持正义，居污浊而不染、临强敌而不畏，要坚持富不移情、贫不移志的可贵精神和高尚情操。从国家的层面上看，就是要切实维护国家、民族的尊严和利益，具有崇高的民族气节、政治气节、生活气节。对于现代社会，耻感教育是立党、立国、立人的需要，是建设社会主义物质文明和精神文明的需要。

**13. 谦**

“谦”即谦虚、谦让、谦恭、谨慎。谦虚，从自身修养上来讲，要谦虚、谦让、谦恭，就是对待自身成绩、成就不自满，追求更高的目标，探求未知的真理。《荀子·宥坐》曾说，孔子见一容器，灌满水就倾倒，而灌到一半就直立。感慨道：“做人要谦虚啊。”这有点像韩国作家崔仁浩那《商道》里的“戒盈杯”。灌满水就要倒，意指“谦受益，满招损也”。谨慎则是一种精心安排、调停纷争、妥协互让、团结和谐的美德，它能给工作、生活带来更多新鲜感、成就感。

总之，仁、礼、信、孝、廉、节、和、义、智、忠、恕、耻、谦十三个理念共同构成了中国道德文化传统的丰富内涵，这些理念统一于中国传统道德的历史构架中，其内涵体现着“我中有你，你中有我”的融合性特点。

### （二）数据分析与反馈

中国道德文化传统理念现代践行状况将主要依靠对核心人群的具体监测，获得有效统计信息，并通过科学的方法结合数据分析系统对统对资料、数据进行收集，分类，整理，筛选，对我国目前核心人群践行中国道德文化传统理念的现状进行全面的分析和整合。尤其是要依据具体的数据分析情况对道德文化传统理念的践行情况进行分析，对产生的问题，需要改进的方面，提出具体的改良和改善措施，为国家和政府在政策、方针制定上提出基本的建议。最终，以期能为我国传统道德文化的发展和传播出力，为和谐社会的发展注入新鲜血液。

## 三、监测机构

中国道德文化传统理念现代践行监测是一项极为庞大而复杂的工程，其本身就具有极强的复杂性。在实际的监测过程中，为了更好面对各种不同的变化因素，更好地处理好各种复杂的关系，保证监测的顺利进行，成立一个中国道德文化传统理念践行状况的监测机构是很有必要的。这个机构要统筹全局，把握主体，协调关系，保证监测任务的完成。

中国道德文化传统理念践行状况的监测工作是一大创新，对于它的规划、实施与评价研究无前例，相关的组织机构需要我们脱离目前的组织机构布局进行重新设计，因此是一项巨大的工程。我们将组织机构共划分为三个层次。第一层次为中枢机构——中国道德文化传统理念践行状况监测指导中心，第二层次为具体执行层次，及执行机构，第三层次为监测点。

### （一）中枢机构

中国道德文化传统理念践行状况监测指导中心应由课题主持人及核心成员组成，负责对中国道德文化传统理念践行状况监测进行总体的部署。中枢机构的主要职能应包含以下几个方面：

第一，具体监测计划的制定和布置实施；

第二，监测信息的收集、汇总、统计、分析、研究和监测成果提供；

第三，监测工作中人员、资金的调配；

第四，联系各地区相关单位和机构，提高执行机构的效率；

第五，监测工作完成情况的检查验收、总结调查报告的撰写。

### （二）执行机构

监测机构的第二层次为执行机构，即中国道德文化传统理念现代践行监测工程分支机构，主要由在“士农工学商”人群主要集中的机构设立的监测机构组成。

**1. 分支机构的主要构成**

中国道德文化传统理念践行状况的监测工程分支机构的建立可以依照地理区划建立，亦即全国分为东部、中部、西部三个部分，在中国道德文化传统理念践行状况的监测工程指导中心的统一领导下各自设立分支机构。本研究认为可以考虑依据目前所确定的监测点的数量和布局，打破行政区划藩篱，根据各地实际情况（如地域面积、交通情况等）设立分支机构比较合理。

**2. 分支机构的主要职能**

中国道德文化传统理念践行状况的监测工程执行机构应主要履行以下职能：

第一，区域（部门）内监测信息的收集、汇总、统计、分析、研究和监测成果提供；

第二，本机构（部门）内人员、资金的调配；

第三，本机构（部门）年度工作计划的制定以及任务的分解、工作完成情况的检查验收。

### （三）监测点设置

对于中国道德文化传统理念践行状况监测工程的监测点网络构建而言，监测点属于基础性工作和前提性的工作，属于监测机构的第三个层次。在监测工程中，监测点的功能直接影响整个监测工程的运作及其结果。

由于中国道德文化传统理念践行状况的复杂性和思想道德本身的抽象性，从某种意义上来说，监测点似乎越多越好。但是考虑到以下几个因素，本研究认为目前这个阶段，监测点不宜过多，应保持在 30 ~ 40 个左右监测点的规模。其主要原因有二：

一是中国道德文化传统理念践行状况的监测网络构建工作的起步阶段。中国道德文化传统理念践行状况的监测网络构建工作仍处于起步阶段，它属于社会主义文化建设工作的一部分，多年来我国传统道德文化相关工作部门做出了卓有成效的工作，成绩斐然，为我们此次进行中国道德文化传统理念践行状况的监测工程的开展提供了很多有益的理论和实践经验。

在新的历史条件下，中国道德文化传统理念践行状况的监测工程面临新的机遇和挑战。中国道德文化传统理念践行状况的监测工作还处于探索、初创阶段，为了摸索经验，更好的开展这项工作，我们认为应采取“宜精练不宜粗放”的原则，控制监测点的规模。

二是监测工作的物质技术条件等因素的限制。中国道德文化传统理念践行状况的监测网络的构建和完善需要大量的人力物力投入，其日常监测工作的开展、监测任务的完成，也需要良好的物质技术条件。由于目前监测工作的物质技术条件等因素的限制，我们不可能确定过多的监测点。

## 四、监测对象

本书将“士、农、工、学、商”作为全体社会成员中的核心人群进行研究，构建核心人群践行道德文化传统理念的监测系统。其中的理论依据为：

1. “士、农、工、学、商”五个群体共同构成了共同构成了社会中人口中的核心人群，这几个群体在整个社会当中的作用具有代表性和建设性。

2. 在当今社会中，人们在道德文化传统理念上的形成与建构中属于过渡期，社会人群的道德文化传统理念呈现出复杂性与多元性、变动性与异化性、虚浮性与实用性等特点，这些特点日益影响着当代人们道德文化的建构、成熟与完善。“士、农、工、学、商”则正代表着社会当中的各类不同人群，既具备全面性又具备针对性。

3. “士、农、工、学、商”作为核心人群，不仅代表着我国未来的规划者和建设者，也代表着国家与民族的总体走向。要充分了解当代社会道德文化传统理念践行的具体情况，必须对这些核心人群进行详细的调查和分析，从实际调查中提取数据，进行精确分析，从而对我国公民践行道德文化传统理念提出更加切实可行的措施。

# 第十八章

# 中国道德文化传统理念的监测指标体系

中国道德文化传统理念是维系社会伦理秩序和评价个人行为道德价值的准绳。在其几千年的发展过程中，形成了规模宏大、经世致用、体系比较严整的指标群，不仅突出地体现了中国道德文化传统理念的特色，而且蕴藏着使道德文化传统理念由虚变实的道德建设经验。

中国道德文化传统理念源远流长，数量繁多。从监测指标总体来说，既具有很强的实用性、应时性，又具有深刻的哲理性和稳定性。从指标体系的内容来说，既具有确定性、一义性，同时又具有相对性和多义性。因此，归纳和概括中国道德文化传统理论的监测指标体系，确有很大的困难。但是，如能抓其脉，撮其要，析理出中国道德文化传统理念的基本监测指标，并用现代用语加以表述，还是可能的。

## 一、监测指标的维度

在此归纳出十三个基本监测指标，即仁、礼、信、孝、廉、节、和、义、智、忠、恕、耻、谦。这些监测指标虽然都是用复词表述的，但也均取自传统道德的文献，只是有的使用较为普遍，有的只在个别文献中出现。这十三个维度，从数目上说并不是绝对限定的，但从内容上说则是建设社会主义核心价值体系所必需的。

### （一）仁

仁，是中国道德文化传统理念的重要内容，是“中国固有的精神”。仁是中国古代儒家的重要道德思想，也是基本的道德规范。孔子对仁有过多方面的论述，并赋予仁以丰富的道德内涵。仁包括忠恕，有所谓“己欲立而立人，己欲达而达人”，“己所不欲，勿施于人”；包括克己，有“克己复礼为仁”；包括孝悌，有“孝弟也者，其为仁之本与”；包括自爱，有“仁者自爱”。还包括智、勇、宽、信、敏、惠等美德及其规范。因此，仁常被儒家视为“全德”。

仁的核心是爱人。孔子最早以“爱人”解释仁。《论语·颜渊》中有：“樊迟问仁，子曰：‘爱人。’”是说对他人应该同情、关心和爱护。孟子继承和发展了仁爱思想，提出“亲亲而仁民，仁民而爱物”。可见，儒家的仁爱是由己推人，由内而外，由近及远。墨家主张兼爱。兼爱的要求是“视人之国若视其国，视人之家若视其家，视人之身若视其身”。兼爱的思想境界是“天下之人皆相爱，强不执弱，众不劫寡，富不侮贫，贵不傲贱，诈不欺愚”。汉代以后，儒家学者在理论上对仁爱思想有了进一步的升华。韩愈在《原道》中提出“博爱之谓仁”。张载在《西铭》中提出“民，吾同胞；物，吾与也”的著名命题。朱熹认为仁是“爱心理，心之德”，并以生释仁。

仁的道德文化传统，在中国历史上具有很大的积极意义。它提倡人与人相爱，尊重人的价值，同情人，帮助人，体现了古代的人道主义精神。在现实社会生活中，“仁”仍然具有重要的意义。

### （二）礼

礼是中国道德文化传统理念中既重要又广为人知的监测维度，在个人修身成人以及人和人的交往中，有重要的意义。礼让，是中国传统德礼的一个基本要求，同作为纲常之官居有着层次性的不同。我们古代的“礼”的概念，包含着丰富的内容，大体可分为四个层次：一是指整个的社会等级制度、法律规定和道德规范的总称；二是指整个社会的道德规范；三是强调“敬”和“让”作为一种具有特殊意义的规范即“礼让”；四是礼仪、礼节仪式以及待人接物和处事之道，也属于中国传统道德文化中“礼”的一个方面。

礼作为一种道德文化传统，旨在“德以叙位，礼以定伦”，“和为贵”，主要是要求在一种有序的社会规范下，人们在各种不同的人际交往关系中要有恭敬、谦让的精神和行为，以提高个人道德素质，人际关系的和谐顺畅。所谓中华民族是一个礼仪之邦，就包含着“礼”所要求的好礼、有礼、礼貌、礼节等意义在内。

### （三）信

“精诚所至，金石为开”“朋友有信”“人无信不立，政无信不威”。这些传统箴言，都体现着一条重要的中国道德文化传统理念——诚信。信，被儒家视为“进德修业之本”“立人之道”和“立政之本”。可见信在中国道德文化传统中的重要地位。

信的扩展词是诚信，就是诚实而有信用，也是忠诚含义的概括。它要求人们诚善于心，言行一致。

在中国古代各家各派中，儒家尤重信。孔子不仅提出“人而不信，不知其可”的思想，而且把信提到“民无信不立”，以致去兵，去食，宁死必信。将信与诚相联，阐发了诚信的内在联系和规范意义。荀子则进一步推行于选贤治国，使信不仅是朋友伦理、交际伦理的规范，而且扩至君臣上下伦理关系皆应以诚信为本。后来的儒家也都继承了这一传统。宋明的理学家们对信做了哲学思辨的析理，对信做了更全面的阐发。总的来说，信的实质在于言行一致、表里如一、真实好善、博济于民。

### （四）孝

孝是中国道德文化传统理念中十分重要的概念，在所有的中国道德文化传统理念监测指标中有特殊的地位和作用。儒家视孝为仁、义的根本，“人伦之公理”，许多思想家和历代统治者把它当作维护社会伦理关系和政治统治的重要手段，把孝与“忠君”、“爱国”相联系，以孝为“修身、齐家、治国、平天下”的出发点，使孝这种调节亲子关系的道德文化传统理念上升扩展为具有社会普遍意义的行为准则，成为社会教化的基本内容。

在我国浩如烟海的典籍中，关于孝的论述可谓繁若星辰，几乎所有的学术流派和思想家都有这方面的言论。他们从不同的角度、比较全面地阐述了社会各个阶层行孝的意义、方法和内容以及各种不同的具体要求。有些论述和要求不仅在当时具有进步作用，而且对我们今天的道德生活也仍有可继承和借鉴的内容，如事亲以敬、爱子必教、敬亲爱国等。

### （五）廉

廉洁是中国道德文化传统的一个基本规范，被视为“国之大维”，又视为“仕之美德”“人生大纲”。所谓廉洁，指的是不贪财货，立身清白。中国古代思想家对廉作了多方面的规定，如“临大利而不易其义，可谓谦”，“廉者不以富贵而忘其辱”，“廉者常乐无求”，“廉者不受嗟来之食”，“廉者，民之表也”，“廉士不辱名”，其基本精神就是循礼行法，廉洁自律，不贪他人之物，爱财取之有道。

廉洁是“为政之本”，“为官之宝”。《周礼》有六廉：曰廉善；曰廉能；曰廉敬；曰廉正；曰廉法；曰廉辩。在传统道德中，廉洁之士，被载之史书，传之民间，尊为“清官”。官吏不廉，危害极大。班固说：“吏不廉平，则治道衰。”王永吉说：“大臣不廉，无以膝下，则小臣必污；小臣不廉，无以治民，则风俗必败”。不廉之士，古人称之为“贪官”。大臣不廉洁，不能够做好表率，引导和威慑下属，那么小臣也难免贪腐，小臣贪腐，不能管理好人民，那么民风民俗必然败坏。因此，在物质财富和各种诱惑充斥的当今社会，对于廉的重视和强调显得尤其重要。

### （六）节

节有两层含义，一为持节；二为节制。

持节这一规范在中国道德文化传统理念中，具有特殊的地位，它不仅是个人修身和人格的重要标志，而且也是中华民族精神的精华。持节与操守、节操、德操是近似的意义，都是表示个体行为品性的概念。持节这一概念具有这三个概念所表达的涵义，同时又具有德行主体的积极态度的涵义。

节制是传统道德的重要规范。在传统伦理思想和道德生活的发展过程中，节制的道德要求不仅为各家各派所重视，而且也在民间扎了根，成为流传千古的朴素民风。所谓节制，就是按照道德要求和原则，控制或限制自己的情欲和行为。它要求人们遵从礼义、守正祛邪、行为有度、取用有节、自主自制以自化成人。这种节制的思想在近代革新者和资产阶级革命家孙中山那里，则形成“淡泊以明志”，“清廉以正风”的伦理精神，又赋予了新的意义。在社会主义现代化的今天，要发扬艰苦创业的精神，提倡节制的美德具有重要意义。

### （七）和

“和”是儒家提出的一条重要伦理原则和基本道德规范。《礼记·中庸》称之为“天下之大本”“天下之达道”。在儒家伦理思想中，“中和”“中庸”“中道”这些概念，有多种不同的理解和诠释；在不同场合也有从不同的意义上使用。对这些概念理解上的分歧至今仍然存在。在这里，我们把它作为中国道德文化传统理念监测体系的一个维度，主要是取其道德意义，要求人们为人立身要正，处事要坚守正道，力避过与不及的偏激行为，使人际关系保持一种正义的团结、和谐状态，以利社会发展。

和作为完整的道德理念，始见于《礼记·中庸》，但这种思想观念在中国传统道德文化理念中却源远流长。据传尧传位于舜时，已有“允执厥中”的传授。在孔子的思想中，始终贯穿着中庸、中和的原则，并有比较明确的论述。和，即是人伦之道，又是君子之德；它要求人们的喜怒哀乐之情思和欲望应保持适当的限度，行为要合乎礼义，中正不偏，和而不同，防止中心不正，情欲失和，行为偏激，背离人道。这些内容都是很有价值的。

### （八）义

“义者正也。”正义既是中国世代相传的美德之一，又是中国道德文化传统理念监测体系中十分重要的一个指标。义，繁体由“羊”和“我”构成。羊象征善和美。“义者，宜也。”宜的意思是应我者，应当、应该。因此，可以说，义就意味着是善的和美的，是应当的和合理的。义是儒家恪守“五伦”之一，也是儒家处理人际关系的基本原则。儒家创始人孔子非常重视义，《论语》一书提到义字达 24 次，几乎把义的涵义扩大到哲学、政治、伦理、道德、教育等各个方面。孔子把义作为人的立身处世之本，提出“君子义以为上”“义以为质”“君子之仕也，行其义也”。孟子认为“义，人之正路也”“敬长，义也”。墨家强调天下“有义则治，无义则乱”。法家也赋予义以政治涵义，认为义是基本的治国之道，释义为忠、孝、礼。在中国道德文化传统理念中，作为内在精神制约的义，具有维护外在道德规范的作用。

义在中国的历史上，作为道德规范，体现了谋求社会整体利益的精神，激励了无数仁人志士“舍生取义”“大义灭亲”同时也具有坚持人格的尊严，实现个人价值的意义。它所包含的“见利思义”“见得思义”“义然后取”“义以为上”等思想，在现实生活中仍然应当遵循和弘扬。

### （九）智

明智是中国传统道德的基本规范之一。《中庸》把智与仁、勇并称为“天下之达德”。这里取其明理睿智之义，用复词明智表达这一中国道德文化传统理念。明智是儒家重要的伦理思想。智，也作知即理智、智慧。“智者不惑。”孔子兼重仁智，多次以仁智并举。“仁者安仁，知者利仁。”在孔子看来，智是实现仁的重要条件，因为智是判断是非善恶的一种能力，所谓“是非之心，智也”。

中国古代思想家赋予智以丰富的道德内涵。概而言之，主要包括以下几个方面：(1) 知道遵道。(2) 自知知人。(3) 利人利国。此外，智还包括好学知过，量力而行，居安思危等。

智作为中国道德文化传统理念，具有积极的社会意义。它对于维持社会生活秩序，和谐人际关系；对于精神文明和物质文明的发展，起了重要作用。

### （十）忠

在中国封建社会的伦理纲常中，忠不仅被看做个人“修身之要”，而且被定为“天下之纪纲”“义理之所归”，是中国道德文化传统理念的重要准则。其原因就在于，它的盛衰兴废，直接关系到天下兴亡、社稷安危。

公忠思想及其道德规范的确立，在两三千年的道德文化传统中，不难各派各家比较一致，而且一以贯之，惠此中国。早在《尚书》《左传》等典籍中，就有“以公灭私”“忠德之正”的思想，以及“公家之利，知无不为”“临患不忘国”的规范性要求。儒家尤其重视忠，继孔子之后，墨家主张“举公义，辟私怨”；法家强调“公平无私”“公正为民”；道家提出“圣人无心，以百姓心为心”。孟子提倡“乐以天下，忧以天下”，荀子主张“致忠而公”。《礼记》和《忠经》弘扬“天下为公”“公而忘私”的思想，强调“忠为报国”、“忠在恤民”。后儒更以务实态度，推行恤民安国的公忠道德，直至变法维新者和民主革命家孙中山，也都倡导为民、为国、为天下的忠君爱国思想。

### （十一）恕

“恕”是中国道德文化传统理念监测指标的重要维度，恕作为为人之则，是处理个人与他人道德关系的基本态度和要求。恕主要包含两层意思，即宽和恕。所谓宽，是指与他人交往时要有宽广豁达的胸怀，推己及人，以直报怨，平心容人，严于律己，宽以待人。所谓恕，就是要推己及人，设身处地地为他人着想，理解他人，与人为善，凡是自己所不愿意做的、厌恶的事情，不要强加于他人，即孔子所讲的“己所不欲，勿施于人”。

在儒家思想中，恕占有十分重要的地位。儒家在人和人的关系中，强调责己严、对人宽，主张“宽以待人、严于律己”。孟子则强调“强恕而行，求仁莫近焉”。荀子称之为“兼术”，掌握这种修身之术，就可以端身成人。先秦之后的历代儒家都把恕作为个人修养的重要内容和处理人伦关系的基本准则。

当然，宽恕不是无原则的宽容退让。孔子不赞成“以德报怨”，而主张“以直报怨”、以德报德。朱熹强调，“血气之怒不可有，义理之怒不可无”。在为政治世方面，儒家主张宽严相济，恕惩结合。恕在今天仍具有积极的意义，它可以使我们正确地对待他人的缺点和错误，恰当处理自己与他人的关系。缓解人与人之间的纠纷和矛盾，创造一个和谐的生活氛围，有利于社会的安定团结。

### （十二）耻

耻，即知耻，或作“有耻”，是中国传统道德的基本规范之一。历来被视为“立人之大节”“治世之大端”。所谓知耻，就是指人们内心的善恶、荣辱标准，也就是“不从枉”“羞为非”的“羞恶之心”。它要求人们做事要守仁行义，谨言慎行，辨知荣辱。在中国伦理学史上，儒家把培养“行己有耻”的士君子作为教育的首要目标。《中庸》把知耻与勇于改过联系起来，提出“知耻近乎勇”的著名命题。《管子》一书中，把“耻”看作是国之“四维”之一，如果不能使人民有羞耻之心，国家就要危亡。荀子把知耻与廉洁并提，首次提出“廉耻”这一道德规范。

作为中国道德文化传统理念的知耻，与个人、民族和国家都有密切的联系。对于个人来说，“耻之于人大矣。”“廉耻，立人之大节。”“人有耻，则能有所不为。”“人须知耻，方能过而改。”对于民族和国家来说，“礼义廉耻，国之四维。四维不张，国乃灭亡。”“风俗之美，在养民知耻。耻者，治教之大端。”

耻，尽管在不同的时代具有不同的评价和选择标准，但作为一种道德规范，在任何时代都是需要的。

### （十三）谦

“满招损，谦受益”，“治礼，敬为大”。是中国古训，也是中国道德文化传统理念之一。在中国古代典籍中，关于谦敬的论述和规范性诠释，虽然随着时代的推移有所变化，但基本精神却是一以贯之的。所谓“礼仪三百，威仪三千”，可以说始终体现着一个“敬为大”的传统。

廉既是个人自身修养的美德，也是对人处事的道德要求。廉作为中国道德文化传统理念之一，始自《周易》。以卑释谦，提倡“自卑而尊人”，是传统谦敬之德的基本内容。谦必须真心诚意，尊人卑己，自厚宽人，克骄防矜，不自为大。因此强调“事思敬”“不自矜”“不自是”“不居功”“能下人”“择善而从”“自厚薄人”“自反自省”。这些经世致用的谦敬规范，对于弘扬中华民族传统美德，修己待人处世，起了积极的作用。

## 二、监测指标的项目

根据十三个维度的内容，我们设计了每个维度的指标。

### （一）仁

我们将仁分为对自己、对他人、对社会三个方面，具体包括：

◆ 对“宁肯牺牲生命成全仁德”的认同度

◆ 对“自己要想站得住，同时也要让别人站得住；自己要想通达，同时也要让别人通达”的认同度

◆ 践行“有恻隐之心”的比率

◆ 践行“有羞恶之心”的比率

◆ 践行“有辞让之心”的比率

◆ 践行“有是非之心”的比率

◆ 对“先要付出一定的艰苦劳动后，才有所收获”的认同度

◆ 对“若是天下的人互相友爱，爱他人如同爱自己一样”的认同度

◆ 对“爱别人并不排除爱自己，自己也在所爱之中”的认同度

◆ 对“爱别人的人，别人也会爱他”的认同度

◆ 对“温和善良，是仁德的根本”的认同度

◆ 对“分财济贫”的认同度

◆ 对“喜好或厌恶都应注重伦理”的认同度

◆ 对“仁是爱的道理，是产生于内心的德性”的认同度

◆ 对“爱所有的人才是仁爱”的认同度

◆ 对“时时刻刻要设身处地为他人着想”的认同度

◆ 对“天下的人都是我的同胞兄弟，万物都是我的朋友”的认同度

◆ 对“轻约赋敛”的认同度

◆ 对“只有有仁德的人，才能够知道应该爱什么人，应当厌恶什么人”的认同度

◆ 对“一个仁爱的人会拿他施加于所爱的人的恩泽，推广到他所不爱的人身上”的认同度

◆ 对“仁爱的人，必然会发扬好的精神，去除坏的事物”的认同度

### （二）礼

本书将“礼”分为外在行为规范、内在个人修养以及待人处事原则三个方面。主要监测项目如下：

◆ 对“礼是治理国家、安定社稷、使人民有秩序、有利后代的”的认同度

◆ 对“君子有礼仪，那么外围环境和谐、自己不会有怨恨”的认同度

◆ 对“不学礼，就无法立身做人”的认同度

◆ 对“克制自己，使自己的言行能够合乎礼的要求，这就是仁。只要能这样做了，天下的人就会归向你”的认同度

◆ 对“君子广泛地学习文化典籍，又能用礼来约束自己，就不会离经叛道了”的认同度

◆ 对“礼仪是用以培养高尚情操的”的认同度

### （三）信

本书将“信”分为人际之信、市场之信、法律之信、政治之信四个方面。主要监测项目如下：

◆ 践行“言行一致、心口如一”的比率

◆ 践行诺言的比率

◆ 践行“不说谎话”的比率

◆ 市场中出售的货物名副其实的比率

◆ 价格信用的概率

◆ 市场中度量衡真实可信的概率

◆ 居间（中间人）信用的概率

◆ 按规定赏罚的概率

◆ 法不避亲、法不阿贵的概率

◆ 制法者和执法者守法的概率

◆ 法律及时公开赏罚的概率

◆ 政务推行稳定性的概率

◆ 政务推行连贯性的概率

◆ 政策宣传与政策实践一致的概率

◆ 国际之间遵守盟约的概率

### （四）孝

本书将“孝”分为外在个人之孝、家庭之孝、社会之孝三个方面。主要监测项目如下：

◆ 对“孝是一种真性情发生的真实感情”的认同度

◆ 对“孝要满足精神上的追求和心灵上的沟通”的认同度

◆ 践行“赡养长辈，满足衣食住行日常生活需要”的比率

◆ 践行“尊敬长辈，听从长辈正确的教导和劝诫，以礼相待，不让长辈担心”的比率

◆ 践行“赡养长辈，取悦、亲和、关心长辈”的比率

◆ 践行“荣耀长辈，显身扬名，为长辈争光”的比率

◆ 践行“老吾老以及人之老”的比率

◆ 践行“去社会养老院做义工”的比率

## （五）廉

本书将“廉”分为守法循礼、见利思义两个方面。主要监测项目如下：

◆ 对“获取利益应符合道义礼法”的认同度

◆ 践行“不是我的东西，不取分毫”的比率

◆ 对“官员不应该追求政绩以谋求百姓之誉”的认同度

◆ 对“官员不应该违反百姓的意愿去顺从自己的欲望”的认同度

◆ 对“官员应该正直守法、大公无私”的认同度

◆ 对“官员应该明辨是非”的认同度

◆ 对“官员应该忠于职守，为百姓谋求福利”的认同度

◆ 对“如果官员对财物有过多的欲求，将会导致国家腐败风气盛行”的认同度

◆ 对“如果官员不正直、无私、明辨是非，国家会面临很大的困境”的认同度

## （六）节

本书将“节”分为消费之节、节用之节、德性之节、为人之节、四个方面。主要监测项目如下：

◆ 对“货物合适够用就行，不必要奢侈昂贵”的认同度

◆ 对“一切从俭”的认同度

◆ 对“事物的取用应该有节制”的认同度

◆ 践行“自己的东西应小心爱惜使用”的比率

◆ 践行“借他人东西应小心爱惜使用”的比率

◆ 对“草木刚刚长成时，就禁止牛羊采食践踏”的认同度

◆ 对“国家凡兴作用人，应不妨农民春耕、夏耘和秋支，而待冬日闲暇之时”的认同度

◆ 对“如果不节制用物，即使财物充足也会导致枯竭；如果能节制用物，即使财物虚弱，也会够用”的认同度

◆ 践行“根据总收入来决定支出的费用”的比率

◆ 对“人的欲望应该有所节制”的认同度

◆ 对“自己能战胜自己的缺点、错误和弱点，自觉地克制私心，节制言行

的人，就是强者”的认同度

◆ 对“心正就会有节制，就不会被耳目之官居的物价夺去礼义之心”的认同度

◆ 践行“在金钱、货物上不贪求”的比率

◆ 践行“不属于自己应得的分文不取”的比率

◆ 对“虽然显贵也不能用权势威迫他人”的认同度

◆ 对“虽然富贵也不能用金钱贿赂他人”的认同度

◆ 对“虽然贫穷也不能见利忘义”的认同度

◆ 对“虽然亲近也不能用关系左右他人”的认同度

◆ 对“虽然貌美也不能用美色诱惑他人”的认同度

◆ 对“人不用总争强好胜，可以使自己的欲望、愿望服从别人”的认同度

◆ 对“有道的人，进则可以使自己的欲望接近完全满足，退则可以节制自己的欲望追求”的认同度

◆ 对“人的欲望不可求其穷尽，但并不是不可以有欲求”的认同度

◆ 对“有欲望而加以节制，使它不过分，也不缺乏，就是很好的”的认同度

◆ 对“人要依礼法来节制自己，不然就会陷入茫然无所适从的状态”的认同度

◆ 对“人不仅要知道礼法的要义，而且要触类旁通，运用自如”的认同度

### （七）和

本书将“和”分为精神内涵之和、理想人格之和、社会政治之和三个方面。主要监测项目如下：

◆ 对“在人格上，做到辩证的处理朴实和文采”的认同度

◆ 对“在教育上，既鼓励博学又能提高思想修养”的认同率

◆ 对“在学习上，能够辩证的处理学与思”的认同率

◆ 对“君子做事情，应该依靠自己，而不应该责求别人”的认同度

◆ 对“君子的心境应该是坦白、舒泰、光明磊落的”的认同度

◆ 对“道义和利益比较，君子更应该看重道义”的认同度

◆ 对“君子处事应该泰然自若而不骄傲”的认同度

◆ 对“君子处事庄重而不与别人争执，合群而不结党营私”的认同度

◆ 对“君子团结但是不搞帮派，而不像小人搞帮派但不团结”的认同度

◆ 对“社会分工有助于社会和谐运行”的认同度

◆ 对“有序的分配经济利益有利于社会安定”的认同度

◆ 对“人人各安其职，各得其所才能使社会和谐运行”的认同度
◆ 对“贫富悬殊不利于社会的和谐”的认同度
◆ 对“父慈子孝则父子关系和谐”的认同度
◆ 对“上下级互相体恤，则工作关系和谐”的认同度
◆ 对“在社会治理方面，宽猛结合有利于实现和谐的社会局面”的认同度
◆ 对“朋友之间不仅要互相扶持，更应该指出彼此的不足”的认同度

### （八）义

本书将“义”分为家庭之义、国家之义、社会公义三个方面。主要监测项目如下：

◆ 对“不以大欺小”的认同度
◆ 对“不以强凌弱”的认同度
◆ 对“不以众敌寡”的认同度
◆ 对“不以诈欺愚”的认同度
◆ 对“不以贵傲贱”的认同度
◆ 对“不以富骄贫”的认同度
◆ 对“义能生利”的认同度
◆ 对“义有规范取利与否的作用”认同度
◆ 对“凡事取义弃利”的认同度
◆ 对“持义欲利皆为人之常性”的认同度
◆ 对“取利是评判行为是否合义的标准和依据”的认同度
◆ 对“公利与私利冲突时，应维护私利”的认同度
◆ 对“凡事皆需合度”的认同度
◆ 对“做官应当廉洁勤勉”的认同度
◆ 践行“惩恶扬善”的比率
◆ 践行“见义勇为”的比率
◆ 践行“恪尽职守”的比率
◆ 对“父慈子孝”的认同度
◆ 对“朋友之间应该互相礼让”的认同度
◆ 对“上级应该虚心接受下级的有益建议，而不应该妄加指责”的认同度
◆ 对“下级应该匡正上级的过失，而不应该避难不谏”的认同度
◆ 对“应该宽容并教导出轨青少年”的认同度
◆ 践行“尊重上级权威”的比率
◆ 践行“尊老爱幼”的比率

◆ 践行“与邻居和谐相处”的比率

◆ 对“凡是对民众有利的事就应该做”的认同度

◆ 对“只有先满足民众的温饱问题的需求，才能要求其有更高的要求”的认同度

◆ 对“用利益来引导民众做正确、合宜的事情”的认同度

◆ 对“爱惜民力，轻徭薄赋”的认同度

◆ 对“治理国家不仅需要暴力机关，而且需要教育机构”的认同度

### （九）智

本书将“智”分为知道之智、自知之智、惠他之智三个方面。主要监测项目如下：

◆ 对“以是为是、以非为非，就叫做明智；以非为是、以是为非，就叫做愚蠢”的认同度

◆ 对“说话恰当是明智，沉默恰当也是明智”的认同度

◆ 对“聪明人的言论，思考起来很容易理解，实行起来很容易妥善，坚持起来就很容易成功”的认同度

◆ 对“言论广博，不但文辞华美而且条理清晰，终日言论他所以这样主张的理由，论述千变万化，而始终系统一致，这就是智慧”的认同度

◆ 对“嘴尖舌快而语无伦次，技能杂多而没有用处，分析疾速熟练但不合急需，不顾是非，不讲曲直，只是以希望胜过别人为满足，不是真正的智慧”的认同度

◆ 践行“做事之前深入思考，先规划然后再去做”的比率

◆ 践行“互相提问请教以获得智慧真知”的比率

◆ 践行“凡事深思熟虑”的比率

◆ 对“识别他人才能品质的可说是智，了解自己的才算高明”的认同度

◆ 对“不要担忧别人不了解自己，应该忧虑自己不了解别人”的认同度

◆ 对“智慧就是善于认识自己，并且善于认识别人”的认同度

◆ 对“聪明的人，一定要估计自己的力量能够做到，而后才去从事某种事情”的认同度

◆ 对“人应该不断学习知识，而且天天注意检验考察自己，就会变得智慧精明，且行动不犯错误”的认同度

◆ 对“知道自己的错误就要改正”的认同度

◆ 对“明智人的要务，一定要考虑国家百姓所以治的原因，而去做；一定要考虑国家百姓所以乱的缘故，而尽量避免”的认同度

◆ 对“聪明的人为天下计谋时，一定要慎重考虑此事是否合乎道义，然后才去做”的认同度

◆ 对“智慧就是要使天下的人和睦，使天下所有的人团结一致”的认同度

◆ 对“智慧就是多一些忠诚，少一些贪欲”的认同度

### （十）忠

本书将“忠”分为忠于国家、忠于组织、忠于领导、忠于他人四个方面。主要监测项目如下：

◆ 对“应保守国家机密”的认同度

◆ 对“应遵守国家法律”的认同度

◆ 对“应维护国家形象”的认同度

◆ 对“保守组织机密”的认同度

◆ 对“遵守组织纪律”的认同度

◆ 践行“维护组织形象”的比率

◆ 对“认真完成领导布置的任务”的认同度

◆ 践行“主动向领导汇报工作”的比率

◆ 践行“不外漏领导的个人秘密”的比率

◆ 对“维护好与他人的关系”的认同度

◆ 践行“认真履行对他人的承诺”的比率

◆ 践行“不外漏他人秘密”的比率

### （十一）恕

本书将“恕”分为恕为人则、平心容人两个方面。主要监测项目如下：

◆ 对“宽恕是人生最大的美德”的认同度

◆ 践行“明智而能宽容愚昧无知的人”的比率

◆ 践行“胸怀博大而能宽容浅薄的人”的比率

◆ 践行“纯粹而又能宽容复杂的人”的比率

◆ 对“以宽容的思想来弘扬德行”的认同度

◆ 对“勿用先前厌恶的办法来对待后来的人或事”的认同度

◆ 对“不想别人忘记我，就要时常想念别人”的认同度

◆ 践行“论述别人就出于宽恕态度”的比率

◆ 践行“以平和的心对待仇怨”的比率

◆ 践行“用善德对待仇怨”的比率

◆ 对“君子既能尊敬贤人，又能容纳众人”的认同度

◆ 对“心只要放宽平便大，没有私意隔碍，就大”的认同度

◆ 践行“既能选美善人，又能怜惜能力不够的人”的比率

### （十二）耻

本书将“耻”分为耻为大节、守仁守义、慎言检行、不义则耻四个方面。主要监测项目如下：

◆ 对“人不可以没有羞耻之心，不知道羞耻的那种羞耻，是真正的羞耻”的认同度

◆ 对“知道羞耻近乎勇德”的认同度

◆ 对“耻辱，没有什么比不知道羞耻更大了”的认同度

◆ 对“羞耻之心，是我们本来就有的”的认同度

◆ 对“因为无耻的人无所不为，所以灾祸、失败、动乱就无所不至”的认同度

◆ 对“不能恒久地保持自己的品德，就会弄到无所容身的地步”的认同度

◆ 对“光有表面的华丽没有实在的内容是以为羞耻”的认同度

◆ 对“不估量自己的实力而帮助人家是以为羞耻”的认同度

◆ 践行“表里如一”的比率

◆ 践行“不参与不正直的事，不顺从邪恶”的比率

◆ 帮助别人但无所成就的比率

◆ 受别人支配而又以此为耻的比率

◆ 以自己不讲信用为耻的比率

◆ 以自己没有才能为耻的比率

◆ 对“有道德的人，不随便说话”的认同度

◆ 对“说到做不到是以为耻”的认同度

◆ 对“说得多做得少是以为耻”的认同度

◆ 对“如果因为贪图利而忘记义，就会招来耻辱”的认同度

◆ 对“一个人的光荣和耻辱来自自己的功过和是非，而不在于别人的赞誉和诋毁”的认同度

◆ 对“读书人有志于真理，但又以自己穿破衣吃粗粮为耻辱，这种人不是真正的君子”的认同度

◆ 对“良好的社会风尚，在于养成人们的羞耻心”的认同度

### （十三）谦

本书将“谦”分为诚敬之谦、尊人卑己、自厚宽人、克骄防矜四个方面。主

要监测项目如下：

- ◆ 对“恭敬之心在赠送礼物之前就应该有”的认同度
- ◆ 对“如果内心傲慢，必然不能真心尊重他人”的认同度
- ◆ 对“能尊敬万物，就能体察感受万物”的认同度
- ◆ 对“谦虚是保持美德的关键”的认同度
- ◆ 对“有礼貌的人应该自己谦卑而尊重别人”的认同度
- ◆ 对“君子用谦卑来制约自己、鞭策自己”的认同度
- ◆ 对“谦虚能抵制自己的高傲而甘居人下”的认同度
- ◆ 践行“脸色温和待人”的比率
- ◆ 践行“看见得利的事要思考是否合乎礼义”的比率
- ◆ 对“君子用宽容平易正直来开导别人”的认同度
- ◆ 对“小人以傲慢乖邪轻侮别人”的认同度
- ◆ 践行“躬身自省，多责备自己而少责备别人”的比率
- ◆ 对“满招损，谦受益”的认同度
- ◆ 对“有功勋也应该谦下于人”的认同度
- ◆ 对“道德应隆盛，礼节应恭谨”的认同度
- ◆ 践行“有功劳而不居功自得”的比率

## 三、监测指标的信度与效度分析

评估的本质是一种价值判断。中国道德文化传统理念监测的关键是指标系统构建是否科学、合理、有效。在中国道德文化传统理念监测指标系统构建基础上，广泛征求专家意见后，编制了上述指标来设计相关问题形成“中国道德文化传统理念监测量表”，并进行问卷调查。通过对调查数据的描述性统计分析、信度与效度检验，验证了中国道德文化传统理念指标系统的可靠性与有效性，即判断监测指标的信度和效度。

### （一）信度

信度指使用相同研究技术重复测量同一个对象时，得到相同研究结果的可能性，即一致性或稳定性，即在完全一样或类似的条件下，相同的结果被重复或再现。缺乏信度的测量过程就会产生反复无常、不稳定或不一致的结果。对于信度指标，一般用相关系数来表示，理想的平行测量工具在实际工作中是不存在的。主要有三种具体测量类型：重复测量、复本测量和折半测量。

### （二）效度

效度指测量结果与试图达到的目标之间的接近程度，评价的是偏倚和系统误差问题。效度即有效性，它是指测量工具或手段能够准确测出所需测量的事物的程度。效度是指所测量到的结果反映所想要考察内容的程度，测量结果与要考察的内容越吻合，则效度越高；反之，则效度越低。效度分为三种类型：内容效度、准则效度和结构效度。效度是科学的测量工具所必须具备的最重要的条件。在社会测量中，对作为测量工具的问卷或量表的效度要求较高。鉴别效度须明确测量的目的与范围，考虑所要测量的内容并分析其性质与特征，检查测量的内容是否与测量的目的相符，进而判断测量结果是否反映了所要测量的特质的程度。

### （三）提高监测指标信度与效度的建议

信度是效度的必要条件，但不是充分条件。一个测量工具要有效度必须有信度，没有信度就没有效度；但是有了信度不一定有效度。二者之间经常是一种互补的关系。本研究为了提高监测指标信度与效度，提出如下建议。

（1）坚持监测的原则与方法，指标应进行动态调整。社会是变化发展的，指标体系同时也是动态的发展的，而不是固定的。

（2）清楚的概念化我们对于中国道德文化传统理念维度，尽量增加测量层次，因为它得到的信息更详细。比如在测量道德文化传统理念各维度践行现状的等级时，如果用一个只有好与坏的两个极端等级来测量，与另一种从非常低到非常高，分 10 个等级来打分测量，后者测量的结果就会比前者效果好。本书通过电话调查测量全国道德文化传统理念的践行现状时就采用打分测量的方式。当然，若题干是非常敏感性的题干或询问时，我们应采用第三人称的方式来投射性测量或者降低测量层次使用模糊而非具体的方式。

（3）由于指标具有多元性而应采用多重指标来测量一个变量。一般来说，用多个指标测量一个变量比单独使用一个指标来测量，效果会好。我们可以对变量行不同层面测量。本书设计的每个维度的指标体系均是多方面的多重指标来测量中国道德文化传统理念的每一个维度的。

（4）采用前测、测试研究和借鉴已有的测量工具，完善测量问卷或观察工具。在正式使用最终版本时，先就某个测量工具发展出一个或多个草案或测试版，或者借鉴其他研究者使用过的测量工具。测量工具是根据概念操作化建立的一套测量指标，指标数量越多，测量的信度就越高，但项目太多，被测量对象厌烦或不愿花太多时间导致敷衍了事，从而影响信度和效度。所以必须控制好问题或指标的数据。比如本课题进行电话调查时，对于核心指标的关键问题就只有两个。

(5) 注意测量的时间和环境，要求测量工作人员严格遵守职业道德，对抽出的样本进行专业的操作，不能偷工减料。样本的对信度和效度检验的影响很大，被测量的样本的差异性越大，越能充分地检验测量的信度和效度。当然，被测量者的能力，如教育程度、理解能力及配合程度也会影响到信度和效度。

# 第十九章

# 中国道德文化传统理念现代践行监测方法

中国道德文化传统理念现代践行监测方法有很多种，每一种研究方法都有其不同的特点和优势，社会研究者根据其具体监测目标以及要求选择适合的方法。因此，在选择科学而又适合的监测研究方法之前，社会研究者有必要对各种研究方法有一个深入而又全面的了解。在本章中，我们将着重介绍我们所使用的三种研究方法。

## 一、监测方法的选择

对任何事物的研究，都要选择其合适的研究方法。社会科学研究的方法有很多种，为了全面把握中国道德文化传统理念现代践行的现状，我们选择了案例分析、内容分析和问卷调查三种监测方法。

### （一）案例分析法

**1. 案例分析法的概念**

艾尔·巴比认为："案例分析法是将注意力集中在社会现象的一个或者几个案例上，比如一个村庄、一个家庭或者一个青少年帮派。个案研究的主要目的可能是描述性的，如人类学家对史前部落的描述"[①]。阿德尔曼对案例研究的定义

① ［美］艾尔·巴比著，邱泽奇译：《社会研究方法》，华夏出版社 2009 年版，第 297 页。

为："案例研究是对一组研究方法的笼统术语，这些方法着力于对一个事件进行研究"（Adelman et al.，1997）。尼斯贝特（Nisbet）等认为："案例研究是一种对一个特殊事件进行系统研究的研究方法"（Nisbet et al.，1978）。贝纳德（L. L. Bernard）认为，"案例研究是用来阐明和支持命题和规则的方法，而不是归纳出新的假说"。由此，我们可以得知，案例研究的方法是指对某一个体、某一群体或某一组织在较长时间里连续进行调查，从而研究其行为发展变化的全过程，是社会研究者经常使用的研究方法。

**2. 案例分析法的分类**

案例分析可以依据其研究的对象以及研究的方式进行分类。

（1）根据研究的对象分类。案例分析的对象可能是某个个体，也可能是某个群体。因此，根据研究的对象可分为对个体的案例分析和对群体的案例分析。个体的案例分析是指以个体为分析单位，比如个人、社会团体、组织机构等，对其特征或者特有的行为方式进行深入的调查和分析。群体的案例分析，是指对某个群体，比如某个社会团体的所有成员、社区居民等，对其行为或者生活方式进行分析研究，从而得出一般性的结论。

（2）根据研究的方式进行分类。社会研究是为了探索社会发展的规律，对社会现象和社会问题进行分析和研究，从而提出解决的对策，因此，社会研究者必须要深入社会，进行实地的调查，同时，也需要对已有的文献资料进行全面的把握。因此，案例分析法可分为实证案例分析和历史文献案例分析两种类型。

**3. 案例分析法的优缺点**

任何一种社会研究方法都有其优缺点，不同的研究方法适用于不同的研究主题，主要的社会分析方法有实验法、问卷调查、历史分析法、案例分析法等，针对不同的研究主题或者研究的内容，我们会选择不同的研究方法。早期的社会科学家更多地注重案例研究方法的使用，爱尔玛认为，案例分析的方法可以对一个特殊的现象进行综合的研究①。案例分析方法较之于其他社会研究方法，其优点主要有以下几个方面。

（1）案例分析法着重对一些典型的事物进行分析，相对来说，研究的范围比较小，研究者可以在研究时看到某个事物的全貌，直接、全面地观察、获得动态的资料，对观察的现象有深刻和充分的理解。因此，研究者能够做到较精细的分析工作，并从中得出研究对象存在的问题及形成的根源，或取得成效的原因，从而针对问题或经验加以辅导与矫治，或提炼推广。

（2）案例分析法针对某一案例进行研究，而不需要进行大量的定量的研究，

① Elmer，Manuel C.，*Social Research*. Prentice-Hell，Inc. 1939，P. 122 – 123.

能够大大节省研究所需资源，而且研究的结果更加精确和富有说服力。

（3）案例分析法是对特定的事物进行研究，易于被读者接受和理解。

但是，案例分析法亦存在不足和缺陷，主要有以下几个方面：

首先，案例分析法只是对某一案例进行研究，因而很难得出一个普遍性的结论。艾尔·巴比认为，当我们使用个案式解释时，会觉得完全了解案例之所以发生的所有因素，但是与此同时，我们的视野也局限在个案上。

其次，案例研究的严格性容易受到质疑。比如，如何选择案例就不像问卷法那样有普遍意义。

案例分析法注重对某一特定的社会现象进行深入的探究，试图对某一特定社会现象进行深刻的描述或者解释。在研究中国道德传统文化理念的现代践行时，我们选择案例分析的方法，通过定量分析来探索某一特定群体，比如青年群体对中国道德文化理念现代践行的状况，有助于我们更好地理解整个现代社会对中国道德文化传统理念的践行现状。本课题组即对网络论坛中的典型道德性案例（激辩公交让座文化事件和长江大学学生救人事件）进行了内容分析[①]。

### （二）内容分析法

**1. 内容分析法的概念**

内容分析法自第二次世界大战时期开始应用于军事情报研究，并取得显著成效以来，经过几十年的发展，在新闻传播学、图书情报学、社会学、心理学等多个领域展开了多方面的探索。

关于内容分析法的定义，很多学者都有不同的看法。目前为止，还没有关于内容分析法的比较权威和通用的定义。1941 年，华波斯（Douglas Walples）和贝雷尔森（Bemard Berelson）将内容分析表述为“试图将不够明确的描述赋予定义，籍以客观地显示给阅读人刺激质及其说服力”。卡普兰（Kaplan）认为，内容分析旨在以系统类目对文章内容予以定量性分析，系统类目的设计旨在产生适合该内容特殊假设的资料。詹尼斯（Janis）认为，内容分析法是指将信号—媒介物（sign-vehicle）分类的技巧，这种技巧是基于明确建立的规则。1952 年，贝雷尔森的《传播研究的内容分析》中认为“内容分析是一种对传播的明显内容进行客观、系统的定量描述的研究方法”。艾尔巴比认为，内容分析法是对记载下来的人类传播媒介的研究，如书籍、网站、绘画和法律等。我们更趋向于认同艾尔·巴比对内容分析法所做的定义。



① 董海军、周强：《道德文化传统理念的网络践行》，载《中国青年研究》2010 年第 12 期。

**2. 内容分析法的特点**

内容分析法的实质是对文献内容所含信息量及其变化的分析①，其研究目的是根据数据对内容进行可再现的、有效的推断②。传播学的重要人物贝雷尔森在1952年首次提出内容分析的客观性（objective）、系统性（systematic）和定量性（quantitative）。

（1）客观性。内容分析法的客观性要求必须有非常明确、固定的客观规则，使同一素材在被不同的研究者分析时得出的结论相同。

（2）系统性。系统性是指分析样本内容和类目的选用和舍弃，必须符合始终一致的法则。分析者在处理资料时，不能仅采用支持分析者假设的资料，而应做到类目的定义与归类的原则完全一致。

（3）定量性。定量性是指分析内容可按规则对制定的类目与分析单位加以计量，用数字比较符号文字出现的次数，已达到准确的要求。

**3. 内容分析法的类型**

内容分析法最早于20世纪初产生和应用于传播学领域。其类型有解读式内容分析法、实验式内容分析法和计算机辅助内容分析法。③

（1）解读式内容分析法

解读式内容分析法源于20世纪70年代的人类学研究，是一种通过精读、理解并阐释文本内容来传达作者的意图的方法。"解读"的含义不只停留在对事实进行简单解说的层面上，而是从整体和更高的层次上把握文本内容的复杂背景和思想结构。从而发掘文本内容的真正意义。这种高层次的理解不是线性的，而具有循环结构：单项内容只有在整体的背景环境下才能被理解，而对整体内容的理解反过来则是对各个单项内容理解的综合结果。这种方法强调真实、客观、全面地反映文本内容的本来意义，具有一定的深度，适用于以描述事实为目的的个案研究。但因其解读过程中存在不可避免的主观性和研究对象的单一性，其分析结果往往被认为是随机的、难以证实的，因而缺乏普遍性。

（2）实验式内容分析法

实验式内容分析主要指定量内容分析和定性内容分析相结合的方法。20世纪20年代末，新闻界首次运用了定量内容分析法，将文本内容划分为特定类目，计算每类内容元素出现频率，描述明显的内容特征。该方法具有三个基本要素，即客观、系统、定量。用来作为计数单元的文本内容可以是单词、符号、主题、

---

① 吴世忠：《内容分析方法论纲》，载《情报资料工作》1991年第2期。

② 布赖期·艾伦（Bryce Allen）：《图书情报学研究中的内容分析法》，载《国外情报科学》1993年第1期。

③ 邱均平、邹菲：《关于内容分析法的研究》，载《中国图书馆学报》2004年第2期。

句子、段落或其他语法单元，也可以是一个笼统的“项目”或“时空”的概念。这些计数单元在文本中客观存在，其出现频率也是明显可查的，但这并不能保证分析结果的有效性和可靠性。一方面是因为，统计变量的制定和对内容的评价分类仍由分析人员主观判定，难以制定标准，操作难度较大；另一方面计数对象也仅限于文本中明显的内容特征，而不能对潜在含义、写作动机、背景环境、对读者的影响等方面。

（3）计算机辅助内容分析法

计算机技术的应用极大地推进了内容分析法的发展。无论是在定性内容分析法中出现的半自动内容分析，还是在定量内容分析法中出现的计算机辅助内容分析，都只存在术语名称上的差别，而实质上，正是计算机技术将各种定性定量研究方法有效地结合起来，博采众长，使内容分析法取得了迅速推广和飞跃发展。互联网上也已出现了众多内容分析法的专门研究网站，还提供了不少可免费下载的内容分析软件，相关论坛在这方面的讨论也是热火朝天。

本书组采用内容分析的方法，对央视栏目《焦点访谈》的节目进行了内容分析，同时也对350条来自“新浪论坛”和“强国论坛”的网络帖子的分析，初步展示了网民在对“激辩公交让座文化事件”和“长江大学学生救人事件”所持的态度和道德评判标准。

**4. 内容分析法的优缺点**

韦伯认为内容分析方法具有五大优点。概括而言是：（1）内容分析的程序是针对人类交流的文献直接加以操作。（2）对文献同时使用“定量与定性操作”。（3）由历史文献所产生的文化指标，构成了可以跨越数个世纪之久的可靠资料。（4）文化指标可用来对经济、社会、政治和文化变迁之间的相互关系，作定量的评估。（5）产生的是“非干扰性变量”，不至于使研究对象受到干扰。

另外，对内容分析的局限，李本乾教授概括为：（1）不能作为推断媒体传播效果的唯一依据。（2）研究结论受制于所使用的定义和分类构架。（3）缺乏与研究相关的资料。（4）耗材费力①。

### （三）问卷调查法

**1. 问卷调查法的概念**

问卷调查法也称“书面调查法”，或称“填表法”，是用书面形式间接搜集研究材料的一种调查手段。通过向调查者发出简明扼要的征询单（表），请求填

① 李本乾：《描述传播内容特征，检验传播研究假设——内容分析法简介》，载《当代传播》2000年第1期。

写对有关问题的意见和建议来间接获得材料和信息的一种方法。根据问卷分发和回收形式的异同，问卷法分为直接发送法（访谈发送法）和间接发送法（报刊发送法、电话发送法、网络发送法和邮政发送法）；根据问卷填答者的不同，则分为自填式和代填式两种。问卷法在社会调查研究中发挥着重要的作用，现代社会最常用的抽样调查使用的主要方法就是问卷法。

**2. 问卷调查的特点**

问卷调查法作为社会研究者使用最广泛的一种定量研究方法，主要有以下一些特点：第一，客观标准化，即按照统一设计的有一定结构的问卷进行调查。第二，一般是书面调查，即调查者用书面提出问题，被调查者也用书面回答问题。第三，常使用抽样调查来选取调查对象，即被调查者是通过概率或非概率抽样方法选取而来，同时调查对象一般比较多。第四，特别适用于定量调查，即通过样本统计量推断总体。但也常作为定性调查的手段之一。

**3. 问卷调查的结构**

一份调查问卷除了要有题目，通常还主要包括以下几个部分：封面信、指导语、问题及答案、编码等。

（1）封面信。通常封面信的篇幅并不长，但在整个问卷中却具有相当重要的作用。内容有：第一，称呼调查对象，告诉调查对象调查的主办单位或个人身份；第二，调查的内容和范围；第三，调查的目的；第四，调查对象的选取方法。

封面信的篇幅不宜过长，以两三百字为好，应该尽量使用概括的语言，明确地说明实际内容。同时，语言表达要亲切、中肯。在信的结尾应真诚地向被调查者表示感谢。

（2）指导语。指导语是用来指导被调查者如何填答问卷的各种解释和说明，可详可略，根据实际情况而定。简单的如“请您根据自己的实际情况在合适的答案号码上打钩”。

指导语分为卷头指导语和卷中指导语。卷头指导语一般以“填表说明”的形式出现在封面信之后。卷中指导语则是针对某些特殊问题所做出的特定指示，如“从第 11 题到第 30 题可选多个答案”，等等。

（3）问题和答案。问题和答案是问卷的主体部分，有三种基本类型，即开放型问答、封闭型问答和混合型问答。

①开放型问答。开放型问答是指对问题的回答不提供任何具体答案，而由被调查者自己填写。

开放式问答允许回答者充分自由地按自己的方式发表意见，所以能最大限度地发挥被调查者的主动性和创造性，回答往往是自然流露，内容丰富生动，因此用于了解人们对社会问题的看法颇为适宜。其缺点是：

第一，要求回答者有较高的知识水平和文字表达能力，因此对调查的范围和对象会产生一定限制作用；

第二，回答者可能因花费时间和精力较多而不愿或草草答卷，从而降低回复率和有效率；

第三，回答的标准化程度较低，对于同一个问题，人们的回答往往是五花八门，所以难以进行编码和分类统计，不利于做定量分析。

②封闭型问答。封闭型问答是指将问题的几种主要答案、甚至一切可能的答案全部列出，然后由被调查者从中选取一种或几种答案作为自己的回答，而不能作这些答案之外的回答。

封闭型问答的具体方式多种多样，其中常用的有以下几种：填空式；两项式；列举式，即在问题后面设计若干条填写答案的横线，由被调查者自己列举答案的问答方式；选择式，即列出多种答案，由被调查者自由选择一项或多项的问答方式；顺序式，即列出若干种答案，由被调查者给各种答案排列先后顺序的回答方式；等级式，即列出不同等级的答案，由被调查者根据自己的意见或感受选择答案的问答方式，适用于要表示意见、态度、感情的等级或强烈程度的定序问题；矩阵式，即将问题和答案排列成一个矩阵，由被调查者对比着进行回答的方式；表格式，即将同类的几个问题和答案列成一个表格，由被调查者回答的方式，它实际上是矩阵的一种变形。

封闭型问答有许多优点，它的答案是预先设计的、标准化的，它不仅有利于被调查者正确理解和回答问题，填写方便，节约回答时间，而且有利于提高问卷的回复率和有效率，因为被调查者对开放型问题往往不愿或不容易写出自己的看法，但对已有的答案却有可能进行真实的选择。它还可以做数据化处理，因此适用于定量研究。

封闭型问答的缺点是：设计比较困难，特别是一些比较复杂的、答案很多或不太清楚的问题，很难设计得完整、周全，一旦设计有缺陷，被调查者就无法正确回答问题；问答方式比较机械，没有弹性，难以适应复杂的情况，难以发挥被调查者的主观能动性；填写比较容易，难以发现回答中的偏差，因为它只是要求回答者在既定答案上打一个记号，所以对那些由于笔误错答的、故意错答的，或是不明题意而乱答的情况就难以辨别，从而会影响回答的准确性与真实性。

③混合型问答。所谓混合型问答，是指封闭型问答与开放型问答的结合，它实质上是半封闭、半开放的问答类型。

（4）编码。编码，就是对每一份问卷和问卷中的每一个问题、每一个答案编定一个唯一的代码，并以此为依据对问卷进行数据处理。

所有这些，都是对问卷分类和处理的依据。对问题答案的编码有前编码和后编码之分，封闭型问答的每一个答案，在设计问卷时就设计了代码，叫前编码；开放型问答的答案，一般是在调查结束后根据答案的具体情况再编定代码，叫后编码。

（5）其他内容。除了上述内容外，问卷还包括一些有关资料，如问卷的名称、审核员编号、调查日期、被调查者住地、被调查者合作情况等。

本书采用了问卷调查了中国道德文化传统理念现代践行状况，在《光明日报》2011 年 7 月 26 日发表了《传统美德的呼唤——中国道德文化传统理念践行情况调查报告》，以及在《道德与文明》2011 年第 3 期上发表了《当代中国民众对道德文化传统理念践行状况评价的实证分析报告》。

## 二、测量对象的抽取与施测

当我们研究某一社会现象的整体或者某一群体的整体情况时，如果我们能对某一现象的每一个方面或者某个群体的每一个人进行研究，那当然是最好、最全面的，但是，现实的情况是，如果我们对其进行全面的研究，就需要花费我们大量的资源，而且执行起来相当的困难。在研究中国道德文化传统理念现代践行的现状的调查研究时，如果对其进行最全面的研究，那我们则要对中国所有的人口进行调查，这当然是不现实的。社会研究者在遇到此种情况的时候，通常采用这样的方法：按照一定的方法，从总体中抽出一部分个体，从而对这一部分个体进行研究，进而得出总体的情况，这便是抽样。但是，如何才能正确地选择能代表总体的个体，成为社会研究者在进行社会研究的时候必须要解决的问题之一。

### （一）抽样

**1. 抽样的概念**

抽样又称取样，就是从组成某个总体的所有元素的集合中，按一定的方式选择或者抽取一部分元素（即抽取总体的一个子集）的过程，或者说，抽样是从整体中选择或者抽取样本的过程。[①] 抽样的目的是从被抽取样品单位的分析、研究结果来估计和推断全部样品特性，是科学实验、质量检验、社会调查普遍采用的一种经济有效的工作和研究方法。

**2. 抽样的几种类型**

根据抽取对象的具体方式，我们把抽样分为各种不同的类型。从大的方面

① 董海军：《社会调查与统计》，武汉大学出版社 2009 年版，第 115 页。

看，各种抽样都可以归为概率抽样和非概率抽样两大类。

（1）概率抽样。概率抽样是依据概率论的基本原理，按照随机原则进行的抽样，因而它能避免抽样过程中的人为误差，保障样本的代表性。[①] 概率抽样的类型主要有：简单随机抽样、系统抽样、PPS 抽样、分层抽样、整群抽样等。艾尔·巴比认为，概率抽样是社会研究者选择研究样本的最有效的方法，主要是因为：第一，概率抽样能使研究者在选取要素时，避免有意识或者是无意识的偏误。第二，概率抽样可以估计抽样误差。[②]

（2）非概率抽样。艾尔·巴比认为，非概率抽样的方式并不是依据概率理论。这种抽样的方法主要是依据研究者的主观意愿、判断或者是否方便等因素来抽取样本。因此，这种抽样的方法往往会产生较大的误差，很难保证样本的代表性。非概率抽样的主要类型有：就近抽样、目标式或者判断式抽样、滚雪球抽样、配额抽样等。[③]

### （二）测量对象抽取的步骤

社会研究者在研究某一社会现象或者某一社会群体时，很重要的一步就是选择合适的抽样的方法。虽然抽样的方法各种各样，但是，测量对象抽取的步骤却大体相同，主要有以下几步。

**1. 界定总体**

社会研究者在研究某一议题时，总是要选取一定的研究对象，也就是说，要确定研究的总体。界定研究总体，一方面，是根据其研究的目的来界定的，一般说来，社会研究者的研究目的是对某一社会现象或者某一特定群体进行描述、探索或者解释，因此，必须首先根据研究目的界定研究的总体，这样才能对研究的对象做出最后的描述或者解释。另一方面，界定总体是达到良好的抽样效果的前提条件。只有界定总体，才能减少抽样过程中出现的偏差。

**2. 制定抽样框**

这一步的任务是依据已经明确界定的总体范围，收集总体中全部抽样单位的名单，并通过对名单进行统一编号来建立起供抽样使用的抽样框。

**3. 决定抽样方案**

前面已经介绍过不同的抽样方法，各种不同的抽样方法都有其自身的特点和适用范围，对于社会研究者来说，不同的研究议题，研究目的以及研究的范围，

---

① 董海军：《社会调查与统计》，武汉大学出版社 2009 年版，第 123 页。

② ［美］艾尔·巴比著，邱泽奇译：《社会研究方法》，华夏出版社 2009 年版，第 215 页。

③ ［美］艾尔·巴比著，邱泽奇译：《社会研究方法》，华夏出版社 2009 年版，第 184 页。

所使用的抽样方法也是不一样的，因此，在实际的抽样之前，就需要研究者依据研究的议题和目的，以及各种抽样方法的特点，从而制定出合适的抽样方案。

**4. 实际抽取样本**

实际抽取样本，就是在界定了抽样范围和抽样方法的前提下，从抽样总体中抽取一个实际样本，从而构成研究所需的样本。

**5. 评估样本的质量**

一般情况下，在抽取了样本之后，为了抽取的样本更加有代表性，研究者还需要对抽取的样本进行评估，以保证其精确性。所谓的样本评估，就是对所抽取的样本的质量以及代表性和所产生的偏误进行技术性的检验和衡量，防止样本出现大的偏差而使得研究出现失误。

### （三）中国道德文化理念现代践行的抽样过程

本书参照了国家统计局进行全国年度人口变样抽样调查的基本模式，遵循了社会调查与统计的规范要求，采用多阶段分层抽样的方法逐层展开。

**1. 资料来源：国家权威统计资料**

根据本课题对资料权威性的要求，抽样资料选取了由国务院人口普查办公室、国家统计局人口和社会科技统计司等权威机构编辑出版的有关资料。这些资料主要提供了抽样框中样本单位的主要经济发展指标、总人口以及人口分布状况的可靠数据，也是目前能够获得的最新资料。

**2. 抽样方法和实施步骤**

作为中国道德文化传统理念的现代践行的监测系统，抽样代表性要求除涵盖港澳特区和台湾地区之外的31个省、市、自治区，研究对象包括全国年满16周岁的中国公民，因此，多阶段分层的抽样方法切实可行。

在调查方式的选择上，本次调查采用电话访问的方式进行，利用计算机辅助调查技术（CATI）完成问卷的填答。对于电话号码的选取采用计算机随机生成的方式产生。

具体的抽样过程如下：

第一阶段：从全国按照地区（东北、东部、中部、西部）配额，每个地区随机抽取1~2个省（包括直辖市）作为一级样本（东北地区抽取1个省，其他地区抽取2个省）。抽到的这八个省和直辖市是北京、辽宁、江苏、广东、河南、湖南、四川、陕西。

第二阶段：从抽中的8个省（包括直辖市）中，每个省抽取2个地级市作为二级样本框，至此共产生15个地级市：按照所抽城市的常住人口数量比来确定每个城市的样本配额。产生的城市及人数如下：北京（69）、沈阳（100）、大连

(78)、徐州(145)、南京(167)、广州(218)、汕头(140)、郑州(191)、信阳(165)、长株潭城市群(190)、郴州(64)、成都(217)、宜宾(101)、西安(101)、宝鸡(45)。

第三阶段:从每个抽中的地级市(长株潭城市群除外)中抽取2个区县作为三级样本框,至此共产生28个区县和长株潭地区(具体区县在此不做赘述)。

第四阶段:从电信部门获知每个区县电话号码的区号和局号,据此通过计算机随机生成电话号码。

## 三、案例分析、内容分析与问卷调查

本书主要选择了案例分析法、内容分析法以及问卷调查三种方法,前面第一节已对这三种方法的基本概念和特点等做了简单的介绍,本节主要介绍这三种方法在课题研究中的具体操作步骤和方法。

**1. 案例分析法的研究过程**

案例分析法,即个案研究法,在社会科学的研究中,个案研究的方法运用得非常普遍,要进行个案研究,需要遵循一定的步骤和方法。下面,具体介绍个案研究法的具体实施步骤。

(1)确定个案研究的主题和方案。并不是所有的研究主题都适合个案研究,因此,在实施个案研究之前,必须确定适合个案研究的主题。个案研究只是针对某一特定的事物,进行升入的研究,从而得出普遍的结论,因此,对个案的选择需要进行谨慎的思考和比较,一般选择比较有代表性或者比较特殊的案例进行研究。在确定了使用个案研究方法之后,需要做一个比较完备的研究方案,一般情况下,个案研究方案的内容包括:研究的对象与问题、研究的目的与重点、研究的步骤、研究的内容与方法、研究预期成果几部分。另外,在研究的实施过程中,研究者还需要根据研究的实际情况,修改研究的方案。

(2)确定研究的对象。在确定了研究主题和研究方案之后,需要选择特定的研究对象,研究对象的选择,可以根据自己的研究目的与研究重点,对研究的对象的基本情况进行了解与评估。在对中国传统文化理念践行现状这一主题运用案例分析法的方法进行研究时,我们以不同的职业、文化程度等为测量的变量,把不同职业、不同的文化程度分为不同的群体,以每一个群体对中国道德文化传统理念的践行现状的不同为一个个案,并且运用问卷调查的方法以及定量分析的方法获得相关的数据,通过对不同特征的人群对中国道德文化传统理念的践行现状进行比较分析,从而对中国道德文化传统理念现代践行的状况做出描述性的结论。

（3）资料的收集与分析。在确定了研究的对象之后，研究者就需要收集有关研究对象的资料，收集个案资料是进行个案研究的前提。资料收集的方法主要包括：查阅文献资料、实地调查、访谈、观察等方法，一般可以收集与个案有关的背景、发展现状与发展趋势、特点等资料。在对个案进行了资料收集之后，研究者就需要对收集的资料进行整理与分析，并得出分析结论。

（4）撰写研究报告。在对收集的资料进行整理和分析之后，研究者需要撰写研究报告，从而得出研究结论。研究报告时研究的最后一个阶段，是研究者研究成果的一个集中体现，也是让他人了解研究结果的一种途径。

**2. 内容分析法的分析程序**

内容分析法可以应用在很多的研究领域，每一个领域都有不同的分析方法，但一般说来，内容分析法主要有以下几个分析程序。

（1）提出研究问题或假设。任何的研究者在进行一项研究时，都要以研究主题作为研究的指导，因此，研究者需要确定一个明确的研究主题，并提出研究的假设，将研究目的加以清楚的陈述，进而进行下一步的研究。

（2）确定研究范围。确定研究范围就是要详细说明所分析内容的界限，对研究对象下明确的操作性定义。研究的范围应包括需要研究的对象、研究的时间长短、研究的地点以及研究的相关文献资料等。确定研究范围能为研究者节省研究成本，使得研究更有针对性，更有目的性。

（3）选择分析单位。即发掘研究所需考察的各项因素，这些因素应都与分析目的有一种必然的联系，且便于抽取操作。分析单元可以是单词、符号、主题、人物，以及意义独立的词组、句子或段落乃至整篇文献都可以作为分析单位。

（4）抽取分析材料。在不可能研究整个文献信息的总体时，就需要采用抽样方法。样本选择的标准要符合研究目的、信息含量大、具有连续性、内容体例基本一致，简言之，应能从样本的性质中推断与总体性质有关的结论。

（5）设计分析维度及体系。分析的维度又称为分析的类别、分析的类目，就是根据研究的需要而设计的、将材料内容进行分类的项目、标准、方面或角度。如可以设立简洁性、准确性两个独立的维度来分析文章的题目。内容分析法的基本做法是按照一定的维度（即类别）对各种形态的材料进行系统评判、分类和记录。在许多研究中，分析维度通常是一个层层隶属的体系。如对于一篇研究报告，确定了从题目、文献综述、研究问题与假设、研究方法、结果呈现、讨论、结论、参考文献等大的分析维度以后，还需要设计出对这一大维度进行分析的子维度。

（6）数据的统计与分析。内容分析中常使用描述性统计方法，如百分比、平均值、众数和中位数；也使用推理的统计检验分析，如方差检验、卡方检验、相关和回归分析。如果分析的是等距尺度和等比尺度类型的数据，则需用 t—检验、ANOVA 或皮尔逊 r—检验。此外，有些研究者还应用其他一些统计分析方法，如判别分析、聚类分析和结构分析。

（7）解释结论。研究人员要对量化数据做出合理的解释和分析，并与文献的定性描述判断结合起来，提出自己的观点和结论。分析结果还要经过信度和效度的检验，才具有最终说服力。

**3. 问卷调查的实施步骤**

问卷调查时社会研究者进行社会研究时收集定量资料最常用的一种方法之一，问卷调查的实施步骤包括设计问卷、选择调查对象、分发问卷、回收问卷等步骤。

（1）设计问卷。设计问卷是在社会调查研究准备阶段就要基本完成的工作。提出所要询问的问题是问卷设计的主要内容。为了提高问卷回复率、有效率和回答质量，要科学设计调查问卷，必须弄清楚问题的种类、问题的结构和设计问题应该遵循的原则。问卷设计好以后，一定要进行试调查，即请一些与今后正式被调查者同样的人填答问卷，在此基础上对问卷作若干次修改后，才能进行正式调查。

（2）选择调查对象。对于调查对象的选择，研究者则要根据研究的主题，确定研究的对象和研究目的之后，用抽样的方法选择一定的调查对象。

（3）问卷的分发。问卷分发时指把设计好的问卷，分发给调查对象，让调查对象填答相关的问题。问卷分发有很多种方法，主要有邮寄法、电邮法、传真法、实地分发等。

（4）问卷的回收。问卷回收是指研究者从调查对象手中收回分发出去的调查问卷。问卷回收之后，研究者需要对问卷进行整理，从中筛选出不合格的问卷。最后，研究者需要对回收的问卷进行统计分析，从而获得相关的数据。（问卷调查见附录）

# 第二十章

# 中国道德文化传统理念现代践行的反馈

中国道德文化传统理念作为一种知识体系对现代社会仍具有深刻影响，其蕴含着丰富的民族精神和宏大的道德理念，成为人们行为的道德指南。然而，道德文化的传统理念属于精英知识体系，依托于知识权威的建立，而现代社会则是权威消解的社会，在传统与现代的张力之下对于道德文化传统理念的践行必然会面临一些问题，同时存在诸多新的机遇。中国伦理学学会会长万俊人教授认为，传统道德文化作为古代社会的生活经验，在现代社会很难沟通，中国传统道德文化必须反复灌输，并按照世俗化的方式传播，才可能被现代化，从而进入人们的生活实践。因此，对于道德文化传统理念的践行必须加以修正和引导。唯有如此，才能缓解传统与现代之间的张力，实现中国道德文化传统理念与现代社会的融合。

## 一、传统理念现代践行中的新机遇

中国道德文化传统理念在当代中国社会仍具有深刻影响，它蕴含着丰富的民族精神和宏大的道德理念，道德文化传统理念在当前社会的践行对社会整合依然意义重大。那么，传统理念在现代社会践行中将面临哪些新的机遇？这是我们必须首先要弄清楚的问题。

## （一）构建和谐社会的内在诉求

和谐社会是人类社会孜孜追求的一个美好社会理想，中外历史上产生过不少关于社会和谐的思想，也是中国共产党这一马克思主义政党不懈追求的一个社会理想。2004 年，党的十六届四中全会在《中共中央关于加强党的执政能力建设的决定》中第一次提出并阐述了“构建社会主义和谐社会”这一重大历史命题。“和谐社会”的内涵包含四个层面：第一是社会系统内部各社会关系、结构和要素之间关系的和谐；第二是人与人之间关系的和谐；第三个是人与社会之间关系的和谐；第四是人与自然之间关系的和谐。

社会主义和谐社会是对社会主义本质属性的最新理论概括。和谐社会的基本特征包括民主法制、公平正义、诚信友爱、充满活力、安定有序、人与自然和谐相处。社会主义和谐社会的构建需要一个强有力的理论支撑，中国道德文化的传统理念可以为其提供有益的指导。二者在内在本质和精神归宿上是一致的。

**1. “仁”“礼”思想与和谐人际关系的构建**

社会作为一个人类生活的共同体，人与人之间的互动成了社会中最为基本的活动单元。但是由互动产生的人际关系并非总是和谐的，人际关系的协调也需要一定的法律规则或者道德准则的调节。中国道德文化传统理念中的“仁”“礼”为人际关系的调节提供了基本准则。

仁的最初含意是指人与人的一种亲善关系，最基本的说法是仁者“爱人”。有时则说：“夫仁者，己欲立而立人，己欲达而达人”，“己所不欲勿施于人”。又说：“志士仁人，无求生以害仁，有杀身以成仁。”这些意思将仁提到了人际关系的准则和人生理想的原则的高度。这样，作为孔子思想核心的仁，也成为儒家学派道德规范的最高原则。孔子言“仁”从“爱人”为核心，包括恭、宽、信、敏、惠、智、勇、恕、孝、弟等内容。孔子以后，仁的内涵和外延不断变化。孟子将仁由人生修养领域推进到政治领域，提出了性善论和“仁政”学说。仁者爱人，己所不欲勿施于人这样一种道德准则首先强调人的内在道德修养，其次重视人与人之间的相互关系。要构建和谐的人际关系，必须将仁作为社会道德的基本要求。

在中国传统文化中，礼主要有以下几种基本涵义：其一，礼为祭祀、事神致福。祭祀为其前提，取得神的保佑赐福是目的；其二，礼是社会生活中由于风俗习惯而形成的行为准则，道德规范和各种礼仪；其三，礼为隆重举行的仪式、典礼。如古代之礼名有吉、凶、军、宾、嘉，因此，相应的礼之事有冠、婚、朝、聘、丧、祭、宾主、军旅；其四，礼是庄严、有威仪之意。礼的这种涵义，是从礼的前面几种涵义中引申出来的。如“礼帅初，无辞”，孔颖达疏曰：“礼，谓威仪也。"这是从礼之仪式的庄重性推演出来的；其五，礼还有礼物之意，这在古代典籍里面也有所阐释。如在《礼记·表记》中的"无辞不相接也，无礼不相见也"，对"无礼不相见也"这一句话，郑玄、孔颖达分别注疏曰："礼谓挚（贄）也。"在这里，"贄"即是礼物之意。

《论语》曰："不学礼，无以立。"礼是一个人为人处事的根本。也是人之所以为人的一个标准。人与人之间的和谐相处，尤其要尊重对方的风俗习惯，以礼相待。尤其是中国传统中的孝文化对于当代社会中的家庭美德的建设有重要的参考价值。

**2. "义"在人与社会关系处理中的艺术**

中国传统道德文化非常重视调整人与社会之间的关系。《孟子·告子上》上记载了孟子的一段话："鱼，我所欲也；熊掌我所欲也。二者不可得兼，舍鱼而取熊掌也。生，亦我所欲也；义，亦我所欲也。二者不可兼得，舍生而取义也。"

人与社会之间关系的和谐是和谐社会构建的重要维度。义与利、精神与物质之间的平衡点历来是人类社会，尤其是现代人困惑的焦点问题。而这些问题都能在中国传统道德文化中找到解决之道。比如儒家就主张妥善处理义与利、精神追求与物质追求的关系，强调以义制利，以义制欲，反对非义之取、唯利是图，反对利欲放纵、片面追求物质利益。可见，中国传统道德文化理念并非反对追求物质利益，关键在于是否取之有道。这里的所谓"取之有道"即是"义"。中国传统道德理念中的"义"可作合度、适宜、正确之解。它作为一种价值的风向标为人们处理人与社会的关系、个人与集体关系提供了启发性的指导。当个人与集体利益发生冲突时，自然将集体的利益摆在首位。当人的物欲被现代社会刺激到极端时，人们应该寻求精神的解放。

**3. "天人合一"下人与自然关系的构建**

天人合一是中国传统的思维模式，人们往往从天道与人道的统一与联系来论述人事。[①] 老子的"天人合一"思想包括三个重要概念：道，天道，人道。他认为"道"是生成宇宙万物的根源，是事物存在和发展的最高原则。"道法自然"老子天人之学的核心内容，这里的"自然"是指一种不受外力胁迫之自成状态，它强调不加外力强制和干扰的自己完成的存在、生长和发展。

"天人合一"思想包括了人类应该利用自然但要用之有度和成己成物、赞天地之化育两个方面。儒家主张利用自然的时候一定要用之有度。首先要尊重自然规律、维持自然的可持续发展。其次人类要节制欲望、保护自然资源。人类有能力也有责任辅助天地成就万物，只有成己成物、参赞天地之化育，才能实现与自

① 吕锡琛：《中国传统社会促进道德理念践行的经验》，载《道德与文明》2010年第1期。

然万物的和谐共存。

“天人合一”思想首先强调自然万物和人类一样，是平等的关系。在老子看来，自然万物与人一样，都是道的外化与显现，它们与人之间乃是平等的手足关系，并无贵贱之分，自然界存在的一切并非是为了满足人类的某种需要而存在的。老子在《老子五十一章》中说：“道生之，德蓄之；物形之，势成之。是以万物莫不尊道而贵德。道之尊者德之贵也，夫莫之命而常自然。故道生之，德蓄之，长之育之，亭之毒之，养之覆之。生而不有，为而不恃，长而不宰，是谓玄德。”因而万物都尊崇“道”而贵重“德”。“道”生万物而不据为己有，帮助万物而不恃有功，引导万物而不宰制它们，这就是最深远和高尚的道德。因此人要与自然和谐相处，必须道法自然，对万物不加干涉，任万物自生自化自成。世界不能只以人为中心，而应该包括整个生态系统以及人类社会，即以“天道”为中心，协调自然与人、人与人之间的关系。

其次，“天人合一”思想中启迪人们要节制物欲，只有这样才能做到与大自然的和谐共处。老子在《老子六十七章》中说：“我有三宝，持而保之。一曰慈，二曰俭，三曰不敢为天下先。”其中所谓“俭”，也称“啬”，意即节俭、节约。老子在《老子十九章》中讲：“治人事天，莫若啬。”俭和啬，就是要求人们要爱惜精神智慧，不要为了追求欲望的满足而耗费太多精力。坚持自己的纯朴本性，减除私心杂念和贪欲，这才是保全性命的长生之道，才能保持人与自然的和谐共存。

由此可见，“俭”是人们处理人与自然关系乃至人际关系时，对待自身欲望所应有的道德要求。它要求人们消除自己的欲望，不一味地索取，否则超过了一定的度就会适得其反。贪欲过分，不仅会丧失自身的本性，还会危及生命，只有知足知止，才能远离危险，避免祸患，立于不败之地。因此，老子的“不敢为天下先”即为一种虚静、谦让、自守的生活态度。这里所说其实是让我们敞开心扉，使自己胸怀坦荡，不为外物所累，冲破现实和内心的樊笼以寻求更广阔的生存空间。

### （二）社会主义核心价值观的现实需求

从党的十六届六中全会提出“建设社会主义核心价值体系”以来，学界对相关问题进行了广泛深入的研究。

中宣部思想政治工作研究所的戴木才与河北大学田海舰将“富强、民主、文明、和谐”与“人的自由全面发展”作为社会主义核心价值观的基本内容①。他

① 戴木才、田海舰：《论社会主义核心价值体系与核心价值观》，载《中国党政干部论坛》2007 年第 2 期。

认为，“富强、民主、文明、和谐”作为社会主义核心价值观统领着不同的生活层面，“富强”是社会主义经济的核心价值观；“民主”是社会主义政治的核心价值观；“文明”是社会主义文化的核心价值观，是人类改造世界的物质成果和精神成果的总和，是人类文化发展的积极成果和进步状态；“和谐”是社会主义“社会”和生态的核心价值观。“人的自由全面发展”则是最高的社会主义核心价值观。在田海舰看来，“富强、民主、文明、和谐”与“人的自由全面发展”涵盖了经济、政治、文化、社会四大层面。

陈延斌与邹放鸣把社会主义核心价值观表述为“公平正义，民主自由，仁爱和谐，人本共享。”① 他们认为，“公平正义”是社会主义制度的本质特征，是和谐社会的基本道德诉求；“民主自由”自五四运动以来就成为中国社会的主要价值追求；“仁爱和谐”能够维护良好的社会秩序，维护社会各群体人们的利益；人本共享则是社会主义核心价值理念的出发点和落脚点。

中国军事科学院的公方彬、崔春来等认为，“民主、平等、公正、互助”是社会主义核心价值观。②“民主”既是人类追求的普遍价值，又具有特殊性。社会主义的“民主”是人民当家做主的民主，是能够得到充分实现的民主。“平等”是社会主义的本质特征。“公正”是社会主义的核心价值和本质要求，是社会主义和谐社会的重要特征和必要条件。“互助”则是社会文明的重要标志。

“社会主义核心价值观之构建与践行研究”课题组李建华与董海军通过实证调查而得出五项社会主义核心价值观的基本共识是“发展、富强、和谐、仁爱、自由”。③ 此五项基本共识不同于以往学者从理论或规范等角度提出的个人观点，它是全国公民高度认同的社会主义核心价值观。

从上述对于社会主义核心价值观的概括与提炼，可以得出学术界对于社会主义核心价值观的基本概括与归纳：富强、和谐、仁爱、文明、公正。综观学者关于社会主义核心价值观的种种概括，可以提炼出“和”“强”“仁”“礼”“正”的基本理念，这几项理念在基本内容上与中国道德文化传统理念是一脉相承的。

和谐，这一社会主义核心价值观既是中国传统道德文化的重要组成部分，也是中国传统文化的最重要的特征。从古至今，和文化一直为中华民族所青睐。和是孔子思想的精髓，中国传统文化的核心，也是中华民族不懈追求的理想境界。

---

① 陈延斌、邹放鸣：《社会主义核心价值体系若干问题研究》，载《南京师大学报》（社科版）2008年第4期。

② 公方彬、崔春来、张明仓：《关于构建社会主义核心价值观若干问题的思考》，载《南京政治学院学报》2008年第5期。

③ 李建华、董海军：《社会主义核心价值观与公民认同：当代中国社会主义核心价值观调查分析报告》，载《中国社会科学》（内部文稿）2011年第1期。

2008年北京奥运会开幕式，一幅让世界惊艳的中国画卷中，三种利用活字印刷术刻出的和字造型，道出了中国人千年不变的永恒信念，也向全世界传达了炎黄子孙以和为贵的人生哲学。在和平与发展世界主题的环境背景中，和不但是中国人的核心价值观，也是全世界人民共同的美好夙愿。

自强、富强是中华民族的重要民族性格之一。早在《周易·乾》中就有“天行健，君子以自强不息”的论述。这里的“天”指的是自然，既然自然的运动刚强劲健，相应于此，君子应刚毅坚卓，奋发图强。“自强不息，厚德载物”作为一句座右铭激励了众多仁人志士。梁启超先生也曾提出“君子接物，度量宽厚，犹大地之博，无所不载。责己甚厚，责人甚轻。名高雍容，望之俨然，即之温然。”在当前国与国、人与人之间竞争日益加剧的今天，我们仍然要发挥自强的精神气节，将追求全社会的富强作为不懈的奋斗目标。

仁爱、礼让是当前公民认同度较高的社会主义核心价值观。仁爱是中国的传统美德，是中国固有的精神。仁的核心是爱人。孔子最早以“爱人”解释仁。《论语·颜渊》中有：“樊迟问仁，子曰：‘爱人。’”是说对他人应该同情、关心和爱护。孟子继承和发展了仁爱思想，提出“亲亲而仁民，仁民而爱物”。可见，儒家的仁爱是由己推人，由内而外，由近及远。进而形成全社会范围的仁爱。礼让是中国传统道德中既重要又广为人知的规范，在个人修身成人及人和人的交往中有重要的意义。中国传统道德文化中的仁爱和礼让和社会主义核心价值观的仁爱、文明的精神实质上是一致的。因此，树立社会主义核心价值观在某种意义上就是要弘扬中国传统道德文化中的传统美德，继续发扬传统道德理念对人的规范作用。

正义和社会主义核心价值观。正义作为社会制度的首要价值，是人类社会生活的价值基础，它是一个社会共同体的支撑性力量而被凝聚在社会的制度构建于人们的思想意识之中。因此，正义成为社会主义核心价值观的重要价值导向。

## 二、传统理念现代践行中的新问题

传统道德理念在中国社会数千年的文化演进中对国家兴亡、民族发展起到至关重要的作用。然而，在人类社会突飞猛进的今天，经济全球化和国内一系列制度改革的时代背景下，传统道德理念的践行也遇到了一些新的问题。

### （一）全球化对传统文化的冲击

全球化是一种人类社会发展的现象过程。一般指的是世界各国、各地区之间在经济、政治、文化、生态等方面，相互联系、相互交往、相互依赖的一种历史运动状况，并逐步发展，使世界形成一个整体。

第二次世界大战后，科学技术迅猛发展，全球化进程加快。特别是得益于交通技术的发展，人类生活的空间距离相对缩小。人类社会进入了地球村时代。不同的文化、传统和文明实体相互影响和碰撞。给中国传统道德文化带来了不小的冲击，使得传统道德文化理念在现代践行中出现了一些问题。全球化进程给中国传统道德文化理念践行带来的冲击主要体现在中国传统道德文化的自我定位的模糊化危机。

文化全球化作为一种历史潮流，生活在地球村的任何国家和民族都无法回避，但这一过程从一开始就是不平等的。发达国家凭借其强大的政治经济实力使得其价值观念、思维方式、生活方式得以扩张，而发展中国家则处于一种劣势地位。其民族文化往往出现了边缘化的趋势，甚至面临失去自主性的危险。全球化对中国传统道德文化的自我定位的威胁一方面表现在传统道德文化认同的危机，另一方面表现为文化冲突的加剧。

"文化认同"是指人们对本民族共同的宗教信仰、民族血统、历史传统、思维方式、风俗习惯的一种认可和依赖。文化认同比政治认同、社会认同、族群认同具有更深远的内涵，它更具有自我认同的特征。丧失文化认同引起的病理性焦虑的影响更为深远。随着全球化进程的深入，西方国家的价值观念随着商品和资本的输出在全球扩张，无孔不入，严重削弱了非西方国家的文化基础。许多输入西方文化的地方出现了文化的混乱，表现为目的的丧失、道德的冷漠、暴力的嗜好、传统的破裂以及认识到属于"落后"社会而产生的心理痛苦。[①] 当"麦当劳""肯德基"等西式快餐在中国大地上蔓延开来，成为孩子们和年轻人的就餐首选时，我们感受到了西方餐饮文化的热烈、浪漫的气氛；当《泰坦尼克号》《爱国者》等美国大片刷新我国电影票房纪录时，我们更感受到了我国电影文化的危机。西方的名牌高校，成为国内优秀学子的"朝圣地"，以至于有人惊呼"美国在收割中国的教育成果"；法国时装、德国汽车、瑞士手表等具有西方文化和文明特色的物质财富，成为人们身份和地位的象征；美国人的生活方式和价值观念使一些人趋之若鹜。而我们的传统文化则被一些人视为老土，弃之如敝帚。因此，中国传统的道德文化也面临着巨大的挑战，一些传统美德被抛弃到一边。

全球化的到来不仅模糊了民族、国家的边界，同时也模糊了不同文化之间的界限，使得某一个特定的民族的认同变得多重，具体体现在文化上就更是呈现了一种文化认同的多极化和非单一化。实际上，全球化之于文化的一个重要作用就在于它消解了认同的"单一性"和"本真性"，为一种超民族主义的多元文化认

① 韩星：《全球化背景下的儒学与中国文化整合》，载《东方论坛·青岛大学学报》2006 年第 1 期。

同铺平了道路。中华文化的认同已经不再是简单的儒家或道学的认同，而是一种受到西方文化影响并经过当代重新阐释了的新的多元认同。[①] 由于资本化在全球范围内的迅猛发展，其带来的功利主义、物质主义、感官主义、自由主义道德在今天大行其道。它们既展示在现实的社会生活中，也更为露骨地表现在网络世界中。这势必使多少有着禁欲主义和集权主义色彩的传统道德受到冲击和消解。个人主义与集体主义之间的矛盾加剧，中国传统的集体主义价值观念对人际关系的协调在个人主义盛行的今天黯然失色。

全球化不仅给中国传统道德文化理念的现代践行内容带来了冲击，也给其现代践行的主体构成了一定的威胁，主要在青年群体中的表现较为显著。如今的年轻人大部分都接受全球化的崭新影响，而不太接受传统的影响。从总体上看，在当代中国，能够继承和较大程度上持守传统道德的人在整个社会上所占比例不大，并有相当一部分人，尤其是年轻人，在思想和实践两个方面对于传统道德持否定和批评的态度。这无疑和全球化带来的物质主义、功利主义及公正、自由、独立的观念的影响有关，因为这些内容在中国传统道德中基本上没有的，甚至对此有一种较强的否定倾向。

### （二）社会主义市场经济中的道德窘境

随着我国改革的深入推进和市场经济的逐渐完善，人们在享受经济发展带来的物质文明时，也更多地感到社会的道德状况在恶化。损人利己、家庭矛盾、破坏公德等不道德行为似乎处处可见，充斥在我们生活的每个角落，从黑心棉、瘦肉精、地沟油、毒奶粉、挟尸要价，到见义勇为无人助、出手相帮遭勒索等，以致许多有识之士在忧虑中，提出“道德滑坡”“道德衰退”等观点。在经济的日益繁荣下，人们却陷入道德困境。作为维系民族生存和发展的重要精神力量的传统道德理念往往在市场经济的浪潮中被逐渐淡忘。

市场经济的功利目标造成了新的社会价值取向，对传统伦理道德产生了巨大的冲击。[②] 市场经济环境下，经济活动中参与者的动机一般来说并不是道德的，而是道德上中性的，是对物质利益的追求，这种利欲有一种无限发展和相互冲突的倾向，这种倾向很可能带来道德问题乃至道德危机。在市场上的激烈竞争中，若不能建立一套公正的竞争规则并使竞争者普遍养成遵守的习惯，就可能是灾难性的后果。功利性是市场经济的主要特征，但西方国家经过几百年的发展已经建立起来了比较完备的法律制度，比较成功地将社会成员对功利的追求限制在不损

① 王宁：《重建全球化时代的中华民族和文化认同》，载《社会科学》2010 年第 1 期。
② 黄桂清：《中国传统道德的文化意蕴及其扬弃》，载《广西社会科学》2003 年第 2 期。

害他人生存的范围内，而中国目前在这一方面还缺乏相关的法律法规，因此出现了市场经济下的功利性道德危机。不少人因此扭曲了人性，从“向前看”变为“向钱看”。有人因此损害了他人或集体的利益，中饱私囊；也有人不畏法律的边界，不惜铤而走险，踏上了一条不归之路。

社会主义市场经济中的另外一个道德窘境表现为个人与集体相冲突。社会主义市场经济体制的建立，使利益主体多元化，个体的地位和价值得到尊重，从而增强了经济社会发展的活力。社会经济结构深刻变动，原有的利益格局发生了变化，一些新的利益集团逐步形成，从而引发新的利益矛盾。虽然随着社会主义市场经济体制的完善，各方面利益关系，如中央与地方、地方之间、政府与企业、企业与个人、个人之间利益关系更加趋于合理，适应了生产力发展的需要。但各个利益主体都有各自的具体利益，都希望在社会主义市场经济体制的调整完善中不受损失或得到尽可能多的利益，特别是多种经济成分和多种分配方式的存在和发展，使不同利益群体的收入差距拉大，利益矛盾更加多样化、复杂化，表现在人们在道德冲突中的道德选择行为上，就会出现诸如借国有企业改制侵吞国有资产、借口保护地方利益而损害集体和国家利益等不道德行为。

另外，市场经济中的道德窘境还体现在效率与公平之间的冲突。效率既是经济学的概念，但是也具有对于效率进行价值评价的伦理学含义。因此，并不是任何有效率的经济行为都值得鼓励。社会财富的创造的确改变了人们的生活，但是，我们没有重视注重效率背后的不平等社会现象的出现，导致了贫富悬殊和两极分化，也带来了一系列的社会问题。随着我国工业化、城镇化和经济结构调整的加速，随着我国经济成分、组织形式、就业方式和分配方式的多样化，发展不平衡的矛盾日益凸显，社会利益关系日趋多样化。当前和今后相当长一段时间内，我国经济社会发展面临的矛盾和问题，尤其是效率与公平的冲突可能更复杂、更突出。

### （三）诚信缺乏下的道德虚伪

在现代社会转型下，经济体制、社会结构、利益格局以及思想观念发生着深刻变化，国民财富的激增与权力的膨胀已无法掩盖道德的空虚与理性的困顿。“道德逆淘汰”现象屡屡发生，好人不愿做，甚或是不敢做日益成为一种“非道德共识”。道德“滑坡”现象长期存在而“爬坡”却迟迟不来，见义勇为、人贵有耻、诚实守信等传统美德在逆淘汰中日益溃败，并呈现出道德虚伪化，知行脱节。

近年发生的“小悦悦事件”更是将传统美德的现代承继讨论推至风口浪尖。2011 年 10 月 13 日，两岁的小悦悦在佛山五金城相继被两车碾压，7 分钟内，18

名路人视而不见，最后一名拾荒老者上前施以援手。这次事件已引发广东省关于“谴责见死不救行为，倡导见义勇为精神”大讨论。《人民日报》载文指出“18∶1，多么让人遍体生寒的数字！尽管有人曾因见义勇为被冤，尽管救人常不免带来某些‘麻烦’，但见死不救甚至用冷漠来助纣为虐，是在撕裂社会的良知底线，消解公众灵魂深处的仁义善念”。《新快报》记者认为“小悦悦事件”指向的，既是民众的道德匮乏、社会的法治缺失，更是弥漫在整个社会的“中国式冷漠”。传统礼义廉耻及见义勇为等美德让位于个人明哲保身式的理性考虑，笔者曾指出当前社会急需警惕“无德观”苗头。

回放“小悦悦事件”，18 位路人的集体式冷漠与拾荒老者伸以援手形成巨大反差，这使我们进一步反思：道德践行前提在于“知”，从助人为乐的传统美德到见死不救的现实操作，是路人“道德无知”，还是“知而不行”？陈力祥等（2011）指出，当代中国非常重视对人道德方面的教育，从幼儿园开始一直到博士培养阶段，都有完善的成体系的针对不同年龄段的思想道德教育，这种教育对塑造理想人格、推行道德践行起到了一定的作用。另外，2001 年 9 月 20 日，《公民道德建设实施纲要》发布，并将每年的这天定为道德宣传日。2006 年 3 月，胡锦涛在政协十届四次会议中提出以“八荣八耻”为主要内容的社会主义荣辱观。2011 年 10 月 19 日温家宝召开国务院常务会议，并部署制定社会信用体系建设规划。可见，对于传统美德，民众并非“无知”，而实属“行”之不足。陈少峰指出，长期以来，在价值观建设上，官方倡导的道德标准与现实脱节，而且越讲越高，或只讲理想道德，不讲现实责任，以至于人们都习惯站在道德的高地攻击别人，缺乏自我反思，这导致人们指责别人多，身体力行少。道德践行，人人都知道应该如何怎么做，但却回避不做。

“悦悦式冷漠”或者说“中国式冷漠”作为国民对传统美德“知而不行”的具体体现，《人民日报》评论认为“女童遭碾，我们都可能是‘路人’”。有学者也指出，“当社会道德底线失守，个体‘缺德’现象蔓延为社会常态，‘逐利’成为全民行为取向，这个社会一定成‘病’”！那么，究竟是什么原因导致此种集体式视而不见？在“权威效应”看来，负面的效应可被视为影响个人后续行为一种经验。例如 2006 年因为扶起被撞到的老人却被判罚的“彭宇案”以及 2009 年天津车主扶起倒地老人反被起诉的“许云鹤案”，这些道德逆淘汰现象使人们不断意识到利他则会产生损己之危机，明哲保身乃是理性之选择，并日益成为见死不救、冷漠怯懦之人的“通行证”。当今中国社会，“我爸是李刚”“学术不端”等侵蚀美德的力量强于美德纽带之力量，加之社会负向暗示大量滋生，造成严重的信任危机与不安全感。

社会变迁下，传统与现代、本土与外来文化相互碰撞，受多元因素影响，公众对传统美德的“知”与“行”存在偏差。前面已经提到，道德教育一直以来作为不同年龄段教育的重中之重，但从道德践行层面而言，道德教育作用是非常微弱的，我们的道德教育与道德践行相脱节。换句话讲，传统美德依旧存于“朝野”之中，仅仅是“知”与“行”脱节。那么，继承传统美德要如何“行”呢？

## 三、传统理念现代践行中的再修正

民族道德文化总是某种特定历史时代的文化，它的辉煌存在于那个历史时代。在现代化的历史进程中，它昔日的辉煌已黯然失色，故必须在烈火中涅槃，寻求新生。如果它不能获得现代性这个时代的规定性，如果不能成为具有现代化的文化类型，那么它就将失去生命力。[①] 以儒家为代表的中国传统道德文化，从开始就具有维护中央政府权威的历史使命。从周公制礼到程朱理学，都把维护封建社会的正常秩序作为基础，他们大力宣扬“三纲五常”“三从四德”，显然，这些道德文化中内容已经不适应现代社会发展的需要。因此，对传统道德文化理念的践行，必须首先对传统道德文化理念做一个与时俱进的修正。

### （一）受众的普及：从精英文化到大众文化

道德文化的传统理念属于精英知识体系，依托于知识权威的建立，而现代社会则是权威消解的社会。中国传统文化是一种精英文化，在当前社会，道德文化应该走向大众化。只有这样，传统道德文化理念才能获得充分的生存土壤而茁壮成长。

依托于知识权威形成的中国传统道德文化是社会精英的文化，它服务的是上层社会，对下层社会群体则缺乏应有的道德规范和礼仪待遇。

在权威消解的现代社会，中国现代道德文化应该是对传统道德文化尤其是儒家伦理的发展。传统儒家伦理在不同水平上正在经历的变化，它与逐步形成和丰富的公民、公共性、公共交往、公民社会等概念的内涵与外延的接洽与“四通”式的伦理赋予了普遍的现代意义。它能为公民的公共生活带来新的思维习惯和生活模式，培育出属于公民社会的公民伦理文化和公民意识，这个育成的过程更多的是自发的隐匿在公民社会的公民伦理生活中，体现出公民伦理的“自我育成性”[②]。这种“自我育成性”下的社会道德文化应当以大众为载体，进而形成全社会共有、普世的道德文化理念。

---

① 高兆明：《民族道德文化：从传统到现代》，载《哲学研究》2010 年第 4 期。

② 贾新奇等：《公民伦理教育的基础与方法》，北京师范大学出版社 2007 年版，第 37 页。

### （二）理念的更新：从传统到现代

在中国长期的封建社会中，由于礼让这一道德规范在不同时期不同程度地受到等级制度及尊卑观念的影响，又往往有过分“卑让”的消极方面，这是需要加以扬弃的。

中国有句古话叫做“礼不下庶人，刑不上大夫”。这句话充分体现了中国传统道德文化中的等级性和封建性。对于中国传统伦理道德的等级性，维新派已开始批评，到“五四”新文化运动，已成为新派人物批判的焦点。早在 1916 年，陈独秀就称伦理的觉悟为“吾人最后之觉悟”，并指出：“儒家三纲之说，为吾伦理政治之大原，共贯同条莫可偏废。三纲之根本义，阶级制度是也，所谓名教，所谓礼教，皆以拥护此别尊卑明贵贱制度者也。”①

首先，中国传统道德标准的双重性在现代社会明显已经不再适用，应当对其进行修正。在等级性道德形态中，道德标准是极不确定的，其突出表现就是道德标准的双重性甚至多重性。所谓道德标准的双重性是指：（1）对具有不同社会身份的个人，适用不同的规范。（2）同样的行为，因其行为者的身份不同而有不同的评价。

尽管对“礼不下庶人，刑不上大夫”这句话如何解释至今仍有争议，但不管怎样解释，它体现着的那种文化精神，即“礼刑分施”的原则，应该没有什么疑问。这种文化精神首先表现在对尊贵者设置了详尽繁琐的礼仪规范，而对卑贱者则规范粗疏。烦琐的礼仪，只有尊贵者有条件实现，也只有尊贵者才有权利实现。礼仪是维持和展示尊贵的身份、尊严、权威等社会力量的手段，其不应下移自是必然的。而且在卑贱者阶层，繁多的礼仪不仅无力、无权染指，而且也无此需要，因为他们在当时的“社会价值”只是“劳力”而已。但对于他们，刑罚的威慑却是必需的。

要维护尊贵者的尊严和权威，具有特殊身份的人就受到更多的“礼遇”，反过来，较高地位者对地位低者的“以礼相待”，也是对其身份的提升，所谓“礼贤下士”，就包含了这种意义。另外，则应避免将刑罚加之于身份尊贵者，西汉时的贾谊对此论说颇多。《汉书·贾谊传》载其言曰：“履虽鲜不加于枕，冠虽敝不以直履。夫尝已在贵宠之位，天子改容而体貌之矣，吏民尝俯伏以敬畏之矣，今而有过，帝令废之可也，退之可也，赐之死可也，灭之可也；若夫束缚之，系碟之，输之司寇，编之徒官，司寇小吏置骂而榜答之，殆非所以令众庶见也。夫卑贱者习知尊贵者之一旦吾亦乃可以加此也，非所以习天下也，非尊尊贵

① 陈独秀：《吾人最后之觉悟》，载《青年杂志》1916 年第 1 卷，第 6 号。

贵之化也。夫天子之所尝敬，众庶之所尝宏，死而死耳，贱人安得如此而顿辱之哉！”这种思想，对维护士大夫阶层的尊严，遏制君主的个人绝对独裁专横，有一定的积极意义，但这仍是在等级制的框架之内。“礼刑分施”的原则在这里的道德含义就是，尊贵者的人格应受到尊重，尤其是应避免受卑贱者的羞辱，而对卑贱者的人格是否应受尊重，甚至在今天，也很难说已被中国人真正考虑。

道德标准双重性的又一表现，是对地位高者的道德要求高。儒家主张，统治者即尊贵者应由有德者居之，所谓圣者为王，即德当其位。儒家把修身齐家当作治国平天下的前提条件。儒家认识到，不同地位的人，其道德品行的效应是不同的，所谓“君子之德风，小人之德草，草上之风，必堰”。在等级社会中，尊贵者的道德影响力尤其突出，如果在上位者自己品行较差，破坏性即随之而来，所谓“其身正，不令而行；其身不正，虽令不从”。严重者，则是“上梁不正下梁歪”。因此，对尊贵者较高的道德要求具有一定的历史合理性。但在等级结构中，对优势地位者的高标准，可能催生好皇帝和几个清官廉吏，但却不能阻止贪官污吏和坏皇帝的层出不穷；有德的“君子”可以为民做主，但却不会由民做主来决定谁是“君子”。而对庶民百姓来说，较高的道德标准是无意义的，他们无需达到“君子”的水平，只需“听话”即可，因为他们的主要功能是供“君子”驱使，所谓“小人学道则易使”。所以，对掌权者道德要求越高，社会不平等可能越严重。对不同身份等级的人设置不同的规则，提出不同的要求，尚是可以确定的，而“仁者为圣”则使道德标准不仅是双重或多重，而且是随心所欲了。在历史中，地位、权力与道德光环成正比及自我颂扬与个人善行成反比几乎成了一条定律，所谓“胜者为王败者寇”，即是对这一定律最好的概括。

其次，中国传统道德文化中的等级性和封建性还表现在五伦中的等级性原则。比如在交往双方行为性质的不平等。儒家伦理在规范人们行为时，分别对交往双方的行为性质做了界定，明确规定了各自行为的差别。《论语·八佾》有一段记载：定公问：“君使臣，臣君，如之何?”孔子对曰：“君使臣以礼，臣事君以忠。”其中，“礼”与“忠”属规范，“使”与“事”属行为。在“君使臣以礼，臣事君以忠”中，“使”是使用、支使、驱使，进人君对臣的实际关系，“使”就把臣置于了工具的地位，所谓“犬马”即是，而君则是使用工具的主人，是驾驭犬马的主宰者，故做皇帝是“统御”海内。而“事”是侍奉、服待，是劳作。《说文》：“事、职也。”这是名词用法。作为行为，“事”不仅仅是做事，而且有被役使的含义。《汉书·高帝纪下》：高祖六年诏“非士大夫以下，皆复其身，勿事”。

最后，行为规范的不平等。儒家设置的伦理规范，比法家要温和、宽厚得多，而且对在位者也有一定的约束，即是相互性的。但相互性不等于平等性，这从其规范的内涵差别即可看出。如“君礼臣忠”，按孔子的要求，君“使”臣应遵循“礼”的规范。臣“事”君应按“忠”的原则。相比较而言，“礼”主要是一种外部的、形式性的规范，而且比较抽象。而“忠”则是一种内心的原则，是要求内外一致的规范，故“忠”也是“诚”，而且“忠”的要求往往比较具体。两相比较，“礼”可以不展露内心的真实观念、动机和好恶，进而还可以其形式化的特点来掩藏内心真实，因而对“礼”的遵循完全可以与驾驭臣下的权术统一起来；而“忠”则要求毫无遮掩，如有任何隐藏保留就是不忠。其他如兄弟伦理、夫妻伦理，也都是不平等的。如“兄友弟恭”，友是友爱、关心、爱护，而恭则是恭敬、服从。一般地说，兄应该关心、爱护弟，但这是以弟的服从、让与为条件的，因而是不平等的。

## 四、传统理念现代践行中的再引导

对中国传统道德的继承，是一种批判的继承。要发挥好传统道德理念对当下社会的积极功能，还要在对传统道德理念的批判的基础上进行再引导，使之与时俱进，与社会发展的主旋律合拍。

### （一）传统道德理念引导的回顾

回顾全国新中国成立以来的40多年，在一段时间内，关于传统文化和传统道德问题，曾受到“左”和右的思想的严重干扰，人们未能正确地对待中国传统文化和传统道德，也使社会主义的思想建设受到了影响。

最初是“左”的思想的影响，即对传统文化，特别是传统道德采取了只强调批判、不注意继承的错误态度。从反右派斗争到批判“剥削阶级道德继承论”，再到“文化大革命”中的“破四旧”（旧思想、旧文化、旧风俗、旧习惯），再到“批林批孔”和“评法批儒”运动，形成了一种否认中国传统文化和传统道德的“左”的思潮。这种思潮对传统伦理道德，尤其是对在中国历史上影响较大的儒家的道德思想，几乎是不加分析地作了全面的否定。

1980年以来，由于西方价值观念对一些人的影响和腐蚀，在一段时期内，又出现了一股全盘西化的“右”的思潮。在一些人看来，现代化就是西方化，而西方化就必须全面、配套、彻底地把西方的科学技术、政治制度和价值观念，全面地移植到中国来，这也就是所谓的“整体西化论”。这种“整体西化论”的一个重要内容，就是要用西方的以个人主义为中心的价值观来反对社会主义的集体主义价值观。“整体西化论”是一种民族虚无主义的理论。整体西化论者把中国文化传统看作一个不能区分精华和糟粕的不可分割的整体，要打破就要整体的打破，以对儒家思想的全面否定来达到全面抵制中国文化传统和伦理道德传统的目的。整体西化论者意识到，中华民族的优秀传统道德伦理，在经过以马克思主义为指导的批判继承之后，同样是抵御西方个人主义伦理道德观的一种重要力量，因而把反对中国传统文化和否定中国传统道德作为他们宣扬资产阶级个人主义伦理道德观的一个重要内容。

当然，在回顾新中国成立以来“左”的和“右”的对待中国传统文化、传统道德的民族虚无主义的错误思潮时，也应该看到另一种思潮，即传统保守主义的存在。近代以来，有所谓“中体西用论”“复古派”“东方文化派”等。产生于20年代后又活跃在港台和海外的新儒家，他们致力于传统道德文化，尤其是传统儒学的研究，是有成就的，但是他们提倡复兴儒学，主张“返本开新”，力图在“儒学”的根本中开出现代的科学和民主，在对待研究传统文化、传统道德的态度、观点和方法上，与我们存在着许多甚至是原则性的分歧。

### （二）重建道德文化认同之道：立足当下，回归传统

中国道德文化理念是对中华民族过去一切优秀道德的继承与发展。中国道德文化理念对传统道德并非简单的肯定或否定，而是弃糟取精。尽管传统道德中含有其时代的、阶级的局限性内容，但又有其不可忽视的超越时代的、可继承的内容。

热爱祖国、勤劳节俭、尊老慈幼、惩恶扬善、诚实守信、孝亲尊师、廉洁奉公、团结友爱、律己宽人、谦虚礼貌等，仍然是社会主义社会道德的重要内容。“己欲立而立人，己欲达而达人”，“己所不欲勿施于人”的仁爱精神；童叟无欺、诚实守信、乐善好施、反对为富不仁的商业道德；“富贵不能淫，贫贱不能移，威武不能屈”的大丈夫精神；“天行健，君子以自强不息”的进取精神；“地势坤，君子以厚德载物”的宽厚精神；人定胜天，知之为知之不知为不知，知耻近于勇，等等，在中国历史上曾经哺育了无数英雄豪杰和志士仁人，使他们为民族为国家做出了巨大的贡献。

在社会主义的今天，发扬中华民族的这些优良传统道德理念，仍然具有非常重要的社会价值和道德意义。

### （三）夯实知行合一的基础：坚守社会公正，构建诚信体系

践行道德承诺要“知行合一”，即在民众对传统美德认知的基础上提高践行可能性与可操作性。“小悦悦事件”是对道德底线及国民良心的深深拷问。而拾荒老者的施以援手无疑为黯淡的“悦悦式冷漠”点燃明灯，是传统美德在底层生态中尚未泯灭之体现。笔者认为践行道德承诺要“知行合一”，即在民众对传统美德认知的基础上提高践行可能性与可操作性，具体从如下几方面入手。

第一，践行教育先行。苏格拉底道：“美德即知识，无知是罪恶。”当前出现

的“有知”的人反而更趋向于回避道德践行，原因在于为庸俗肤浅的知识所遮蔽，知得不彻底。只知个人计较的理性，而不知集体互助的奉献。在道德教育上，我们在忽视践行教育的问题上从一个极端走到了另一个极端。在道德践行上以个人得失为由来规避道德耻感。“悦悦式冷漠”从侧面映射出传统美德的现代运行中“耻”的缺失，这也恰恰是《中国道德文化传统理念践行情况调查报告》中“耻”的践行非常差的有效验证。耻感教育的缺失使如今卑鄙成为卑鄙者的座右铭，无耻成为无耻者的通行证。因此，我们需要引入生活情境，强化践行责任教育。

第二，制度规范支持。“悦悦式冷漠”使我们意识到传统美德的践行需要制度支持。第一方面，道德规范亟须加强。社会主义市场经济的道德规范并没有起到真正的约束作用，人们有时发现遵守道德规范会使其失去更多利益，这样导致个体在道德行为上放纵，滋生逆淘汰现象。可见，美德践行，目前道德规范尚待加强。2010 年 10 月底前，《上海市见义勇为人员奖励和保护条例》（草案建议稿）将完成。2010 年 10 月，深圳市将《助人行为保护条例》列入 2011 年度立法工作计划，其中涉及的助人免责和助人免于起诉等相关条款引起社会各界关注。第二方面，社会公平制度的贯彻实施，推进社会信任。社会公平公正程度影响人们的世界观道德观，更影响着社会信任。中国人之间的冷漠，不在于人们内心没有道德，不讲互助，而是人们越来越缺乏信任，其中一个重要原因在于社会不平等性。随着不平等程度的加深，人与人之间更为冷漠森严，不得不自我防卫，明哲保身。要求民众增加信任，就需要在教化的同时，更注重社会公平制度的贯彻实施，核心在于政务诚信、司法公正和财政公开。第三方面，强化道德控制。相对于道德教育，我国目前的道德控制显得十分乏力。道德控制是社会或某一组织、群体运用社会力量，影响、约束和规定社会成员道德观念和行为的手段。它是一种社会控制机制，与法律控制平行。很多时候，有些不道德行为并不违法，但需要道德控制来约束。所以，我们要加强社会监督，包括家庭、社区的监督控制作用。

第三，求诸野。即是说从民间寻找美德资源与力量。“朝”之美德虽未“失”，而“求诸野”已势在必行。拾荒老者的援助之手已彰显“野”之力量。笔者认为“朝”“野”之间有着相互作用的关系，但往往是“朝”对“野”的作用大，“野”对“朝”的作用小，因此“求诸野”的重点在于增加“野”作用力和影响力。其一，提高民众参与性与监督力度。重点在于民众参与平台的搭建，推进扁平化的沟通平台建设，进一步推动政府、精英与群众间的平等互动的设想。当然，随着网络社会的兴起，运用“微博”或“论坛”等方式进行交流已成风尚。10 月 19 日，广东省委运用微博邀请网友献计献策，截至 20 日 12 时，与“献策倡导见义勇为”相关的微博已达到353万余条。其二，寻找民间典型。传统美德根源于广阔民间社会中，对藏于民间的光荣事迹加以宣传及报道不失为树立道德榜样、提升国民道德水平之有效手段。由于源于百姓生活、贴近现实，央视的“感动中国”“全国道德模范评选”等活动及《道德观察》等栏目作为树立“草根榜样”的探索长期以来备受广大群众青睐。

第四，推进扁平化的沟通平台建设，进一步推动政府、精英与群众间的平等互动，走群众路线，缩减不同类型人群的传统美德认知与践行差距。在研究中发现，一些地方的网络互动平台是应景而建，疏于管理。一些地方夸大了接触群众的成本，不愿建立畅通的互动平台，人为制造了政民以及精英与民众的沟通鸿沟。要知道，相对于传统沟通方式，扁平化的沟通是最有效率的沟通方式，能有效拉近底层与上层的距离。

# 附录

## 附录1：中国传统道德文化理念践行现状的计算机辅助电话问卷调查

### 1. 问卷设计

在问卷设计上，为了解公众对于中国道德文化传统理念的践行情况，问卷紧紧围绕十三项中国道德文化传统理念进行主体问题的设计，对列出的十三项道德文化传统理念和道德文化传统理念的总体践行状况进行打分：最高分为10分，最低分0分，分数越高，代表对此项道德文化传统理念的践行状况评价越好。同时，为了解中国道德文化传统理念各个维度在公众心目中的重要性，让被访者列出自己主观认为最重要的三项道德文化传统理念。

为比较不同特征群体在中国道德文化传统理念践行和认知上的差异，在问卷中添加了年龄、职业、文化程度、居住地、政治面貌、性别、家庭月收入的问题，试图探讨中国道德文化传统理念践行状况的影响因素。问卷中对于年龄的测量设置了"16~30岁""31~40岁""41~50岁""51~60岁"和"60岁以上"五个选项。问卷中的职业变量共列出了十三个类别，具体是：（1）公务员（党政人大、政协机关及其所属机构的工作人员）；（2）事业单位工作人员（科教文卫及其所属机构的工作人员）；（3）私营企业主；（4）企业管理人员（企业的总经理、部门经理或负责人等）；（5）公司、企业一般员工（办公室文员、推销员、接待员、话务员等）；（6）个体工商户；（7）专业技术人员（律师、教师、会计师、工程师、医生、记者等）；（8）商业服务人员（营业员、保安、厨师、出租车司机、理发师、美容师、导游等)；(9) 产业工人 (制造业、建筑业等一般工人，例如建筑工、电工、机修工、装配工、搬运工等)；(10) 农民；(11) 自由职业者 (演员、画家、自由撰稿人等)；(12) 学生；(13) 失业、无职业。

## 2. 问卷调查的实施

本次问卷调查采用 CATI (计算机辅助调查技术) 电话调查的方式在全国进行抽样调查，共完成问卷 2 000 份，其中有效问卷 1 991 份，有效回收率为 99.6%。

# 附录2：中国传统道德文化理念践行现状调查问卷

您好！我是国家重大招标课题项目研究的访问员，现在正在进行“中国传统道德文化理念践行现状调查”。需要占用您几分钟时间谈谈您的看法。非常感谢您的配合！

Q1. 请问你目前是居住在“……”（根据电话号码系统自动生成）吗？（　　）

1. 是　　　　2. 否

Q2. 请问您的年龄？（若回答16岁以下，结束访问）（　　）

1. 16~30岁　2. 31~40岁　3. 41~50岁　4. 51~60岁　5. 60岁以上

Q3. 下面有13种传统道德文化理念，请您根据现实社会中实行状况的好坏打一个分数，最高分为10分，最低分为0分。

1. 义（公正合宜）________。
2. 仁（人与人相互友爱、互助、同情）________。
3. 和（和谐和睦，融合统一）________。
4. 礼（礼俗、规则）________。
5. 恕（宽恕，体谅）________。
6. 孝（孝敬）________。
7. 耻（羞愧感）________。
8. 智（聪明）________。
9. 节（克制、节制、约束）________。
10. 谦（谦虚）________。
11. 诚（诚心、诚恳）________。
12. 忠（忠诚无私，尽心竭力）________。
13. 廉（廉洁）________。

Q4. 您觉得中国道德文化传统理念总体上在当前实行状况可以打______分。

Q5. 下列13种传统文化理念中您认为哪些是最重要的（　　）（限选三项）。

1. 义（公正合宜）　　2. 仁（人与人相互友爱、互助、同情）
3. 和（和谐和睦，融合统一）　　4. 礼（礼俗、规则）
5. 恕（宽恕，体谅）　　6. 孝（孝敬）
7. 耻（羞愧感）　　8. 智（聪明）
9. 节（克制、节制、约束）　　10. 谦（谦虚）
11. 诚（诚实、诚恳）　　12. 忠（诚心、诚恳）
13. 廉（诚心、诚恳）

最后还有几个是有关您和您家人的问题，仅供我们数据分析，希望您不要介意。

Q6. 请问您的职业（若退休就指退休前的最后一份职业）？（　　）

1. 公务员（党政人大、政协机关及其所属机构的工作人员）
2. 事业单位工作人员（科教文卫及其所属机构的工作人员）
3. 经商，包括个体户或私营业主等
4. 工人，含退休工人
5. 学生
6. 农民
7. 自由职业者
8. 其他

Q7. 请问您的文化程度？（　　）

1. 小学及以下　　2. 初中
3. 高中/中专/职高/技校　　4. 大专
5. 大学本科及以上

Q8. 请问您的居住地？（　　）

1. 城市（包括县城）　　2. 农村（包括集镇）

Q9. 请问您的月收入？（　　）

1. 1 000元以下　　2. 1 001 ~3 000元　　3. 3 001 ~5 000元
4. 5 001 ~7 000元　　5. 7 001 ~10 000元　　6. 10 000元以上

Q10. 请问您的政治面貌？（　　）

1. 中共党员　　2. 中共预备党员　　3. 民主党人士
4. 共青团员　　5. 群众　　6. 其他

Q11. 请问您的性别？（根据被访者的口音，访员自己判断）（　　）

1. 男　　2. 女

我们的访问结束了，谢谢您的配合，再见！

# 参考文献


1.《白虎通义》
2.《抱朴子》
3.《陈亮集》
4.《春秋繁露》
5.《大正藏》
6.《道德经》
7.《二程集》
8.《二十四史》
9.《焚书》
10.《公羊传》
11.《管子》
12.《国语》
13.《韩非子》
14.《汉书》
15.《河南程氏遗书》
16.《横渠易说》
17.《淮南子》
18.《金刚经》
19.《旧约·创世纪》
20.《康熙起居注》
21.《李觏集》
22.《列子》
23.《临川先生文集》
24.《陆九渊集》
25.《论语》

26.《吕氏春秋》
27.《明史》
28.《摩诃止观》
29.《墨子》
30.《全唐文》
31.《日知录》
32.《尚书》
33.《十三经注疏》
34.《水心别集》
35.《四书章句集注》
36.《四书正误》
37.《素问》
38.《太上大道玉清经》
39.《太上老君说五戒经》
40.《坛经》宗宝本
41.《王阳明全集》
42.《魏书》
43.《新青年》
44.《新书》
45.《荀子》
46.《颜习斋先生言行录》
47.《易经》
48.《岳阳楼记》
49.《正统道藏》
50.《忠经》
51.《朱文公文集》
52.《朱子语类》
53.《庄子》
54.《左传》
55.［汉］班固:《汉书》，中华书局 1962 年版。
56.［汉］董仲舒:《春秋繁露》，上海古籍出版社 1983 年版。
57.［后晋］刘昫等撰:《旧唐书》，中华书局 1975 年版。
58.［明］冯琦、陈邦瞻:《宋史纪事本末》，中华书局 1977 年版。
59.［明］李贽:《焚书》，中华书局 1975 年版。

60. ［明］钱晓订：《丛书集成新编》，（台湾）新文丰出版公司 1985 年版。
61. ［明］王守仁：《王阳明全集》上海古籍出版社 1992 年版。
62. ［明］余继登：《典故纪闻》，中华书局 1981 年版。
63. ［明］朱元璋：《明太祖文集》，黄山书社 1991 年版。
64. ［秦］吕不韦：《吕氏春秋》，上海古籍出版社 1987 年版。
65. ［清］毕沅：《续资治通鉴》，上海古籍出版社 1987 年版。
66. ［清］陈力：《白虎通疏证》，中华书局 1994 年版。
67. ［清］陈梦雷：《古今图书集成·经济汇编·选举典·教化部》，中华书局 1934 年影印、巴蜀书社 1985 年版。
68. ［清］《陈确集》，中华书局 1979 年版。
69. ［清］戴震：《孟子字义疏证》，中华书局 1961 年版。
70. ［清］谷应泰：《开国规模》，《明史纪事本末》。
71. ［清］黄宗羲：《明儒学案》，文渊阁四库全书本。
72. ［清］黄宗羲：《宋元学案》，中华书局 1986 年版。
73. ［清］史洁珵：《德育古鉴·功过案·慈教类》，中国水利水电出版社 2011 年版。
74. ［清］王夫之：《王船山诗文集》，中华书局 1983 年版。
75. ［清］王聘珍：《大戴礼记解诂》，中华书局 1983 年版。
76. ［清］王先谦：《荀子集解》，中华书局 1988 年版。
77. ［清］严可均辑：《全汉文》，中华书局 1987 年版。
78. ［清］张廷玉：《明史》，中华书局 1974 年版。
79. ［清］赵翼：《廿二史劄记校证》，王树民校证，中华书局 1984 年版。
80. ［宋］范晔：《后汉书》，中华书局 1965 年版。
81. ［宋］黎靖德编：《朱子语类》，中华书局 2007 年版。
82. ［宋］司马光：《资治通鉴》，中华书局 1976 年版。
83. ［宋］宋敏求：《唐大诏令集》，商务印书馆 1959 年版。
84. ［宋］袁采：《世范》，海南出版社 1992 年版。
85. ［宋］周敦颐：《周子通书》，上海古籍出版社 2000 年版。
86. ［宋］朱熹：《四书章句集注》，中华书局 1983 年版。
87. ［唐］《元次山集》，中华书局 1960 年版。
88. ［唐］房玄龄等撰：《晋书》，中华书局 2010 年版。
89. ［唐］刘肃：《大唐新语》，中华书局 1984 年版。
90. ［唐］孙思邈：《备急千金要方·大医精诚》，人民卫生出版社 1998 年版。
91. ［唐］魏征：《隋书》，中华书局 1973 年版。

92. ［唐］吴兢：《贞观政要》，上海古籍出版社1978年版。

93. ［元］脱脱：《宋史》，中华书局1976年版。

94. ［德］黑格尔：《哲学史讲演录》（第一卷），商务印书馆2009年版。

95. ［德］黑格尔：《法哲学原理》，商务印书馆2007年版。

96. ［德］康德著，苗力田译：《道德形而上学原理》，上海人民出版社1986年版。

97. ［德］默里·斯坦因：《日性良知与月性良知》，喻阳译，东方出版社1998年版。

98. ［德］席勒：《美育书简》，中国文联公司1984年版。

99. ［法］卢梭著，李泽沤译：《爱弥儿》下卷，商务印书馆1981年版。

100. ［古希腊］亚里士多德：《尼可马科伦理学》，中国社会科学出版社1990年版。

101. ［古希腊］亚里士多德著，廖申白等译：《尼各马科伦理学》，商务印书馆2003年版。

102. ［古希腊］亚里士多德著，吴寿彭译：《政治学》，商务印书馆1997年版。

103. ［荷兰］斯宾诺莎著，贺麟译：《伦理学》，商务印书馆1983年版。

104. ［美］保罗·蒂利希著，成穷、王作虹译：《存在的勇气》，贵州人民出版社1988年版。

105. ［美］彼彻姆·汤姆著，雷克勤等译：《哲学的伦理学》，中国社会科学出版社1990年版。

106. ［美］丹尼尔·贝尔：《资本主义文化矛盾》，三联书店1991年版。

107. ［美］杜威：《道德教育原理》，浙江教育出版社2003年版。

108. ［美］杜威著，许崇清译：《哲学的改造》，商务印书馆1933年版。

109. ［美］凡勃伦著，蔡受百译：《有闲阶级论》，商务印书馆1964年版。

110. ［美］费正清：《美国与中国》（第四版），商务印书馆1987年版。

111. ［美］弗洛姆著，孙依依译：《为自己的人》，三联书店1988年版。

112. ［美］汉斯·摩根索著，卢明华译：《国际纵横策论》，上海译文出版社1995年版。

113. ［美］劳丹著，刘新民译：《进步及其问题》，华夏出版社1990年版。

114. ［美］列奥·斯特劳斯、约瑟夫·克罗波西：《政治哲学史》，河北人民出版社1993年版。

115. ［美］麦金太尔著，龚群、戴扬毅等译：《德性之后》，中国社会科学出版社1995年版。

116. ［美］麦金泰尔：《德性之后》，中国社会科学出版社 1995 年版。

117. ［美］威尔·杜兰特：《哲学的故事》（上），生活·读书·新知三联书店 1997 年版。

118. ［美］约翰·罗尔斯著，何怀宏等译：《正义论》，中国社会科学出版社 1988 年版。

119. ［瑞士］让·皮亚杰著，傅统先、陆有铨译：《儿童的道德判断》，山东教育出版社 1984 年版。

120. ［英］阿诺德·汤因比著，徐波译：《人类与大地母亲》，人民出版社 2001 年版。

121. 中国思想政治工作研究会：《中国人的美德——仁义礼智信》，中国人民大学出版社 2006 年版。

122. 白如祥辑校：《王重阳集》，齐鲁书社 2005 年版。

123. 百一居士：《壶天录》卷中，上海古籍出版社 1995 年版。

124. 班华：《现代德育论》，安徽人民出版社 2000 年版。

125. 《蔡元培文选》，人民教育出版社 1980 年版。

126. 曾仰如：《伦理哲学》，（台湾）商务印书馆 2000 年版。

127. 曾钊新、李建华：《道德心理学》，中南大学出版社 2002 年版。

128. 曾钊新：《道德心理论》，中南工业大学出版社 1987 年版。

129. 陈独秀：《独秀文存》，安徽人民出版社 1987 年版。

130. 陈根法：《心灵的秩序》，复旦大学出版社 1998 年版。

131. 陈来：《传统与现代——人文主义的视界》，北京大学出版社 2006 年版。

132. 陈来：《古代思想文化的世界：春秋时代的宗教、伦理与社会》，三联书店 2002 年版。

133. 陈力祥：《王船山礼学思想研究》，巴蜀书社 2008 年版。

134. 陈寿：《三国志》，中华书局 1982 年版。

135. 陈涛：《晏子春秋》，中华书局 2007 年版。

136. 陈襄民等译注：《五经四书全译》，中州古籍出版社 2000 年版。

137. 陈予一：《经典京剧剧本全编》，中国际文化出版公司 1996 年版。

138. 成晓军主编：《名儒家训》，湖北人民出版社 1996 年版。

139. 程颢、程颐：《二程集》，中华书局 1981 年版。

140. 辞海编辑委员会：《辞海》，上海辞书出版社 1989 年版。

141. 崔相录：《德育新探》，光明日报出版社 1987 年版。

142. 《大百科全书》哲学卷一，中国大百科全书出版社 1987 年版。

143. 董海军：《社会调查与统计》，武汉大学出版社 2009 年版。

144. 方向东：《大戴礼记汇校集解》，中华书局2008年版。
145. 费孝通：《乡土中国生育制度》，北京大学出版社1998年版。
146. 冯桂芳：《校邠庐抗议》，《戊戌变法》第一册，上海人民出版社1957年版。
147. 冯友兰：《三松堂全集》（第五卷），河南人民出版社2001年版。
148. 冯友兰：《中国哲学简史》，北京大学出版社1996年版。
149. 高兆明：《制度公正论》，上海文艺出版社2001年版。
150. 郭沫若：《公孙尼子与其音乐理论》，《沫若文集》第16卷，人民文学出版社1962年版。
151. 韩非子校注组：《韩非子校注》，江苏人民出版社1982年版。
152. 汉语大字典编辑委员会：《汉语大字典》，湖北辞书出版与四川图书出版1987年版。
153. 贺麟：《文化与人生》，商务印书馆1988年版。
154. 胡锦涛：《在中国文联第八次全国代表大会、中国作协第七次全国代表大会上的讲话》。
155. 胡林英：《道德内化论》，中国社会科学出版社2007年版。
156. 华中师范大学等六校合编：《德育论》，陕西人民教育出版社1986年版。
157. 黄克剑、吴小龙编：《冯友兰集》，群言出版社1993年版。
158. 黄明理：《社会主义道德信仰研究》，人民出版社2006年版。
159. 黄宗羲：《宋元学案》，中华书局1986年版。
160. 贾新奇等：《公民伦理教育的基础与方法》，北京师范大学出版社2007年版。
161. 金生鈜：《规训与教化》，教育科学出版社2004年版。
162. 金耀基：《中国民本思想史》，法律出版社2008年版。
163. 赖炎元注译：《韩诗外传今注今译》，（台湾）商务印书馆1972年版。
164. 《李大钊全集》，人民出版社2006年版。
165. 《李大钊文集》，人民出版社1984年版。
166. 《李大钊选集》，人民出版社1959年版。
167. 李德顺：《价值学大词典》，中国人民大学出版社1995年版。
168. 李国钧、王炳照：《中国教育制度史》第1卷，山东教育出版社2000年版。
169. 李学勤主编：《十三经注疏》（标点本），北京大学出版社1999年版。
170. 李泽厚：《中国思想史论（下）》，安徽文艺出版社1999年版。
171. 梁其姿：《施善与教化——明清的慈善组织》，河北出版社2001年版。

172. 林安梧：《中国宗教与意义治疗》，台北：文海基金会出版，明文书局发行1996年版。

173. 林安悟：《儒学与中国传统社会之哲学省察》，学林出版社1998年版。

174. 刘彻：《报公孙弘》，（清）严可均辑《全汉文》卷四，中华书局1987年版。

175. 刘韶军：《〈老子〉御批点评》，湖南人民出版社1997年版。

176. 刘翔：《中国传统价值诠释学》，三联出版社1996年版。

177. 刘向：《说苑·敬慎》。

178. 刘智峰：《道德中国——当代中国道德伦理的深重忧思》，中国社会科学出版社2001年版。

179. 龙显昭：《巴蜀佛教碑文集成》，巴蜀书社2004年版。

180. 鲁洁、王逢贤：《德育新论》，江苏教育出版社1994年版。

181. 《鲁迅全集》，人民文学出版社2005年版。

182. 罗国杰：《伦理学》，人民出版社1989年版。

183. 罗国杰：《中国传统道德》，中国人民大学出版社1995年版。

184. 罗洛梅：《人的自我寻求》，郭本禹、方红译，中国人民大学出版社2008年版。

185. 骆承烈：《中国古代孝道资料选编》，山东大学出版社2003年版。

186. 《马克思恩格斯全集》（第1卷），人民出版社1956年版。

187. 《马克思恩格斯全集》（第40卷），人民出版社1993年版。

188. 《马克思恩格斯全集》（第46卷），人民出版社1974年版。

189. 《马克思恩格斯全集》（第1卷），人民出版社1965年版。

190. 《马克思恩格斯全集》（第3卷），人民出版社1985年版。

191. 《马克思恩格斯选集》（第3卷），人民出版社1995年版。

192. 《马克思恩格斯选集》（第4卷），人民出版社1995年版。

193. 《马克思恩格斯选集》（第4卷），人民出版社1972年版

194. 《马克思恩格斯选集》（第1卷），人民出版社1995年版。

195. 马斯洛著，许金声译：《动机与人格》，华夏出版社1987年版。

196. 《毛泽东选集》第二卷，人民出版社1991年版。

197. 苗力田：《亚里士多德全集》，中国人民大学出版社1992年版。

198. 宁业高、宁业泉、宁业龙：《中国孝文化漫谈》，中央民族出版社1995年版。

199. 潘永因：《宋稗类钞》，文献出版社1985年版。

200. 庞月光：《抱朴子外篇全译》，贵州人民出版社1997年版。

201. 彭怀祖、姜朝晖：《榜样论》，人民出版社2002年版。
202. 钱穆：《国史大纲》，商务印书馆1994年版。
203. 秦晖：《传统十论》，复旦大学出版社2003年版。
204. 任建东：《道德信仰论》，宗教文化出版社2004年版。
205. 任建树等：《陈独秀著作选》，上海人民出版社1993年版。
206. 任剑涛：《道德理想主义与伦理中心主义——儒家伦理及其现代处境》，东方出版社2003年版。
207. 邵作舟：《邵氏危言》，中华书局1977年版。
208. 司马迁：《史记》。
209. 宋敏求编：《唐大诏令集》，商务印书馆1959年版。
210. 苏兴撰、钟哲点校：《春秋繁露义证》中华书局1992年版。
211. 《谭嗣同全集》，中华书局1981年版。
212. 檀作文译注：《颜氏家训》，中华书局2007年版。
213. 汤因比：《历史研究》（中），上海人民出版社1986年版。
214. 唐凯麟、张怀承：《儒家伦理精粹》，湖南大学出版社1991年版。
215. 唐凯麟：《伦理学》，高等教育出版社2001年版。
216. 《陶行知全集》，四川人民出版社1991年版。
217. 《陶行知文集》，江苏人民出版社1981年版。
218. 涂尔干著，陈金光等译：《道德教育》，上海人民出版社2001年版。
219. 万明刚：《多元文化视野价值观与民族认同研究》，北京民族出版社2006年版。
220. 汪子嵩：《希腊哲学史》，人民出版社1997年版。
221. 王道俊、王汉澜主编：《教育学》，北京人民教育出版社2004年版。
222. 王夫之：《船山全书》（第四册），岳麓书社1991年版。
223. 王夫之：《周易外传》，中华书局1977年版。
224. 王海明：《新伦理学》，中华书局2008年版。
225. 王恒生：《家庭伦理道德》，中国财政经济出版社2001年版。
226. 王沪宁：《反腐败：中国的实验》，三环出版社1990年版。
227. 王建敏：《道德学习论》，浙江教育出版社2002年版。
228. 王立仁：《德育价值论》，中国社会科学出版社2004年版。
229. 王利器：《新语校注》，中华书局1986年版。
230. 王明：《太平经合校》，中华书局1997年版。
231. 王锜：《寓圃杂记》，中华书局1984年版。
232. 王先谦：《汉书补注》，中华书局1983年影印本。

233. 《王阳明全集》，上海古籍出版社2011年版。
234. 王月清：《中国佛教伦理研究》，南京大学出版社1999年版。
235. 韦森：《社会秩序的经济分析导轮》，上海三联书店2001年版。
236. 魏收：《魏书》，《二十四史》（第六册），中华书局1997年版。
237. 魏英敏：《伦理道德问题再认识》，北京大学出版社1990年版。
238. 魏长领：《道德信仰与自我超越》，河南人民出版社2004年版。
239. 吴式颖、任钟印：《外国教育通史》，湖南教育出版社2002年版。
240. 《吴虞文录》，上海亚东图书馆1947年版。
241. 吴则虞：《晏子春秋集释》，中华书局1962年版。
242. 伍悬甫等编：《西方文论选》上册，上海译文出版社1979年版。
243. 向燕南、张越编注：《劝孝·俗约》，中央民族大学出版社1996年版。
244. 肖群忠：《道德与人性》，河南人民出版社2003年版。
245. 萧公权：《中国政治思想史》，辽宁教育出版社1998年版。
246. 徐兆仁主编：《东方修道文库·仙道正传》，中国人民大学出版社1993年版。
247. 严复：《与外交报主人书》，《严复集》，中华书局1986年版。
248. 杨国荣：《伦理与存在》，上海人民出版社2002年版。
249. 姚海林：《学习心理学》，北京师范大学出版社2006年版。
250. 姚鹏等：《东方思想宝库》，中国广播电视出版社1990年版。
251. 余时英：《中国思想传统及其现代变迁》，广西师范大学出版社2004年版。
252. 余英时：《历史与思想》，台北聊经出版事业公司1983年版。
253. 翟博主编：《中国人的教育智慧》，教育科学出版社2007年版。
254. 张岱年、楼宇烈：《五四时期批判封建旧道德的历史意义》，《纪念五四运动六十周年学术讨论会论文选》，人民出版社1980年版。
255. 张岱年：《文化与价值》，新华出版社2004年版。
256. 张继禹：《中华道藏》，华夏出版社2004年版。
257. 张立文：《中华伦理范畴丛书》，中国社会科学出版社2006年版。
258. 张涛：《列女传译注》，山东大学出版社1990年版。
259. 张廷玉：《明史》，中华书局1997年版。
260. 张锡勤、柴文华：《中国伦理道德变迁史稿》，人民出版社2008年版。
261. 赵卫东辑：《丘处机集》，齐鲁书社2005年版。
262. 中国道教协会研究室编：《道教史资料》，上海古籍出版社1991年版。
263. 中国社会科学院近代史研究所编：《中国近代尊孔逆流史事纪年》，中华书局 1974 年版。

264. 中国社会科学院语言研究所词典编辑室编：《现代汉语词典》，（北京）商务印书馆 2005 年版。

265. 周辅成：《西方伦理学名著选辑》上卷，商务印书馆 1964 年版。

266. 周辅成：《西方伦理学名著选辑》下卷，商务印书馆 1987 年版。

267. 周秋光、曾桂林：《中国慈善简史》，人民出版社 2006 年版。

268. 周振甫译注：《周易译注》，中华书局 1991 年版。

269. 周中之：《伦理学》，人民出版社 2004 年版。

270. 朱汉民：《忠孝道德与臣民精神》，河南人民出版社 1994 年版。

271. 朱杰人、严佐之、刘永翔主编：《朱子全书》，上海古籍出版社、安徽教育出版社 2002 年版。

272. 朱熹：《四书章句集注》，中华书局 1983 年版。

273. 朱熹：《中庸章句集注》，上海古籍出版社 1987 年版。

274. 朱显仁：《中国传统行政思想》，福建人民出版社 2002 年版。

275. 白明亮、姚敏：《幽暗意识与榜样教育——一种道德教育的反思》，载《南京师范大学学报》2004 年第 3 期。

276. 班杜拉：《经由对侵犯性榜样的模仿而产生的侵犯行为》，载《变态和社会心理学杂志》1961 年第 61 期。

277. 蔡飞：《精神分析焦虑论批判》，载《南京师范大学学报（社科版）》1995 年第 3 期。

278. 曾建平：《儒家与弗洛伊德的道德心理学之简略比较》，载《心理学探新》2006 年第 3 期。

279. 曾云莺：《耻感错位的成因及解决对策》，载《广西师范大学学报》（哲学社会科学版）2006 年第 3 期。

280. 陈立川：《融合与升华：社会主义荣辱观中的传统道德文化探析》，载《西华师范大学学报》（哲学社会科学版）2008 年第 2 期。

281. 陈新忠、李忠云：《道德焦虑及其对策》，载《高等农业教育》2005 年第 4 期。

282. 陈延斌、邹放鸣：《社会主义核心价值体系若干问题研究》，载《南京师大学报（社科版）》2008 年第 4 期。

283. 成云雷：《当代中国道德建设中的榜样作用》，载《毛泽东邓小平理论研究》2005 年第 5 期。

284. 承泽：《中国古代的家规》，载《家教指南》2003 年第 7 期。

285. 崔大华：《儒学的一种缺弱：私德与公德》，载《文史哲》2006 年第

1 期。

286. 戴木才、田海舰：《论社会主义核心价值体系与核心价值观》，载《中国党政干部论坛》2007 年第 2 期。

287. 戴锐：《榜样教育的有效性与科学化》，载《教育研究》2002 年第 8 期。

288. 戴素芳：《当代大学生信仰教育的障碍及其排除》，载《交通高教研究》2003 年第 1 期。

289. 董海军、周强：《道德文化传统理念的网络践行——对 350 条网络帖子的内容分析》，载《中国青年研究》2010 年第 12 期。

290. 杜学礼：《对市场经济道德规范的深入思考》，载《理论探索》2004 年第 6 期。

291. 段颖惠：《迷失的本性——从〈明史·列女传〉中的妇女守节现象析明代妇女的贞节观念》，载《和田师范专科学校学报》（汉文综合版）2006 年第 2 期。

292. 樊和平：《善恶因果律与伦理合理性》，载《上海社会科学院学术季刊》1999 年第 3 期。

293. 高兆明：《“道德”探幽》，载《伦理学研究》2002 年第 2 期。

294. 高兆明：《民族道德文化：从传统到现代》，载《哲学研究》2010 年第 4 期。

295. 高兆明：《信任危机的现代性解释》，载《学术研究》2002 年第 4 期。

296. 葛荃：《忠孝之道：传统政治伦理的价值结果与传统义务观》，载《天津社会科学》1992 年第 5 期。

297. 公方彬、崔春来、张明仓：《关于构建社会主义核心价值观若干问题的思考》，载《南京政治学院学报》2008 年第 5 期。

298. 龚刚：《儒家伦理的空壳化问题》，载《伦理学研究》2009 年第 7 期。

299. 郭波：《论现实社会主义条件下人的本质》，载《大连大学学报》1999 年第 1 期。

300. 郭一曲：《浅谈现代传媒的文化自觉意识》，载《中国广播电视学刊》2005 年第 1 期。

301. 韩星：《全球化背景下的儒学与中国文化整合》，载《东方论坛·青岛大学学报》2006 年第 1 期。

302. 韩作珍：《论道德权利与道德义务及其相互关系》，载《宝鸡文理学院学报》（社会科学版）2003 年第 8 期。

303. 胡道玖：《发展伦理学：一个亟待深化的研究领域》，载《湖南师范学院学报》2004 年第 5 期。

304. 黄桂清：《中国传统道德的文化意蕴及其扬弃》，载《广西社会科学》

2003 年第 2 期。

305. 黄明哲：《关于构建党风廉政预警机制的思考》，载《西华大学学报》2005 年第 5 期。

306. 黄万盛：《大同理想：时代的使命和责任》，李建华主编：《伦理学与公共事务》，湖南人民出版社 2007 年版。

307. 黄现璠：《民族调查与研究 40 年的回顾与思考》（上），载《广西民族研究》2007 年第 3 期。

308. 贾新奇：《论道德践行的几个难题》，载《道德与文明》2007 年第 5 期。

309. 焦树民、徐莉莉：《媒介素养教育在大学精神文化建设中的价值与路径分析》，载《东南传播》2007 年第 10 期。

310. 康素娟：《试论传统文化对当代新闻工作的影响》，载《新闻知识》2010 年第 8 期。

311. 李本乾：《描述传播内容特征，检验传播研究假设——内容分析法简介》，载《当代传播》2000 年第 1 期。

312. 李承贵、赖虹：《略论传统道德结构》，载《上饶师专学报》2000 年第 1 期。

313. 李承贵：《中国传统哲学中的德智关系论》，载《齐鲁学刊》2001 年第 2 期。

314. 李存山：《对“三纲”之本义的辨析与评价》，载人大复印资料《中国哲学》2012 年第 4 期。

315. 李建华、董海军：《社会主义核心价值观与公民认同：当代中国社会主义核心价值观调查分析报告》，载《中国社会科学》（内部文稿）2011 年第 1 期。

316. 刘传广：《走出“伪君子”与“真小人”的怪圈》，载《道德与文明》2005 年第 6 期。

317. 刘海峰：《科举制度对西方考试制度影响新探》，载《中国社会科学》2001 年 5 期。

318. 刘立夫、胡勇：《中国传统道德理念的内在结构》，载《哲学研究》2010 年第 9 期。

319. 刘立夫、刘杰锋：《道家适欲观对现代生态伦理的启示》，载《淮阴师范学院学报》2007 年第 5 期。

320. 刘立夫：《“天人合一”不能归约为“人与自然和谐相处”》，载《哲学研究》2007 年第 2 期。

321. 刘黔敏：《教师道德焦虑探析》，载《当代教育科学》2004 年第 16 期。

322. 刘忠世：《析传统道德理念的等级性》，载《齐鲁学刊》2001 年第 6 期。

323. 吕锡琛：《中国传统社会促进道德理念践行的经验》，载《道德与文明》2010 年第 1 期。

324. 牛京辉：《论忠》，载《道德与文明》1995 年第 5 期。

325. 彭仲生：《榜样激励在大学生思政教育中的运用》，载《中国成人教育》2006 年第 9 期。

326. 邱均平、邹菲：《关于内容分析法的研究》，载《中国图书馆学报》2004 年第 2 期。

327. 裘士京：《试论中国文化的特征》，载《安徽师范大学学报》1999 年第 2 期。

328. 屈文军：《论元代君臣关系的主奴化》，载《江海学刊》2004 年第 1 期。

329. 石玉亭、刘英：《公务员精神与中华民族优秀传统文化》，载《甘肃社会科学》2007 年第 1 期。

330. 万俊人：《宗教与道德之间：关于“信念伦理”的对话》，载《东西方宗教伦理及其他》，中央编译出版社 1997 年版。

331. 万俊人：《儒家美德伦理及其与麦金太尔之亚里士多德主义恶视差》，载《中国学术》2001 年第 2 期。

332. 万俊人：《信仰危机的“现代性”根源及其文化解释》，载《清华大学学报》2001 年第 1 期。

333. 王宝林：《中国传统政治文化现代化转换路径分析》，载《理论月刊》2007 年第 1 期。

334. 王海明：《论道德榜样》，载《贵州社会科学》2007 年第 3 期。

335. 王宁：《重建全球化时代的中华民族和文化认同》，载《社会科学》2010 年第 1 期。

336. 王永平：《论陆机陆云兄弟之死》，《南京晓庄学院学报》2002 年第 9 期。

337. 王玉樑：《理想、信念、信仰和价值观》，载《东岳论丛》2001 年第 4 期。

338. 魏佐国、李萍：《王守仁与江西书院教育》，载《南方文物》1997 年第 1 期。

339. 吴海文：《论传统的熟人社会道德转型及其现代公德意识的培养》，载《湖南科技学院学报》2009 年第 3 期。

340. 吴潜涛：《社会主义核心价值体系的科学内涵》，载《道德与文明》2007 年第 1 期。

341. 吴世忠：《内容分析方法论纲》，载《情报资料工作》1991 年第 2 期。

342. 吴增礼、唐亚阳：《试论书院教育的智识伦理化及其消极影响》，载《湘潭大学学报》（哲学社会科学版）2009年第1期。

343. 武道房：《从宋学到汉学：清代康、雍、乾学术风气的潜移》，载《学术月刊》2008年第10期。

344. 肖仲辉：《当前榜样教育的问题、原因与对策》，载《四川行政学院学报》2004年第1期。

345. 徐建军、刘玉梅：《道德焦虑：一种不可或缺的道德情感》，载《道德与文明》2009年第2期。

346. 杨玉卿：《中国传统夫妻伦理的现代嬗变》，载《传承》2008年第10期。

347. 叶青锐：《中国古代选官制度与司法职业道德》，载《郑州航空工业管理学院学报》（社会科学版）2003年第12期。

348. 尹静媛：《境界——有感于刘郎的电视艺术》，载《电视研究》2002年第10期。

349. 于文军：《弘扬传统美德的思考》，载《求是》1997年第13期。

350. 张岱年：《试论新时代的道德规范建设》，载《道德与文明》1992年第3期。

351. 张道理、张翔宇：《和谐社会背景下传统道德的弘扬》，载《江淮论坛》2008年第4期。

352. 张国风：《康乾时期文化政策的复杂性及其对小说的影响》，载《中国人民大学学报》1997年第2期。

353. 张明仓：《知行矛盾论——当前德育难题的一种教育学沉思》，载《中州学刊》1999年第1期。

354. 张楠、李航敏：《大学生网络道德问题分析及教育的对策建议》，载《思想理论教育导刊》2010年第10期。

355. 张茹粉：《榜样教育的理性诉求》，载《河南师范大学学报》（哲学社会科学版）2008年第2期。

356. 张涛：《被肯定的否定——从〈清史稿·列女传〉中的妇女自杀现象看清代妇女境遇》，载《清史研究》2001年第8期。

357. 张元龙：《思想政治教育方法面面观》，载《浙江师大学报社科版》1995年第5期。

358. 周生春、韦光燕：《云梦秦简行政法文献新论》，载《浙江大学学报》（人文社会科学版）2005年第1期。

359. 朱本：《榜样与榜样教育》，载《教育研究》1994年第3期。

360. 朱人求：《李大钊的孔子情结》，载《安徽师范大学学报》2009年第5期。

361. Abraham H. Maslow, *Motivation and Personality*, Second Edition & Row,

New York, 1954.

362. Adam Smith, *An Inquiry into The Nature And Causes of The Wealth of Nations*, Volume 1, Fifth Edition.

363. Brenda L. Voling, Annette Mahoney, *Sanctification of Parenting, Moral Socialization, and Young Children's Conscience Development.* Psychology of Religion and Spirituality, 2009.

364. Callicott, *Earth's Insights*, Berkeley: University of California Press, 1994.

365. Elmer, Manuel C. *Social Research.* Prentice – Hell, Inc. 1939.

366. Kierkegaard, s. *The Concept of Dread. Princeton* N. J. Princeton University Press, 1969.

367. Lawrence Kohlberg, *The Philosophy of Moral Development*, Harper & Row, Publishers, San Francisco, 1981.

368. North, Douglass. *Institutions.* Journal of Economic Perspectives 5, 1991.

369. Rosland Hurst House, *On virtue ethics*, Oxford, 1999.

370. Alexander, John M. *Capabilities and Social Justice: The Political Philosophy of Amartya Sen and Martha Nussbaum.* Aldershot, Hampshire: Ashgate Pub. Ltd., 2008.

371. Seán Burke. *The Ethics of Writing: Authorship and Legacy in Plato and Nietzsche.* Edinburgh: Edinburgh University Press, 2008.

372. Chatterjee, Deen K. *Democracy in A Global World: Human Rights and Political Participation in the 21st Century. Lanham*, Md. : Rowman & Littlefield Publishers, 2008.

373. Cornell, Drucilla, *Moral Images of Freedom: A Future for Critical Theory. Lanham*, Md. : Rowman & Littlefield Publishers, 2008.

374. Crane, Andrew, *Corporate Social Responsibility: Readings and Cases in A Global Context.* Milton Park, Abingdon, Oxon; New York: Rout ledge, 2008.

375. DuBois, James M. DuBois, *James M. Ethics in Mental Health Research: Principles, Guidance, and Cases.* Oxford ; New York: Oxford University Press, 2008.

376. Farrelly, *Colin Patrick. Virtue Jurisprudence. Basingstoke*, Hampshire: Palgrave Macmillan, 2008.

377. Fitzgerald, John T., *Passions and Moral Progress in Greco – Roman Thought.* London; New York: Routledge, 2008.

378. Gismondi, Mark D. Ethics, *Liberalism and Realism in International Relations. London* ; New York, NY: Routledge, 2008.

379. Hettne, Björn. , *Human values and Global Governance: Studies in Development, Security and Culture.* Volume 2. New York: Palgrave Macmillan, c2008.

380. Lance, Mark Norris, *Challenging Moral Particularism.* New York: Routledge, 2008.

381. Sahni, Pragati, *Environmental Ethics in Buddhism: A Virtues Approach.* London: Routledge, 2008.

382. Sucher, Sandra J. , *The Moral Leader: Challenges, Insights, and Tools.* New York, NY: Routledge, 2008.

383. Wainryb, Cecilia, *Social Development, Social Inequalities, and Social Justice.* New York, NY: Lawrence Erlbaum Associates, c2008.

384. Wisnewski, Jeremy, *The Politics of Agency: towards A Pragmatic Approach to Philosophical Anthropology.* Aldershot, Hants, England; Burlington, VT: Ashgate Pub. Ltd. , 2008.

385. Adams, Andrew, *Pandora's Box: Social and Professional Issues of the Information Age.* Hoboken, NJ: John Wiley & Sons, 2007.

386. Audi, Robert, *Moral value and Human Diversity.* Oxford; New York: Oxford University Press, 2007.

387. Austin, Michael W. , *Conceptions of Parenthood: Ethics and the Family.* Aldershot, England; Burlington, VT: Ashgate, c2007.

388. Bash, Anthony, *Forgiveness and Christian Ethics.* Cambridge: Cambridge University Press, 2007.

389. Bencivenga, Ermanno, Ethics Vindicated: Kant's Transcendental Legitimation of Moral Discourse. Oxford; New York: Oxford University Press, 2007.

390. Bishop, John, *Believing by Faith: An Essay in the Epistemology and Ethics of Religious Belief.* Oxford: Clarendon Press: Oxford University Press, 2007.

391. Block, Alan A. , Pedagogy, *Religion and Practice: Reflections on Ethics and Teaching.* New York, NY: Palgrave Macmillan, c2007.

392. Bobonich, Christopher, *Akrasia in Greek Philosophy: from Socrates to Plotinus.* Leiden; Boston: Brill, 2007.

393. Browning, Don S. , *American Religions and the Family: How Faith Traditions Cope with Modernization and Democracy.* New York: Columbia University Press, c2007.

394. Chandler, David, *Rethinking Ethical Foreign Policy: Pitfalls, Possibilities and Paradoxes.* Abingdon, Oxon: Routledge, 2007.

395. Moser, Susanne C., *Creating A Climate for Change: Communicating Climate Change and Facilitating Social Change.* Cambridge; New York: Cambridge University Press, 2007.

396. Sim, May, *Remastering Morals with Aristotle and Confucius.* New York: Cambridge University Press, 2007.

397. Van Norden, Bryan W. (Bryan William), *Virtue Ethics and Consequentialism in Early Chinese Philosophy.* New York: Cambridge University Press, 2007.

398. Soraj Hongladarom. *Information Technology Ethics: Cultural Perspectives.* Hershey, Pa.: Idea Group Reference., c2007.

399. Shelton - Colangelo, Sharon. *Teaching with Joy: Educational Practices for the Twenty - First Century.* Lanham, Md.: Rowman & Littlefield Publishers, c2007.

400. Bell, Daniel (Daniel A.). *Confucian Political Ethics.* Princeton: Princeton University Press, c2007.

401. Carter, Robert Edgar. 日本倫理思想と悟り. 京都: 晃洋書房, 2007.

402. Lai, Karyn. *Learning from Chinese Philosophies: Ethics of Interdependent and Contextualised Self.* Aldershot, England; Burlington, VT: Ashgate, c2006.

403. Gaskell, George. *Genomics and Society: Legal, Ethical and Social Dimensions.* London, UK; Sterling, VA: Earthscan, c2006.

404. Hunter, Alan. *Peace Studies in the Chinese Century: International Perspectives.* Burlington, Vt.: Ashgate, 2006.

405. Martin, Mike W. *From Morality to Mental Health: Virtue and Vice in A Therapeutic Culture.* Oxford; New York: Oxford University, 2006.

406. Adeney, Elizabeth. *The Moral Rights of Authors and Performers: An International and Comparative Analysis.* Oxford; New York: Oxford University Press, c2006.

407. Barrett, Richard. *Building A Values-driven Organization: A Whole System Approach to Cultural Transformation.* Burlington, MA: Elsevier ButterWorth - Heinemann, 2006.

408. Teichman, Jenny. *The Philosophy of War and Peace.* Exeter, UK; Charlottesville, VA: Imprint Academic, c2006.

409. Wang, Xiaohong. *Cardinal virtues in Early Confucianism: A Study in the Light of the Guodian Texts.* Thesis (Th. D.) - Boston University School of Theology, 2006.

410. Yao, Xinzhong. *Wisdom in Early Confucian and Israelite Traditions.* Aldershot, Hants: Ashgate, c2006.

411. Avakian, Bob. *Marxism and the Call of the Future: Conversations on Ethics, History, and Politics.* Chicago: Open Court, c2005.

412. Cribb, Alan. *Health and the Good Society: Setting Healthcare Ethics in Social Context.* Oxford; New York: Oxford University Press, 2005.

413. Kim, Eugene Paul. *Social Learning of Values and Teacher-student Interactions in A Transitional Socialist China.* Ann Arbor, Mich.: UMI, 2005.

414. Sheehy, Kieron. *Ethics and Research in Inclusive Education: Values into Practice.* London; New York, N. Y.: Routledge Falmer, 2005.

415. Ying, Guanqiu. *Doctrine of Liang-chih and "Value Ethics" and Interpretation of Wang Yang-ming's Philosophy (Max Scheler, Chinese text).* Ann Arbor, Mich.: UMI, 2005.

416. Munro, Donald J. *A Chinese Ethics for the New Century: The Ch'ien Mu Lectures in History and Culture, and other Essays on Science and Confucian Ethics.* Hong Kong: The Chinese University Press, c2005.

417. Fan, Guangxin. *Confucian Canonical Scholarship as Arts of Governance: A Study of the Jingshi Ideal among Late Qing Neo – Confucian Moral Philosophers of Hunan (Chinese text).* Ann Arbor, Mich.: UMI, 2005.

418. Nie, Hongping. *The Dilemma of the Moral Education Curriculum in A Chinese Secondary School.* Ann Arbor, Mich.: UMI, 2005.

419. Nie, Hongping. *The Dilemma of the Moral Education Curriculum in A Chinese Secondary School.* Ann Arbor, Mich.: UMI, 2005.

420. Tan, Chee Beng. *Chinese Overseas: Comparative Cultural Issues.* Hong Kong: Hong Kong University Press, c2004.

421. Roelcke, Volker. *Twentieth Century Ethics of Human Subjects Research: Historical Perspectives on Values, Practices, and Regulations.* Stuttgart: Franz Steiner Verlag, c2004.

422. Ko, Chi Yu. *Factors Affecting the Retention of Culture in Chinese – American Women.* Ann Arbor, Mich.: UMI, 2003.

423. Sikes, Patricia J. *The Moral Foundations of Educational Research: Knowledge, Inquiry and Values.* Buckingham [England]; Phildelphia: Open University Press, 2003.

424. Pack – Brown, Sherlon. *Ethics in A Multicultural Context.* Thousand Oaks, Calif.: Sage Publications, c2003.

425. Owen Vandersluis, Sarah. *Ethics and Cultural Policy in A Global Econo-*

my. New York: Palgrave Macmillan, 2003.

426. Bracci, Sharon L. , *Moral Engagement in Public Life: Theorists for Contemporary Ethics*. New York: P. Lang, c2002.

427. Zeni, Jane. *Ethical Issues in Practitioner Research*. New York: Teachers College Press, c2001. 57. Banks, Sarah. Ethics and Values in Social Work. Houndmills, Basingstoke, Hampshire: Palgrave, 2001.

428. Hutton, Eric Leon. *Virtue and Reason in Xunzi* (*John McDowell, R. Jay Wallace, Jonathan Dancy, Hsun Tzu*). Ann Arbor, Mich. : UMI, 2001.

429. Zhou, Qin. *Cosmic order and moral autonomy the rise of Confucian ethics in axial age China*. Ann Arbor, Mich. : UMI, 2001.

430. Smith, Tara. Viable *Values: A Study of Life as the Root and Reward of Morality*. Lanham, Md. : Rowman & Littlefield, c2000.

431. Zhou, Zhenghuan. *The Liberal Concept of Rights, Political Culture, and Democratic Change in China*. Ann Arbor, Mich. : UMI, 2000.

432. Liu, Honghe. *Confucianism in the Eyes of A Confucian Liberal Hsu Fu - Kuan's Critical Examination of the Confucian Political Tradition*. Ann Arbor, Mich. : UMI, 1999.

433. Hancock, John. *The Ethical Investor: Making Gains with Values*. London: Pearson Education Limited, 1999.

434. Cook, John W. (John Webber). *Morality and Cultural Differences*. New York: Oxford University Press, 1999.

435. Lee, MaryJo Benton. *Ethnicity, Education and Empowerment Identity Construction among Minority Students in Southwestern China*. Ann Arbor, Mich. : UMI, 1998.

436. Svarverud, Rune. *Methods of the Way: Early Chinese Ethical Thought*. Leiden; Boston: Brill, c1998.

437. Tu, Wei-ming. *Confucianism and Human Rights*. New York: Columbia University Press, c1998.

438. Butterworth Heinemann. *Navigating Cross-cultural Ethics: What Global Managers do Right to Keep from Going Wrong*. Boston: Butterworth - Heinemann, 1998.

439. Hopkins, Willie Edward. *Ethical Dimensions of Diversity*. Thousand Oaks, Calif. : Sage Publications, c1997.

440. Lin, Shaoxin. *Confucian Ethics and the Concept of Rights*. Ann Arbor, Mich. : UMI, 1997.

441. Christians, Clifford G. ed. *Communication Ethics and Universal Values.* Thousand Oaks, Calif.: Sage Publications, c1997.

442. Yu, Xuanmeng. *Economic Ethics and Chinese Culture.* Washington, D. C.: Council for Research in Values and Philosophy, c1997.

443. Li, Youzheng. *The Structure of the Chinese Ethical Archetype: The Archetype of Chinese Ethics and Academic Ideology: A Hermeneutico-semiotic Study.* Frankfurt is Main; New York: Peter Lang, c1997.

444. *Confucian Traditions in East Asian Modernity: Moral Education and Economic Culture in Japan and the Four Mini-dragons.* Cambridge, Mass.: Harvard University Press, c1996.

445. Gu, Lijun. The 'Analects' and the Political Philosophy of Confucius. Ann Arbor, Mich.: UMI, 1995.

446. Chiu, Randy Ki – Kwan. *A Cross-cultural Study of the Collectivism-individualism Paradigm the Influence of Confucian Values on the Conflict-handling Behavior of Male Graduate Business Students in Hong Kong and the United States.* Ann Arbor, Mich.: UMI, 1994.

447. Jing, Jun. The *Temple of Memories History, Power, and Morality in A Chinese Village.* Ann Arbor, Mich.: UMI, 1994.

448. Yu, James Chung – Min. *The Concept of Moral Purification in Confucian Philosophy and in Christian Teachings.* Ann Arbor, Mich.: UMI, 1993.

449. Ivanhoe, Philip J. *Confucian Moral Self Cultivation.* New York: P. Lang, c1993.

450. Tung, Yuan – Chao. *The Changing Chinese Ethnicity in French Polynesia. Ann Arbor*, Mich.: UMI, 1993.

451. Kimmel, Allan J. *Ethics and Values in Applied Social Research.* Newbury Park, Calif.: Sage Publications, c1988.

452. Tian, Rukang. *Male Anxiety and Female Chastity: A Comparative Study of Chinese Ethical Values in Ming – Ch'ing Times.* Leiden: E. J. Brill, 1988.

453. Shun, Kwong Loi. *Virtue, Mind and Morality A Study in Mencian Ethics. Ann Arbor*, Mich.: UMI, 1987.

454. Thompson, Kirill Ole. An Inquiry into the Formation of Chu Hsi's Moral Philosophy. Ann Arbor, Mich.: UMI, 1986.

455. Cua, A. S. (Antonio S.). *Ethical Argumentation: A Study in Hsün Tzu's Moral Epistemology.* Honolulu, H. I.: Univ. of Hawaii Pr., 1985.

456. Dunn, William N. *Values, Ethics, and the Practice of Policy Analysis.* Lexington, Mass. : Lexington Books, c1983.

457. Howie, John, ed. *Ethical Principles for Social Policy.* Carbondale: Southern Illinois University Press, c1983.

458. Elder, *Gove Griffith. Ritual and Chinese Ethnicity in Mahachai*, Thailand. Ann Arbor, Mich. : UMI, 1982.

# 后 记

从2008年获得教育部哲学社会科学研究重大课题攻关项目“中国道德文化的传理念与现代践行研究”（批准号：08JZD0006）到今天项目的公开出版，整整8年，从社会调查到成果提交，再到反复修改，个中艰辛，不用多言，唯学人皆知。

对中国道德文化的传统理念进行梳理是一项十分复杂的工作。从横断面来看，需要从众多思想家的论述中把握，加之中国思想文化的特点在于每个思想家对同一概念的理解是不同的，以“我注六经”为自得，我们提炼出来的13个基本理念，只是最最基本的了；从纵向来看，每一个概念在不同的历史时期的语用和语义又往往是不同的，纵横交错在一起，如果大家能基本认同我们所做的工作，就心满意足了。

对中国道德文化传统理念的现代践行把握更是一件难事，它涉及两个核心问题：一个中国道德文化传统理念的现代转换问题，无论是综合创新论，还是转换创新论，都难以解决这个问题，即涉及哪些可以转、转向哪里、转的动力何在等问题；二是中国道德文化传统理念现代践行的状况（实证性）把握，道德状况或水平或素质能否被检测或调查出来还真是个问题，我们虽然做了些初步工作，但肯定是不全面的，其中的一些结论还需要长期的道德实践检验。

这里要特别感谢教育部社会科学司的张东刚司长、徐青森副司长，没有他们的支持和鼓励，项目难以完成。要特别感谢中南大学科研部的彭忠益、罗英姿同志，是他们在答辩时的亲自陪伴，让我有了必须拿到手的信心以及答辩时的良好表现。还要感谢我的研究团队，这是一个能打硬仗的集体，长期的合作所形成的默契和事业心、荣誉感都达到了惊人的程度。特别要感谢周谨平博士，他虽然没有做前期的工作，但在后来的项目修改方面付出了艰辛。我还要感谢袁超、冯丕红、李斯瑶、赵琳、焦丹、胡蝶花等学生，为项目的实施做了许多细致而周到的工作。

本书是集体性著作，整体研究思路由我拿出，具体写作提纲通过讨论而形成，我对全书的主要观点负责。尽管我们经过了无数次的统稿与改稿，有的甚至是重写，但还是有文字表述和致思路径方面的明显差异，有些章节文字很粗糙，只能请读者原谅了。这几年完成了两个国家级的重大项目，深感学术生产方式变化给学术研究带来的影响是巨大的，一方面大问题需要大项目，大项目需要大团队，而人文社会科学研究的思想成果又往往是个体性的、个性化的。学术生产方式的变化和学术评价标准、团队意识与学术个性化如何统一，真成了一个问题。可能鼓励社会科学研究团队化和人文科学研究个性化是一种不错的选择。

有朋友说，一个人如果一生专注只做一件事，不成功都难。我们必须承认，专注于一件事是成功的必备条件，但问题是人一生有多层次的需求，有多种选择的可能，所以大多数人在一生选择的纠结中结束。我没有去刻意追求什么成功，只希望做自己喜欢的事、自己能控制的事。有过选择，但庆幸自己最终回归了本心和本位。

**李建华于三思书屋**

2016. 7. 6

# 教育部哲学社會科学研究重大課題攻関項目

## 成果出版列表

| 书　名 | 首席专家 |
|---|---|
| 《马克思主义基础理论若干重大问题研究》 | 陈先达 |
| 《马克思主义理论学科体系建构与建设研究》 | 张雷声 |
| 《马克思主义整体性研究》 | 逄锦聚 |
| 《改革开放以来马克思主义在中国的发展》 | 顾钰民 |
| 《新时期　新探索　新征程<br>——当代资本主义国家共产党的理论与实践研究》 | 聂运麟 |
| 《坚持马克思主义在意识形态领域指导地位研究》 | 陈先达 |
| 《当代资本主义新变化的批判性解读》 | 唐正东 |
| 《当代中国人精神生活研究》 | 童世骏 |
| 《弘扬与培育民族精神研究》 | 杨叔子 |
| 《当代科学哲学的发展趋势》 | 郭贵春 |
| 《服务型政府建设规律研究》 | 朱光磊 |
| 《地方政府改革与深化行政管理体制改革研究》 | 沈荣华 |
| 《面向知识表示与推理的自然语言逻辑》 | 鞠实儿 |
| 《当代宗教冲突与对话研究》 | 张志刚 |
| 《马克思主义文艺理论中国化研究》 | 朱立元 |
| 《历史题材文学创作重大问题研究》 | 童庆炳 |
| 《现代中西高校公共艺术教育比较研究》 | 曾繁仁 |
| 《西方文论中国化与中国文论建设》 | 王一川 |
| 《中华民族音乐文化的国际传播与推广》 | 王耀华 |
| 《我国少数民族音乐资源的保护与开发研究》 | 樊祖荫 |
| 《楚地出土戰國簡册［十四種］》 | 陳　偉 |
| 《近代中国的知识与制度转型》 | 桑　兵 |
| 《中国抗战在世界反法西斯战争中的历史地位》 | 胡德坤 |
| 《近代以来日本对华认识及其行动选择研究》 | 杨栋梁 |
| 《京津冀都市圈的崛起与中国经济发展》 | 周立群 |
| 《金融市场全球化下的中国监管体系研究》 | 曹凤岐 |
| 《中国市场经济发展研究》 | 刘　伟 |
| 《全球经济调整中的中国经济增长与宏观调控体系研究》 | 黄　达 |
| 《中国特大都市圈与世界制造业中心研究》 | 李廉水 |
| 《中国产业竞争力研究》 | 赵彦云 |

| 书　名 | 首席专家 |
|---|---|
| 《东北老工业基地资源型城市发展可持续产业问题研究》 | 宋冬林 |
| 《转型时期消费需求升级与产业发展研究》 | 臧旭恒 |
| 《中国金融国际化中的风险防范与金融安全研究》 | 刘锡良 |
| 《全球新型金融危机与中国的外汇储备战略》 | 陈雨露 |
| 《全球金融危机与新常态下的中国产业发展》 | 段文斌 |
| 《中国民营经济制度创新与发展》 | 李维安 |
| 《中国现代服务经济理论与发展战略研究》 | 陈　宪 |
| 《中国转型期的社会风险及公共危机管理研究》 | 丁烈云 |
| 《人文社会科学研究成果评价体系研究》 | 刘大椿 |
| 《中国工业化、城镇化进程中的农村土地问题研究》 | 曲福田 |
| 《中国农村社区建设研究》 | 项继权 |
| 《东北老工业基地改造与振兴研究》 | 程　伟 |
| 《全面建设小康社会进程中的我国就业发展战略研究》 | 曾湘泉 |
| 《自主创新战略与国际竞争力研究》 | 吴贵生 |
| 《转轨经济中的反行政性垄断与促进竞争政策研究》 | 于良春 |
| 《面向公共服务的电子政务管理体系研究》 | 孙宝文 |
| 《产权理论比较与中国产权制度变革》 | 黄少安 |
| 《中国企业集团成长与重组研究》 | 蓝海林 |
| 《我国资源、环境、人口与经济承载能力研究》 | 邱　东 |
| 《“病有所医”——目标、路径与战略选择》 | 高建民 |
| 《税收对国民收入分配调控作用研究》 | 郭庆旺 |
| 《多党合作与中国共产党执政能力建设研究》 | 周淑真 |
| 《规范收入分配秩序研究》 | 杨灿明 |
| 《中国社会转型中的政府治理模式研究》 | 娄成武 |
| 《中国加入区域经济一体化研究》 | 黄卫平 |
| 《金融体制改革和货币问题研究》 | 王广谦 |
| 《人民币均衡汇率问题研究》 | 姜波克 |
| 《我国土地制度与社会经济协调发展研究》 | 黄祖辉 |
| 《南水北调工程与中部地区经济社会可持续发展研究》 | 杨云彦 |
| 《产业集聚与区域经济协调发展研究》 | 王　珺 |
| 《我国货币政策体系与传导机制研究》 | 刘　伟 |
| 《我国民法典体系问题研究》 | 王利明 |
| 《中国司法制度的基础理论问题研究》 | 陈光中 |
| 《多元化纠纷解决机制与和谐社会的构建》 | 范　愉 |
| 《中国和平发展的重大前沿国际法律问题研究》 | 曾令良 |
| 《中国法制现代化的理论与实践》 | 徐显明 |

| 书　名 | 首席专家 |
| --- | --- |
| 《农村土地问题立法研究》 | 陈小君 |
| 《知识产权制度变革与发展研究》 | 吴汉东 |
| 《中国能源安全若干法律与政策问题研究》 | 黄　进 |
| 《城乡统筹视角下我国城乡双向商贸流通体系研究》 | 任保平 |
| 《产权强度、土地流转与农民权益保护》 | 罗必良 |
| 《矿产资源有偿使用制度与生态补偿机制》 | 李国平 |
| 《巨灾风险管理制度创新研究》 | 卓　志 |
| 《国有资产法律保护机制研究》 | 李曙光 |
| 《中国与全球油气资源重点区域合作研究》 | 王　震 |
| 《可持续发展的中国新型农村社会养老保险制度研究》 | 邓大松 |
| 《农民工权益保护理论与实践研究》 | 刘林平 |
| 《大学生就业创业教育研究》 | 杨晓慧 |
| 《新能源与可再生能源法律与政策研究》 | 李艳芳 |
| 《中国海外投资的风险防范与管控体系研究》 | 陈菲琼 |
| 《生活质量的指标构建与现状评价》 | 周长城 |
| 《中国公民人文素质研究》 | 石亚军 |
| 《城市化进程中的重大社会问题及其对策研究》 | 李　强 |
| 《中国农村与农民问题前沿研究》 | 徐　勇 |
| 《西部开发中的人口流动与族际交往研究》 | 马　戎 |
| 《现代农业发展战略研究》 | 周应恒 |
| 《综合交通运输体系研究——认知与建构》 | 荣朝和 |
| 《中国独生子女问题研究》 | 风笑天 |
| 《我国粮食安全保障体系研究》 | 胡小平 |
| 《我国食品安全风险防控研究》 | 王　硕 |
| 《城市新移民问题及其对策研究》 | 周大鸣 |
| 《新农村建设与城镇化推进中农村教育布局调整研究》 | 史宁中 |
| 《农村公共产品供给与农村和谐社会建设》 | 王国华 |
| 《中国大城市户籍制度改革研究》 | 彭希哲 |
| 《国家惠农政策的成效评价与完善研究》 | 邓大才 |
| 《以民主促进和谐——和谐社会构建中的基层民主政治建设研究》 | 徐　勇 |
| 《城市文化与国家治理——当代中国城市建设理论内涵与发展模式建构》 | 皇甫晓涛 |
| 《中国边疆治理研究》 | 周　平 |
| 《边疆多民族地区构建社会主义和谐社会研究》 | 张先亮 |
| 《新疆民族文化、民族心理与社会长治久安》 | 高静文 |
| 《中国大众媒介的传播效果与公信力研究》 | 喻国明 |
| 《媒介素养：理念、认知、参与》 | 陆　晔 |
| 《创新型国家的知识信息服务体系研究》 | 胡昌平 |

| 书　名 | 首席专家 |
| --- | --- |
| 《数字信息资源规划、管理与利用研究》 | 马费成 |
| 《新闻传媒发展与建构和谐社会关系研究》 | 罗以澄 |
| 《数字传播技术与媒体产业发展研究》 | 黄升民 |
| 《互联网等新媒体对社会舆论影响与利用研究》 | 谢新洲 |
| 《网络舆论监测与安全研究》 | 黄永林 |
| 《中国文化产业发展战略论》 | 胡惠林 |
| 《20 世纪中国古代文化经典在域外的传播与影响研究》 | 张西平 |
| 《教育投入、资源配置与人力资本收益》 | 闵维方 |
| 《创新人才与教育创新研究》 | 林崇德 |
| 《中国农村教育发展指标体系研究》 | 袁桂林 |
| 《高校思想政治理论课程建设研究》 | 顾海良 |
| 《网络思想政治教育研究》 | 张再兴 |
| 《高校招生考试制度改革研究》 | 刘海峰 |
| 《基础教育改革与中国教育学理论重建研究》 | 叶　澜 |
| 《我国研究生教育结构调整问题研究》 | 袁本涛　王传毅 |
| 《公共财政框架下公共教育财政制度研究》 | 王善迈 |
| 《农民工子女问题研究》 | 袁振国 |
| 《当代大学生诚信制度建设及加强大学生思想政治工作研究》 | 黄蓉生 |
| 《从失衡走向平衡：素质教育课程评价体系研究》 | 钟启泉　崔允漷 |
| 《构建城乡一体化的教育体制机制研究》 | 李　玲 |
| 《高校思想政治理论课教育教学质量监测体系研究》 | 张耀灿 |
| 《处境不利儿童的心理发展现状与教育对策研究》 | 申继亮 |
| 《学习过程与机制研究》 | 莫　雷 |
| 《中国青少年心理健康素质调查研究》 | 沈德立 |
| 《灾后中小学生心理疏导研究》 | 林崇德 |
| 《民族地区教育优先发展研究》 | 张诗亚 |
| 《WTO 主要成员贸易政策体系与对策研究》 | 张汉林 |
| 《中国和平发展的国际环境分析》 | 叶自成 |
| 《冷战时期美国重大外交政策案例研究》 | 沈志华 |
| 《新时期中非合作关系研究》 | 刘鸿武 |
| 《我国的地缘政治及其战略研究》 | 倪世雄 |
| 《中国海洋发展战略研究》 | 徐祥民 |
| 《中国东北亚战略与政策研究》 | 刘清才 |
| 《中国道德文化的传统理念与现代践行研究》 | 李建华 |